Wasser

Wasser ist Leben. Ohne Wasser wäre die Erde ein toter Planet.

Wasser, Feuer, Luft und Erde waren für Aristoteles die vier Grundelemente aller stofflichen Existenz.

Wasser ist der einzige Stoff, der uns zur gleichen Zeit in fester, in flüssiger und in gasförmiger Form begegnen kann. Wir können es als Eis anfassen, als Quellwasser trinken und als Dampf einatmen.

Wasser ist als Regen der Segen der Erde und als Sturmflut der Fluch des Meeres. Es verwandelt sich als Stoff, und es zerstört als Kraft.

Wasser kann uns vor dem Tode bewahren, und wir können in ihm umkommen.

Wasser schafft an der Architektur der Landschaft. Es formt die Felsgestalten der Bergwelt und gräbt die Täler und Schluchten.

Wasser verschüttet und bewahrt die Geschichte dieser Erde und erhält so die Spuren ihrer Entwicklung über Jahrmillionen.

Wasser ist etwas Lebendiges. Es bewegt sich und formt sich. Es fließt, tropft, rinnt, strömt, steigt, sinkt, fällt und stürzt.

Wasser hat eine Sprache. Es murmelt, plätschert, rauscht, trommelt, tost. Aber es kann auch schweigen, ruhen.

Wasser gehört zu unserem Leben, zu unserer körperlichen Existenz und zu unserer geistigen Welt, als Stoff und als Gestalt.

Mein Wassergarten

Karl Wienke

Mein Wassergarten

mit Farbfotos von
Axel Grambow

Neumann Verlag Leipzig · Radebeul

Das Kapitel »Tiere im Wassergarten« und den Text des Vorsatzes verfaßte Dr. Manfred Geyer

Wienke, Karl:
Mein Wassergarten / Karl Wienke.
Mit Farbtafeln von Axel Grambow. –
1. Aufl. – Leipzig; Radebeul:
Neumann Verlag, 1990. – 327 S.:
377 Ill. (z. T. farb.)
ISBN 3-7402-0066-9

ISBN 3-7402-0066-9

1. Auflage 1990
Alle Rechte vorbehalten
© Neumann Verlag Leipzig · Radebeul, 1990
VLN 151–310. LSV 4379
Lektor: Dr. Manfred Geyer
Gestaltung: Petra Matzke
Printed in the German Democratic Republic
Gesamtherstellung: Grafische Werke Zwickau
Bestell-Nr. 799 162 2

39,80

Inhalt

Tiere im Wassergarten

Anhang

Vorwort

Wasser bildete überall und zu allen Zeiten eine Grundlage der Gartenkultur. Alt ist auch das Verlangen der Menschen, mit diesem Element mehr anzufangen, als nur lebensnotwendige Bedürfnisse zu befriedigen. Daran hat sich bis heute nichts geändert. Wir sind aber heute für alle Naturphänomene sensibler geworden, wissen um die Gefährdung und die Zerstörbarkeit unserer Umwelt und erleben deshalb auch die Schönheit des Wassers bewußter. Den Begriff »Feuchtbiotop« kennt heute jeder, und die Zahl derjenigen nimmt zu, die am Erhalt und Fortbestehen natürlicher Gewässer in der Landschaft interessiert sind. Teiche, Moore und Bäche sollen in ihrem ursprünglichen Zustand erhalten bleiben, sie gilt es zu schützen. Die Liebe zum Gartenteich bezieht aus dieser Einstellung ihre Kraft. Das bescheidene Becken im Garten, das feinfühlig nachgebildete Moor oder der Bachlauf können zu einem in sich abgeschlossenen Lebensraum im kleinen werden. Wo sich Pflanzen wohl fühlen, kehren bald auch Tiere ein. Die Zeit sorgt dafür, daß sich Jahr für Jahr neue, bisher nicht beobachtete Tierarten einstellen: Köcherfliegen mit ihren merkwürdigen Larvengehäusen, räuberisch lebende und prächtig gezeichnete Gelbrandkäfer, schillernde Libellen und schließlich auch Frösche, Molche und Kröten. Wer das Leben im Teich mitverfolgen kann, darf sich auf interessante Beobachtungen gefaßt machen.

Einen Teich, ein Wasserbecken oder einen Springbrunnen in seinen Garten einzubeziehen bedeutet die Verwendung eines den Gartenraum prägenden, wenn nicht überhaupt führenden und seine Umgebung beherrschenden Gestaltungsmittels. Wasser im Garten kann kaum etwas Nebensächliches, nur zufällig Vorhandenes sein. Seine Anwesenheit wirkt sich auf die Formung des Geländes, die Raumbildung, die Art der Bepflanzung, die Beziehung des Wassers zum Hause und zu anderen Architekturelementen bis hin zur Standortwahl für eine Plastik aus.

Das vorliegende Buch wendet sich an alle Gartenfreunde, die mehr und differenzierter über gestalterische Zusammenhänge in Verbindung mit dem Wasser erfahren möchten. Wie kann der urwüchsige Reiz des Natürlichen auf den Garten übertragen werden? Wie entsteht Neues, das Naturwüchsiges auf eine höhere Stufe hebt? Der stille Weiher und der festlich-repräsentative Springbrunnen sind Ausdruck unterschiedlicher Gestaltungsrichtungen. Welche Konsequenzen ergeben sich aus ihrer Anwendung?

Es ist oft schwer, aus der fast unendlichen Vielfalt des lebendigen Werkstoffes »Pflanze« das Bestgeeignete auszuwählen. Wer mit Pflanzen gestaltet, braucht den Blick für die Natur. Die für den Wassergarten empfehlenswerten Arten wurden in diesem Buch nach ökologisch verwandten Gruppen zusammengestellt und am Schluß des Buches zur schnellen Übersicht noch zusätzlich in Tabellen zusammengefaßt. Der Gartenfreund soll in die Lage versetzt werden, eigene Schlußfolgerungen für seine konkrete Situation ableiten zu können. Der Rahmen wurde weit gefaßt. Nicht nur die unmittelbar im Wasser lebenden Pflanzen finden Erwähnung, sondern alles, was sich ans Wasser anschließt, zum Wasser drängt. Pralle Sonne oder tiefer Schatten, nährstoffreicher Schlick oder armer Rohhumusboden, Dauernässe oder Wechselfeuchte – die Natur hält für jeden Standort geeignete Arten bereit.

Nicht alle Arten sind im Zander, Handwörterbuch der Pflanzennamen, zu finden. Für die wissenschaftliche Benennung war jedoch seine 13. Auflage die Grundlage. Der an den nomenklatorischen Widersprüchen schuldlose Leser wird es begrüßen, wenn bei den Artbeschreibungen auch die Synonyme mit genannt werden, die in älterer oder neuerer Literatur noch zu finden sind. Die deutschen Namen der in Mitteleuropa einheimischen Pflanzen werden in der von Rothmaler vorgeschlagenen Weise geschrieben. Seit 1959 ist die Benennung von Sorten mit lateinischen Wörtern untersagt. In der gärtnerischen Literatur wimmelt es dennoch von 'Variegatus' und 'Nanus', die nicht unbedingt alle vor dem 1.1.1959 vergeben wurden. Der Autor beschränkte sich bei der kritischen Sichtung der Sortennamen darauf, daß sie immer große Anfangsbuchstaben haben und in einfache Anführungsstriche eingeschlossen sind.

Ein weiteres Anliegen des Buches ist die Präsentation der bewährtesten Technik für den Wassergarten. Wer eine relativ bauaufwendige Lösungsvariante bevorzugt, findet entsprechende Hinweise. Vor allem für das Betreiben von Pumpen nebst zugehöriger Wassertechnik macht sich erhöhter Aufwand z. B. beim Bau eines Schachtes und seiner Ausrüstung durchaus bezahlt. Die Freude am guten Funktionieren einer Anlage wiegt die höheren Kosten auf. Jedoch auch bescheidene Aufgaben, wo auf kleinem Raum etwas Schönes und Natürliches entstehen soll, werden besprochen. Oft führen verblüffend einfache Mittel zum Erfolg.

An dieser Stelle möchte ich allen danken, die zum Gelingen dieses Buches beitrugen: Herrn Axel Grambow, Berlin, dessen Fotografien das Buch ganz wesentlich mitprägen und sein Anliegen unterstützen, den Mitarbeiterinnen am Buche, Frau Liane Kotulla, Halle; Frau Petra Czibula, Karl-Marx-Stadt, und nicht zuletzt auch meiner Frau, die tatkräftig am Titel mitwirkte. Ich danke den Herren Bernhard Röllich, Botanischer Garten Leipzig; Jürgen Röth, Botanischer Garten Halle; Dr. Hermann Manitz und Dr. Friedrich Karl Meyer, Herbarium Haußknecht der Friedrich-Schiller-Universität Jena, sowie Dr. Konrad Näser, Potsdam-Bornim, für die Beschaffung von Pflanzenmaterial und die Klärung wissenschaftlicher Fragen. Gleichen Dank richte ich an Herrn Wolfgang Oehme in Baltimore, USA, der mich mit Fachliteratur unterstützte und Hinweise zu amerikanischen Pflanzen gab. Die Herren Werner Pester, Limbach-Oberfrohna, und Günter Quellmalz, Karl-Marx-Stadt, berieten mich in technischen Fragen.

Herr Dr. Manfred Geyer übernahm das Kapitel »Tiere im Wassergarten«. Als meinem Lektor vom Neumann Verlag danke ich ihm besonders herzlich. Die Zusammenarbeit mit ihm gestaltete sich zu echter Partnerschaft. Seine Ratschläge und Kritiken trugen dazu bei, daß das Buch so geschrieben wurde, wie es heute vorliegt. Ich hoffe, daß es vielen Lesern Freude macht und ihnen zu neuen Erkenntnissen verhilft.

Suhl, im Dezember 1989   Karl Wienke

Gestalten und bauen im Wassergarten

Natur und Gestaltung

1

Vergänglichkeit / Quellen, sie münden
herauf, / beinah zu eilig, / was treibt aus
Gründen herauf, / heiter und heilig? /
Läßt dort im Edelstein / Glanz sich
bereiten, / um uns am Wiesenrain /
schlicht zu begleiten. / Wir, was erwi-
dern wir / solcher Gebärde? / Ach, wie
zergliedern wir / Wasser und Erde! / Rainer Maria Rilke

Wasser ist Leben

Vom Meer zum Land tragen die Winde Wolken und mit ihnen
das Wasser. In Quellen tritt es zutage, über Bäche und Flüsse
fließt es zum Meere zurück. Die am Fuße einer Felswand kraftvoll entspringende Karstquelle kann zum unvergeßlichen Erlebnis werden. Man nimmt gleichsam teil an der Geburt dieses
überaus beweglichen, plastischen, durchsichtig-schäumenden
und kühlenden Elementes aus dem starren Fels. Wasser, das aus
dem Schoß der Erde ans Tageslicht dringt, fesselt die Aufmerksamkeit. Die antiken Völker des Mittelmeerraumes und des Vor-
deren Orients verehrten Quellen. Sie waren ihnen heilig. Im
Hain, unter einem hohen Baum und in der Nähe einer Quelle
standen die Heiligtümer der Griechen. Die berühmte Orakel-
stätte von Delphi ist heute ein Ruinenfeld, seine würdige und ge-
schichtsträchtige Atmosphäre ist aber immer noch gegenwärtig.
Unweit vom Tempel des Apollon entspringt die heilige Quelle
»Kastalia«, die mit kräftiger Wasserschüttung an zwei benachbarten Stellen sich aus dem Urgestein ergießt. Im westlichen
Mittelmeergebiet, in Spanien, fließt der Guadalquivir. Über diesen Fluß schrieb der im 5. Jh. v. u. Z. lebende Stesichoros: »An
des Tartessos unerschöpflichen Quellen, / Der aus silbernen Wurzeln fließt im Felsenschoß ...« Der Dichter spricht
ausdrücklich von »unerschöpflich«, eine Eigenschaft von

Quellen, die besonders in den sommertrockenen Gebieten Südeuropas, in
denen so viele andere Gewässer zeitweise
versiegen, zur Grundlage menschlicher
Existenz wird. Doppeldeutig erwähnt er
die »silbernen Wurzeln« dieses Flusses:
Das Land Tartessos war reich an Silber,
und silbern schimmerte das sprudelnde Quellwasser, nachdem
es seinen langen Weg durch die Dunkelheit unterirdischer Höh-
lensysteme beendet hatte und im Licht der Sonne erschien – für
Menschen wertvoller als das Metall, und daran hat sich bis
heute nichts geändert.

Die Bedeutung des Wassers fand im Quellenkult des Alter-
tums sichtbaren Ausdruck. Südlich und südöstlich der mediter-
ranen Küstengebiete sind bis heute die seltenen Wasserstellen
oft lebensentscheidend für Mensch und Tier. Knapp, aber an-
schaulich wird im Alten Testament die Not der Israeliten auf ihrem Weg durch die Wüste Sinai geschildert: »Da aber das Volk
daselbst dürstete nach Wasser, murreten sie wider Mose und
sprachen: Warum hast du uns lassen aus Ägypten ziehen, daß
du uns, unsere Kinder und unser Vieh Durstes sterben ließest?«
(2. Mose 17, 2). Der mächtige Wüstengürtel im Norden Afrikas
einschließlich der arabischen Halbinsel galt den Alten als kaum
überwindbare Barriere. Nur drei Oasen sollen ihnen bekannt
gewesen sein: Zunächst die große Oase im westlichen Ober-
ägypten, sie hatte der um 484 bis 425 v. u. Z. lebende Grieche He-
rodot, der »Vater der Geschichtsschreibung« als »Insel der Seli-
gen« bezeichnet. Eine weitere bekannte Oase war die »Kleine«
oder »Nördliche« im westlichen Mittelägypten, zwischen diesen
beiden lag weit westlich, als dritte, die Oase Siwah.

Das griechische Wort *oasis* entstand aus dem ägyptischen *wah*
und bedeutet »Kessel«. Auf Siwah trifft diese Kessellage ganz
besonders zu, denn die 300 km² umfassende und bis 24 m unter
dem Meeresspiegel liegende Senke wird von steilen Felsrändern

umgeben. Hier stand einst das berühmte Orakelheiligtum des altägyptischen Gottes Ammon, das auch von Alexander dem Großen (356 bis 323 v. u. Z.) aufgesucht wurde. Der Afrikaforscher F. K. Hornemann (1772 bis 1801), der 1798 von Kairo aus bis Siwah vorstieß und noch Bruchstücke des alten Heiligtums vorfand, berichtete: »Der fruchtbarste Teil des Gebietes von Siwah besteht in einem wasserreichen Tale, welches mit kahlen steilen Felsen umgeben und von abwechselnder Breite ist. Der Boden bringt Getreide, Öl, allerlei Arten von Küchengewächsen, Granatäpfel und anderes hervor. Aber das vorzüglichste Produkt sind die Datteln ... Jeder Einwohner besitzt einen Garten oder mehrere. Sie sind mit vier bis sechs Fuß hohen Mauern oder wenigstens mit Hecken umgeben. Man bewässert sie aus den vielen süßen und salzigen Bächen, die in den nahen Gebirgen und zum Teil mitten im Tale entspringen und von denen keiner aus dem Gebiet der Republik fließt, weil man sie durch unzählige kleine Arme über die Gärten und Wiesen verteilt.« Hornemanns Schilderung erinnert an paradiesische Zustände, heißt es doch im biblischen Schöpfungsbericht »... und es ging aus von Eden ein Strom, zu wässern den Garten.« (1. Mose 2). In Siwah beträgt der Strom der Gesamtwasserschüttung aller Quellen nicht weniger als 190 000 m^3 pro Tag – und das mitten in der Sahara! Wüste und Oase stehen sich in denkbar schärfstem Kontrast gegenüber, aber sie gehören zusammen. Dazu ist anzumerken, daß sich hier wie in anderen Fällen des Aufeinandertreffens wechselnder Umweltformen stets eine Steigerung der biologischen Aktivitäten in den Kontaktbereichen bemerkbar macht.

Wenn Wasser im Spiel ist, werden die lebensfördernden Effekte oft noch verstärkt. Die verschiedensten Tierarten finden auch in kleineren Oasen und in ihren Randzonen Nahrung, Zuflucht und vor allem Wasser. Sammelstellen und gern aufgesuchte Rastplätze waren die Oasen deshalb von alters her auch für den Menschen. Angehörige nomadisierender Wüstenvölker siedelten sich hier schon früh an und verwandelten die natürlichen Vegetationsinseln in blühende Gärten. Weit über den eigentlichen Zweck der Bewässerung hinausgehend prägten nun das Wasser und die daran gebundenen Bauwerke wie Brunnen, Kanäle, Becken mit Zu- und Abläufen, kleinen Kaskaden und anderen Details das Bild dieser zugleich zweckmäßigen wie

Oasengärten in der Sahara

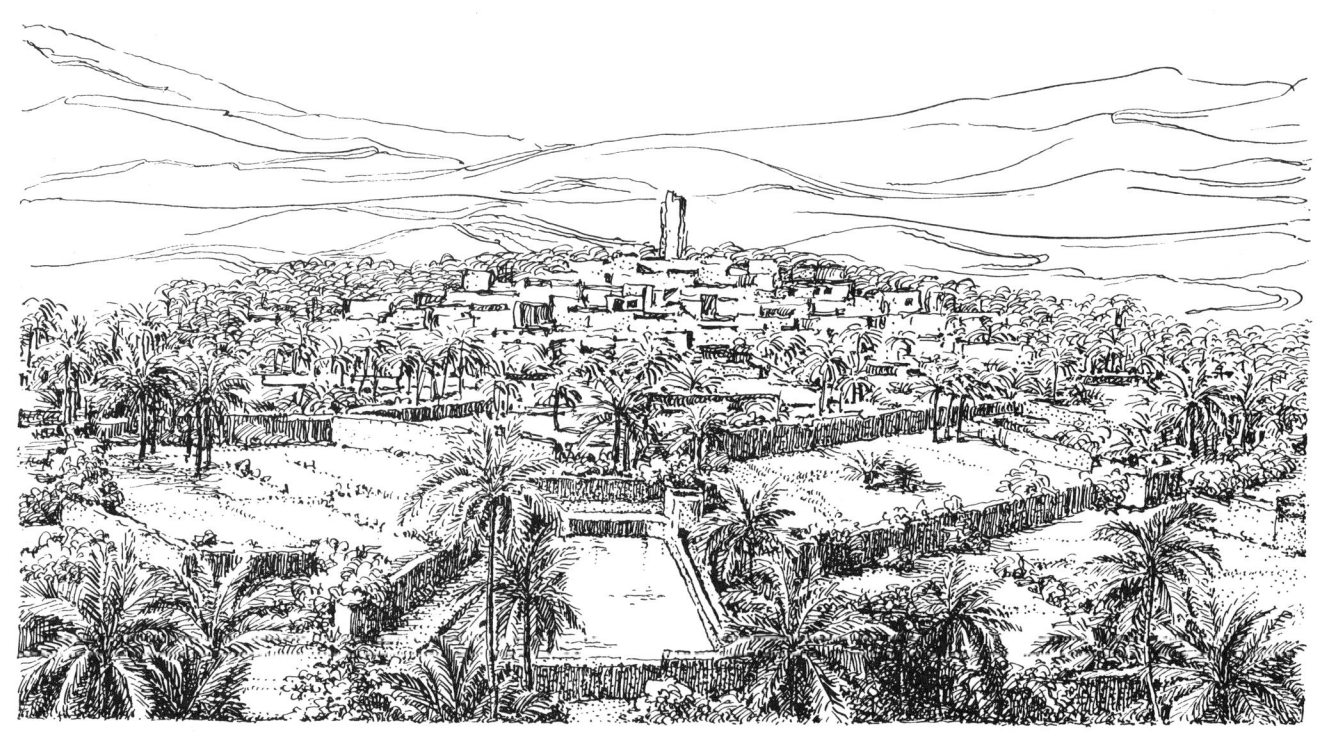

schönen Gärten. Zusammengesetzt waren sie aus vielen einzelnen Parzellen, Palmhainen, Wiesen und mitunter sogar kleinen Weihern. Häuser, Mauern und Gassen gehörten aber auch zu diesen Oasengärten. Sie sind die Urform eines Gartens und führen uns ein zeitloses Idealbild vor Augen.

Der Nil durchfließt die Wüste und erreicht nach über 1200 km in einem gewaltigen Delta das Mittelmeer. Als Folge der Schneeschmelze in den äthiopischen Bergen wurde in früheren Zeiten, vor dem Bau des Assuan-Staudammes, von Juli bis Oktober die Nilebene überschwemmt. Dieser regelmäßig ablaufende und berechenbare Naturvorgang bildete die Grundlage für Wirtschaft und Kultur im alten Ägypten, erforderte aber auch jedes Jahr die Neuvermessung und Instandsetzung des Kanalsystems. Bereits in einem relativ frühen Stadium ihrer Geschichte wurden die Niltalbewohner durch diesen Strom zur Staatenbildung gedrängt.

Aus klimatischen Gründen konnte Landwirtschaft auf größeren Flächen nur dann wirkungsvoll betrieben werden, wenn zunächst möglichst viel Land während der Überschwemmung unter Wasser gesetzt wurde, andererseits beim Zurückgehen des Wasserspiegels die Wassermassen ungehindert, aber so weit verzögert abfließen konnten, daß die Ackerkrume erhalten blieb. Das bedeutete, daß nur die vereinte Kraft vieler Menschen die notwendige Wasserregulierung betreiben konnte. Als gegen Ende des 4. Jt. v. u. Z. die politische Vereinigung im oberen Niltal vollzogen war, konnte das Kanalnetz ständig erweitert werden, und Nilwasser gelangte über Schleusenwerke, Damm- und Terrassenbauten schließlich auch in entferntere Landesteile. Mit Hilfe von Hebebrunnen, an deren einem Arm ein Stein, am anderen ein Eimer hing, konnten höher gelegene Flächen versorgt werden. War diese Mühe zunächst nur den lebensnotwendigen Kulturen zugedacht, so ging später aus dieser nutzbringenden Pflege der Vegetation die spezielle Gartenkultur der Ägypter hervor.

Die Würdenträger des Pharaonenreiches umgaben ihre Landhäuser mit Gärten, bauten prächtige Villen und umfriedeten ihre oft mehr als 1 ha umfassenden Gartengrundstücke mit zinnengekrönten Mauern. Nach dem Muster der Architektur waren im alten Ägypten auch die Gärten regelmäßig gegliedert. Weinlauben, Pergolen, kunstvolle Eingangstore oder Torhäuser, schattenspendende Baumreihen und vor allem das auf kaum einer historischen Darstellung fehlende Wasser bestimmten das Bild. Ein ägyptischer Garten ist ohne Wasser nicht denkbar. Oft führten T-förmig angelegte Kanäle um die Villen herum und in die Gärten hinein. Hinzu kamen meist mehrere, rechteckig geformte Bassins, die zur Bewässerung mit verwendet wurden oder – üppig umpflanzt – Asyl für Schwimmvögel boten.

Antike Gartenkulturen – das Haus und der Raum

Aus dem Jahre 2130 v. u. Z. liegt ein Bericht vor, in dem ein Priesterfürst der Sumerer von seinen mit »Rohrpflanzungen eingefaßten Teichen« schreibt. Rund tausend Jahre später rühmen sich mehrere assyrische Herrscher, Bäume in die Ebene verpflanzt und bewässerte Parks angelegt zu haben. Diese Parks waren so groß, daß sie sogar »Jagdgründe« enthielten und als »Schmuck des Landes« galten. Tiglatpi-lesar I. (1112 bis 1074 v. u. Z.) ließ auf Tontafeln festhalten, daß er in seinem Park jagdbare Tiere ausgesetzt und »Tiere des großen Meeres« in Fischteichen angesiedelt habe. Noch ausführlicher unterrichtet uns der 681 v. u. Z. gestorbene Sanherib, Sohn Sargons II., über die Anlage seines Parkes. Wörtlich heißt es: »Damit die Pflanzungen gediehen, habe ich ... das Gebirge und das Feld mit eiserner Hacke geebnet und einen Kanal hineingeleitet. Eineinhalb Wegstunde vom Chusurflusse habe ich fließendes Wasser dorthin geleitet und zwischen den Pflanzungen es fließen lassen als Tränkrinne. Um den Wasserlauf im Garten aufzuhalten, machte ich einen Teich und pflanzte darin Rohrpflanzen ... Das Rohr im Teich schnitt ich ab und verwendete es für die Bedürfnisse meiner Herrschaft.« Überlieferte Reliefs zeigen solche Teiche: Das Röhricht wächst so hoch, daß sich Hirsch und Reh, selbst Roß und Reiter darin verbergen konnten. Gleichzeitig wurde das jährlich nachwachsende Schilf wirtschaftlich genutzt.

Die »Hängenden Gärten« Babylons wurden von den Griechen unter die sieben Weltwunder eingereiht. Sie gehen auf die sagenhafte Gründerin Babylons, Semiramis, zurück. Das ungewöhnliche des verwendeten Gestaltungsprinzips besteht in der Kombination eines landwirtschaftlichen Bewässerungssystems auf terrassierten Hängen mit der stufenartig aufgebauten Zikkurat-Architektur. Von weitem wirkten diese merkwürdigen Gartenschöpfungen, die wie Theaterränge anstiegen, wie üppig begrünte Hügel. Es waren echte Dachgärten, denn sie überdeckten repräsentative Räume. Tragende, oben ausgehöhlte Backsteinsäulen waren mit Bäumen bepflanzt, die ebenfalls künstlich bewässert wurden. Die Frage der Abdichtung war gelöst. Auf die Funktionstüchtigkeit einer dicken asphaltverkitteten Schilfschicht, über der eine doppelt vermörtelte Ziegellage ruhte, die extra noch mit Bleiplatten abgedeckt war, konnte man sich in den fürstlichen Gemächern verlassen. Die griechischen Eroberer sahen 490 v. u. Z. staunend die blüten- und früchtereichen persischen Baumparks. Überall war darin Wasser in Kanälen, Bassins und Teichen als belebendes Element zu finden. Xenophon (um 430 bis 354 v. u. Z.) ist der erste, der die Bezeichnung »Paradeisos« für diese Gärten in die griechische Sprache einführte.

In Griechenland konnten sich Gärten nicht aus der Tradition einer Bewässerungskultur entwickeln. Innerhalb der eng gebauten Städte war es nach der Verfassung der griechischen Polis lange Zeit untersagt, private Gärten anzulegen. Diese weise Beschränkung sollte sich später auf den Bau öffentlicher Grünanlagen fördernd auswirken. Bereits Platon (424 bis 347 v. u. Z.) hatte es ausdrücklich verlangt, man solle Gymnasien nur an wasserreichen, von der Natur bevorzugten Plätzen anlegen. Das Gymnasium von Delphi lag auf zwei Terrassen am Berghang. Die untere Ebene enthielt ein kreisförmiges Schwimmbecken, zu dem Treppen hinabführten. Wasser sprudelte aus der dahinter liegenden Stützwand in steinerne Waschbecken. Das Ganze war Mittelpunkt einer gärtnerisch gestalteten Umgebung.

Im griechischen Wohnhaus waren die Entwicklungsmöglichkeiten zum Gartenhof angelegt, da sich die Wohnräume des Hauses auf einen nicht überdachten Hof hin orientierten. Schattenspendende Säulenhallen umschlossen auf drei oder vier Seiten den Innenhof und bildeten gemeinsam mit ihm das Peristyl. Ausgrabungen lassen vermuten, daß das Peristyl anfangs nur gepflastert war. Pflanzlicher Schmuck waren allenfalls einige Kübelpflanzen. Dazu läßt sich das leise Plätschern eines Brunnens denken. Anstelle eines einzigen Brunnens oder Wasserbeckens wurden später mitunter mehrere angeordnet, Springstrahlen steigerten die Wirkung. Gehölz- und Blumenpflanzungen faßten die gebauten Gestaltungselemente optisch zusammen und schufen den Rahmen für Skulpturen. Die Römer griffen die von den Griechen begründeten Gestaltungstraditionen auf und führten sie weiter.

Ode auf den Bandusischen Quell / Quell zu Bandus, weit heller als Kristall, / Der du des süßen Weines Opfer / Aus den umkränzten Schalen würdig bist, / Dir schenk ich morgen früh ein Böcklein, / Das allgemach mit einer Stirn, / Die mit den ersten Hörnern pranget, / So wohl sich zu dem Liebesscherz, als auch / zu manchem Kampfe zubereitet; / Jedoch vergeblich, denn es soll dies Kind / Der munter wählig geilen Herde / Alsdann die deinen kalten Bäche / mit seinem roten Blute färben. / Dich weiß die Glut der plagenvollen Zeit / Des brennendheißen Hundessternes / In den erhitzten Stunden nicht zu treffen. / Den Rindern, die der Pflug ermüdet, / Dem Vieh, das weidend um dich irrt / Gibst du die angenehmste Kühlung. / Auch dich wird man dereinst mit zu der Zahl / Der hochberühmten Quellen zählen, / Denn ich besinge diesen Eichenhain, / Der deine ausgekühlten Felsen besetzt hat, aus dem Dein Bach / Mit murmelndem Geräusche rieselt. / Quintus Horatius Flaccus

Quellen zwischen Felsblöcken, in schattigen Wäldern oder engen Schluchten waren für die Römer von mythologischer Bedeutung. In ihren Gärten machten sie das Quellenmotiv zum Ideenträger für vielfältige Themen. Gern wurden Grotten angelegt, Höhlen nachgebildet. Hier schäumte es zwischen unbehauenen Felsblöcken, Wasser erschien in schimmernden Brunnen, überquellend, herabfallend in Becken. Andere quellendurchrieselte Grotten waren von Bäumen beschattet, mit rosenberankten Pergolen umgeben und mit Efeu überrankt. Hoch im Ansehen standen im Altertum monumental gestaltete Quellwasseranlagen, Brunnentempel. Sie wurden den Nymphen, mythischen, halbgöttlichen Wesen geweiht. Griechen und Römer verehrten sie als Schöpfer und Erhalter von Quellen, Bächen und Pflanzen. Besonders die Römer entwickelten einen ausgeprägten Nymphenkult und schufen sich mit der Grundidee eines Nymphaeums viele Möglichkeiten der Gestaltung mit Wasser. Als besondere Kostbarkeit enthielt der Park von Plinius d. J. ein »Stibadium«. Es war eine offene Laube aus weißem Marmor, von einer Weinrebe beschattet, ein Ruheplatz mit Wasserkünsten. »Als würde es die Last der Ruhenden herauspressen«, so entsprang Wasser in dünnen Strahlen und fiel in ein Marmorbecken, auf dessen Rand beim Mahle die schweren Speisen gestellt wurden. Leichtere Bissen ließ man als Schiffchen in Vogelgestalt über die Wasserfläche treiben, die durch einen kleinen Springquell in Bewegung gehalten wurde. Im Garten des Plinius entsprang an »höchster nördlicher Stelle« eine natürliche Quelle. Springbrunnen, Wasserkünste des Stibadiums, Bäder und nicht zuletzt die zahlreichen Kanäle, von denen der Garten durchrieselt war, wurden von ihr gespeist. Der Palastkomplex des Nero, den dieser nach dem Brande Roms im Jahre 64 u. Z. erbauen ließ, nahm eine Fläche von 35 ha ein. Die Gartenanlagen erstreckten sich auf der dem Tiber abgewandten Ostseite des Hanges bis zum späteren Standort des Kolosseums hinab. Dort ließ Nero ein großes ovales Wasserbecken anlegen, in dem sich seine Palastbauten phantastisch spiegelten und den Eindruck einer ganzen Stadt hervorriefen. Die oft maßlosen Einfälle dieses Kaisers überlebten ihn nicht lange. Bereits im Jahre 69 u. Z., ein Jahr nach Neros Selbstmord, ließ Kaiser Vespasian Neros Spiegelweiher beseitigen und das Kolosseum erbauen. Geblieben ist die Idee, wie mittels Spiegeleffekten auf Wasseroberflächen die Wirkung von Bauwerken erhöht werden kann. In der Architektur der Gegenwart wird der »Reflecting-Pool« oft effektvoll eingesetzt. Kein hinzugefügtes Wasserspiel, sondern die Kräfte der Natur allein verändern die Spiegelbilder, spielen mit diesen flüchtigen Erscheinungen. Wind oder Sturm verursachen andere Abbilder als Regen, die Mittagssonne gibt ihnen andere Farben als die Abendsonne.

Wasser ist ein großes Geschenk der Natur. Horaz vertrat den Grundsatz »Einfachheit und Größe gehen zusammen«. Er rechnete das Bächlein auf seinem Landgut zu dem wenigen, auf das er nicht verzichten wollte. In folgenden Versen bedankt er sich bei seinem Freunde Maecenas, dem reichen Besitzer großer Gärten auf dem Esquilin, für das von ihm empfangene Besitztum: Mir plaudert mein Bächlein im winzigen Hain / Mich grüßet mein Acker so dankbar wie klein / Und glaubst Du, daß der sich für glücklicher hält / Der Afrikas fruchtbarste Fluren bestellt?

Im byzantinischen Kaiserreich waren Söllergärten, hochgelegene, sonnige Dachgärten, oft Vorplätze für Räume in höheren Stockwerken und selbst hohen Türmen zugeordnet, beliebt. Diese Söllergärten waren äußerst intensiv gestaltet. Miniaturen in Evangeliaren zeigen eherne Brunnenschalen, deren Ränder mit Silber eingefaßt waren, die Mitte bildete ein goldener Pinienzapfen, aus dem nicht etwa Wasser, sondern ein köstliches Getränk herausfloß. Immer wieder tritt dieses Motiv in der byzantinischen Brunnenkunst auf. Kostbares Gestaltungsmaterial und edles Getränk gehören zusammen. Brunnenschalen in ihrer ursprünglichen Zweckbestimmung, meist aus Marmor, waren mit wasserspeienden, aus Metall gegossenen und getriebenen Tierfiguren geschmückt.

Gartenkunst, wie sie als Synthese zwischen erlebter und geistig verarbeiteter Naturanschauung hervorgeht, hatte in den unsicheren Zeiten des frühen Mittelalters zunächst keine Heimstatt. Ritterburgen begannen das Land zu beherrschen. Von Ringmauern umgeben, waren sie als Höhenburgen meist nur über Zugbrücke und Tor zu betreten, wobei die Brücke einen tiefen, aber in der Regel wasserlosen Graben überspannte. Beim Typ der Niederburg waren es natürliche Gewässer oder unpassierbare Sümpfe, die als schützende Barriere die Verteidigungsanlagen umgaben. Auch die Städte suchten sich durch ihren Stadtmauern vorgelagerte Flutgräben zusätzlich abzuschirmen. Dabei wurde ganz unbeabsichtigt das Praktische zur Ausgangsbasis für das Schöne. Heute sind sie von faszinierendem Reiz, die alten Wasserburgen, Kastelle und Schlösser, besonders in Frankreich an der Loire oder im Süden Englands. Vor dem Hintergrund alter Bäume spiegelt sich ihr ehrwürdiges Gemäuer im alten Kanal, der zu ihm hinführt, es in beträchtlicher Breite an drei Seiten umspült. Daß im Mittelalter der Faden zur Antike nicht völlig abriß, dafür sorgten als neue Kulturträger die Mönche. In den romanischen und gotischen Klosteranlagen ist das Peristyl wiederzufinden: Der klösterliche Kreuzgang ähnelt einem vierseitigen Portikus und umschließt den Innenhof. In der Mitte eines Wegekreuzes steht der Brunnen. Viel Symbolhaftes ist in dieser Idee: hervorgehoben wird das Wasser, Sinnbild des Lebens, während das Wegekreuz schon alttestamentliches Symbol ist, denn es erinnert an den sich in vier Flüsse teilenden Strom des Paradieses (1. Mose, Kap. 10 bis 14), ein Motiv, das sich in der Gartenkunst weit zurückverfolgen läßt.

Orient und Okzident – frühe europäische Gartenkunst zwischen Nutzen und Symbol

Anfang des 8. Jh. hatten die Araber fast die gesamte Iberische Halbinsel erobert. Ein Strom westasiatischer Kultur floß nach Europa. Aus dieser Epoche sind berühmt gewordene Teppiche bekannt, die an einem frühen Beispiel einen von Bächen durchrieselten und von Pfaden durchkreuzten Lustgarten darstellen. Mit Gold wurde die gelbliche Färbung des Erdbodens nachgeahmt. Streifen darin vertraten die Ränder der Bäche, kristallhelle Stellen vermitteln die Vorstellung von Gewässern. Spätere Teppiche zeigen in der Mitte von Wassertieren belebte Becken, dazu gesellen sich Wege und schmale Kanäle. Daß der gesamte, mit Fischdarstellungen verzierte Rand als Wasserkanal gedacht war, muß in der sassanidisch-arabischen Teppichweberei ein so häufiges Motiv gewesen sein, daß noch heute dieser Rand arabisch *su* = Wasser genannt wird. Metallene Wandteller widerspiegeln ebenfalls die Idee des bewässerten Gartens in regelmäßiger Form. Zwischen Massen blühender Zweige bewegen sich flatternd, fliegend oder sich im Sitzen umwendend exotische Vögel. Darunter, in Wassernähe (angedeutet durch Schilf), grasen oder lagern Rehe. Alles scheint sich zu bewegen, in paradiesischen Zuständen zu leben.

Übereinstimmend mit den auf Teppichen und in Miniaturen dargestellten Gartenentwürfen, bei denen die inhaltlichen Elemente etwas vereinfacht in der Reihenfolge »Wasser, Bäume, Blumen und Vögel« (oder Tiere allgemein) zu umschreiben wären, enthält der alte islamische Garten überall die vier Grundelemente Wasser, Schatten, Farbe und Musik. Zur Musik zählten auch plätschernde Wasserstrahlen, Vögel (meist in Käfigen) oder mechanische Instrumente, die bei leichter Windbewegung klapperten. Farbakzente gaben blühende Pflanzen, Dekor an den Außenwänden der Architektur, in der Sonne leuchtende Bodenmosaike; milden Schatten spendeten die Bäume.

Die Tradition der Wasserkünste lebt als islamisches Erbe auf spanischem Boden bis heute fort. Die ab 1213 erbauten Alhambra-Gärten mit ihren Becken, in denen lange Reihen feiner Sprühstrahlen zwischen subtropischer Vegetation und vornehmer Architektur die zauberhafte Stimmung südlicher Exotik hervorrufen, zählen zu den schönsten Werken der Gartenkunst überhaupt.

Der Römische Brunnen / Auf steigt der Strahl und fallend gießt / Er voll der Marmorschale Rund / Die, sich verschleiernd, überfließt / In einer zweiten Schale Grund; / Die zweite gibt, sie wird zu reich, / Der dritten wallend ihre Flut; / Und jede nimmt und gibt zugleich / Und strömt und ruht. / Conrad Ferdinand Meyer

Landschaftsgeometrien – die Gärten der Renaissance und des Barock

In den Gärten der frühen Renaissance in Oberitalien waren Terrassen und Rampen gestalterische Konsequenzen aus den Hanglagen dieser Gärten. Die Gebäude öffneten sich zum Garten und suchten den Blick in die Weite der Landschaft. Bäche und Flüsse wurden umgeleitet und betrieben wie im Altertum mit ihrem Wasserdruck verschiedene Wasserkünste. Obwohl die durch Terrassenbauten gewonnenen Gartenteile anfangs nur lose miteinander verbunden waren, wurde stets versucht, das Programm des Hauses in seinen Formen und Raumgesetzen im Freien weiterzuführen. Vieles hatte sein Vorbild im alten Rom. So auch der strenge Gehölzschnitt, der die charakteristische Komposition der quadratisch zugeschnittenen Parterreanlagen ermöglichte. Den räumlichen Mittelpunkt dieser repräsentativen Flächen übernahm eine Plastik oder ein Fontänenbecken. Die ornamentalen Buchsbaumkanten, an denen sich kein Blatt »außer der Reihe« zeigen durfte, verraten in ihrer exakten Symmetrie die Lust am geometrisch Errechneten. Zur einheitlichen, den ganzen Freiraum erfassenden architekturgebundenen Gestaltungsweise zählten auch Laubengänge oder Alleen, die den Garten kreuzweise durchschnitten und den räumlichen Abschluß übernahmen. In den Wasserkünsten wurde neben dem künstlerischen Ausdruck das technisch Schwierige geradezu gesucht. Vor allem die in Mode gekommenen Vexierwasserspiele boten Gelegenheit, allerlei ausgeklügelte Techniken zu erproben. Selbst Leonardo da Vinci (1452 bis 1519) setzte sich mit den technischen Möglichkeiten solcher Tricks intensiv auseinander. Marie Luise Gothein (1863 bis 1931) schreibt über einen fürstlichen Residenzgarten in Neapel aus der Zeit gegen Ende des 15. Jahrhunderts: »Wenn die Laune am höchsten stieg, so öffneten sich auf des Königs Wink verborgene Quellen und setzten im Nu den ganzen Hof unter Wasser und bereiteten der Gesellschaft ein unfreiwilliges Bad. In den Gemächern daneben war für trockene Gewänder und Ruhebetten gesorgt.« In *Deliciae Italiae*, einem 1600 erschienenen Handbuch, wird über die schnellen, unvorhergesehenen Strahlen der Vexierwässer berichtet: »... man spart's keinem, er sei ein Potentat wie er wölle, wie dann viel gewaltige Fürsten und dergleichen dagewesen.« In den Villengärten der Umgebung Roms dominierten Anfang des 16. Jh. die seitlich geführten, hinter Futtermauern verborgenen, relativ schmalen Treppenläufe. Das unmittelbar ins Auge Fallende waren mächtige Mauerkonstruktionen, die gern für die Aufnahme von Grotten genutzt wurden. Garten und Villa Madama in Rom, mit deren Entstehung sich die Namen Raffael und Antonio Sangallo d. J. (1485 bis 1546) verbinden, liefern ein Beispiel für die Ausmaße solcher Grottenanlagen. Drei portalartige Nischen sind in eine Futtermauer eingelassen. Die mittlere ist von einer farbigen Keramikdecke überwölbt, an der Hintermauer speit ein Elefantenkopf aus seinem Rüssel Wasser in ein verziertes Becken. Girlandenartige Schmuckgewinde verbinden den Kopf mit seitlich angeordneten, ebenfalls wasserspeienden Masken. Anderen Grottenanlagen waren großzügige Wasserbecken vorgelagert, oder sie enthielten – wie im Garten der Villa di Castello bei Florenz – einen sitzenden Alten, dem als »Regengott« aus allen Poren sowie von Bart und Haupthaaren Wasser floß. Immer wieder sind es die Wasserkünste, die von zeitgenössischen Italienreisenden gerühmt werden. Auch die häufig ausgegrabenen Plastiken aus antiker Zeit trugen zum Schmuck der Renaissancegärten bei. Sie wirkten nach einer zeitgenössischen Meinung »in duftend grüner Umgebung, umrauscht von Brunnen« besser als in »nüchternen Sälen«. Im Auftrage des Kardinals Ippolito d'Este schuf Pirro Ligorio (1510 bis 1583) in der Nähe von Tivoli bei Rom um die Mitte des 16. Jahrhunderts einen berühmten Garten. Terrassenbauten, Treppen, Mauern und Wasserkünste vereinigte Ligorio zu einer Gesamtkomposition größter Geschlossenheit, überragt und beherrscht von der Villa d'Este, deren lagerhafte, horizontale Gliederung durch entsprechende Querachsen im Gelände fortgesetzt wird. An der klaren Gliederung ist das Gestaltungselement Wasser führend beteiligt. Es erscheint in verschwenderischer Fülle und zeigt, was geschehen kann, wenn ein Künstler über natürlichen Wasserreichtum verfügt und ihn zu meistern versteht. Eine bedeutende Wasserkunst sei erwähnt. Die imposante Wasserorgel stellt einen brausenden Gegenklang zu einer stillen Wasserachse her, die hier ihren Anfang nimmt. Das Gelände war angeschnitten worden, so ergab sich der notwendige Höhenunterschied, um dieses eigenartige, mit reichem Figurenschmuck ausgestattete Bauwerk an dieser Stelle errichten zu können. Montaigne schreibt darüber: »Die Musik der Orgel – es ist eine wirkliche Musik aus einer natürlichen Orgel, auch wenn sie immer das gleiche spielt – wird durch das Wasser hervorgerufen, das mit großer Gewalt in eine rundgewölbte Höhle stürzt, die dort vorhandene Luft bewegt und diese zwingt – um entweichen zu können – durch die Pfeifen der Orgel zu strömen, sie mit Wind zu versorgen. Ein weiterer Wasserstrom treibt ein Rad mit bestimmter Zähnung, die die Klaviatur der Orgel in vorausberechneter Ordnung bewegt, so daß man die Imitation von Trompetenklang hören kann.« Man fühlt sich an die mechanischen Musikinstrumente des 19. Jahrhunderts erinnert und hält es kaum für möglich, daß es bereits 400 Jahre zuvor in Italien gelungen war, mechanische Bewegung in geordnetes Klanggeschehen umzuwandeln.

Der Feldzug des jungen Königs Karl VIII., den er 1493/94 nach Italien unternahm, ging hauptsächlich wegen seiner kulturhistorischen Bedeutung in die Geschichte ein. Mit Interesse überzeugte sich der begeisterte König von den Leistungen der italienischen Renaissance. Als Karl Italien verließ, folgten ihm als Kriegsbeute 40 Tonnen Kunstschätze und 20 ausgewählte Künstler, an der Spitze Leonardo da Vinci. Zunächst wurde versucht, die Idee der italienischen Renaissanceanlage – Terrassen, Wasserspiele, Kaskaden, Blick in die Weite – auf ein von Wassergräben umgebenes Schloß zu übertragen. Anders als in Italien waren in Frankreich aber vorwiegend nur ebene Flächen für die Gestaltung vorhanden. Es bestanden hier bessere Voraussetzungen für große Kanäle als für Fontänen oder Kaskaden. Es blieb deshalb nicht lange beim Nachahmen und Übertragen des italienischen Vorbildes. Allmählich entwickelte sich der »Französische Garten« als eigenständiger Stil. Der frühe französische Renaissancegarten war häufig durch Kanäle oder einen Fluß vom Schloßgebäude getrennt, so daß Schloß, Garten und umgebende

Florenz, Garten der Villa Gambaraia (16. Jh.)

Waldlandschaft drei nebeneinander bestehende Teile eines zusammengehörenden Ganzen bildeten. Wohin diese Idee des französischen Kanalgartens führte, zeigt das Beispiel des Parks von Versailles, der bedeutendsten Schöpfung der französischen Gartenkunst überhaupt. Ein 1560 m langer und 120 m breiter Kanal bildet mit 1013 m langen Seitenarmen ein mächtiges Kreuz. Dieser »Große Kanal« ist Teil einer vom Schloß ausgehenden Längsachse, die sich am Beginn der Wasserfläche bereits einen Kilometer weit vom Schloß entfernt hat. Die Wege und Blick beherrschende Hauptachse ist das Neue, das den französischen Barockgarten von seinen Renaissancevorbildern unterscheidet. Nicht mehr gleichrangig, sondern hierarchisch untergeordnet, fügen sich die verschiedenen Einzelelemente zu einem Ganzen. Das Wasser, das auch in diesem Garten das auffallendste Gestaltungsmittel ist, hilft diesen Gedanken durchzusetzen. Alles atmet den Geist souveränen Machtanspruchs eines Monarchen. Anstelle kleiner, rechteckiger Renaissance-Parterres rollte der Gartenkünstler Le Notre (1613 bis 1700) einen riesigen Teppich aus, der von der leicht erhöhten Schloßterrasse aus den perspektivischen Vordergrund für eine großartige Fernsicht herstellte. Ein enormer Gesamt-Gartenraum konnte über-

schaut werden, prächtiger, theatralischer Schauplatz glänzender Feste, zu denen Ludwig oft Tausende von Gästen einlud. Um der Gefahr der Eintönigkeit entgegenzuwirken, hatte Le Notre mit zahlreichen *guardino secreti* für Abwechslung gesorgt. In diesem Sinne wirkten auch zwei seeartige Wasserbecken, wovon das eine, der »Schweizer See«, einen abwechslungsreichen Blick in die weniger bevorzugte Seitenrichtung bot. Außer der Zentralen Achse war nämlich als zweites neues Gartenthema der See entdeckt worden. Bereits im Park zu Fontainebleau gab es unter Heinrich IV. (1553 bis 1610) ein großes, in der Mitte der Gesamtanlage gelegenes Wasserbecken, das von verschiedenen Gärten umrahmt war. Außerdem wurde hier eine Parterreanlage zum ersten Mal von einem rein dekorativen und nicht mehr schützenden Kanal gegliedert. In Marly-Le Roi, wo Ludwig XIV. seinen eigenen Festen endlich zu entfliehen hoffte, bildeten umfangrei-

che Wasserbecken zugleich die zentrale Parkachse. Hier wie auch in Versailles wurden diese Wasserflächen mit Booten befahren. Die künstlichen Seeschlachten und Wasserturniere der Römer kamen zwar nicht wieder auf, dafür veranstaltete der König nun prunkvolle Wasserfeste. Versailles ist der Gipfel der französischen Gartenkunst, es wurde bestaunt, aber nie wieder erreicht.

Die Unterwerfung der Natur unter den Willen des Menschen schien perfekt und konnte nicht weitergetrieben werden. Die unterworfene Natur begann sich auch zu rächen. Der in Versailles geborene Schriftsteller Louis de Rouvroy, Duc de Saint Simon (1675 bis 1755), schrieb: »Man kann nicht umhin, von der Vergewaltigung der Natur, die man überall antrifft, abgestoßen und angewidert zu werden. Zahllose, von überall hergeleitete und herbeigezwungene Wasserläufe stagnieren grün, dickflüssig und sumpfig. Sie verbreiten eine ungesunde, fühlbare Feuchtigkeit und einen noch stärkeren Geruch. Unvergleichlich ist die Wirkung der Brunnen und anderer Künste, obwohl sie viel Pflege

Peterhof bei Leningrad (18. Jh.)

und Mühe kosten. Aber der Erfolg des Ganzen ist nur der, daß man bewundert, um zu fliehen.«

Der kunstbegeisterte Landgraf Karl von Hessen-Kassel (1654 bis 1730) faßte nach einer Italienreise den Entschluß, auf der Wilhelmshöhe bei Kassel eine Kaskadenanlage bauen zu lassen. Auf einer Gesamtstrecke von etwa 800 m sollte ein ergiebiger Wasserlauf zu Tal fallen. Vor einem kleinen Schloß auf einer Anhöhe sollte die Kaskade beginnen und unten mit einer wuchtigen Endkaskade ausklingen. Nur das obere Drittel des Projektes ist verwirklicht worden. Die Krönung bildet die Monumentalstatue des Herakles Farnese, der auf allerlei Wasserkünste hinabschaut. Er bewacht den achteckigen Schloßbau (zugleich Wasserreservoir) hinter sich, dessen beide unteren Stockwerke gleichsam aus dem Felsen herauswachsen. Der deutsche Kunsthistoriker Georg Dehio schrieb vor etwa 100 Jahren: »Die noch immer imponierende Kaskade von 250 m Länge wird von einer schier endlosen Flucht von übermannshohen, gleichsam im Zuge des Strömens vorwärts gebogenen Stufen gebildet, die seitlich von niedrig plätschernden Stiegen begleitet werden. Grotten und Beckenwerk unterbrechen und bereichern diese Kaskadenanlage, die auch im reduzierten Zustand vielleicht das Grandioseste ist, was irgendwo der Barockstil in Verbindung von Architektur und Landschaft gewagt hat.«

Das Ewige in der Gartenkunst – China und Japan

Erzeugen und nicht besitzen, / Wirken und nicht behalten, / Fördern und nicht beherrschen / Das ist geheimes Leben!

Dieser Spruch bezieht sich auf wesentliche Züge der chinesischen Gartenkunst. Laozi, dessen Wirken in der Zeit zwischen 475 und 221 v. u. Z. vermutet wird, soll ihn formuliert haben. In seiner Lehrschrift (alt: Toa Te King, neu: Dao de jing) befaßt er sich mit Problemen der Welterkenntnis und gibt Hinweise für das Verhalten des idealen Menschen. Schwere Verpflichtungen geduldig auf sich nehmen, Verminderung der Selbstsucht und Begierden, Rückkehr zur Einfachheit sind ebenso Bedingungen für menschliches Glück wie »Leersein« für Natureindrücke, die Gabe, Schönes auf sich wirken zu lassen und auch im Kleinsten das Größte zu sehen. Die ersten Nachrichten über chinesische Gärten reichen bis in Laozis Zeit zurück. Zunächst ist von »Tiergehegen« – oder wohl besser Jagdparks – die Rede. Die chinesischen Kaiser der Han-Dynastie (206 v. u. Z. bis 220 n. u. Z.) ließen Teiche in diesen Parks anlegen, die sie mit bizarren Felseninseln ausstatteten. Bis heute bilden Wasserflächen in chinesischen Gärten und Parks eine der wichtigsten Gestaltungsgrundlagen. Der Han-Kaiser Wudi (140 bis 87 v. u. Z.) hielt im Teich nahe seinem Palast Schildkröten und Fische, die am Ufer in Gestalt steinerner Skulpturen wiederkehrten. Die Gestaltungselemente der chinesischen Gartenkunst haben Symbolcharakter. Symbolhafte Bedeutung hatten auch die Inseln im Teich. Als Vorbild für das spätere klassische Motiv »Ein Teich und drei Berge« (yi chi san shan) gilt Wudis Anlage Tai yi chi. Marco Polo weilte von 1272 bis 1292 am Hofe Chublai-Chans und erlebte, wie der Herrscher für seinen Sohn einen Palast erbauen ließ, der von dem seinem durch einen großen Teich getrennt und mittels langer flacher Brücken über die Wasserfläche hinweg verbunden war. Die Hauptstadt der überwundenen südlichen Song-Dynastie Linan bezeichnet er als »größte und schönste Stadt der Welt«. Sie wird auf der einen Seite von einem Fluß und auf der anderen Seite von dem See Hsi Hu begrenzt. Marco Polo schildert die Ufer dieses Sees, die mit schönen Profanbauten und Tempeln malerisch bebaut waren. In der Mitte des Sees lagen zwei Inseln, auf denen ein Palast stand, »würdig eines Kaisers, ... und wahrlich, eine Fahrt auf diesem See gehört zu den größten Erholungen, die man finden kann. Denn auf einer Seite liegt die Stadt mit ihrer ganzen Ausdehnung, so daß die Leute in ihren Barken von ferne den ganzen Anblick ihrer Schönheit haben, mit den zahllosen Palästen, Tempeln, Klöstern und Gärten und mit Bäumen, die sich an die Ufer herabsenken.«

Den Garten des chinesischen Staatsmannes Hsi Ma Kuang belebten um 1026 verschiedene Wasserläufe, Kaskaden und Teiche, auf denen Schwäne lebten. Ein großer, überhängender Felsen mit einem Pavillon darauf lud dazu ein, den Sonnenaufgang zu genießen oder sich am Anblick eines durch die benachbarten Reisfelder strömenden Flusses zu erfreuen. Eine Insel wird erwähnt, deren Ufer mit Sand, Muscheln und vielfarbigen Kieseln bedeckt war, während in einer Grotte das Licht durch eine von blühenden Schlinggehölzen gerahmte Öffnung fiel. Am meisten scheint das Herz Hsi Ma Kuangs an einem bestimmten Teich gegangen zu haben, der kleine, schilfbewachsene, von Vögeln bevorzugte Inseln enthielt und über den Holzbrücken und Trittsteine führten. »Wenn die Seerosen am Ufer des Teiches in voller Blüte stehen, erscheint er mit Scharlach und Purpur bekränzt, wie der Horizont des südlichen Meeres, wenn die Sonne aufgeht.«

Das Besondere der chinesischen Kultur erwächst aus dem Zusammenwirken von ethischer Haltung und ästhetischem Empfinden. Beides wurde gefördert durch die Lehren Laozis oder auch die des Konfuzius (551 bis 479 v. u. Z.), der »Mäßigung in allen Dingen« forderte und als Quelle für geistige Ruhe und inneren Frieden ein Leben im Dienste der Allgemeinheit sah. Achtung vor dem Leben und Naturverehrung waren in allen geistigen Strömungen Altchinas als Grundprämisse enthalten.

Sir William Temple (1628 bis 1699) bewunderte in China das Ergebnis einer Gartenkultur, die sich seit über 2000 Jahren nach den gleichen Prinzipien entwickelte und die der europäischen Tradition so völlig entgegengesetzt ist: »In Europa entfaltete sich Schönheit in der Bindung an eine feste Ordnung. Proportionen und Einheitlichkeit ergeben sich durch die Teilhabe an einem Ganzen, während in China eine größtmögliche Schönheit ohne feste Ordnung erzielt wird. Gewänder, Wandschirme, Porzellan, überall ist die künstlerische Wirkung von der gleichen Art.« Die Bemühungen des Paters Benoit, den um 1730 aktuellen europäischen Gartenstil einzuführen, mißlang. Wohl erfreute sich der damalige chinesische Kaiser an den fremden Wasserkünsten, deren Technik gespanntes Interesse erweckte, die Gärten verfielen aber wieder, als ihre Schöpfer gestorben waren. Umgekehrt haben die fernöstlichen Gestaltungsprinzipien den Westen zunehmend beeinflußt. »Die Welt erobern wollen durch Handeln, ich habe erlebt, daß das mißlingt« steht im Dao de jing. Mußte aktives Einwirken auf die Natur nicht allzuoft mit schweren Umweltschäden bezahlt werden? Im eigenen Garten hat jeder Gelegenheit, darüber nachzudenken, was er der Natur überlassen kann und wo er selbst handeln muß.

Trittsteine als Pfad im Wasser oder dicht über die Wasserfläche geführte Brücken sind auch in Japan gern verwendete Gartenmotive. Nach chinesischem Vorbild kommt es dabei weniger darauf an, daß man trockenen Fußes zum anderen Ufer gelangt, vielmehr sind solche brückenähnlichen, oft in die Länge gezogenen Stege Aussichtsplattformen über dem Wasser. Der Betrachter wird dicht an das Wasser herangeführt, um dessen Geheimnisse aus nächster Nähe erfahren zu können. Der Shintoismus verehrt einfache Naturphänomene wie Sonne, Meer und Regen oder auch Steine und Berge. Ihren Ahnen weihen die Japaner heilige Stätten. Auf Inseln inmitten von Seen lagen die sorgfältig gepflegten Grabhügel verstorbener Herrscher. Im Shintoismus sind die Quellen des japanischen Schönheitsempfindens und Raumgefühls zu suchen. Im 6. Jahrhundert brachten chinesische Mönche den Buddhismus nach Japan, der auch die japanische Gartenkunst beeinflußte. Der japanische Garten ist niemals symmetrisch, betont intim und malerisch gestaltet. Die Auffassung vom Garten als einem Kunstwerk mit tieferem Sinngehalt entspricht dem chinesischen Verständnis. Im Unterschied zu China verstehen die Japaner ihre Gärten aber nicht als Ausschnitte einer größeren Gesamtkomposition, sondern entwerfen sie als Mikrokosmos in Analogie zu einem entsprechenden Naturthema. Pflanzen, Wasser, Steine, Sand und selbst Laternen wirken unmittelbar als Gestalt und sind außerdem Symbol, z. B. für Wald, Ozean, Bergkette, Tempel usw. Die Anordnung dieser Komponenten ist strengen Regeln unterworfen.

Zahlreiche Vorschriften und Verbote lenken den Gestaltenden. Archaische Einfachheit und Strenge sind ebenso Teil der japanischen Gartenästhetik wie die malerische, wenn auch oft bis zum Letzten ausgemagerte Wiedergabe eines konkreten Naturvorbildes.

Die Einführung fester Regeln für die Gartengestaltung erfolgte erstmals im 11. Jahrhundert. Zu diesem Zweck hatten japanische Mönche das Buch »Sakuteiki« herausgegeben, das zahlreiche Verbote und Forderungen an die Gartengestaltung verbindlich festschrieb. Für die möglichen Bewegungen des Wassers waren allein 10 verschiedene Typen von Wasserfällen vorgesehen. Spätere Schriften befaßten sich mit den für japanische Gärten so wichtigen Steinen und legten Richtlinien für Material, Format, Charakter und Gruppierung fest. Bestimmte Gartentypen grenzte man untereinander ab. Beim Hügelgarten *Tsukiyama* symbolisiert der höchste Hügel den Fujiyama, dessen Wirkung durch weitere Hügel, die der »Landschaft« Tiefe verleihen, gesteigert wird. Eine verbindende Wasserfläche verkörpert die ideale Beziehung zwischen Berg und See. Während einige Inseln durch Trittsteine oder Brücken zu erreichen sind, wie die »Gästeinsel« und die »Gastgeberinsel«, liegt die »Elysische Insel« unerreichbar im See. Der Trockenlandschaftsgarten »Karesansui« hat seine philosophischen Wurzeln im Zen-Buddhismus. Er dient der Meditation. Der berühmte »Garten der Steine« im Tempelgarten von Ryoanji entspricht einem Trockenlandschaftsgarten in seiner Unterart »Heisha«, dem flachen Sandgarten. Aus einer exakt geharkten, weißen, waagerechten Kiesfläche ragen einige bizarre, von kleinen Moosbändern gesäumte Steinbrocken empor. Wer sich in diese Raumgestalt betrachtend vertieft, erblickt vielleicht felsige Inseln, umrahmt von der weiten Fläche des Meeres. Oder sieht er ein Nebelmeer, von Felsengipfeln überragt? Vom Typ eines im herkömmlichen Sinne schönen, farbenprächtigen Gartens ist diese Abstraktion weit entfernt. Die Abstraktion dieser Gestaltung ist aber von großer Faszination. Sie lehrt, daß auch im Garten, im Freiraum Symbole wirksam eingesetzt werden können. Der Sand mit seinem geharkten Muster ist nicht nur das Symbol für Wasser. Er ist Symbol für das, was eine große Wasserfläche ausstrahlt: Ruhe. Auf die emotional wirksame Ausstrahlung des Gestaltungselementes kommt es an, nicht auf das Material. Auch bei anderen Gelegenheiten wird Wasser durch Moos, Sand oder selbst Tannennadeln dargestellt. In einer bestimmten Anordnung gepackte blaugraue Steine von ähnlicher Größe geben sich als Bachlauf zu erkennen, der sich durch den gesamten Garten schlängelt. Im Bewußtsein des Betrachters werden diese stellvertretend verwendeten Medien zu Wasser – Wasser, das irgendwo durchbricht, schießt, stürzt und wieder verweilt. Der japanische Satz ist ganz wörtlich zu nehmen: »Kunst ist durch den Geist des Menschen gegangene Natur.«

Auch »echtes« Wasser fehlt kaum in einem japanischen Garten. Im »Sakuteiki« wird gemahnt: »Beim Anlegen eines Gartens müssen die natürlichen Umrisse von Gewässern beachtet, die Berge und Wasserläufe so angelegt werden, daß sie den Formen der Natur entsprechen … Als erstes grabe deinen kleinen See so aus, daß er in seine Umgebung paßt. Dann erst errichte einen künstlichen Hügel und lege einen Fußpfad an nach der Form des Sees.« Die alten Gestaltungsregeln beweisen ihre Lebenskraft bis heute. Sogar die 138 Hauptarten stehender und liegender, »männlicher« und »weiblicher« Steine, die selbst in kleinsten Gärten nicht unter fünf reduziert werden dürfen, sind immer noch aktuell. Auch der hügellose Flachgarten *Hiraniwa* erfreut sich großer Beliebtheit. Er kann ausgedehnte Marsch-

oder Moormotive enthalten oder erscheint als Wassergarten *Sentai* mit einem »See«. Auch hier geht es primär um Bildinhalte, die dem Betrachter angeboten werden. Die Wasserfläche wird deshalb so angelegt, daß sie von bestimmten Blickpunkten aus – eventuell in Draufsicht oder als Folge von Ansichten beim Umschreiten – optimal zu erleben ist.

Der »Geist des Tees« gehört einer dem europäischen Denken unbekannten Vorstellungswelt an. Beides, das Teetrinken und die dazugehörige Pflege der Geselligkeit, wurzelt im mittelalterlichen China, wo am Kaiserhof Wettbewerbe über das Ermitteln von Teesorten nach ihrem Duft veranstaltet wurden. Dieser subtilen Aufgabe entsprach die zugehörige, von Dichtern und anderen Persönlichkeiten geförderte Etikette, die in Japan zum Ritual weiterentwickelt wurde. Bei der Teezeremonie werden Tugenden wie Zurückhaltung, Höflichkeit, Feingefühl und Bescheidenheit geübt, die in symbolischer Andeutung im Teegarten »Chaniwa« zum Ausdruck gebracht werden. Dieser hausnahe, oft sehr begrenzte Gartentyp bildet den Vorhof für die Teezere-

Kyoto, Garten des Katsura-Palastes mit Shikintei-Pavillon (17. Jh.)

monie und zugleich Vorwurf für eine erlesene Gestaltung. Ausgesuchte Gegenstände, wie das niedrige Wasserbecken mit der Bambuskelle »Tsukubai«, das im Winter mit Sand gefüllt wird, findet hier neben steinernen Gartenlaternen und gestutzten Zwergsträuchern seinen Platz. Von japanischen Gärten kann man unabhängig von ihren geistesgeschichtlichen Bezügen lernen, wie selbst kleinste Freiräume durch wohlüberlegte Beschränkung eigenwillig und überzeugend zu gestalten sind und wie im Kleinsten sich zugleich das Größte zu erkennen gibt.

Zurück zur Natur

Sir William Temple, einflußreicher englischer Staatsmann, Literat und Landwirt, spürte den beginnenden Überdruß gegen den im 18. Jh. noch herrschenden Konstruktivismus in der Gartenkunst. Soviel raffinierte Künstlichkeit mußte ganz einfach den Reiz natürlicher Wildnis heraufbeschwören. Temple war stark beeindruckt von den fernöstlichen Gartenideen, die er in China kennengelernt hatte, teilte aber die allgemeine Ratlosigkeit, als er schrieb: »Ich könnte kaum solche Versuche in unseren Gärten empfehlen. Es sind Wagnisse von zu hohem Einsatz.« Dennoch hatte Temple den fernöstlichen Stil als Herausforderung und Alternative erkannt. Auch andere entdeckten nun in der Natur das »edle Wilde« und brachten von Italienreisen ganz andere Eindrücke mit als 200 Jahre früher der Franzosenkönig Karl VIII. Die berühmten Villengärten waren inzwischen verwildert, hochaufragende, dunkle Zypressen erweckten erhabene, feierliche Gefühle, die Gärten hoben sich vom übrigen Landschaftsbild kaum noch ab. Völlig verändert wirkten die Terrassen mit ihren kleinen Plastiken, Brunnen und den immer noch rauschenden Kaskaden.

Der Architekt William Kent (1684 bis 1748), einer der Mitbegründer des englischen Gartenstils, stellte fest: »Die Natur verabscheut die Geraden«, und er vermied neben allen geraden Linien auch die Wasserkünste bis hin zum einfachsten Springbrunnen. Sein Interesse galt dem See oder dem Fluß, dessen Lauf natürlichen Gesetzen folgt. Im berühmten Park von Stowe entwarf Kent einen Doppelsee mit weich schwingenden Uferlinien. Sein Nachfolger Lancelot Brown, der von der Idee besessen war, mit dem »naturwidrigen Ungeschmack der alten Gärten« aufzuräumen, schuf ein vielbewundertes und oft nachgeahmtes Musterbeispiel abwechslungsreich gewundener, buchtenreicher Seeuferlinien. Der zugehörige Flußlauf entsprach der gleichen Vorstellung. Sein Umfeld erhielt eine sanft wellenförmige Struktur, die den jeweiligen Richtungswechsel des Flusses optisch überzeugend machte. Im Park Blenheim bei Woodstock

ließ Brown einen kleinen Wasserlauf zu zwei großen Seen aufstauen, die an einer Engstelle durch zwei Brücken im römischen Stil überspannt wurden. Inseln inmitten der Seeflächen wurden mit Pyramidenpappeln, in Anspielung an italienische Zypressen, bepflanzt.

In England war nun alles erwünscht, was der Verneinung des Gekünstelten entsprach. Ein Merkmal des Neuen bestand darin, daß man danach strebte, das innerhalb der Gartengrenzen Liegende an den umgebenden freien Landschaftsraum anzugleichen. Als Ideal galt der Ausblick auf eine natürliche und nicht auf eine, wie auch immer, geordnete Landschaft. »Wenn wir die Schönheiten der freien Natur schätzen, dann gilt es, das Land mehr oder weniger so hinzunehmen, wie es ist« (Kent). Die Abwendung von allgemein üblichen Gestaltungsprinzipien wie Regelmäßigkeit, Symmetrie oder die alles verbindende, gliedernde Achse bedeutete ab Mitte des 18. Jahrhunderts für die Gartenkunst einen durchgreifenden Umbruch in ganz Europa.

Maler, Dichter und Philosophen suchten nach theoretischen Begründungen für den neuen Gartenstil, denn sie stimmten darin überein, daß mit einfacher Naturnachahmung kein Kunststil zu erreichen sei. Der Maler Hogarth behauptete 1745 in seinem Buch »Die Analyse der Schönheit«: »Die sichtbare Formel für die höchste Schönheit ist eine fest bestimmte undulierende Schlangenlinie. Sie zeigt die reichste Abwechslung, da sie in keinem Punkte gleich ist ...« Dieser Gedanke wurde aufgegriffen, denn er widersprach dem architektonischen Garten so gründlich, daß die »undulierende Schönheitslinie« als Gestaltungsgrundsatz für Gärten im englischen Stil charakteristisch wurde. Vom Dichter William Shenstone, der ab 1745 einen ererbten Landbesitz umwandelte, wird berichtet, daß er alsbald damit begann, »die Ausblicke herauszuheben, die Oberfläche mannigfaltig zu gestalten, die Wege verschlungen zu ziehen und die Wasser zu schlängeln. Dies tat er mit soviel Urteil und Phantasie, daß sein kleines Besitztum zum Neide der Großen und zur Bewunderung der Geschickten wurde« (S. Johnson 1825 aus »Life of William Shenstone«).

1834 veröffentlichte der deutsche Fürst Hermann von Pückler-Muskau seine »Andeutungen über die Landschaftsgärtnerei«. Pückler wollte die vielbewunderten englischen Vorbilder übertreffen und vertrat die Ansicht, »daß man ein ganzes Besitztum ohne besondere Abgrenzung in eine verschönte Landschaft umwandeln könne, ohne der Ökonomie zu nahe zu treten«. Er verwirklichte sein Ideal im berühmten Muskauer Park, in den Pückler einen Teil des Neiße-Wassers umleiten ließ. Zwischen den Bemühungen Shenstones und dem klassischen deutschen Landschaftspark eines Fürsten Pückler liegen die Jahrzehnte der vollen Entfaltung des Englischen Gartens und der Übergang in einen literarisch geprägten »poetischen Stil«. Die neue Richtung lehnte zunehmend die freistehende Einzelplastik im Garten ab. Dieses Gestaltungsmittel wurde suspekt, da man es dem geometrischen Garten als zugehörig empfand. Der poetische Garten wandte sich gegen starre Formeln und förderte den Wunsch nach dem Originellen, Exotischen, ja Grotesken.

Neben Tempeln, Pagoden und gotischen Türmen waren »Eremitagen« beliebt, die, um »ein Gleichnis der Vergänglichkeit zu bieten«, in historisierenden Bauformen als künstliche Ruinen aufgeführt wurden. Aufsehen erregte der »Garten als Dichtung« in Gestalt des Parkes von Wörlitz, den sich der Herzog Franz von Dessau in den Jahren 1769 bis 1773 erbauen ließ. Stimmungen wie »feierlicher Ernst«, »Erhabenheit« oder »klassische Schönheit« wurden in den verschiedenen Abschnitten des Parkes zum Ausdruck gebracht, wobei alles beherrschendes, zusammenfassendes Gestaltungsmittel wiederum das Wasser ist. Der Fürst hatte bei seiner Wörlitzer Sommerresidenz bereits einen reich gegliederten See vorgefunden, »dessen Buchten er vermehrte und durch Kanäle mit kleineren Wasserstücken vereinigte. Dadurch bildeten sich größere, von Wasser rings umflossene Gartenstücke, die er jedes für sich zu einem geschlossenen Bilde, mit einem oder mehreren Gebäuden als Staffage, anlegte. Dadurch erreichte der Fürst die erste Grundforderung, Abwechslung und Kontrast« (M. L. Gothein).

Der englische Gartenstil hatte die Gemüter erregt und die Phantasien aufs äußerste beschäftigt. Der französische Philosoph Jean Jacques Rousseau beschreibt seinen Idealgarten als »köstliche Wildnis, in der mit höchster Kunst jegliche Tätigkeit des Menschen verborgen wird«. Blumen säumen die Ränder seines Bächleins, das sich in zahlreichen Windungen durch Wiesen schlängelt oder, natürlich fallend, über Steine schäumt. Rousseaus Anschauungen von der »Glückseligkeit des Naturzustandes« ist die französische Antwort auf den englischen Gartenstil.

Scotney Castle (14. Jh.)

Auf einer mit Pappeln bestandenen Insel im See des Parkes von Ermenonville findet Rousseau seine letzte Ruhestätte. Auch Stimmen, die den englischen Garten grundsätzlich ablehnten, fehlten gegen Ende des 18. Jahrhunderts nicht. Der Dichter Johann Georg Jakobi (1740 bis 1814) sieht im Englischen Garten ein Rivalisieren mit der großen Landschaft. Der geometrische Garten dagegen sei der einzige Kontrast gegen die Landschaft, die ihn umgibt.

Selbst Goethe, ein Bewunderer des Wörlitzer Parkes und durch diesen zu eigener parkschöpferischer Tätigkeit in Weimar angeregt, dachte nie daran, etwa auch den Garten an seinem Stadthaus in malerischem Stil anzulegen. Hier blieb es beim ummauerten, geradlinig aufgeteilten Rechteck. Damit wird ein wesentlicher Punkt berührt: der englische Gartenstil benötigt

den großen Raum, in unmittelbarer Nähe zum Haus versagt die »undulierende Schönheitslinie« und wirkt peinlich.

In Deutschland zeigt sich der Niedergang des landschaftlichen Stils gegen Ende des 19. Jahrhunderts besonders deutlich. Schablonenhafte Entwürfe, wo erprobte Formenelemente wie Kurven, Schwingungen und Biegungen mit Halbkreisen, Rechteckformen und Diagonalen vermischt wurden, liefern Beispiele für diese Entwicklung. Ab etwa 1900 bereitete der Jugendstil ein funktions- und materialgerechtes Bauen und eine Synthese der Künste in der Umweltgestaltung vor. Für die Gartentheorie ergaben sich daraus wichtige Schlußfolgerungen. Abgelehnt wurde die Imitation der Natur, Gärten sollten sich in klaren, festumrissenen Formen als Erzeugnisse menschlichen Geistes eindeutig ausweisen. Ihre Grundlage hatte die Ordnung zu sein. Deshalb waren auch alte Gärten und der Bezug auf Gärten der Bauern und Bürger, geschnittene Hecken und Figuren wieder selbstverständlich geworden. In England regte das Vorbild alter, malerischer Gärten dazu an, Eibenwände entstehen zu las-

Gartenbauausstellung Dresden 1926, »Der kommende Garten« von Gustav Allinger

sen, dunkle Hintergründe für farbige Blumenflächen, deren Mittelmotiv ein Schöpfbecken zum Begießen bildete. In Jugendstil-Gärten wurden für lange Durchsichten Blickpunkte gesucht. Es konnten Lauben, Bänke, Plastiken oder auch Brunnen sein; Wandbrunnen ebenso wie ebenerdige, stets regelmäßige Wasserbecken mit Springstrahlen oder Wasserpflanzen. Als Abschluß eines langen, geraden, von Hecken gerahmten Weges, vielleicht mit der Sicht aus dem kühlen Schattengehege eines dicht bewachsenen Laubenganges, glitzerte im hellen Licht das erfrischende Wasser eines schön gestalteten Brunnens. Eine andere Variante war der mit ruhigen geometrischen Formen umschlossene Senkgarten, in dessen Mitte ein rechteckiges, ovales oder rundes Wasserbecken das Gefühl von Ruhe und Sicherheit gab. Der Garten am Hause von Karl Foerster (1875 bis 1971) ist ein Beispiel dafür. Auf kleinem Raum, oft nicht weit vom Großstadtlärm entfernt, konnte so ein Gefühl innerer Beruhigung hervorgerufen werden, ein Zustand, der für die Menschen des 20. Jahrhunderts mit seiner stürmischen gesellschaftlichen Mobilisierung immer seltener, aber immer wünschenswerter wurde.

»Wer lauschte nicht gern dem süßen Gemurmel des Baches, dem fernen Rauschen des Mühlwehrs, dem Plätschern des perlenden Springbrunnens, wen entzückte nicht in einsamen Stunden die stille Ruhe des schlummernden Sees, in welchem rund umher die Riesen des Waldes sich wie träumend spiegeln, oder der Anblick der schäumenden, vom Sturme gejagten Wellen, auf denen sich lustig die Seemöwe schaukelt« (Fürst Hermann von Pückler-Muskau).

Der Text dieses Zitates könnte in der Gegenwart verfaßt worden sein. Oder empfinden wir später Geborenen das Wasser als noch kostbarer, genießen seinen Anblick bewußter, da wir um die Gefährdung dieses großen Geschenkes der Natur wissen? Das zunehmende Interesse an Gartenteichen könnte dafür ein Zeichen sein. Vor unseren Augen entfaltet sich ein Stück Natur. Wasser dient dabei als Lebensgrundlage und offenbart zugleich seine seltsame Beziehung zu unserer Psyche, die andere Seite seines Wesens. Wenn im fahlen Licht eines Oktobermorgens Tausende winziger Tautröpfchen den fein verästelten Fruchtstand eines Froschlöffels gleichsam nochmals »aufblühen« lassen, dann ist es die Dimension des Kleinen, die uns in Verbindung mit dem Wasser fasziniert. Als Alexander von Humboldt seine Forschungsreisen nach Südamerika unternahm, traf er auf tropische Naturlandschaften von überwältigender Schönheit. Im März 1800 erreichte Humboldt die Wasserfälle des Orinoko bei Atures. In seinem Werk »Ansichten der Natur« schildert er ein Erlebnis der Größe: »... Hier ist der Punkt, wo man eines wundervollen Anblickes genießt. Eine meilenlange, schäumende Fläche bietet sich auf einmal dem Auge dar. Eisenschwarze Felsmassen ragen ruinen- und burgenartig aus derselben hervor. Jede Insel, jeder Stein ist mit üppig anstrebenden Waldbäumen geschmückt. Dichter Nebel schwebt ewig über dem Wasserspiegel. Durch die dampfende Schaumwolke dringen die Gipfel der hohen Palmen. Wenn sich im feuchten Dufte der Strahl der glühenden Abendsonne bricht, so beginnt ein optischer Zauber. Farbige Bögen verschwinden und kehren wieder. Ein Spiel der Lüfte schwankt das ätherische Bild.«

Wasser, Gestalt und Gestaltung im Garten

Ich sehne mich nach einer stillen Stelle, / wo ich das Leben wieder lieben kann; / des Windes Leben und die Welt der Welle. / Da hielt ich meine Hände in die Helle / des ersten Morgens wie der erste Mann. / Rainer Maria Rilke

Wo dunkle Bergfichtenwälder ein Wiesental abschließen, dort denkt man sich blumenreiche Wiesen dazu. In der Phantasie fliegen Hummeln und Falter durch die Luft, und beinahe riecht man den Duft des frischen Heus, der alljährlich die Sommerluft erfüllt. Das Idyll bringt sich immer noch gern in Erinnerung, als Wunschtraum, auch wenn neue Bewirtschaftungsformen das Bild der Landschaft veränderten. So durchgreifend der Wandel jedoch auch gewesen sein mag, bei näherem Hinsehen ist zu bemerken, wie lebendig und prägend der natürliche Landschaftscharakter auch dann noch nachwirkt, wenn es inzwischen vielleicht Gartenparzellen sind, die diesen Talgrund ausfüllen. Der Wald könnte im Hintergrund ganz oder teilweise noch erhalten geblieben sein. Sein Gebüschsaum enthielte nach wie vor die gleichen Sträucher, die blühend, fruchtend und herbstbunt hier und da selbst innerhalb der Gärten ihr Heimatrecht behaupten. Erhalten blieben sicherlich auch die klimatischen Verhältnisse und ebenso die ursprüngliche Wasserführung, wenn sie nicht durch Melioration beeinflußt wurde. Regenmengen kommen einem Tal in zweifacher Weise zugute, überschüssiges Wasser fließt talabwärts, und der Grundwasserstrom der Hänge ist auf die Talsohle gerichtet. Jede ausgehobene Grube füllt sich hier mit Wasser oder bleibt doch lange Zeit feucht. Vielleicht ist sogar ein Bächlein vorhanden, das periodisch oder ganzjährig Wasser führt. Man braucht nur dem natürlichen Wasserzug zu folgen, festzustellen, wo sich Wasser nach Regenfällen und Tauwetter sammelt, um an den tiefsten Stellen im Gelände nach einem geeigneten Platz für einen Gartenteich zu suchen. Es gibt objektive Kriterien über das »Wie«

des Vorgehens. Das Aufstauen eines Gartenteiches durch wasserrechtlich genehmigte Durchlaufnutzung eines natürlichen Fließgewässers ist zwar eine ideale, in der Praxis aber nur noch selten vorkommende Möglichkeit. Bei der Besprechung verschiedener Wege soll von im allgemeinen vorkommenden und nicht von Ausnahmesituationen ausgegangen werden.

Wege zur Ideenfindung

Wichtig ist die Geländeform eines Grundstücks. Daneben sollte der Landschaftscharakter eines Gebietes erkannt und bei der Gestaltung berücksichtigt werden. Die Geländeform und alles, was man mit ihr anfangen kann, stecken den technisch realisierbaren Handlungsrahmen ab; die Landschaft und die sie mitprägende Vegetation fordern den Gestaltungswillen heraus. Es ist gestalterisch für den Garten unerheblich, wenn das geplante Wassermotiv nur ein nebensächliches Detail in einem Nutzgarten darstellt, aber nicht zu verantworten, wenn der Gartenfreund alles außerhalb seines Gartens Existierende ignoriert und ohne Rücksicht auf die Umgebung Fremdes in die Landschaft setzte. Was hindert daran, den Garten in seine Landschaft einzufügen, diese optisch in den Gartenraum einzubeziehen? Ohne auf räumliche Abschirmung nach außen verzichten zu müssen, lassen sich die sichtbaren Grenzen aufheben. Es geht darum, mit der Natur zu arbeiten, natürliche Vorteile für die Gestaltung zu nutzen. Besonders an der Pflanzenzusammenstellung ist zu erkennen, ob natürliche Gesetzmäßigkeiten berücksichtigt wurden. Beim Wassergarten interessiert, wie das mit Wasser- und Sumpfpflanzen gestaltete Detail sich mit anderen Pflanzungen verbindet, die zum Bild der Landschaft vermitteln.

Den eigenen Garten selbst zu gestalten und dabei interessanten Lösungswegen nachzuspüren macht Freude, erweitert unseren Erfahrungsschatz und ist schöpferisches Erlebnis. Viele Teilprobleme sind dabei gleichzeitig zu lösen, denn erst in Gemeinschaft offenbaren die verschiedenen Einzeldinge ihre volle Schönheit. Der blühende Rosenstrauch wirkt besonders attraktiv am Eingang eines Hauses. Die besonnte Plattenfläche beginnt zu leben, wenn das überwachsene Gerüst einer Pergola bizarre Schatten darauf malt. Der fruchtende Einzelstrauch wird in der Tiefe eines Gartenraumes stärker beachtet, er betont die räumliche Distanz. Wasser beherrscht in jeder Form seiner gestalterischen Verwendung mehr oder weniger stark seine Umgebung. Die kleine Vogeltränke oder das mit einer einzelnen Zwergseerose bepflanzte Wasserfaß – liebenswerte Nebenmotive, die Blickfang sein können – haben ebenfalls Einfluß auf ihre Umwelt, nicht nur die große Wasserfläche.

Wie in der Natur soll Wasser nach seinen eigenen Gesetzen »funktionieren«. Da es talwärts fließt und sich in Mulden sammelt, bevor es versickert, wirkt seine Einordnung am jeweils tiefsten Geländepunkt überzeugend. Wie Verhältnisse in Verbindung mit dem Wasser genutzt werden können, soll auf der Grundlage der angenommenen Situation »ehemaliges Wiesental« dargelegt werden.

Welche Möglichkeiten haben wir?

1. Gestaltungsabsicht: Eine Geländeveränderung wird nicht erwünscht.

a) Auf das vorhandene Bodenrelief wird allein mit der Bepflanzung reagiert. Den Sumpfpflanzen werden die tiefsten, von der natürlichen Wasserzufur bevorzugten Standorte zugeteilt.

b) In den Bodengrund wird zusätzlich eine Plastikfolie als versickerungshemmende Sperrschicht eingebaut. Bei gleicher Gestaltungsweise wie unter a) kann die Pflanzenauswahl erweitert werden. So könnten es z. B. Etagenprimel sein, für die der Pflanzort auf die beschriebene Weise hergerichtet wird.

c) Zusätzlich wird leicht verfügbares Wasser herangeführt. Es könnte sich um Dachwasser eines Hauses handeln oder um zeitweilig anfallendes Dränagewasser, das über einen Graben oder über eine Rohrleitung herangeführt wird. Folge: Das Gelände versumpft, der Wasserstand schwankt stark, im Boden ist dauernder Wasserzug anzutreffen, eventuell erscheint zeitweilig ein kleiner Bachlauf. Für diese Situation bieten sich zahlreiche Sumpfpflanzen mit Vorliebe für wechselfeuchten Standort an. Es bildet sich ein Feuchtbiotop für zahlreiche Tierarten heraus.

2. Gestaltungsabsicht: Die bestehende Geländeform wird verändert, bauliche Vorhaben werden jedoch nicht durchge-

führt. Das künstlich modellierte Gelände zeigt nun starke Unterschiede im Profil. Hänge werden steiler, die Talsohle breiter und tiefer. Während hochgelegene Teile stärker austrocknen, erhalten die tiefen Lagen noch mehr Wasser. Dieser Gegensatz in den Wasserverhältnissen schafft Anreize für vegetative Vielfalt. Es wäre aber nicht konsequent, Gelände aufwendig zu verformen, ohne als zweiten Schritt die Einbeziehung einer Wasserfläche an tiefster Stelle folgen zu lassen.

3. Gestaltungsabsicht: Geländeeingriffe sind mit dem Bau eines Teiches verbunden.

a) Eine einfache Erdgrube wird ausgeschachtet, sie erhält Grundentleerung und Überlauf und wird damit zum Teich. Ohne zusätzliche Wasserzuführung, als »Himmelsteich«, ist diese Variante nur bei extrem günstiger Wasserhaltung im Untergrund anwendbar. Ein solcher Teich kann immer wieder ganz oder teilweise austrocknen, deshalb müssen die ausgewählten Pflanzen solchen Bedingungen angepaßt sein.

b) Die Teichgrube erhält eine Abdichtung aus Ton, und es wird Wasser zusätzlich herangeführt. Der Wasserspiegel schwankt nun weniger stark oder bleibt vielleicht sogar konstant. Die Palette der auszuwählenden Pflanzen erweitert sich auf Unterwasser- und Schwimmblattpflanzen.

c) Statt des Naturstoffes Ton wird eine Foliendichtung verwendet. Die Stabilität der Wasserhaltung wird weiter erhöht.

4. Gestaltungsabsicht: Geländeeingriffe, baulicher Aufwand, zusätzlich herangeführtes Oberflächenwasser und Wasserumwälzung im Komplex. Eine Dauereinspeisung von Leitungswasser aus dem öffentlichen Versorgungsnetz ist selbstverständlich abzulehnen. Gegen die Betreibung eines Umwälzsystems wird unter normalen Verhältnissen nichts einzuwenden sein, da nur die auf kleinen Flächen entstehenden Verdunstungsverluste zu ergänzen sind.

a) Wird Wasser über ein Pumpensystem laufend umgewälzt, so bedeutet dies eine weitere Steigerung: Das Wasser gerät in Bewegung. Statt eines einzigen, in sich ruhenden Teiches, können mehrere hintereinander gekoppelt werden. Bei sachgemäßer Anwendung der Foliendichtung geht kein Wasser in den Untergrund verloren. Der Phantasie des Gestaltenden sind kaum Grenzen gesetzt – ihren Preis hat allerdings diese Phantasie in dem laufenden Energiebedarf. Um den Verbrauch niedrig zu halten und die Pumpe zu schonen, sollten nur geringe Wassermengen über niedrige Höhen befördert werden; 0,1 l/s dürften vielfach bereits genügen. Werden kurze, wenig geneigte Bachstrecken durch teichartige Erweiterungen gelegentlich unterbrochen, so bietet eine solche Anlage auch bei längerem Abschalten der Pumpe noch einen perfekten Anblick.

b) Es gibt eine Vielzahl von Kombinationsvarianten der Gestaltungselemente. Feste Wasserbecken auf verschiedenen Ebenen, vielleicht in Form einer Wassertreppe gestaffelt, Stützmauern und Freitreppen, um das Gelände zu gliedern – vieles wäre denkbar. Gestaltung kann nie zu einfach sein. Dieser Gedanke sollte auch dann nicht aus dem Auge verloren werden, wenn materiell fast alles möglich zu sein scheint. Einfach sein heißt nicht Verzicht schlechthin; nur sollte das jeweils gewünschte Ergebnis mit einem vertretbaren Aufwand erreicht werden.

Von der Landschaftsgestalt zur Gartengestaltung

Wenn ein Gelände durch Gestaltung in seiner Nutzung und Ästhetik verbessert werden kann, so sollte von dieser Möglichkeit entschlossen Gebrauch gemacht werden. Oft genügen bereits kleine Korrekturen. Vergleichbar mit der Arbeit eines guten Bildhauers, der aus dem rohen Naturstein die Skulptur schlägt, kann aus einem ungestalteten Stück Land die Ausgangsform für den künftigen Garten modelliert werden. Das vorhandene Gelände ist dabei der »Rohstoff«, es verwandelt sich zu einer Raumplastik, lange bevor die erste Pflanze angesiedelt wird.

Die Querschnittszeichnungen sollen andeuten, worum es geht. Auf die ebene Fläche als Ausgangsform kommt es nicht an. Selbst in kleinen Hangparzellen, wo sich als Waagerechte nur der freie Platz vor oder neben einer Laube anbietet, läßt sich das vorgestellte Prinzip analog anwenden. Erdmassenausgleich ist dabei oftmals notwendig. Nicht unbedingt ist mit einem Minimum an Massentransport ein Maximum von Gestaltungsqualität zu erreichen, wertvoller ist es, eine Laube möglichst tief in den Hang einzufügen. Beim zweiten Beispiel wurde durch die Lage des Gebäudes und die in zwei Stufen aufgegliederte Terrasse die Chance der Raumbildung wahrgenommen, die Wasserfläche überzeugend eingefügt. Die folgenden Skizzen zeigen, wie wohltuend sich das bewußt und nicht ohne Aufwand geschaffene Geländeprofil auf die nachfolgende Arbeit mit der Pflanze auswirkt. Selbst eine weitergehende Geländeverformung, die noch konsequenter auf die konkave Linie abzielt, ist möglich. So entstehen geschützte, abgeschirmte Gartenräume auch in Hanglage. Hier fühlt man sich geborgen. Durch »Fenster« in der Vegetation genießt man den Blick nach außen. Über Teich und Garten hinweg in die Weite der Landschaft geht die Sicht, gerahmt von Blättern und Blüten.

Gedanken darüber, wie Wasserflächen möglichst natürlich ins Gelände einzuordnen sind, stehen am Anfang der Gestaltungsabsicht. Die nächste Frage ist die nach dem erwünschten Gestaltungscharakter. Ob die Uferform einer zwanglosen Linie folgen soll, weil der Gartenfreund »ein Stück Natur« nachgestalten möchte oder ob das repräsentative Element der Geraden

Raumbildung auf der Ebene
a Auf einer freien, ungegliederten Fläche sind alle Stellen gleich unbestimmt b die von Gehölzen umpflanzte Fläche wird zum Raum. Durch Art der Bepflanzung und Himmelsrichtung wird er zugleich differenziert in schattige, sonnige, kühle und warme Bereiche c eine Veränderung des Oberflächenprofils schafft Teilräume. Konvexe Formen teilen einen größeren Raum in kleinere Räume d die generelle konkave Vertiefung des Geländes erhöht die raumbildende Kraft der Randgehölze, macht den Raum aber zugleich enger e Wasser gehört an die tiefste Stelle im Raum, es akzentuiert und weitet den Raum.

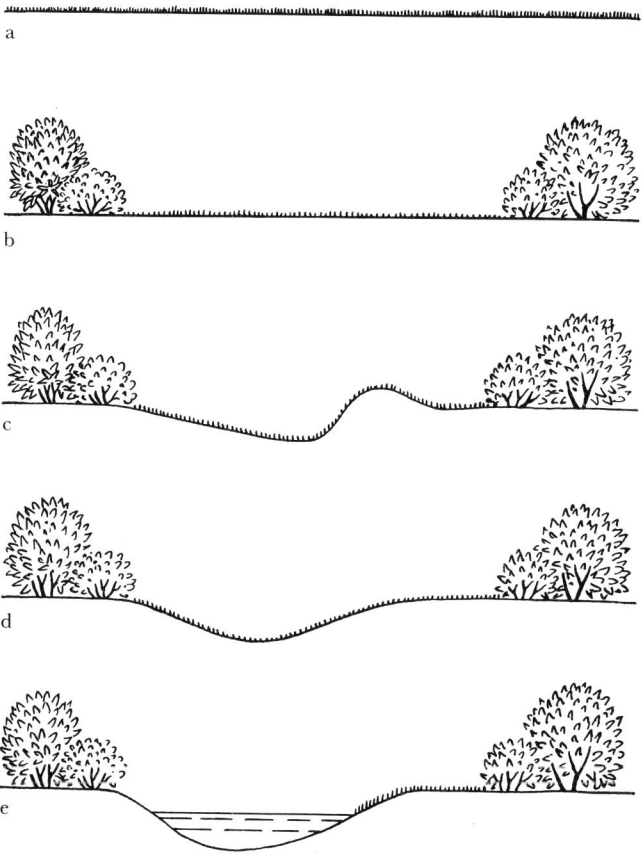

a

b

c

d

e

stärker bevorzugt wird, ist Sache persönlicher Entscheidung. Bestimmte Gegebenheiten sprechen jedoch mit. Gebaute Strukturen, wie Gebäudegruppen, ein Haus oder auch nur eine Gartenlaube, können ihr Umfeld so stark beherrschen, daß eine gebundene, der Geraden verpflichtete Gestaltungsweise ratsam erscheint. Auf welch extreme Weise die Gliederung eines Gartens bis hin zum letzten Detail der Formsprache des Hauses angepaßt wurde, zeigen Beispiele aus der Renaissance und dem Barock. Die fernöstliche Auffassung sucht in der ausgewogenen Proportion, unter Verzicht auf mathematische Gliederung, die Harmonie zwischen Haus und Gartenraum. Zwei Richtungen lassen sich deutlich unterscheiden:

– Ungebundene Form, Vorhandenes eventuell unverändert einbeziehen, die Natur sprechen lassen.
– Repräsentativer Anspruch, künstlerischer Ausdruck, Suche nach Stil, Atmosphäre des Festlichen.

Beide Auffassungen sind nicht einfach Gegensätze, sondern stehen in einem Wechselverhältnis zueinander. Ein Vergleich von Beispielen soll dem Gestaltenden helfen, sich über seine Situation Klarheit zu verschaffen und seine Wünsche darauf abzustimmen. Karl Foerster zählte Gestaltungen mit Wasser zur »intensivsten Form des Gartenerlebnisses«. Es ist nicht zu empfehlen, ein Wasserbecken oder einen Gartenteich nur isoliert zu betrachten, ohne nach der Wirkung zu fragen, die für den gesamten Gartenraum von einer Wasserfläche stets ausgeht.

Beispiele für Gestaltungsziele:

1. Gelände außerhalb von Siedlungen. Gebäude sind nicht vorhanden. Gewünscht wird eine zwanglose, naturverbundene Lösung.
2. Kleinere Fläche, eingekeilt zwischen Mauern, Zäunen und Gebäuden.
3. Gelände außerhalb von Siedlungen mit einem Wohnhaus, das im Grundstück den räumlichen Schwerpunkt bildet. Der Grad der gestalterischen Einflußnahme soll gering bleiben, die naturverbundene Richtung wird bevorzugt.
4. Ein größeres Wohnhaus oder ein öffentliches Gebäude wertvoller Architektur beherrscht ein reichlich bemessenes Grundstück in städtischer Umgebung. Als Ergänzung zur Architektur wird eine entsprechende Gestaltungsweise gefordert.

Mögliche Lösungswege:

Zu 1. Vor dem Hintergrund der Landschaft verschmilzt die weiche Umrißlinie eines Gartenteiches mit der Umgebung. Ufervegetation und begleitende Pflanzungen gehen ineinander über. Ein Plattenweg führt zum Uferrand an einen Sitzplatz, dessen Formen der Zufall scheinbar mitgestaltete. Der freie Anteil der Wasserfläche vermittelt die Stimmung friedlicher Stille.

Zu 2. Strauchpflanzungen schirmen ab und verdecken die Sicht auf Häßliches. Es entsteht ein geschlossener Freiraum ohne Blickbeziehung nach außen. Die Sonne strahlt in den wert-

Raumbildung am Hang
a Laube »auf dem Präsentierteller« durch groben, schwer zu gestaltenden talseitigen Hanganschnitt b Laube mit gegliedertem, gut zu gestaltendem »Vorland« und Steilstufe hinter der Laube c hohe Gehölze im Rücken der Laube binden sie in den Hang ein, niedrige Gehölze schließen den Terrassenraum vor der Laube gegen das Tal ab d die Aufhügelung an der Talseite schafft Vorteile für eine intime Raumgestaltung, kann aber eine »verschnittene« Sicht auf die Laube am Hang verursachen; in der Landschaft müssen sich Bauten entweder klar darstellen oder unauffällig sein

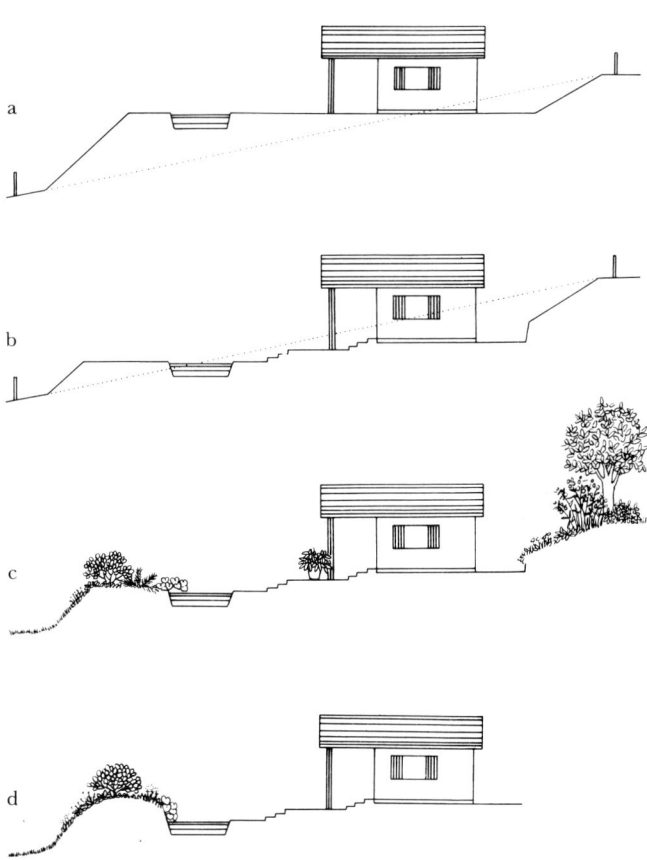

vollsten Teil des Geländes, es ist der Platz für die Wasserfläche. Ob der verfügbare Raum für einen Gartenteich mit unregelmäßig schwingenden Umrißformen als ausreichend empfunden wird oder ob ein geometrisch geformtes Becken neben straffer Wegeführung zu bevorzugen ist, hängt auch vom persönlichen Geschmack, mehr aber noch von den Platzverhältnissen ab. Ein im Grundriß strenger Entwurf bildet den reizvollen Gegenpol zur Bepflanzung, denn es kommt zur spannungsreichen Gegenüberstellung des Gebauten, Statischen, Unbelebten mit dem Gewachsenen, Dynamischen, Lebendigen. Das Element Wasser steht zwischen beiden.

Zu 3. Die gartenseitige Tür des Hauses verbindet den Wohnraum mit dem Garten. Eine Terrasse mit Sitzplatz vermittelt zwischen Haus und Garten. Im kleinen Teich spiegeln sich die Wolken und die Berge der umgebenden Landschaft. Anspruchsvollere Pflanzen betonen den Wert des hausnahen Bereiches. Sitzterrasse am Haus und Teichgestaltung bilden zwei getrennte Abteilungen, die sich ergänzen. Ein Plattenweg verbindet beide Ziele.

Zu 4. Haus und Garten stimmen im Gestaltausdruck konsequent überein. Von der großzügig bemessenen, vielleicht einer breiten Freitreppe vorgelagerten Terrasse führen solide Wege in den Gartenraum hinein und verbinden den Platz am Haus mit weiteren Gestaltungsschwerpunkten. Wasserbecken in geometrischer Form gemeinsam mit Treppen, Stützmauern, Hochbeeten und Pergolen entsprechen in ihrer Architektur dem Charakter der Architektur des Gebäudes und werten dieses repräsentativ auf. Neben farbintensiven Flächenpflanzungen, Sommerblumen oder Beetrosen erscheint Wasser nicht nur ruhend, als Fläche, sondern vor allem auch bewegt als Springbrunnen, Fontänenbecken oder Kaskade. Plastiken und Orangeriepflanzen in Kübeln unterstreichen das Repräsentative.

Thesen zur Gestaltung mit Wasser

Die Modelle sollen Grundsätzliches erläutern. Vier Thesen sollen das Gesagte zusammenfassen:
1. Wasser im Garten hat sein Vorbild in der Natur. Wasserflächen wirken an tiefen Geländestandorten natürlich und auch schön (Draufsicht, Spiegelung).
2. Die Vor- und Nachteile einer Geländeform müssen erkannt werden, um daraus das Gestaltungsziel zu entwickeln. Entweder bleibt die Fläche so wie sie ist, und man wählt die günstigsten Stellen für eine mit Wasser in Verbindung stehende Gestaltung aus, oder das Gelände wird zu diesem Zweck verformt. Verschiedene Intensitätsgrade sind vorstellbar.

3. Bei konkaver Geländeform entstehen Mulden, in denen sich das Wasser »wie von selbst« sammelt. Gleichzeitig wandelt sich die Fläche zum gestalterisch wertvollen Raum. Raumbildung und Wasserfläche im Raum gehen Hand in Hand. Die Wasserfläche bestimmt den Charakter des Raumes.
4. Die Umgebung eines Gartens wirkt sich auf dessen Gestaltung aus. Ein Garten mit Wasserfläche, der einer reichstrukturierten Landschaft angepaßt ist, bereichert durch seine Einbindung in die Landschaft das Gartenerlebnis. Hat der Garten keinen Bezug zur Landschaft, dann bedeutet Raum schaffen abgrenzen, Störendes optisch durch Pflanzungen verdecken oder durch Funktionsänderung ästhetisch neu bewerten. Es entsteht ein geschlossener Garten mit Teich oder Wasserbecken als Schwerpunkt. Rahmende Pflanzung und Wasser verhalten sich zueinander wie edle Fassung zu kostbarem Juwel.

In der Tabelle S. 31 sind die vier erdachten Ausgangssituationen zur Orientierungshilfe zusammengefaßt. Unkomplizierte, zwanglose Formen fügen sich gut in eine »landschaftliche« Umgebung ein. Bei der streng architekturgebundenen Variante würden alle zufälligen Formen den erwünschten Gestaltungsausdruck stören. Es sei denn, eine Wasserfläche beherrscht den Freiraum eindeutig durch ihre Größe – ein Gesichtspunkt, der von prinzipieller Bedeutung für jede Gestaltungsform ist. Vieles hängt davon ab, ob die Ansprüche der Landschaft oder die des Hauses höher zu bewerten sind, ob nur ein einziger Gestaltungsschwerpunkt am Haus oder noch ein weiterer in einiger Entfernung entstehen soll. Gerade die in der Praxis so häufigen Fälle, bei denen Gartenparzellen ohne Beziehung zur Landschaft an denkbar ungünstigen Standorten liegen und mancher Gartenbesitzer ratlos fragt, ob hier überhaupt etwas mit Gestaltung zu erreichen sei, bieten meist überraschende Chancen. Werden sie genutzt, können verblüffende Ergebnisse erzielt werden. Man empfindet besondere Genugtuung und Freude über das Gelungene, denn es ist ja gerade ein Vorzug bewußter Gestaltung, den Mangel an ursprünglicher Natur durch verwirklichte Ideen wieder auszugleichen.

Die Vogeltränke ist überall einsetzbar. Vögel gibt es in jedem Garten, und man braucht die flachen Wassergefäße, die so vielfältigen Anlaß zu schöner Formgebung bieten, nur zweckentsprechend aufzustellen. Die gefiederten Freunde wollen frei heranfliegen und – sobald eine Katze lauert – auch wieder ungehindert flüchten können.

Noch manch anderes Detail erscheint reizvoll. Der alte Futtertrog kann Wasserpflanzenbehälter und Vogelbad in einem sein. Ähnlich verhält es sich mit anderen transportablen Gefäßen, wie Holzbottichen, halbierten Fässern, Gläsern und Kübeln.

Formen der Wasserverwendung bei verschiedenen Gartentypen

Gartentyp 1 und 2   Garten in der Landschaft, Garten in der Stadt. Als Gestaltungsziel einfache, natürliche Lösungen
Gartentyp 3   Hausgarten in der Landschaft. Die Bedeutung des Hauses soll mit berücksichtigt werden
Gartentyp 4   Architekturgebundener Garten. Wasser ist dienendes Element der Gesamtarchitektur

■ empfehlenswert   □ bedingt anwendbar   o nicht oder nur in Ausnahmefällen geeignet

Formen der Wasserverwendung	Gartentyp				Bemerkungen
	1	2	3	4	
frei geformte Gartenteiche aller Art	■	□	■	o	zu 2: falls ausreichend »Umland« vorhanden ist
Folie im Untergrund und Wasserflächen, die zeitweise austrocknen	■	□	□	o	Als Objekt der Beobachtung von Naturprozessen interessant. Da der Zufall mitgestaltet, ist die Anwendung in sehr kleinen Gärten oder Hausnähe ästhetisch wenig befriedigend
eingegrabenes Faß	■	■	■	o	
einfaches Folienbecken über vier Rundhölzern	■	■	■	o	
Wasserlauf im unregelmäßigen Steingarten, kleiner Teich und Feuchtstellen dazwischen	■	□	■	□	zu 2: falls der Platz ausreicht zu 4: eventuell als Sondermotiv, jedoch nicht in direkter Beziehung zur Architektur
aus mehreren kleinen Becken und künstlichen Naßbereichen hergestellte Einheit eines zusammenhängenden Wassergartens	■	□	■	□	zu 2: falls der Platz ausreicht zu 4: als besonderer Teil einer Gesamtgestaltung vorstellbar
Wassertreppe in kleinem Maßstab	o	■	□	□	zu 3 und 4: falls dieses Motiv in die Raumbeziehungen und zur Architektur paßt
Vogeltränke, Vogelbad	■	■	■	■	
Steintrog mit Wasserpflanzen besetzt	□	■	■	■	zu 1: Dieses Detail sollte nicht »verloren« dastehen, sondern einem Weg oder Sitzplatz zugeordnet sein
Becken für Wasserpflanzen mit kleinem Springstrahl als Nebenmotiv	o	■	■	□	zu 4: verwendbar, falls andere Gestaltungen mit Springstrahlen, Fontänen und dgl. nicht als Konkurrenten auftreten
Wasserbecken in geometrischer Form	o	■	□	■	zu 3: nur in Beziehung zum Haus
Wasserbecken in geometrischer Form in regelmäßig gegliederten Steingärten	o	■	□	■	zu 3: ausgehend vom Haus sollte die geometrische Gestaltungsweise den gesamten Garten erfassen. Sie duldet kein »landschaftliches« Gegenmotiv
Folienbecken als Pflastermulde; teichartiges Becken mit betontem Randabschluß	o	■	□	□	zu 3: in Hausnähe anwendungsfähig zu 4: falls mit der Architektur des Hauses verträglich
Quellfontäne auf Fläche aus Rollkies und Flußkiesel	o	■	■	■	Auch bei unregelmäßiger Flächenform ergibt dieses Detail meist eine gute Übereinstimmung mit der Architektur
Springbrunnen als Einzelobjekt	o	■	■	■	

Zu einem Drittel mit Sand gefüllt, darüber Wasser, finden Seekanne, Bitterklee, Pfeilkraut, Zwergrohrkolben, Straußfelberich, Zwergseerosen und viele andere kleine Wasserpflanzen bescheidenen Lebensraum. Flüssiger Pflanzendünger hilft nach. Wasserflächen gehören in die volle Sonne. Nicht nur weil die meisten Sumpf- und Wasserpflanzen im Schatten kümmern, sondern auch weil »nur vom Lichte hell bestrahlt das Wasser all seinen magischen Reiz entfaltet und bis zum Grund seine Spiegelbilder in durchsichtiger Silberklarheit zeigt« (Fürst Pückler-Muskau). Falls es sich einrichten läßt, sollte – heute nicht anders als zu Plinius' Zeiten – die Wasserfläche des Gartens vom Wohnzimmer eines Hauses oder vom Inneren einer Laube aus zu betrachten sein. Ungünstige Spiegelungen sind dabei zu vermeiden. »Die Erfahrung lehrt, daß es ungünstig ist, wenn sich die Seefläche westlich des Hauses ausbreitet, da dann der Widerschein der sich neigenden Sonne den ganzen Nachmittag aus der spiegelnden Oberfläche her von unten in die Augen des Bewohners tritt, was sehr lästig werden kann, ja Augenschmerzen hervorzurufen vermag. Bei der Lage nach Süden fällt dies fort, da der Sonnenstand mittags zu hoch ist, um bei seinem Widerschein in die Augen zu treffen, es sei denn, man stünde unmittelbar am Wasser« (Schulze-Naumburg).

Der Weiher / Er liegt so still im Morgenlicht, so friedlich wie ein fromm Gewissen;/ wenn Weste seinen Spiegel küssen, des Ufers Blume fühlt es nicht;/ Libellen zittern über ihn, blaugoldne Stäbchen und karmin,/ und auf des Sonnenbildes Glanz die Wasserspinne führt den Tanz;/ Schwertlilienkranz am Ufer steht und horcht des Schilfes Schlummerliede;/ ein lindes Säuseln kommt und geht als flüst'r es: Friede, Friede, Friede. / Annette von Droste-Hülshoff

Auf sehr gefühlsbetonte Weise lenken diese Verszeilen die Aufmerksamkeit auf das Geschehen in der Natur. Stimmungen eines Sommermorgens am Wasser werden wach, wohlvertraut manchem, der sich eigener tiefer Erlebnisse erinnert. Zu Lebzeiten der Dichterin Annette von Droste-Hülshoff (1797 bis 1848) waren Seen, Teiche, Weiher und Tümpel noch überall anzutreffen. Alte Landkarten und Stiche beweisen es: Einst bedeckten diese Gewässerformen und andere Naßstandorte wie Quellfluren, Hangsümpfe, Wiesen- und Tieflandsbäche oder Flußlandschaften rund ein Drittel der Gesamtfläche der Flach- und Hügelländer Mitteleuropas. Wer heute einen Gartenteich anlegt, sollte auch daran denken. Er könnte ein Stück »Natur aus zweiter Hand« schaffen, sofern es sich um einen Teich handelt, der Leben ermöglicht. Neue Tierarten kehrten Jahr für Jahr darin ein, falls sie in seinem Umfeld geeignete Habitate vorfänden.

Reichtum an Lebensformen setzt Vielfalt an Lebensbedingungen voraus. Wesentlich dafür ist das Mikroklima im Umfeld

eines Teiches. Neben einer durchgreifenden Geländeregulierung im großen können mittels durchdachter Reliefbildung im kleinen ökologische Ansätze vermehrt und damit Mannigfaltigkeit an Pflanzen- und Tierleben stimuliert werden. Unterschiedliche Temperaturen und Feuchtigkeitsverhältnisse, Licht und Schatten, Luftzug oder Windruhe lassen sich leicht und wirkungsvoll arrangieren. So können z. B. Steine so übereinandergelegt werden, daß auftreffendes Regenwasser entweder schnell abfließen oder zwischen offenen Fugen versickern und bestimmte Stellen im Gelände deutlich feuchter gestalten kann. Mit der Natur zu arbeiten heißt stets auch den Faktor Zeit nutzbringend wirken zu lassen. Eine zunehmend mächtigere Humusschicht sollte sich in Ruhe ablagern können. Diese biologisch aktive Krume darf nicht durch Verdichtung oder überflüssiges Umgraben gestört werden, denn nur dann laufen hochkomplexe Prozesse darin ungestört ab. Wasser, Mineralstoffe, Bakterien und Pilze, Pflanzen und Tiere sind daran beteiligt und schaffen günstige Voraussetzungen für stabile Lebensgemeinschaften.

Die Frage »fest gebautes Becken« oder »form-indifferenter Teich« sollte nicht von der Beschaffbarkeit bestimmter Baustoffe oder von finanziellen Überlegungen abhängig gemacht werden, sondern vom Charakter, den Haus und Garten erhalten sollen. Es ist offensichtlich, daß sich der Gartenteich heute größter Popularität erfreut. Die Teichfolie vereinfacht vieles und erlaubt die Anlage großer Sumpfzonen neben und in Verbindung mit freien Wasserflächen. Auf diese Weise lassen sich, »ganz wie in der Natur«, gleitende Übergänge zwischen naß und trocken herstellen. Bei solchen Gartenkonzeptionen darf und soll Zufälliges im Spiel sein. Vieles entwickelt sich im Gleichklang mit den wirkenden Kräften der Natur, nur selten entsteht die Notwendigkeit einzugreifen, und schließlich entscheiden spontan sich ansiedelnde Pflanzen, wuchernde Stauden oder eine dicker gewordene Humusdecke darüber, wie Platz- und Wegeflächen angepaßt, vergrößert oder verlegt werden.

Gartenteich und Umwelt

Der Gartenteich hat zahlreiche natürliche Vorbilder. Seen, Weiher, Teiche und Tümpel gehören zu den Feuchtbiotopen, deren landeskulturelle Bedeutung in wachsendem Maße erkannt wird. Der Wissenschaftszweig der Gewässerkunde (Limnologie) spricht beim Weiher von einem »See ohne Tiefe«. Im durchgängig flachen Weiher ist Pflanzenwuchs überall möglich. Oft sind Weiher aus Seen hervorgegangen, die im Laufe der Zeit durch andauernden Erdstoffeintrag und Ablagerung organischer Reste immer flacher wurden. Weiter fortschreitende Verlandung führt schließlich zum Flachmoor. Teiche sind künstlich geschaffene, stehende, flache Gewässer, die meist wirtschaftlichen Zwecken dienen. Sie können je nach Bedarf mit Wasser bespannt oder entleert werden und auch längere Zeit trocken liegen. Tümpel sind oft natürlichen Ursprungs, jedoch nur periodisch wasserführend. Es können Senken in Wiesen und Wäldern sein, die sich während der Schneeschmelze oder nach Regenperioden mit Wasser füllen und später wieder austrocknen. In extremen Sommern verwandeln sich Weiher und Teiche manchmal in Tümpel. Der Tümpelbegriff wird aber auch allgemeiner auf alle kleinen Weiher angewandt. Manche seltene, vom Aussterben bedrohte Tier- und Pflanzenart findet in den Feuchtbiotopen ihre letzte Zufluchtsstätte. Die erfrischende, lebenspendende und lebensfördernde Fähigkeit des Wassers wird bei jedem Gartenteich bewußt oder unbewußt mit zum Ausdruck gebracht. Natur- und Umweltschutz sind von der Gestaltung nicht zu trennen. Beide Zielstellungen gehören zusammen. Auch wenn dem Gartenfreund nur bescheidene Mittel zur Verfügung stehen, kann er sie so verwenden, daß sich Schönheit mit Nutzen für die Natur verbindet, weil zum ästhetischen Ausdruck des Wassers die ihm innewohnende lebensaktivierende Kraft tritt. Das sei an einem Beispiel erläutert. In Tallage soll ein Gartenteich entstehen. Ein jeweils schattiger bzw. sonniger Hang begleiten die künftige Teichfläche. Beim Aushub entstehen mehrere Kubikmeter Erdmassen, die an Ort und Stelle unterzubringen sind.

Die absonnige Seite erhält vor abschließenden Strauchgehölzen eine vorgelagerte Pflanzung aus Großstauden, die beim gewählten Beispiel der Vegetationsgesellschaft »Subalpine Hochstaudenflur« entspricht. Da in Richtung zur bodenfeuchten Randzone die Nässe allmählich zunimmt, ist die Abfolge der Feuchtigkeitsverhältnisse von »mäßig trocken« über »sickerfeucht« bis zu »staunaß« ausschlaggebend für die Artenwahl. Auf der Gegenseite bietet der vorhandene Sonnenhang den natürlichen Kontrast zum Wasser. Dieser Ansatz wird verstärkt! Alle gewonnenen Aushubmassen werden hier deponiert. Den Hang steiler zu machen bedeutet, die Vertikale des Hanges gegen die Horizontale der Wasserfläche zu stellen. Bei maximaler Nutzung der einstrahlenden Sonnenenergie ergibt sich eine ausgeprägte Polarität zwischen Wasser, Feuchte und Kühle einerseits und Trockenheit, Hitze und Licht andererseits. In den Hang lagerhaft eingebaute Steine erhöhen diese Wirkung. Eine vorteilhafte Lage für einen Steingarten wäre kaum denkbar, denn die in verdichteter Anordnung gefügten Steinbrocken bilden den äußersten Gegensatz zum Wasser. Indem sich beide Elemente im Kontaktbereich durchdringen, liefern sie das dynamische Bild einer Einheit von Gegensätzen.

Der Reiz dieses Gestaltungsergebnisses liegt darin, daß alle Vorteile der natürlichen Lage weiterentwickelt und voll zur Geltung gebracht wurden. Ein natürliches oder künstliches Bächlein, das den Steingarten durchrieselt und nach verschiedenen Wendungen leise plätschernd in den Teich fließt, kann hinzugefügt werden. Wege, ein Sitzplatz am Wasser und die Nähe eines Hauses fehlen zwar noch, aber Geborgenheit und Schönheit sind bereits ohne die sichtbare Anwesenheit des Menschen deutlich zu spüren. Alles scheint wie in der Natur zu sein, sich an seinem richtigen Platz zu befinden, und doch ist der Teich mehr als nur ein schilfbewachsener Weiher. Seine Bepflanzung beschränkt sich auf Weniges, Lagerndes, die Proportionen stimmen. Die Steine werden frei vom Wasser umspült, nur kurzsprossige Rasensteinbreche wachsen ihnen wie schwellende Moospolster entgegen.

Für Tiere entsteht ein wahres Paradies! Prächtige Gelbrandkäfer rammen mit unberechenbaren Bewegungen alle möglichen Hindernisse. Der Taumelkäfer schwimmt im Sonnenschein auf der Wasseroberfläche und flüchtet bei Beunruhigung mit blitzschnellen Drehbewegungen, Spiralen und Bögen beschreibend, in die Tiefe. Köcherfliegenlarven sind zu beobachten. Die Röhrchen mit den darin verborgenen Tieren wandern auf dem flachen Bodengrund hin und her.

Das Leben im Teich ist in stetiger Wandlung begriffen. Wenn im Hochsommer die Königslibellen in schnellem, ungestümem Flug nach Insekten jagen und sich oft weit von ihrem Heimatgewässer entfernen, haben auch die meisten Wassermolche den Teich wieder verlassen, den sie zur Paarungszeit vom Frühling bis zu Beginn des Sommers aufsuchten. Diese Tiere verstecken sich in Erdlöchern, unter Baumstümpfen oder zwischen Steinen. Sie hätten es bei einer Gestaltung, die sich nach dem Muster des vorgestellten Idealprofils richtete, nicht weit, wenn sie unmittelbar neben ihrem Laichgewässer eine Masse an Steinen vorfänden, deren Fugenlabyrinth idealen Schutz bietet. Auch andere Amphibien, wie Frösche und Kröten halten sich hier gern auf und vertilgen Asseln und alle Nacktschnecken, über die sich der Gartenfreund sonst ärgern müßte. Die warme Oberfläche der Steine wird gern von Eidechsen aufgesucht. Allmählich gewöhnen sich diese klugen Tiere an den Menschen und ziehen es vor, lieber in der warmen Sonne liegenzubleiben als rasch unter einer Polsterstaude oder zwischen Steinfugen zu verschwinden, wenn sich jemand nähert. Dreht man einen breiten Stein oder eine große Bodenplatte um, die lange Zeit unverrückt an ihrem Platz gelegen hat, trifft man zahlreiche Tiere in einer kühlen Behausung. Die Blindschleiche findet hier nicht nur Schutz, sondern trifft auch auf Schnecken und Würmer, die sie allerdings hier oft mit Kröten teilen muß.

Gestalterische Schönheit und Nutzen für den Naturhaushalt müssen keine Gegensätze sein. Selbst auf begrenzten Flächen läßt sich mit Verständnis und Liebe ein kleines Stück Natur nachgestalten, das vorgestellte Beispiel, angepaßt und auf Wesentlichstes reduziert, nachvollziehen. Der Nutzgarten soll vom naturgerechten Wassergarten durchaus nicht verdrängt werden, nur ist beides vom Anliegen her, auch innerhalb kleinster Gärten, räumlich zu trennen. Kunstdünger und erst recht Pestizide und Herbizide passen nicht zur Lebensgemeinschaft eines Weihers und seiner Umgebung. Deshalb bietet auch der intensiv bewirtschaftete Fischteich von allen Gewässerformen für den Naturhaushalt die geringsten Vorteile. Die Konsequenzen sind naheliegend: Karpfen- und Forellenteiche sind Fallen für Kröten und Molche, denn die eingesetzten Fische beanspruchen den Laich der wildlebenden Amphibien als Nahrung für sich. Im kleinen Gartenteich verhält es sich nicht anders. Entweder Goldfische oder Amphibien lautet die Alternative. Falls die Hoffnung besteht, daß sich einheimische Amphibien ansiedeln, sollte die Sicherung ihrer Lebensbedürfnisse von anderen Überlegungen Vorrang haben.

Querprofil eines Teiches mit naturnah gestalteter Umgebung
a mäßig geneigter Schattenhang   b Plattenweg   c Steilhang in praller Sonne

Wasser im Steingarten

Hier zeigt ein steiler Berg die mauergleichen Spitzen, / ein Waldstrom eilt hindurch und stürzet Fall auf Fall. / Der dick beschäumte Fluß dringt durch der Felsen Ritzen / und schießt mit jäher Kraft weit über ihren Wall: / Das dünne Wasser teilt des tiefen Falles Eile. / In der verdickten Luft schwebt ein bewegtes Grau, / ein Regenbogen strahlt durch die zerstäubten Teile / und das entfernte Tal trinkt ein beständigs Tau. /   Albrecht von Haller

Felsformationen mit Terrassen und Bändern, Standorte alpiner Gräser und Kräuter, prächtige Blumenpolster in engen Spalten, luftige Grate mit steilen Grasflanken und Schotterhängen, Bergmoore im Nässestau kleinflächiger Tallagen – alle diese Gestalten erscheinen in der Phantasie und vermitteln das Bild einer komplexen Wirklichkeit.

Ein künstlich hergestellter Bachlauf in einem Steingarten oder Alpinum kann freilich keine schäumenden Wassermassen aufbieten; es sollte aber auch von diesem kleinen Gewässer erwartet werden, daß es das Ganze seines Gestaltungsbereiches, von dem es einen Teilaspekt bildet, widerspiegelt. Im Zusammenwirken mit dem Steingartenhang am Wasser können folgende Gedanken weiter verfolgt werden.

1. Rohe, unverformte Steine, Höhenunterschiede, dazwischen Wasser, meist fließend, auf ein Ziel gerichtet. Bereits dieses Wenige assoziiert gedanklich »Hochgebirgslandschaft«.

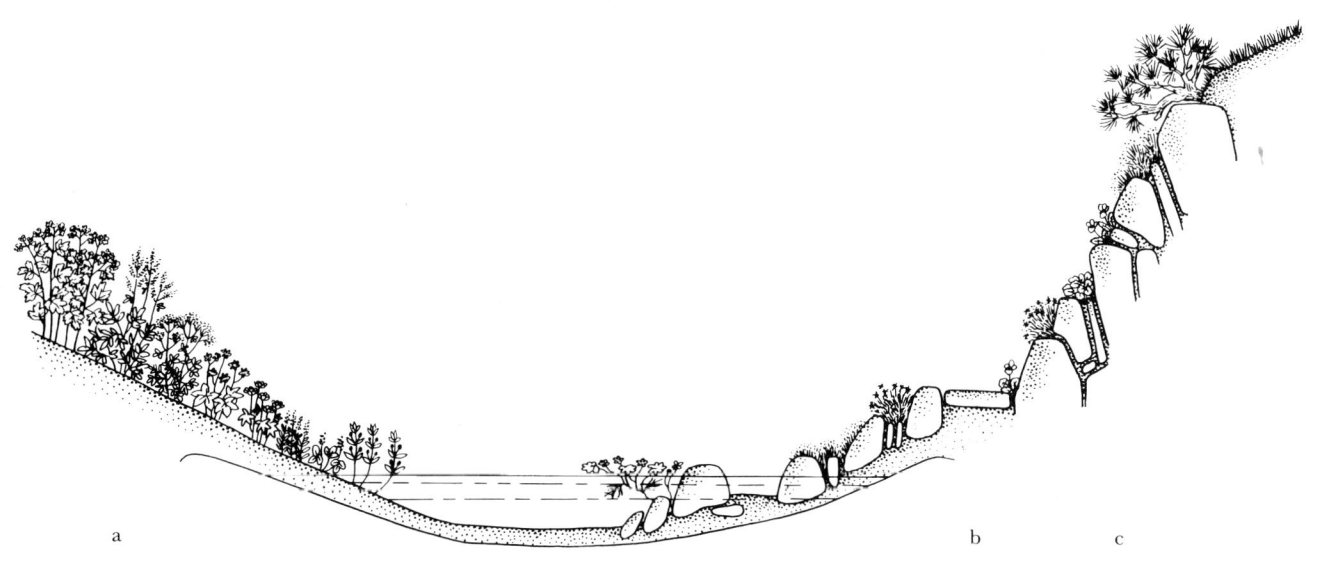

2. Das Vorbild der Hochgebirgslandschaft ist gestalterisch umzusetzen in:
– Felsfugen mit Polsterstauden, Wasser und Stein berühren sich.
– Aufgeweitete Bachstrecken, die am Rande in kleine »Moore« übergehen. Sie enden in engen »Schluchten« zwischen Steinen, wo sie von oben abfließendes Regenwasser auffangen.
– Folgerichtig als Bepflanzung Bergprimel am Bach, Troddelblumen, Sumpfdotterblumen in anmoorig-nassen Abschnitten; im weiteren Verlauf Moorbeetpflanzen, Wollgräser, Winkelsegge und kleine Farne an schattig-kühlem Gestein.
3. Wasser, das sich bewegt, glitzert in der Sonne und erzeugt angenehme Geräusche. Es kann fast stillstehen, aber auch fließen und fallen. Nicht wie ein gleichmäßig geneigter Dränagegraben, dessen Aufgabe in der raschen und reibungslosen Wasserableitung besteht, sondern sehr viel anders soll unser Bächlein aussehen: waagerechte, sich weitende, spiegelnde Flächen wechseln mit kurzen, gekrümmten Gefällestrecken und führen zu kleinen Wasserfällen, die je nach ihrer Höhe unterschiedliche Geräusche erzeugen. Solche Naturgeräusche verbinden sich mit Vogelgezwitscher und dem Rascheln des Laubes. Bei der Bewertung sowohl eines natürlichen als auch eines gestalteten Freiraumes zählen diese Sinnesreize zu den wertvollsten Qualitätsmerkmalen. Wie zu lesen war, liebten die Araber in ihren Gärten neben dem leisen Plätschern der Wasserkünste die unnachahmlichen, oft bizarren Lautäußerungen gekäfigter Vögel und dazu noch das Klappern windbewegter mechanischer Instrumente. Sie vergaßen nicht, auch die akustischen Reize einer Landschaft intensiv zu genießen.
4. Der Bachlauf mündet in eine Wasserfläche, die damit in ein Gestaltungsmotiv einbezogen wird, das etwa mit der Kurzformel »Felshang – Bach – Bergsee« zu umschreiben wäre. Daß ein kalter Bergsee bei häufiger Luftbewegung kaum Pflanzen enthalten kann, sondern mehr der »Welt der Welle« zuzurechnen ist, sollte in der Gestaltung seinen Niederschlag finden. Mit einem Röhrichtgürtel am Teichrand – zumindest im Bereich der Steine – würde der Eindruck zerstört werden.

Das erläuterte Gestaltungsmotiv empfängt seinen Impuls aus der Natur des Hochgebirges. Die vorgestellte, mit dem Wasser verbundene Felsszenerie bildet keinen Widerspruch zu Hallers »Waldstrom im Felsenwall«, auch wenn die vom Bächlein erzeugte Luftfeuchte ebenso weit vom »bewegten Grau« entfernt ist wie seine »mauergleichen Spitzen« von den Steinen unseres kleinen Alpinums. Auf der geistigen Ebene bestehen zwischen beiden Aussagen innige Beziehungen. Der Hinweis auf den hier unangebrachten Röhrichtgürtel verdeutlicht aber auch den mittel-

unter schmalen Grat, der das gestalterisch Vertretbare vom Ungeeigneten trennt. Goethe formulierte es so:
Vergebens werden ungebundne Geister / nach der Vollendung reiner Höhe streben. / Wer Großes will, muß sich zusammenraffen. / In der Beschränkung zeigt sich erst der Meister / Und das Gesetz nur kann uns Freiheit geben.

Die raumbildende Kraft des Wassers

Eine Wasserfläche in der Landschaft wie auch im kleinen Garten vermittelt neben dem Eindruck der Weite vor allem den der Ruhe. Wasser pegelt sich in absolute Horizontallage ein und nimmt damit eine extreme Ruhelage an, die in der Natur eine Ausnahmeerscheinung darstellt. Exakt Waagerechtes oder Senkrechtes weist sich im allgemeinen als etwas vom Menschen Geschaffenes, bewußt Gebautes aus. Die raumpsychologische Eigenschaft des Wassers, Ruhe zu vermitteln, hebt seinen Wert als Gestaltungsmittel besonders hervor. Wenn einfache bauliche Elemente horizontal und vertikal einander zugeordnet werden, wie im modernen Städtebau, so entstehen zwar geometrische Räume; sie bedürfen aber noch der lebendigen Menschen und des lebendigen Grüns, um zu Lebensräumen zu werden. Eine Wasserfläche im Garten wirkt niemals starr. Ganz gleich, ob es sich um eine Gebäudefassade handelt, die sich in einem flachen, dunkelgefliesten Reflecting-Pool spiegelt, um Pflanzen, die innerhalb des Wassers oder darum herum gruppiert sind, oder um andere, auch unbelebte Gegenstände – stets steigert das Wasser die Wirkung und kommt dem Verlangen des menschlichen Auges nach Mannigfaltigkeit entgegen. Beim gezeigten Beispiel wurden die Dinge so geordnet, daß der ruhende Körper des Wassers mit der Kontur des schräg ansteigenden, lebhaft gegliederten »Felsenhanges« ein starkes Motiv bildet. Es ist der scharfe Kontrast zwischen beiden Raumgestalten, der das Auge fesselt und diesen Bereich als gestalterischen Mittelpunkt qualifiziert. Eine solche »Mitte« braucht jeder Garten. Nebenmotive sollten sich der Leitidee unterordnen und auf engem Raum nicht mit ihr wetteifern. Die sich gegenüber dem Steingarten entwickelnde Bergstaudenpflanzung birgt typische, individuelle Formen und entfaltet vom späten Frühling bis zum Frühsommer wochenlang eine farbenprächtige, betörende Wildheit. Dennoch bestehen zum Hauptmotiv eindeutige Beziehungen. Indem sich die Staudenpflanzung unterordnet, steigert sie erheblich die Schönheit des Ganzen.

Jede Bewegung des Menschen verändert seinen wahrgenommenen Raum. Auch in einem Garten ändert sich das Bild mit jedem neuen Standort, den der Betrachter einnimmt. Er erlebt den Raum als unstet und stellt fest, wie das schöne Motiv gelegentlich auch an Wirkung verliert, wie sich Störendes ins Bild drängt oder von jenseits des Zaunes plötzlich ins Blickfeld gelangt. Bei der Planung sind auch solche Gesichtspunkte zu durchdenken. Andererseits ist es richtig, wenn der Schwerpunkt im Garten von allen wichtigen Punkten aus – Sitzplatz, Terrasse vor dem Haus, Liegewiese – optimal zu erleben ist und gerade hier eine Intensivierung des Raumeindruckes durch eine kühne Ballung wertvoller Gestaltungselemente zustande kommt. Ungünstige Geländepunkte, wie z. B. die Oberkante eines Hanges, bieten für das Gartenerlebnis wenig, vielleicht eine schöne Aussicht in die Ferne, der Blick aber geht über den Garten hinweg, und die Vogelperspektive verzerrt den Blick auf den Garten. Man muß hinabsteigen und die Terrasse unmittelbar aufsuchen, um sich von dem Gefühl der Geborgenheit in diesen Teilräumen zu überzeugen.

Es ist ein Brunnen, der heißt Leid; / Draus fließt die lautre Seligkeit. / Doch wer nur in den Brunnen schaut, / Den graut. / Er sieht den tiefen Wasserschacht, / Sein lichtes Bild umrahmt von Nacht. / O trinke! Da zerrinnt dein Bild: / Licht quillt. / Ricarda Huch

Einen Schachtdeckel öffnen und in den meist rund gemauerten Brunnenschacht hineinschauen: Zehn Meter Tiefe erscheinen von oben wie zwanzig oder dreißig Meter. Unten schimmert die kreisförmige Wasserfläche, die mit fast magischer, unerklärlicher Gewalt den Betrachter zu sich hinabzuziehen scheint. Selbst einem kreisrunden Wasserbecken in einer Senke haftet diese merkwürdige Tendenz in abgeschwächter Weise noch an. Erst in ebener Lage geschieht mit dem Kreis in unserer Wahrnehmung etwas Neues: Nun scheint er sich nach allen Seiten hin auszudehnen, so als wollte er, ausgehend von seinem Mittelpunkt, wie durch einen ins Wasser geworfenen Stein bewegt, in ringförmigen Wellen nach außen drängen. Neben dem Kreis und der kreisverwandten Ellipse empfehlen sich Quadrat und Rechteck als weitere unkomplizierte Formen für Wasserbecken. Das starre Quadrat wirkt archaisch einfach, es drückt keinerlei Bewegung aus. Zwischen seiner Randlänge und dem erzielten Flächeninhalt besteht ein effektives Verhältnis. Man erhält bei $4 \times 4\,\text{m} = 16\,\text{m}$ Rand eine Fläche von $16\,\text{m}^2$, während die gleiche Fläche z. B. beim Rechteckformat $3,2 \times 5\,\text{m} = 16,4\,\text{m}$ Randlänge erfordert. Das im Beispiel genannte Rechteckformat entspricht etwa dem »Goldenen Schnitt«. Bei diesem erfolgt die Teilung einer Strecke in zwei ungleiche Teile derart, daß sich die gesamte Strecke zum größeren Teil wie dieser zum kleineren verhält. Dem Goldenen Schnitt liegt das Zahlenverhältnis von $1 : 1,618$ zugrunde. Seine Anwendung führt zu idealen Proportionen und war schon im Altertum bekannt.

Neben Faktoren wie Raum, Licht, Gebäude und Kleinarchitekturen, plastischen Gebilden oder auch Pflanzen beeinflußt der verwendete bauliche Rahmen die Wirkung des Wassers, unterdrückt oder fördert seinen Reiz. So kommt bereits in dem einfachen Begriff »Quellfassung« die ganze Sorgfalt zum Ausdruck, die dem Schutz des gerade erst über Tage erschienenen Lebenselementes zugedacht ist. Das Wasserbecken als gebaute Form ist als Träger einer übergeordneten Gestaltungsidee, im architektonisch gedachten Garten, am Platze. Auch in kleinen, verwinkelten oder sehr schmalen Parzellen bieten festgefügte, klare Formen Vorteile. Der unten gezeigte, sehr schmale Reihenhausgarten wurde mit einem quadratischen Becken ausgestattet. Das Bestreben, dieses so groß wie möglich auszuweiten, fand hier bei 2,2 m Seitenlänge seine Grenze. Eine weitere Ausdeh-

Das quadratische Wasserbecken ist von der Lage des Hauses und der engen, langgestreckten Gartenparzelle abgeleitet

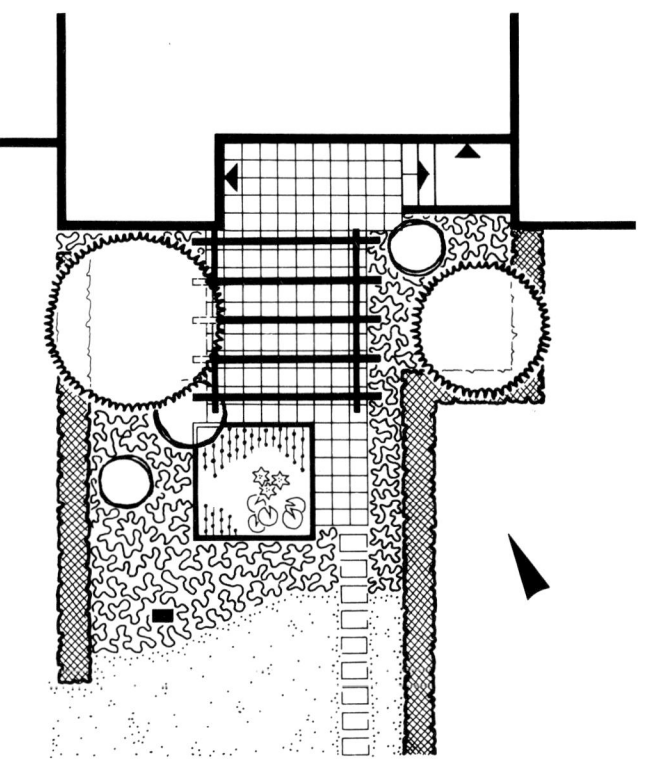

nung wäre zu Lasten der rahmenden Vegetationsfläche gegangen, und ein zu mächtiges Becken würde die Proportionen dieses kleinen Gartenraumes sprengen. Andererseits gibt es auch im Kleinen für jeden konkreten Fall Grenzen des Empfehlenswerten. Da nicht nur Lage und Format, sondern auch die Größe einer Wasserfläche zum jeweiligen Standort passen sollen, würde ein allzu kleines Becken ebensowenig befriedigen wie ein zu großes. Dem viel zu kleinen Becken fehlte einfach die Kraft, um seinen Einfluß auf das Ganze angemessen geltend zu machen, obwohl andere Verhältnisse denkbar wären, bei denen ein noch kleineres Becken gut zur Wirkung käme. Für langgestreckte Gärten ist als Querriegel die Rechteckform wie geschaffen, nur ist der besprochene Garten so schmal, daß ihm mindestens 2 m Breite fehlen, um ein ausreichend langes Rechteck darin unterbringen zu können. Wenn nur 2,2 m Breite verfügbar sind, würde die schmale Seite des Beckens nach dem Goldenen Schnitt 1,35 m betragen, wodurch sich die Wasserfläche von 4,84 m^2 auf 2,97 m^2 reduzierte. Die Wahl der Quadratform bietet hier eindeutig Vorteile.

Die gebaute Form wirkt anders als ihr Entwurf auf dem Papier. Der Betrachter erblickt die gleiche Gestalt von beliebig wechselnden Standpunkten aus in jeweils veränderter perspektivischer Wiedergabe. Bei einfachen geometrischen Figuren spielt dieser Gesichtspunkt zunächst keine Rolle, da die fraglichen Flächen auch in der perspektivischen Verkürzung als definierbare Gestalten erkannt werden, wenn sie ihrem Grundcharakter gemäß verwendet wurden. Während der kleine Kreis als Faß, Trog oder Kessel auf jedem sonnigen Balkon aufzustellen oder als platzsparendes rundes Becken auch an anderen begrenzten Standorten leicht unterzubringen ist, fordert der größere Kreis eines gemauerten Wasserbeckens mehr Freiheit. Der Kreis wehrt sich gegen räumliche Einengung. Nimmt ein Quadrat die vorgegebenen Grundlinien seines Raumes – Gebäudekanten, Grundstücksgrenzen u.ä. – auf, so wirkt es einfach und klar. Dreht man das Quadrat jedoch so, daß seine Spitze auf die dominierende Grundlinie weist, so verwandelt es sich zum Parallelogramm. Die »ruhenden« Konturen stürzen, und es entsteht der Eindruck der Unruhe, vor allem wenn keine anderen sichtbaren Faktoren die diagonale Einordnung plausibel begründen.

Ein senkrecht zur vorgegebenen Längsrichtung gestelltes Rechteck wirkt ruhig, gliedernd, denn der Längenausdehnung des Gartens wird das Querformat als Akzent gegenübergestellt. Um diesen Effekt zu verstärken, könnte der Goldene Schnitt hinsichtlich Länge des Formates noch überschritten werden, nicht aber umgekehrt in Quadratrichtung unterschritten! Eine Mischform wäre die Folge, die weder den Charakter des Rechteckes noch den des Quadrates hätte und demzufolge unbefriedi-

gend wirkte. Ohne Bindung an eine Grundlinie sähe ein willkürlich schräg eingesetztes Rechteck geradezu unglücklich, wie weggeworfen aus. Auch seine Lage parallel zur langen Grenze eines »Handtuchgrundstückes« ist kaum zu empfehlen. Eine zusätzliche Längsbetonung ließe das Grundstück noch länger und schmaler erscheinen.

Zu den einfachen, leicht zu beherrschenden Flächenformen sind auch das Sechs- und das Achteck zu rechnen. Das Sechseck läßt sich nach allen Seiten hin aneinanderreihen. Die Natur nutzt es als Flächenraster, z.B. in der Bienenwabe. Wer mehrere Becken koppeln möchte, um z.B. einen geringen Höhenunterschied im Gelände für verschieden hohe, durch Kaskaden verbundene Wasserspiegel zu nutzen, sollte die Wabenform als Möglichkeit nicht außer acht lassen. Richtungswechsel, Mischung freier und bepflanzter Wasserbecken sowie vielfältige Übergänge zu anderen Gestaltungsmotiven sind mit diesem Formelement leicht zu realisieren.

Das Fünfeck wird im Gegensatz zu allen anderen beschriebenen Formcharakteren stärker von perspektivischen Veränderungen erfaßt. Mit einer Linie »zuviel« im Vergleich zum Rechteck und einer »zuwenig« im Verhältnis zur Wabe drückt die unregelmäßige Fünfeckform etwas aus, das in der Musik als »Dissonanz« bezeichnet wird. Dissonanzen erhalten positive Bedeutung, wenn sie in nachfolgenden Harmonien aufgelöst werden. Das kann sinngemäß auch im Freiraum geschehen.

Alle diese geometrisch eindeutigen, klar charakterisierten Gestalten sind als Wasserbeckenformate zu empfehlen. Schwieriger wird es, wenn ein völlig freier Flächenzuschnitt und schwingende Umrißbegrenzungen in Betracht gezogen werden. Die unregelmäßige Form kann in einer bestimmten Situation gestalterisch vorteilhaft und der wasserdichte, fest begrenzte, platzsparende Randabschluß dabei gleichzeitig notwendig sein. Wenn der Eindruck vermittelt wird, bestimmte auslösende Kräfte hätten die vorliegende Flächenverformung so erzeugt und seien für ihr Entstehen verantwortlich gewesen, so vermag die gewählte Form zu überzeugen. Die Gartenpläne auf S. 38, 39 zeigen einen solchen Abschnitt. Die umgebende leichte Hanglage nimmt auf die Teichform Bezug. Bald nähert sich das ansteigende Gelände dem Beckenrand, bald weicht es zurück. So entsteht ein Zusammenhang. Die gewonnenen ebenen oder leicht ansteigenden Außenflächen werden entsprechend bepflanzt. Eine Sumpfzone füllt die größte ebene Randfläche aus, wobei sich die Sumpfpflanzen mit denen der Pflanzbereiche im Wasser zu einer einheitlichen Gruppe verbinden, obwohl bautechnisch eine Trennung besteht. Ein betont schmaler Rand läßt es hier zu, daß an allen Stellen, wo es gewünscht wird, die Grenzen zwischen innen und außen optisch aufgehoben werden. So entsteht auf relativ engem Raum eine äußerst lebendige Stimmung. Eine ähnliche Situation zeigt das Bild S. 64. Das Wasserbecken scheint die Negativform des Steingartenhügels nebenan zu sein. Beide Elemente durchdringen sich und bedingen einander so stark, daß eines ohne das andere kaum vorstellbar ist.

Bei allen fest gebauten Wasserbecken sollte die Frage der Randausbildung genau durchdacht werden. Breite Ränder unterstreichen die Form des Beckens und heben das Architektonische besonders hervor. Beim schmalen Rand geht es mehr um die Darstellung der Wasserfläche als solcher. Sie ordnet sich ohne trennende Linien übergangslos ihren Nachbarflächen zu. Für breite Ränder können Betonplatten z. B. in der Ausführung glatt, Oberfläche scharriert, Kieselwaschbetonvorsatz oder Waschgranit mit seiner geschliffenen Form Terrazzo verwendet werden. Natursteinplatten sind vor allem in großen Abmessungen sehr wirkungsvoll. Randplatten sollten nicht zu dünn ausfallen, auch wenn sie verankert werden und ihnen der Wind nichts anhaben kann. Sie sollten auf ihrem Unterbau regelrecht lasten. Selbst nur 30 cm breite Platten sollten mindestens 6 cm dick sein. Breitere Platten (bis 80 cm gut vorstellbar) können stärker als 12 cm sein. Die Materialwahl richtet sich nach dem Gesamtkonzept des Gartens. Beim sehr schmalen Rand interessiert diese Frage weniger. Eine einzige Reihe Großpflastersteine läßt sich auch im Anschluß an jedes andere Material leicht verkraften, während es bei einem 5 mm dicken Stahlblechrand ohnehin nur noch um die Gestalt der Fläche geht. Bei unmittelbarer Nachbarschaft von Sitzplatz und Wasserfläche liegt es im Falle eines Plattenbelages nahe, diesen über den Beckenrand hinweggreifen zu lassen, so daß ein gesonderter Randbelag eingespart wird. Die Platzentwässerung muß dann allerdings auf diese langgestreckte Horizontale abgestimmt sein. Im allgemeinen ist nichts dagegen einzuwenden, wenn das Oberflächenwasser der sauberen Platzfläche in das Wasserbecken gelangt. Soll der Beckenrand über das Niveau seiner Umgebung emporgehoben werden, so genügen einige Zentimeter bis maximal etwa 20 cm. Ein zu hoher Rand stünde im Widerspruch zum Grundsatz, daß im Gartenraum Wasser die tiefste Stelle anzeigt. Die Breite eines Randes sollte nicht übertrieben werden, denn jeder Plattenkragen engt seine Wasserfläche ein. Viele Faktoren beeinflussen das Gesamtbild, Einfühlungsvermögen und Sinn für Proportionen sind auch hier gefordert.

Wasserflächen aller Art wirken auf Kinder wie ein Magnet. Am Wasser erleben sie wahre Sternstunden und erfinden immer neue Spiele, die sie am und wenn möglich auch im Wasser erproben. Das ist gut so. Kinder sollen schon frühzeitig durch eigenes Erleben erfahren, wie die Natur ihren Reichtum in Verbindung mit dem Wasser entfaltet. Die Faszination der blauen Iris gilt es

zu entdecken, das Tierleben im Teich, das sich geheimnisvoll wandelt. Kinder können noch staunen. Da sie die Gefahren des Wassers oft nicht richtig einschätzen, müssen vor allem kleinere Kinder von weniger als einem bis zu drei Jahren an offenen Wasserflächen beaufsichtigt oder besonders geschützt werden. Am besten geschieht das durch einen niedrigen, transportablen, unauffällig wirkenden Zaun. Für die Sicherheit von Kindern über vier Jahre genügt es, wenn die Wasserfläche – zumindest in einem breiteren Randbereich – 55 cm Tiefe nicht überschreitet. Mit dieser Tiefe kommen bereits die meisten Seerosen aus. Ohne große Schwierigkeiten wäre es auch möglich, etwa 20 cm unter dem Wasserspiegel aller 45 cm Stahlringe an der Betonwandung anzubringen. Ein Plastiknetz, das den gesamten Beckenboden überspannt, wäre dann leicht einzuhängen.

Höhenverhältnisse in einem hausnahen Gartenteil (etwa 20 × 35 m). Auch »störende« Elemente wie Wäschetrockenplatz (l. o.) und Gemüsebeete (r.) sind gestalterisch in kleine Gärten einzuordnen

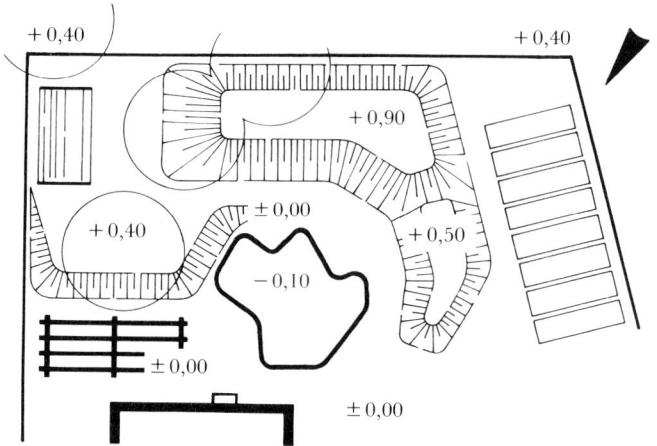

Gestaltung des hausnahen Gartenteils neben der Terrasse des Hauses (s. a. S. 39)
Gestaltungsvorteile: Geschützte Lage in Hausnähe, vorhandene Bäume (o. und l.), Raumbildung durch konkave Geländeform, Sichtschutz, Windruhe, vielfältige Feuchteverhältnisse. Bepflanzung: In der Wasserfläche *Lysichiton*-Arten (während der Blütezeit in Behältern stehend), Hechtkraut (l.), Zwerg-Rohrkolben, Seggen, Japanische Mummel (o.), Seerosen, *Iris laevigata, I. fulva, Primula helodoxa* (r.), Iris-Kaempferi-Hybriden (u.); oberhalb der Plattenfläche Inkalilien vor Schirmbambus in

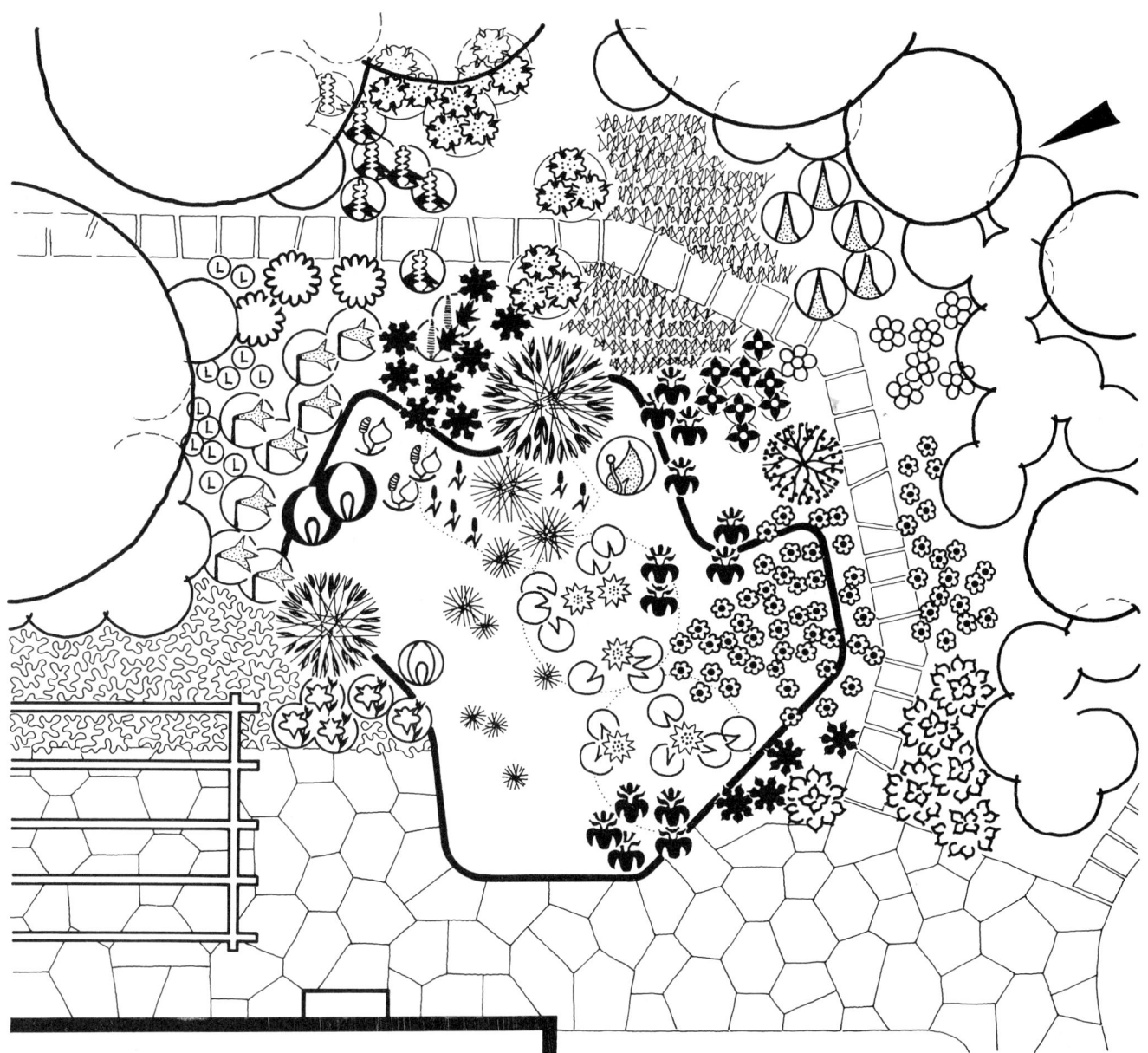

bodendeckenden Stauden (l. u.), Taglilien und Madonnen-Lilien vor Sträuchern und Staudenphloxen (l. o.), Funkien vor *Ligularia przewalskii*, daneben *Rosa palustris* und Astilben-Fläche (o.) *Iris sibirica, I. chrysographes, Veronica longifolia*, Knopfbusch, asiatische Primel (r. o., über Folie),

Zwergrhododendren, niedrige Funkien (r. u.); außerhalb des Plattenweges Rittersporn, Strauchrosen, Funkien (o.), Silberkerzen, Herbstanemonen, asiatische Primel und Zwergrhododendren vor lockerer Strauchpflanzung (r.)

Es ist schwer zu beurteilen, ob die Vorteile eines solchen Netzes seine Nachteile überwiegen. Oft dürfte es im Wege sein.

Trittstellen, die wenige Zentimeter über dem Wasserspiegel von einem Ufer zu dem anderen führen, können eine Wasserfläche sinnvoll bereichern. Ihre Zweckmäßigkeit wird deutlich, wenn eine vorgegebene Laufrichtung durch ein quer lagerndes Becken unterbrochen wird. Man überschreitet den Teich oder das Becken und erlebt nebenbei den Wasserspiegel und seine Einzelheiten aus nächster Nähe. Kinder sehen in solchen Trittstellen beliebte Hüpfsteine, deshalb ist auch hier an ihre Sicherheit zu denken.

Alles was bisher über die Ansiedlung von Tieren gesagt wurde, betrifft das Wasserbecken ebenso wie den Teich. Ob sich Tiere wohl fühlen und einen Wassergarten als Habitat annehmen, hängt nicht von der verwendeten Konstruktionsweise ab, aber die Entleerung fest gebauter Becken im Winter ist das Problem. Wo es zu vertreten ist, sollte deshalb das Wasser auch im Winter im Becken verbleiben. In sanft abfallenden Mulden, z. B. einer Pflastermulde, wird der Eisdruck nach oben abgeleitet. Auf Standrohre, die ebenfalls potentiell frostgefährdet sind, kann ohnehin verzichtet werden. Ein zugefrorener Gartenteich, dessen vorjährige Vegetation als ornamentale Trockenblumen tiefbraun und bleichgelb im schrägen Licht der Wintersonne aufleuchten oder auch ganz vom Rauhreif bedeckt sind, tröstet das Auge mehr über die kalte Jahreszeit hinweg als ein mit Brettern abgedecktes Becken. Manche Gartenfreunde lassen es darauf ankommen und entleeren ihr Wasserbecken trotz vorhande-

Transportabler Schutzzaun
a 15-mm-Stabeisen (Felder etwa 150 cm lang)   b kreisförmige Betongewichte (19,5 kg)

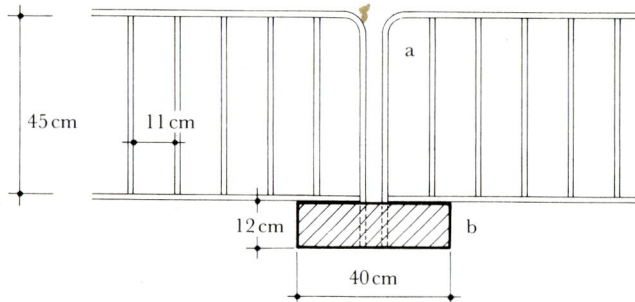

Gestaltung des Vegetationsprofils eines Teichufers (s. a. S. 39)
a Wasserbecken und Randzone mit Zwergseerose, Seekanne, Strauß-Gilbweiderich, Etagenprimel, Hechtkraut, Glockenprimel   b Plattenweg   c mäßig staunasser Bereich über für Hangwasser durch einzelne Löcher nur verzögert durchlässiger Folie mit Kugelprimel, *Ligularia przewalskii*, Juli-Silberkerze, Goldranunkelstrauch

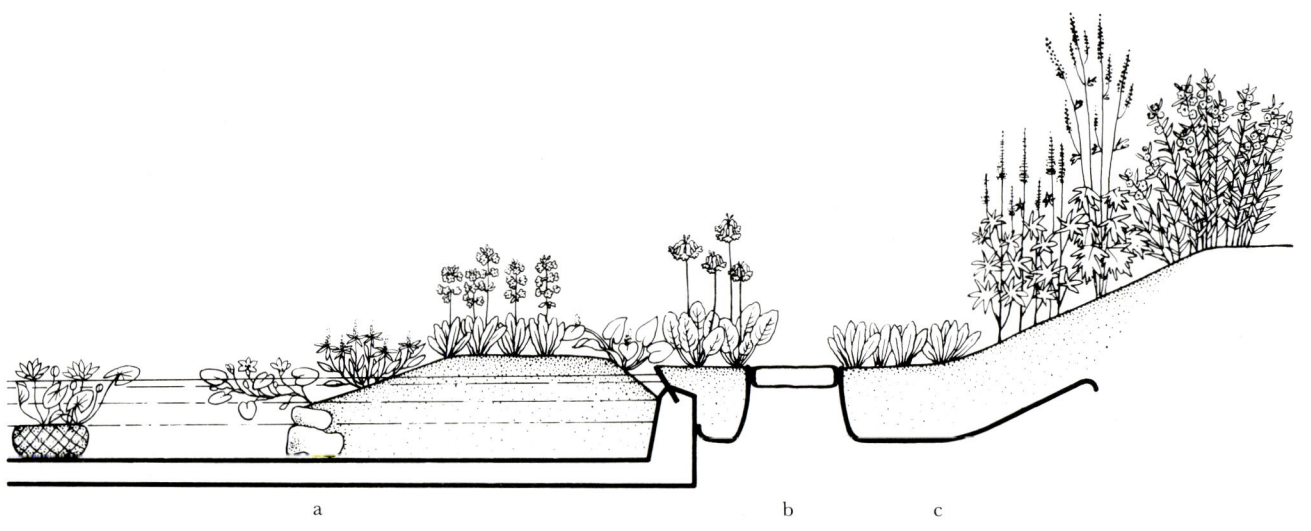

ner senkrechter Wände nicht. Sie hoffen darauf, daß der äußere Druck den inneren im Becken ausgleicht. Verlassen kann man sich darauf nicht, denn die Volumenvergrößerung zwischen Wasser und Eis beträgt rund 9 % zugunsten des Eises. Da es sich nicht zusammenpressen läßt, sind Schäden selbst an Stahlbetonbecken durchaus zu befürchten. Erst ab 45° Wandneigung kann davon ausgegangen werden, daß die Eisdecke nach oben abgeschoben wird. Bei nur leichter Wandneigung ist der Reibungswiderstand größer als der Effekt des Abhebens. Wer in seinem Becken das Wasser im Winter belassen möchte, da das Becken tiefer als 70 cm ist und kaum noch völlig durchfrieren kann, sollte wenigstens in die entstehende Eisdecke ein Loch hacken und das darunter anstehende Wasser um einige Zentimeter absenken. Der sich bildende Hohlraum zwischen neuem Wasserspiegel und Eisdecke wirkt wärmeisolierend und lindert die Gefahr weiteren Durchfrierens. Das Loch wird mit einem Strohbündel geschlossen. Auch andere Schutzmethoden können hilfreich sein. So kann z. B. eine kleinere Wasserfläche vor eintretendem Frost mit Polysterolplatten belegt werden. Diese superleichten, hochgradig druckaufnehmenden Schaumstofferzeugnisse müssen etwas beschwert werden, damit die Platten möglichst tief in die Wasseroberfläche einsinken. Ob diese Sicherheitsvorkehrung genügt, kann niemand garantieren. Extreme Wintertemperaturen halten immer Überraschungen bereit.

Klare Verhältnisse werden geschaffen, wenn ein Betonbecken völlig entleert wird und die Grundentleerung offen bleibt. Die Wasserpflanzenbereiche sind – je nach Empfindlichkeit – mit einer dicken Laubdecke so zu schützen, daß auch Tiere darin Unterschlupf finden. Mit einigen Steinen oder einem schräg auf den Rand gelegten und befestigten Brett wird es Tieren ermöglicht, in das Becken hinein und wieder heraus zu gelangen. In ihren Überwinterungsansprüchen sind die meisten wildlebenden Tiere sehr anpassungsfähig, sofern sie vor direkter Frosteinwirkung bewahrt bleiben. Da im Winter nicht überall sauerstoffreiches, tiefes Wasser vorhanden ist, suchen die Amphibien unter dicken Laubschichten, Steinhaufen oder an Kompostplätzen ihr Winterversteck. Ein Altholzhaufen sollte deshalb in keinem Garten fehlen. Unter seinen vermodernden Ästen, Zweigen, Rindenstücken und Rundholzabschnitten finden auch andere Gartentiere, wie z. B. der Igel, Schutz und Nahrungsangebote. Der restlos »aufgeräumte« Garten ist Tieren ein Greuel. In Gärten, in denen die Hygieneprinzipien der Wohnung unbarmherzig auf alle Teile übertragen werden, finden sie keinen Platz. Es ist zwar richtig, daß nur der gepflegte Garten zugleich auch schön ist. Ein Garten ist aber auch dann gepflegt, wenn in ihm das freie Spiel natürlicher Kräfte gefördert und in das Gartengeschehen einbezogen wird.

Wasserspiele und bildende Kunst im Garten

Gartenerlebnis ist stets Raumerlebnis. Die Größe eines Raumes, Gegenstände, die ihn füllen, und die Art ihrer Anordnung; der Kontrast wichtiger Objekte zu ihrer Umgebung, Verdichtung, Auflockerung, Farbigkeit und Proportionen; alle diese Dinge und Eigenschaften sind Gegenstand der Wahrnehmung. Aber im Zusammenwirken aller Faktoren, in ihrer spannungsreichen Zuordnung entsteht das Raumbild, das mehr ist als nur die Summe seiner einzelnen Teile. Wechselndes Licht und sich wandelnde Jahreszeiten verändern den Gartenraum und lassen ihn immer wieder neu erscheinen. Abschiedsstimmung und hoffnungsvolles neues Beginnen – dazwischen gibt es kein Gefühl, das im Garten nicht zu empfinden wäre. »... Von Naturerlebnissen können wir betroffen sein, auch wenn wir lernten, sie analytisch aufzufassen.« Alexander von Humboldt mahnt mit diesem Satz zur Aufgeschlossenheit für unmittelbares Gestalterleben Das Rauschen der Baumwipfel im Wind, das Murmeln des Baches – solche Naturvorgänge empfindet unser Gemüt wie das Walten tätiger Wesen. Augenblickliches sinnliches Erleben wird hier vermittelt, ohne daß es notwendig wäre, im Baum zugleich den Assimilationsapparat und im Wasser die chemische Verbindung zu sehen.

Der Garten ist das Reich der Phantasie. Jeder Garten ist einmalig, unverwechselbar. Dekoratives Beiwerk verleiht Individualität. Zu allen Zeiten erfreuten sich Wasserspiele und Werke der bildenden Kunst in den Gärten größter Beliebtheit. Oft ergänzten sich beide. Ornamentales hat bis heute nichts von seiner Aktualität eingebüßt, auch im kleinen Gartenraum kann es Wichtiges betonen oder einfach nur bereichernde Zutat sein.

Wenn man davon ausgeht, daß gestalterische Harmonie ungleiche, sozusagen »herrschende« und »dienende« Elemente zusammenwirkend voraussetzt, so sind selbst kleine und einfachste Springstrahlen unbedingt den herrschenden Elementen zuzurechnen. Sie gehören ihrem Wesen nach nicht zu den Dingen, die nur in großer Zahl beeindrucken und als Einzelgestalten übersehen würden. Sie benötigen den übrigen Garten mit seinen Blumenflächen, Staudenpflanzungen, Gehölzgruppen und Pergolen als Staffage, um selbst als Hauptdarsteller auf dieser Bühne dominieren zu können. Teiche und Springbrunnen sind ihrem Charakter nach Gegensätze. In einem Weiher ist eine Fontäne fehl am Platz. Auch im fest begrenzten Wasserbecken wird der Widerspruch zwischen springendem Wasserstrahl und Pflanzen noch nicht aufgehoben. Unter bestimmten Bedingungen kann aber ein niedriger Klarwasserstrahl oder ein kurzer, kompakter Weißwassersprudel in ein gebautes Becken einbezogen werden, sofern sich der Bepflanzungsschwerpunkt von der

Quelle der Wasserbewegung räumlich trennen läßt und sich diese Bewegung nur auf zurückhaltende Weise bemerkbar macht. Von Vorteil wäre es außerdem, wenn die gewählte Beckenform den Standort des Springstrahles berücksichtigte. Die vom Springstrahl ausgehende Unruhe soll bei den Schwimmblattpflanzen wieder zur Ruhe kommen, denn sie vertragen es auf Dauer schlecht, wenn ihre Blätter oder gar Blüten laufend vom Wasser bewegt werden. Das hält sie aber nicht davon ab, sich an den Turbulenzbereich heranzudrängen. Der Sprudel oder Springstrahl verschafft sich fortwährend Platz und wirkt der vegetativen Wuchskraft entgegen. Auf dieser reizvollen Konfrontation, die einer gewissen Dramatik nicht entbehrt, beruht die Eigenart dieses Gestaltungsmotivs. Selbstverständlich können nur einfache Formen einer aktiv betriebenen Wasserbewegung auf diese Weise verwendet werden. Prächtige Kunstbrunnenanlagen, deren rauschende Strahlenreihen erst gemeinsam das eindrucksvolle Wasserbild ergeben, gehören nicht in die Nähe von Wasserpflanzen. Je aufwendiger und komplizierter die Idee vom emporgeschleuderten und fallend im Wind ein Stück mitdriftenden Wassers dargestellt werden soll, desto schlichter

und weiträumiger muß die zugehörige Umgebung beschaffen sein. Übrigens wirkt der einfache, von der Mitte eines Beckens aufsteigende Strahl bereits vornehm genug, um große, repräsentative Aufgaben allein zu übernehmen, und gleichzeitig bescheiden genug, um im kleinen Maßstab im beschriebenen Sinne Blickfang zu sein. Wenn Springstrahlen angewendet werden, ist darauf zu achten, daß deren Höhe 70 % ihrer Entfernungsstrecke bis zum Rand nicht übersteigt. Hohe Fontänen in zu kleinen Becken wirken wie eine Sonnenblume in einer Kristallvase.

Vergleichbar mit dem flackernden Feuer im offenen Kamin können ähnlich entspannende Reize auch von maßvoll eingesetzten Wasserspielen ausgehen. Behaglichkeit und Geselligkeit werden angeregt, wenn neben dem Sitzplatz Wasserstrahlen im Gegenlicht oder im schrägen Seitenlicht der Sonne glitzern und perlen. Neben der direkten Wirkung des Wassers bieten sich auch kombinierte Möglichkeiten an. Der vom Bildhauer kunstvoll und feinfühlig in Stein nachgebildete Frosch oder Fischotter ist Plastik und Wasserspeier zugleich. Nach japanischem Muster kann ein abgeschliffener Naturstein durchbohrt und mittels Rohranschluß zum Quellstein werden. Eine andere Möglichkeit zur geistigen Umsetzung einer Quelle zeigt die Zeichnung. Zwischen einer aus groben Flußkieseln und einigen größeren Steinen hergestellten Fläche entspringt ein kurzer Weißwassersprudel. Ein schwerer Mühlstein faßt dieses Quellensymbol, hebt es hervor und lagert selbst waagerecht in der Fläche, wobei die Kanten des kreisrunden Gebildes vom Wasser überflutet werden. Es versickert zwischen Steinen und gelangt durch einen Gitterrost über einen in die am Boden abschließende PVC-Folie eingebauten Grundablaß zurück zum Pumpenschacht, von wo

Anlage eines Quellsprudels im Längsschnitt
a nicht selbstansaugende horizontale Schmutzwasserpumpe   b Streifenfundamente, darüber kreuzweise Holzschwellen   c 25 cm verdichteter grober Kies unter Feinsandpolster und Beckenplane   d Mühlstein (Durchmesser ca. 110 cm) über Rollkies   e Standrohr: über 11 cm Flanschanschluß federnd angeordnet (Plane wird geschont, Rohr wirkt nicht mehr als Hebel), Bandage aus Kühlerschlauch verbindet die Rohrteile

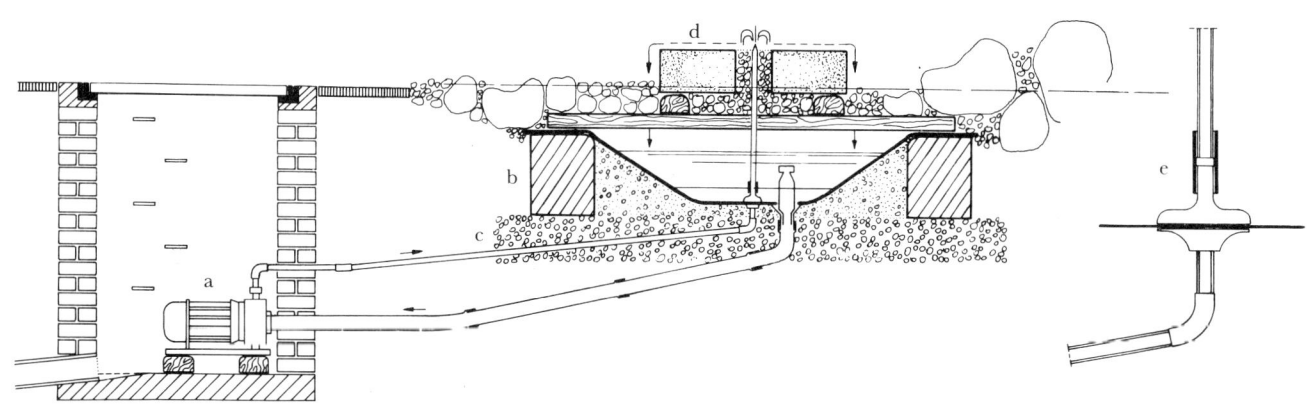

aus der Sprudel betrieben und der Wasserkreislauf aufrechterhalten wird. Sollte ein echter Mühlstein nicht zu beschaffen sein, so hilft man sich mit einem nachgefertigten aus Kieselwaschbeton. Der Quellsprudel kann auch nur einfach zwischen den Flußsteinen oder wiederum in einem durchbohrten Block erscheinen. Die verwendeten Natursteine selbst sollten zwar unterschiedlich groß, aber im Charakter völlig übereinstimmend gerundet sein. Die Eigenart der weiträumigen, flachen bis leicht welligen norddeutschen Landschaften wird von gerundetem nordischem Geschiebe ganz entscheidend mitgeprägt. Wird es im Garten verwendet, so kann die damit verbundene Gestaltungsrichtung nicht viel mit einem alpinen Steingarten zu tun haben. Die geformte Oberflächengestalt und die Art der Bepflanzung sollten dies berücksichtigen.

Quellsprudel und Steine wirken als plastische Gebilde. Nicht anders verhält es sich mit einem alten Steintrog, der unabhängig von seiner Bepflanzung zum Akzent im Raum wird. Mit Wasserpflanzen besetzt finden Tröge ihre besten Plätze in der vollen Sonne. Das Gebot der vertieften Einordnung von Wasserflächen ist hier aufgehoben, denn es geht mehr um die plastische Kontur und weniger um die Wasserfläche als solche. Behälter oder große Vasen aus Keramik, Naturstein oder auch Beton sind ebenso als Plastiken aufzufassen. Auch Stücke von Säulenkapitellen, profilierten Gewänden, Naturstein-Torpfeilern und viele andere Architekturfragmente, die bei Abbrüchen oft achtlos weggeworfen werden. Gußeiserne Gegenstände, wie etwa alte Zäune, gehören ebenfalls dazu. Mit oder ohne pflanzliche Begleitung können diese in ihrer Art jeweils einmaligen Dinge unaufdringlich, aber effektvoll in die Gestaltung einbezogen werden. Nicht zu vergessen ist ein Vogelbad als flaches, etwa 5 cm tiefes Becken, das auf Tischhöhe angehoben, mitten in einer Staudenpflanzung steht. Bei diesem reizvollen Detail besticht das Zusammenspiel von Plastik, spiegelndem Wasser sowie Bewegung und Klang; die beiden letztgenannten Eigenschaften von den heranfliegenden und sich im Wasser fröhlich tummelnden Vögeln hinzugefügt.

Fallendes Wasser, wie es am Beispiel des alpinen Wasserlaufes mittels Pumpenbetrieb in Gang gesetzt und gestalterisch wirksam gemacht wurde, schließt die Idee der Wassertreppe in sich ein. Dieser Variante liegt jedoch stärker eine architekturbetonte oder zumindest doch straffere Gestaltungsauffassung zugrunde. Das Problem kann bei extremer Hanglage auf sehr anspruchsvolle Weise gelöst werden. Von der oben gelegenen Sitzterrasse vor dem Haus geht der Blick über eine Wasserfläche hinweg in die Landschaft. Den abfallenden Geländeteil erlebt man von unten. Das fallende Wasser aus dem oberen Becken strömt über einen Wandbrunnen hinab und wird von einem unteren Becken aufgefangen. Statt des figürlichen Wasserspeiers kann eine exakt horizontal verlegte, leicht nach vorn geneigte Steinplatte als Überlauf fungieren und als Kaskade einen langen, zusammenhängenden Wasserschleier erzeugen. Die Pumpe muß dann allerdings auf mindestens 0,8 l/s Förderleistung ausgelegt sein.

Wassertreppen bei denen das Wasser stufenförmig von einem Becken ins andere fällt, lassen sich auf unterschiedliche Weise bei jeder nutzbaren Höhendifferenz leicht arrangieren. Dabei ist es wichtig, daß die verfügbaren Differenzen genau errechnet, aufgeteilt und bautechnisch konsequent umgesetzt werden. Nichts darf dem Zufall überlassen bleiben, wenn bestgeeignete Maßverhältnisse durch fein abgestimmte Höhensprünge und genau berechnete Gefällestrecken erreicht werden sollen. Wird ein scheinbar tischebenes Gelände mit dem Nivellierinstrument überprüft, so sind meist doch gewisse Höhenunterschiede festzustellen, die je nach Streckenlänge auf 30 bis 50 cm anwachsen können. Etwa 2 % Gefälle sind mit dem Auge kaum wahrnehmbar, ermöglichen aber den Bau einer flachen Wassertreppe. So kann die Idee des Bachlaufes auch in der Form eines straff gebauten Kanals verwirklicht werden, der den Garten als gliedernde Achse nach alter persischer Art durchschneidet. Die praktisch waagerechten Kanalstrecken erhalten Überläufe, über die das Wasser einige Zentimeter tiefer in ein Becken fließt, das sich entweder wieder zum Kanal verengt, über einen Überlauf das nächste Becken bedient oder den Endpunkt der sichtbaren Wasserbewegung bildet. Den Kanal nicht nur als langgestrecktes und damit im Vergleich zu breiten Wasserflächen weniger gestaltungswirksames Band durch den Garten zu führen, sondern ihn durch zwischengeschaltete Aufweitungen eindrucksvoller zu machen ist Absicht und entspricht dem beim »Naturbächlein« vorgestellten Verfahren. In beiden Fällen werden durch Aufweitungen ergiebige Ansatzpunkte für Bepflanzungen geschaffen. Der Unterschied besteht im Charakter, zwanglos, eng naturverbunden das eine, architektonisch gebunden das andere. Trotz gleichen Ausgangsmotivs empfehlen sich die Varianten für jeweils grundverschiedene Aufgaben.

Licht und Beleuchtung im Wassergarten

Kaskaden und Fontänen leben vom Licht. Erst der Sonnenschein entfaltet die Faszination des sich bewegenden Wassers voll. Ähnlich verhält es sich mit Plastiken, die sich mit der Wandlungsfähigkeit des Lichtes selbst zu wandeln scheinen, immer wieder verändert wirken und unsere Aufmerksamkeit zu allen Tages- und Jahreszeiten aufs neue herausfordern. Gute Plastiken und schöne Gefäße sollten nicht nur öffentliche Freiräume schmücken, sondern auch in privaten Gärten, die sich als erweiterter »Wohnraum im Freien« verstehen, selbstverständliche Akzente bilden. Ebenso vielgestaltig wie die plastischen Möglichkeiten selbst kann ihr Gebrauch sein. Die Statue am Ende einer Wegeachse hebt die vorgegebene Richtung des Raumes hervor. Plastiken können frei oder vor dem ruhigen Hintergrund einer Hecke stehen, vielleicht auch vor einer Mauer, in die eine Nische für ihre Aufstellung eingelassen ist. Gemeinsam prägen Licht und Schatten die plastische Wirkung einer Skulptur. Volles Mittagslicht läßt die Konturen flacher erscheinen; Schatten dagegen kann recht unterschiedlich wirken. Der leichte Streuschatten eines lichtkronigen Baumes, dessen Zweige vom Wind hin und her bewegt werden, belebt eine Plastik. Der dichte Schatten einer Hauswand kann eine Plastik unkenntlich machen. Wertvoll ist flaches Seitenlicht der Nachmittags- und Abendstunden, das ungehindert einstrahlen sollte. Gute räumlich-funktionelle Grundlagen allein genügen für das Einordnen einer Plastik noch nicht, entscheidend ist die Lichtsituation. Schlecht ist ein Standort dann gewählt, wenn an jedem sonnigen Nachmittag der tiefe Kernschatten eines Hauses gleichsam drohend auf das Objekt zuwandert, es dann regelrecht durchschneidet und die Plastik anschließend wie leblos dasteht, da sie im tiefen Schatten ihren plastischen Reiz völlig verliert.

»Die wichtigste Vorgabe in der Architektur ist das Licht. Ich arbeite mit dem Licht!« Dieser Ausspruch des französischen Architekten Le Corbusier ist von grundlegender Bedeutung und berührt ganz besonders alle Entwurfsfragen im Freiraum. Da der Gang des Tageslichtes unabänderlichen Gesetzen folgt, hängt alles, was im Garten geschieht, unmittelbar von seiner Stellung zum Licht ab. Erst wenn sich die Schatten der Dämmerung über den Garten senken ändert sich das Bild, und es entsteht die Gelegenheit für den großen Auftritt des künstlichen Lichtes. Die Brillanz des hellen Tages kann es nicht ersetzen. Eine zweckmäßige, auf Sicherheit orientierte Allgemeinbeleuchtung wirkt deshalb auch am wenigsten attraktiv, selbst wenn sie aufgrund der Größenverhältnisse des Raumes notwendig erscheint. Mastaufsatzleuchten mit einer Lichtpunkthöhe zwischen 2,20 und 2,80 m – tagsüber sind sie der Kategorie plastischer Gebilde zuzurechnen – verbinden sich mit Haus und Gesamtraum. Im kleinen Hausgarten genügt meist schon die Leuchte an der Hauswand, um für ausreichende Helligkeit zu sorgen. Interessantere Möglichkeiten ergeben sich im Garten besonders in Verbindung mit dem Wasser. Spiel des Lichtes vor dem Hintergrund tiefer Dunkelheit, bekannte Gegenstände oder Gartenteile wirken neu, gegenüber dem Tageslicht völlig verändert. Der von einem Unterwasserscheinwerfer getroffene Springstrahl leuchtet phantastisch. Darauf verzichten zu wollen bedeutet, den Aufwand für eine Fontäne nur halb zu nutzen. Vor allem betrifft es den Weißwasserstrahl, der ebenso wie eine weiße Blume, selbst bei schwacher Anstrahlung wunderbar funkelt. Ähnliche Effekte sind mit weißbunten Gräsern zu erzielen oder mit so ornamentalen Blattstauden wie allen hellblättrigen Funkien. Gleich leuchtenden Fackeln können sich diese charakteristischen Pflanzengestalten im Wasser spiegeln. Durchbrochene Rasterstrukturen aus Guß- oder Schmiedeeisen bilden im harten Gegenlicht schwarze Silhouetten und ergänzen die organische, veränderliche Formschönheit dieser Pflanzen.

Niedrige Bodenleuchten erfüllen ihre Aufgabe am besten, wenn die blendende Lichtquelle selbst dem Auge ferngehalten wird, während das erzeugte Licht seinen vorgesehenen Bezirk voll erfaßt. 30 bis 60 cm hohe Bodenleuchten mit Kappen, die das Licht reflektierend nach unten drücken, kommen dem Wunsch nach Ästhetik und Sicherheit in gleicher Weise entgegen. Nicht nur am Wasser, sondern auch neben Treppen oder auch Plattenwegen mit etwas ungleicher Oberfläche ist das tiefe, den Bodengrund überflutende Licht oft unentbehrlich. Die Beleuchtungskörper werden meist in Metall und Glas angeboten. Auch andere Materialien sind geeignet, sofern sich eine Übereinstimmung des Materials mit Sitzbänken, Geländern und ähnlichem Gartenzubehör herstellen läßt. Wenn ehrwürdige, alte Baumgestalten von versteckter Stelle aus durch Richtstrahler am Boden starkes Licht empfangen, so kommt es auch hier zu einer Objektbeleuchtung. Der stark beastete und dicht verzweigte, mehrfach gestaffelte Baum wirft mit der Unterseite seines Kronendaches einen Teil des Lichtes auf so überaus vielfältige Weise zum Boden und damit auch auf Wasserflächen zurück, daß dieser überwältigende, festliche Effekt sicher nur zeitlich begrenzt und als Höhepunkt zu besonderen Anlässen angemessen erscheint. Kugelleuchten, die mit der schwachen Lichtquelle einer 60-Watt-Glühlampe bestückt sind und deshalb keinen Blendschutz benötigen, wirken einzeln oder auf gleicher Höhe nebeneinanderstehend mit ihrem direkten Licht (Lichtpunkthöhe 60 bis 100 cm) ebenfalls vorteilhaft. Hier ist es die geometrische Idealgestalt der gläsernen Kugel, die bereits am Tage den Garten bereichert, um so mehr zu abendlicher Stunde, wenn sie in mildem Lichte erstrahlt. Selbst in kleinsten Gärten, wo eine Stromzuführung als zu aufwendig angesehen wird, brauchte man den Zauber nächtlicher Lichteffekte nicht zu entbehren. Hier bietet die Kerze in Gestalt eines Windlichtes ihre zwar nur bescheidenen, aber doch wertvollen Dienste an. Befestigt auf einer flachen Schale und geschützt von einem Glaszylinder hängt das Licht dicht über dem Wasser, steht auf dem Beckenrand oder schwimmt auf der Wasserfläche. Auch hier ist kein Blendschutz nötig, denn die flackernde, lebendige Flamme soll ihren eigenen kleinen Wirkungsbereich bestimmen.

Wie ein Gartenentwurf entsteht

Das vorgestellte Beispiel zeigt keine außergewöhnliche Situation. In einem städtischen Randgebiet wird ein Haus von zwei Familien bewohnt, die gemeinsam die 900 m² große Gartenfläche nutzen. Gewünscht war im hausnahen Bereich ein »erweiterter Wohnraum im Grünen«, daran anschließend sollte ein Flächenanteil für die Gemüse-Eigenversorgung verbleiben. Die noch ungestaltete Ausgangssituation läßt folgende Vorteile erkennen: Am Haus besteht ein gartenseitiger Ausgang und damit eine Verbindung zwischen Wohnzimmer und Garten. Der Hauptanteil der künf-

tigen Wohngartenfläche liegt günstig, dem Gebäude südwestlich vorgelagert. Einige vorhandene Nadelbäume stehen im Hintergrund und können in die Neugestaltung einbezogen werden. Nachteile: Die Verbindung Haus/Garten ist durch einen trennenden Höhenunterschied erschwert. Der Austritt liegt hoch über dem Garten. Die nach unten führende Treppe erreicht den höchsten Punkt eines Geländes, das hier besonders stark abfällt. Ein unbefriedigender Anblick dieser auch funktionell schlechten Lösung ist die Folge, denn der Ausgang zum Garten »hängt in der Luft«. Der

Ausgangssituation einer Gestaltung mit Höhenunterschieden und Hauptgefällerichtung

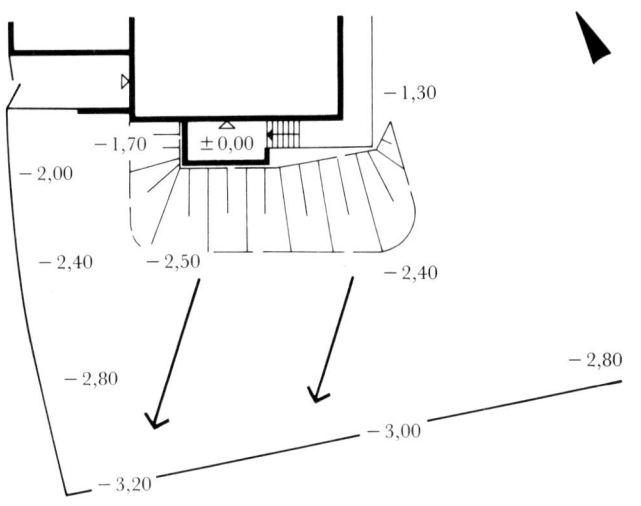

Erdmassenverteilung (in m³), Abtragungsflächen doppelt, Auftragsflächen einfach schraffiert

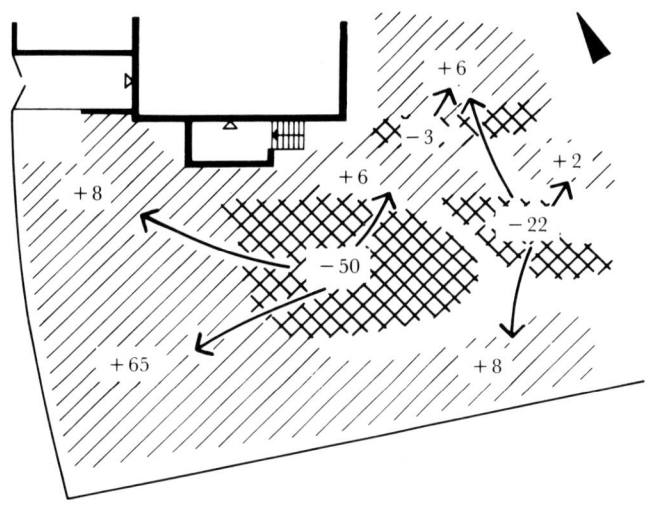

Flächenzuschnitt des Grundstückes ist so beschaffen, daß das Gelände nach innen – wo man es sich breiter wünschte – zunehmend schmaler wird, in Richtung zur Straße hin sich dagegen fast trichterförmig aufweitet. Alle vom Straßenraum ausgehenden negativen Einflüsse können dadurch ungebrochen auf den Garten einwirken.

Die Planung sieht eine durchgreifende Veränderung der bestehenden Höhenverhältnisse vor. Der auf Ausgleich gedachte Erdmassenverteilungsplan weist nach, wie in den einzelnen Geländeabschnitten die errechneten Bodenmengen zu bewegen sind. Ein Fehlbetrag von 20 m³ wird durch Aushub abgedeckt, der beim Platz- und Wegebau anfällt. Der Kulturboden wurde zuvor abgetragen und zwischengelagert. Nach der Geländemo-

Das fertig modellierte Gelände: abgestufte terrassenartige Gliederung mit Trockenmauern, Böschungen und Treppen, Wasserbecken wird Mittelpunkt des Gartens (Höhenangaben in m)

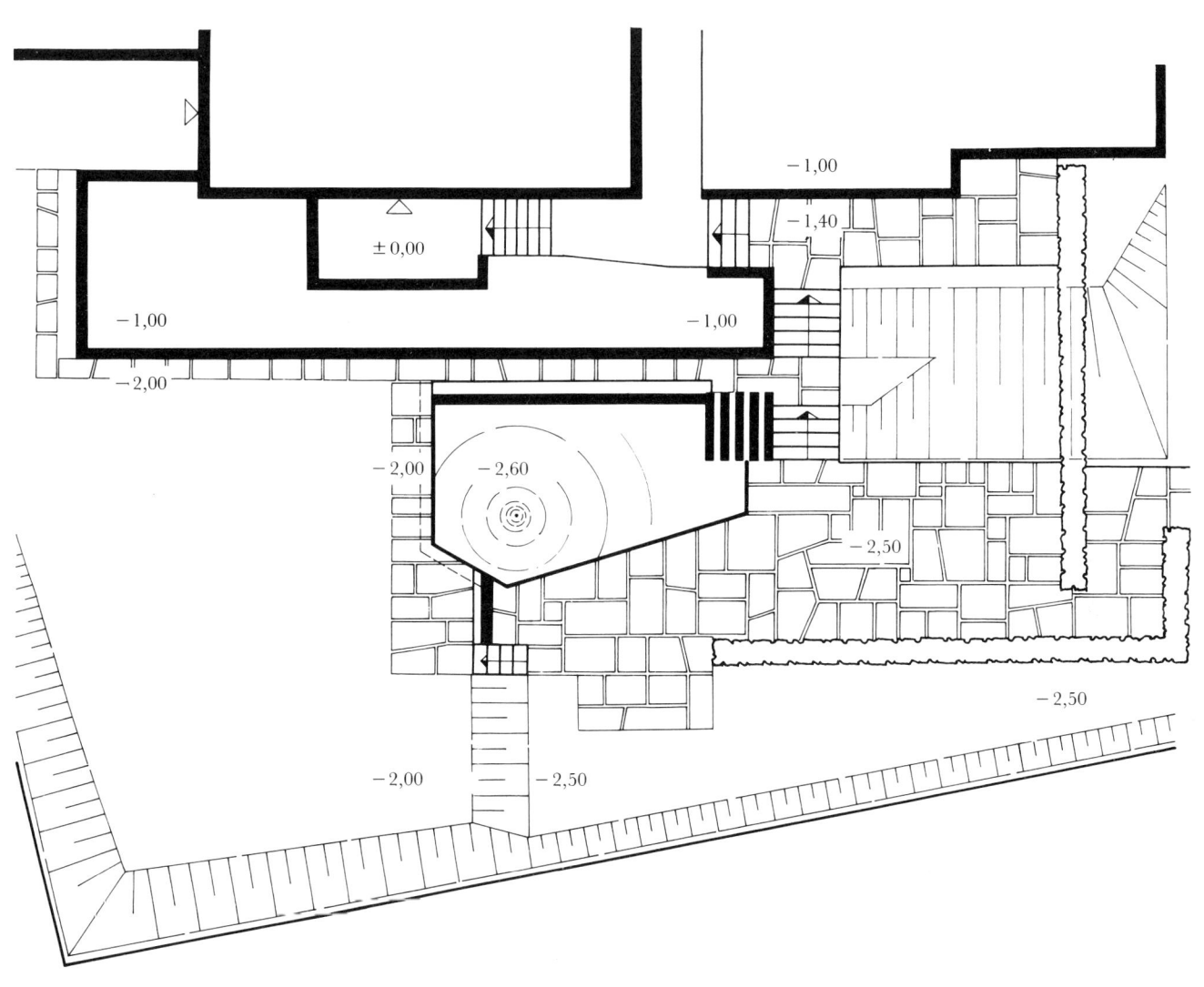

dellierung zeigt der Garten folgenden Grundaufbau: Dem Haus wurde ein kraftvoller Querriegel in Gestalt eines mit einer Natursteintrockenmauer abgestützten Hochbeetes vorgelagert. Bereits damit ist die Einbindung des Hauses in seine Umgebung vollzogen. Der in den Garten hineinführende Treppenweg wird gleichzeitig zum gliedernden Architekturelement. Unter Verwendung weiterer Trockenmauern wird das Gelände übersichtlich terrassiert, wobei der Bereich um das Wasserbecken am tiefsten liegt. Blickt man zum Haus, so erlebt man eine ansteigende

Folge paralleler Linien; Grundstruktur für eine reich gegliederte Gestaltung, der einstrahlenden Sonne zugewandt. Angenehm wirken Wärmestau und Windruhe, Faktoren, die auch den Wasserpflanzen im Becken wachstumsfördernd zugute kommen. Beseitigt ist weiterhin die nach außen, auf den Straßenraum hin gerichtete Gefälletendenz. In diesem kritischen Bereich schafft eine auf mittlere Höhe gebrachte ebene Rasenfläche eine Trennung zwischen dem wertvollsten Gartenteil und der Straße. So kann innen »Ruhe und Geborgenheit« entstehen (Abb. S. 103).

Die Gartenterrasse wird zunächst vom Beckenrand begrenzt. Mit erfaßt wird neben dem Wasserbecken ein als Steingarten ausgebildeter Hangteil, diese schräge Fläche wird zusätzlich verformt und nimmt eine bachähnliche feuchte Mulde auf. Im Wechsel mit Aufhügelungen entsteht ein Profil, das ökologische Vielfalt ermöglicht – ein differenziertes Angebot für entweder

Die fertige Gestaltung: vor dem Haus Beetrosen, Strauchkoniferen und andere wertvolle Kleingehölze, an der Sitzterrasse Wasserbecken und Steingartenhang, Abschluß des Gartenraumes nach Osten durch Eiben-Hecke, nach Westen und Süden Rhododendron unter Bäumen

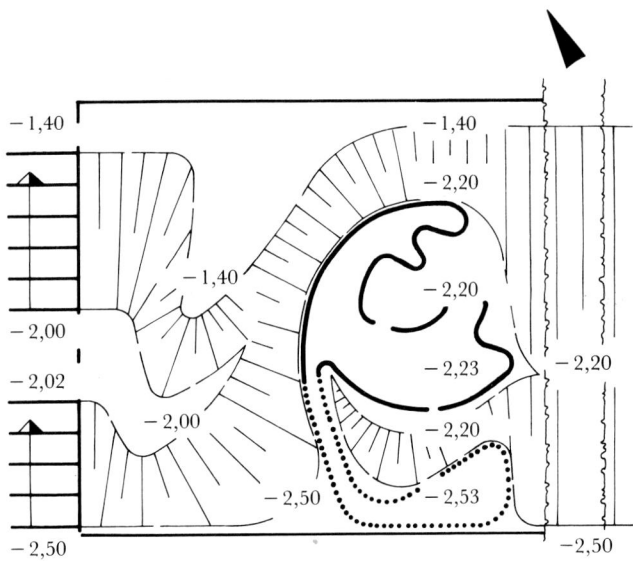

Steingartenhang (s. Plan S. 47)
Die starke Verformung der Schräge gestattet die Anlage einer kleinen offenen Wasserfläche mit Gräsern und Primel (Mitte) und eines »Zwischenmoores« im Versickerungsbereich (u.); Wasserzuführung über Tropfleitung

feuchtigkeitsliebende Kleinarten oder, im Gegenzug, für nässeempfindliche Felsspaltenpflanzen. Steingarten, Treppenlauf, Wasserbecken und ein auf einem Betonsockel aufgelegter Holzlattenrost ergeben eine Ballung wirkungsvoller Gestaltungsmittel, die den inhaltlichen Schwerpunkt dieses Gartens kennzeichnet. Beetrosen zwischen Strauchkoniferen füllen das große Hochbeet vor dem Haus. Der gesamte äußere Gartenbereich, mit Ausnahme des Gemüselandes, erfährt eine rahmende Abpflanzung mit Bäumen und Sträuchern. Die Gestaltung wird primär vom Wohnhaus und dessen Lage im Garten bestimmt. Eine gewisse geradlinige Ordnung schafft eine klare Gliederung, die vor allem in kleinen Gärten notwendig ist, wo es auf jeden Quadratmeter ankommt. Nur die Form des Wasserbeckens sprengt den Rahmen der parallelen Linienführung, indem es zum Fünfeck wird. Diese geringe, aber eindeutige Abweichung reicht aus, um den beschriebenen Kernbereich gestalterisch zum zentralen Erlebnisbereich zu machen. Auch eine angemessene Stelle für eine die Wasserfläche belebende kleine Fontäne bietet sich an. Gestaltung kann nie zu einfach sein. Die Gestaltungslösung betont diesen Grundsatz und zeigt zugleich die Grenzen auf: Mit der Verwendung eines zwar kostensparenden, aber dafür formlosen Teiches anstelle eines festen Beckens wäre die hier vorgestellte konsequente Lösung nicht zu erreichen gewesen, denn ein formloser Teich hätte sich der formgebundenen Gesamtkonzeption der Gestaltung nicht eingeordnet.

Regulierte Fließgewässer in der Kulturlandschaft werden in
ihrer Härte gemildert, wenn die natürliche Vegetation zurück-
kehrt

Wasserspiegelung als künstlerischer Ausdruck der Romantik

Hoher Gestaltungsaufwand bei Wasserspielen muß der Wertigkeit des gesamten Gartenraumes entsprechen

Japanische Gartenanlage: Ein Maßstab für Stille

Wasserspiegelung steigert die Wirkung der plastischen Figur

Wasser, Pflanze und Stein – die Grundelemente des Wassergartens

Der rekonstruierte Senkgarten am Hause Karl Foersters in
Potsdam-Bornim, symmetrisch-axiale Anlage der zwanziger
Jahre, überlagert von üppiger Staudenvegetation

Wassergarten im Gebirge, entwickelt aus der Vielfalt natürlicher
Formen und standortgemäßer Pflanzengestalten

Jeder Garten braucht eine Mitte!

Wasser gestalterisch nutzen!

Technik im Wassergarten

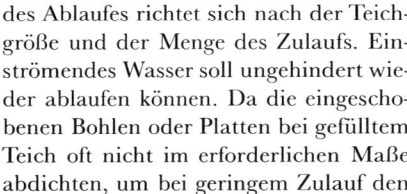

Einfache Teiche
mit natürlichem Zulauf

Mit einem natürlichen Bach oder einer Quelle im eigenen Garten läßt sich ein Teich leicht herstellen, wenn eine Aufstaugenehmigung von der zuständigen Behörde eingeholt wurde. Es ist auch an eine Schachtgenehmigung der Energiewirtschaft oder anderer Versorgungsbetriebe zu denken, wenn Kabel oder Rohrleitungen im Boden vermutet werden. Mit dem Ausschachten einer Erdgrube und dem anschließenden Fluten ist das meiste bereits getan. Eine Grundentleerung sollte nach Möglichkeit in jedem Teich vorhanden sein. Teichunkräuter, Erdstoffeinträge, Unrat und Faulschlamm können dann bequem beseitigt werden. Jeder oberirdische Wasserlauf muß am Teich vorbeigeleitet werden. Es muß ein dosierbarer Zulauf vorhanden sein, der so zu regulieren ist, daß z. B. bei Schneeschmelze oder nach starken Regenfällen eine Überschwemmung der Uferzone vermieden wird.

Über einen sogenannten »Mönch« kann Überlauf sowie Grundentleerung erfolgen. Der Mönch besteht aus einer im Querschnitt rechteckigen oder quadratischen Hohlsäule und kann gemauert, aus Beton gegossen oder aus Holzbohlen zusammengefügt sein. In der Bundesrepublik werden auch spezielle Betonfertigteile dafür angeboten. Eine der Wände darf vom Teichgrund bis zur Oberkante des Bauwerkes nur aus eingeschobenen Teilen bestehen. Zwei eingegossene Nuten oder U-Schienen geben den nötigen Halt zum Einschieben der Bohlen oder Betonplatten. Oben schützt ein abschließendes, vor Korrosion geschütztes Gitter vor Verstopfung. Der dem Mönch aufliegende Deckel sollte mit einer Vorrichtung zum Abschließen versehen sein. Damit wird verhindert, daß Unbefugte den Mönch öffnen können. Seinen Standort erhält der Mönch direkt über der Ablaufschleuse, am besten in Teichrandnähe. Die Rohrweite des Ablaufes richtet sich nach der Teichgröße und der Menge des Zulaufs. Einströmendes Wasser soll ungehindert wieder ablaufen können. Da die eingeschobenen Bohlen oder Platten bei gefülltem Teich oft nicht im erforderlichen Maße abdichten, um bei geringem Zulauf den gewünschten Wasserstand zu erhalten, ist der Ablauf auf dem Boden zusätzlich mit einem Deckel zu verschließen. Übernimmt ein Steinzeugrohr, in Verbindung mit einem Mönch oder auch ohne einen solchen, die Grundentleerung, dann kann eine Platte, unterseits mit dichtendem Schaumgummi beklebt und oberseits mit einem flachen Stein belastet, den Verschluß bilden. Eine andere Konstruktion besteht aus einem Trichter mit Deckel aus rostfreiem Stahl oder Plastikmaterial. Die innerhalb der Rohrmuffe aufliegenden Dichtungsflächen müssen glatt und eben sein und werden mittels aufgetragenem Silikonkleber oder Wasserpumpenfett dicht gehalten. Ein am Deckel befestigter Bügel erlaubt das Abheben mittels eines langen Hakens beim »Teichziehen«. Auch hier ist eine schnelle Entleerung nur durch eine entsprechend dimensionierte Abwasserleitung zu erzielen. Blätter und Zweige, die von abfließendem Wasser mitgeführt werden, bilden bei nur den Damm durchstoßenden Rohrleitungen meist kein Problem. Bei weiterführenden Schleusenleitungen ist dagegen sorgfältig auf mögliche Verstopfungen zu achten und vor dem Abfluß ein Drahtgitter anzubringen. Bei Ableitung über längere Strecken sind deshalb auch Revisionsschächte einzubauen, um Störungen im Abfluß leichter beheben zu können. Werden Fische im Teich gehalten, dann ist eine Abfischgrube erforderlich, in der sich nach Entleerung des Beckens die Fische gesammelt haben.

Nur selten trifft man beim Ausschachten eines Teiches auf selbstdichtendes Bodenmaterial, wie fetten Lehm oder Ton. Deshalb sollte man sich vor dem Bau informieren, ob sie in der

Nähe zu erhalten sind, um unwirtschaftlichen Transportaufwand zu vermeiden. Ist Ton zu haben, kann auf andere Dichtungsmittel, wie Plastikfolie, verzichtet werden. Reiner Ton setzt sich aus kleinsten mineralischen Teilchen mit einem Durchmesser von weniger als 0,002 mm zusammen. Ständige Feuchtigkeit hält ihn elastisch. Vor dem Einbau einer Tonschürze sind der Teichboden und seine bis zu einem Verhältnis von 1 : 2 geneigten Ränder zu glätten und abzuwalzen. Der aufzutragende, besser zähe als zu weiche Ton wird von innen nach außen in Streifen aufgeschleudert. Die Tonschicht wird anschließend durch Treten oder Klopfen mit einem Holzschlägel verdichtet, damit eventuell vorhandene Luftblasen verschwinden. Wer die Möglichkeit dazu hat, sollte mechanische Verdichtungsgeräte einsetzen. Mit ihnen wird eine qualitativ höhere Dichtigkeit erreicht. Eine 15 cm dicke Lage kann bereits eine wirkungsvolle Sperrschicht sein. In größeren Teichen oder bei sehr durchlässigem Untergrund empfehlen sich Schichten von 30 cm Dicke und mehr. Nachdem die homogene Decke mit Tonschlämme begossen, abgekehrt, mit feinem Sand 3 cm dick bedeckt und dieser in die Oberfläche eingewalzt wurde, wird die nunmehr fertige Tonschürze noch zusätzlich durch eine 5 bis 10 cm dicke Kiesdecke geschützt. Die Tonschicht sollte weder austrocknen noch ausfrieren, denn dadurch entstehen Risse, die auch nach erneutem Quellen zu kaum lokalisierbaren Wasserverlusten führen können. Gefährdet bleibt die Tonschürze am Teichrand. Um sicherzugehen, kann eine PVC-Folie als 1 m breiter Streifen von unten in den darüberlagernden Ton eingefügt und bis zum kritischen Bereich hochgeführt werden. Wo Ziegelrohlinge zu beschaffen sind, empfiehlt sich ihre Anwendung als Pflasterschicht, um den Rand zu verstärken. Intensiv wurzelnde Wasserpflanzen gehören nicht in tonabgedichtete Teiche.

Ein Grundwasserteich hat einen wechselnden Wasserspiegel, denn der Grundwasserstand reagiert – oft langfristig und mit Zeitverzögerung – auf natürliche Schwankungen des Wasseraufkommens. Da ein Grundwasserteich mit flach auslaufender Randzone beim Zurückgehen des Wassers einen unansehnlichen Randstreifen sichtbar werden läßt, empfiehlt sich hier die Verwendung von senkrechten Wänden. Sie können aus kurzen Rundholzabschnitten bestehen (vgl. Abb. S. 76).

Sehr flache Teiche sind starker Verdunstung ausgesetzt, erwärmen sich rasch und frieren im Winter durch. Üppiges Pflanzenwachstum und die damit verbundene rasche Verlandung werden gefördert. Teiche mit einer Wassertiefe von 60 cm und mehr bieten eine ausgeglichenere Temperatur und damit bessere Lebensbedingungen für Fische. Wenn die Proportion Flächengröße zu Tiefe nicht zuungunsten der Flächengröße verschoben ist, enthalten 60 bis 100 cm tiefe Teiche im Sommer genügend Sauerstoff und bieten Fischen und Lurchen im Winter

Grundentleerung eines mit Ton abgedichteten Teiches über Steinzeugrohr (Nennweite 100 oder 150 mm). Die Rohrmuffen werden mit Teerstrick und Asphaltkitt gedichtet. An das vorher angerauhte Rohr wird eine Plastikmanschette angeklebt und mit Aluminiumdraht umwickelt. Sie verankert das Rohr im Ton. Im Rohrbereich ist die Tonschicht besonders stark.
a Abdeckung mit eingepaßtem Deckel, der mit Haken angehoben werden kann   b mit Steinbeschwerung

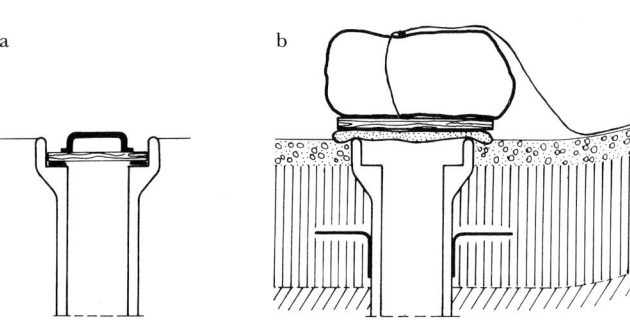

Lage eines Teiches am Hang
a instabil, Wasser wird im Lauf aufgehalten   b stabil, Wasser lagert im Raum

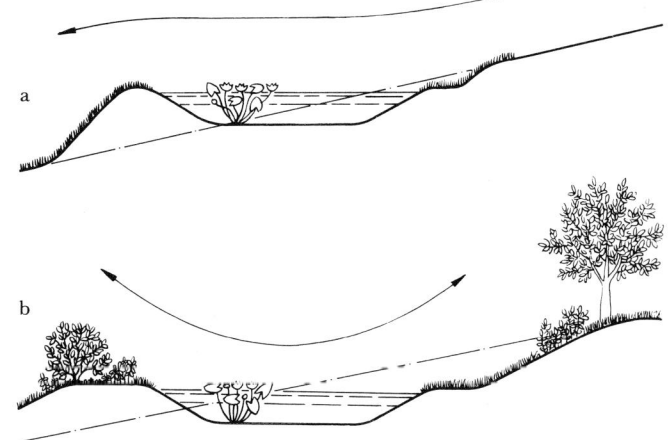

in frostfreien Tiefen sicheren Unterschlupf. Bei sehr kleinen, aber tiefen Teichen nähern sich die Verhältnisse denen in einer Wassertonne. Hier wird ein Wasseraustausch erschwert und der Faulschlammbildung Vorschub geleistet.

Gestalterische Fragen und ihre technische Beantwortung sind nicht zu trennen. Die Abbildung auf S. 66 zeigt zwei Varianten einer Teicheinordnung in hängiges Gelände. Das gestalterisch bevorzugte Beispiel funktioniert auch technisch am besten, denn es ermöglicht zugleich den ausreichend sicheren Damm, der selbst beim Aufstauen eines sehr dynamischen Baches und gegenüber einer größeren Wassermenge genügend Sicherheit bietet. Bei der Wahl des Teichprofils ist zu beachten, daß flach verlaufende Eintiefungen verkrautungsgefährdeter sind als pflegetechnisch besser zu beherrschende steil abfallende Uferränder. Oft entscheidet die Bodenart oder eventuell vorhandenes Hangdruckwasser über das statisch vertretbare Verhältnis zwischen Wasserfläche und Teichinhalt. Für die Gestaltung ist die Beschaffenheit der Uferlinie ebenso wichtig wie die Umrißform des Teiches. Weiche, zwischen Wasser und Land sanft vermittelnde Formen ergeben sich bei Uferrändern mit fein abgestufter Bepflanzung. Auf eigene Weise malerisch kann Felsgestein im Uferbereich wirken. Teiche für Wassergeflügel stellen ganz andere Bedingungen. Vögel, die fliegen und schwimmen, brauchen Bewegungsfreiheit. Deshalb treffen hier freie Rasenfläche und Wasserbereich unmittelbar aufeinander, wobei der Eindruck von Weiträumigkeit entsteht. Die Gestalt der Uferlinie kann durchaus bewegt sein. Buchten im Wechsel mit kleinen Halbinseln werden von Entenvögeln gern aufgesucht, noch lieber ziehen sie sich auf flache Raseninseln in der Mitte des Teiches zurück. Sowohl die technische Gestaltung als auch die Bepflanzung müssen der Belastung durch Vogelfüße und Vogelschnäbel gewachsen sein. Für die Bepflanzung stehen uns nur noch wenige Pflanzenarten zur Verfügung. Vergitterte Seerosen in Teichen mit Wassergeflügel zeigen zwar die Sehnsucht des Besitzers nach einem gut bewachsenen Teich, aber auch die Unvereinbarkeit seiner Wünsche.

Wie man komplizierte Teichformen absteckt, die zuvor auf dem Papier erdacht wurden, zeigt nachfolgende Abbildung. Als Beispiel dient der auf S. 64 und S. 112 vorgestellte Gartenteich, dessen Form in ein Quadratraster von 9 × 11 m eingezeichnet wurde. Die sichtbaren Felder bilden einen Absteckrahmen und kennzeichnen bei jeder auftreffenden Linie die Lage des Teichrandes, die im völlig ebenen Gelände mit einem Pfahl markiert wird. Eine Schnur, entlang der Pfahlreihe auf den Boden gelegt, zeichnet die zunächst noch rohe Form nach. Nach leichter Korrektur werden die vorgegebenen Linien exakt wiedergegeben. Nun kann der erste Spatenstich erfolgen. Um den Absteckrahmen als

Ganzes auf das Gelände zu übertragen, wird von einem festen Punkt aus eine gerade Linie abgesteckt, die nach einer festgelegten Strecke die Außenkante des rechtwinklig geführten Liniensystems bildet.

Künstliche Wasserflächen zu schaffen bedeutet in den meisten Fällen, Wasser am Versickern zu hindern. Das trifft nicht nur für große Wasserflächen zu, sondern auch auf allerlei vorgefertigte Behälter unterschiedlicher Art und Form, die für kleine und kleinste Becken verwendet werden. Zum Aufstellen auf Terrassen oder sogar auf Balkons eignen sich ehemalige Futtertröge, große Glasbehälter oder halbierte Fässer, die bei geschickter Bepflanzung attraktiv wirken und ein Stück »Lebensraum Wasser« auf kleinster Fläche zur Schau stellen. Der Phantasie sind dabei kaum Grenzen gesetzt. Es eignen sich z. B. auch Kesselböden aus Stahl, die aus einem Stück getrieben wurden (s. S. 110, Abb. 1). Die abgestuften Größen zwischen 1,5 m und 4,0 m Durchmesser lassen sich zu einem harmonischen Gesamtbild kombinieren. Die Becken wurden als wiederkehrendes Grundmotiv bewußt sichtbar gemacht. Kreisrunde Form, Material, Wasser und Pflanze ergänzen sich und verbinden sich mit passenden Arten außerhalb der Becken zu einem schönen Gesamtbild. Mehr zum Eingraben in den Boden sind alte Wasch-

Übertragung einer komplizierten Form ins Gelände

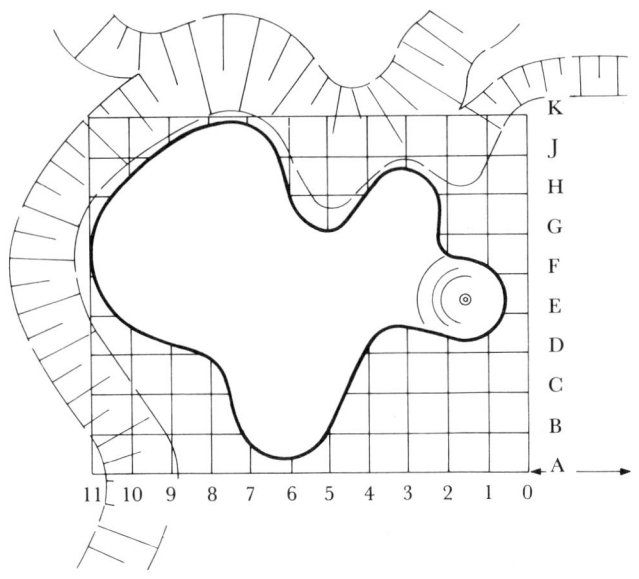

tröge oder Plastikbehälter aller Art geeignet. Wenn es gelingt, alltägliche Gegenstände als solche unsichtbar zu machen, können Sitzplätze in kleinsten Gärten durch einen interessanten Blickfang bereichert werden.

Becken aus Kunstharz auf Glasfasermatten

Diese Variante zum Selbermachen dürfte ebenfalls noch unter die Gruppe der Kleinbecken einzureihen sein, da das teure Material für große Flächen kaum zu empfehlen ist. Die von Steinen befreite und sauber geglättete Erdgrube mit schrägen Wänden wird mit insgesamt zwei, besser drei Lagen Glasvliesmatten in Stücken ausgelegt. Die Matten werden einzeln mit Polyesterharz mit Hilfe einer Tapezierrolle luftblasenfrei bestrichen und im leicht angetrockneten Zustand verklebt. Außer dem Harz werden »Härter« und »Beschleuniger« benötigt. Es kann nur bei Temperaturen über 15 °C gearbeitet werden. Am Schluß erhält das Becken einen speziellen Deckanstrich. Die konkreten Verarbeitungsvorschriften sind genau zu beachten. Wer sich zutraut, die Aufgabe zu lösen, erhält ein stabiles, langlebiges, sehr wetter- und lichtbeständiges Becken. Beim Nachfüllen von Erdstoff außerhalb des Randes sollte im Becken gleichzeitig der Spiegel des einzufüllenden Wassers mitsteigen. Der dabei entstehende annähernde Druckausgleich schützt die Beckenwand vor Beulen.

Folienteiche

Die verschiedenen Arten von Kunststoffolien sind in ihrem Wert für den Wassergarten nicht hoch genug zu veranschlagen. Diese formbaren, sich jedem beliebigen Bodenprofil flexibel anpassenden Stoffe ermöglichen im Wassergarten Gestaltungswünsche, die früher nur schwer realisierbar waren. Selbst die relativ dünnen, nur 0,15 mm starken Polyäthylenfolien, die vor allem als »Gärtnerfolie« für Gewächshäuser Verwendung finden, können begrenzte Aufgaben im Wassergarten übernehmen. Sie sind leider besonders lichtempfindlich und können binnen weniger Jahre durch einwirkende UV-Strahlen spröde und unbrauchbar werden. Bei Lichtabschluß bleiben sie praktisch unbegrenzt lebensfähig und werden von Bodenchemikalien oder -bakterien nicht angegriffen. PVC-Folien, geeignet sind Stärken zwischen 0,5 mm und 2 mm, widerstehen dem Lichteinfluß besser und können bei voller Besonnung gut 10 Jahre durchhalten, vor allem, wenn es sich um »UV-beständiges«, also lichtgeschütztes Material handelt. Dennoch wird auf Dauer auch hier der

»Weichmacher« vom Licht angegriffen, so daß abgedeckte Anwendungen auch bei diesen Folien zu bevorzugen sind. Da PVC-Material in Bahnen von maximal 2 m Breite angeboten wird, sind die Flächen zusammenzufügen. Die eindeutig beste und sicherste Methode ist das Schweißen mit einem Heißluftschweißgerät. Die Folienbahnen können dabei auf ebener Unterlage vorher verschweißt, aber auch an Ort und Stelle angepaßt werden. Jede denkbare Form eines Teiches ist ausführbar. Entweder wird die Folie an der Einbaustelle in Streifen und Stücke geschnitten, die sich den verschiedenen Buchten und Dellen der geplanten Teichform anpassen, und sie wird dann verschweißt, oder sie wird als Gesamtplane vorgefertigt, in die Grube eingefügt und dort nachbehandelt. Bei einem elektrischen Heißluftschweißgerät wird heiße, durch eine Düse gepreßte Luft auf die zu verschweißenden Kontaktstellen gerichtet, bis diese teigig werden. Durch Druck werden die sich etwa um 3 cm überlappenden Folienteile zusammengefügt. Die Schweißtemperatur ist richtig, wenn das weich gewordene Material beim Andrücken am Rande der Naht in einer dünnen Raupe austritt und der Rand der Dichtungsbahn sich nicht verfärbt. Einfacher Daumendruck hat sich immer noch am besten bewährt, da die im Handel angebotenen »Druckrollen« das Material strecken und so eine unnötige Faltenbildung fördern. Zum Schneiden der Folie wird ein »Hakenmesser« oder eine »Durchlaufschere« benutzt, bei der die Griffenden so gekröpft sind, daß sie nicht mehr gerade, sondern schräg zu den senkrechten Schneidflächen stehen. Wird eine vorher verschweißte Teichplane in der Einbaustelle nachträglich angepaßt, so sollte es mit durchgehenden, notfalls auch langen Schnitten geschehen. Falten oder Beulen in der Plane einfach nur aufzuschneiden bewährt sich nicht, denn an Anfang und Ende eines solchen Schnittes fehlt die Überlappung. Es ist besser, die Folienteile so einzupassen, daß die geforderte Überlappung gewährleistet ist.

Das Heißluftschweißen erfordert Übung und sollte erst dann praktisch angewendet werden, nachdem man es an einigen Probestücken experimentell versucht hat.

Neben den PVC-Folien werden die sehr belastbaren ECB-Folien (Ethylenpolymerisat-Bitumen-Folien) für größere Teichanlagen verwendet. Sie müssen vor Ort verschweißt werden mit einer Überlappung von mindestens 40 mm. Nur ausreichend erwärmtes Material und hoher Druck mit der Andruckrolle gewährleisten eine einwandfreie Naht.

Ein Verkleben der Folienteile ist über das »Quellschweißen« möglich. Hierzu wird ein spezielles, dem jeweiligen Material genau entsprechendes Lösungsmittel benötigt, das mit einem Flachpinsel auf 4 cm Breite beider Seiten der zu überlappenden Folienteile gestrichen wird. Die Folie löst sich dabei leicht und quillt auf. Angedrückt wird mit der Hand. Es ist darauf zu achten, daß keine Luft in die Schweißnaht gelangt. Heraustretendes Quellschweißmittel muß aufgenommen werden. Nach dem Zusammendrücken wird der bearbeitete Abschnitt mit kleinen Sandsäcken belastet. Abhängig von der Temperatur bindet die behandelte Strecke ab, und der nächste Fugenabschnitt kann bearbeitet werden. Die fertigen Nähte werden mit Flüssigfolie zusätzlich gesichert. Einer der Nachteile dieser Methode besteht darin, daß die Teichplane auf einer ebenen Fläche (z. B. großer Parkettfußboden) vorgefertigt werden muß. Die Qualität der Fugendichtung wird von Fachleuten niedriger veranschlagt als das bedeutend produktivere Schweißen mit dem Heißluftschweißgerät. Die endgültige Anpassung an den Bodengrund übernimmt das Wasser durch sein Eigengewicht. Beim Einlassen des Wassers schmiegt sich die Plane fest an ihren Untergrund an. Sie gibt dabei nach und muß daher zuvor etwas weiter über den Rand geführt werden (ca. 30 bis 40 cm), als es der endgültige Abschluß vorsieht.

Für Rohrdurchgänge durch die Folie sind die Anschlüsse der Teichfolie mindestens 30 cm größer zu bemessen als der Außendurchmesser des durchdringenden Rohres. Sie sind zum fachgerechten Anschluß der Flächenabdichtung erforderlich. Bei Rohrleitungen aus Hart-PVC kann die Abdichtung direkt angeschweißt werden.

Vorsicht bei allen Arbeiten mit Kunststoffen! Es gilt für alle Arbeiten:
1. Nicht rauchen!
2. Leichtes Schuhwerk (Turnschuhe) tragen.
3. Nicht in geschlossenen Räumen arbeiten (Quellschweißmittel entwickeln Dämpfe).
4. Nicht bei hoher Luftfeuchte oder Regen, nicht bei zu niedrigen Temperaturen arbeiten.
5. Die zu verschweißenden Flächen müssen absolut sauber sein!

Die Abfolge der einzelnen Arbeitsschritte beim Bau einfacher Folienteiche:
1. In der fertigen Grube wird das geglättete Bodenprofil abgestampft, eventuell mechanisch verdichtet und von Steinen und Wurzeln befreit. Durch Wurzeldruck gefährdete Stellen werden mit aufgelegten Betonplatten (z. B. Rasenborde) geschützt. Als 10 cm dicke, verdichtete Auflage dient »Putzsand« (Körnung 0,2 bis 2 mm). Falls erforderlich, engmaschiges plastikummanteltes oder verzinktes Drahtgeflecht zum Schutz gegen Nagetiere einlegen.
2. Bei warmem Wetter wird die geschmeidige Plane ausgebreitet und gegebenenfalls am Rande provisorisch befestigt. Unter der Teichfolie kann noch ein Schutzvlies aus Kunstfaser

Bau eines einfachen Folienteiches
a die Grube ist vorbereitet   b die ausgebreitete Teichplane wird am Rande provisorisch mit Steinen beschwert   c der Teich wird gefüllt   d und e der Rand wird mit Pflaster- oder Ziegelsteinen befestigt   f Plattenrand

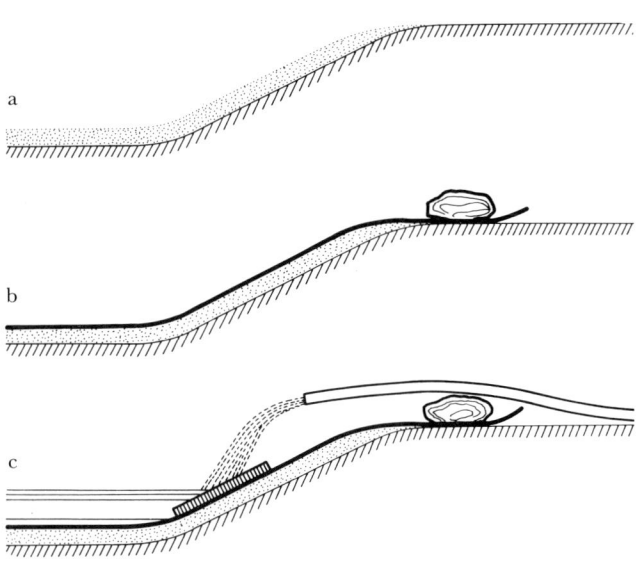

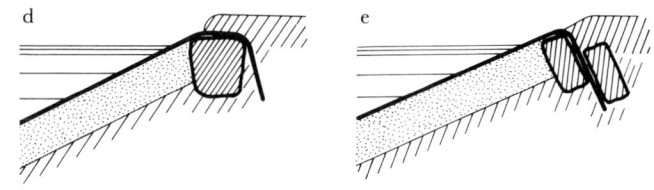

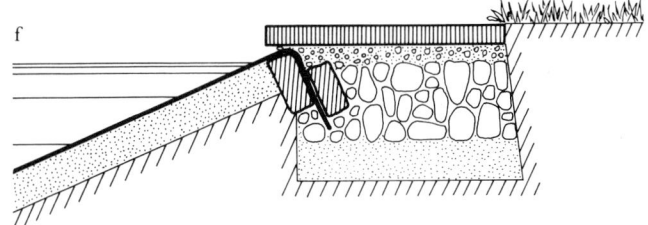

ausgelegt werden. Böschungsmatten aus Kunstfaser oder Kokosfaser über der Teichfolie schützen die Folie vor UV-Licht und geben einer eventuell folgenden Erd- oder Kiesschüttung Halt. Zum Schutz der Teichfolie kann auch ein 5 cm dicker Schutzmörtel aufgebracht werden.

3. Das Wasser wird über ein Brettstück eingelassen, dadurch wird übermäßiger Wasserdruck auf die Einfließstelle gemindert und verteilt. Entstehende kleinere Falten sind möglichst zu glätten, haben aber keinen Einfluß auf die Dichtigkeit des Teiches.

4. Der Rand wird fertiggestellt und dem entstandenen Wasserspiegel exakt angepaßt. Nach der Probeflutung erfolgt der Bodeneintrag, die Gestaltung der Böschungen, der Einbau von Pumpen, Quellsteinen, Pflanzengefäßen usw. Anschließend wird der Teich erneut vorsichtig mit Wasser gefüllt.

Natur- oder Kunststeinplatten, die über den Teichrand gelegt werden, kippen häufig, da sich Rand und Erdreich in Tragfähigkeit und Setzungseigenschaften unterschiedlich verhalten. Im dargestellten Beispiel wird eine 5 cm starke Platte gezeigt, die wie folgt unterbaut ist: 10 cm Kiessand als Frostschutzschicht (bei bindigen Böden), darüber 20 cm sandverfüllter Schotter und 4 cm Kalkzementmörtelbett. Die Randplatte ruht zwar hauptsächlich auf diesem soliden Unterbau, dennoch ist eine Kippgefahr auf Dauer nicht auszuschließen. Zwei andere Varianten bieten höhere Sicherheit oder umgehen das Problem: 1. Es werden sehr große und dicke Platten verwendet (ab 0,5 m², 8 cm dick), die durch ihr Eigengewicht ruhen. Sie benötigen keinen Mörtel, sondern nur Sandunterbau. Oder 2., der gesamte Randbereich wird mit einem Natursteinplattenpflaster (kleinere, abgerundete Flußsteine) o. ä. versteint, und erst daran schließt der eigentliche Plattenbelag an (falls nicht die ganze Platzfläche wie die Randpflasterung hergestellt werden kann).

Ungeachtet ihrer praktischen Eigenschaften zählen Kunststoffolien im Garten nicht gerade zu den Materialien, die man »vorzeigen« kann. Anders als Stein, Holz oder Eisen, die oft durch das Altern schöner werden und sich der Landschaft dann erst richtig anpassen, erscheinen uns sichtbar verwendete Kunststofferzeugnisse im Freien nicht als Schmuckwert. Die oft veredelnden Spuren ständigen Gebrauchs und auch die Wirkungen der Zeit erzeugen bei Teichfolien keine Patina, die so manches andere, urwüchsige Material kennzeichnet. Auch das Wissen darum, wie das Sonnenlicht auf diese synthetische Materie wirkt, legt es uns nahe, Folien lieber im Untergrund zu verbergen. Einige Beispiele dafür. Eine Teichplane wird mit einer 10 bis 20 cm dicken Kiesschüttung abgedeckt, die zugleich den gesamten Rand mit erfaßt. Grober Rollkies in Mischung mit Flußkieseln bildet eine kapillarbrechende Schicht, die es verhindert, daß Teichwasser über den Rand hinweg nach außen sickert und aufgesogen wird. Pflanzen stehen in gesonderten Behältern auf der Kieslage. Dieses »Kieselstein-Motiv« kann weiterentwickelt werden, indem grobes Geröll und noch größere Steine in abgeschliffener Form bis hin zu tonnenschweren eiszeitlichen Findlingen zur Gestaltung des inneren und äußeren Randbereiches Verwendung finden. Die Beckenform kann gestalterischen Wünschen in jeder Weise angepaßt werden. Denkbar sind langgestreckte, flußähnliche, stehende oder per Umwälzverfahren über Quellfontäne ständig wasserdurchströmte Becken, die sich ausweiten und wieder verengen. Spiegelnde, freie Wasserflächen wechseln mit Bereichen kompakter Bepflanzung, denen Sitzplätze, Bodenleuchten und Plastiken zugeordnet sind. An schmalen Stellen bietet sich Gelegenheit, die Wasserfläche mit großen Natursteinplatten oder aus Kieselwaschbeton vorgefertigten Platten zu überbrücken.

Ein weiteres Beispiel. Auf der Teichplane lagert eine verschieden starke Lehmschicht, die teilweise den Wasserspiegel als In-

Randpflasterung als Folienschutz

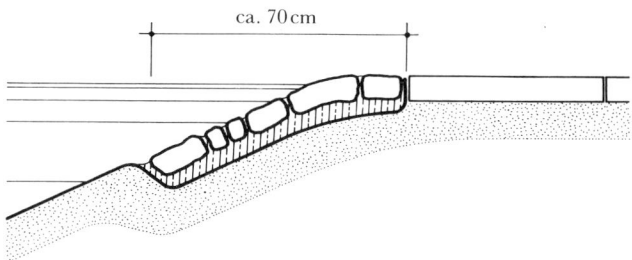

ca. 70 cm

Folienteich mit Kiesauflage, Wasserpflanzen in Behältern

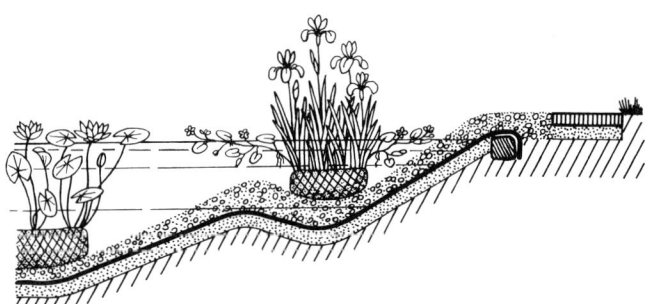

70

sel überragt. Die sichtbare Grenze der Wasserfläche bilden auf die Teichplane gelegte oder in Form einer umlaufenden Trockenmauer geschichtete Steine. Sie werden vom Wasser durchsickert, so daß zwischen sichtbarem Teichrand und verdecktem Folienrand eine Sumpfzone entsteht, die sich mit dem übrigen Uferbereich verbindet. Auf diese Weise entstehen im Kleinen ökologische Verhältnisse von großer Mannigfaltigkeit. Im Unterschied zum Rollkies-Becken, wo sozusagen »klare Verhältnisse« zwischen innen und außen bestehen, wirkt hier eine ungebrochene Kapillarität zwischen Naßbereich und Uferstreifen, die in Trockenzeiten auch beträchtlichen Wasserverlust verursachen kann. Die praktisch senkrechten Wände der Trockenmauern (15 bis 20 % Anlauf sind vorzusehen) halten zwar die wahrnehmbaren Nachteile des absinkenden Wasserspiegels in Grenzen; besser wäre es jedoch, wenn ständig nachfließendes Wasser für Ausgleich sorgte. Die Steinplatten sind lagerhaft und mit versetzten Stoßfugen aufzuschichten. Es ist zu beachten, daß zur Sicherung der Standfestigkeit zuvor ein leicht nach außen geneigter Bankettstreifen zu modellieren ist. Außerdem ist die Teichplane unter den Steinen mit mehreren Lagen Schutzfolie abzudecken. Wenn dann noch auf scharfkantiges Baumaterial verzichtet wird, sind Schäden an der Teichplane ausgeschlossen.

Normale Gärtnerfolie wird im Handel in bestimmten Breiten angeboten. Um Schweißarbeiten an dieser dünnen Folie zu vermeiden, wird die geplante Beckengröße an die gegebenen Abmessungen angepaßt. Geht man von einer 2 m breiten

»Schlauchware« aus, erhält man nach deren seitlichem Aufschneiden eine 4 m breite Bahn. Damit läßt sich bequem mit einem Minimum an Material und Zeitaufwand ein 1 m tiefes und 1,75 m breites Becken herstellen. Zu 1,75 m paßt nach dem »Goldenen Schnitt« eine Länge von 2,85 m, was stattliche 5 m^2 Wasserfläche ergibt. In der genannten Ausdehnung werden 4 Rundhölzer ab 15 cm Durchmesser in rechteckiger Anordnung exakt waagerecht auf ein vorbereitetes Erdbankett gelegt und mit 4 Bauklammern gesichert. Ein solcher Rahmen läßt sich auch mit Abfallholz, wie Stämme gefällter Obstbäume, Abbruchbalken oder Eisenbahnschwellen herstellen (Bildfolge S. 106). Nach diesem Arbeitsschritt wird die Teichgrube ausgeschachtet. Das Ausbreiten der Folie erfolgt wie beim Eingangsbeispiel. Zum Abdecken des Beckenbodens und eines Teiles der Wände haben sich Rasenplaggen bewährt, die mageren, aber steinfreien Boden enthalten. Sie werden mit der Rasenseite nach unten ausgelegt. (Vorsicht: trockene Plaggen schwimmen auf!) Wenn der Teich gefüllt ist, wird der Folienrand über den Holzrahmen gebreitet, zurechtgeschnitten und mit einer Doppellage aus schwarzer, lichtundurchlässiger Schutzfolie (»Erdbeerfolie«) bedeckt. Die Folienschichten werden gemeinsam mit Dachpappennägeln außerhalb des Beckens auf dem Holzrahmen befestigt. Der untere Rand der Schwarzfolie wird von überdeckenden Rasenplaggen gehalten. Anfangs wirken die Wurzeln der Rasenpflanzen wie eine Bewehrung, die alles wie eine homogene Decke zusammenhält. Gut bewährt hat sich die Bepflanzung dieser Schicht mit der Nadelsimse, die als dichter, dabei zarter Unterwasser-Rasen den Bodengrund mit ihren Wurzeln auf Dauer festigt. Schwierigkeiten für Tiere ergeben sich hier ebenso wie beim einfachen Folienteich. Frösche, Kröten, Molche und

Die Teichfolie im Untergrund ermöglicht die Nachgestaltung mannigfaltiger natürlicher Lebensräume

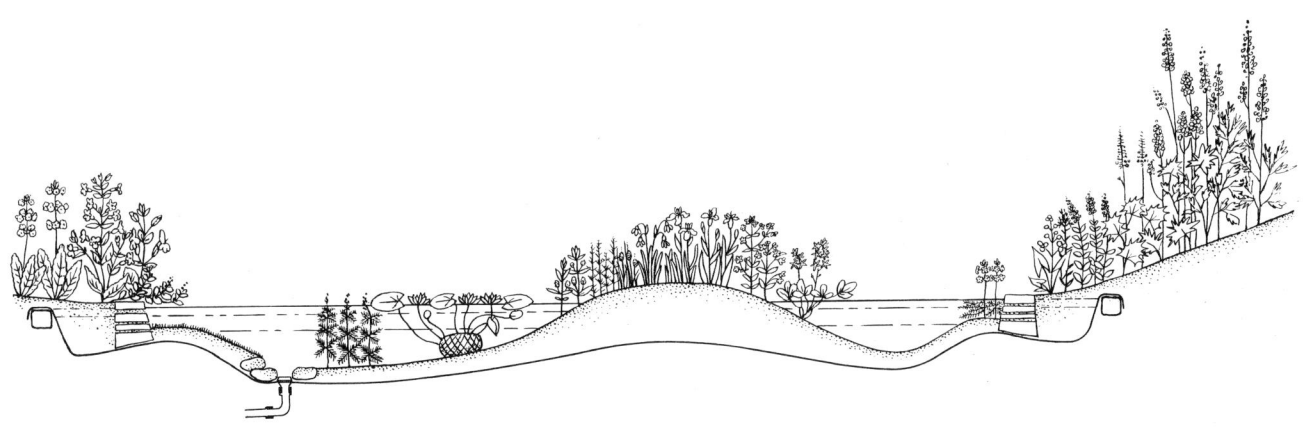

selbst der Igel gelangen zwar in den Teich hinein, nicht aber über die glatten Folienwände wieder heraus. Es sind deshalb Steine und andere Hilfsmittel so aufzubauen, daß der Rand von diesen Tieren überwunden werden kann. Die geschilderte Variante hat keine sehr lange Lebensdauer. Dafür ist dieser Beckentyp schnell und kostengünstig herzustellen, kann leicht entfernt oder verändert werden und vermag trotz seiner einfachen Bauweise über mehrere Jahre zu erfreuen. Bis das Becken zu rekon-

struieren und dabei auch die Bepflanzung zu erneuern ist, hat sich der erbrachte Aufwand gelohnt.

Ein besonders hoher Veredlungsgrad ist erreicht, wenn eine PVC-Dichtungsplane mittels Pflasterung abgedeckt wird. Kleinpflaster (Format 10 × 10 cm) eignet sich für diesen Zweck besonders gut, weil alle Formen und Radien der entstehenden Pflastermulde handwerklich gut zu bewältigen sind. Auch eine sorgfältig ausgeführte Versteinung mit Natursteinplatten kann reizvoll sein. Boden und Rand bilden bei den praktischen und pflegeleichten Pflastermulden stets eine Einheit, da mit Pflasterungen nur sanfte Übergänge herzustellen sind. Auf soliden Unterbau ist besonderer Wert zu legen, denn er bildet die Voraussetzung für eine ruhige Lage des Beckens. Frostbedingte Zerrungen könnten andernfalls die Flexibilität der Dichtungsplane überfordern und zum Reißen führen. Gestalterisch und funktionell bieten Pflastermulden mehrere Möglichkeiten. Sie können als Wasserpflanzenbecken mit Unterwasserbeeten versehen und bepflanzt werden, sie eignen sich zum Einbau von Wasserspielen und Unterwasserscheinwerfern und können beliebte Planschbecken für Kinder sein. Dabei ist unbedingt auf die Schutzvorschriften beim Umgang mit Elektrotechnik zu achten. Sofern solche Einbauten in Badebecken überhaupt in Erwägung gezogen werden, dürfen sie nur von einem Fachmann vorgenommen werden.

Folienteich mit Rundholzrahmen
Der Rand schließt mit der umgebenden Fläche bündig ab. Über der 0,15 mm dicken Polyäthylenfolie liegt eine schwarze Schutzfolie. Auf dem Beckenboden liegen Steine mit gerundeten Kanten als Trittplatten.

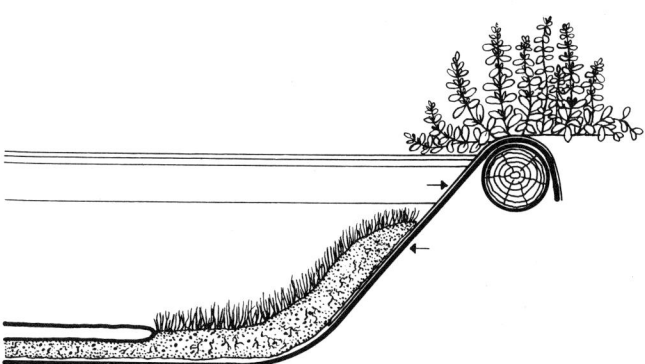

Pflastermulde
Schichtenaufbau über gewachsenem Boden: 15 cm Kies, 30 cm sandverfüllter Schotter, 5 cm Magerbeton, PVC-Dichtungsplane (1,5 mm dick bis 50 m², darüber 2 mm), 3 cm Zementmörtel, 10 cm Großpflaster

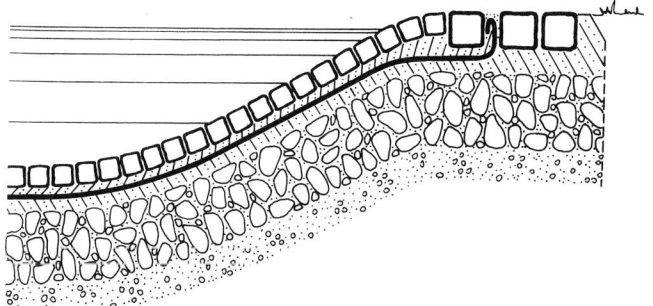

Gemauerte Becken und Mischbauweisen

Aus Mauerwerk hergestellte, unbewehrte Becken können leicht undicht werden und eignen sich deshalb als abgesenkt eingeordnete Bassins nicht. Denkbar ist der Bau eines gemauerten Beckens als dekorativer, mit kleiner Mittelfontäne ausgestatteter Brunnen über Terrain, wobei es hier auch um das handwerklich zu beherrschende Mauerwerk geht, dessen gestalterische Wirkung zum plastischen Gesamtbild beiträgt. Ein solcher Brunnen kann als besonderes Schmuckstück und als Blickfang in einem Garten wirken. Die beim Beispiel dargestellte kreisrunde Form ist unschwer abzustecken. Von einem festen Mittelpunkt aus (Holzpfahl) wird eine straff gehaltene Schnur in gewünschter Länge wie ein Zirkel geführt, dabei wird mit einem am Ende der Schnur befestigten Nagel der gesuchte Kreisbogen auf den Erdboden geritzt. Danach wird der Fundamentgraben ausgeschachtet, das Fundament hergestellt, eine bewehrte Bodenplatte betoniert und darauf die runde, umlaufende Wandung gemauert. Das Dichtungsmittel, das dem verwendeten Zementmörtel unbedingt zuzusetzen ist, reicht bei schmalen Mauern (ca. 30 cm) meist noch nicht aus, und zu dicke Wände wirken

Rundes Becken mit gemauerten Wänden

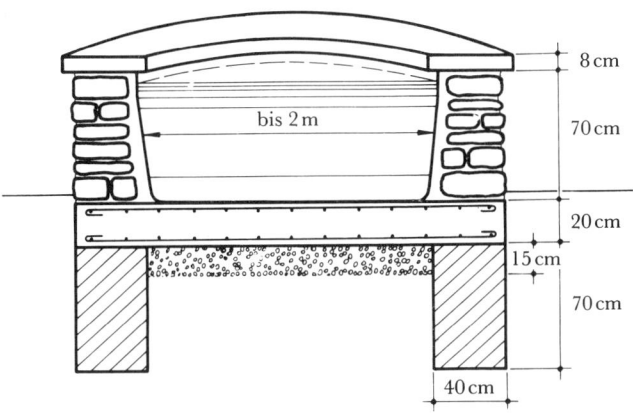

Wandausbildung eines freistehenden Beckens in Mischbauweise sowie
Überlauf und Grundentleerung
a Überlaufrohr aus PVC (Nennweite 80 mm)   b Grundentleerung
(Steinzeugrohr, Nennweite 100 bis 150 mm)   c Plastikstöpsel über Sieb
in der Rohrmuffe

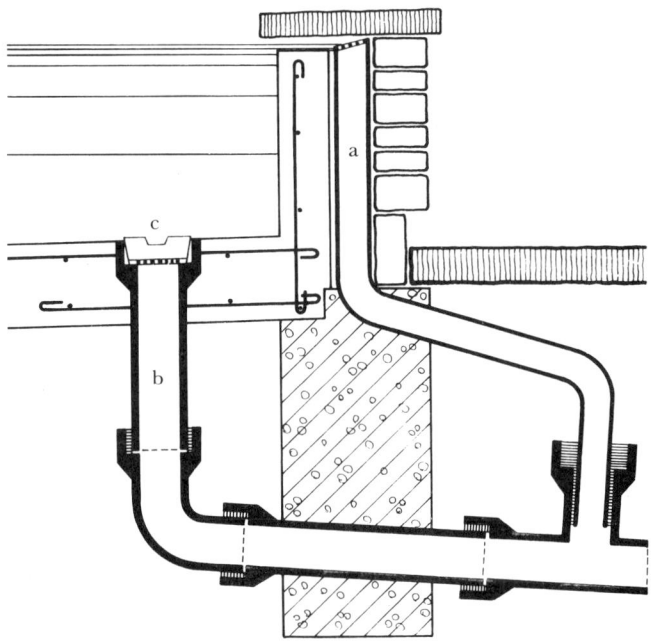

klobig. Deshalb ist innen Putz aufzutragen. Er ist auf rauhem
Mauerwerk ausnahmsweise zu empfehlen. Durch Dichtungs-
mittelzusatz entsteht ein hochgradig wasserdichter »Sperr-
putz«. Auf glatten, etwa aus Ziegelmauerwerk gefertigten Wänden halten Putzaufträge nur kurze Zeit und bereiten manchen
Ärger. Das Beispiel unten zeigt den Querschnitt der Wand eines
rechteckigen Beckens, dessen Bodenplatte und innere Wandsei-
ten als Einheit betoniert wurden. Das Natursteinmauerwerk
wird außen vorgesetzt, also »angeblendet«. Abdeckplatten aus
passendem Natursteinmaterial oder auch angeglichenem
Kunststein schließen das Mauerwerk oben ab. Auch an eine zusätzliche Dichtung aus PVC-Folie ist zu denken. Gegen eine solche Mischbauweise ist vor allem dann nichts einzuwenden,
wenn die Folie unauffällig, also verdeckt geführt wird. So kann
sie über dem unbewehrten Beckenboden durch einen Plattenbelag (Spaltklinker, Naturstein, Pflaster usw.) abgedeckt werden
und an den Innenrändern hinter einer vorgeblendeten, schwächeren Steinmauer verschwinden. Bei Ziegelmauerwerk wird
die Dichtungsplane zwischen einem 24 cm dicken äußeren und
einem 12 cm dicken inneren Wandanteil eingefügt. Bei grobem
Bruchsteinmauerwerk außen und Putz innen wird es mancher
in Kauf nehmen, daß die Folie im Wandbereich sichtbar bleibt,
bevor sie auch hier unter den Platten der Randabdeckung endet.

Becken aus Stahlbeton

Beim Stahlbeton ergänzen sich zwei zusammenwirkende Komponenten, deren Ausdehnungskoeffizienten annähernd gleich
sind. Zu beachten ist, daß es sich bei solchen Becken um Bauwerke handelt, die in der Regel der Baugesetzgebung unterlie-
gen und dann nur vom Fachmann errichtet werden dürfen. Der
Beton übernimmt die Druckkräfte, der Stahl die Zugkräfte. Die
Dichtigkeit eines Beckens hängt stark von der Qualität der Bewehrung ab. Für den Bau von Wasserbecken eignen sich relativ
dünne Stäbe (4 bis 8 mm) in enger Lage (10 bis 20 cm), denn die
statische Beanspruchung (Wasserdruck und Erddruck) ist weniger bedeutend als die Forderung nach der Dichtigkeit eines Bek-
kens. Um wasserdichten Beton herzustellen, wird wiederum ein
Dichtungsmittel, und zwar ein stahlverträgliches benötigt, das
der Betonmischung nach Vorschrift zuzufügen ist. Es ist möglichst Portlandzement zu verwenden. In der Bundesrepublik liefern Fertigbetonfirmen sogenannten WU-Beton, wasserun-
durchlässigen Beton, für den Wasserbeckenbau. Der Mindestge-
halt an Portlandzement muß 350 kg/m^3 Beton betragen. Für
die Wandungen ist die Körnung 0,16 mm und für den Boden
0,32 mm zu verwenden. Das Wasser darf maximal 6 cm in den

fertigen Beton eindringen. Daraus folgt, daß die Mindestdicke der Betonüberdeckung der erforderlichen Bewehrung nicht unter 6 cm liegen darf.

Bevor die Bewehrung eingebaut werden kann, ist die Baugrube bis zur Gründungssohle auszuschachten, der Unterbau einzubringen und die Schalung aufzustellen, falls sie nicht erst nach dem Bau der Bodenplatte aufgestellt werden soll. Die Stäbe werden zunächst für den Beckenboden verlegt, kreuzweise, in je einer unteren und oberen Lage für eine Betondekkung von 3 bis 4 cm. Die Wandbewehrung ragt nach dem Betonieren der Bodenplatte aus dieser heraus. Bei der Betonmischung ist zu beachten, daß der Beton beim Verarbeiten nicht flüssig, sondern »erdfeucht« sein soll. Zu nasser Beton trocknet stärker aus. Das führt zu anschließender verstärkter Wasseraufnahme und birgt die Gefahr der Rißbildung in sich. Wichtig ist eine gute Betonverdichtung. Falls ein »Flaschenrüttler« nicht zur Verfügung steht, kann mit einer Handramme verdichtet werden. Eine Arbeitsfuge zeigt die Abbildung auf S. 75. Ein PVC-Fugenband steckt zur Hälfte im umlaufenden Randbereich der bereits abgebundenen Bodenplatte und greift beim nächsten Arbeitsgang mit seiner oberen Hälfte in die Wand ein. Es entsteht eine senkrechte Sperrung, die die Arbeitsfuge abdichtet.

Um die Wände herzustellen, wird eine äußere und eine innere Schalung benötigt, wenn die Standfestigkeit der ausgehobenen Beckengrube es nicht zuläßt, daß gegen das gewachsene Erdreich betoniert werden kann. Eine zwischengefügte Doppellage Teerpappe trennt Erdreich von Beton und ersetzt den sonst üblichen Bitumenanstrich an der Beckenaußenwand. Klare, rechtwinklige Beckenformen und senkrechte Wände erleichtern die Arbeit, andererseits sind auch schräge innere Beckenwände ohne weiteres herzustellen. Oben werden Innen- und Außenschalung durch Abstandshalter aus Bewehrungseisen fest miteinander verbunden. Die Eisen bleiben nach dem Abbinden im Beton. Für schräge und glatte Beckenwände spricht der Vorteil, daß sie bei einer Neigung ab 45⁰ dem Eisdruck widerstehen, wenn das Becken im Winter gefüllt bleibt. Bei rauhen Wänden und bei solchen mit weniger als 45° Neigung kann das Becken zerfrieren.

Bei Becken von mehr als 50 m² Fläche ist die Mitarbeit eines Fachmannes notwendig, da die statischen Verhältnisse zunehmend komplizierter werden. Für Becken unter 50 m² kann als Mittelwert für den Boden genannt werden: »8 mm Stahl in zwei Lagen, mit 15 cm Stababstand«. Die Wandbewehrung ist bei unseren Becken von untergeordneter Bedeutung. Auf den folgenden Abbildungen sind typische Bewehrungsführungen dargestellt. Die erforderliche Betonfestigkeitsklasse richtet sich ebenfalls nach der Beckengröße. Pro Kubikmeter Fertigbeton sollten folgende Mischungsverhältnisse eingehalten werden (gültig für die DDR):

Betonmischungen

Beckengröße in m²	Zement* in kg	Kies in kg der Körnung 0 bis 7 mm	1 bis 10 mm	1 bis 30 mm	Wasser in l
bis 50	300	1575	685		210
über 50	320*	1575		665	

* möglichst Portlandzement

Nach dem Abschalen sind die Becken drei Tage feucht zu halten. Wird der Beton vor direkter Sonneneinstrahlung durch Planen oder Strohmatten geschützt, verzögert sich der Abbindeprozeß, und die Qualität wird verbessert. Zu empfehlen ist eine Funktionsprobe: Das Becken wird gefüllt und nach einem Monat auf Wasserverlust überprüft. Größere Risse sind durch Kunstharzmörtel (spezielle Anwendungsvorschriften beachten!) zu schließen.

Die solide Gründung ist auch bei Stahlbetonbecken wichtig. Sie sind zwar durch ihr statisches Gerüst relativ steif, können aber dennoch bei unsachgemäßer Ausführung der Gründung oder bei falsch eingeschätztem Baugrund durch ungleichmäßige Setzungsvorgänge reißen. Gefahren hinsichtlich gewisser Ortsverlagerungen oder Senkungen treten vor allem dort auf, wo der anstehende Grundwasserspiegel über dem Gründungshorizont liegt. Ein zwar exakt gebautes Becken, dessen Wasserstandslinie jedoch seine schräge Lage verrät, wirkt ebenso peinlich wie etwa das schief an einer Wand hängende Bild. Wer z. B. ein 1,8 m breites und 3,5 m langes Becken an seinen schmalen Seiten auf je einen 50 cm breiten Fundamentstreifen auflagert und die freie Strecke dazwischen mit einem 25 cm dicken, verdichteten Kiespolster unterbaut, handelt richtig. Der Aufwand für den Unterbau läßt sich bei gleichmäßig beschaffenem Bodengrund jedoch noch senken, wenn beliebig große Stahlbetonbecken mit Kies und Schotter unterbaut werden. Solche wasserabführenden, kapillarbrechenden Schichten verhindern das Anheben der Becken durch Frost im Untergrund. Eine höhere Sicherheit gibt eine frostfreie Gründung. Um das »Hochschwimmen« durch ansteigendes Grundwasser zu vermeiden, kann die Bodenplatte und ihre Bewehrung zusätzlich verstärkt werden. Die linke Abbildung auf S. 78 zeigt, wie die Gründungssohle mit leichtem Gefälle nach außen geneigt ist, damit das Bodenwasser auf dieser geglätteten und gestampften Oberfläche abfließen kann. Von einer umlaufenden Dränageleitung wird es aufgenommen und abgeleitet. Verdichteter Kies (Körnung bis 30 mm) bildet die untere Trag- und Sauberkeitsschicht. Darüber lagert, zum Gefälleausgleich in der Mitte weniger mächtig als an den Rändern, sandverfüllter Schotter, den eine Magerbeton-Ausgleichsschicht oben abschließt.

Ein Betonbecken ohne Schalung herzustellen bewährt sich besonders dann, wenn runde oder unregelmäßig schwingende Formen mit schmaler Randausbildung erwünscht sind (s. Abb. unten). Auf einem Unterbau (wie beschrieben) werden zwei Reihen Großpflastersteine übereinandergemauert. Sie begrenzen die Bodenplatte und bilden den unteren Teil des Beckenrandes. Die dargestellte Arbeitsfuge zeigt die Grenze zwischen den beiden Bauabschnitten Sohle und Rand. Dieser wird hergestellt, indem eine (oder auch zwei) weitere Schichten Pflastersteine übereinandergemauert und davor eine Wulst aus erdfeuchtem Beton aufgetragen wird. Eine obere Steinreihe bildet die sichtbare Krone des Beckenrandes. Die Innenwand wird mit Hilfe einer Lehre geformt. Der entstehende niedrige und an seiner Basis relativ breite Rand macht eine zusätzliche Wandbewehrung überflüssig.

Ein gewisses Problem stellt der Materialwechsel zwischen Beton und Naturstein dar. Nach einigen Jahren können sich infolge unterschiedlicher Ausdehnungskoeffizienten der Materialien Haarrisse bilden, die den Randbereich undicht machen. Solche Schäden sind zwar unschwer zu beheben, wer jedoch sicher gehen will, läßt an der Innenseite des Beckens zwischen Steinen und Beton eine 10 mm tiefe und 5 mm breite Fuge, die mit dauerelastischem Kitt gefüllt wird.

Für den Einbau von Unterwasserbeeten sind trockenmauerartig auf alle Beckenböden aufgeschichtete flache Steine (z. B. Granit, Gneis, aber kein Kalk!) zu bevorzugen, die mit sandiglehmigem Rohboden hinterfüllt werden. Komplizierte Beckenböden, die schräg nach oben laufen oder in gestaffelter Anordnung die Flachpflanzbereiche gleich mit enthalten, bringen keine Vorteile. Sie legen den Gartenteichbesitzer ein- für allemal fest, während das auf den Beckenboden aufgeschichtete Beet jederzeit beliebig verändert werden kann. Selbst die Einordnung eines vertieften »Schlammfanges« als kleine begrenzte Absenkung unter der eigentlichen Beckensohle ist überflüssig. Das Wasser läuft ohnehin an der tiefsten Stelle in die Grundentleerung ab. Mit fließendem Wasser kann das Becken bei Bedarf saubergespült werden. Nur wenn Becken zur Entleerung ausgepumpt werden müssen, ist eine gesonderte Grube als »Pumpensumpf« zu befürworten.

Bewegungsfugen

Sie werden in Bauwerksteilen angeordnet, um den Kräften entgegenzuwirken, die zu Verformungen und zu Rißbildungen führen können. Wasserbecken, deren Länge 8 m übersteigt, benötigen Dehnungsfugen. Sie stellen eine Form der Bewegungsfuge dar und gleichen Bewegungen aus, die als Folge von Temperatureinflüssen zum Schwinden und Kriechen des Betons führen.

Schnitt durch Dehnungsfugen zwischen zwei Bauteilen eines Beckenbodens (Stahlbeton, Mosaikpflaster auf 4 cm Mörtelbett, getrennt durch Doppellage Ölpapier)
a Fugenverschluß Bitumenkitt über Weißstrickeinlage   b Dämmstoffplatte, oben dauerelastischer Fugenkitt   c PVC-Fugenband, seitlich an senkrechten Bewehrungsstäben befestigt

Betonbecken mit Sohlenbewehrung, schräger Innenwand und Randabschluß aus 16 cm Großsteinpflaster
a Ausbildung der Arbeitsfuge: 1 PVC-Fugenband   2 Dämmplatte   3 dauerelastischer Kitt

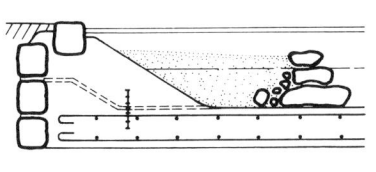
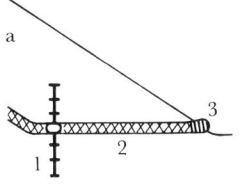
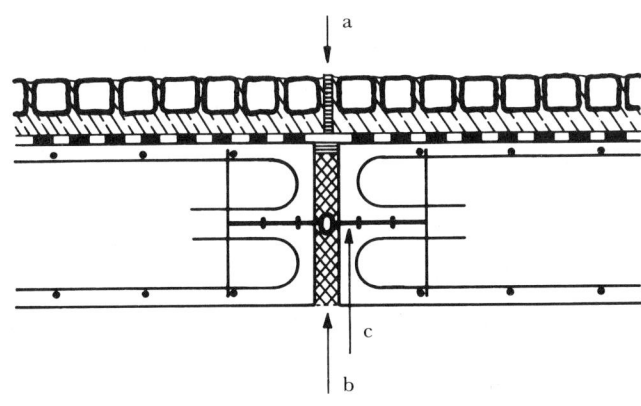

75

Die Abbildung auf S. 75 zeigt, wie die beiden Teile einer Betonplatte auf ähnliche Weise mit einem PVC-Fugenband miteinander verbunden sind, wie Bodenplatte mit Beckenwand. Nur sind es hier zwei komplette Beckenteile, einschließlich beider Außenwände, die in getrennten Arbeitsphasen hintereinander zu betonieren sind. Die Dehnungsfuge ist also auch zugleich Arbeitsfuge. Die vorgeschlagene Konstruktion läßt erhebliche Bewegungstoleranzen zu. Über der Dehnungsfuge im Bereich des Beckenbodens erscheint beim dargestellten Beispiel noch eine ähnliche, die zur Gliederung einer Mosaikpflasterfläche dient (Abstand 2 × 2 m). Diese reizvolle Versteinungsart liegt auf einem Zementmörtelbett, das auf den Beckenboden aufgetragen wird, nachdem eine Doppellage Ölpapier beide Schichten trennt. Das Papier soll verhindern, daß der Mörtel auf der Platte abbindet und somit an der Bewegung der Platte teilnimmt.

Randausbildungen

Randabdeckplatten nur mit einer einfachen Mörtelfuge zu befestigen ist gewagt. Die Haltbarkeit ist fragwürdig, und es sollte nicht riskiert werden, daß vielleicht spielende Kinder die Platten zum Kippen bringen. Besser ist es, im Beton an den dafür ermittelten Stellen Aussparungen vorzusehen, die kurze Bewehrungseisen aufnehmen. Diese greifen in vorbereitete Aussparungen auf den Plattenunterseiten ein und werden mit Mörtel befestigt. Bei der Abdeckung von gemauerten Wänden ist analog zu verfahren.

Ein extrem schmaler Rand entsteht mit Hilfe z. B. eines 5 mm starken Stahlblechstreifens. Dieser Blechrand oder seine einzelnen Teile, die anschließend überlappend zu verschrauben sind, werden entweder in den frischen Beton eingedrückt oder auf die Wandbewehrung oben aufgeschweißt. In jedem Falle ist peinlich genau auf waagerechte Lage zu achten, da bei dieser technischen Variante jeder Millimeter Abweichung störend ins Auge fällt. Zum Eindrücken in die Mischung sind unten an das Stahlblech einige kleine Blechstücke quer anzuschweißen, die ein nachträgliches Absinken in den noch nicht abgebundenen Beton unterbinden. Wird der Vorgang des Eindrückens mit einem Nivellierinstrument überwacht, kann höchste Genauigkeit erreicht werden. Das Blech ist mit gegen Korrosion schützenden Anstrichen zu versehen, Fugen aus dauerelastischem Kitt sichern die Eintrittsstelle in den Beton.

Leitungsanschlüsse für Folienteiche und Wasserbecken

Bei der Vorbereitung des Teich- oder Beckenbaues sind gleichzeitig alle Nebenarbeiten zu durchdenken, deren Ausführung geplant ist. Leitungsgräben werden beim allgemeinen Aushub mit einbezogen, die Lage von Zu- und Abläufen oder von Stromkabeln ist zu optimieren, künftige Wartungs- und Reparaturarbeiten an den Leitungen dürfen nicht behindert werden. Die Wasserzu- und -ableitungen müssen so durch Beckenböden geführt werden, daß die Leitungen bei Bedarf ausgewechselt werden können, ohne daß dabei der Beton aufgehackt werden muß. Was

Befestigung von Abdeckplatten auf Betonrändern
Die senkrechten 6-mm-Bewehrungsstäbe sind oben mit kurzen waagerechten Stücken verschweißt   a Längsschnitt   b Querschnitt

a Teicheinfassung mit Pfahlreihe (Pfähle auf der Rückseite mit derbem, ca. 10 cm breitem Plastikgurt verbinden, nicht mit Erde, sondern mit verdichtetem Zweigholz hinterfüllen)   b extrem schmaler Beckenrand aus 5 mm Flachstahl

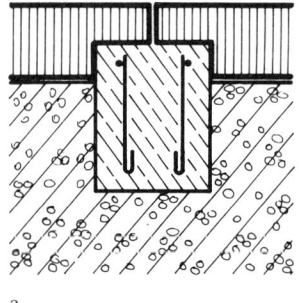
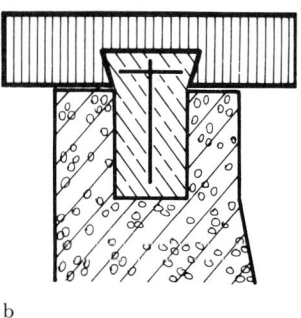

a   b

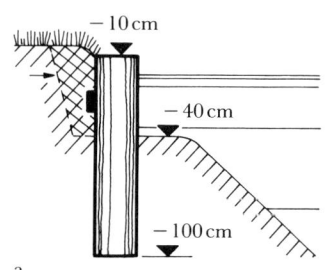
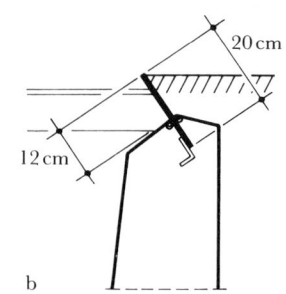

a   b

für einfachste Verhältnisse zutrifft, gilt erst recht für Teiche und Becken, die mit höherem Aufwand erstellt werden. Wichtigstes Zubehör ist die Grundentleerung. Ein Überlauf ist meist ebenfalls erforderlich, besonders dann, wenn über eine automatische Steuerung in einem Bedienungsschacht oder -raum die selbständige Wasserzuführung zum Ausgleich von Verdunstungsverlusten erfolgen soll. Die Technik für Folienteiche unterscheidet sich teilweise von der für feste Becken.

Wenn Rohre Plastikfolien passieren, ergeben sich Dichtungsprobleme. Am einfachsten ist es, die Folie mit einem Kreuzschnitt zu öffnen, das Rohr von unten durchzustoßen und die vier Folienzipfel etwas mit nach oben zu führen. Sie werden mit einem passenden Folienstück umwickelt und mittels einer Rohrschelle an das Rohr gepreßt. Die technisch solidere Methode ist die Flanschverbindung. Dazu werden Rohre oder Stutzen benötigt, die mit einer runden Ringscheibe, dem Flansch, enden. Er ist mit Löchern für Schraubverbindungen versehen, so daß entweder ein abschließender oder der Flansch des nächsten Rohres aufgeschraubt werden kann. Die dazwischengeschobene Folie wird vom Druck der verschraubten Scheiben wasserdicht gehalten, kann aber auch noch zusätzlich verklebt werden. Im Preßbereich des Flansches dürfen keine Nahtverbindungen von Dichtungsbahnen liegen. Beim Bodensauger wird die Teichplane auf den Saugflansch aufgelegt und mit einem Druckring gehalten. Zur Aufnahme der Schrauben enthält der Saugflanschring unterseits in der Regel acht Gewindegrundbuchsen (Buchsen, die unten geschlossen sind), von denen vier für die unmittelbare Verschraubung des Druckringes und wei-

tere vier für das Aufschrauben des Deckels benötigt werden. Der Druckring wird somit von insgesamt acht Schrauben auf Folie und Saugflanschring gedrückt. Die vier schmalen Schlitze des Deckels verhindern die Wirbelbildung beim Wasserablauf und schützen die auf den Saugflansch aufgemuffte Rohrleitung vor dem Verstopfen. Flanschkonstruktionen müssen plan und absolut korrosionsfest (ggf. aus Edelstahl) sein. Bei stark verschmutzten Becken (Laubeintrag) ist über dem Deckel ein Drahtgeflecht anzubringen (oder es wird ein rundes Gartensieb darübergestülpt und mit einem Stein beschwert). Der Deckel kann jederzeit abgeschraubt und das Rohr freigelegt werden. Selbstverständlich könnte statt des Deckels auch ein wasserdicht sitzendes Standrohr in den Saugflansch gesteckt werden, das mit seinem oberen Ende als Überlauf wirkt und den Wasserstand im Teich bestimmt. Zur Beckenentleerung wird es gezogen.

Befindet sich in der Nähe des Beckens der Kontrollschacht einer allgemeinen Entwässerungsleitung, so bietet es sich an, die Teichentwässerung hier einzubinden und die Beckenentleerung über einen Keilovalschieber zu betreiben. Dazu ist selbstverständlich die Genehmigung des Rechtsträgers erforderlich. Zu diesem Zweck ist eine wasserdruckhaltende Flanschrohrleitung

a Bodensauger für foliengedichtete Becken: 1 Deckel 2 Druckring 3 Saugflansch mit Grundbuchsen
b Hohlstöpsel in Grundentleerung (Überlauf mit Grundentleerung kombiniert): 1 Hohlstöpsel (10 cm Durchmesser) 2 Metallschelle als Halterung 3 in den Boden eingesetzter Plastikring mit Anschluß an Rohrleitung

Rohrdurchführung durch den Boden eines Betonbeckens
a Wasserleitungsrohr: 1 Plastikring 1 × 20 cm 2 umlaufender Teerstrick 3 Hüllrohr 4 dauerelastischer Fugenkitt b Grundentleerung (offen, über Schieber im Schacht zu regulieren, perforierte Blechhaube abnehmbar)

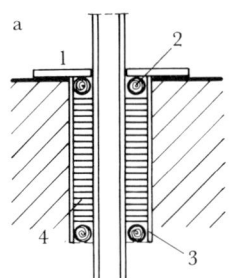
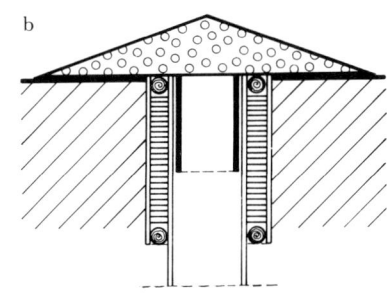
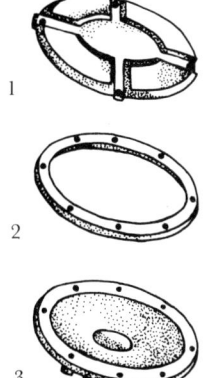
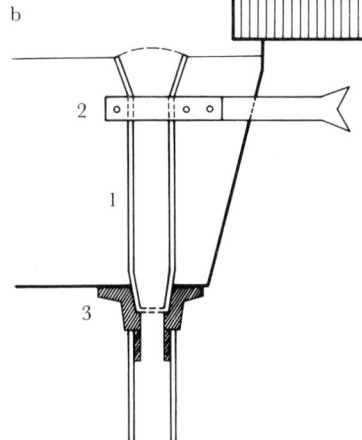

zu verwenden (Stahl), die bis zum Auslaßventil voll Wasser steht. Für kleinere Becken genügt als Ablaufrohr eine Polyethylen-Rohrleitung (bis NW 80). Hierfür werden keine Flansche benötigt. Der Überlauf ist von der Grundentleerung getrennt und funktioniert unabhängig davon. In der Abbildung verläuft das Überlaufrohr auf der Rückseite des Beckens und nicht mitten in der Wand. Das sichtbare Stück Rohrleitung fällt vor der niedrigen Beckenwand kaum auf, ist fertigungstechnisch zu bevorzugen und leicht zugänglich.

Bei der direkten Form des Überlaufs besteht die Gefahr, daß schwimmende Schmutzpartikel, Zweige und Laub den Seiher verstopfen. Bei einem Überlauf, dessen Wasserentnahmestelle unter dem Wasserspiegel liegt, entfällt eine Verstopfung durch schwimmende Gegenstände. Vorhandenen Fischbestand schützt ein nicht rostendes Drahtgeflecht mit etwa der achtfachen Fläche des Auslaufquerschnittes der stets großzügig zu bemessenden Rohrleitung (nicht unter 50 mm). Da die Pegelstände in Becken und aufsteigendem Rohr gleich sind, läuft ansteigendes Wasser über und wird abgeleitet. An der obersten Rohrstelle muß eine Entlüftung vorgesehen werden, denn vor allem bei längeren Rohrleitungen könnte sich eine Luftblase bilden, die den Weg des ablaufenden Wassers blockierte. Künstliche Wasserflächen sollten entsprechend ihren Betreuungsmöglichkeiten konzipiert werden. Im Garten am Wohnhaus kann täglich kontrolliert und im Bedarfsfalle eingegriffen werden, im Wochenendgrundstück kann während der Abwesenheit des Nutzers viel geschehen, wenn fließendes Wasser im Spiel ist.

Technik im Bedienungsschacht

Um das komplexe Problem von Wasserverlust und -überschuß zu bewältigen, benötigt man einen Transmitterkasten – einen Behälter, der außerhalb des Teiches in einem dafür bestimmten Schacht oder Bedienungsraum untergebracht ist und mit einer Wasserentnahme im Teich durch eine wasserdichte Rohrleitung verbunden ist. Nach dem Prinzip der kommunizierenden Röhren ist der Wasserpegel im Teich gleich dem im Transmitterkasten. Bei jeder Wasserzufuhr steigen beide Pegel an, wobei überfließendes Wasser in ein offenes Standrohr im Transmitterkasten gelangt und abgeleitet wird. Der Überlauf im genannten Behälter kann beliebig weit vom Teich entfernt sein, sofern seine Höheneinordnung mit dem Teichwasserspiegel übereinstimmt. Im Transmitterkasten endet außerdem eine Wasserleitung, die durch ein Schwimmerventil geschlossen wird. Bei sinkendem Pegel senkt sich der Schwimmer auf der Oberfläche des Wasserspiegels im Kasten und öffnet dabei das Auslaßventil der Wasserleitung. Auch elektronische Regelung mit Magnetventil ist

Stahlbetonbecken
Grundentleerung erfolgt über Schieber im Schacht. Die Überlaufleitung ist ständig frei.

Überläufe in freistehenden Betonbecken
a Seiher mit Steinschraube befestigt und abnehmbar   b Überlauf mit abgesenkter Wasserentnahmestelle

möglich. Einströmendes Wasser läuft nun in umgekehrter Richtung durch die Transmitterleitung in den Teich.

Der Transmitterkasten und die zuführende Wasserleitung sind im Winter zu entleeren. Hierzu sind an der tiefsten Stelle der Rohrleitung entsprechende Ventile angebracht. Auch die Grundentleerung des Teiches kann über eine Rohrleitung mit Absperrventil im gleichen Schacht erfolgen.

Standardisierte Schächte sind in der Regel mit runden, gußeisernen Platten abgedeckt. Ihre ästhetische Wirkung ist gut, wenn die Schachtdeckel bündig mit der Bodenoberfläche verlegt werden. Bei jedem Bedienungsschacht handelt es sich um ein unterirdisch eingeordnetes Bauwerk, dessen Größe von seiner Aufgabe abhängt. Transmitterkasten, Wasserleitungen, eventuell auch eine Pumpe mit Stromanschluß müssen hier funktionsfähig untergebracht werden. Der Schachtdeckel muß leicht zu

öffnen sein. Das darf nicht als Begründung dafür gelten, daß im Gelände ein verbogenes, rostiges Riffelblech ins Auge fällt, nur weil man das Blech leicht anheben und danach wieder auf die Schachtmauern herabfallen lassen kann. Zweckmäßigerweise schließen Schachtwände aus Betonfertigteilen oder Ziegelmauerwerk oben mit einem umlaufenden, vorgefertigten Betonrand ab, in den innenseitig ein Winkelstahlprofil zur Aufnahme der Abdeckplatte eingelassen ist. Die Platte endet an ihrer aufliegenden Kante ebenfalls mit einem etwas kleineren Stahlwinkel. Über einem 5-mm-Stahlblechboden kann Betonverbundpflaster auf einer Mörtelschicht liegen. Diese Versteinungsart setzt voraus, daß Pflastermaß und Deckelmaß übereinstimmen. Jede andere Versteinung ist ebenso geeignet, wenn es damit gelingt, die Schachtabdeckung in ihrer Materialqualität in Übereinstimmung mit den umliegenden Platzflächen zu bringen und damit zu vermeiden, daß der Schacht als störender Fremdkörper in seiner Umgebung auffällt. Wenn die Schachtabdeckung zu schwer ist und als Ganzes nicht angehoben werden kann, wird die Fläche geteilt, wobei die durchgehende Längsfuge mit einem darunterliegenden Stahlträger unterstützt wird. Zwei kleinere Schachtdeckelteile können mit Hilfe von Fallgriffen von zwei Personen angehoben und zur Seite gesetzt werden. Der Schacht ist dann betretbar.

Regulierung von Wasserüberschuß und Wasserbedarf durch einen Transmitterkasten
a Wasserleitung mit Schwimmerventil   b Überlaufrohr   c Transmitterleitung   d Grundentleerung   e Bodenablauf mit Geruchverschluß   f Rohrleitung zu Schleuse oder Sickerschacht

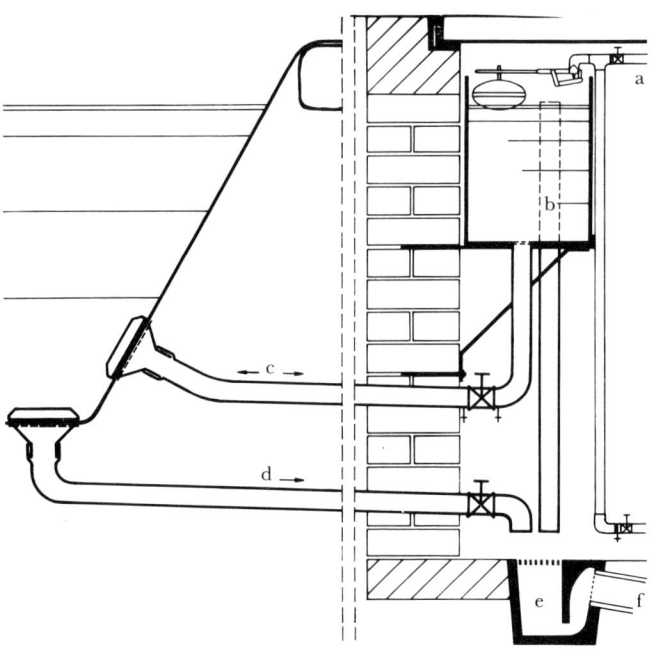

Die Verwendung von Pumpen

1. Vertikale Schmutzwasserpumpen, einstufig
   Sie werden häufig für die Wasserhaltung bei Schachtarbeiten, zur Entleerung von Wassergruben und für Pumpenschächte verwendet, wenn es darum geht, bei zuströmendem Grundwasser den Wasserspiegel auf einer bestimmten Höhe zu halten, um die anderen im Schacht untergebrachten Armaturen nicht überfluten zu lassen. Das Pumpengehäuse steht im Fördermedium. Eine vertikale Welle übernimmt die Kraftübertragung vom oben angebrachten Elektromotor. Bei ansteigendem Wasser wird ein Schwimmerschalter an-, bei sinkendem Wasserstand ausgeschaltet. Diese selbstansaugenden und selbstentleerenden Pumpen sind mit einem offenen oder geschlossenen, fliegend angeordneten Flügelrad ausgestattet und fördern eine relativ große Wassermenge bei niedrigem Druck. Bei Frostgefahr sind sie zu entleeren. Unempfindlich gegen verschmutzte Fördermedien verkraften sie auch Wasser aus Bächen mit einem relativ hohen Sandanteil. Die maximale Korngröße der zulässigen Verschmutzung wird jeweils vom Hersteller angegeben und ist selbstverständlich bei ihrem Einsatz zu beachten.

2. Schmutzwasserpumpen horizontal, einstufig, nicht selbstansaugend

Pumpe und Motor sind durch Kupplung verbunden oder direkt angeflanscht. Die Wellenabdichtung kann durch Stopfbuchse, Wellendichtring oder Gleitringdichtung erfolgen. Bei letzterer gleitet ein Stahlring auf einem federnden Kohlering. Das macht diese Pumpen besonders wartungsarm. Sie tropfen kaum und müssen nicht wie bei Verwendung einer Stopfbuchse öfter nachgestellt werden. Dieser einstufige, gedrungen gebaute Pumpentyp ist ebenfalls mit einem offenen oder geschlossenen, fliegend angeordneten Flügelrad ausgestattet und zum Umwälzen verschmutzter Fördermedien geeignet. Die Pumpen sind aber nicht selbstansaugend, sondern auf Wasserzulauf über eine Rohrleitung angewiesen, die mit Gefälle zur Pumpe führt. Ihre Aufstellung im Schacht oder Raum hat stets tiefer als der Wasserspiegel im Becken zu erfolgen. Das ist ihr einziger Nachteil. Sollen diese Pumpen (in Abweichung von ihrem eigentlichen Verwendungszweck) auf Saugleistung gebracht werden, so ist ein Saugrohr mit Fußventil anzubringen. Saugrohr und Pumpengehäuse werden vor dem Einschalten der Pumpe aufgefüllt. Bei Frost ist eine restlose Entleerung von Pumpengehäuse und Leitungen erforderlich.

Diese robusten, im Aufbau einfachen und platzsparenden Pumpen sind für Umwälzungen sehr gut geeignet. Sie können zum Betreiben kleiner Fontänen, praktisch für alle im Buch beschriebenen Beispiele verwendet werden.

Für den Unterwassereinsatz in größeren Anlagen werden in der Bundesrepublik verschiedene Horizontal-Tauchmotorpumpen angeboten. Sie arbeiten in der Regel ohne Wellenabdichtung und sind deshalb wartungsfrei. Sie sind nichtrostend und für Dauerlauf geeignet. Die Pumpenrotore (Laufräder) sind meist aus Edelstahl oder Bronze gefertigt und der Antriebsmotor als sogenannter Naßläufermotor ausgebildet. Die Pumpen werden in frostfreie Wassertiefe auf speziellen Halterungen im Teich montiert und brauchen dann im Winter nicht ausgebaut werden. Als Zu- und Ableitungen haben sich Polyethylen-Rohre bewährt. Sie können bis zu einem Durchmesser von 80 mm und über längere Strecken unmittelbar unter die Erdoberfläche verlegt werden. Polyethylen (PE) ist im Unterschied zu PVC nicht frostempfindlich.

3. Sternradkreiselpumpen ein- und mehrstufig, horizontal, selbstansaugend

Die Pumpe und ihr Motor sind meist als Monoblock verbunden. Der Hauptunterschied zu den Schmutzwasserpumpen besteht darin, daß die Antriebswelle hier nicht ein Flügelrad, sondern ein Sternrad treibt, das u. a. durch engeren Abstand zum Gehäuse gekennzeichnet ist. Es sind Seitenkanalpumpen, die bei Mehrstufenausführung einen relativ hohen Druck aufbauen können, sie sind aber wegen ihrer mit geringem Spiel eingebauten Sternräder nicht für Schmutzwasser geeignet. Die Wellendichtung erfolgt durch Stopfbuchse, Wellendichtring oder Gleitringdichtung. Saug- und Drucköffnung sind oben angeordnet, so daß der zum Ansaugen ständig benötigte Wasservorrat im Gehäuse verbleibt. Bei der Inbetriebnahme muß das Pumpengehäuse erst gefüllt werden. Die Pumpe ist mit Flüssigkeit zu füllen, wenn sie ausgebaut wird. Andernfalls würden (außer bei Messingausführung) die Planseiten der Gehäuseteile oxidieren und die Sternräder festsetzen. Diese besonders frostempfindlichen Pumpen werden häufig zur Frischwasserversorgung aus Brunnen oder zur Druckerhöhung im Wassernetz verwendet. Für die Gartengestaltung eignen sie sich zum Betreiben von Fontänen größerer Höhe, vorausgesetzt, das zu bewegende Wasser bleibt sauber.

4. Unterwasserpumpen für leicht verschmutzte Medien

Gut geeignet innerhalb von Wasserbecken sind Unterwasserpumpen mit integriertem Elektromotor. Bedingt durch die stopfbuchslose kompakte Bauweise und ausgerüstet mit einem Spaltrohrmotor, können diese Pumpen als Kompaktteil direkt in das Fördermedium abgesenkt werden. Die einzige Zuführung ist das Elektrokabel, das innerhalb von Bekken und Teichen geschützt verlegt werden muß, damit Beschädigungen mit ihren gefährlichen Folgen ausgeschlossen sind. Druckseitig ist nur eine Rohrleitung bzw. ein Druckschlauch erforderlich. Die leistungsfähigen Pumpen sind mitunter verblüffend klein und benötigen keine gesonderten Schächte oder Räume. Sie werden obendrein noch mit einem begrenzten, vom Hersteller angegebenen Verschmutzungsgrad fertig. Wegen ihres komplizierten inneren Aufbaus sind sie allerdings teuer. In vielen Fällen wird ihr höherer Anschaffungspreis durch die einfachere Handhabung gerechtfertigt. Der Gebrauch von Tauchpumpen setzt sich immer stärker durch. In Fällen, in denen ohnehin ein Bedienungsschacht benötigt wird, sind oft die preisgünstigeren und insgesamt vorteilhafteren Horizontal-Schmutzwasserpumpen vorzuziehen.

Die Auswahl der entsprechenden Pumpe, ihre Bauart und Baugröße – alles auch abhängig vom vorhandenen Stromanschluß – sollte von einem Fachmann vorgenommen werden. Die Elektroinstallation muß unbedingt vom Fachmann ausgeführt werden. Alle Pumpen und elektrischen Geräte müssen geprüft sein und ein entsprechendes Prüfzeichen tragen. Für den Betrieb aller Tauchpumpen ist in der Bundesrepublik Deutschland ein Fehlerstromschutzschalter mit einem Nennfehlerstrom von 30 mA erforderlich. Dieser Schalter kann auch als Zwischenstecker gehandhabt werden und benötigt dann keine eigene Installation. Die Pumpen können über eine Zeitschaltuhr oder über einen Lichtfühler gesteuert werden. Bei selbstansaugenden Pumpen (Oberwasserpumpen) ist zu beachten, daß sie eine maximale Saughöhe von 6,5 bis 7 m Höhenunterschied von Pumpe zu Wasserspiegel haben. Die einschlägigen Rechtsvorschriften sind dabei zu beachten. Bei jeder Pumpenart ist auf die Vorsorge bei Frost zu achten, auch dieser Aspekt kann bei der Auswahl von Bedeutung sein.

Kreiselpumpen dürfen nach ihrer Inbetriebnahme nie wieder leerlaufen. Um eine hohe Leistung zu erzielen, besteht zwischen Sternrad und Gehäuse nur 0,3 mm Spiel. Das Sternrad gleitet auf der Gehäuseplanfläche, Wasser schiebt sich dazwischen und hat Schmierwirkung. Unter Wasser bildet sich weiches, durch die Pumpe überwindbares Oxid, entfernt man das Wasser aus der Pumpe, setzt eine harte Oxidation ein, und die Pumpe wird in kurzer Frist fest. Bei Vertikal-Schmutzwasserpumpen darf das Fördermedium nicht einfrieren. Tauchpumpen sind bei Frostgefahr ebenfalls aus dem Wasser zu nehmen. Horizontal-Schmutzwasserpumpen können im Bedienungsschacht verbleiben, falls sie dort frostsicher sind. Eine elektronisch gesteuerte Temperaturhaltung kann die erforderliche Mindesttemperatur im Notfall sichern.

Die zweckentsprechende Anwendung einer Horizontal-Schmutzwasserpumpe zeigt die Abbildung S. 42. Hier wird ein Quellsprudel betrieben, der in einem flach gelegten Mühlstein austritt. Das Wasser überflutet den Mühlstein, versickert zwischen runden Steinen und gelangt durch einen Rost aus Holzschwellen in ein verdecktes Bassin. Hier befindet sich eine Wasserentnahmestelle, die über eine fallende Rohrleitung mit der Pumpe verbunden ist. Das Wasser wird allerdings nicht am Boden des Behälters entnommen. Das hätte zur Folge, daß die Sinkstoffe ständig abgesaugt und neu eingesprudelt würden. Das Wasser fließt in ein Standrohr, das oben seitlich mit vier Pfeifenschlitzen geöffnet ist. Zu diesem Zweck wird der Deckel des Bodensaugers entfernt. Die dabei frei werdenden vier Schrauben werden zur Befestigung des Druckringes verwendet, und das Standrohr wird passend und dichtend in den Saugflansch gesteckt. Bei Grundentleerung wird die Pumpe im Schacht abgeschraubt, und der Behälter kann bei gezogenem Standrohr gereinigt werden. Ist zwischen Pumpe und Sprudel ein Filter vorgesehen, so ist die Entnahme an der tiefsten Stelle des Behälters bei Verwendung eines Schutzgitters möglich.

Die ausgewählte Pumpe ist gut geeignet, einen üppigen Wasserschwall als weichen Sprudel auf relativ niedrige Höhe in Be-

wegung zu setzen. »Niedrig« ist hier erwünscht, denn auch bei einem Springstrahl gelten Proportionsfragen und nicht ein falsch verstandenes Leistungsprinzip nach dem Grundsatz: Je höher, desto schöner ...

Künstliche Bachläufe

Auch der künstliche Bachlauf, ein den Garten belebendes, natürlich anmutendes Fließgewässer, setzt die Mitwirkung einer Pumpe voraus. Der kleine Bach gewinnt an Bedeutung, indem er über Staustufen kleine Kaskaden bildet, eine teichartige Erweiterung durchfließt und zuletzt in einem teichartigen Becken endet. Das Endbecken ist zugleich Tiefbehälter für die Wasserumwälzung zum Betreiben des Bächleins. Der Tiefbehälter muß so bemessen sein, daß er die zum Betreiben des Wasserumlaufs erforderliche maximale Menge aufnehmen kann. Es ergibt sich dafür die Formel: Volumen des Tiefbehälters = Umlaufreserve (minimaler Wasserstand, ca. 10 cm über Pumpengehäuse) + Differenz-Wassermenge zwischen Aus- und Einschaltepunkt der automatischen Wasserzuführung (z.B. über Transmittersystem) + unterwegs befindliches Wasser.

Erst dann, wenn der Wasserstand unter den festgelegten Reservepunkt absinkt, darf Frischwasser aus dem Leitungsnetz nachfließen. Das Schwimmerventil ist also so einzustellen, daß es erst weit unter dem oberen Wasserspiegel reagiert. Umgekehrt darf Wasser erst dann überlaufen, wenn nach Abstellen der Pumpe das Umlaufwasser vollständig in den Tiefbehälter zurückgeflossen ist und der Wasserstand im Tiefbehälter danach weiter ansteigt. Wer die untere Grenze des notwendigen Fassungsvermögens feststellen, d.h. den Tiefbehälter so klein wie möglich halten will, muß die unterwegs befindliche Wassermenge messen. Der Kanal wird dazu am unteren Ende vor dem geplanten Behälter zunächst abgedichtet, der Bach provisorisch aufgefüllt und danach die Menge des »unterwegs befindlichen« Wassers gemessen. Diese Mengenermittlung bildet die Grundlage für die endgültige Dimensionierung des Tiefbehälters.

Anstelle eines Transmitterkastens kann zur Regulierung des Wasserstandes auch ein »Pumpenwächter« verwendet werden. Ein solches Gerät öffnet und schließt elektronisch ein Magnetventil. Der Schaltvorgang wird durch Kontaktdrähte in Gang gesetzt, die sich im Bereich des Wasserspiegels im Tiefbehälter befinden.

Gute Gestaltung bedient sich möglichst unkomplizierter Mittel, deshalb sollten auch die technischen Möglichkeiten nicht so verschwenderisch wie möglich, sondern so sparsam wie möglich eingesetzt werden. Das vorgestellte Beispiel ist in dieser Hin-

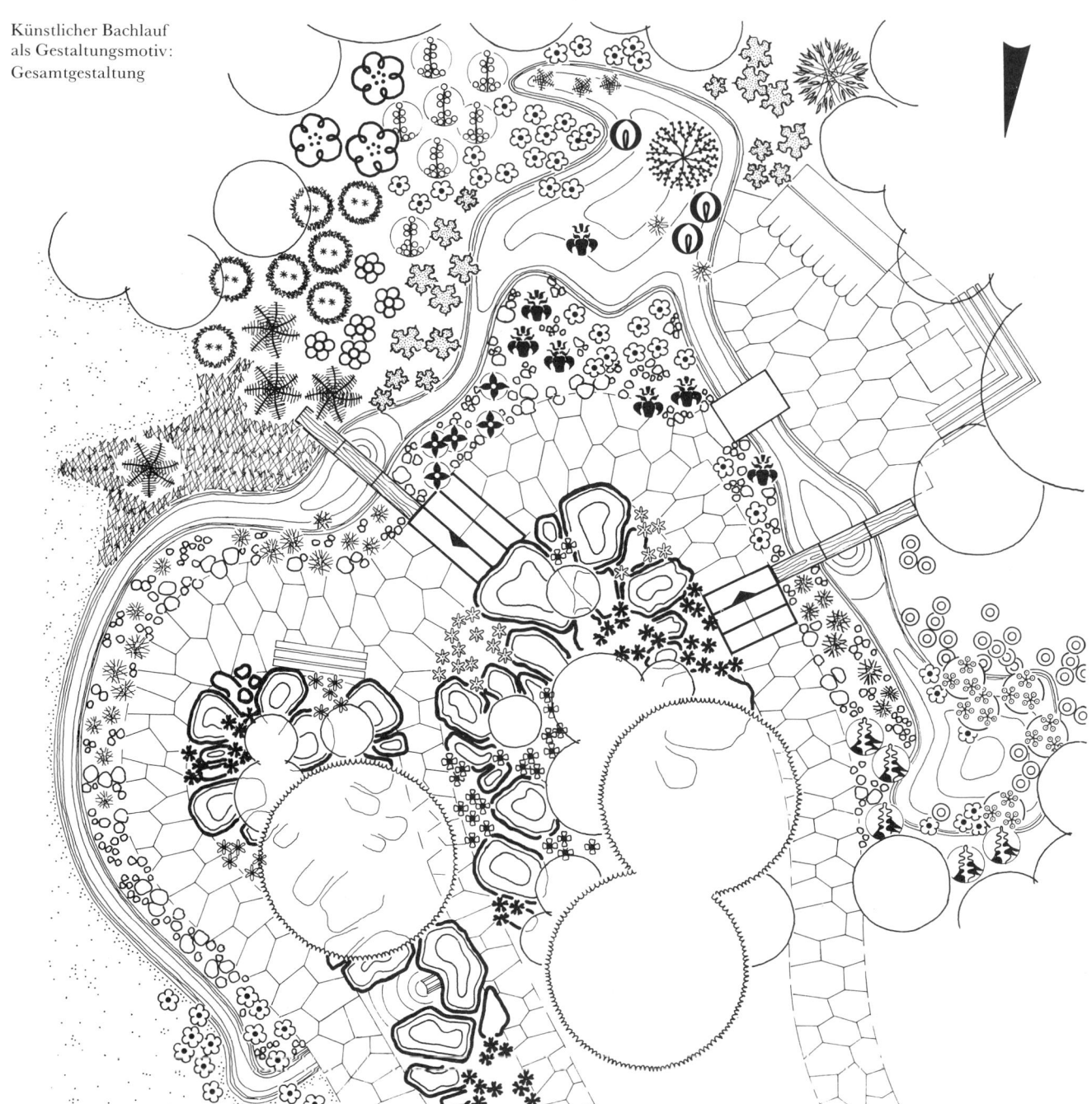

sicht vorbildlich. Der Bach nähert sich nach einer Laufstrecke von ca. 30 m seiner »Quelle« wieder bis auf 7 m Abstand. Da die »Quelle« nur 1,2 m über dem Wasserspiegel des Tiefbehälters »entspringt« (Abb. unten), lassen sich die Rohrleitung zur Pumpe, Bedienungsschacht, Druckrohr von der Pumpe zur »Quelle« und sonstige Rohrleitungen bequem im Gelände unterbringen. Im Bedienungsschacht, der auch sehr klein und flach gehalten werden kann (evtl. nur 60 × 60 cm), falls er nur die Horizontal-Schmutzwasserpumpe aufnehmen soll, werden gleichzeitig auch die Rohrleitungen von und zur Pumpe entleert. Auf einer Fläche von nur 170 m² und herausgearbeiteten Höhenunterschieden von maximal eineinhalb Metern kann ein

Künstlicher Bachlauf als Gestaltungsmotiv: Geländeform und Höhenunterschiede in m (links Quelle, Mitte Bedienungsschacht, rechts Endbecken des Bachlaufs)

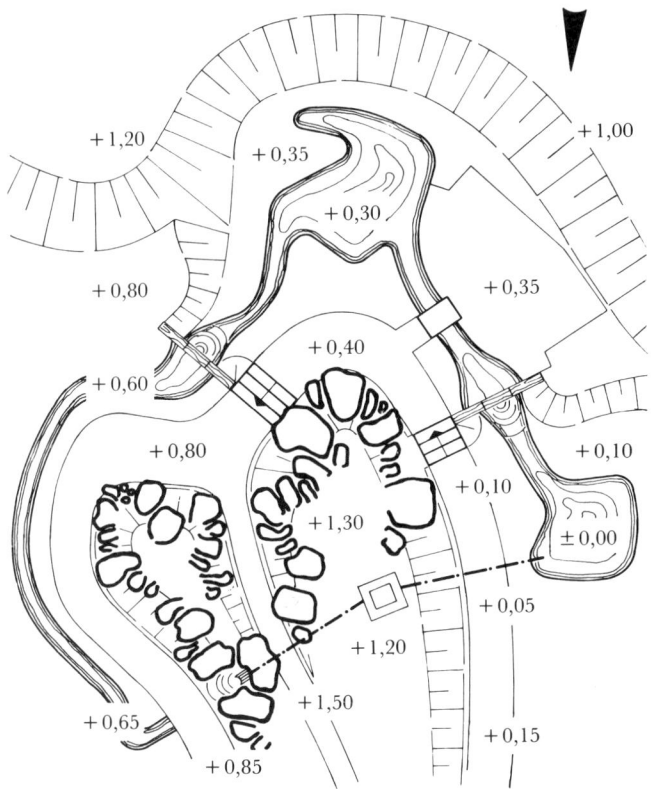

Wassergarten von großer Mannigfaltigkeit entstehen. Ein aus Natursteinen geformter Hang in voller Sonne ragt steil auf und scheint dem Bach seine Form zu geben. Schwächer ausgeprägt und weiter schwingend, insgesamt sanfter modelliert, antwortet raumbildend die Gegenseite mit ihrer Geländebewegung. Dazwischen entfaltet sich das Wasser. Es fließt, stagniert, fällt über niedrige Staustufen, weitet sich aus und verengt sich wieder. Es ergeben sich überall Ansatzpunkte für kontrastreiche oder gleitend ineinander übergehende Pflanzungen, ebenso wie für Wege, kurze Treppenläufe und Sitzplätze, wo man das reiche Geschehen dieses Wassergartens auf sich wirken lassen kann. Ein solcher Garten rechtfertigt den Aufwand für die dafür notwendige Wassertechnik; sie allein ist »künstlich«, macht es aber erst möglich, soviel natürliche Schönheit zu entfalten.

Sollte in einem extremen Fall die Höhendifferenz zwischen tiefliegendem Endbecken und »Quelle« mehrere Meter betragen (z. B. bei einer Brunnenanlage mit tief herabfallenden Kaskaden vor einer Wand oder bei einem wasserdurchströmten Alpinum an einer Steilwand), müßte eventuell auf eine Mehrstufen-Kreiselpumpe zurückgegriffen werden. Da sie das Wasser ansaugt und über dem Wasserspiegel steht, ist eine veränderte Konstruktion notwendig. Auf der Strecke zwischen Tiefbehälter und »Quelle« wird ein Pumpenschacht benötigt, dessen Tiefe mehr als die gesamte Förderhöhe des zu transportierenden Wassers umfaßt. Der untere Teil dieses Schachtes ist zur Aufnahme einer für den Pumpenbetrieb ausreichenden Wassermenge abgedichtet (z. B. mit Plastikfolie). Das im Schacht gespeicherte Wasser wird aus Richtung Tiefbehälter über eine wasserdichte Leitung laufend ergänzt, sobald es abgepumpt wird und der Pegelstand im Schacht absinkt. Bei Verwendung einer Kreiselpumpe wird diese oberhalb des Wasserspiegels aufgestellt. Sie saugt über eine Saugleitung das Wasser an und drückt es über eine Druckleitung nach oben, wo es am gewünschten Punkt in der gewünschten Menge als »Quelle« erscheint. Die Wahl einer mehrstufigen Sternradpumpe für Reinwasser hätte wahrscheinlich zur Folge, daß das vom Tiefbehälter in den Pumpenschacht strömende Wasser zuvor gefiltert werden müßte. Ob die Förderleistung einer Vertikal-Schmutzwasserpumpe für den gedachten Zweck vielleicht doch ausreicht, wäre zu untersuchen. Diese Pumpe benötigte die Wasserfilterung nicht, wäre für die dargelegte Schachtausführung gut geeignet und könnte ständig, auch im Winter, im Wasser stehenbleiben.

Werden extrem steile Geländeverhältnisse für einen Wassergarten genutzt, können die Bedingungen es verbieten, einen künstlichen oder natürlichen Bachlauf über den Hang zu leiten. Andererseits ist der Wunsch verständlich, eine Wasserfläche auf einer oberen Terrasse mit einer zweiten, am Fuße des Hanges gelegenen, durch einen Wasserlauf zu verbinden. Ein Wasserlauf kann nur dann gestalterisch überzeugen, wenn er in seine Umgebung eingebettet ist. Man sollte die offene Führung vermeiden, wenn seine Einordnung aufgesetzt und unnatürlich wirkt. Wenn ein Bach verschwindet und wieder auftaucht, kann damit im Garten ein Vorgang nachgestaltet werden, der in Karstgebirgen zu beobachten ist. Zwei Plastikwannen und eine verdeckte, verbindende Rohrleitung bilden die technische Voraussetzung dafür. Die gleichen Natursteine, die zur Gestaltung des Hanges dienen, werden so in die Wannen geschichtet, daß diese selbst hinreichend verdeckt sind und die untere den Eindruck einer sprudelnden Quelle macht.

Flaches Gelände ist leichter zu beherrschen. Hier werden die Streckenabschnitte wie bei einem typischen Tieflandbach fast waagerecht gehalten, wobei das eigentliche Fließen vor allem an den niedrigen Staustufen wahrzunehmen ist. Eine architekturbezogene Form ist der Kanalgarten. In den Gärten des alten Per-

siens bildeten exakt geradlinig geführte und rechtwinklig abzweigende Bewässerungskanäle ein Grundraster, das von vielgestaltiger, üppiger Vegetation kontrastreich überlagert wurde. Auf ähnliche Weise läßt sich das Motiv »Fließgewässer« an dafür geeignete Gartensituationen im Stile eines »Persischen Gartens« anpassen. Im beschriebenen Beispiel wird eine PVC-Foliendichtung verwendet, für die eine Haltekonstruktion gefunden werden muß. Bewehrter Beton ist zu aufwendig und außerdem unpraktisch wegen der entstehenden Längen (Dehnungsfugen!). Es werden U-förmige Betonfertigteile als gegeben vorausgesetzt. Sie bilden einen Kanal, der mit Folie ausgekleidet wird. Diese Dichtungsplane wird oben von aufliegenden Kunststeinplatten gehalten. Der eine Plattentyp greift mit einer »Klaue« über den Rand und hält dabei die Folie fest. Die entstehende Plattenreihe bildet zugleich einen Weg, der den Kanal begleitet. Bei Staustufen schließt eine 12-cm-Ziegelwand das Kanalende. Dabei wird die Dichtungsplane auf der Innenseite mit nach oben gebracht und mit einem aufliegenden Überlaufblech so verbunden, daß vom Wasser nichts verlorengeht, sondern die volle Menge per Überlauf ins nächste Becken fließt. Ein einfacher Übergang der Randplatten von einem Beckenrand zum anderen ist allerdings wegen des Höhenunterschiedes nicht möglich. Die Platten sind an ihren jeweiligen Rand gebunden und halten dort die Plane. Die Höhendifferenz der Übergangsstelle muß deshalb außen zurückverlagert werden. Dadurch wird beim oberen Kanal für einige Meter die Außenseite des Kanals sichtbar. Für diesen Bereich muß ein schmalerer Plattentyp als Randabdeckung verwendet werden. Die begleitende Platz- oder

Querschnitt durch einen künstlichen Bachlauf über Betonrinne: 8 cm Betonschicht mit dünner Bewehrungsmatte (4 mm Stäbe in 15 cm Abständen im Verbund), 3 cm Ausgleichbeton, 20 cm Grobkies oder Schotter; linke Seite sonnig (feucht, warm), rechte Seite absonnig (feucht, kühl) Gestaltungsbeispiel für relativ steiles Gelände

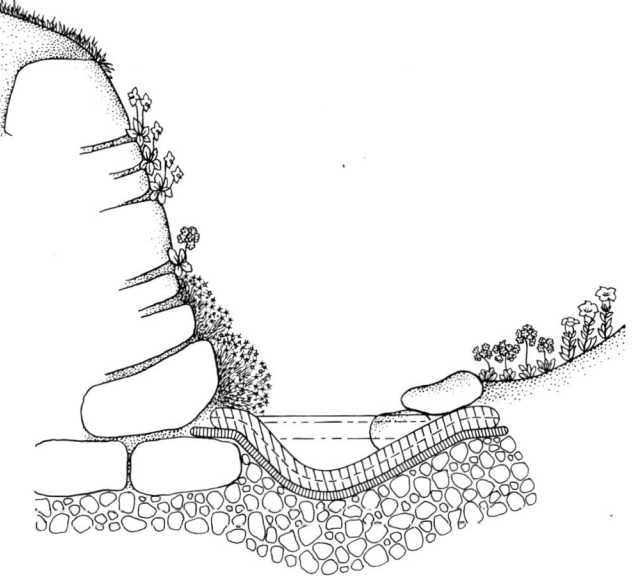

Verdeckte Wasserführung an steilem Hang (mit zwischengeschaltetem Wassertrog)

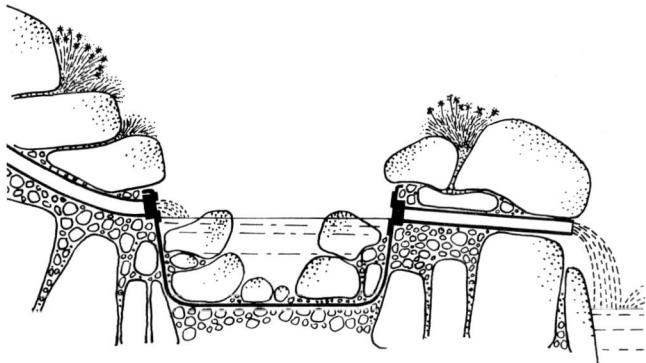

Teilquerschnitt durch einen Kanal des architektonischen Wassergartens (Kanal ca. 120 cm breit)
a Wasserspiegel über der Umgebung   b Wasserspiegel unter der Umgebung

a   b

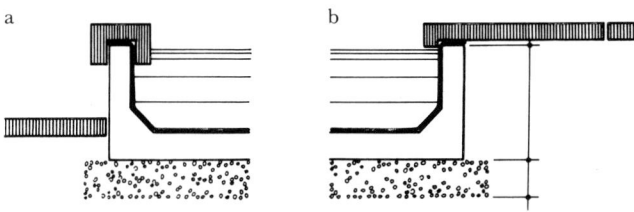

Architektonischer Wassergarten (Höhenunterschiede in m)

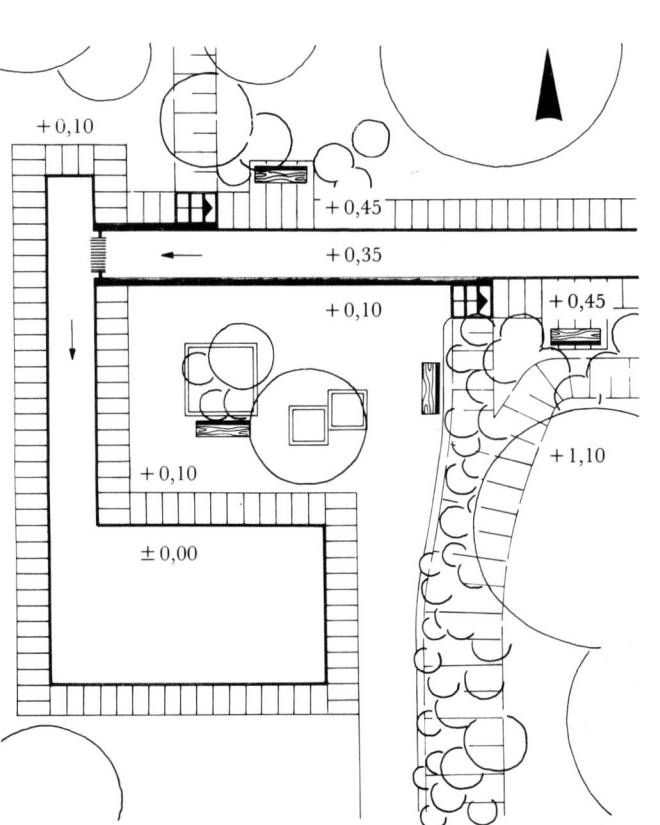

Wegefläche liegt tiefer als dieser Rand. Der untere Kanal endet in einem Becken, dessen Form dem gebundenen Gestaltungscharakter entspricht. Der Kanalboden kann mit Flußkieseln abgedeckt oder bepflanzt werden.

Unterwasser-Scheinwerfer

Sie können, bei geschützter Kabelführung, frei auf den Boden gestellt werden. Besser ist es, sie in Beckenwände einzubauen. Sie bestehen meist aus zwei Gehäuseteilen. Als Halterung wird eine Betonplatte aufgestellt und z. B. in einer Pflastermulde in die Sohlenpflasterung einbezogen. Die Betonplatte nimmt das Scheinwerfergrundgehäuse (oder mehrere in einer Reihe nebeneinander) fest verankert auf. In das Grundgehäuse wird ein inneres, wasserdichtes Gehäuse abnehmbar eingesetzt. Man kann es nach vorn herausnehmen und oberhalb der Wasserfläche z. B. die Glühlampe wechseln. Das entsprechende Verbindungskabel liegt zwischen den beiden Gehäuseteilen.

Was so einfach funktionieren kann, ist dennoch an strenge gesetzliche Vorschriften gebunden, denn überall lauern Unfallgefahren! Deshalb ist die Mitwirkung eines Fachmannes auch hier

Unterwasserscheinwerfer in einer Pflastermulde

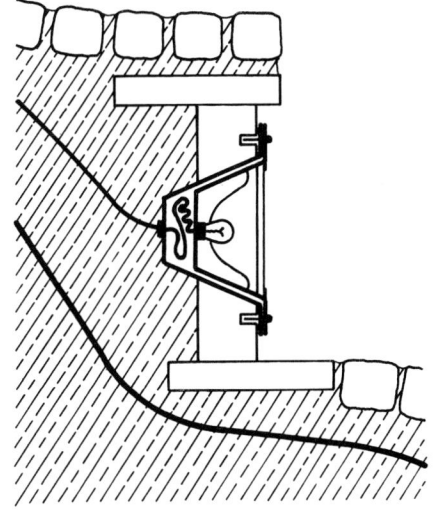

erforderlich. Er bestimmt z.B. die Führung des maximal 12-Volt-Niederspannungskabels und entscheidet, ob der notwendige Trenntrafo im Haus, Pumpenhaus oder einem ausreichend trockenen Bedienungsschacht installiert werden kann. Weiterhin ist ein Potentialausgleich erforderlich, der z.B. als sehr sorgfältig ausgeführte Erdleitung verhindert, daß bei defektem Trafo der volle Strom zur Glühlampe fließt.

Gestalterisch ist zu beachten, daß ein wirklicher Effekt durch den Einbau von Unterwasserscheinwerfern nur bei klarem Wasser zu erreichen ist. Wird trübes Wasser über schlammigem, von Fischen aufgewühltem Grund angeleuchtet, entsteht ein unnatürlich wirkender, gespenstischer Lichtkegel. Auch bei Unterwasserscheinwerfern wäre es verkehrt, die Lichtquelle so aufzustellen, daß sie voll auf den Betrachter gerichtet ist. Um Blendschutz zu erreichen, sollten Scheinwerfer von der Terrasse weg strahlen.

Filter für Gartenteiche

Normalerweise sind Reinigungsfilter für Gartenteiche entbehrlich. Schließlich ist ein Gartenteich kein Aquarium mit hohem Fischbesatz, hohen Wassertemperaturen, oft zu geringem Lichtangebot und alles in allem einem recht instabilen ökologischen Gleichgewicht. Jedenfalls sollten Gartenteiche ökologisch nicht so instabil sein. Teichfilter helfen aber in solchen Fällen, wo möglichst viele Fische auf kleinem Raum gehalten werden sollen und kein natürlicher, geschlossener Stoffkreislauf entsteht.

Vor allem sind es Fäulnisprozesse, die eine Wassertrübung verursachen. Teichfilter sind meist flach konstruiert, bestehen aus einzelnen Filterelementen, die man je nach Teichgröße einzeln oder zu mehreren vereinigt verwenden kann. Sie werden wie eine normale Tauchpumpe als Unterwasser-Komplettgeräte auf den Teichboden gestellt. Das Teichwasser strömt über relativ große Filteransaugflächen durch Filterpatronen, die bei Bedarf herauszunehmen und auszuwaschen sind. Um den biologischen Abbauprozeß nicht vollständig durch die Filterung zu ersetzen, sollten bei Dauerbetrieb die Filterpatronen nicht allzu häufig gereinigt werden, oder der Filter wird zeitweilig abgestellt oder überhaupt nur ab einem bestimmten Trübungsgrad betrieben.

Die Geräte können mit einem Springbrunnen gekoppelt sein, wobei das Filter-Austrittsrohr nach oben gelenkt wird. Das gefilterte Wasser erzeugt über eine Spezialdüse den Springstrahl. Dadurch wird das Wasser zusätzlich belüftet.

Mit Pflanzen gestalten

5

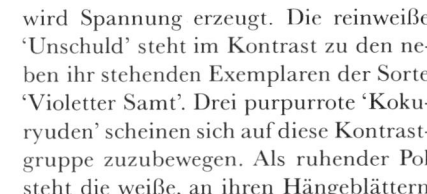

Am See, tief zwischen Tann und Silber-
pappeln / Beschirmt von Mauer und Ge-
sträuch ein Garten / So weise angelegt
mit monatlichen Blumen / Daß er vom
März bis zum Oktober blüht. / Hier, in
der Früh, nicht allzu häufig sitz ich / Und
wünsche mir, auch ich mög allezeit / In
den verschiednen Wettern, guten, schlechten / Dies oder jenes
Angenehme zeigen. / Bertolt Brecht.

Farbe und Form gehören zusammen

Für die Bepflanzung der Gärten wird eine verwirrende Fülle von
Farben und Formen angeboten. Im Gebiet beheimatete Arten,
solche, die zur Zeit der Kreuzritter aus dem Orient mitgebracht
wurden, und viele später eingeführte Pflanzen aus fernen Ländern und Erdteilen, die über Import-Gärtnereien und botanische Gärten nach Europa gelangten, bilden heute das Ausgangsmaterial für eine intensive Züchtungsarbeit. Neben dem Reiz
des Exotischen erregte immer wieder die Blütenschönheit Interesse und sorgte für den Einzug prächtiger Pflanzen in unsere
Gärten.

Zu den prächtigsten Pflanzen im Wassergarten zählt die Japan-Iris (Iris kaempferi), deren elegant geformte Blüten eine
Farbpalette von Weiß über Zartrosa, Purpur und Violett bis zum
reinen Blau bereithält. Die Gärten in Japan zeichnen sich durch
zurückhaltende Farbigkeit aus. Leuchtende Farben werden
sparsam verwendet. Auf S. 88 wird ein Gartenentwurf vorge-
stellt, in dem die zarten Farbnuancen der Japan-Iris eine wichtige Funktion haben. Insgesamt soll dieser Garten viele interessante Arten auf engem Raum bieten, ohne mit Pflanzen überla-
den zu wirken. Verschiedene Japan-Iris bilden eine Gruppe im
Vordergrund des Teiches. Durch bewußten Einsatz der Sorten

wird Spannung erzeugt. Die reinweiße
'Unschuld' steht im Kontrast zu den neben ihr stehenden Exemplaren der Sorte
'Violetter Samt'. Drei purpurrote 'Kokuryuden' scheinen sich auf diese Kontrast-
gruppe zuzubewegen. Als ruhender Pol
steht die weiße, an ihren Hängeblättern
himbeerfarben gerandete 'Raspberry Rimned' räumlich etwas
auf Distanz, mit den Farben Weiß und Purpur ebenso korre-
spondierend wie mit den rahmenden, das übrige Farbspiel sanft
dämpfenden rosafarbenen Sorten. Diese werden durch fünf 'Fu-
jikosade' repräsentiert, denen sich ganz außen dreimal die niedrige 'Gefüllte Orchidee' anschließt. Wenn diese sehr späte Sorte
erblüht, klingen die anderen bereits ab, so daß sie schließlich allein noch blühend den nun wieder grünen Pflanzentuff außen
begrenzt. Farben werden in diesem Beispiel in schrittweise zunehmender Intensität auf einen Schwerpunkt hin orientiert.
Starker Kontrast wird sparsam verwendet. Mit ihm abgestimmt
ist die Rahmung mit einer helleren und damit »leichteren« Nu-
ance des gleichen Farbtons in größerer Menge. Farbintensität
und Mengenanteile sind außerdem noch abgestimmt auf sor-
tentypisches Höhenwachstum. Wenn die getopften Pflanzen
nach dem Verblühen auf Übersommerungsbeete gebracht werden, wird damit gleichzeitig Platz geschaffen für die den ganzen
Sommer über bis in den Herbst hinein blühenden und sich ausbreitenden Seerosen im gleichen Becken.

Am Beispiel der Japan-Iris lassen sich Grundsätze der Farb-
komposition im Garten noch weiter erläutern. Man kann sorten-
reine »Farbblöcke« miteinander in Beziehung bringen. Das
feine Spiel der »kalten« und »warmen« Farben der Sorten dieser
Iris bietet reichlich Gelegenheit, um zurückhaltende bis kräftige
Farbstimmungen zu erzielen. Beginnend beim neutralen Weiß
können alle warmen Farbtöne untereinander gemischt werden,
während reines Blau nicht zwischen Purpur oder Rotviolett glei-

chen Helligkeitsgrades gehört. Solche Farbunterschiede nehmen eine Zwischenstellung ein und sind weder ähnlich noch deutlich gegensätzlich. Gute visuelle Farbbeziehungen müssen entweder gegensätzlich oder ähnlich sein. Die Hauptgegensätze der Farben sind warm – kalt und hell – dunkel. Ähnlichkeit der Farben kann durch Ähnlichkeit des Farbtons, der Helligkeit oder des Sättigungsgrades erreicht werden. Als harmonisch empfindet man solche Kombinationen, in denen sich die Farben im physikalischen Sinne entweder komplementär gegenüberstehen oder nahe miteinander verwandt sind. Hierzu praktische Vorschläge für Farben und Mengenanteile:

1. Weiß, Zartrosa, Intensivrosa, Purpur und Rotviolett im Verhältnis 1 : 4 : 2 : 1 : 2 ergibt eine Farbreihe mit Rotviolett als Endpunkt. Der Spektralbereich des kühlen Rots wurde ausgeschöpft.
2. Hellblau, Mittelblau, Dunkelblau, Dunkelviolett und Rotviolett im Verhältnis 1 : 2 : 5 : 4 : 3 ergibt eine Reihe verwandter Blautöne. Dabei wird die Grenze zum Rot überschritten. Da jedoch das Prinzip der Abstufung beibehalten wurde und Blau eindeutig dominiert, wirkt auch dieses Bild befriedigend.
3. Wird Dunkelviolett und Hellrosa im Mengenanteil von 3 : 7 verwendet, kommt der Hell-Dunkel-Kontrast verwandter Farben zum Tragen. Noch deutlicher stehen sich Dunkelviolett und Gelb gegenüber, extreme Kontrastpartner im Farbenkreis. Da gelbe Japan-Iris noch nicht bekannt sind und andere gelbe Iris meist früher blühen, bieten sich gelbe, kupferfarbene oder scharlachrote Gauklerblumen (Mimulus) als geeignete Partner an.
4. Bei der Kombination Mittelblau und Intensivrosa in der Proportion 5 : 2 wird bereits die Neutralfarbe Weiß mit 3 Anteilen benötigt, um zwischen den beiden, schon konkurrierenden Farben zu vermitteln. Hellblau in Verbindung mit Intensivrosa oder hellem Rot mit Blauanteil sind extrem dissonante Kombinationen, die auch mit hinzugefügten Weißanteilen nicht zu beheben sind. Zwischen Farbwert und Farbmenge besteht ein untrennbarer Zusammenhang. Je mehr Farbtöne einer bestimmten Qualität zusammenwirken, desto deutlicher wird diese Farbe oder Farbgruppe zu einer Macht gegenüber allen anderen. Sie wird durch ihre Kraft die übrigen Farbkomponenten aktivieren oder auch übertönen.

Auf die Farbenzusammenstellung der sommerblühenden hohen Primelarten ist ebenfalls sorgfältig zu achten. Die Etagenprimel Primula beesiana und P. bulleyana sind gute Farbpartner. Die im Aufbau gleichen Pflanzen blühen jeweils lilarosa bis purpurviolett oder gelborange; Farben, die sich angenehm miteinander verbinden. Zufallshybriden aus beiden Arten bereichern

mit originellen Zwischentönen das Bild. Gelbe Glockenprimel lassen sich zur Stärkung der Gelbfraktion hinzufügen. Der Rotanteil darf aber dabei seine optisch führende Rolle nicht verlieren. Die Japan-Primel (Primula japonica) wartet mit Sorten auf, deren aktives Rot optisch stark nach vorn drängt. In der Nachbarschaft ihrer züchterisch unbearbeiteten roten Form, die einen getrübten, weniger leuchtenden Farbton zeigt, wird die intensivere Farbe der Sorten regelrecht »getragen«. Hier wirkt die Spannung zwischen reiner und gebrochener, sonst übereinstimmender Farbe. Zur kühleren Blütenfarbe der Primula beesiana passen die Rottöne der Japan-Primel nicht. Gemeinsam mit P. bulleyana läßt sich Rot, vor allem leuchtendes Rot als Akzent verwenden. Umgekehrt bildet Gelborange einen Akzent zu Rot. Intensives Gelb und leuchtendes Scharlachrot ergänzen sich bei ungleichen Mengenproportionen prächtig. Die jeweils geringer beteiligte Blütenfarbe steigert optisch die dominierende in ihrer Wirkung. Ein weiteres Beispiel der Wechselwirkung zwischen ungleichen Partnern ist Japan-Primel und Bach-Nelkenwurz (vgl. Abb. S. 253, 2). Das stumpfe Braunrot der hängenden Kelchblätter des Bach-Nelkenwurzes, aus denen blaßrötlich die Blütenblätter herauslugen, hebt das starke Rot der Japan-Primel als Leitpflanze aufs äußerste hervor. Die Wirkung wird unterstützt durch deren kräftigen Bau, den aufstrebenden Wuchs, die weit geöffneten, großen, in stattlichen Quirlen angeordneten Primelblüten und die abweichende Form der Blätter. Das Bild führt vor Augen, was gestalterisch mit den Begriffen »dienen und herrschen« gemeint ist: eine Einheit von Gegensätzen, die im Idealfall auch die völlige Übereinstimmung mit dem Standortcharakter in sich einschließt.

Für das Gestalten mit Pflanzen ist die Blütenfarbe zweifellos ein wichtiger Faktor, aber auch Pflanzen mit panaschierten, blaugrauen oder gelben Blättern, Pflanzen mit farbigen oder samtig braunen Früchten können Mittel unserer Gestaltungskonzeption sein. Das Rot der Kardinals-Gauklerblume (Mimulus cardinalis) käme weniger gut zur Geltung, wenn die Blätter dieser Pflanze statt grau behaart, glatt und saftig grün beschaffen wären. Erst das durch Grau gedämpfte Grün läßt das Kardinalsrot so deutlich hervortreten. Farben werden im allgemeinen viel elementarer wahrgenommen als Formen und Proportionen, für die der Blick erst geschult werden muß. Deshalb sind mit den Farben der Blumen selbst auf kleinen Flächen eindrucksvolle Bilder zu erzielen, die keiner Erklärung bedürfen.

Es wäre abwegig, nur die Farben der Blumen gestalterisch zu bewerten und die Pflanzengestalt zu übersehen. Die rote Japan-Primel dominiert auch deshalb über den Bachnelkenwurz, weil sie sich durch ihre stabile, saftig-krautige Wuchsform von der schwächeren, etwas drahtigen Gestalt des Nelkenwurzes unterscheidet. Es stehen sich zwei unterschiedliche, aber zu einer Partnerschaft befähigte Gestalttypen gegenüber. Gegensätzlichen Charakter haben die auf dem Wasser ruhenden Schwimmblattpflanzen und die steil aufstrebenden Formen der meisten Röhrichtpflanzen. Welche Energie muß gewirkt haben, um eine Rohrkolbenpflanze oder ein Schilfrohr in wenigen Wochen auf zwei Meter Höhe zu treiben! Gegensätzliche Gestaltformen steigern sich wechselseitig in ihrer Wirkung. Gegensätzliche Formen »ringen« aber auch um ihre Dominanz. Gegensätze ergänzen sich nur, wenn man von ihnen sparsamen Gebrauch macht. Charakteristische Formen müssen erkennbar bleiben. Deshalb darf man einen Teich nicht einfach mit Röhricht umpflanzen, sondern muß die raumbildende Eigenschaft dieser Formation im Zusammenspiel mit Schwimmblattpflanzen in Anspruch nehmen. Die Skizze eines Beispiels möglicher Blickbeziehungen soll das deutlich machen.

Die Seerose (Nymphaea) liegt vor einer abschließenden Pflanzenkulisse. Zur leuchtenden Blütenfarbe gesellen sich die braunen Fruchtstände der Rohrkolben. Ein Blick quer über den Teich geht bei gleichem Vordergrund zwischen beiden Röhrichtgruppen durch eine fensterartige Öffnung, in die Tiefe. Blickt

Unterschiedliche Blickrichtungen über einen bepflanzten Teich lassen unterschiedliche Raumstrukturen erleben

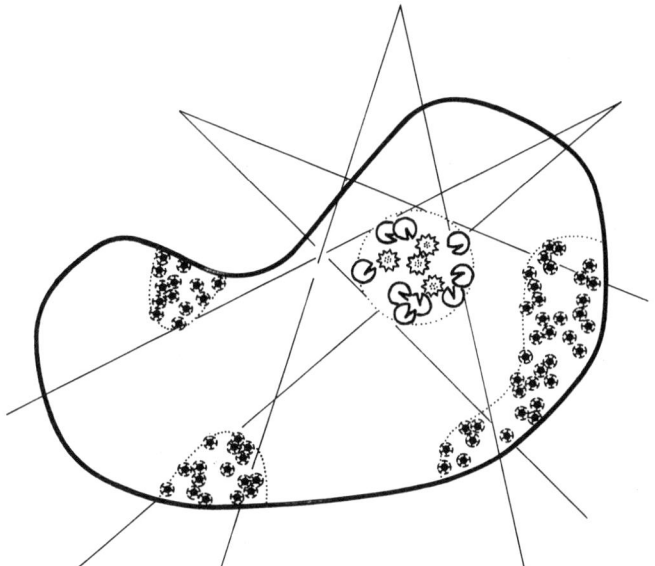

man längs über den Teich, wird die Wasserfläche zur Hauptsache. Die Röhrichtgruppen betonen die Länge des Gewässers.

In unserer Heimat herrschen Röhrichtpflanzen vom Gräsertyp vor. Im Garten kann die Einbeziehung ornamentaler Uferpflanzen das Bild abwechslungsreicher machen. Gräserähnliche Typen wie Iris, Rohrkolben (Typha) und Schwanenblume (Butomus umbellatus) bilden zumeist die Hauptmasse der Pflanzen im Flachwasserbereich, abweichende Charaktere wie Sumpf-Wolfsmilch (Euphorbia palustris), Pfeilkraut (Sagittaria) und Tannenwedel (Hippuris vulgaris) übernehmen eine rahmende, zum offenen Wasser hin vermittelnde Funktion. Auch Blütenformen und -farben stehen sich dabei kontrastreich gegenüber, so die blauvioletten Einzelblüten der Iris und die grünlichgelben Massen der Wolfsmilch-Blütenstände.

Die Skizze auf S.40 zeigt den Uferbereich eines festen Beckens, dem eine bodenfeuchte Randzone und daran anschließend ansteigendes Gelände zugeordnet sind. Hier ist es die Aufgabe der Bepflanzung, fein abgestufte Übergänge erlebbar zu machen. Das Prinzip der Teichgestaltung, »innen weiträumigflach« und »außen aufstrebend-raumschließend«, wird dabei auf den gesamten Garten ausgedehnt. Die genannten Pflanzen sind durch ähnliche Gestalttypen austauschbar. So folgen von »innen nach außen« den Schwimmblattpflanzen halbhoher Strauß-Gilbweiderich (Lysimachia thyrsiflora) und asiatische Primelarten. Mit dem stärkeren Geländeanstieg folgen dann höhere Stauden und Gehölze. Eine besondere Rolle spielen in diesem Konzept die Kugelprimel (Primula denticulata). Sie bilden im Sommer mit ihren derben Blattbüschen eine grüne Ruhezone zwischen Sommerprimel und höheren Blütenstauden. Im Frühling, wenn diese Arten gerade erst mit dem Austrieb beginnen, zeigen sich die runden Blütenbälle der Kugelprimel in voller Pracht. Die schöne Kugelform wirkt für sich allein bedeutend.

Besonders scharfe Kontraste, die oft problematisch sind, ergeben sich bei der Gegenüberstellung von »massig-grobschlächtig« und »feingliedrig-zart«. Weibliche Pflanzen der Gemeinen Pestwurz (Petasites hybridus) zieren außer mit ihren großen Blättern im Mai mit eindrucksvollen Fruchtständen an feuchten, schattigen und nährstoffreichen Naturstandorten für kurze Zeit die Aufmerksamkeit auf sich. Für schattig-feuchte Gartenpartien bieten sich im Habitus ähnliche, dabei »gartenwürdigere« Pflanzentypen an, wie etwa Schildblatt (Darmera peltata), Tafelblatt (Astilboides tabularis) und Schaublatt (Rodgersia). Auch sie besiedeln halbschattige Gebüsch- und Laubwaldstandorte und lieben Wassernähe. Eine sinnvolle Kombination dieser wuchtigen Pflanzen mit dem Gestaltausdruck des Zarten ist z. B. über feingliedrige, dazu vielleicht noch graulaubige Gräser nicht zu erreichen, aber mit Astilben, Wald-Geißbart (Aruncus sylvestris),

Mädesüß *(Filipendula ulmaria)* und hohen Farnen aller Art. Diese Pflanzen sind durchaus zart, dabei aber »weichblättrig«, locker aufgebaut, rasch wachsend und auf ihre Weise auch üppig. In unserer heimatlichen Natur begleiten solche Pflanzentypen gelegentlich auch die Pestwurz *(Petasites)*. Aus diesem Beispiel ist zu ersehen, wie sich bei der Zuordnung von Formen ästhetische und ökologische Gesichtspunkte ergänzen können.

Der Pflanzplan für den absonnig gelegenen Uferstreifen geht ebenfalls auf den Formkontrast von zart zu üppig ein. Der Ufer-

Bepflanzung eines absonnigen Uferstreifens
Hosta lancifolia flächenbedeckend, links des Plattenweges Taglilien 'Franz Hals', 'Jean', 'Maikönigin' (von o. n. u.), im Wasser Steif-Segge 'Bowles Golden', am Ufer Japan-Segge, rechts des Plattenweges oben Herbstanemonen, rechts *Hosta elata*, Narzissen, Hosta 'Blue Umbrellas', Königsfarn, Hosta 'Golden Prayers' (von o. n. u.)

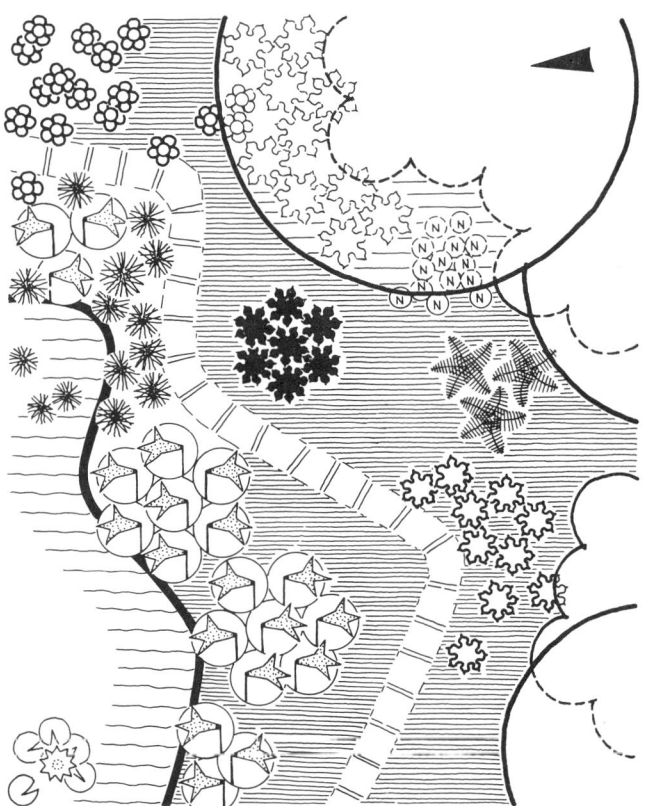

streifen wird südlich von einer Gehölzkulisse begrenzt. Die Verschattung wirkt sich in Gehölznähe stark, in Richtung zum Teichufer hin zunehmend schwächer aus. In der Sonne dominieren Taglilien *(Hemerocallis)*, im Schatten große und oft noch mit auffallend gefärbten Blättern geschmückte Funkien *(Hosta)*. Die Blattbüsche der Funkien lagern schwer und kompakt, während die Taglilien schlank und locker aufstreben. Sie zeigen Massen farbiger Blüten in feingliedrigen Blütenständen, ihre Partner daneben wirken durch die Schönheit der Blattfärbung und die geschlossene Form ihrer meist glänzenden Blattbüsche. Im Herbst vereint beide die gleiche leuchtende bis bleichgelbe Färbung zu einem stimmungsvollen Bild. Ein Grundteppich aus *Hosta lancifolia* mit kleineren, dunkelgrünen Blättern faßt in großzügiger Weise alles zusammen. Die übrigen hinzugefügten Pflanzen bilden sparsame, formbestimmte Akzente. Die zeitliche Abfolge von Wachsen, Blühen und Vergehen wird auch bei diesem Beispiel nicht außer acht gelassen. Wenn die Gehölze noch kahl sind, finden Hunderte frühblühender Zwiebelgewächse wie Traubenhyazinthe *(Muscari)* und Blaustern *(Scilla)* im Laubhumus ihren Lebensraum. Vor dem austreibenden Grün der Sträucher erscheint das strahlende Gelb der Narzissen, die dem späten Austrieb der Funkien vorangehen. Formbeziehungen und Formkontraste sind überall aufzuspüren und anzuwenden.

Die Natur als Vorbild

Eine andere Grundkonzeption für das Gestalten mit Pflanzen geht vom Naturvorbild aus. Es werden Vegetationsbilder angestrebt, die dem Charakter natürlicher Pflanzengesellschaften nahekommen, wenig Pflege beanspruchen und sich im Laufe der Jahre immer voller entfalten. Ästhetische und naturbedingte Belange müssen dabei eine Einheit bilden, wenn mehr entstehen soll als nur dekorative Schönheit. Nur mit den Mitteln der Gestaltung kann es gelingen, den wilden Reiz ursprünglicher Natur in den eigenen Garten zu übertragen. Gemeint ist die Idee, nicht die Natur selbst in ihrer vollen Komplexität. Charakteristische Artengruppen leben nicht zufällig nebeneinander. In ihrem Nebeneinander widerspiegeln sie die Lebensbedingungen ihrer Umwelt. Obwohl im Garten eine fast unbegrenzte Kombination von Pflanzen möglich zu sein scheint, reicher Spielraum für Phantasie, individuelle Wünsche und persönlichen Geschmack besteht, sollten doch alle Überlegungen vom Standort und seinen Möglichkeiten ausgehen. In ökologisch funktionierenden Pflanzengesellschaften haben auch Tiere ihre Funktion. Mit »ihren« Pflanzen existieren sie in wechselseitiger Abhängigkeit und sind Teil eines biologischen Systems.

Das Verhältnis zwischen Feuchte und Temperatur im Jahresgang ist von grundlegender Bedeutung für die Ökologie eines Standorts. Nicht alle Pflanzen im Wassergarten sind an Dauernässe angepaßt. Verschiedene Iris-Arten, das Sommertürchen *(Leucojum aestivum)* und einige andere Arten warten auf eine trockenere Phase im Hochsommer oder gedeihen doch besser, wenn ihnen diese Zeit der Ruhe und des Ausreifens vergönnt wird. Sie besiedeln in der Natur wechselnasse Standorte oder stammen aus Gebieten, deren Feuchtbiotope zeitweilig austrocknen. Feinfühliger Umgang mit Pflanzen sucht auch hier das Gleichgewicht mit der Natur, die ihrerseits Fehler nicht zuläßt. Was wir in der Natur zusammengefaßt vorfinden, ist standortgerecht. Es ist ökologisch optimal, und wir empfinden es zugleich als schön. Dieses Bekenntnis fällt uns schwer bei Pionierpflanzengesellschaften wie etwa einer Brennesselflur oder anderen auf Schuttplätzen oder Brachland entstandenen Unkrautgesellschaften. Aber auch diese Gesellschaften sind ökologisch optimal.

Moore

Wo Wasser auftritt, prägt es seine Umwelt, für jeden sichtbar im Uferbereich aller Gewässer. Der aufmerksame Beobachter entdeckt die Wirkung des Wassers aber auch an vielen anderen Stellen in der Landschaft. Wasserüberschuß im Boden kann bereits bei normalen Niederschlägen entstehen, wenn hoher Grundwasserstand vorherrscht oder Sperrschichten in Boden und Geländeformen den Abfluß des Niederschlagswassers behindern. In regenreichen und zugleich kühlen Gebieten entstehen die verschiedenen Typen der Moore, die das Gesicht ganzer Landschaften auf weiten Strecken prägen. Moore wachsen, weil der jährliche Zuwachs der moorbewohnenden Pflanzen größer ist als die Zersetzungsrate der abgestorbenen Pflanzenteile. Moore stellen damit Ökosysteme mit positiver organischer Stoffbilanz dar. Dabei ist zwischen dem nährstoffreichen Flachmoor in der Verlandungszone von Gewässern und dem extrem nährstoffarmen Hochmoor, in dem organische Massen nicht zersetzt werden, sondern vertorfen, zu unterscheiden. In den nacheiszeitlichen, oft mächtigen Torfablagerungen Mittel- und Nordeuropas ist die Sonnenenergie von Jahrtausenden in Form von Kohlenstoff gespeichert. Wird Torf im Garten verwendet, so werden stillgelegte Stoffkreisläufe mobilisiert, der Torf wird zu Nährhumus abgebaut. Soll ein Moor als Gestaltungsmotiv nachgebildet werden, so ist es nicht damit getan, einfach nur Torf aufzutragen, um Moorpflanzen wie Porst *(Ledum)*, Wollgras *(Eriophorum)* oder Beinbrech *(Narthecium ossifragum)* anzusiedeln. Der Sonderstandort muß zugleich auch feucht und kühl beschaffen sein,

ähnlich den natürlichen Bedingungen, unter denen die Zersetzung von Humus gehemmt wird. Andernfalls würde der saure Rohhumus des Torfes rasch in milden Humus umgewandelt werden und die saure Bodenreaktion schwinden. Eine versickerungshemmende Folie im Untergrund und mit Hilfe geschickter Geländeformung vermehrt zugeführtes Oberflächenwasser reichen meist aus, um den Standort für die Moorpflanzen entsprechend aufzubereiten. Arten, die in geringerem Maße von sauren Böden abhängig sind, wie die beliebten gärtnerischen »Moorbeetpflanzen« Rhododendron, *Pieris*, Berglorbeer *(Kalmia)* und fast alle Wasser- und Sumpf-Iris, sind für gelegentliche Rohhumusgaben dankbar, ohne ihre Existenz davon abhängig zu machen. Statt Torf können Laub- und Nadelerde, Rindenkompost oder halbverrottete Sägespäne verwendet werden.

In der Nadelwaldregion des Nordens nehmen torfmoosreiche Hochmoore oft riesige Flächen ein. Werden Moore nach diesem Muster im kleinen Maßstab nachgestaltet, so bieten sie Raum für niedrige Zwergsträucher und andere Moorbewohner. Zu den heimischen Arten gesellen sich zwergige Funkien aus Japan oder *Hypsela reniformis* aus Feuerland, eine Miniaturpflanze, die zierliche Polster bildet. Niedrige Gauklerblumen aus Amerika spenden leuchtende Farben, die allerdings für unsere heimischen Moore nicht typisch sind. Die in arktischen Gebieten weit nach Norden verbreitete *Iris setosa* var. *arctica*, eine kurze, blaublühende Zwerg-Schwertlilie, bildet kleine blühende Trupps am Rande oder in flach überschwemmten Bereichen unseres künstlichen Moorbiotops. Zu dieser straffen Iris paßt die heimische Winkel-Segge *(Carex remota)*, ein unbeschreiblich feingliedriges Gras, dessen federleichte Halme und Blätter vom schwächsten Windhauch bewegt werden. Alle diese Pflanzentypen passen gut in die Nähe eines Steingartens, sie vermitteln zu anschließenden Rhododendron-Büschen oder zu typusverwandten Pflanzungen aus Heidearten. Solche feingefügten, kleinmaßstäblichen Pflanzenzusammenstellungen haben mit den satten Ufergräsern am Teichrand wenig zu tun. Im Garten können beide konträren Formen durch abgestufte Übergänge miteinander verbunden sein.

Verlandungsgesellschaften

Flußlandschaften, die weitgehend in ihrem ursprünglichen Zustand erhalten geblieben sind, zeigen ein Mosaik von Ufersaumgesellschaften, krautreichen Auen- und Bruchwäldern, durchsetzt von Großseggenriedern, verschiedenen Ausbildungsformen des Röhrichts und der Schwimmblattpflanzengesellschaften in verbliebenen Altwässern. Die Natur führt vor Augen, wie wechselnde Vegetationsformen Ausdruck unterschiedlicher und sich allmählich wandelnder Lebensbedingungen sind.

Der dynamische Charakter jeder Pflanzengesellschaft ist bei der Gestaltung des eigenen Wassergartens immer zu bedenken. Auch im Kleinen kann ökologische Vielfalt geschaffen werden. Unterwasser- und Schwimmblattpflanzen mitten im Teich, grasartige Uferpflanzen am Rand, am Ufer Sumpfstauden, denen sich in weiterer Folge feuchtigkeitsvertragende Gehölze anschließen – dieses simple, in Gartenteichen oft verwendete Modell hat sein Vorbild in der Verlandungszone stehender Gewässer. Alle stehenden Gewässer sind Verlandungsprozessen ausgesetzt. Auf Teich und Seeböden bildet sich durch Wasserzufluß, Windeintrag, absinkende Reste von toten Tieren und Pflanzen eine als »Mudde« bezeichnete, ständig wachsende Schicht aus. Diese Nährschlammschicht ist Grundlage für das Wachstum der Wasserpflanzen. Viele Gewässer erfahren durch die intensive Düngung nahe gelegener Felder eine Nährstoffüberlastung, die so weit gehen kann, daß sich statt Mudde sauerstoffarmer, nach Schwefelwasserstoff riechender Faulschlamm ablagert. Dieser Zustand kann sich auch in einem Gartenteich schneller einstellen, als mancher vermutet. Zu »fetter« Bodengrund, zu große Wassertiefe im Verhältnis zur Oberfläche, zu viel Fallaub, das sich am Boden zersetzt ansammelt, können die Ursache sein. Diesem Zuviel an Nährstoffen oder organischen Stoffen steht dann ein Zuwenig an Vegetation gegenüber. Das Wasser wird sauerstoffarm, der oxidative Abbau organischer Stoffe ist nicht mehr möglich, die Stoffe faulen oder sie vertorfen. Die natürlichen Pflanzengesellschaften des Wassers reagieren sehr rasch auf Veränderungen des Nährstoffhaushaltes durch Änderung der Intensität des Wachstums und damit meist durch Veränderung der Artendominanz. Natürliche Pflanzengesellschaften lassen die ökologischen Bedingungen erkennen, die auch für unsere Gartenteiche gelten. Ein sommerlicher Dorfteich kann von dicken Wasserlinsendecken vollkommen grün sein, nicht ungefährlich für kleinere Kinder, die diese grüne Fläche für eine betretbare Wiese halten können. Er ist dann stark eutrophiert. Der Gartenteich sollte in seiner Nährstoffausstattung so karg wie möglich beschaffen sein. Starke Eutrophierung führt zu einseitiger Förderung einzelner Arten, die anderen werden dadurch unterdrückt, die ursprüngliche Mannigfaltigkeit wird gestört, oligotrophe Pflanzen haben keine Existenzbasis mehr. Einzelne Wasserlinsengruppen zwischen Seerosenblättern, von Vögeln in fast jeden Teich verschleppt, beeinträchtigen das Bild nicht. Die untergetaucht im Wasser schwimmende Krebsschere (*Stratiotes aloides*) und der zur gleichen Pflanzengesellschaft gehörende Froschbiß (*Hydrocharis morsus-ranae*) brauchen für ihr Wachstum Nährstoffreichtum, Wärme und Windruhe, vertragen aber keinen Kalk. In kühlen Gebirgslagen sind Krebsschere und Froschbiß kaum zu halten, sie bleiben klein, blühen nicht und sind hier z. B. nicht als Nachbarn des Wasser-Hahnenfußes (*Ranunculus aquatilis*) geeignet. Dieser flieht zwar ebenfalls Kalk, stellt mittlere Ansprüche an den Nährstoffgehalt, fühlt sich aber in kühlen Gebirgsteichen sehr wohl. Im Flachland vergesellschaftet er sich mit Seerosen und der Wasserfeder (*Hottonia palustris*) zu charakteristischen Pflanzengesellschaften. Fast alle Schwimmblattpflanzen lieben volle Sonne. Seerosen blühen überhaupt nur, wenn ihnen täglich mindestens vier Stunden lang volles Sonnenlicht zur Verfügung steht. Seerosen im Gartenteich oder Wasserbecken beanspruchen einen warmen, stillen Platz und Nährstoffzuschuß. Die Kleine Seerose (*Nymphaea candida*) wächst über torfigen Schlammböden, bevorzugt mäßig nährstoffreiche Gewässer und ist an ihren Naturstandorten gerade deshalb gefährdet, weil man sie im Zuge der allgemeinen Gewässereutrophierung mit Nährstoffangeboten oft überfordert. Diese Seerose läßt sich ebensowenig »mästen« wie die Zwerg-Seerose (*Nymphaea tetragona*), deren Vorliebe für kühle, nährstoffärmere, torfige Gewässer ihrer nördlichen Verbreitung entspricht.

Der Begriff »Röhricht« und das Bild von den Verlandungszonen großer Teiche und Seen gehören zusammen. Fast tropisch wirken diese Reichmoore auf den Betrachter – wie aber kann das überaus Üppige, Wilde und Urwüchsige für den Gartengebrauch gezähmt werden? Angepaßte Teichuferbepflanzungen mit ausgewählten kleineren Röhricht-Arten aufzubauen ist der eine Weg. Die mächtige Teichsimse (*Schoenoplectus lacustris*) läßt sich durch die viel kleinere Gemeine Sumpfsimse (*Eleocharis palustris*) ersetzen. Auch Binsen und kleinere Uferseggen bieten sich an. Einige Iris-Arten vertragen Überflutung und fühlen sich in den Flachpflanzbereichen von Gartenteichen und Becken wohl. Ihr gräserverwandter Habitus fügt sich gut ins Bild vom Uferröhricht ein. Rohrkolben gibt es als komplette Serie von klein bis riesengroß, man braucht nur die passende Art auszuwählen. Das Gemeine Schilf (*Phragmites australis*) wird für den Gartengebrauch in Zwergform angeboten. Eine zweite Möglichkeit, »ein Stück Natur« in den Garten zu holen, besteht darin, extrem wüchsige Arten in Behältern als Solitärpflanzen zu verwenden. Feste, geräumige Behälter, die dem Wurzeldruck unter Wasser standhalten, begrenzen das Wachstum des Wurzelballens. Größe kann zum gliedernden Gestaltungselement werden, das viele kleine Formen spannungsreich beherrscht und in ihrer Wirkung aktiviert. Wenn »Röhricht« direkt in den Bodengrund eines Teiches ausgepflanzt wird, wird es, so die meisten Rohrkolbenarten, Schneide (*Cladium mariscus*) und Wasserschwaden (*Glyceria maxima*), den Teich binnen kürzester Frist vollständig ausfüllen. Mit Ausnahme der Wasser-Schwertlilie *(Iris pseudaco-rus)*, die mäßig wuchert, aber leicht zu beherrschen ist, bilden die Wasser-Iris amerikanischer und asiatischer Herkunft ebenso stattliche Pflanzenhorste wie die Blaugrüne Binse *(Juncus inflexus)* oder wie Igelsegge *(Carex echinata)* und Rasen-Segge *(Carex cespitosa)*. Bei den Seggen kommt es auf genaue Kenntnis der Arten an. Die Scheinzyper-Segge *(Carex pseudocyperus)* treibt nur kurze Ausläufer, während die Schlank-Segge *(Carex gracilis)* mit langen Ausläufern geradezu beispiellos wuchert. Im Kübel wirkt diese Pflanze wegen ihres schönen Halmwurfes sehr elegant.

Uferstaudenfluren

In den Ufersäumen von Flüssen, an den Rändern von Überschwemmungsgebieten, aber auch in kleinflächigen Flachmooren an Gebirgsflüssen und -bächen, zwischen Schlick, Geröll und grobem Fasertorf, entwickeln sich artenreiche Pflanzenbestände. Interessante, für Wassergärten gut geeignete Vertreter sind Baldrian *(Valeriana)*, Bertramsgarbe *(Achillea ptarmica)*, Kunigundenkraut *(Eupatorium cannabinum)*, Mädesüß, Sumpf-Storchschnabel *(Geranium palustre)*, Gilbweiderich *(Lysimachia)*, Blutweiderich *(Lythrum salicaria)*, Wiesenraute *(Thalictrum)*, Sumpf-Ehrenpreis *(Veronica longifolia)* und Sumpf-Wolfsmilch *(Euphorbia palustris)*. Aus Amerika stammen Lobelien, Gauklerblumen und Vernonien. In ihrer Urwüchsigkeit liefern diese Pflanzengesellschaften das Vorbild für entsprechende Pflanzungen in Gärten. Sie sind nicht allein pflegeleicht, bereits der Anblick gesteigerter Vitalität läßt die sommerliche Zeit des Blühens und Reifens voll bewußt werden. Es gibt viele Möglichkeiten, den Eindruck von Fülle und Vitalität durch Wildarten und Gartenformen aus der Flora der gemäßigten Zonen, vermischt mit Gehölzen, zu schaffen. Durch hineinkomponierte Plastiken ist dieser Eindruck noch zu erhöhen. In der Abbildung auf S. 61 steht der Torso eines weiblichen Körpers als festes, steinernes Gebilde der grünenden, lebendigen Pflanzenfülle als Formkontrast gegenüber. Inhaltlich deckt sich die Aussage zwischen Pflanzung und Plastik, denn Kraft, Schönheit und Lebenslust bringt die Skulptur von Harald Stephan ebenso zum Ausdruck wie die Pflanzung, die sie umgibt.

Die Sumpfstaudenfluren an Ufern und Gräben sind oft Nachbarn der Röhrichte. Einige Arten dringen bis in überflutete Bereiche vor. Im Gartenteich wirkt daher, ganz wie in der Natur, die mit der Zeit große, lockere Büsche bildende Sumpf-Wolfsmilch gut neben grasartigen Uferpflanzen. Auch die Gesellschaften der Auenwälder, Bruchwaldgebüsche und der Waldquellen enthalten oft Stauden der ufernahen Krautfluren. Farnkräuter entfalten gerade hier, an schattig-feuchten Standorten ihre filigranen Blattwedel. Während Königsfarn *(Osmunda)* und Straußenfarn *(Struthiopteris)* gut unter Bäume passen und für sonstige Aufgaben im tiefen Schatten prädestiniert sind, wohin allenfalls noch Funkien folgen, sollten dem Rippenfarn *(Blechnum)* absonnige, sickerfeuchte Plätze in Steingärten, Heidepflanzungen oder am Rande nachgestalteter Hochmoore, vielleicht zwischen Moorbirken, vorbehalten sein. Der zierliche und dabei dichte, schön aufgebaute Weiden-Spierstrauch *(Spiraea salicifolia)* ist vielseitig einsetzbar. Entsprechend seinem Vorkommen in Uferweidengebüschen, in Erlen-Eschen-Auen und an Gebirgsbächen verträgt dieser alte, heute selten verwendete Zierstrauch ebenfalls beträchtlichen Schatten. Er eignet sich für die Massenanwendung im Hintergrund und – bei ausreichendem Platz – für die Einzelstellung. Der Weiden-Spierstrauch erinnert an ein anderes Rosengewächs, den Wald-Geißbart. Dieser wohl auffallendste Vertreter der krautigen Schluchtwaldpflanzen unserer heimischen Gebirgsflora paßt unter Gehölze und zu großen Farnen.

Die amerikanischen und ostasiatischen Scheinkalla-Arten *(Lysichiton)* bewohnen wildromantische, im Frühling wochenlang überschwemmte Bruchwälder. Im hellen Sonnenlicht, das durch die noch kahlen Zweige der Bäume und Büsche etwas gebrochen wird, öffnen sich ihre faszinierenden Blüten. Später erscheinen die großen weichen Blätter und weisen auf ein Dasein im zunehmenden Schatten des Waldes hin.

Steingärten

Gestaltungsmotive mit Bachläufen oder kleinen Teichen zwischen Steinen, vielleicht in Verbindung mit nachgebauten Moorszenerien sind in nördlichen Gebieten oder in Gebirgen leichter zu realisieren als in sommerwarmen Ebenen. Alle Hochgebirgspflanzen leiden unter den heißen, lufttrockenen Sommern und den schneearmen Wintern der Ebene. Im Winter können wir empfindliche Pflanzen abdecken, die Kühle im Sommer können wir allenfalls durch Wasser und Schatten aufbessern. In dem Sinne verlangt ein alpine Pflanzen beherbergender Garten geradezu nach Bachläufen und Teichen. Ein Gartenteich im warmen Tiefland verwandelt sich samt seinem Umfeld im Sommer in einen »tropischen Dschungel«. In kühlen Gebirgslagen ist diese Wirkung nicht zu erreichen, dafür blühen hier viele Stauden später und länger anhaltend und tragen dazu bei, eine blütenärmere Phase im spätsommerlichen Garten zu vermeiden. Pflanzen der subalpinen Hochstaudenfluren, die im Flachland oft zu schnell verblühen, erhalten dabei Bedeutung. In leuchtender Farbenpracht über weichen, saftig grünen Blättern erfreut diese Pflanzenformation sickerfeuchter, oft ständig überrieselter Bachufer, Tälchen oder Steilhänge der subalpinen Stufe an ihren Naturstandorten das Auge des Bergwanderers. Auf entsprechend frischen Böden kommen Gemswurz *(Doronicum)*, Eisenhutblättriger Hahnenfuß *(Ranunculus aconitifolius)*, Alpen-Milchlattich *(Cicerbita alpina)*, Meisterwurz *(Peucedanum ostruthium)*, Berg-Greiskraut *(Senecio subalpinus)* und Alpen-Greiskraut *(Senecio alpinus)*, Ochsenauge *(Buphthalmum salicifolium)* und Sterndolde *(Astrantia)* auch im Garten wochenlang zum Blühen. Während Arten wie Gemswurz, Alpen-Milchlattich und die giftigen Eisenhutarten bei länger anhaltender Staunässe vergilben und absterben, vertragen Sterndolde, Gelbe Wiesenraute *(Thalictrum flavum)* und der Wiesen-Baldrian *(Valeriana officinalis)* hoch anstehende und länger anhaltende Staunässe. Die Frage, welche Art von Feuchtigkeit in einem Garten aufgeboten werden kann, ist wichtig für die Pflanzenauswahl. Einfach nur aufgestaute Nässe ermöglicht zwar vieles, bietet aber bei weitem weniger als ein leichtes Fließen, selbst wenn dieser Wasserzug kaum wahrnehmbar ist und nur langsam vonstatten geht.

Gestaltungsmotive aus Heide und Moor

Heidelandschaften faszinieren im ganzen wie im Detail und werden in Gärten immer wieder nachgeahmt. Obwohl Wacholderbüsche auch auf trockenen Kalkhängen zu finden sind, werden ihre ernsten oder bizarren Formen doch überwiegend als Merkmal der atlantischen Heide aufgefaßt. Daß uns dieses beerentragende Nadelgehölz in anderen Arten gemeinsam mit Bergkiefern und Birken am Rande der Gebirgsmoore wiederbegegnet, weist auf den Zusammenhang von Moor und Heide hin. Dieser Zusammenhang ist vor allem durch die Nährstoffarmut und den Kalkmangel der Böden gegeben.

Soll ein Heidemotiv zum Gartenthema gemacht werden, bieten sich Koniferen entweder zur Raumgliederung und als dominante Blickpunkte an, oder sie dienen zur Begrünung einheitlich wirkender Flächen. Ginsterpolster und Decken von Bärentraube *(Arctostaphylos)* überwuchern Kuppen und abgeschliffene Steine, niedrige Rhododendron-Arten und Berglorbeer bringen Farbe und Struktur ins Bild. Die knappe, einfache Form und die ähnliche Textur der dunkelgrün glänzenden Blätter fast aller laubtragender Ericaceen wirken zurückhaltend und vornehm. Beerengeschmückte Torfmyrten *(Pernettya)* und Scheinbeeren *(Gaultheria)* schließen sich an, während die verschiedenen Heidekrautarten im Wechsel mit grünen Gräsern, wie Pfeifengras *(Molinia)*, Drahtschmiele *(Avenella flexuosa)*, Rasen-Schmiele *(De-*

schampsia cespitosa), Bärenfell-Schwingel *(Festuca eskia)* und ähnliche Typen die einheitliche Grundpflanzung bilden. Gräser und heideartige Zwergsträucher gibt es für alle Feuchtestufen. Liegt es da nicht nahe, die Möglichkeiten eines Heidegartens auch in dieser Hinsicht entschlossen zu nutzen? Eine möglichst lebendige Geländemodellierung, die Kuppen und Senken ausweist, bildet den Anfang. Gestalterische und ökologische Ausgangspunkte werden zuerst geschaffen. Mit etwas unauffälliger Technik unterstützt, wird ein kleines Moor erweitert, mit »Schlenken« und »Moortümpeln« angereichert und phantasievoll durchgebildet. Mancher gestalterische Wunsch kann erfüllt werden: eine moos- und flechtenüberwachsene alte Baumwurzel signalisiert »vordringendes Moor«. Ein einziger Horst des Wollgrases, der Draht-Schmiele oder des Pfeifengrases zwischen dem leicht kultivierbaren Frauenhaarmoos *(Polytrichum)* und von Moosbeeren *(Oxycoccus)* umsponnenen Torfmoosbulten wird zum stimmungsvollen Blickfang in einer einfühlsam konzipierten Heidelandschaft im kleinen. Nichts darf erzwungen erscheinen! Welches Mißverständnis wäre hier ein gebautes Wasserbecken mit betontem Randabschluß.

Gestalten, Ordnen, Pflegen

Die Beispiele sollen das Interesse für natürliche Prozesse wecken und damit den Umgang mit den Pflanzen im eigenen Garten erleichtern. Das Streben, gemeinsam mit der Natur und nicht gegen sie zu arbeiten, und der Sinn für das Angemessene und Ausgewogene gehören zusammen. Die Grundlage jeder Gartengestaltung sollte die Ordnung sein, denn es geht um das Ordnen der Dinge im Raum. Raumbeziehungen, Farben und die spezifischen Eigenschaften der verwendeten Materialien sind dabei von prinzipieller Bedeutung. Die Pflanze ist als Gestaltungsmittel ein lebendiger Werkstoff, noch vor dem Wasser der wichtigste im Garten. Um mit Pflanzen erfolgreich gestalten zu können, müssen einige Voraussetzungen erfüllt sein. Eine gut vorbereitete, von Wurzelunkräutern befreite Fläche ist selbstverständlich. Die Nachbarschaft von verkrauteten Flächen bildet eine Gefahr für die neu geschaffene Pflanzung, denn schwer ausrottbare Unkräuter wie Giersch *(Aegopodium podagraria)* warten nur darauf, mit ungebrochener Kraft in aufgelockerte Flächen eindringen und sich darin vermehren zu können. Ohne gute Startbedingungen und bei Vernachlässigung der dringend erforderlichen Ausgangspflege wird der Erfolg einer Pflanzung in Frage gestellt. Sorgfältige und liebevolle Pflege aber ist die Voraussetzung für jede Gartenkultur. Nur sie rechtfertigt die Inanspruchnahme kostbaren Raumes. Die neugeschaffene Pflanzung ist zunächst noch unfertig. Die Zeit und das Verhalten der Pflanzen selbst entscheiden darüber, ob das Erdachte Wirklichkeit wurde. Wir sollten uns aber auch auf Überraschungen einlassen.

Um das Praktisch-Pflegetechnische mit dem Schönen zu verbinden, ist aus der Fülle des Möglichen das jeweils Passende auszuwählen. Die Beschränkung auf Wesentliches macht es leichter, Standortbedingungen zu beachten, Partner so zu verwenden, daß sie sich wechselseitig steigern, statt sich zu behindern, Maßverhältnisse festzulegen sowie Farben und Formen richtig zuzuordnen.

Gelungene Pflanzengruppierungen entstehen im Wassergarten vor allem dann, wenn nicht nur einzelne Eigenschaften wie Blütenfarbe oder Wuchshöhe, sondern alle wichtigen Merkmale einer Art oder Sorte als Einheit bewertet und die unterschiedlichen Individuen konsequent gegenübergestellt werden, z. B. gefleckte Seerosenblätter lagern auf der Wasserfläche, einzelne Blüten ragen über das Wasser. Dahinter, in Richtung zum Teichrand, spiegelt sich ein starker Tuff des Buntkalmus (*Acorus calamus* 'Variegatus') im Wasser. Seine weißbunten, schwertförmigen Blätter strahlen kraftvoll nach allen Seiten hin aus. Die Pflanze wirkt dynamisch wie ein Sprengsatz. Seitlich daneben, etwas im Hintergrund, erhebt sich in betont senkrechter Wuchstendenz der Schmalblättrige Rohrkolben (*Typha angustifolia*), geschmückt mit seinen warmen, tiefbraunen Fruchtständen, ein Bild äußerster Ruhe. Zwischen den Pflanzengruppen wird der Blick in die stille, schattige Tiefe des weiteren Gartenraumes geführt. Keine unruhige Blütenkaskade drängt sich nach vorn, jeder Körper ist plastisch, jede Pflanze ist ein Körper!

Stauden sind für den Wassergarten das wichtigste Gestaltungselement. Zur Staude gehört das Gehölz. Beide Lebensformen sind langlebig und bieten sich für langfristig wirksame Pflanzenzusammenstellungen an. Einjährige Pflanzen verausgaben sich in einem einzigen großen Blütenrausch, bilden danach Samen und sterben schließlich ab. Sie müssen jährlich neu ausgesät und herangezogen werden. Unter den echten Wasserpflanzen stellen einjährige Arten, wie etwa die Wassernuß (*Trapa natans*), seltene Ausnahmen dar. Diese unscheinbar blühende Pflanze überwintert am Bodengrund warmer Gewässer in Form einer bizarren, nußähnlichen Frucht, die im Frühling keimt, nachdem das Wasser 12 °C erreicht hat. Später schwimmt sie als Pflanzenrosette an der Wasseroberfläche – blüht, fruchtet und schickt ihre Nüsse zum Bodengrund des Gewässers zurück. Die meisten der amerikanischen Lobelien-Arten sind zwar unter die Stauden einzureihen, jedoch müssen einige von ihnen häufiger umgepflanzt werden, um nicht zu schnell zu vergreisen und auszuwintern. Die Kopplung von »prächtig« und »kurzlebig« ist zumindest für die Feuerlobelie (*Lobelia cardinalis*) zutreffend. Gleiches gilt für viele Gauklerblumen. Wer auf kleinem Raum neben einer Wasserfläche intensive farbige Akzente setzen möchte, um mit den »Farben der Blumen zu malen«, findet im Sortiment der Sommerblumen zahlreiche geeignete Arten. In der Nachbarschaft von sommerblühenden Iris-Arten wie Japan-Iris und *I. fulva*, neben bunten Seerosen und blauem Hechtkraut (*Pontederia*), können im Wassergarten Gestaltungsbilder erzielt werden, die vorrangig die Farbe zum Inhalt haben. Sie werden ihre Wirkung nicht verfehlen, vor allem wenn ornamentale Gräser oder Uferpflanzen mit auffallend panaschierten Blättern als Akzente hinzugezogen werden.

Gestalterisch ist vieles möglich, zumal die Bereitschaft der Pflanze, auf gegebene ökologische Verhältnisse einzugehen, oft erstaunlich groß sein kann. Das zu erproben, sich jedes Jahr aufs neue überraschen zu lassen und dabei immer reicher an Kenntnissen und Erlebnissen zu werden ist mehr als nur »Pflanzenliebhaberei« – es ist die beglückende Teilnahme an Lebensprozessen.

Pflanzung und Pflege im Wassergarten

Pflanzung und Pflege gehören zusammen. Was und wie gepflanzt wird, entscheidet im wesentlichen über den entstehenden Pflegeaufwand in einem Garten. Im Wassergarten rächen sich Fehler sogar noch stärker, denn die ständige Anwesenheit des Wassers begünstigt Unkräuter vor allem in Sumpfbeeten und Uferpflanzungen. Auch innerhalb eines Gartenteiches machen sich mit dem Erdsubstrat eventuell eingeschleppte Unkrautwurzeln von Sumpf- und Wasserpflanzen unangenehm bemerkbar. Sie wachsen unter Wasser sofort weiter und vermehren sich meist schneller als die zur Bepflanzung vorgesehenen Arten.

Für alle Vorhaben gilt, daß sich der Gartenfreund über seine Vorstellungen und Wünsche im ganzen sowie möglichst auch um die Details der Bepflanzung rechtzeitig Klarheit verschaffen sollte. Seltene, schwierig zu pflegende Arten reizen vor allem den leidenschaftlichen Pflanzensammler, der solche Kostbarkeiten unter allen Umständen im Garten haben will und die Gestaltung ganz den Bedürfnissen dieser Pflanze unterordnet. Wer im Garten mehr den gestalteten Wohnraum im Freien sieht, worin der Gartenteich und sein Umfeld den besonderen schmückenden Akzent bildet, legt auf den Besitz ganz bestimmter Pflanzen geringeren Wert. Er betrachtet das Gärtnerische als Mittel zum Zweck. Der eigentliche Sinn liegt für ihn im gestalteten Freiraum, wo man sich ausruhen, sonnenbaden, ein Buch lesen und Geselligkeit pflegen kann. Selbstverständlich möchte jeder Gartenfreund für ungeliebte Arbeiten möglichst wenig Zeit opfern. Der Gartenraum soll zwar schön und einladend, er muß vor allem aber leicht zu beherrschen sein. »Pflegeleicht« bedeutet im Grunde, daß die Freude am Garten vergrößert wird. Da man aber nichts für nichts bekommt, muß, wie alles Lebendige, das sich in menschlicher Obhut befindet, ein Garten kontinuierlich gepflegt werden. Einen »pflegefreien« Garten kann es nicht

geben, umgekehrt passen unnötig pflegeaufwendige Gärten einfach nicht mehr in unsere schnellebige, geschäftige Zeit. Auch Gartenarbeit kann Freude machen, vorausgesetzt, es handelt sich um produktive Arbeit. So ist es ein großer Unterschied, ob man eine geschlossene, gekonnt zusammengestellte Uferrandpflanzung in frühlingshafter Üppigkeit jätet oder ob man im Sommer die gleiche Arbeit zwischen gezüchteten Sommerblumenkulturen verrichtet. Im ersten Fall entsteht mit wenig Aufwand das Bild einer gepflegten, gesunden, an der richtigen Stelle befindlichen Pflanzung, die in ihrem Aussehen schöpferisch korrigiert wurde, im zweiten Falle ist es eine agrotechnische Kampfmaßnahme gegen Unkräuter, die eine gärtnerische Monokultur gefährden. Diese immer wiederkehrenden Arbeiten, die notwendig sind, um unsere Gartenidee gegen die Natur zu behaupten, sind es, die uns ermüden und die unbeliebt sind. Sie lassen sich einschränken, wenn wir mit der Natur gestalten.

Achten Sie auf die Arbeit, wenn sie noch klein ist, heißt der leider immer noch viel zu selten beachtete Rat. Harte Arbeit jetzt bedeutet oft, daß in der Zukunft weniger Arbeit entsteht. Dieser Grundsatz bezieht sich nicht nur auf das rechtzeitige Beginnen im Frühjahr, sondern er fordert auch zur gewissenhaften Anfangspflege auf. Was im ersten Jahr nach der Neuanlage eines Gartens geleistet wird, zahlt sich auf lange Sicht vervielfacht aus. Umgekehrt gilt das gleiche für Fehler und Unterlassungen, die oft erst viel später zum unliebsamen Dauerproblem werden. Wir schaffen häufig viel zu üppige Wachstumsbedingungen. Sollte man lieber Hornspäne und Knochenmehl oder Kompost oder Mineraldünger in den Bodengrund einarbeiten, damit sich die Pflanzen auch wohl fühlen, lautet eine oft gestellte Frage. Tonig-lehmiger oder sandiger Boden, aus Tiefen von 40 cm und mehr unter der Bodenkrume des Gartens ausgegraben, bildet

Gartenräume sollen untereinander und mit dem Hause in
dynamischer Beziehung stehen. Pflanzen und Wege sind Mittel
und Gegenstand der Gestaltung

Räumliche Weite, … Räumliche Enge …

Wasser als Nebenmotiv. Es ist der Bepflanzung zugeordnet

Wasser als zentrales Motiv. Fünfeckform des Beckens und Quellsprudel weiten den Raum

Verschiedene Formen der Wasserbewegung. Wasser belebt
Plastik, Wasser wird selbst zur Plastik

Einfacher Folienteich: 1 Grube ausheben, Rundholzrahmen
setzen   2 Folie ausbreiten und Wasser einfüllen   3 Folie auf
den Rahmen nageln, Schutzfolie darüberlegen   Ein Jahr danach ...

Stabile Pflanzengemeinschaften im Garten entstehen dann,
wenn sich die Wuchstypen ergänzen, ohne sich wechselseitig zu
verdrängen. Hochstauden und viele Sumpfpflanzen brauchen
Raum zum Wuchern. Solche Pflanzungen sollten viele Jahre
ungestört bleiben

In jeder Jahreszeit haben andere Pflanzentypen die Vorherr-
schaft. Der Reiz liegt im ständigen Wechsel

1 Dicht am Wasser stehende Hochstauden engen den Raum
ein   2 Wasser wird zum Träger üppiger Vegetation   3 Grazile
Pflanzenformen werden durch das Wasser hervorgehoben
4 Die Wasserfläche als blühende Wiese

Gestaltung mit Wasser, Pflanzen und Steinen auf kleinstem
Raum

das beste Substrat für die meisten Wasserpflanzen. Solcher »Rohboden« sollte zunächst für alle Arten vorgesehen werden. Danach ist zu überlegen, welche speziellen »Nährstofffresser« einen Nährstoffzuschuß wirklich benötigen. Lobelienarten zählen zu ihnen und einige andere, in unserem relativ kühlen Klima konkurrenzschwächere Arten wie Scheinkalla, Hechtkraut, Goldkeule, Pfeilaronstab und die weniger robusten Wasserschwertlilien wie *Iris laevigata* und *I. fulva*. Diese Pflanzen reagieren dankbar auf geringe Gaben von gut verrottetem Stallmist, der, eingeknetet in faustgroße Lehmkugeln, zwischen den Pflanzenwurzeln verteilt wird. Auch andere organische Vorratsdünger wie Hornspäne, Knochen- oder Blutmehl können auf die gleiche Weise eingesetzt werden. Die Triebspitzen der nur ganz flach zu überstauenden Lobelien sind im Frühjahr 3 bis 5 cm dick mit altem, gut zersetztem Kompost zu überdecken. Rohboden darüber aufgebracht verhindert das Aufschwimmen der leichteren Bodenpartikel.

Alte Wasserbecken, um deren Pflanzenbestände sich 20 Jahre und länger niemand kümmerte und die dennoch eine üppige Sumpfpflanzenvegetation hervorbringen, beweisen es: Mit der Zeit schaffen absterbende und sich zersetzende Pflanzenteile ein eigenes Teichschlamm-Milieu, das in Verbindung mit Stoffeintrag von außen immer wieder dazu neigt, Nährstoffe über das optimale Maß hinaus anzureichern. Hier kann es nicht darum gehen, Unterwasserbeete zu düngen, sondern zu entschlammen. Noch deutlicher trifft das auf einfache Teiche zu, in denen der Verwurzelung der Pflanzen im Untergrund ein tiefer Wurzelraum zur Verfügung steht. Erst wenn ein deutliches Nachlassen der Vitalität festzustellen ist, sind die betroffenen Pflanzen (und nur diese) gezielt zu düngen. Am besten geschieht das im Frühjahr bei abgesenktem Wasserstand mit Volldünger oder stark zersetztem Naturdünger, der in den Boden der Beete oder Behälter eingearbeitet werden muß. Dabei ist stets auf solche Pflanzen zu achten, die unbedingt an saure Bodenreaktion gebunden sind und durch kalkhaltige Dünger geschädigt werden.

Die meisten Seerosen- und alle Mummelarten zählen zu den anspruchsvolleren Wasserpflanzen. Sie gehen im Rohboden zwar nicht gerade ein, wachsen und blühen aber besser, wenn ihr Bodensubstrat etwa dem nährstoffreichen Schlick mancher Flachmoore entspricht. Die zusätzliche Vorratsdüngung kann ebenfalls auf die oben beschriebene Weise geschehen. Bei Seerosen und Mummeln ist außerdem daran zu denken, daß sie sich auf Dauer in einem geschlossenen Pflanzbehälter nicht wohl fühlen. Ihre dicken Rhizome wollen wandern. Körbe als Behälter halten die Rhizome nicht auf. Wo in den freien Bodengrund nicht direkt ausgepflanzt werden kann, eignen sich aber Körbe oder Kisten aus Holzlatten besser als Töpfe, Kübel oder gar flache Schalen. Bei der Pflanzung sind die sortenbedingten Wassertiefen einzuhalten. Im Zweifelsfall sollte man sich eher für etwas flacheren Stand als für zu tiefen entscheiden. Werden die Schwimmblattpflanzen mit Topfballen geliefert, kann während der gesamten Vegetationsperiode ausgepflanzt werden. Wird die Ware in wassergefüllten Plastikbeuteln angeboten, ist auf ein gesundes, kräftiges Rhizomstück und auf möglichst frische Ware Wert zu legen. Kleinere Faulstellen sind auszuschneiden. Der Zustand der Wurzeln und Blätter interessiert weniger, da sie nach dem Einpflanzen absterben. Das Rhizomstück treibt erst ab 15 °C Wassertemperatur durch, deshalb ist eine zu frühe Pflanzung nicht angebracht. Bis Ende Juni sollten die Arbeiten allerdings erledigt sein, sonst werden die Pflanzen im vollen Austrieb angetroffen und beim Umpflanzen geschädigt. Es empfiehlt sich, das Rhizomstück etwas schräg und nicht zu tief in den Bodengrund einzubringen. Die Wurzeln werden flach ausgelegt. Zwangsläufig drängen die Pflanzen im zunächst noch weichen, frisch überstauten Boden stark nach oben, eine Folge der vielen Luftkanäle, die sie enthalten. Die Wurzeln sind deshalb vorsorglich mit flachen Steinen oder runden Flußkieseln zu bedecken. Das empfiehlt sich ebenso bei Rohrkolben und vielen anderen Wasserpflanzen, die durch ausgelegte Flußkiesel auch am Umfallen gehindert werden. Nach einigen Tagen tragen sich die Pflanzen selber.

Im Unterschied zu den großen Schwimmblattpflanzen sind für fast alle anderen Wasserpflanzen feste Behälter gut geeignet. Die Oberfläche nimmt durch Algenbewuchs nach kurzer Zeit eine natürliche Färbung an, und oft hängen dicke Wurzelbärte über den Rand, Unterschlupf für viele Kleinlebewesen. Solche Gefäße können im Winter leicht an einem frostsicheren Platz untergebracht werden. Werden die Behälterpflanzen nach einigen Jahren geteilt und umgesetzt, entsteht auf der Terrasse weniger Schmutz, als wenn ein ganzes Unterwasserbeet neu hergerichtet wird.

Die karge Ausstattung des Bodengrundes in Teichen und Wasserbecken wirkt sich in vieler Hinsicht positiv aus. Extrem wüchsige Pflanzen wie die meisten Rohrkolbenarten, die heimische Wasserschwertlilie, Blumenbinse oder der Zungenhahnenfuß, um nur einige zu nennen, wachsen im mageren Substrat weniger stark und sehen dabei ansprechender aus. Die Pflanzen wirken drahtiger, nicht mehr so mastig. Für die »Zebrabinse« ist magerster Boden Voraussetzung, damit diese Pflanze ihrem Namen überhaupt gerecht wird. Bei Nährstoffüberschuß verzichtet sie auf ihre weiß-grüne Bänderung.

Nährstoff- und kalkarmes Wasser über ebensolchem Bodengrund sind noch in einem anderen Zusammenhang von Bedeutung. Gemeint ist das Algenproblem, das vielen Gartenteichbesitzern zu schaffen macht. Woher kommen diese grünen, blasig-schwimmenden, bei Berührung sofort zerfallenden Gebilde, die sich zunächst am Teichboden entwickeln? In ruhigen Gewässern vermehren sie sich oft so üppig, daß sie zu metergroßen, freischwimmenden Matten verklumpen. Andere Arten bilden unter Wasser harte, fädige Massen. Sie wollen kaum ein Ende nehmen, wenn man versucht, sie auf einen Reisigast aufzuwickeln, um sie als schwere Last aus dem Wasser zu ziehen. Wiederum andere Vertreter dieser unvorstellbar vielgestaltigen Pflanzengruppe trüben das Wasser oder erzeugen eine ölartige Schicht auf der Wasseroberfläche, fast so, als wären Spuren von Mineralöl oder Benzin ins Wasser geraten. Mann kann sagen, daß die Natur für jede einigermaßen dauerfeuchte Situation bestimmte Algenarten bereithält. Blaualgen entfalten ihr fädiges, durch Gallertscheiden geschütztes Zellreihen besonders aktiv unter Grenzbedingungen. In Hitze-, Kälte- und relativen Dunkelbereichen vermögen ihnen konkurrierende Organismen oft nicht zu folgen. Wenn in einen neu angelegten Gartenteich frisches Wasser eingelassen wird, sind mit Sicherheit zahlreiche Blaualgen an der Wassertrübung beteiligt. Sie verursachen auch die erwähnten öligen Schleier. Sobald die aufgeschwemmten Schwebstoffe des Bodengrundes abgebaut sind, verschwinden sie wieder. In besonders nährstoffreichen Gewässern treten viele Arten der blaugrünen bis violetten, purpurfarbenen bis braunroten oder olivgrünen Blaualgen vor allem bei warmem Wetter als typisches Plankton frei an der Wasseroberfläche auf und rufen »Wasserblüten« hervor.

So faszinierend die Biologie und Ökologie der Algen bei näherer Betrachtung auch sein mag, in Gartenteichen werden sie ungern gesehen, vor allem, wenn sie als Kieselalgen auftreten. Die Kieselalgen, durchweg einzellig, können sich zu band- oder fadenförmigen Zellverbänden vereinigen. Im Wasser leben sie entweder freischwimmend, oder sie haften mit Gallertstielen auf geeigneten Unterlagen. Die für Algen ungewöhnlich starren Zellwände bestehen aus einer Pektinmembran, der zwei übereinandergreifende Schalen aus feinporiger Kieselsäure aufgelagert sind. Solche fädigen Algenwatten fassen sich hart an, wenn man sie aus dem Teich zieht. Die nach dem Austrocknen zurückbleibenden Kieselsäurereste ergeben einen wertvollen Dünger für alle Schachtelhalmarten und den Schirmbambus. Noch lästiger als Kieselalgen, die oft undurchdringliche Massen bilden und schwächere Wasserpflanzen total unterdrücken, können Knotenfadenalgen werden. Sie zeichnen sich durch grasgrüne, vielgestaltige Zell-Farbstoffträger aus. Die Typusgattung *Oedogonium*, der Knotenfaden, tritt als grüne, fädige Alge auf. Sie bildet am Teichboden kleinere oder größere Teppiche, indem sie zunächst mit Basalscheiben am Substrat haftet. Freier Sauerstoff,

der im Zuge der intensiven Fotosynthese reichlich produziert wird, setzt sich in dicken Blasen unter die Algenteppiche und sorgt für erheblichen Auftrieb. Die Algenstücke reißen schließlich ab und entwickeln sich an der Oberfläche schwimmend eine Zeitlang weiter. Später zerfallen die unansehnlichen, wenn auch substanzarmen Klumpen und sinken zum Teichboden zurück.

Algen bilden in allen Naßbiotopen normale, notwendige Glieder der Vegetation. Wer die Natur liebt und die Welt der Algen dabei nicht ausschließt, wird auch nicht in Panik verfallen, wenn einige Algenwatten auf seinem Teich schwimmen, die den Larven der Frösche und Kröten als Nahrung dienen. Unangenehm wird lediglich ein Überhandnehmen dieser niederen Pflanzen. Aber auch dann sollte man sie nicht »bekämpfen«, vor allem nicht mit aluminium-, kupfer- oder schwefelhaltigen »Spezialmitteln«, die gelegentlich angeboten werden. Solche Teichpflege »mit der Brechstange« widerspricht dem Feingefühl des ökologisch orientierten Gartenfreundes, der den Naturhaushalt nicht mit unkontrollierbaren chemischen Verbindungen belasten will. Er zieht es vor, mit natürlichen Mitteln gegenzusteuern. Die eindringlich empfohlene, magere Ausstattung des Bodensubstrates bildet dazu den ersten Schritt. Nährstoffreiches Wasser sowie Licht und Wärme fördern die Algenentwicklung. Für die besonders aggressiven Arten wie Kiesel- und Knotenfadenalgen tritt die Vorliebe für alkalische Reaktion hinzu. Diese Einflüsse gilt es zurückzudrängen. Zusammenfassend seien folgende Grundsätze genannt:

– Achten Sie auf äußere Ursachen, die zu einer unbeabsichtigten Eutrophierung Ihres Gewässers führen können, z. B. Fallaub. Exkremente der Vögel tragen zur Nährstoffbelastung des Wassers bei. Ein neu angelegter, noch nicht bewachsener Steingartenhang über einer Wasserfläche ist der Erosion durch Regenwasser ausgesetzt. Solange dadurch Bodenpartikel im Teich landen, kommen die Umsetzungsprozesse im Wasser nicht zur Ruhe.

– Vermeiden Sie zu hohen Fischbesatz. Futterreste und Kot verschlechtern die Wasserqualität. Ferner unterbinden die Fische das Aufkommen von Amphibienlarven, die an der Vertilgung von Algen beteiligt sind.

– Denken Sie nicht nur an einen gestalterisch wirkungsvollen, sondern auch an einen biologisch wirksamen Pflanzenbesatz. Die kleine Nadelsimse bildet üppige Unterwasserrasen, die reichlich Sauerstoff produzieren und überschüssige Nährstoffe binden. Wasserpest und Krauses Laichkraut dagegen decken einen Teil ihres CO_2-Bedarfs in einem Prozeß, an dessen Ende freies Kalziumhydroxid ausgeschieden wird. Große Mengen dieser Arten besorgen eine erhebliche Aufkalkung des Wassers. Üppiges Algenwachstum ist die Folge.

– Vermeiden Sie kalkhaltiges Bodensubstrat und Kalksteine in Teichen. Sinngemäß das gleiche gilt für künstliche oder natürliche Bäche. Ein kleiner Wasserlauf, der fallend über Kalktuff geleitet wurde, bot für kurze Zeit einen schönen Anblick. Bald jedoch überzogen schmierige, fast schwarze bis schmutzig graugrüne Blaualgenmatten das in Kalk-Steingärten so geschätzte gelblichweiße Material. Das Bächlein wurde später so umgestaltet, daß eine Berührung des verwendeten sehr weichen Wassers mit dem kalkhaltigen Gestein vermieden wurde. Härtere Kalksteine, wie bestimmte Muschelkalke oder Dolomit reagieren milder. Gegen ihre Verwendung an Teich- und Bachrändern ist bei laufendem oder vorherrschendem Wasserzufluß nichts einzuwenden.

Wer diese Ratschläge befolgt, hält störendes Algenwachstum in Grenzen. Wie jedes andere Unkraut können Algen auch per Hand gejätet, z. B. mit dem Kescher aus dem Wasser gefischt werden. Sicher nur ein Notbehelf und zugleich eine stille Aufforderung, den Teich zu entschlammen. In kleineren Becken kann Torf zur Erhöhung des Säuregrades des Wassers verwendet werden. In Säcken verpackt und im Wasser deponiert wirkt er hemmend auf den Algenwuchs ein. Dieses Verfahren könnte vor allem in Kalkgebieten zum Erfolg führen, wo es ohnehin schwierig ist, kalkfreies Wasser zu bekommen. In diesen Gebieten sollte auch der Gewinnung von Regenwasser mehr Aufmerksamkeit geschenkt werden.

Unter gärtnerischen Gesichtspunkten unterscheiden sich Pflanzungen innerhalb von Becken und Teichen deutlich von allen übrigen Pflanzungen außerhalb des Wassers. Auf welches Abenteuer man sich eingelassen hat, als man Wasserpflanzen in den Bodengrund eines Teiches auspflanzte, bemerkt man oft erst zu spät. Selbst begehrenswerte und wegen ihrer Seltenheit lange gesuchte Arten entpuppen sich unter Umständen gerade in Ihrem Wasserbecken als hemmungslose Wachser, die Ihre Vorstellungen von einer schön bewachsenen Wasserfläche erheblich durcheinanderbringen können. Die Wurzeln solcher Wasserpflanzen breiten sich in flachen Teichen überall aus. Dagegen hilft auf Dauer nur, wenn man den Teich entleert und die verkrauteten Flächen austrocknen läßt. Tonabgedichtete Teichböden, die mit Rücksicht auf die Tonschürze nicht austrocknen dürfen, Teiche mit Grundwassereinfluß oder Teiche, in denen Quellen entspringen, bieten den Pflanzenwurzeln ständige Feuchtigkeit. In solchen Fällen ist das lichtdichte Abdecken der Vegetationsflächen mit schwarzer Folie oder Teerpappe zu empfehlen. Die Pflanzen gehen bei Lichtentzug binnen 40 Tagen ein. Diese zuverlässig wirkende, wenn auch radikale Entkrautungsmethode kann nur in der vollen Vegetationsperiode angewendet werden, wenn die Pflanzen zur Assimilation gezwungen sind.

Frösche, Kröten und Molche, die zur gleichen Zeit vielleicht gerade abgelaicht haben oder Brutpflege betreiben, dürften sich durch solche radikale Pflegemaßnahmen behindert fühlen. Der Gartenfreund sollte deshalb einen Ausgleich schaffen und Wasserpflanzen in Behältern auf das Abdeckmedium stellen sowie Steine als Verstecke anbieten.

Pflanzungen in Flachwasserbeeten, mit Bodenschichten nicht unter 20 cm, sind leichter zu kontrollieren. Aber auch hier kann es schwierig sein, eine schwächere Wasserpflanze aus der Umklammerung einer stärkeren zu befreien. Solche Arbeiten sowie das Teilen der Pflanzen erfordern harte Spatenarbeit, die bei Folienteichen den vorausgegangenen vorsorglichen Schutz der Folie (z. B. einfache oder doppelte Schutzfolie über die gefährdeten Stellen ausbreiten) voraussetzt. Gründliches Nachdenken sollte der Bepflanzung jedes Unterwasserbeetes vorausgehen, eingedenk der Weisheit: Lieber einen Tag lang nachgedacht, als eine Woche sinnlos gearbeitet. Es gibt Arten, die starke Horste bilden und die man später vielleicht nur mit langen, vorn abgeflachten Rundhölzern aus dem Beet herausheben kann, um sie teilen zu können. Manche Arten treiben lange Ausläufer, entwickeln sich dabei rasch und bedrängen gerade solche Arten, die lange ungestört an ihrem Platz verbleiben sollten. Senkrecht in die Pflanzung eingefügte Folienstreifen, die bis zum Grund gehen, bieten sich als geeignete Hilfsmittel zum Trennen ungleicher Nachbarn an. Ein Pflanzenbedarf pro Flächeneinheit Wasserbeet läßt sich pauschal nicht angeben. Die Natur kennt keine Wuchs-Barrieren wie Teich- und Beckenränder. Dauerüberflutete, wechselfeuchte, nasse und trockene Gebiete lösen sich in Grenzzonen ineinander auf. Von den am besten angepaßten Arten setzen sich die raschwüchsigsten bei einer Neubesiedlung durch. Wenn in einem Garten neue Pflanzflächen geschaffen werden, gilt der Grundsatz: Niemals mehr Boden umbrechen, als man abdecken kann. Boden, der offen liegenbleibt, wird augenblicklich von Pflanzen besiedelt. Je feuchter das Substrat, desto vehementer der Ansturm unerwünschter Vegetation. Hier müssen besonders rasch vollendete Tatsachen geschaffen werden. Der gut angelegte Garten ist hauptsächlich das Werk des ersten Jahres, denn die verwendeten Pflanzen und ihre Zusammenstellung entscheiden über das Ausmaß späterer Arbeiten. Vorrangig sollte nach solchen Pflanzen Ausschau gehalten werden, die weitgehend für sich selber sorgen, die schwerste Wetter überstehen, Vernachlässigung ertragen, von Schädlingen und Krankheiten verschont bleiben und außerdem noch jedes Jahr reich blühen. Sie sollten wiederum auch nicht so üppig wachsen, daß sie den ganzen Garten überrennen. Die Frage der Aggressivität einer Art ist daher stets zu bedenken. Weitere wichtige Überlegungen sind: Welche gestalterische oder ökologische Aufgabe soll die gewählte

Pflanze übernehmen? Trifft sie auf günstiges Klima und passenden Boden? Welche speziellen Ansprüche an Sonne, Schatten, Windschutz, Feuchtigkeit usw. stellt sie? Welche Größe erreicht die Pflanze im Endzustand? Benötigt sie intensiven Schnitt, hat sie unerwünschte Merkmale, etwa Früchte, die von Vögeln verschleppt die Gartenterrasse beschmutzen u. a.? Nicht zuletzt um diese Fragen leichter beantworten zu können, wurden die im vorliegenden Buch besprochenen Arten in typusverwandten Gruppen mit vergleichbaren ökologischen Ansprüchen zusammengefaßt. Die entsprechenden Nachbarschaftsempfehlungen leiten sich davon ab.

Eine nachdrücklich zu empfehlende Pflegemaßnahme ist das Aufbringen einer organischen Schicht zum Abdecken der Bodenkrume zwischen den Pflanzen, das Mulchen. Bester Zeitpunkt dafür ist das Frühjahr, wenn die Unkräuter noch nicht aufgegangen sind. Der Boden wird gelockert und z. B. mit halbverrottetem Laubkompost aus Buche und Eiche, zusammengekehrtem Material aus dem Altholzhaufen, mit vom Gartenhäcksler zerkleinertem Zweigholz oder mit Borkenhumus als Abfallprodukt der Forstwirtschaft ca. 5 cm dick abgedeckt. Das hat folgende Vorteile:
- Aufkommende Unkräuter werden unterdrückt, anfliegende Samen finden im rauhstrukturierten »Rohhumus« so gut wie keine Keimbedingungen;
- austrocknender Wind kann die oberste Bodenkrume nicht erreichen, das Bodenleben wird vor schädigender UV-Strahlung bewahrt. Die Fruchtbarkeit des Bodens wird außerdem durch ständige Bildung von Nährhumus im Kontaktbereich Erde/Mulchsubstrat gesteigert.
- Bodenfeuchtigkeit wird erhalten und Gießwasser eingespart.
Auch frische Holzabfälle wie Holzchips oder Sägespäne können als Mulchschicht eingesetzt werden. Sägespäne sollten allerdings unter 5 cm Dicke aufgetragen werden, um eine wasserabweisende Oberflächenverkrustung zu vermeiden. Bei unverrottetem Holzmulch, der nicht so hell bleibt, wie er zunächst aussieht, sondern bald eine graubraune Masse bildet, können bei Pflanzen auch Wachstumshemmungen auftreten. Das Holz zieht nämlich stickstoffabbauende Bakterien aus dem Boden an, so daß für die Wurzeln verfügbarer Stickstoff fehlen kann. Mit dem Aufbringen eines Stickstoffdüngers unter die Mulchschicht ist diese Gefahr leicht zu beseitigen. Auch andere gröbere Mulcharten, wie samenfreies Rasenschnittgut oder Stroh, können zwischen Gehölzen oder hohen Stauden in entsprechend dickeren Schichten eingesetzt werden.

Gerade in feuchten bis nassen Biotopen ist die vorbeugende Unkrautbekämpfung durch das Bodenmulchen empfehlenswert. Eichenlaub und Koniferennadeln sind für Moorgärten geeignet. An anderen Sumpfstandorten rufen diese Substanzen mit der Zeit möglicherweise eine zu saure Bodenreaktion hervor. Kontrollen zum pH-Wert sind nützlich.

Der überwiegende Teil der Arten kann durch leicht zu handhabende und rasch zum Erfolg führende vegetative Methoden vermehrt werden. Die Arbeiten sollten vorwiegend im Frühjahr und Herbst und nicht zur Trieb- und Blütezeit der Arten erfolgen. Von Knotenblumen, Pfeilkrautarten, Schachbrettblume, Sumpfnelke und Sumpf-Siegwurz können Zwiebeln bzw. Knollen abgenommen werden. Verschiedene Felbericharten, Kunigundenkraut, Laichkrautarten, Rohrkolben, Schilf, Schlank-Segge, Seekanne, Schmalblättriges Wollgras, Gagelstrauch und Wohlriechende Himbeere treiben bewurzelte Ausläufer, die abzutrennen sind. Einige Unterwasser- und Schwimmpflanzen wie Froschbiß, Tausendblatt, Wasserfeder und Wasserschlauch bieten bereits bewurzelte Triebstücke, die man nur abzuschneiden braucht. Als einfachste Vermehrungsart jedoch empfiehlt sich bei den meisten Stauden und sogar bei vielen Sträuchern die Teilung der Wurzelstöcke. Außerdem kann bei alten Pflanzen eine solche Teilung notwendig werden, um zu erneutem Wachsen und Blühen anzuregen. Es genügt aber nicht, einfach nur zu roden und umzusetzen. Alle gerodeten Pflanzen müssen stets auch geteilt werden, um jahrelangen Kümmerwuchs oder mindestens schwere Wachstumsstockungen zu vermeiden. Geknickte und gekrümmte Wurzeln, Hohlräume und Verdichtungen im Wurzelbereich und ähnliche »Kleinigkeiten« wirken sich sehr störend aus. Die geteilte Pflanze, deren unbeschädigte oder zurückgeschnittene Wurzeln vollständig mit frischer Erde umgeben sind und sich gegenseitig nicht behindern, erhält durch das Teilen einen starken Wachstumsimpuls.

Mit Ausnahme bestimmter spätblühender Arten wie Knopfbusch, Silberkerzen, Sumpfeibisch, Vernonie oder Pflanzen hybriden Ursprungs wie Astilben-Hybriden, einige Funkien, Ligularia-Sorten (auch *L. przewalskii*) und Seerosen-Hybriden bilden die Blütenpflanzen des Wassergartens in unserem Klima normalerweise fruchtbare Samen aus. Die Samenvermehrung von Sorten ist nicht der Weg, der Mutterpflanze gleichende Nachkommen zu erzielen. Deshalb sollten alle vegetativen Möglichkeiten ausgeschöpft werden. Einige Pflanzen des Wassergartens wie Froschlöffel, Breitblättriger Rohrkolben, Sumpf-Dotterblume und Wasser-Schwertlilie sollten an der Selbstaussaat durch rechtzeitiges Entfernen der Fruchtstände gehindert werden, da sie zum lästigen Unkraut entarten können. Rohrkolbensamen fliegen aus weiten Entfernungen herbei und siedeln sich in Gartenteichen spontan an. Der Gartenfreund bemerkt es oft nicht und hält den Neuling für eine selbstgepflanzte, besonders dankbar wachsende Art, bis er schließlich feststellt, welches

»Kuckucksei« in seinem Teich ausgebrütet wurde. Auch willkommene Arten keimen mitunter rasch und können für die Aussaat von März bis Mai in einem vorbereiteten halbwarmen Frühbeet vorgesehen werden. Hierzu zählen z. B. fast alle Etagen- und Glockenprimel, Gauklerblumen und Lobelien. Die Samen von Eisenhut, Enzian, Steinbrech sowie Schau- und Tafelblatt liegen etwas länger, aber eignen sich ebenfalls zur Frühjahrssaat. Die Nachzuchten vom Pfeilaronstab sind nur bei frostfreier Kultur unter Glas erfolgreich. Die meisten Arten benötigen Frost, um zu keimen. Sie müssen im Herbst ausgesät werden und sind dann im folgenden zeitigen Frühjahr oder im späten Winter in einen Frühbeetkasten einzuräumen. Vor allem gehören die Arten mit hartschaligen Samen in diese Gruppe, z. B. Binsen, Funkien, Hahnenfußarten, Iris, Knotenblumen, Schachbrettblumen, Scheinkalla, Seggen, Stinkkohl, Taglilien, Trollblumen, Veilchenarten und Wiesenraute. Die meisten Frostkeimer keimen schon nach einigen Wochen unter Schnee und Eis, z. B. Funkien, Wiesenraute, *Silene asterias* und alle Iris des Wassergartens; andere, wie *Ranunculus serbicus* und Rosenarten benötigen sogar noch den Frost des nächsten Winters. Wenn der Gartenfreund sicher sein will, sät er, »wenn die Natur sät«, also kurz nach der Samenreife. Bei Funkien, Goldkeule, Stinkkohl, Trollblume und Veilchenarten ist Sofortaussaat besonders wichtig, da die Keimkraft dieser Samen schnell abnimmt. Was im Herbst nicht mehr aufgeht, wird dem Frost ausgesetzt. Auch den schnellkeimenden Arten, die keiner Frosteinwirkung bedürfen, schadet das nicht. Zu empfehlen ist die Aussaat in sandighumoses Bodensubstrat, dabei ist die Bodenreaktion bei kalkempfindlichen Arten zu berücksichtigen. Als Aussaatgefäße eignen sich z. B. quadratische, lückenlos aufstellbare Plastikcontainer mit gutem Wasserabzug. Der Samen wird nur so dick bedeckt, wie er selbst stark ist und danach leicht angedrückt. Die Gefäße sind vor Starkregen ebenso zu schützen wie vor Austrocknung. Auflaufendes Unkraut ist vorsichtig zu jäten. Bleibt die Keimung aus, könnte es sich um einen »Dunkelkeimer« handeln. Der betreffende Behälter wird dann eine Zeitlang zugedeckt. Alle Saaten sind bis zur Keimung schattig aufzustellen.

Pflanzenkrankheiten und Schädlinge werden im Wassergarten selten zum Problem. Krankheiten wie Rost, Mehltau, Weichfäule, Grauschimmel oder Knollenfäule treten praktisch nur als Schwächeparasiten auf. Etwa im Frühjahr die Knollenfäule bei einem kältegeschädigten Pfeilaronstab, dem die Kraft fehlt, im tiefen, kalten Wasser durchzutreiben. Hier sind die Kulturbedingungen zu ändern und die gereinigten Schadstellen mit Holzkohle zu sterilisieren. Bei der Primel können von Insekten übertragene Virosen auftreten. Davon befallene, kümmernde Pflanzen müssen sofort ausgemerzt werden. Schnecken werden überall dort zum Problem, wo deren natürliche Feinde wie Igel, Frösche, Molche und Kröten fehlen. Innerhalb des Teiches schädigt vor allem die an ihrem spitzen, kegelförmigen Gehäuse zu erkennende Große Schlammschnecke, die sich oft stark vermehrt. Anders als ihre Algen und Faulstoffe verzehrenden Verwandten (z. B. aus der Familie der Tellerschnecken) kann die Große Schlammschnecke durch Fraß an Wasserpflanzen schädlich werden. Das Tier muß von Zeit zu Zeit an die Wasseroberfläche kommen, wo es mit dem Kescher abgefischt werden kann. Weichblättrige Pflanzen wie Ligularien und Funkien werden oft so stark von Landschnecken befallen, daß man sich vor allem beim Austrieb dieser Arten zum Auslegen von Schneckenködern entschließen muß. Gegen den wurzelfressenden Dickmaulrüßler, der als Larve eines ebenfalls pflanzenschädigenden, flugfähigen Käfers hauptsächlich Primel befällt, ist mit entsprechender Insektizid-Brühe zu gießen, wobei die Pflanzenballen unbedingt feucht zu halten sind. Die kleinen, bräunlichschwarzen Larven des Seerosenblattkäfers oder die Raupen des Seerosenzünslers, eines Kleinschmetterlings, haben in biologisch reich strukturierten Teichen keine Basis für eine Massenvermehrung. Die Raupen des Seerosenzünslers schneiden sich aus den Blättern des Froschbiß und anderer Schwimmblattpflanzen schildförmig-ovale Blattstücke heraus, um sich darin zu verpuppen. Wo sich Amphibien und Spitzmäuse wohl fühlen, werden auch diese Insekten kurzgehalten. Fische, vor allem Goldplötze, Rotfeder und Goldorfe, fressen ebenfalls die Raupen des Seerosenzünslers. Ein Schädling, der sich häufiger, vor allem an Schwimmblattpflanzen, aber auch an anderen Wasserpflanzen bemerkbar macht, ist die Seerosenblattlaus. Die Tiere saugen an jungen Blättern, Knospen und Blüten, vermehren sich oft massenhaft und verderben den schönen Anblick ihrer Wirtspflanzen. Anfangs hilft Abspülen oder Abspritzen mit dem Gartenschlauch. Die Läuse sind jedoch durch eine Wachsschicht geschützt, treiben leicht auf der Wasseroberfläche und finden sich meist nach einiger Zeit wieder auf den Pflanzen ein. Befallene Japan-Iris sind zur Bekämpfung mit ihrem Container aus dem Wasser zu nehmen. Die schwarzen Seerosenblattläuse leben häufig auf Zwischenwirten wie Steinobst, dort sollte eine Bekämpfung nicht vernachlässigt werden.

Von der Kenntnis der Lebensbedingungen der ausgewählten Pflanzen, von ihrem Wuchsverhalten und ihrer gestalterischen Wertigkeit hängt die Qualität des Gartens ab. Der Gärtner sollte nicht zum Sklaven seines Gartens werden. In einem Wassergarten sollte es nicht nur im Mai und Juni blühen, wenn es überall in Gärten und in der Landschaft blüht. Das bedeutet keinen höheren Arbeitsaufwand. Hechtkraut, *Iris fulva*, Seerosen und Sumpfeibisch sowie außerhalb der Wasserfläche Astilben,

Eisenhut, Kunigundenkraut, Ligularien, Silberkerzen und Vernonie schaffen gemeinsam mit Gräsern, Buntkalmus und Rohrkolben späte Blüh- und Gestaltungshöhepunkte, nachdem viele dieser Pflanzen in den Monaten zuvor als zurückhaltende Nachbarn für blühende Pflanzen gewirkt haben. Wechselnde Gestaltungsschwerpunkte tragen dazu bei, laufenden Pflegeaufwand zu senken, da die Arbeiten zeitlich besser verteilt werden und in stabilen Pflanzengesellschaften reicher Struktur viele Pflegearbeiten ohnehin entfallen. Der Eingriff des Gärtners beschränkt sich auf Wuchshilfen und Korrekturen.

Zu allen Jahreszeiten soll Gartenschönheit entfaltet werden. Der Herbst ist die Zeit der Laubfärbung nicht nur bei Bäumen und Sträuchern. Zu bleichgelben Gräsern, Funkien und Taglilien gesellen sich im Umriß locker aufgebaute, weinrote Sumpf-Wolfsmilch-Büsche und leuchtendgelber Sumpfeibisch. Der volle Farbenakkord des Herbstes ist im Wassergarten erreicht, wenn das ornamentale Laub des Schildblattes in leuchtendem Dunkelrot erglüht, um sich nach einigen Tagen in bleiches, verlöschendes Gelb zu wandeln (vgl. Abb. S. 255). Nach dem Absterben im Herbst dürfen die trockenen Teile der genannten Pflanzen keinesfalls abgeschnitten werden, denn die gewachsene Substanz wirkt als Schutz für den Wurzelstock und für die überwinternden, bereits ausgebildeten Triebknospen. Im Winter verbinden sich die trockenen Stengel und das abgestorbene Laub der Wasser- und Uferrandgräser, der Rohrkolben, der Sumpf-Wolfsmilch, der Astilben, Silberkerzen und Farnkräuter zu einem einheitlichen, ausdrucksstarken Bild. Der Wassergarten wird zu einem einzigen großen Trockenbukett aus Blättern und Früchten.

Wenn die Zeit des Aufbruchs in der Natur naht, haben auch die winterlichen Pflanzengestalten im Garten ausgedient – und was kennzeichnet den Neubeginn deutlicher als das Zurückschneiden der vorjährigen Pflanzen? Die Beetflächen werden aufgelockert und, soweit sie außerhalb der Wasserfläche liegen, gemulcht. Die Bodenoberfläche in Wasserbecken oder unter der Mulchschicht kann bei Bedarf mit einem Vorratsdünger angereichert werden. Die Pflanzen ruhen allerdings noch. Nährstoffe sind während des Winters im Pflanzenkörper gespeichert und werden erst beim Wachstum freigesetzt. Ein zu zeitiges Düngen kann bei manchen Pflanzen (z. B. Astilben) den Trieb zu früh anregen und nachfolgende Frostschäden auslösen. Erst wenn die Pflanzen wachsen, sollte ein geeigneter Volldünger einmal oder im Abstand von 14 Tagen mehrmals verabreicht werden. Starkzehrende Pflanzen benötigen in der Mitte der Vegetationsperiode, etwa Ende Juni bis Mitte Juli, eine zusätzliche Sommerdüngung.

Im Herbst entleerte Wasserbecken können ab Mitte März abgedeckt, gereinigt und zum Wasserfüllen vorbereitet werden; ein froher, langersehnter Augenblick! Kübelpflanzen werden aus ihren Winterquartieren geholt und auf dem Beckengrund oder außerhalb des Beckens aufgestellt. Die geringen Fröste, die um diese Zeit noch zu erwarten sind, vermögen Wasserbecken und Pflanzen nichts mehr anzuhaben. Bald treibt der Frühlingswind das frische Wasser in Becken und Teichen vor sich her, oder die glatte, von Pflanzen noch freie Oberfläche der Gewässer wird zum Spiegel der wärmenden Sonnenstrahlen. Ein neues Gartenjahr kann beginnen.

Pflanzen
im Wassergarten

Zur Lebensweise der Sumpf- und Wasserpflanzen

Geht es um das Verständnis von Naturprozessen, so trifft der Satz zu: Im Detail spiegelt sich das Ganze. Das freie Wirken natürlicher Kräfte an einem bestimmten Ort führt zu einer vielschichtigen Verkettung von Ursachen und Wirkungen, die zwar kaum in allen Einzelheiten zu analysieren, wohl aber im Komplex zu erkennen sind. Pflanzen und Tiere sind Teil eines Ganzen, eines Lebensraumes. Sie werden von ihm geprägt und bilden mit ihm eine Einheit. Pflanzen, die beispielsweise eine Trockenwüste bewohnen, »fristen« dort nicht etwa »ein kümmerliches Dasein«, sondern sie verfügen kraft ihres durchaus nicht »kümmerlichen«, sondern geradezu überdimensionalen Wurzelsystems über eine starke Vitalität der Ausdauer als Voraussetzung zum Überleben an ihren extremen Standorten. Greift der Mensch durch zusätzliche Bewässerung lange genug in diesen Naturhaushalt ein, dann wird die Vitalität dieser Pflanzen geschwächt. Sie gehen ein oder werden allmählich durch konkurrenzstärkere schnellwachsende Arten verdrängt.

Wasser- und Sumpfpflanzen – Hydrophyten und Hygrophyten – sind zwar das genaue Gegenteil von den oben geschilderten Xerophyten, doch haben auch sie sich extremen Lebensbedingungen angepaßt. Vor allem ist es der Abschluß von der atmosphärischen Luft, der sich einschneidend bei dauernd unter Wasser lebenden Pflanzen bemerkbar macht. Ist die elementare Lebensfunktion der Atmung unter Wasser überhaupt möglich? Zur Antwort sei kurz an das Wechselverhältnis von Assimilation und Atmung erinnert. Erstere bedeutet den Aufbau körpereigener organischer Stoffe aus körperfremden, meist anorgani-

schen Substanzen. Den Schwerpunkt bildet die Photosynthese, wobei unter Einwirkung von Lichtenergie mit Hilfe des Blattgrüns Kohlendioxid und Wasser in Zucker und Stärke umgewandelt werden. Bei diesem Vorgang produziert die Pflanze reinen Sauerstoff und gibt ihn an die Umgebung ab. Bei der Atmung werden hochmolekulare organische Verbindungen bei Freisetzung von Energie wieder abgebaut, veratmet. Sauerstoff wird dabei dem umgebenden Medium entnommen und verbraucht. Die Atmung erfolgt Tag und Nacht, sie schafft allen Lebewesen die notwendige Lebensenergie. Überwiegt die Atmung gegenüber der produktiven Phase der Assimilation, dann können keine Assimilate veratmet werden. Die Pflanzen wachsen nicht mehr und gehen schließlich ein.

Freier Sauerstoff ist unter Wasser tatsächlich knapp. Sauerstoffgesättigtes Wasser enthält bei 20 °C nur 3 % freien Sauerstoff. Das bei der Atmung frei werdende Kohlendioxid ist ebenfalls in gelöster Form im Wasser vorhanden. Zunächst Abprodukt, wird es bald wieder zu einem Baustein für die Photosynthese. Für Wasserpflanzen, die Hygrophyten, besteht eine zusätzliche Möglichkeit, Kohlenstoff zu assimilieren: in Form von gelöstem Kalziumbicarbonat. Nach Entnahme des darin locker gebundenen Kohlendioxides wird

freies Kalziumhydroxid ausgeschieden. Die damit verbundene graue Ablagerung ist besonders deutlich auf den Blättern der Wasserpest zu beobachten.

Landpflanzen haben eine Fülle morphologischer Hilfsmittel entwickelt, die auf eine kontrollierte Einschränkung der Transpiration, der Wasserabgabe gerichtet sind. Die Wasserpflanzen haben diese Beschränkung nicht nötig. Sie brauchen Vorrichtungen zur Beschleunigung des Stoffwechsels. Vor allem ist es die Oberflächenvergrößerung durch meist zarte, dünne und oft fädig zerschlitzte Blätter. Weitere Merkmale, die alle darauf abzielen, den im Wasser sehr langsam vonstatten gehenden Gas- und Salzaustausch zu erleichtern, sind Wurzellosigkeit im Wasser treibender Schwimmpflanzen (Wasserschlauch) und dünne Epidermiswände (Laichkraut, Wasserpest). Eine zusätzliche Einrichtung sind gelegentlich vorkommende »Hydropoten«, besondere Absorptionsorgane an Unterwasserblättern, kaum wahrnehmbare Veränderungen der Epidermis, die als »Ionenfänger« wirken, d. h., die in der Lage sind, Mineralstoffe aus dem Wasser herauszufiltern. Im Gegensatz zu den Landpflanzen sind Wasserpflanzen nicht auf die Nährstoffzufuhr über die Wurzel angewiesen – die ganze Pflanze ist vom Nährmedium umgeben.

Ein besonderes Merkmal aller Wasser- und Sumpfpflanzen sind Luft enthaltende, zwischen den Pflanzenteilen eingebettete Hohlräume. Sie bewirken den Auftrieb der Blätter im Wasser. Für den Gasaustausch im Inneren der Pflanze werden diese Hohlräume ebenso benötigt. Regelrechte Luftkanäle durchziehen die Pflanzenstengel bis hin zu den Wurzeln und bilden ein Durchlüftungssystem, das alle Pflanzenteile erfaßt. Vor allem die Ausprägung dieser Eigenschaft entscheidet darüber, ob eine Pflanze auf Dauer im ständig nassen Milieu existieren kann oder nicht. Eine interessante Eigentümlichkeit sind die »Atemwurzeln«. Besonders einige in sehr sauerstoffarmem Schlamm wachsende Arten entwickeln an ihren Sproßachsen schneeweiße, aufsteigende Gebilde, die im Wasser und an der Wasseroberfläche Sauerstoff aufnehmen.

Die Hygrophyten, die Feuchtpflanzen, haben meist dünne, zarte, saftreiche und oft auch große Blattspreiten, die einerseits die Verdunstung fördern und andererseits dazu verhelfen, in Verschattungsbereichen begrenzte Lichtmengen effektiv aufzufangen. Alle diese Pflanzen sind wenig resistent gegen Austrocknung, reagieren empfindlich auf die Störung ihrer Wasserbilanz, sind dafür aber meist anpassungsfähig bei Lichtmangel und nicht selten auch tolerant bei extremer Zunahme von Licht, sofern der Faktor Feuchtigkeit erhalten bleibt. Sie müssen einerseits sehr viel Wasser verdunsten, um nicht an stockendem Stoffaustausch zu ersticken, andererseits ist besonders bei den saftreichen krautigen Pflanzen Wasser-

mangel nicht durch transpirationshemmende Mechanismen kompensiert. Sie welken und vertrocknen dann sehr rasch. Die Pflanzen der wechselfeuchten Standorte überdauern die Trockenzeiten vielfach durch kräftige Wurzelrhizome, durch Verfestigung des Stützgewebes

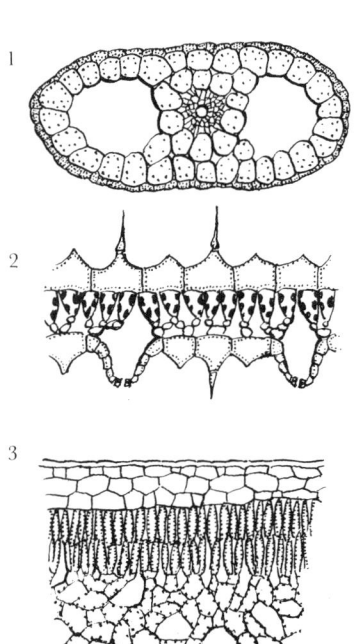
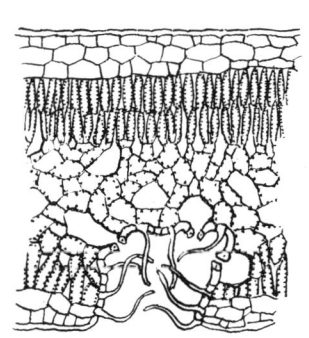

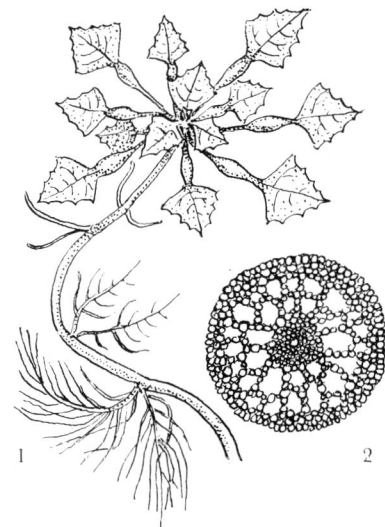

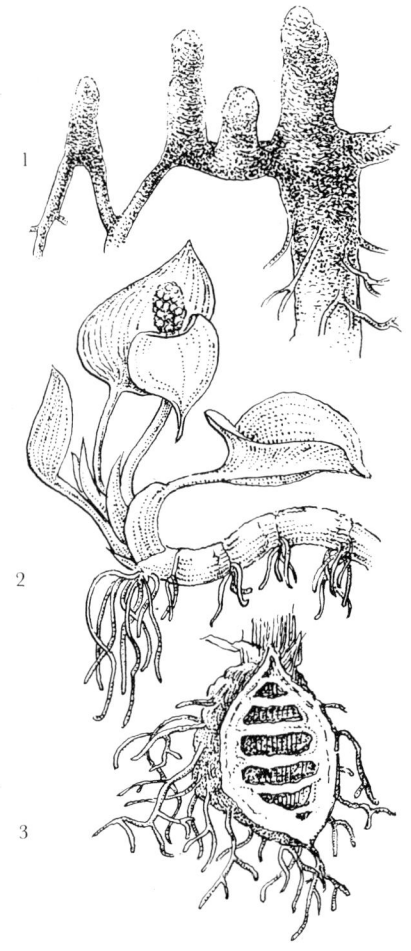

oder auch durch Wachsüberzüge der Vegetationsorgane. Je größer und reicher das Wurzelsystem ist, um so besser überstehen Feuchtpflanzen auch Wassermangelzeiten. Solche Pflanzen treiben ihre Wurzeln oft tief in den Boden hinein und sind dann in der Lage, auch tiefer liegendes Bodenwasser zu nutzen. Bei ständig guter Wasserversorgung wird das Wurzelsystem weniger extensiv ausgebildet, dafür wird häufig die vegetative Ausbreitung, die Ausläuferbildung gefördert. Das Pflanzenwachstum ist in das Wasser hinein gerichtet, alle Feuchtpflanzen sind Pionierpflanzen der Verlandung von Gewässern, alle Ufersaumgesellschaften sind deshalb Übergangsgesellschaften, die eine stabile Endstufe der Vegetation, in unseren Breiten den Wald, vorbereiten. Diesen Kampf der Vegetation gegen offene

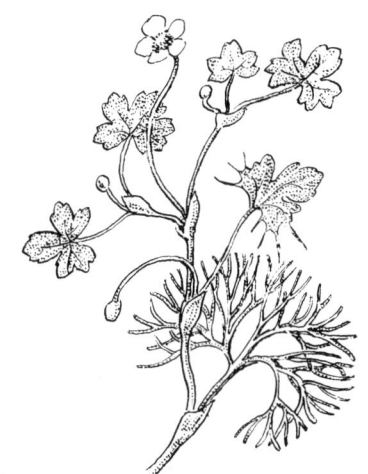

Wasserflächen müssen wir durch Regulation des Wachsens unserer Wasser- und Feuchtpflanzen aufhalten, denn wir wollen ja – gegen die Vegetation – den Teich erhalten.

Gemeiner Wasserhahnenfuß *(Ranunculus aquatilis)* mit ganzrandigen Schwimmblättern und zerschlitztem Unterwasserblatt

Untergetaucht lebende
und frei schwimmende Wasserpflanzen

Unterwasserpflanzen spenden reichlich Sauerstoff und verbrauchen im Wasser gelöste, oft überschüssige und das Gewässer belastende Nährstoffe. Damit tragen diese Pflanzen zur Gesundung und stetigen Verbesserung der Wasserqualität bei. Ob Fische und Amphibien in einem Gewässer überleben können, hängt zu einem großen Teil von der Unterwasserflora ab. Die nachfolgend vorgestellten Arten sind typische, für den Wassergarten wertvolle Pflanzen dieses Lebensbereiches.

Ceratophyllum L., Hornblatt, Familie *Ceratophyllaceae*. Die Gattung enthält untergetauchte, frei schwimmende oder im Boden mit farblosen Rhizoiden verankerte, wurzellose Pflanzen. Ihre Sprosse bestehen aus mehrzähligen Blattquirlen und sind unregelmäßig verzweigt. Die einhäusigen, wenig auffälligen Blüten werden ebenfalls unter Wasser ausgebildet, wobei der reife Pollen zunächst an die Wasseroberfläche steigt, später absinkt und zur Befruchtung dabei auf eine Blütennarbe treffen muß.

C. demersum L., Gemeines Hornblatt. VII bis IX. Kosmopolit. Die oft reich verzweigten und etwas zerbrechlichen Sprosse werden über 1 m lang und tragen in dichten Wirteln dunkelgrüne, 15 bis 25 cm lange, 1- bis 2fach gabelig geteilte Blätter. Die Blüten sitzen einzeln in getrennten Wirteln, die männlichen etwas tiefer als die weiblichen. Die Art bevorzugt stehendes oder langsam fließendes, sommerwarmes, nährstoffreiches Wasser und besiedelt meist Wassertiefen von 50 bis 100 cm. In klarem Wasser soll das Gemeine Hornblatt bis in über 8 m Tiefe anzutreffen sein. Die salzertragende Pflanze ist auch im Brackwasser der Meeresküsten zu finden.

C. submersum L., Zartes Hornblatt. VII bis IX. Europa, Nordwestafrika, Asien, Neuguinea. Die Art hat gelbgrüne, 3- bis 4fach gabelteilige Blätter, ist wärmebedürftiger und besiedelt flache, nur 20 bis 30 cm tiefe, auch austrocknende, ebenfalls meist nährstoffreiche Gewässer.

Elodea MICHX., Wasserpest, Familie *Hydrocharitaceae*. Die Pflanzen wurzeln im Boden. Ihre ganzrandigen, länglichen, am Rande meist scharf gesägten Blätter stehen wechselständig, gegenständig oder in Quirlen. Es kommen ein- und zweihäusige, sehr selten auch zwittrige Unterwasserblüten vor.

E. canadensis MICHX., Kanadische Wasserpest. V bis VIII. Nordamerika; weltweit verschleppt und vielfach eingebürgert. Die verzweigte Wasserpflanze kriecht am Boden oder schwimmt frei. In Europa sind männliche Pflanzen bisher noch nicht beobachtet worden. Die Art vermehrt sich hier ausschließlich vegetativ. Am oberen Teil des Triebes stehen die länglich-ovalen, stachelspitzigen, 6- bis 15 mm langen Blätter dicht gedrängt in drei- bis fünfzähligen Quirlen. Die unteren Blätter sind gegenständig. Die unscheinbaren weiblichen Blüten sitzen einzeln in einer Spatha. Die Kanadische Wasserpest bevorzugt zwar kalk- und nährstoffreiche Standorte, auf denen sie

oft wuchert (»Wasserpest«), ist jedoch sehr anpassungsfähig, verträgt fließendes und relativ stark verschmutztes Wasser. Jedes umhertreibende Sproßstück wurzelt und wächst selbständig weiter. Obwohl sie viel für die Wasserverbesserung leistet, sollte die Pflanzung genau überlegt werden.

Hottonia L., Wasserfeder, Familie *Primulaceae*. Ausdauernde, im Schlamm wurzelnde Pflanzen mit zusätzlich zahlreichen fadenförmigen Wurzeln, die in den Blattachseln entspringen.

H. palustris L., Gemeine Wasserfeder. IV bis VI (VII). Von Südschweden bis Mittelitalien und Rumänien; Kleinasien. Die Pflanze wächst untergetaucht, überdauert aber auch Trockenperioden auf feuchtem Schlamm. Im tieferen Wasser werden zartere Blätter ausgebildet. Mit quirlig stehenden, radförmigen, rosafarbenen Blüten sind die 15 bis 30 cm über das Wasser ragenden Blütenstände besetzt. Die Kronröhre ist 2,5 bis 4,5 mm lang, der Kronsaum 20 bis 25 mm breit. Die Wasserfeder verlangt kalkarme und nur mäßig nährstoffreiche Gewässer, ist gegen Abwasser empfindlich, verträgt Schatten, blüht jedoch dann ebenso wie in kühlerem Wasser (z. B. in Lagen über 600 m) kaum.

Hydrocharis L., Familie *Hydrocharitaceae*. Die Gattung ist monotypisch.

H. morsus-ranae L., Froschbiß. VI bis VIII. Europa, Sibirien, Nordafrika. Frei auf dem Wasser treibende Schwimmblattrosetten entwickeln im Sommer Ausläufer mit neuen Rosetten. Im Herbst bilden sich darin die Winterknospen, die auf den Gewässergrund absinken. Die Wurzeln an den Rosetten hängen frei im Wasser. An kleine Seerosenblätter erinnern die 2 bis 7 cm großen rundlich-nierenförmigen Schwimmblätter. Am Grunde der Blattstiele stehen noch je 2 lanzettliche, kleinere Nebenblätter. Männliche und weibliche Blüten sind getrennt. Die männlichen stehen zu dritt, die weiblichen einzeln in je einer einblättrigen Scheide. Die Blütenhülle besteht aus je 3 Kelchblättern und 3 weißen, ovalen, 1 bis 1,5 cm großen Blütenblättern. Samen wird nur selten ausgebildet. Der Froschbiß besiedelt meist windgeschützte Uferbuchten von Seen und Altwässern und hält sich gern zwischen lockerem Röhricht auf. Er bevorzugt nährstoffreiches, kalkarmes Wasser.

Myriophyllum L., Tausendblatt, Familie *Haloragaceae.* Von der Antarktis bis zur nördlich-borealen Zone weltweit verbreitet. Einjährige oder ausdauernde, unter Wasser oder amphibisch lebende, verzweigte Kräuter mit fein zerteilten Fiederblättern in 3- bis 6zähligen Quirlen. Die Pflanzen bilden oft ausgedehnte Unterwasserwiesen. Die endständigen Blütenstände mit getrenntgeschlechtlichen Blüten stehen über dem Wasserspiegel.

M. alterniflorum DC., Wechselblütiges Tausendblatt. VI bis IX. Europa; Nordafrika; Nordamerika: Neufundland, südlich bis Massachusetts, New York und Minnesota. Meist 4zählige Blattquirle mit 8 bis 18 wechselständigen, feinhaarigen Fiedern. Die unscheinbaren, gelblichen männlichen Blüten stehen an der Triebspitze wechselständig, die weiblichen Blüten darunter quirlständig und bilden gemeinsam eine lockere, armblütige, anfangs überhängende Ähre. Die in Europa seltene Art verlangt kühle, nährstoff- und kalkarme Gewässer. Am besten gedeiht sie über Torfböden in 30 bis 200 cm Tiefe.

M. spicatum L., Ähren-Tausendblatt. VI bis VIII. Europa, Asien, Afrika. Blätter mit 13 bis 35 borstlichen Fiedern, in gegenständigen 4zähligen Quirlen. Die aufrechten Ähren tragen rosa Blüten. In nährstoffreichen und oft kalkhaltigen, stehenden oder langsam fließenden Gewässern häufige Art.

M. verticillatum L., Quirl-Tausendblatt. VI bis VIII. Europa; Asien bis Japan; Nordamerika: Neufundland bis British Columbia, südlich bis Maryland und Utah. Blattquirle 5- bis 6zählig, die Tragblätter der Blüten kammförmig-fiederspaltig, stets länger als die rötlichen Blüten. In nährstoffreichen, aber kalkarmen Altwassern, Gräben und stillen Seebuchten, die sich gut erwärmen. Die bevorzugte Wassertiefe beträgt 50 bis 300 cm.

Potamogeton L., Laichkraut, Familie *Potamogetonaceae.* Die im Untergrund wurzelnden Arten besiedeln neben Standorten im Brackwasser vor allem nährstoffreiche Flüsse und Seen. Nach dem Blütenstand lassen sich Arten mit langen, reichblütigen Ähren von Arten mit armblütigen Ähren unterscheiden, die kaum aus dem Wasser ragen. Erstere entwickeln gesonderte Schwimmblätter (*P. natans* s.u. Schwimmblattpflanzen), letztere leben völlig untergetaucht. Die Form der Schwimmblätter

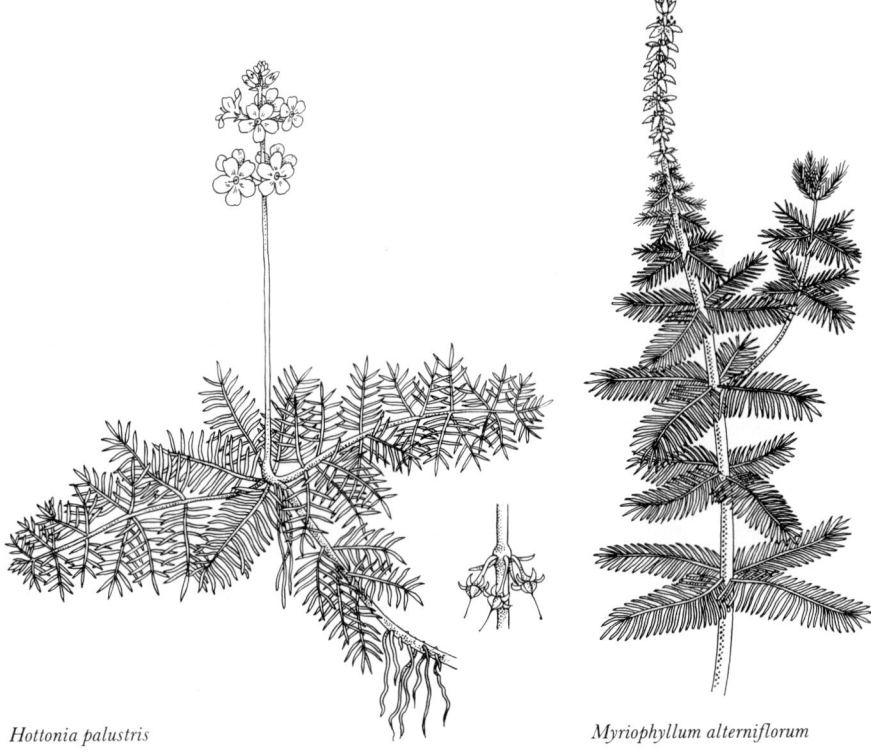

Hottonia palustris

Myriophyllum alterniflorum

Potamogeton crispus

und der Tauchblätter kann stark variieren. Laichkräuter neigen zur Bastardierung. Die einfachen, einseitswendigen Ähren wachsen senkrecht in die Höhe und tragen dichtgedrängt zwittrige, auf Windbestäubung angewiesene Blüten, bei denen die Narben zuerst reifen. Erst nach dem Vertrocknen der Narben öffnen sich die Staubbeutel. Jede Blüte enthält je 4 Staub- und Fruchtblätter.

P. crispus L., Krauses Laichkraut. VI bis VII. Fast Kosmopolit (außer Südamerika), in Australien und Neuseeland eingebürgert. Aus dünnen Rhizomen treiben zusammengedrückte, 4kantige Stengel mit länglichen, wellig-krausen und am Grunde verwachsenen Blättern mit fein gesägtem Rand. Das Krause Laichkraut wächst in stehenden oder langsam fließenden Gewässern, die besonders nährstoffreich oder auch stärker verschmutzt sind. In Laichkrautgesellschaften tiefer Lagen sind die 30 bis 200 cm langen Triebe bis in über 300 cm Wassertiefe anzutreffen.

P. lucens L., Glänzendes Laichkraut. VI bis VIII. Eurasien. Das kräftige, bis 1 cm dicke Rhizom kriecht im Boden und ist im Herbst an den Gliedern und an der Triebspitze knollig verdickt. Die ästig verzweigten Stengel werden bis 6 m lang. Pfriemlich-binsenförmige Primärblätter werden weiter oben von Übergangsblättern mit einer kleinen Spreite abgelöst. Die durchsichtig-glänzenden Folgeblätter sind mit 10 bis 20 cm Länge und über 4 cm Breite auffallend groß. Die Ährenstiele werden bis 30 cm lang, die Ähre selbst 3 bis 6 cm. Das Glänzende Laichkraut liebt nährstoffreiches Wasser, zeigt Wasserverschmutzung an und kann durch Wuchern zum Fischereihindernis werden.

P. pectinatus L., Kamm-Laichkraut. VI bis VIII. Kosmopolit. Aus fadenförmigen, nur 0,2 bis 1,5 mm dicken Rhizomen, die im Herbst als Winterknospen knollige Verdickungen ausbilden, treiben dünne Sprosse mit verästelten, binsenförmigen Blättern. Die 2 bis 5 cm langen Ähren sind locker unterbrochen, 4- bis 8blütig, mit fadenförmigem Stiel. Das wüchsige Kamm-Laichkraut ist formenreich und in Seen, Tümpeln, Altwassern und Gräben weit verbreitet. Es verlangt nährstoffreiches Wasser über Schlammböden und kommt auch in höheren Gebirgslagen vor (Alpen bis 1600 m ü. NN).

P. perfoliatus L., Durchwachsenes Laichkraut. VI bis IX. Nordhalbkugel, zirkumpolar von Tropen bis 70° n. Br.; Australien. Wenig verzweigte, an den Knoten meist wurzelnde, hin und her gebogene Rhizome entwickeln bis 6 m lange Stengel, mit tief herzförmig-stengelumfassenden 6 bis 12 cm langen Blättern. Sie sind am Rande meist wellig gekräuselt und rauh. Die bis 3 cm lange, oben dichte, unten lockere Ähre steht auf einem doppelt so langen Stiel. Die Art verträgt leichte Wasserverschmutzung und Wellenschlag. Sie besiedelt nährstoffreiche, langsam fließende und stehende Gewässer in Tiefen von 50 bis 600 cm und bildet in Seen oft Massenbestände. In den Alpen bis 1680 m ü. NN.

Stratiotes L., Familie *Hydrocharitaceae*. Die Gattung ist monotypisch.

S. aloides L., Krebsschere, Wasseraloe. VI bis IX. West-, Mittel-, Osteuropa; Kaukasus, Westsibirien, Altai. Mit auffallenden, starren, stachelig-gesägten, dreikantigen, 15 bis 40 cm langen Blättern »schwebt« die Pflanze im Wasser und bildet, halbuntergetaucht, reichlich ausläufertreibend oft größere, von weitem rasenartig erscheinende Bestände. Die zweihäusigen Blüten haben 3 Kelchblätter sowie 3

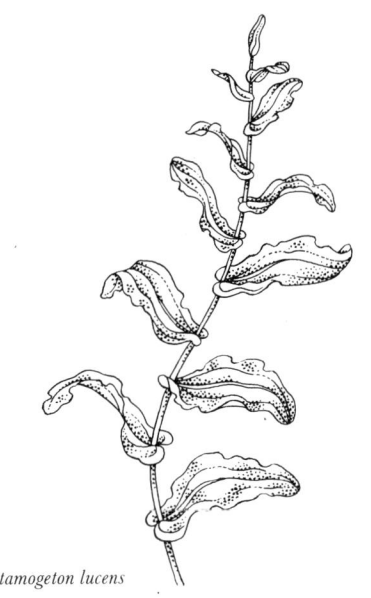

Potamogeton lucens

weiße, ovale, bis 1,5 cm lange Kronblätter. Die männlichen Blüten ragen gestielt aus einer langgestielten, kurzen, gezähnten, mehrere Blüten enthaltenden Spatha hervor. Die Spatha der weiblichen Blüten enthält nur bis 2 Blüten. Die verlandungsfördernde, seltene Krebsschere verlangt nährstoffreiches, aber kalkarmes Wasser.

Trapa L., Familie *Trapaceae*. Die Gattung umfaßt in Eurasien und Nordafrika beheimatete einjährige oder nur kurzlebig-ausdauernde Wasserpflanzen, die zunächst im Schlamm wurzeln, danach aufsteigen und mit Schwimmblättern frei auf der Wasseroberfläche schwimmen. Die gestielten Schwimmblätter sind rosettig angeordnet und haben eine rautenförmige, gezähnte Spreite, die linealischen, ganzrandigen Tauchblätter sind ungestielt und nur sehr kurzlebig. Nach ihrem Vergehen werden sie durch paarweise oder quirlig angeordnete Nebenwurzeln ersetzt, die fein zerteilten Blättern gleichen und auch als Assimilationsorgane wirken. Die unscheinbaren Blüten sind zwittrig.

T. natans L., Gemeine Wassernuß. VI bis VII. Mittel-, Ost-, Südosteuropa; Nordafrika; in Nordamerika und Australien eingebürgert. Je nach Gewässertiefe kann die im Boden wurzelnde Hauptachse des Sämlings bis über 2 m lang werden. Alle Triebe, auch die Nebenäste, enden mit einer 15 bis 25 cm großen Schwimmblattrosette. Die dunkelgrünen, lederartigderben, oberseits glänzenden Blätter sind wie die ganze Pflanze im Spätsommer rötlich überlaufen. Die Blüten stehen auf behaarten Stielen in den Achseln der Schwimmblätter. 8 mm lange, eilängliche, weiße, sehr hinfällige Kronblätter sind von dreieckig-steifen Kelchblättern umgeben. Von Bedeutung ist die 25 mm große, einsamige, eßbare Steinfrucht. Die seltene Wassernuß liebt nährstoffreiches, jedoch kalkfreies Wasser, eine Wassertiefe von mindestens 40 cm und sommerliche Wärme. Im Herbst sind die reifen Früchte dieser einjährigen Pflanze einzusammeln, auf frostfreiem Bodengrund auszusäen oder im kalten Wasser zu überwintern.

Utricularia L., Wasserschlauch, Familie *Lentibulariaceae*. In Europa sind (mit Ausnahme von *U. subulata* in Portugal) alle Arten wurzellose

Wasserpflanzen. Die Wasserschlaucharten können tierische Nahrung verdauen, die sie mit Hilfe von Schlauchfallen an ihren Blättern fangen. Die zwittrigen Blüten stehen meist in lockeren traubigen Blütenständen verschiedener Größe und Farbe.

U. vulgaris L., Gemeiner Wasserschlauch. VI. bis IX. Europa, gemäßigte Zone Asiens bis Kamtschatka; Nordamerika. Im Tiefland den großen Flüssen folgend. Zwischen 30 und vereinzelt bis über 300 cm lang werden die im Wasser treibenden Sprosse dieser Pflanze. Ihre 2zeilig angeordneten, nach allen Seiten hin abstehenden Blätter sind fein gefiedert und in zahlreiche lineale Zipfel zerteilt. Einige sind zu Tierfallen umgewandelt. Die Bläschen oder »Schläuche« sind 0,7 bis 4,5 mm lang und besitzen einen kleinen »Mund«, der mit einer ventilartigen Klappe wasserdicht verschlossen ist. Auf der Klappe sitzen Wimperborsten, die hebelartig wirken, sobald ein kleines Wassertier dagegen stößt. Die Klappe öffnet sich dann nach innen und saugt das Tier mit einem Wasserstrom in die Blase. Durch aktive Pumpleistung der Blasenwand wird nach einem Schluckakt ein Teil des Füllwassers wieder nach außen gebracht. Die Blütenstände stehen als 4- bis 15blütige Trauben 15 bis über 35 cm

über dem Wasser und tragen goldgelbe, gespornte, 13 bis 20 mm lange, löwenmaulähnliche Blüten mit umgeschlagener Blütenunterlippe. Der Gemeine Wasserschlauch verträgt etwas Schatten und kommt zerstreut in stehenden oder langsam fließenden, mäßig nährstoffreichen, kalkarmen Gewässern vor. Weitere, ähnliche heimische Arten sind:

U. neglecta LEHM. Übersehener Wasserschlauch, mit blaßgelben Blüten. Wärmeliebende Lichtpflanze über Torf-Schlammböden.

U. minor L. Kleiner Wasserschlauch, Pflanze mit bleichen Schlammsprossen im Boden verankert, kommt in nur 5 bis 20 cm tiefen Moorschlenken und Tümpeln bei oft kalkhaltigem, mesotrophem Wasser vor.

U. intermedia HAYNE, Mittlerer Wasserschlauch, ebenfalls im flachen Wasser, kalkliebend.

U. ochroleuca HARTM., Blaßgelber Wasserschlauch. Diese Art verlangt kalkfreie, oligotrophe bis mesotrophe Hochmoortümpel.

Verwendung: Nicht alle Arten dieser Pflanzengruppe wirken im Wassergarten unmittelbar als Gestaltungselemente. In jedem klaren Gartenteich mit Unterwasserflora erwarten

den Naturbetrachter überraschende Bilder von zauberhafter Schönheit, wenn er in das Wasser hineinschaut. Die frei schwimmenden Arten werden sich ihren Platz im Gewässer selbst suchen. Diese Pflanzen passen sich der übrigen Vegetation im Wasser an und gefallen an allen Plätzen, wenn ihnen der notwendige Raum zur Verfügung steht. Ein Krebsscherendickicht ist natürlich nichts für kleine Gartenteiche. Bei den Unterwasserpflanzen bestehen Unterschiede zwischen beispielsweise grob- und feinblättrigen Laichkrautarten. Abgesehen davon, daß für jedes Gewässer nur solche Arten zu verwenden sind, denen man optimale Lebensbedingungen anbieten kann, sollten die verschiedenen Formen auch im Unterwasserbereich spannungsreich zusammengestellt werden. Das Glänzende und das Durchwachsene Laichkraut, die in manchen Gewässern durch ihre enorme Wuchskraft sogar zum Hindernis für Fischerei und Schiffahrt werden können, sind in einem begrenzten Unterwasserbeet oder in einem großen Kübel gut zu verwenden. Sie wirken hier wuchtig und dekorativ, besonders im Wechsel mit gegensätzlich gebauten Blattypen. Unterwasserpflanzen sind die Voraussetzung für ein reiches Tierleben im Wasser unseres Gartenteiches.

Schwimmblattpflanzen

Für viele sind sie der Inbegriff der Wasserpflanze schlechthin. Wurzelnd im dunklen Schlamm stehender oder langsam fließender Gewässer, streben sie zum Licht und breiten ihre Blätter auf der Oberfläche des Wassers aus. Zu ihnen zählen die Seerosen, deren leuchtende, überaus edel geformte Blüten zum Schönsten zu rechnen sind, was die Natur hervorbrachte. Ihre Blüten, in verschiedenen Abstufungen der Farben zwischen Gelb, Rot und Weiß, bei tropischen Arten noch Blau, sind das Äußerste, was an Prachtentfaltung auf dem Wasser denkbar ist. Daneben gibt es andere, auf den ersten Blick unscheinbar wirkende Wasserpflanzen mit Schwimmblättern, die jedoch eigene, oft stille Reize entfalten und für viele Zwecke im Wassergarten unentbehrlich sind. Alle Schwimmblattpflanzen betonen die horizontale Linie, ihre Blüten ragen über die Wasseroberfläche nur wenig empor. Nur in seichten, nährstoffreichen und warmen Gewässern drängen sich die Blätter der Seerosen und verwandter Arten zu flachen Hügeln über die Wasserfläche und vermitteln damit den Eindruck tropischer Üppigkeit. Aus gestalterischer Sicht bleiben sie auch dann noch ein Element der Fläche und der Raumausweitung, im Kontrast zu den steil aufragenden Formen typischer Uferpflanzen.

Callitriche L., Wasserstern, Familie *Callitrichaceae*. Die Gattung umfaßt feingliedrige, meist fadenförmig verzweigte Pflanzen mit kleinen spateligen oder linealischen, am Grunde verwachsenen Blättern. Die eingeschlechtigen Blüten ohne Blütenhülle stehen in den Blattachseln. Unter den 12 europäischen Arten gibt es 2 seltene, terrestrisch lebende. Die anderen sind entweder Unterwasserpflanzen mit Bestäubung und Fruchtbildung unter Wasser oder amphibische Arten mit Schwimmblattrosetten, bei denen Bestäubung und Fruchtbildung entweder unter oder über Wasser erfolgt. Die Arten der Gattung werden durch Wuchern kaum lästig, sie sind jedoch oft nur einjährig und dazu noch schwer zu bestimmen.

C. palustris L., Gemeiner Wasserstern. IV bis X. Europa und Asien, nördlich über den Polarkreis hinaus; Nordamerika, Grönland; Neuguinea, Neukaledonien bis Südostaustralien. Die Art ist nur unter Vorbehalt zu den Schwimmblattpflanzen zu rechnen, da sie gelegentlich vollständig untergetaucht lebt, andererseits als Landform bis 40 cm im Schlamm kriecht. Ihre 30 mm langen, linealisch-bandförmigen Tauchblätter werden weiter oben von ovalen Stengelblättern abgelöst. Die Schwimmblätter sind rosettig angeordnet, spatelig und bis 20 mm lang. Die Blüten- und Fruchtbildung erfolgt bei im Wasser lebenden Exemplaren in den Achseln der Schwimmblätter. Die Pflanze besiedelt flache, bis 30 cm tiefe Gewässer, z. B. Wiesengräben, und paßt sich Wasserstandsschwankungen an. Sie bevorzugt klares, kalkarmes und nur mäßig nährstoffreiches Wasser. Bei Eutrophierung, z. B. durch Enten im Frühling, sterben die Pflan-

zenteile über dem Bodengrund ab und treiben erst durch, wenn die ihnen zusagende niedrigere Nährstoffkonzentration des Wassers wieder hergestellt ist.

Luronium RAF., Familie *Alismataceae*. *L. natans* (L.) RAF. (*Alisma natans* L.), Schwimmlöffel. V bis VIII. West-, Mittel- und Osteuropa, im Norden bis Südschweden. Die einzige Art der Gattung treibt aus dünnen Rhizomen zunächst bandförmige, in der Regel 5 bis 6 cm lange Unterwasserblätter. Die aus ihnen gebildeten grundständigen Blattrosetten vergehen schnell, und es entwickelt sich eine dünne Sproßachse, die auf dem Boden kriecht oder bei Erreichen der Wasseroberfläche Schwimmblätter und Blüten treibt. An den Knoten der langen Triebe bilden sich Wurzeln. Die langgestielten Schwimmblätter sind breitoval, bis 3 cm lang. Die zwittrigen Blüten setzen sich aus 3 kürzeren Kelch- und etwa 10 mm langen Kronblättern zusammen. Die Kronblätter sind weiß, am Nagel gelb und umschließen 6 Staubblätter. Der Schwimmlöffel wächst an den Rändern flacher Seen, Tümpel und Teiche auf mäßig nährstoffreichen, kalkarmen, oft kiesig-sandigen Böden. Bei sehr hohem Wasserstand sowie in den lichtarmen Monaten werden nur grundständige, nichtblühende Blattrosetten gebildet.

Nuphar SM., Mummel, Familie *Nymphaeaceae*. Auffallend ist bei allen Arten dieser in der nördlichen gemäßigten Zone verbreiteten Gattung ein dickes Rhizom. Aus ihm wachsen die langstieligen Blätter und Blüten und die kürzeren Tauchblätter. Diese sind fast durchscheinend zart, im Gegensatz zu den derben, fast lederigen großen Schwimmblättern. Eigenartig gebaut sind die rundlichen, einzeln flach über dem Wasser stehenden, nicht schwimmenden Blüten. Sie bestehen aus äußeren grünlichen und inneren braunen, orangefarbenen bis gelben Blättern, an die sich ein Kranz von kürzeren Honigblättern anschließt. Zusammen mit diesen entspringen unter dem oberständigen Fruchtknoten zahlreiche Staubblätter. Der Fruchtknoten trägt eine schildförmige Narbenscheibe. Die birnenförmige Frucht reift über der Wasseroberfläche. Mummeln bevorzugen meist nährstoffreiche Böden und vertragen etwas Schatten.

N. advena (AIT.) AIT.f., Amerikanische Mummel. V bis VIII. USA, Mexiko, Westindien. Die eiförmigen, bis 30 cm langen Schwimmblätter werden erst ab 70 cm Wassertiefe ausgebildet. Andernfalls werden die glänzend grünen Blätter mit ihrer breit ausgeschnittenen Blattbasis steil über den Wasserspiegel gehoben. Die Blüten haben je 3 äußere grüne und innere gelbe, rot gezeichnete Hüllblätter sowie hellgelbe Staubblätter. Die kugelförmigen Blüten stehen auf kräftigem Schaft und erreichen 4 bis 8 cm Durchmesser. Besonders wohl fühlt sich die Pflanze bei flachem Wasserstand.

N. japonica DC., Japanische Mummel. VI bis VIII. Japan. Die Blätter liegen nur bei größerer Wassertiefe dem Wasser auf. Im flachen Wasser schiebt sie ihre Blätter weit über den Wasserspiegel hinaus. Diese »Luftblätter« wirken mit ihrem tiefen Basiseinschnitt fast pfeilförmig. Reichlich ausgebildet werden herzförmige Tauchblätter. Die hellgelben Blüten, mit im Verblühen rötlicher Narbenscheibe, ragen ebenfalls weit aus dem Wasser und sind 4 bis 5 cm breit.

N. lutea (L.) SM., Große Mummel. VI bis IX. Europa, im Osten bis Vorderasien; Sibirien; Nordafrika. Das kräftige, kaum verzweigte Rhizom kann bis 8 cm dick und über 3 m lang werden. Außer stets vorhandenen Tauchblättern werden an 50 cm bis 4 m langen Stielen ovale bis rundliche, schwimmende Blattspreiten ausgebildet. Sie können länger als 40 cm werden und sind am Grunde tief herzförmig ausgeschnitten. Die gelbe, 4 bis 5 cm große Blüte ist mit vielen Honigblättern ausgestattet, riecht jedoch etwas unangenehm. Die ökologisch anpassungsfähige Art besiedelt meist nährstoffreiche, stehende oder langsam fließende Gewässer und verträgt erhebliche Wasserverschmutzung. In den Seen geht sie in größere Tiefen als die Weiße Seerose, sie bevorzugt Tiefen zwischen 0,8 und 2 m. Ab 3 bis 6 m Tiefe wächst die Art nur in der Unterwasserform.

N. pumila (TIMM) DC., Zwerg-Mummel. VI bis IX. Europa mit Ausschluß des Südens; Westsibirien, Japan. Die Schwimmblätter dieser kleiner bleibenden Art haben 70 bis 150 cm, gelegentlich auch längere Stiele und ovale Blattspreiten. Die Länge kann zwischen 4 und 14 cm und die Breite zwischen 3,5 bis 13 cm schwanken. Die Blattstiele sind im Querschnitt scharf zweikantig. Auf dünnen Blütenstielen sitzt eine kleine, im geöffneten Zustand nur 14 bis 25 mm breite Blüte. Die Strahlen auf den Narbenscheiben laufen bis zum Rand, so daß dieser senkrecht gekerbt erscheint, während die Narbenstrahlen der Großen Mummel vor dem Rand enden.

Nymphaea L., Seerose, Familie *Nymphaeaceae*. Die weltweit verbreitete Gattung umfaßt etwa 40 Arten typischer Schwimmblattpflanzen. Besondere Tauchblätter werden nur ausnahmsweise ausgebildet. Blatt- und Blütenstiele entspringen einem dicken Rhizom, die genannten Pflanzenteile sind sämtlich im Querschnitt rund. Die derben Blattspreiten sind grün bis rotbraun, eiförmig oder rund, am

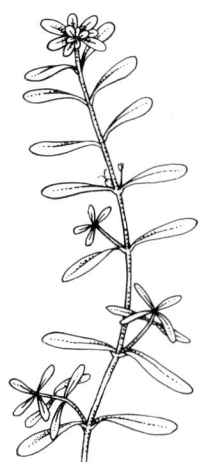

Callitriche palustris

Grunde eingeschnitten. Honigblätter fehlen den Blüten. Die Blütenhülle setzt sich aus 4 bis (seltener) 5 grünen Kelchblättern und zahlreichen ovalen oder lanzettlichen, weißen oder farbigen Kronblättern zusammen. Zur Mitte hin gehen die Blütenblätter allmählich in reduzierte oder echte Staubblätter über, die in großen Mengen ausgebildet werden, (nach Literaturangaben bis 700). Durch sie wird die Schönheit der Seerosenblüten im wesentlichen mitbestimmt. Die Zahl der zumindest teilweise vereinigten Fruchtblätter kann zwischen 3 und 35 betragen. Ein typisches Merkmal der Gattung ist der über dem Kelch angeordnete, mit Kronblättern und Staubgefäßen am Grunde verwachsene Fruchtknoten. Die Samen sind mit einem lufthaltigen, glockenförmigen Mantel umgeben und reifen in einer kugeligen bis birnenförmigen mehrfächerigen, samenreichen Kapsel unter Wasser.

N. alba L., Weiße Seerose. VI bis IX. Europa, NW-Afrika, Vorderasien; in Amerika nicht ursprünglich. Das genarbte und verzweigte Rhizom kann armstark werden. Blattstiele bis 3 m lang und reich an Luftkanälen. Die im Mittel 30 cm langen und 20 cm breiten Blätter sind ohne Spitze, am Grunde tief eingeschnitten und haben am Rande bogig verbundene Seitennerven. Die Blätter liegen dem Wasser auf oder erheben sich wenig über den Wasserspiegel. Die grünen Kelchblätter sind wenig kürzer als die weißen Kronblätter oder gleich lang. Sie gehen allmählich in die ebenfalls zahlreichen gelben Staubblätter über. Die innersten Staubblätter sind in der Regel nicht breiter als die Staubbeutel. Der Pollen ist stachelig. In der Mitte sitzt die tellerförmige gelbe Narbenscheibe über einem Fruchtknoten, der bis zu 1700 2 bis 3 mm lange, gut keimende Samenkörner entwickeln kann. Ebenso wie die Blätter schwimmen die duftenden Blüten, sie sind von morgens gegen 7 Uhr bis spätnachmittags geöffnet, einzeln auf langen Stielen. Die Weiße Seerose besiedelt offene Teiche, Altwasser, ruhige Seebuchten, wächst auch im Brackwasser und bildet mit anderen Arten Schwimmblattgesellschaften. Empfindlich gegen Wellenschlag! Auf humosen Schlammböden wächst die Art bis in 3 m Tiefe, das Optimum liegt bei 1 bis 1,5 m.

Die Varietät *minor* DC., syn. *N. occidentalis* (OSTENF.) MOSS ist in allen Teilen nur etwa halb so groß wie die Nominatform. Sie ist typisch für torfige, nährstoffärmere, kühle und mäßig tiefe Gewässer im Norden des Verbreitungsgebietes. Die in der Natur sehr seltene var. *rosea* Hartm. ist aus Südschweden und der Wisłamündung bekannt. Diese purpurrote Varietät zeichnet sich durch hellgelbe Narben, etwas gewellte Blattränder und kugelige Früchte aus.

N. candida J. S. et K. B. Presl, Kleine Seerose. VI bis VIII. Europa außer Südeuropa, Westsibirien, Kaukasus. Die Art ist in allen Teilen kleiner als die ähnliche Weiße Seerose. Ihre mitunter kapuzenförmig zusammengezogenen grünen Kelchblätter sind länger oder mindestens gleich lang den zahlreichen weißen, gelegentlich außen auch schwach rötlich gestrichelten Blütenblättern. Nicht so weit wie bei der Weißen Seerose öffnet sich die mehr sternförmige Blüte. Ihre 9 bis über 22 mm langen Staubblätter bestehen aus breiten, dottergelben Staubfäden und schwefelgelben Staubbeuteln. Die Fäden sind stets breiter als die Beutel. Die Art besiedelt stille, mäßig nährstoffreiche Gewässer über humosen oder moorigen Schlammböden zwischen 1 und 2 m Wassertiefe. Empfindlich gegen Kalkdüngung und Eutrophierung wird die Kleine Seerose in der freien Natur zunehmend seltener.

N. odorata Ait., Wohlriechende Seerose. VI bis IX. Östliches Nordamerika, südlich bis El Salvador; Westindien; in Westeuropa stellenweise eingebürgert. Das dicke, sich waagerecht ausbreitende Rhizom ist gegabelt, die einzelnen Äste sind am Grunde nicht verengt und erscheinen dadurch nicht deutlich abgegliedert. Die Blattstiele sind purpurgrün mit ganzrandigen, fast kreisrunden, unterseits erhaben gerippten Blattspreiten. Die Blätter sind oberseits dunkelgrün, am Rande oft braunrot und unterseits wie die Rückseite der Kelchblätter purpurfarben. Die sehr wohlriechende, weiße, oft einige Zentimeter über dem Wasser stehende Blüte ist 3 bis 4 Tage lang von morgens bis abends geöffnet und erreicht 12 bis 15 cm Durchmesser. Der nach oben gerichtete tassenförmige Aufbau der mit bis zu 32 Kronblättern wie gefüllt aussehenden Blüte erinnert an das elegant Schwebende eines Schwanes. Die Art besiedelt Tümpel, Altwässer und Seen, auch oligotrophe Moorseen zwischen 30 und 70 cm Wassertiefe. Erwähnenswert ist die f. *rubra* Guillon mit rötlichen äußeren Blütenblättern und die var. *rosea* Pursh. Folgende Sorten – sämtlich mit sternförmigen, duftenden Blüten – sind der Art zuzuordnen: 'Odalisque' (Wassertiefe 15 bis 30 cm), zartrosa, mit nur 8 cm großen Blüten, die hoch über dem Wasser stehen, und 15 cm großen herzförmigen Blättern; 'Minor', weiß, ähnlich 'Odalisque' zu bewerten; 'Maxima' (Wassertiefe 40 bis 80 cm), weiße, kugelige und große Blüten mit zahlreichen Blütenblättern, Staubfäden und Narben hellgelb; 'Rosennymphe' (Wassertiefe 30 bis 70 cm), Blüten gleichmäßig hellrosa, später verblassend; 'Sulphurea' (Wassertiefe 40 bis 100 cm), Blüten schwefelgelb, über der Wasseroberfläche stehend, wüchsig, aber nicht immer reichblühend; 'Sulphurea Grandiflora' hat noch etwas größere Blüten als 'Sulphurea'. Beide Sorten haben oberseits bräunlich gefleckte ('Sulphurea' unterseits braunrote, 'Sulphurea Grandiflora' unterseits grüne) Blätter. 'Turicensis' (Wassertiefe 30 bis 50 cm), zartes Rosa, fast weiß, 9 cm Durchmesser, Blätter herzeiförmig; 'W. B. Shaw' (Wassertiefe 20 bis 50 cm), Blüten zartrosa, innen dunklere Blüten stehen becherförmig einige Zentimeter über dem Wasser, Blätter ungefleckt und kreisrund.

N. tetragona Georgi (*N. pygmaea* Aiton), Zwerg-Seerose. VI bis IX. Nördliche Gebiete von Europa, Asien und Nordamerika; China, Japan, Himalaja. Diese schwach duftende, kleinste aller winterharten Seerosen bildet eine grundständige Blattrosette über einem zarten Rhizom. Die im Frühjahr ausgebildeten Unterwasserblätter vergehen nach Entwicklung der Schwimmblätter. Diese sind breitelliptisch, ca. 15 cm lang, oberseits dunkelgrün und mitunter schwärzlich gefleckt, unterseits hellgrün. Die oval dreieckigen, am Grunde deutlich vierkantigen Kelchblätter sind außen grün und innen weiß. 2,5 bis 6 cm Durchmesser erreicht die nur nachmittags geöffnete, reinweiße Blüte. Zwischen Kron- und Staubblättern bestehen keine Übergänge. Die Narbenscheibe ist meist dunkelviolett. Die Art besiedelt Waldsümpfe und kühle, langsam fließende Gewässer. Aus Finnland ist die rötliche f. *colorata* Mela bekannt.

Zur Erzielung farbiger Zwergseerosen wurden Kreuzungen mit anderen Arten durchgeführt, die unter dem Namen *Nymphaea* x *pygmaea* Hort. verbreitet sind. Die Sorten sind alle geeignet für Wassertiefen zwischen 10 und 20 cm. 'Alba' (*N. odorata* 'Minor' x *N. tetragona*). Die rahmweißen, sternförmigen Blüten sind 4 bis 6 cm groß, mit schmallanzettlichen Blütenblättern und vierkantiger Blütenbasis sowie dunkelgrünen, hellbraun gefleckten, 5 bis 10 cm großen runden Blättern.

'Helvola' ist ein Bastard zwischen *N. tetragona* und der gelb blühenden, bei uns im Freiland kaum zu haltenden *N. mexicana* Zucc. Die Kronblätter sind hellgelb bis weißlich cremefarben, der Blütendurchmesser beträgt 3 bis 5 cm. Die kleinen, elliptischen bis runden Blattspreiten sind oberseits rot gefleckt, unten blaßrötlich. Im Freiland blüht diese meist ausreichend winterharte Sorte weniger reich als im Gewächshaus. Nur mäßig winterhart und entsprechend schutzbedürftig ist die Sorte 'Joanne Pring', deren dunkelrosa Blüten orangefarbene Staubblätter enthalten. Die dunkelgrünen Blätter sind 5 bis 8 cm groß.

N. tuberosa Paine, Knollige Seerose. VI bis IX. Nordamerika. Das Rhizom ist mit deutlich abgegliederten, am Grunde eingeschnittenen, knolligen Ästen besetzt, so daß sehr leicht geteilt werden kann. Die grünen Blattstiele sind oben braun gestreift. Die schwimmenden oder leicht angehobenen Blattspreiten sind 10 bis 40 cm groß, etwas ungleichmäßig rundlichoval. Ein arttypisches Kennzeichen sind die zur Blütezeit weit zurückgeschlagenen Kelchblätter. Die kaum duftenden, meist schwimmenden, reinweißen, selten rosafarbenen Blüten erreichen 10 bis 20 cm Durchmesser. Die Art wächst in Teichen, Seen und langsam fließenden Gewässern bei einer optimalen Tiefe von 40 bis 80 cm. Bekannte Sorten sind die reichblühende 'Richardsonii' mit schalenförmigen, reinweißen, etwas duftenden Blüten von 15 cm Durchmesser und grünen Blättern sowie 'Rosea' mit gelborangefarbenen Staubblättern und 15 mit großen Blüten mit weit zurückgeschlagenen Kelchblättern. Die grünen, unterseits rötlichen Blätter haben gestreifte Stiele. Beide Sorten sind für Wassertiefen zwischen 40 und 90 cm geeignet.

Seerosenhybriden: Viele der Nymphaea-Hybriden sind einem besonders erfolgreichen Züchter, dem Franzosen Latour-Marliac, zu verdanken. Er schuf gegen Ende des vorigen Jahrhunderts überaus schöne, noch heute sehr begehrte Sorten. Leider hat Marliac die Methodik seiner Züchtungsarbeit für sich behalten. Sicher ist, daß verschiedene tropische Arten als Züchtungspartner mit einbezogen wurden, zumal winterharte Arten mit roten Blüten als Ausgangsmaterial kaum zur Verfügung standen. Im Gegensatz zu reinen Arten oder Naturhybriden setzen diese Hybriden keinen Samen an (vgl. auch S. 306, 307).

Nymphoides HILL, Seekanne, Familie *Menyanthaceae*. Die meisten der 20 Arten sind ausdauernde, aquatische Kräuter, die stehende und langsam fließende Gewässer besiedeln. Es werden ausschließlich ganzrandige oder gekerbte, fast runde oder eiförmige Schwimmblätter ausgebildet. Die weißen oder gelben Blüten sind zwittrig oder eingeschlechtig und erscheinen ab Blühbeginn über der Wasseroberfläche.

N. peltata (S.G. GMEL.) O. KUNTZE, Seekanne. VI bis VIII. Europa, Sibirien, Japan, Korea, China. Das kriechende, verzweigte Rhizom wird zwischen 60 und 230 cm lang und entsendet am Grunde meist scheidige Blattstiele. Die mit einem schmalen, herzförmigen Ausschnitt versehenen, oberseits hellgrünen, stets schwimmenden Blätter sehen wie kleine Seerosenblätter aus (7 bis 13 × 6 bis 10 cm). Die Blütenstände erscheinen in Quirlen aus 4 bis 8 gestielten, nacheinander sich öffnenden Blüten mit trichterartiger, fünflappiger Krone. Die etwas Sommerwärme liebende Seekanne bevorzugt nährstoffreiche bis mäßig

verschmutzte Gewässer zwischen 5 cm und 3 m Tiefe. Kurzzeitiges Austrocknen der Gewässer übersteht sie als Sumpfpflanze, ihre volle Vitalität erreicht sie jedoch nur im Wasser.

Polygonum L., Knöterich, Familie *Polygonaceae*. Ausdauernde oder einjährige Kräuter oder Gehölze. Ausgesprochen amphibisch lebende Arten gibt es wenige. Aus oft weit kriechenden Rhizomen treiben aufrechte, kriechende oder flutende Stengel mit wechselständigen, meist ganzrandigen Blättern verschiedener Gestalt. Die kleinen, rosa, weißen oder grünlichen Blüten stehen in dichten Scheinähren an der Spitze der Stengel und Äste.

P. amphibium L., Wasser-Knöterich. VI bis IX. Nördliche gemäßigte Zone; Südafrika. Der reichbeblätterte, ästige Stengel ist meist mit mehreren Blütenähren besetzt. Die intensiv rosafarbenen Blüten sind meist zweihäusig, auch zwittrig und setzen selten Samen an. Die knotig gegliederte Grundachse kriecht im Schlamm. Der bis 3 m lange, flutende und an den Knoten wurzelnde Stengel bringt länglich eiförmige, 5 bis 15 cm lange, langgestielte Schwimmblätter hervor. Der anpassungsfähige Wasserknöterich ist als lästiges Unkraut auf vernäßten, meist kalkfreien Äckern ebenso anzutreffen wie als schöne Schwimmblattpflanze in Teichen und Tümpeln. Bei Gewässeraustrocknung geht die Wasser- in die Landform über; möglich ist auch die umgekehrte Entwicklung.

Potamogeton (Gattungsbeschreibung S. 125)

P. natans L., Schwimmendes Laichkraut. VII bis VIII. Nördliche Halbkugel, Südamerika. Das weiße, energisch wachsende Rhizom weist im Herbst knollig verdickte Glieder auf. Die Blattstiele sind oberseits flachrinnig. Die Schwimmblätter sind länglich stumpfoval und bis 12 cm lang. Zur Blütezeit sind die binsenähnlichen Tauchblätter meist nicht mehr vorhanden. Auf einem 10 cm langen, überall gleichdicken Stiel sitzt die reich blühende, grünliche Ähre. Die Art ist in Weihern, Tümpeln und stillen Seebuchten in der Ebene und im Gebirge – dort oft bestandsbildend – häufig anzutreffen. Sie verträgt Wasserstandsschwankungen und kurzfristige Austrocknung und bevorzugt mäßig nährstoffreiche, basische Gewässer.

Ranunculus L., Hahnenfuß, Familie *Ranunculaceae*. Die sehr artenreiche Gattung enthält feuchtigkeitsliebende Kräuter mit weißen oder gelben Blüten und Wasserpflanzen. An den freistehenden Blütenblättern befinden sich am Grunde »Honiggruben«. Die 3 bis 5 Kelchblätter sind meist hinfällig.

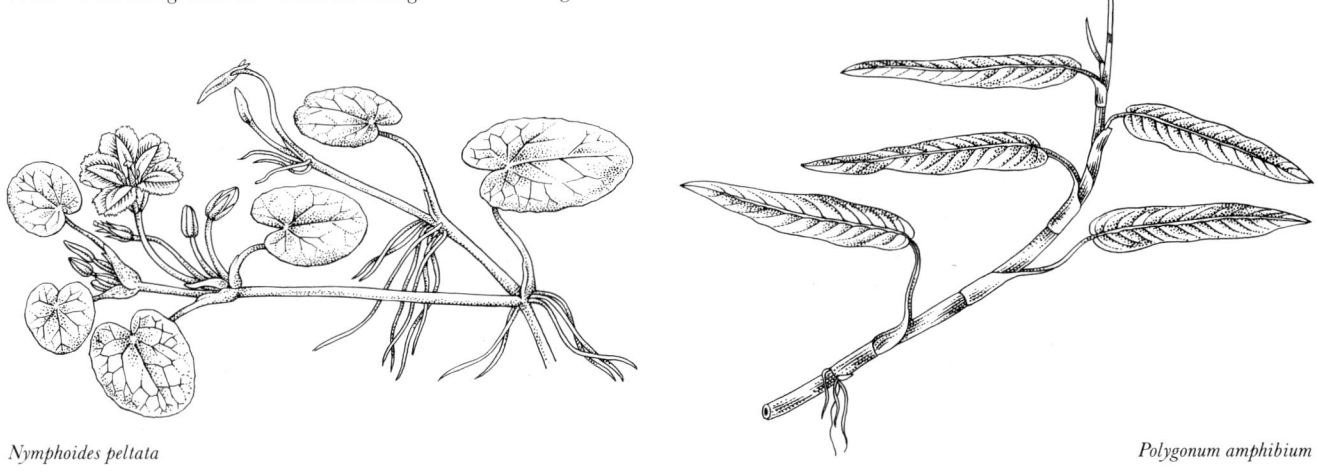

Nymphoides peltata

Polygonum amphibium

R. aquatilis L., Wasser-Hahnenfuß. V bis VIII. Europa; Mittel- und Ostasien; Nord- und Südafrika; Nord- und Südamerika. Neben der seltener vorkommenden, rasig wachsenden Landform wächst die Wasserform mit feinzerteilten Tauchblättern ausgebreitet. Die glänzenden Schwimmblätter sind 3- bis 5lappig, im Umriß flach halbkreisförmig, 20 bis 30 mm breit. Die 5 weißen Blütenblätter sind 12 bis 15 mm lang, innen gelblich, mit gelber, becherförmiger Honiggrube. Zahlreiche Staubblätter umstehen einen Fruchtknoten, der sich zu einem vielsamigen runden Köpfchen entwickelt. Die Art ist nicht immer ausdauernd, vermehrt sich jedoch gut, da an den Knoten aller Blätter reichlich Adventivwurzeln ausgebildet werden. Die Standorte dieser in der Ebene, vor allem aber für mittlere Gebirgslagen charakteristischen Art sind stehende oder langsam fließende, flache, etwas nährstoffreiche, saubere Gewässer.

Verwendung der Schwimmblattpflanzen
Diese für den Wassergarten so bedeutungsvolle Pflanzengruppe enthält ein vielgestaltiges Angebot von prächtigen und bescheidenen, von großen und kleinen, von vitalen und empfindlichen Arten und Formen. Verwendungsmöglichkeiten und wechselseitige Zuordnung leiten sich davon ab. So sind farbige und selbst weiße Seerosen wie geschaffen für repräsentative Wasserbecken. Bei der Farbenzusammenstellung sind grobe Fehler kaum zu befürchten, da es sich bei den Seerosenblüten

meist um pastellartige Tönungen verwandter oder mild kontrastierender Farben handelt. Sie gefallen in jeder beliebigen Mischung. Mit dem Begriff der Seerose verbindet sich das Vornehme, das Individuelle, denn jede Blüte wirkt für sich. Die Seerose ist Objekt der Kunst und der Literatur, eine Blume des Jugendstils. Besonders wichtig bei der Verwendung ist die Beachtung der typischen Wuchsform jeder Art oder Hybride. So besteht beispielsweise zwischen der starkwachsenden 'Colossea' und den Zwergseerosen ein Unterschied wie zwischen Riese und Zwerg, deshalb ist je nach Wassertiefe und verfügbarer Wuchsraumgröße die Wahl der Arten oder Sorten zu treffen. Die beste Pflanzzeit ist das Frühjahr. Auch später, sogar mitten in der Blütezeit können Teilstücke abgetrennt und umgepflanzt werden. Eine Jungpflanze guter Qualität sollte ein volles Jahr vorkultiviert worden sein, dann ist das Rhizomstück gut bewurzelt. Das flach in den Teichboden oder in den vorbereiteten Behälter gepflanzte gesunde Rhizom bringt bereits nach wenigen Tagen neue Wurzeln und Blätter hervor. Für die Mummel-Arten gilt das gleiche. Die Arten beider Gattungen bevorzugen einen etwas nahrhaften Bodengrund. Verrotteter, keinesfalls frischer Rinderdung und gut abgelagerte Komposterde sind sandig-lehmiger Erde in mäßiger Menge hinzuzufügen. Mit bedingter Ausnahme der Zwerg-Mummel und der Zwergseerosen sind die anderen Arten als Schwimmblattpflanzen nur für große Wasserflächen geeignet, im kleinen Becken spren-

gen sie den Maßstab, bedrängen oft andere Arten und wirken störend. *Nuphar advena* oder *N. japonica* wirken, in den randlichen Flachwasserbereich gepflanzt, mit ihren fast pfeilförmigen, steil emporragenden Blättern als dekorative Sumpfpflanzen. Allerdings sollte diesen Pflanzen auch hier ein angemessener Standraum von mindestens 1,5 m² eingeräumt werden.

Speziell für die Bepflanzung kleinster Becken und damit für die Betrachtung aus nächster Nähe eignet sich der feinteilige Schwimmlöffel. Wasserstern und Wasser-Hahnenfuß beanspruchen Gelegenheit zum Umherwandern innerhalb einer Wasserfläche. Vor allem der Wasser-Hahnenfuß tritt unverhofft hier und da zwischen anderen Teichbewohnern auf, ohne mit seinem Teppich weißer Blüten je unwillkommen zu sein. Seekanne, Wasser-Knöterich und Laichkraut sind vielseitig verwendbare Begleitarten in kleinen und großen Becken und Teichen. Diese Arten können nach einiger Zeit durch zu starkes Wachstum auch lästig werden, sofern die Verwurzelung im Bodengrund ermöglicht und auf feste Unterwasserbehälter verzichtet wurde.

Sehr wirkungsvoll ist das Zusammenstellen verschiedener Seerosenarten und -sorten, falls deren Wuchsverhalten ähnlich ist. Mit der Zusammenfassung von verschiedenen Blütenfarben können eindrucksvolle Bilder erzielt werden. Sucht man unter den Schwimmblattpflanzen nach ebenbürtigen exotischen Partnern, so bieten sich allenfalls die Blaue Seerose

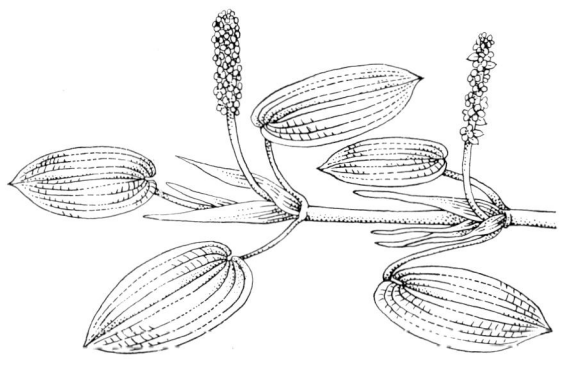

Potamogeton natans

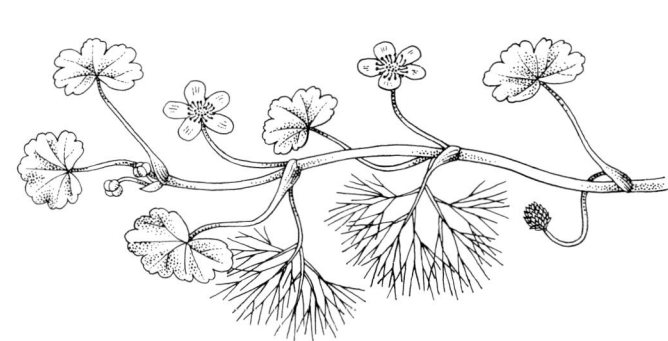

Ranunculus aquatilis

(*Nymphaea* x *daubeniana* HORT.) und die Afrikanische Wasserähre (*Aponogeton dystachios* L. f.) an. Das sind Arten, die in warmen Sommern ihren Standplatz im Freiland haben können, danach jedoch zur Überwinterung wieder ins Gewächshausbecken zurückkehren sollten. Die Blaue Seerose hebt ihre zartbläulichen, strahlenförmigen Blüten weit über das Wasser und sieht auch mit ihren am Rande leicht gezackten Blättern schon recht exotisch aus. Für die Afrikanische Wasserähre soll in milden Wintern sogar die Chance einer frostfreien Freilandüberwinterung bestehen. Der Reiz dieser 20 cm lange, lichtgrüne Schwimmblätter tragenden Art ist ihr Blütenstand, eine zweizeilige Ähre, die sich mit weißen Blütenblättern und 6 dunklen Staubblättern je Blüte wenig über das Wasser erhebt.

Die heimische Seekanne wurzelt intensiv an den Knoten ihrer Sprosse, ist aber sonst typusverwandt mit den Seerosen und läßt sich ebenso wie die anderen kräftigen Schwimmblattpflanzen den Seerosen zuordnen. Auch die gestalterische Mischung dieser Arten und die Einbeziehung von Wasser-Hahnenfuß und allen untergetaucht lebenden Wasserpflanzen ist empfehlenswert.

Interessante Nachbarschaftsbeziehungen ergeben sich nicht nur innerhalb der Gruppe der Schwimmblattpflanzen, sondern mehr noch zwischen diesen und den rahmenden Pflanzungen. Die senkrecht wachsenden Arten des Röhrichts sind die natürlichen Gegenspieler und besonders geeignete Gestaltungspartner der Schwimmblattpflanzen. Es ergibt sich eine enorme Fülle von Kombinationsmöglichkeiten. Nicht nur die auffälligen, mit besonderem Blattdekor geschmückten Arten, wie die Schilfsorte 'Striatopictus', die »Weiße Seesimse« oder die »Zebrabinse« stehen überzeugend neben prächtigen Seerosenblüten. Einschränkungen ergeben sich nur dort, wo intensive Blütenfarben im Spiel sind. So ist es z. B. nicht zu vertreten, rote Seerosen vor roten Feuerlobelien anzuordnen, da die beiden Farbnuancen – kühles, blauanteiliges Rot gegen warmes Scharlachrot – unvereinbar sind. Diese Farben »beißen« sich. Mit der Verwendung einer gelben oder weißen Seerose wäre das Problem gelöst.

Zu den Pflanzen des Röhrichts gesellen sich andere Arten des Uferrandes wie Iris oder Taglilien. Der typische Habitus dieser Gattungen ist dem Bild des Röhrichts noch ähnlicher. Iris oder Hemerocallis können auch jeweils allein oder gemeinsam die Uferbepflanzung und damit den Gestaltungsrahmen und Hintergrund für Schwimmblattpflanzen bilden.

Ein völlig anderes Motiv stellt ein mit Grünen Riesenfunkien *(Hosta elata)* bepflanzter Schattenhang dar, dessen Fuß das Ufer eines Teiches bildet. Größe und Einheitlichkeit einer solchen Pflanzung lassen die verwendeten Funkien wie eine große Herde wirken, die sich hangabwärts zum Wasser drängt und sich förmlich in dieses hineinzustürzen scheint. Die Schwimmblätter der Seerosen und ihrer Begleiter schaffen Beruhigung und Stille. Sie ergänzen das durch gestalterische Dynamik geprägte Bild, das schließlich durch die Blüten der Seerosen seinen vollendenden Akzent erhält.

Pflanzen der Röhrichte und Großseggen-Sümpfe

Das weltweit verbreitete Schilfrohr, eine der aktivsten Verlandungspflanzen, ist die Charakterart der nach ihm benannten Klasse der Pflanzengesellschaften der Röhrichte und Großseggen-Sümpfe. Mit seinen verzweigten, dicken Rhizomen kriecht es im Flachwasserbereich bis zu 1,80 m Tiefe und produziert bei gutem Nährstoffangebot hohe, äußerst zähe, später sich nur langsam zersetzende Halme. Gemeinsam mit Teichsimse, Rohrkolbenarten und Ästigem Igelkolben bildet das Schilfrohr an Teich- und Seeufern die hier typische See- und Teichröhrichte. Eine andere Uferformation im Verband der Röhrichte ist durch das Rohr-Glanzgras bestimmt. Es weist auf stärkere Wasserstandsschwankungen hin und ist an Ufern schnell fließender Gewässer an der Zusammensetzung eines Bach-Röhrichtes beteiligt. Typische Großseggenbestände charakterisieren stau- oder sickernasse, zeitweilig überflutete, auch kurzfristig austrocknende Wiesen, Flutmulden, Gräben und dehnen sich oft bis in den Erlenbruchwald hinein aus. Die Seggen heben sich großflächig und oft etwas graugrün von den niedrigeren, sattgrünen Nachbarwiesen ab. Einige Vertreter bilden feste Horste, massive Anhäufungen von säulenartig verdichteten Blättern und Stengeln. Die Schlanke Segge bohrt sich mit aggressiven Ausläufern durch alle Hindernisse hindurch und beherrscht kleinere Flächen zeitweilig ausschließlich.

Diese wirtschaftlich wenig geschätzten Pflanzengesellschaften bieten vielen Tieren geeignete Siedlungsräume. Sumpfvögel stelzen auf langen Watbeinen durch Schilf und seichtes Wasser. Entenvögel, Wasserrallen, Wasserschmätzer und Rohrammer bauen hier ihre

Nester. Teich- und Seefrösche, Tieflandunken, Wassermolche und selbstverständlich auch Fische finden jeweils passende Laichplätze im »Gelege«, wie das Röhricht vom Fischer genannt wird. Nahrung wird reichlich geboten, auch für die selten gewordene Ringelnatter. Ihre Nahrungstiere leben von dem Heer der Kerbtiere, das sich im Kontaktbereich Wasser–Land äußerst artenreich einstellt. Im Wasser bewegen sich Schwimmkäfer und ihre Larven, Wasserwanzen, Wasserspinnen, Bachflohkrebse, Röhrenwürmer, Egel und Wasserschnecken. An Insekten, die im Larvenstadium das nasse Element benötigen, reicht das Angebot von Mücken über Schlammfliegen, Köcherfliegen und Eintagsfliegen bis zu den rätselhaften Libellen, den feinen blauen »Teufelsnadeln« oder den gewichtigen »Schillebolden«, wie sie in früheren Zeiten genannt wurden. Gerade in den Ufer- und Sumpfwiesengesellschaften sind noch gut funktionierende Stoff- und Lebenskreisläufe zu beobachten. Ein Stück dieser Wirklichkeit kann der aufmerksame Naturfreund im eigenen Gartenteich miterleben.

Acorus L., Kalmus, Familie *Araceae.* Diese aromatischen Pflanzen bilden rhizomartige Erdstämme mit kräftigen Wurzeln. Sie sind vorwiegend im tropischen Ostasien beheimatet.

Das mit betonter Mittelrippe schwertlilienähnliche Laub ist glatt, stellenweise quergefältelt. Zwittrige, je 6 gelbgrüne Perigonblätter und Staubgefäße enthaltende Blüten bilden dichtgedrängt einen Kolben.

A. calamus L. Europäischer Kalmus. VI bis VIII. Süd- und Ostasien; in Europa, Vorderasien und Nordamerika eingebürgert. Die im 16. Jahrhundert in Europa eingeführte Heilpflanze konnte sich behaupten, obwohl ihre Samen nicht ausreifen. Sie pflanzt sich vegetativ fort. Der an dreikantigem Stengel schräg abstehende grünliche, bis 15 cm lange Kolben wird von einem grasgrünen, schlanken, bis 30 cm langen Deckblatt überragt. Die Pflanze wird 60 bis 120 cm hoch. Die robuste Art kann bis 20 cm hoch überstaut werden und verträgt Schatten. Sie behauptet sich zwischen stärksten Konkurrenten. Wirkungsvoll ist die Sorte 'Variegatus', der Buntkalmus, mit auffallend gelblichweiß gestreiften Blättern.

A. gramineus SOLAND., Graskalmus. VI bis VII. Japan, China, Thailand, Indien. Dicht grasartige, fächerförmige Büschel. Die weniger als 10 mm breiten Blätter sind bis 30 cm lang. Die Sorte 'Argenteostriatus' ist weißlich, 'Aureovariegatus' gelblich gestreift. Die blaugrüne, sehr zierliche Varietät *pusillus* (SIEB.) ENGL. ist auch unter der Sortenbezeichnung 'Pusillus' bekannt. Art und Sorten wachsen langsamer als *A. calamus* und vertragen bis 10 cm Überstauung. In schneearmen Gebieten besteht Erfrierungsgefahr, Abdecken mit Reisig oder frostfreies Überwintern getopfter Pflanzen ist deshalb ratsam.

Alisma L., Froschlöffel, Familie *Alismataceae.* Wasserpflanzen mit kurzem, oft dickem Rhizom und grundständigen Blättern. Rispige, quirlig und locker verzweigte Blütenstände mit weißen oder rosafarbenen, innen gelblichen Blüten. Je 3 Kelch- und Kronblätter, 6 Staubblätter. Die zahlreichen Fruchtblätter bilden eine Unmenge flacher, einsamiger Früchte. Auf nährstoffreichen, auch zeitweise trocken fallenden Schlammböden besiedeln die Arten dieser Gattung die Nordhemisphäre, Südamerika und Australien.

A. gramineum LEJ., Grasblättriger Froschlöffel. VII bis IX. Europa, Asien zwischen 40 und 60° n. Br., Nordafrika, Nordamerika. Die Pflanze wächst ganz oder teilweise untergetaucht und bildet 15 bis 100 cm lange, flutende Primärblätter aus. Die Überwasserblätter sind 4 bis 15 mm breit und 2 bis 6 cm lang. Der reich verästelte Blütenstand wird 20 cm, im Ausnahmefall bis 100 cm hoch und trägt kleine, purpurweiße Blüten. Bei dauernd submersem Wachstum werden Unterwasserblüten gebildet. Die etwas wärmeliebende Art verträgt bis 1 m Wassertiefe.

A. lanceolatum WITH. Lanzett-Froschlöffel. V bis VIII, Europa, Nordafrika, West- und Mittelasien. Im Wuchs etwas schwächer als der Gemeine Froschlöffel, mit schlanken, am Grunde verschmälerten, leicht blaugrünen Blättern. Der 20 bis 70 cm hohe (fast breiter als hoch) Blütenstand trägt rosafarbene bis blaßviolette Blüten, die sich vormittags öffnen und nachmittags welken. Kalkliebend.

A. plantago-aquatica L., syn. *A. plantago* AUCT., Gemeiner Froschlöffel. VI bis IX. Kosmopolit. Neben bandförmigen Tauchblättern und einigen schmal elliptischen Schwimmblättern mit langen Stielen entwickeln sich bis 12 rosettig angeordnete, 4,5 bis 25 cm lange Überwasserblätter. Sie sind gestielt, eiförmig-lanzettlich, am Grunde abgerundet. Der bis 1 m hohe Blütenstand kann bis zu 1000 weißliche bis schwach rosafarbene Einzelblüten tragen. Bis 50 cm Wassertiefe, gern in Tümpeln, auf Rohböden in Tongruben, in Restlöchern und auf anderen nassen Ruderalstandorten.

A. subcordata RAF., syn. *A. parviflora* PURSH, Amerikanischer Froschlöffel. VII bis VIII. Nordamerika. Blattspreiten breitrund, 10 bis 20 cm lang, dunkelgrün, deutlich genervt, mit etwas eingezogener Spitze. Der Amerikanische Froschlöffel wirkt mit Blattstielen und Blütenschäften massiv. Er treibt spät aus. Der 60 cm hohe Blütenstand trägt winzige weiße Blüten.

Acorus calamus

Alisma lanceolatum

A. plantage-aquatica

Berula KOCH, Berle, Familie *Apiaceae*. Die oft seitenständigen Dolden 1. Ordnung werden von achselständigen Zweigen übergipfelt und erscheinen deshalb blattgegenständig. Die zwittrigen Blüten sind weiß.

B. erecta (HUDS.) COVILLE, syn. *B. angustifolia* (L.) KOCH, *Sium erectum* HUDS., Berle, Schmalblättriger Merk. VII bis IX. Europa, Nildelta, West- und Mittelasien, südliches Nordamerika. Die kahle, meist verästelte Pflanze vermehrt sich stark durch unterirdische faserige Rhizome. So entstehen in bis 150 cm tiefem Fließwasser ausgedehnte submerse Rasen aus einfach-fiederschnittigen Primärblättern. Bei flachem Wasserstand, je nach Fließgeschwindigkeit aus 10 bis 20 cm Tiefe, erheben sich die stielrunden, gestreiften Stengel 30 bis 80 cm hoch. Die Überwasserblätter sind fiederteilig, die Abschnitte unten eiförmig, oben lanzett-lich, die Ränder deutlich gezähnt. Kalkliebend, häufig im Saum flach überfluteter, sauerstoff- und nährstoffreicher Bäche, schwach giftig.

Butomus L., Schwanenblume, Wasserliesch, Blumenbinse. Familie *Butomaceae*.

B. umbellatus L. VI bis VIII. Eurasien, Nordafrika, in Nordamerika eingebürgert. Mit dickem, pflugscharartigem Rhizom, das kleine, leicht abfallende Brutknöllchen entwickelt. Die zahlreichen, straff aufrechten, 3kantigen, 50 bis 120 cm langen, oben spitzen Blätter bilden eine grundständige Rosette. Die stielrunden Stengel überragen das Laub und tragen 10- bis vielblütige Blütendolden, die an der Basis von 3 schmalen Hüllblättern umgeben sind. Perigon 6blättrig, kronartig, 20 bis 25 mm breit. Die dunkelrot-violettfarbenen, hell gerandeten äußeren Perigonblätter fallen nach der Blüte im Gegensatz zu den weißlich bis dunkel geäderten inneren nicht sofort ab. Balgfrüchte mit zahlreichen Samen. Die dekorative, wärmeliebende und in Mitteleuropa selten wild vorkommende Pflanze wünscht nährstoffreiche Schlammböden. Sie verträgt zeitweiliges Austrocknen der Standorte. Die sehr seltene var. valisneriifolia SAG. wächst untergetaucht flutend.

Calla L. Sumpf-Calla, Schlangenwurz, Schweinsohr, Familie *Araceae*. Die Gattung ist monotypisch.

C. palustris L. V bis VI. Nord-, Mittel- und Osteuropa; Nordasien, Japan; Kanada: Neufundland bis British Columbia; USA: Alaska, südlich bis Maryland und Iowa. In England eingebürgert. Laubblätter rundlich-herzförmig, 2zeilig angeordnet. Die häufiger von Schnecken als von Insekten bestäubte und von Wasservögeln verbreitete Pflanze wird 15 bis 30 cm hoch. Das weiße Hochblatt entsteht dicht unterhalb des von zwittrigen Blüten ohne Perianth besetzten Kolbens. Die intensiv roten Beeren sind wie die ganze Pflanze giftig. Die Art breitet sich mit hohlen, kriechenden Rhizomen mäßig stark aus. Außer in Kleinseggensümpfen sowie im Bruch- und Moorwald tritt die seltene Pflanze auch in Großseggensümpfen, in Röhricht-Gesellschaften und an verschiedenen anderen nassen bis zeitweise flach überfluteten Stellen auf. Nährstoffreiche, neutrale bis mäßig saure Torf-Schlamm-Böden werden bevorzugt.

Carex L. Segge, Familie *Cyperaceae*. Rund 1100 Arten. Die oberen männlichen und unteren weiblichen Blüten stehen entweder in gemeinsamen oder in getrennten Blütenähren. Schaft

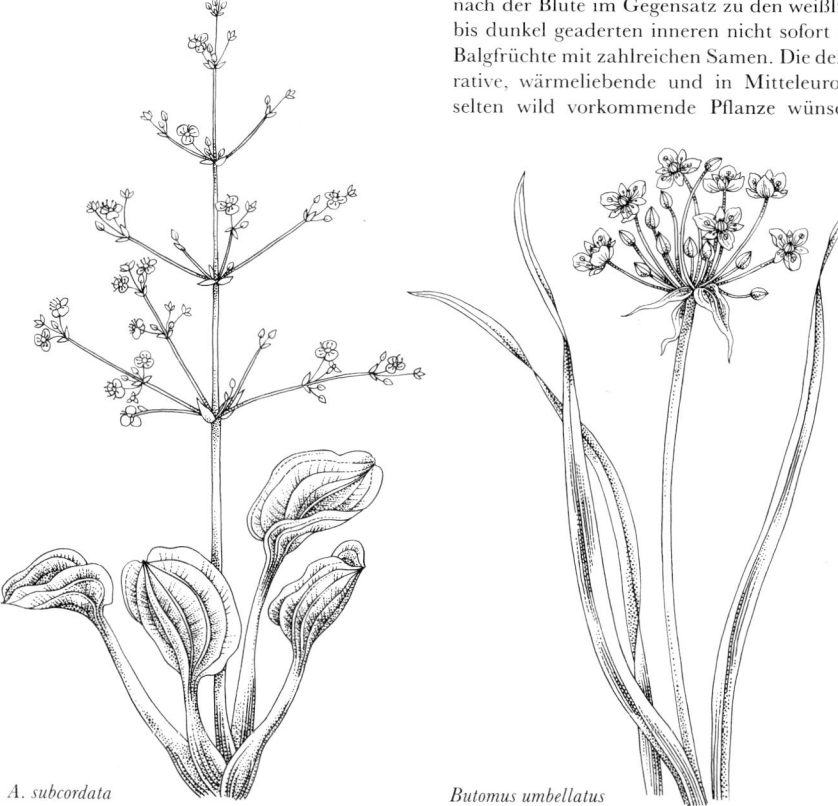

A. subcordata

Butomus umbellatus

Calla palustris

des Blütenstandes immer 3kantig. Die weiblichen Blüten werden von einem schlauchförmigen Hochblatt umschlossen, aus dem die Narbe herausragt. Die Seggenarten charakterisieren vielfach markante, dabei sehr unterschiedliche Pflanzengesellschaften. Seggen treten in tiefen Lagen als Verlandungspflanzen auf, besiedeln nasse Wiesen ebenso wie sonnige Kalkhänge, Moore, schattige Wälder und alpine Matten.

Carex gracilis

C. elata ALL., Steif-Segge. IV bis V. Europa, Kaukasus, Nordafrika. Die graugrünen, steifen, schmal gekielten Blätter mit gelbbraunen Blattscheiden entwickeln sich auf mächtigen, oft stockwerkartig aufgebauten Horsten ohne Ausläufer. Der steif aufrechte Stengel des 10 bis 20 cm langen Blütenstandes überragt die Blätter und trägt 4 bis 6 walzliche Ähren. Die sitzenden oder kurz gestielten weiblichen Ährchen können an der Spitze einige männliche Blüten enthalten. In Ufer- und Feuchtwiesen ist diese tiefwurzelnde Segge bestandsbildend anzutreffen. Bedeutend schwächer wachsen die schönen Sorten dieser Art. 'Aureor' hat gelbgerandete Blätter, 'Bowles Golden' zeigt goldgelbes, grün gerandetes Laub. 'Knigshayes Form' hat hellgelbes Laub und ist sehr zart.

C. gracilis CURT., Schlank-Segge. V bis VI. Europa bis zum Polarkreis, Mittelmeergebiet bis Kaukasus. Mit langen Ausläufern energisch wachsende Pflanze. Blätter 4 bis 8 mm breit, allmählich zugespitzte, bis 1 m lange, schon vor der Blütezeit nickende Blätter. Häufig und bestandsbildend auf nährstoffreichen, oft kalkhaltigen Böden. Auch für kleinere Wasserbecken sind die Sorten 'Aureovariegata' (gelbgestreift) und 'Variegata' (weiß mit grünem Rand) geeignet.

C. pseudocyperus L., Scheincyper-Segge. VI. Eurasien, Nordafrika, nordöstliches Nordamerika. Blätter gelbgrün, 7 bis 12 mm breit. Blütenstand locker, weibliche Ähren an langen,

dünnen Stielen hängend, männliche Ähre endständig. 40 bis 90 cm, ausläufertreibend. Etwas wärmeliebend, in Gräben, an Ufern stehender Gewässer und in Erlenbrüchen auf mäßig nährstoffreichen, tonigen, staunassen oder zeitweise überschwemmten Böden.

C. riparia CURT., Ufer-Segge. V bis VI. Europa, östlich bis Mittelsibirien und Mongolei, Kleinasien, Kaukasus, Nordwestafrika. Flache, 8 bis 20 mm breite, jung auffallend graugrüne Blätter. Robust, 80 bis über 120 cm hoch, mit langen unterirdischen Ausläufern. Blätter sowie Blütenstand aus 3 bis 4 weiblichen und 3 bis 5 männlichen Ähren stehen in etwa gleicher Höhe. Die geringen Salzgehalt ertragende Art ist unempfindlich gegen Wasserstandsschwankungen und gegen Austrocknung, sogar im Frühling. Sie wünscht stau- oder sickernasse, zeitweilig überschwemmte Standorte auf nährstoffreichen Böden, kommt aber auch auf sauer-humosen Ton- und Torfböden vor.

C. pseudocyperus

Cladium mariscus

Cladium P. Br., Schneide, Familie *Cyperaceae*.

C. mariscus (L.) Pohl. VI bis VII. Kosmopolit. Der kräftige, stielrunde, beblätterte Blütenstand wird 80 cm bis über 2 m hoch. Blätter 5 bis 17 mm breit, steif, flach, am Rande und unterseits dornig, dreikantig lang zugespitzt, mit schneidendem Rand. Die kugelig-köpfigen Ährchenknäuel bilden einen Blütenstand von 30 bis über 50 cm Länge. Wärmeliebend, selten aber gesellig, hinter dem Schilfgürtel von Seeufern, Gräben und anderen im Sommer sich erwärmenden, seicht überschwemmten oder auch zeitweise trocken fallenden Standorten. Meist auf kalkreichen Schlickböden.

Cyperus L., Zypergras, Familie *Cyperaceae*. Die obersten Laubblätter bilden häufig dicht gedrängt mit dem endständigen Blütenstand eine Rosette, aus der viele überhängende Seitentriebe hervorgehen können. Das schirmartige Aussehen macht die Pflanzen interessant.

C. longus L., Langes Zypergras. VII bis IX. West-, Süd- und Südosteuropa, Kaukasus, Kleinasien bis Zentralasien, Vorderindien, Afrika. Aus kriechendem Wurzelstock treiben 70 bis 100 cm hohe Stengel. Der locker ausladende, von Hüllblättern überragte Blütenstand besteht aus ährentragenden Strahlen 1. und 2. Ordnung. Auf nährstoffreich-humosen Böden im Süden bestandsbildende Art, zählt in Mitteleuropa zu den größten Seltenheiten.

Eleocharis R. Br., Sumpfsimse, Familie *Cyperaceae*. Stengel luftkanalreich, meist rund, Blätter am Grunde bis auf 2 Scheiden reduziert. In Horsten oder Herden, oft mit kriechenden Rhizomen. Die zwittrigen Blüten in einer einzigen, endständigen Ähre.

E. palustris (L.) R. et Sch., Gemeine Sumpfsimse. V bis VIII. Fast Kosmopolit. Die Art breitet sich mit dickem, dunklem, der Erdoberfläche aufliegendem Rhizom aus und treibt 15, gelegentlich bis 100 cm hohe Halme. An Ufern häufige Verlandungspflanze auf nährstoffreichen Schlickböden.

Equisetum L., Schachtelhalm, Familie *Equisetaceae*. Mit Ausnahme von Neuseeland und Australien ist die Gattung weltweit verbreitet. Die Schachtelhalme kriechen mit reich verzweigten, oft knollig verdickten Rhizomen als meist schwer ausrottbare Kräuter tief im Boden. Der aufrechte Stengel ist deutlich in Internodien gegliedert, mit oft schuppenartigen, an den Stengelknoten zu gezähnten Scheiden verwachsenen Blättern. Die endständigen Sporangien entwickeln sich entweder auf chlorophyllfreien, fruchtbaren Sprossen oder auf Laubsprossen.

E. fluviatile L. em. Ehrh., Teich-Schachtelhalm. Sporenreife V bis VII. Zirkumpolar; in Asien bis 69° n. Br., südlich bis Kleinasien, Himalaja, in Nordamerika südlich bis Oregon, Illinois und New Jersey. Sporentragende und unfruchtbare Triebe erscheinen gleichzeitig und sind gleichgestaltet. An glatten, 20 bis 150 cm hohen Haupttrieben entspringen schwächere Seitentriebe. Die schwarzen, sehr schmalen, weiß gerandeten Blattscheiden haben 10 bis 30 Zähne. Die stumpfe Sporangienähre ist 1 bis 3 cm lang. An Ufern stehender und langsam fließender Gewässer dringt die Pflanze bis in 1 m Wassertiefe vor. Auf Torfschlamm und Sumpfhumusböden in montanen, winterkalten Lagen Charakterart einer speziellen Röhrichtgesellschaft.

Glyceria R. Br., Schwaden, Familie *Poaceae*. Stielrunde, hohle Halme mit zweizeilig angeordneten, gefalteten Blättern tragen eine schmale bis ausgebreitete Blütenrispe mit länglichen, grannenlosen, im Umriß linealischen Ährchen.

G. maxima (Hartm.) Holmberg, Wasser-Schwaden. VII bis VIII. Europa, Sibirien, Kleinasien, Kaukasus. Mit langen, unterirdischen Ausläufern sehr stark wachsend. Stengel aufrecht, bis 2 m hoch, saftiggrün. Blätter 50 bis 75 cm lang. Die etwa 40 cm lange, dichte bis lockere Rispe enthält bis 10 cm lange, allseitig schräg abstehende starre Äste. Mit fahlgelber Herbstfärbung weicht die Sorte 'Pallida'

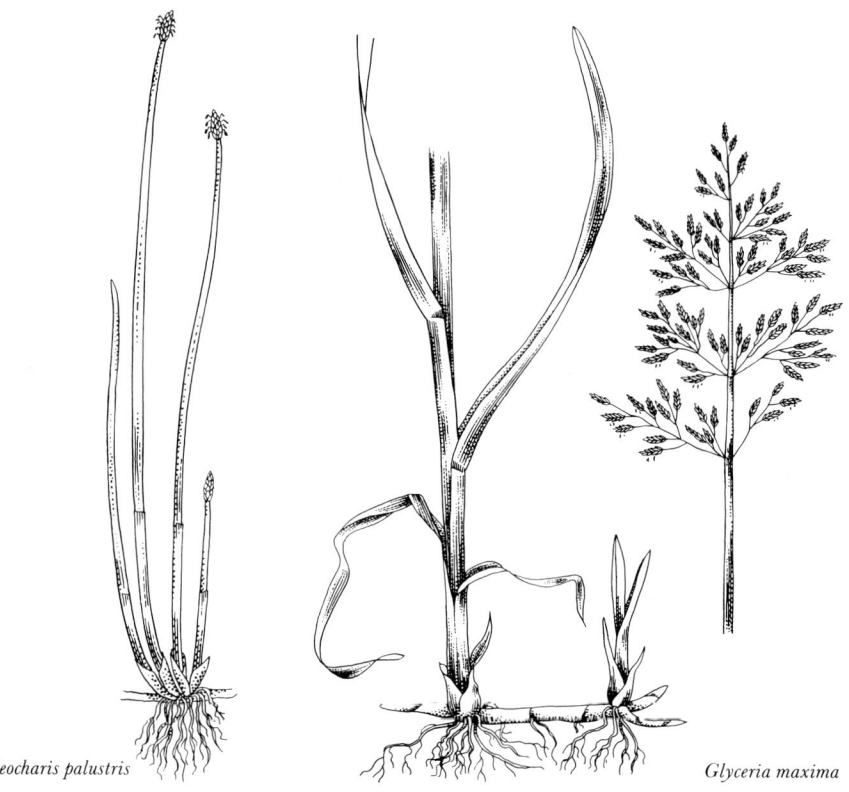

Eleocharis palustris

Glyceria maxima

138

etwas vom Typ ab. Bei der im Austrieb rötlichen Sorte 'Variegata' sind die Blätter rahmweiß-grün gestreift. Im Schatten ist diese Sorte nicht standfest. Der anspruchslose Wasser-Schwaden kommt auch in verschmutzten Gewässern mit stark schwankendem Wasserstand vor.

Hibiscus L., Eibisch, Familie *Malvaceae.* Krautige und halbstrauchige Arten enthält diese Gattung ebenso wie Sträucher und Bäume. Verbreitungsschwerpunkt sind die Tropen. Die Blätter sind tiefgelappt-handförmig bis ganzrandig. Sehr attraktiv, wenn auch kurzlebig sind die in der Knospe gedrehten Blüten.

H. moscheutos L., Sumpf-Eibisch. VIII bis X. USA: Maryland bis Indiana, südlich bis Florida und Alabama. Aus kräftigem Wurzelstock treiben rohrartige, 1,2 bis 2 m hohe Achsen. Die 8 bis über 20 cm langen dreiteilig gelappten Blätter sind unterseits weißfilzig bemehlt, die Lappen eiförmig gezähnt. Am Grunde der weißen, rosafarbenen oder purpurfarbenen Kronblätter entspringt eine »Säule« mit vielen Staubblättern und oben 5 Narben. Die 10 bis 15 cm großen Blüten stehen zu mehreren am

Hibiscus moscheutos

Triebende. Stattliche, wärmeliebende Pflanze im Röhricht von Seeufern, auf Salzmarschen und auf brackigen Sumpfstandorten. Neuerdings beschäftigen sich amerikanische und japanische Züchter verstärkt mit dem Sumpf-Eibisch. Hoffentlich wird dabei nicht nur auf Blütenschönheit geachtet, sondern auch der Blühtermin vorverlegt. In kühlen mitteleuropäischen Sommern schaffen die Pflanzen das Blühen nicht mehr. Allerdings erfreuen sie immer mit prächtig gelber Herbstfärbung. Im Winter darf der Wurzelstock nicht durchfrieren.

Hippuris L., Tannenwedel, Familie *Hippuridaceae.*

H. vulgaris L. V bis VIII. Europa, im Osten bis Vorderasien, in Amerika von Kalifornien bis New York, Alaska bis Neufundland; Grönland. Wasserpflanze mit kriechendem Rhizom. Sprosse mit Quirlen linealischer Blätter besetzt, die 15 bis 30 cm über den Wasserspiegel ragen. Bei der Fließwasserform können die

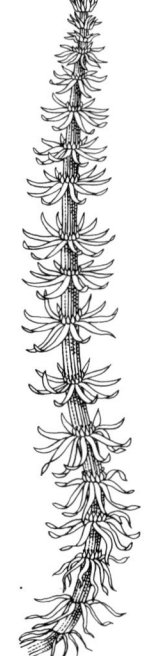

Hippuris vulgaris

Sprosse 180 cm erreichen. Die winzigen, blattachselständig grünlichen Blüten werden meist übersehen. Im Röhricht sommerwarmer Gewässer dringt die anpassungsfähige Pflanze bis zu 2 m Wassertiefe vor. Bevorzugt werden nährstoffreiche, klare, meist kalkhaltige Gewässer.

Leersia Sw., Reisquecke, Familie *Poaceae.* Die ausläufertreibenden Gräser mit aufsteigenden Halmen bringen lockere Rispen aus einblütigen Ährchen hervor. Von den echten Reisarten der eng verwandten Gattung *Oryza* unterscheiden sich die Arten der Gattung durch das Fehlen steriler Deckspelzen.

L. oryzoides (L.) Sw., Gemeine Reisquecke. VIII bis X. Europa, Asien, Nord- und Südamerika, Westindien. Die bogig niederliegenden bis aufsteigenden Halme der gelbgrünen Pflanze erreichen 50 bis 150 cm Höhe. Die Blätter sind allmählich zugespitzt und sehr rauh. Sie wirken verhältnismäßig groß. Die Rispe setzt sich aus dünnen, etwas geschlängelten Rispenästen zusammen. Gelegentlich bleibt sie in den oberen Blattscheiden stecken. Die Pflanze zeigt Verschmutzung vor allem an Dorfbächen und Abwassergräben an.

Lysimachia L., Gilbweiderich, Felberich, Familie *Primulaceae.* Neben einigen kriechenden Arten umfaßt die Gattung vor allem aufrechte Stauden mit z.T. kriechenden Wurzelstöcken. Die Blätter sind ganzrandig oder gekerbt, nicht oder kurz gestielt. Die flach ausgebreiteten oder glockigen Blüten stehen in ährigen, traubigen oder rispigen Blütenständen. Auch blattachselständige Einzelblüten kommen vor. Der Verbreitungsschwerpunkt dieser feuchtigkeitsliebenden Gattung liegt in Ostasien. Nur wenige Arten vertragen direkte Überflutung.

L. thyrsiflora L., syn. *Naumburgia thyrsiflora* (L.) Rchb., Strauß-Gilbweiderich. V bis VII. Nördliche gemäßigte Zone, in Europa bis 70° n. Br. Die typische Uferpflanze breitet sich mit langen unterirdischen Ausläufern aus. Die schmallanzettlichen, unten schuppenförmigen Blätter des 30 bis 60 cm hohen Stengels sitzen meist gegenständig. Obere Blätter halb stengelumfassend. Die goldgelben, an der Spitze rot punktierten Blüten stehen in kugeligen, bis 3 cm langen Trauben in den Blattachseln. In Mitteleuropa selten, verträgt etwas

Schatten. Großseggenbestände und Uferröhricht von Seen und Moorweihern, Zwischenmoore und Bruchwälder auf flach überschwemmten, mäßig nährstoffreichen Sumpfböden bieten günstige Standorte.

Mentha L., Minze, Familie *Lamiaceae*. Fast alle Arten dieser Gattung mit niederliegend-aufsteigenden oder aufrechten, meist ästigen Stengeln siedeln an wasserzügigen oder nassen Standorten. Die breiteiförmigen bis lanzettlichen Blätter stehen kreuzgegenständig. Aus den Blattachseln gehen kopfige bis ährige Blütenstände weißlicher, rötlicher oder violetter Lippenblüten hervor. Fast alle Arten haben einen charakteristischen Minzengeruch.

M. aquatica L., Wasser-Minze. VII bis X. Europa; West- und Mittelasien; Nord-, Süd- und Ostafrika; Australien, Neuseeland. Die Wasser-Minze ist ein Elternteil unserer Pfefferminze. Sie vermehrt sich energisch durch un-

ter- und oberirdische Ausläufer. Am Ende des luftkanalreichen, bis 80 cm hohen Stengels sitzen kopfig gehäufte Scheinquirle weißlicher bis hellvioletter Blüten. Auf ständig nassen oder zeitweise überschwemmten, nährstoffreichen Böden, in Röhricht- und Großseggenbeständen ist die Art anzutreffen.

Nasturtium R. Br. Brunnenkresse, Familie *Brassicaceae*. Diese in der Nordhemisphäre verbreitete Gattung umfaßt 6 krautige Arten mit traubigen Blütenständen und kleinen weißen Blüten.

N. officinale R. Br. Gemeine Brunnenkresse. V bis X. Heute weltweit verbreitet außer in heißen und kontinentalen Gebieten. Die kriechende Pflanze bildet 30 bis 80 cm hohe Stengel mit kahlen, gefiederten, wintergrünen Blättern. Blüten weiß. Die Fruchtschoten werden 13 bis 18 mm lang. An Bach- und Grabenrändern oder an Quellen mit schnell und lang-

sam fließendem Wasser ist diese typische Bach-Röhricht-Pflanze gelegentlich anzutreffen. Die Art verlangt sauberes Wasser sowie möglichst kalkhaltige und nährstoffreiche Schlammböden.

Im Herbst purpurfarbenes Laub hat die Kleinblättrige Brunnenkresse, *N. microphyllum* (Boenn.) Rchb. Vor allem die echte Brunnenkresse empfiehlt sich als eine etwas bittere, scharfe, sehr würzige Salatpflanze.

Orontium L. Goldkeule, Familie *Araceae*. Nur eine, auf das östliche Nordamerika beschränkte Art.

O. aquaticum L. V bis VI. Massachusetts bis Zentral-Pennsylvania, südlich bis Florida und Louisiana, vorwiegend in Küstennähe. Die Art bohrt ihren kräftigen Wurzelstock tief in den Schlamm und treibt grundständige, länglich-elliptische, zugespitzte, 12 bis 30 cm lange, oberseits saftig dunkelgrüne, unterseits bleiche Blätter, die bei tieferem Wasser schwimmen, bei flacherem Wasser sich über das Wasser erheben. Der sich oben verjüngende, schlanke Blütenkolben steht auf porzellanartigen, oben etwas verdickten Stielen. Er trägt dicht gedrängt kleine, runde, zwittrige, leuchtend gelbe Blüten. Stiel und Kolben werden 30 bis 60 cm lang und wirken als einheitliche Gestalt äußerst elegant. Zur Fruchtzeit verdickt sich der Kolben. Eine Spatha ist nur an sehr jungen Kolben zu bemerken, sie fällt noch vor Blühbeginn ab. Die Art besiedelt Sümpfe und flache, bis 70 cm tiefe Teiche. Sie verlangt nährstoffreichen, tiefgründigen Schlammboden.

Peltandra Raf., Pfeilaronstab, Familie *Araceae*. Sumpfstauden mit pfeilförmigen Blättern. Der gesamte Blütenkolben ist bedeckt mit eingeschlechtigen Blüten ohne Perianth. Die zahlreichen männlichen Blüten sitzen über den weiblichen in einer 4reihigen, oben zugespitzten Ähre. Die weiblichen Blüten bestehen aus freien Fruchtblättern, die von 4 rudimentären Staubblättern als weiße, fleischige Hülle umgeben sind.

P. virginica (L.) Kunth, Grüner Pfeilaronstab. IV bis VI. USA, von Maine, Ontario und Michigan südlich bis Florida und Louisiana. Als dickes Faserbündel dringen die Wurzeln tief in den Schlamm ein. Die derben, spießförmigen Blätter mit gewelltem Rand und langer

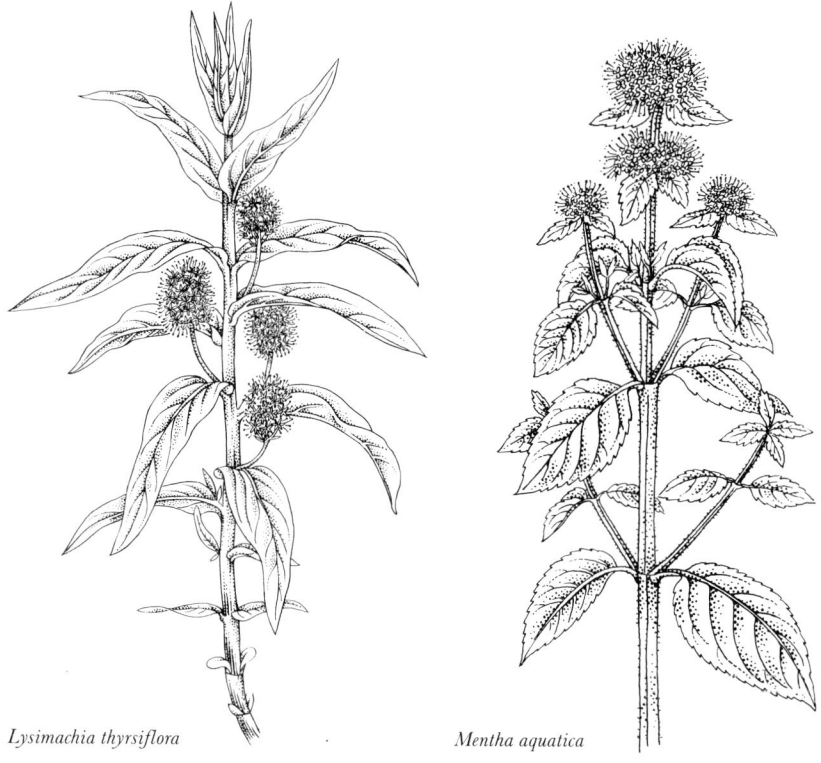

Lysimachia thyrsiflora

Mentha aquatica

Spitze haben 3 kräftige Adern und können in der Heimat 75 cm lang werden. Der Blütenkolben wird von einer 10 bis 20 cm langen grünen, engen Spatha fast vollständig eingehüllt. Zur Reifezeit sind die grünen Beeren in der nun lederigen, etwas zurückgebogenen Spatha völlig versteckt.

Phalaris L., Glanzgras, Familie *Poaceae*. Unter den 20 Arten ist nur eine Wasserpflanze.

P. arundinacea L., Rohr-Glanzgras. VI bis VIII. Eurasien und Nordamerika bis 71° n. Br. Das schilfähnlich derbe, 1 bis 2 m hohe Gras wuchert mit langen unterirdischen Ausläufern. Lang zugespitzt, bis 15 mm breite Blätter sitzen in glatten, weißhäutig berandeten Scheiden mit 4 bis 6 mm langen Blatthäutchen. Die große, straußförmige Rispe aus einblütigen Ährchen ist zur Blütezeit weit ausgebreitet. Unempfindlich gegen Gewässerverschmutzung verträgt diese tiefwurzelnde Bachröhrichtpflanze sommerliche Grundwasserabsenkungen bis 50 cm unter Flur. Gleichmäßige Dauernässe schwächt die Vitalität. Die Sorte 'Picta', das Bandgras der Bauerngärten, zeigt kräftig weißgestreifte, die ähnliche Sorte 'Tricolor' rötlichviolett-weißgestreifte Blätter. Zurückhaltender wirkt 'Luteo-Picta' mit gelben Längsstreifen im Laub.

Phragmites ADANS., Schilf, Familie *Poaceae*. Die Gattung umfaßt 3 Arten hochwüchsiger Rohrgräser mit kriechender Grundachse und langen, unter- und oberirdischen Ausläufern.

P. australis (CAV.) TRIN ex STEUD., syn. *P. communis* TRIN., Gemeines Schilf. VIII bis IX. Kosmopolit mit Ausnahme der Arktis und Antarktis. Die glatten, hohlen, sehr biegefesten Stengel erreichen bei uns 1 bis 4 m Höhe. Statt eines Blatthäutchens weisen die breiten, graugrünen Blätter ein silberweißes Haarbüschel auf. Die lockere Rispe wird 20 bis 30 cm lang. Als wichtigste Röhrichtpflanze tritt das Schilf auch auf anderen, vor allem nährstoffreichen Naßstandorten auf. Als 'Pseudopanax' wird ein in 2 Klonen in der Niederlausitz und am Dortmund-Ems-Kanal gefundener Typ bezeichnet, der wahrscheinlich tropischer Herkunft ist. Die Pflanze soll den heimischen Klon bei entsprechender Nährstoffzufuhr an Höhe weit übertreffen und dafür weniger stark wuchern. Die kaum blühende Sorte 'Striato-pictus' mit etwas verhalten gelbgrün gestreiften Blättern wird nur bis 1,5 m hoch. 'Variegatus' ist kleinwüchsig und im Austrieb goldgelb belaubt. *P. a.* ssp. *humilis* (DE NOT.) ASCHERS. et GRAEB. könnte mit 1 m Höhe ein Miniaturschilf sein, wenn es leichter zum Blühen käme.

Pontederia L., Hechtkraut, Familie *Pontederiaceae*. Die Blätter haben lange, fleischige Blattstiele und lanzettliche Spreiten mit deutlicher Parallelnervatur. Sie gehen aus rhizomartig im Schlamm kriechenden Wurzelstöcken hervor. Sie können untergetaucht sein, schwimmen oder aus dem Wasser aufsteigen. Blütenstengel tragen ein gestieltes Blatt. Die vielblütigen Ähren leuchten mit blauen, röhrig-lippigen, zwittrigen Blüten und werden von 2 sehr vergänglichen Hüllen, einer hochblattartigen unteren und einer tragblattartigen oberen umstanden (Abb. S. 142, 248).

Phalaris arundinacea

P. cordata L. VI bis X. Nordamerika: Neuschottland bis Minnesota, südlich bis Florida und Texas; in Europa stellenweise ausgewildert. Der kräftige Stengel wird mit dem flaumig behaarten, bis 15 cm langen Blütenstand 30 bis 100 cm hoch. Die gekrümmten Einzelblüten sind am Grunde des Mittellappens gelb gefleckt. Die Art wächst in der Heimat am Rande von Gewässern, in Europa auf schlammigem Grund im Schilf. Sie behauptet sich u. a. im südlichen Alpengebiet erfolgreich gegen den Konkurrenzdruck heimischer Wasserpflanzen.

Ranunculus L. (Gattungsbeschreibung S. 131)
R. lingua L., Zungen-Hahnenfuß. VI bis VIII. Europa, Westasien. Der kräftige Wurzelstock treibt lange, hohle, unterirdische Ausläufer. Ebenfalls hohl, dabei straff und reich verzweigt ist der 80 bis 150 cm hohe Stengel. Die grundständigen, oft unter Wasser ausgebilde-

ten Blätter vergehen bis zur Blüte, während die stabilen, schmallanzettlichen Folgeblätter den Stengel mit scheidiger Blattbasis umfassen. 2 bis 4 cm Durchmesser erreichen die goldgelben, glänzenden Blüten. Die schöne, aber leider giftige Pflanze wünscht flach überschwemmte, auch zeitweilig austrocknende, nährstoffreiche, humose Schlammböden.

Sagittaria L., Pfeilkraut, Familie *Alismataceae*. In Form stärkereicher, meist bräunlicher, kirschgroßer Knollen und knolliger Wurzelstöcke überwintern diese Pflanzen. Die Arten der Gattung sind fast ausschließlich in Amerika verbreitet. Blätter grundständig, als Schwimm- oder Tauchblätter an meist sterilen Pflanzen bandartig oder im flacheren Wasser herz-, ei-, spieß- oder pfeilförmig an langen Stielen über das Wasser emporragend. Der Blütenstand trägt in übereinanderstehenden, meist dreizähligen Quirlen fast stets getrennt-

geschlechtige Blüten. An der Basis der Blütenquirle stehen je 3 Tragblätter. Leider nicht sehr haltbar sind die 3 grünen Kelchblätter und die 3 weißen bis rosafarbenen Kronblätter. Die kugeligen, bis 1 cm großen Früchte wirken sehr zierend.

S. engelmanniana J. G. SM., Engelmanns Pfeilkraut. VIII bis IX. USA: Massachusetts bis Delaware. Die lineale Blattspreite der Überwasserblätter teilt sich am Stielansatz in 2 ebenfalls lineale, lang zugespitzte Lappen. Am lockeren, aufsteigenden oder aufrechten 20 bis 50 cm hohen Blütenstand sitzen etwa 2 bis 3 cm breite Blüten, deren Stiele von deutlich kürzeren Tragblättern umstellt sind. Die Art besiedelt küstennahe Flachwasserstandorte und benötigt etwas Winterschutz.

S. graminea MICHX., Grasblättriges Pfeilkraut. V bis IX. Nordamerika: von Neufundland und Labrador bis Ontario und Süddakota, südlich bis Florida, Louisiana und Texas; Kuba, Panama. Die 5 bis 15 cm langen Spreiten der Überwasserblätter sitzen an langen Stielen. Ihre Form kann linear, lanzettlich, elliptisch bis breitoval sein. Gelegentlich treten blattartig verbreiterte Blattstiele auf. Überwasserblätter erscheinen nur bei flachem Wasserstand. Bereits ab 15 cm Wassertiefe werden lange Tauchblätter ausgebildet. Die Art entwickelt oft große Bestände in Flachwasserbereichen und auf anderen schlammigen, nährstoffreichen Standorten. Winterschutz ist angebracht.

S. latifolia WILLD., syn. *S. longirostra* (MICH.) J. G. SM., Breitblättriges Pfeilkraut. VII bis IX. Nordamerika mit Ausnahme des hohen Nordens, südlich bis Mexiko. Art mit walnußgroßen, lilaweiß gezeichneten Knollen, die außer den bis 60 cm langen Unterwasserblättern linealische bis eiförmige Überwasserblätter bildet. Sie sind bis 25 cm breit und 40 cm lang, stumpf pfeilförmig mit breiten Basallappen und laufen in eine kurze, betonte Spitze aus. Vereinzelt kommen zwittrige, 2,5 bis 4 cm große Blüten vor. Die ausläufertreibende Art fühlt sich im flachen Uferbereich nährstoffreicher Gewässer besonders wohl. In West-, Süd- und Mitteleuropa wurde die robuste Art an verschiedenen Stellen eingebürgert. Das Breitblättrige Pfeilkraut verträgt zeitweises Austrocknen der Gewässer und scheint sich in Europa auszubreiten.

Pontederia cordata

Ranunculus lingua

S. platyphylla (ENGELM.) J. G. SM., syn. *S. graminea* var. *platyphylla* ENGELM., Ovalblättriges Pfeilkraut. VII bis IX. USA: südliches Missouri, Mississippi und Texas; Mittelamerika, Java (auf Reisfeldern). Mit kurzen Ausläufern und knolligen Wurzelstöcken breitet sich die Pflanze energisch aus. Die lederartigen, ovallanzettlich bis elliptischen festen Spreiten der Überwasserblätter sind 5 bis 15 cm lang und spitz. Sie überragen den schlaff wirkenden Blütenstand. Die bis 14 mm dicken Fruchtköpfchen hängen etwas. Die wärmeliebende, bei uns schutzbedürftige Art benötigt flaches Wasser über schlammigem Grund.

S. sagittifolia L., Gemeines Pfeilkraut. VI bis VIII. Europa und Asien. Diese einzige europäische Art überwintert mit weißlich-bläulichgrün gezeichneten, großen Knollen. Sie treibt zunächst bandförmige Tauchblätter, dann einige oval- bis angedeutet pfeilförmige langgestielte Schwimmblätter und zuletzt bis 60 cm aus dem Wasser ragende, dreiteilige, sehr variable Überwasserblätter mit bis 10 cm

langen Pfeillappen. Die robuste Pflanze vermehrt sich vegetativ durch knollentragende Ausläufer. Der aufrechte, dreikantige Blütenschaft ragt 30 bis 80 cm über das Wasser. Die Blüten bestehen aus je 3 rötlichen Kelch- und großen weißen Kronblättern mit purpurrotem Fleck am Grunde. Staubblätter sind braunviolett. Die robuste Art verträgt sommerliches Trockenfallen auf Schlammufern. Im tiefen Fließwasserbereich werden bis 250 cm lange Bandblätter gebildet. 'Plena' ist eine gefülltblühende Form mit an der Basis braunroten Blütenblättern. 'Leucopetala Plena', eine gefüllte, reinweiße Form, stammt aus Südostasien.

Saururus L., Molchschwanz, Familie *Saururaceae*. Die nackten, zwittrigen Blüten der beiden Arten stehen in Form einer Ähre in den Achseln unscheinbarer Hochblätter. Die Ähre ist locker und überhängend verlängert.

S. cernuus L., Amerikanischer Molchschwanz. VI bis VII. Nordamerika, von Montreal und Quebec bis Florida und Texas. Die Rhizome der weißblühenden, amphibischen, Ausläufer treibenden Sumpfpflanze kriechen weit im Schlamm. An den 50 bis 90 cm hohen Stengeln stehen etwas sukkulente, ganzrandige, schlank herzförmige Blätter. In Amerika besiedelt die Art Sümpfe und Flachwasserbereiche. In einigen oberitalienischen Seen tritt sie verwildert auf. Winterschutz erforderlich.

S. chinensis (LOUR.) BILL., syn. *S. loureirii* DECNE, *S. cernuus* THUNB. non L., *Saururopsis chinensis* (LOUR.) TURCZ., Asiatischer Molchschwanz. VI bis VII. Nordchina, Japan, Korea, Philippinen. Ähnlich *S. cernuus*, nur in allen Teilen kleiner. Blütentrauben gelblichweiß, zylindrisch. Eine Laubdecke als Winterschutz wird benötigt.

Schoenoplectus PALLA, Teichsimse, Familie *Cyperaceae*. Mit endständigen oder, durch ein stengelfortsetzendes halmartiges Hüllblatt vorgetäuscht, scheinbar seitlichen Blütenständen an beblätterten oder blattlosen Trieben. Den

Sagittaria latifolia   *S. sagittifolia*   *Saururus chinensis*

Blütenstand bildet eine ährenreiche, von 2 Hüllblättern umstellte Spirre. Teichsimsen haben wirtschaftliche Bedeutung als Flechtmaterial, einige Arten liefern eßbare Früchte oder werden zur biologischen Abwasserklärung verwendet.

S. lacustris (L.) PALLA, syn. *Scirpus lacustris* L., Gemeine Teichsimse. VI bis VIII. In verschiedenen Unterarten heute weltweit verbreitet. Aus harten, brüchigen Wurzelstöcken treiben dunkel grasgrüne, am Grunde nicht knotig verdickte, 80 bis 300 cm hohe Stengel. Die Wasserform bildet Büschel langer, flutender Strömungsblätter. Die Flachwasserform dringt bis zu 3 m Tiefe vor, bildet dort auf Schlamm- und Sandböden lockere Herden und wird deshalb in der Teichwirtschaft als schwer zu bekämpfende Verlandungspflanze gefürchtet. Die grünweiß längsgestreifte attraktive Sorte 'Albensis' wächst schwächer.

S. tabernaemontani (C. C. GMELIN) PALLA syn. *Scirpus tabernaemontani* C. C. GMELIN, Salz-Teichsimse. VI bis VII. Küsten Eurasiens. Aus einem weichen und zähen Wurzelstock gehen blau- oder graugrüne, am Grunde knotig verdickte Stengel hervor, die meist nur bis 150 cm Höhe erreichen. Häufig in Brackwasserröhrichten auf humosen Sand-, Schlick- und Torfböden. Im Binnenland werden nährstoffreiche Standorte mit hohem Kalkgehalt bevorzugt. Die Sorte 'Zebrinus' ist die im Wassergarten beliebte »Zebrabinse«.

Sium L., Merk, Familie *Apiaceae*. Die ausläuferlosen Pflanzen sind mit senkrechten, büscheligen, starkfaserigen Rhizomen fest im Untergrund verankert und tragen fiederschnittige Blätter. Kleine, weiße, zwittrige Blüten stehen in zusammengesetzten Dolden. Die Dolden 1. Ordnung der Stengel und Äste sind deutlich endständig und werden von achselständigen Zweigen nicht überragt.

S. latifolium L., Breitblättriger Merk. VII bis VIII. Europa, südlich bis nördliches Mittelmeergebiet, Westasien. Mit kantig-gefurchtem, hohlem Stengel wird die aufrechte Pflanze 60 bis 120, im Garten bis 150 cm hoch. Die eigenartig groben, bis 40 cm langen Blätter mit scharf gesägten Blattabschnitten weichen vom üblichen Doldengewächs-Habitus ab. Zusätzlich werden doppelt fiederteilige Unterwasserblätter mit linealischen Zipfeln

ausgebildet. Auch beim Frühjahrsaustrieb über Wasser erscheinen zunächst solche auffallend feinteiligen Blätter. Im Röhricht meist stehender Gewässer, in artenreichen Großseggengesellschaften sowie in lichten Auen- und Bruchwäldern. Die kalkliebende Pflanze verträgt geringen Salzgehalt.

Sparganium L., Igelkolben, Familie *Sparganiaceae*. Die Pflanzen treiben Ausläufer an unterirdisch kriechenden, eigenartig schuppig beblätterten Rhizomen. Auf kurzen, sterilen Sprossen entwickeln sich Rosetten grasartiger, aufrechter, schwimmender oder flutender Laubblätter, deren scheidige Basen alle jüngeren Blattbasen umgreifen und einen kurzen Scheinstamm bilden. Am Ende des locker beblätterten Stengels sitzen die charakteristischen, kugelförmigen Blütenstände. Die oberen sind männlich, die unteren weiblich. Die weiblichen entwickeln sich zu morgensternartigen Fruchtständen.

S. emersum REHM., syn. *S. simplex* HUDS., Einfacher Igelkolben. VI bis VII. Europa, West-

und Mittelasien. Im seichten Wasser und an Land werden von der 20 bis 60 cm hohen Art deutlich gekielte Luftblätter gebildet. Im tieferen Wasser schlaffe, bandförmige Tauchblätter und 50 bis über 200 cm lange Schwimmblätter. Am unverzweigten Stengel sitzen in dichter Anordnung bis zu 8 männliche und 2 bis 5 weibliche Blütenköpfe.

S. erectum L. em. RCHB., Ästiger Igelkolben. VI bis VII. Europa, südlich bis Mittelmeergebiet; Vorder- und Mittelasien. Die Rhizome dieser aufrechten, bis 1,5 m hohen derben Uferpflanze tragen knollige, im Alter holzige Abschnitte, die ein Umpflanzen sehr erschweren. Da diese Art kaum flutet, sind bandförmige Tauchblätter nur schwach entwickelt. Die grundständigen, gekielten, unten dreikantigen 50 bis 150 cm langen Folgeblätter stehen fächerartig aufrecht. Der Stengel verzweigt sich in den Achseln bis zu 50 cm langen Tragblättern. Blütenstände werden vom Laub überragt. Die Äste tragen 6 bis 9 männliche über 1 bis 3 weiblichen Blütenköpfchen. Der oberste Ast enthält oft nur männliche Blüten. Empfindlich

Sium latifolium

Sparganium emersum

gegen Austrocknung. Die Art verträgt etwas Schatten und bevorzugt Wassertiefen zwischen 30 und 60 cm. Sie breitet sich stark aus und geht auf warmen und nährstoffreichen humosen Schlammböden bis in 1 m Wassertiefe.

Typha L., Rohrkolben, Familie *Typhaceae*. Die dicken Rhizome und meist kräftigen Stengel enthalten luftreiche Hohlräume, die 2zeilig angeordneten, aufrechten Blätter sind mit einer Schicht von Luftkammern ausgestattet. Der endständige Blütenkolben hat einen unteren weiblichen und einen oberen männlichen Abschnitt. An den winzigen Blüten ist in Form der sie umgebenden Haare ein Perigon nur noch angedeutet. Zu Beginn der Fruchtzeit ist vom männlichen Abschnitt des Blütenstandes nur noch die Mittelachse enthalten, schließlich platzt der dekorative braune weibliche Kolben auf und entläßt seine wolligen Samen.

T. angustifolia L., Schmalblättriger Rohrkolben. VII bis VIII. Europa, Westasien, Nordafrika, Nordamerika. Grasgrüne, schwachrinnige, nur 5 bis 10 mm breite Blätter lassen die 1 bis 3 m hohe Pflanze sehr schlank erscheinen. Der männliche Kolbenabschnitt ist vom rötlich-zimtbraunen weiblichen 3 bis 5 cm abgesetzt. Die Gesamtlänge des Kolbens beträgt 10 bis 35 cm. Die Art ist als salzertragender Verlandungspionier nicht häufig, oft aber in artenreinen Trupps im Großröhricht bei 80 bis 110 cm Wassertiefe anzutreffen. Auch kalk- und nährstoffarme Böden werden angenommen.

T. latifolia L., Breitblättriger Rohrkolben. VI bis VIII. Nördliche Halbkugel, Australien und Polynesien. Die blaugrünen, 10 bis 20 mm breiten, 1 bis 2,5 m hohen Blätter überragen meist den Blütenstand. Die beiden Abschnitte des 20 bis 40 cm langen Kolbens berühren sich. Der schwarzbraune weibliche Abschnitt ist ebenso lang oder länger als der männliche. Im Röhricht stehender bis langsam fließender Gewässer dringt die Verlandungspflanze bis zu 2 m Wassertiefe vor. Sie verträgt auch stärkere Abwasserbelastung. Die Kriechsprosse können Asphaltschichten und 1 mm dicke Plastikfolien durchbohren. Die Art siedelt sich auch in Tagebaurestlöchern nach kurzer Zeit an.

S. erectum

Typha angustifolia

T. laxmannii

T. laxmannii LEPECH., Laxmanns Rohrkolben. VII bis VIII. Pyrenäen, Südfrankreich, Nordostitalien, ČSSR, Südosteuropa, Kleinasien, Kaukasus, östlich bis Nordchina. Auffallend schmale, meist nur 2 bis 4 mm breite, im Querschnitt halbkreisförmige Blätter kennzeichnen diese 80 bis 120 cm hohe, zierlich wirkende Pflanze. Der männliche Kolbenabschnitt ist mit 9 bis 15 cm etwa 3- bis 4mal so lang wie der eilängliche weibliche Abschnitt und sitzt jenem unmittelbar auf. Die im Süden als Reisfeldunkraut auftretende Pflanze besiedelt Sümpfe und flache Ufer und verträgt etwas Salzwasser.

T. martinii JORD., syn. *T. gracilis* JORD., Zierlicher Rohrkolben. VIII bis IX. Europa. Der Blütenschaft ist beblättert, zwischen den beiden Teilkolben besteht ein kurzer Abstand. Der Blütenstand wird von den Blättern überragt.

T. minima HOPPE, Zwerg-Rohrkolben. V bis VI. Mittel- bis Südosteuropa, Westasien, Nordchina. Lange, unterirdische Ausläufer sorgen für eine starke vegetative Ausbreitung dieser in dichten Herden im flachen Wasser wachsenden, mit 30 bis 75 cm Höhe kleinsten heimischen Rohrkolbenart. Die sehr schmalen, etwas blaugrünen Blätter sind selten breiter als 1,5 mm, der unbeblätterte Blütenschaft überragt das Laub. Auf dem kugeligen bis eiförmigen, 1,5 bis 4,5 cm langen, dunkelrotbraunen weiblichen Kolbenabschnitt sitzt der etwa gleichlange männliche. Die oft kultivierte, in der Natur seltene Art tritt gesellig vor lockeren Röhricht- und Großseggenbeständen auf. Bevorzugt wird basenreicher, humoser Schwemmsandboden.

T. shuttleworthii KOCH et SONDER. Shuttleworths Rohrkolben. VI bis VIII. Pyrenäen, Südostfrankreich, Südwesten der BRD, östliches Alpenvorland, Poebene, Südosteuropa. Die 1 bis 1,5 cm hohe Pflanze hat gelbgrüne Blätter. Zur Reifezeit überragen die weißlichen Haare des Restperigons die dunklen Narben, so daß der Kolben fast silbergrau glänzt, schwarz punktiert durch Reste der Narbenspitzen.

Verwendung: Die vorgestellte Artengruppe und die Schwimmblattpflanzen ergänzen einander und können im Wassergarten zu idealen Partnern werden. Röhrichtpflanzen und Groß-

seggen, die in der Natur aus Sumpf und flachem Wasser herauswachsen, sind das vertikale Element der Gestaltung. Neben Charakter und Wuchsverhalten bildet vor allem die Wuchshöhe der Arten ein wichtiges Kriterium, Fehleinschätzungen können zu Disproportionen führen. Bei den starken Röhrichtpflanzen wie Wasserschwaden, Simsen, Rohrkolben und den Großseggen muß stets deren enorme Ausbreitungskraft berücksichtigt werden. Zwar können Rohrkolben durch mehrmaliges Abschneiden unter Wasser vernichtet werden, weil dann Wasser in die sonst lufthaltigen Hohlräume der Stengel eindringt, im Teichboden verwurzelte Großseggen wieder auszurotten ist jedoch eine sehr mühsame Arbeit. Die Schlank-Segge und die Ufer-Segge werden wegen ihrer großen Wuchsleistung vorrangig für Uferbefestigungen und für den biologischen Wasserbau verwendet.

Die Schönheit der Seggen liegt in ihrem eleganten Aufbau, dem weich schwingenden, auf jeden Luftzug mit Bewegung reagierenden Halmwurf und den pendelnden Blütenähren.

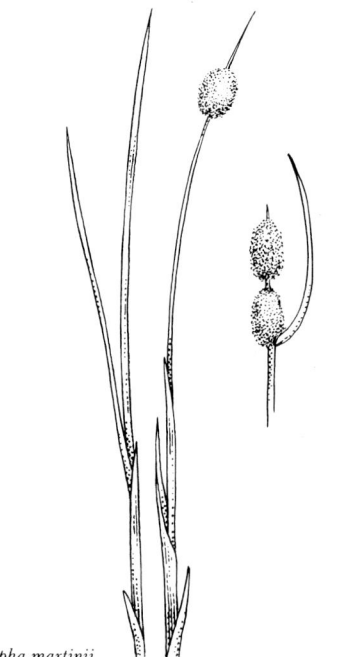

Typha martinii

Stimmungsvoll ist auch die Herbstfärbung. Werden sie wie andere starke Wachser in Gefäße oder bei festen Becken in gesonderte Flachwasserbeete gepflanzt, so ist die Gefahr des Wucherns gebannt, und die Pflanzen erfreuen uns viele Jahre hindurch mit gleicher Schönheit. Von den Rohrkolben sind die kleinwüchsigen Arten *Typha martinii*, *T. minima* und *T. laxmannii* besonders zu empfehlen. Sie passen selbst in kleinste Becken. Das gelbgrüne Laub von *Typha shuttleworthii* weist darauf hin, daß nicht nur mit Habitus, Blattextur oder Wuchsverhalten, sondern auch mit der Farbe des Laubes (bei Rohrkolben von Blaugrün bis Gelbgrün) gestaltet werden kann. Wer Schilf in seinem Garten hält, muß wissen, daß es mit seiner Wuchskraft und seiner Größe sich schnell jeder gestalterischen Kontrolle entzieht. Wer die Größe seines Gartens nicht in Hektar mißt, sollte sich nicht darauf einlassen. Buntblättrige Formen wachsen meist bedeutend schwächer als die Stammformen. Die »Zebrabinse« ist auf magersten Boden direkt angewiesen. Bei Nährstoffzufuhr vergrünt sie. Die »zahmen« alles andere als »steif« zu bezeichnenden, wunderschönen Goldformen der Steif-Segge lassen kaum noch vermuten, daß sie Formen dieser überaus robusten Art sind. Solche gelben, gelbgestreiften oder weißbunt panaschierten Pflanzen sind ihrem Wesen nach sparsam und stets gezielt einzusetzen. Sie sollen etwas Besonderes bleiben. Die Schneide gefällt mit ihren am Stengel verteilten skurrilen Blütenständen. Der Breitblättrige Merk besticht durch zarte weißliche Dolden, seinen kraftvollen Aufbau und durch die dekorativen Blätter. Er ist der passende Gegenspieler zu allen Röhrichtpflanzen vom Gräsertypus. Auch die Wasserminze weicht im Wuchsbild stark von anderen Uferpflanzen ab, sie wächst locker und kann in kleinen Becken etwas unordentlich wirken. Ihre späte, reiche Blüte, das dunkle Laub und der starke Pfefferminzduft jedoch machen diese Pflanze liebenswert. Kalmus, Schwanenblume, Zypergras, Zungen-Hahnenfuß und der Ästige Igelkolben sind weitere beliebte und bewährte Arten dieser Gruppe, die sich für die Verwendung in größeren und in kleineren Becken vorzüglich eignen.

Die niedrigen bis mittelhohen Uferpflanzen vom Typus der Froschlöffel- und Pfeilkrautarten treten in der Natur in Trupps oder größeren Herden zwischen dichterem und höherem Bewuchs in Sumpf und Röhricht auf. Der noch wenig verwendete Strauß-Gilbweiderich ist eine echte, durchaus nicht nur wie die meisten anderen Gilbweidericharten im Sumpf verbreitete Wasserpflanze. Mit seinen leuchtend gelben Blütensträußchen erfreut er auch in kleinsten Becken und kann sich an Schönheit mit den Froschlöffel- und Pfeilkrautblüten messen.

Abgesehen vom starken Samenwurf des Gemeinen Froschlöffels, den man durch rechtzeitiges Abschneiden der Blütenstände unterbinden kann, gehen von den genannten Arten kaum Wuchergefahren aus. Schachtelhalme mit ihren merkwürdigen Sporenträgern wie auch den eigenartigen Tannenwedel möchte man als ausgefallene Pflanzengestalten nicht missen. Beide sollten jedoch, ebenso wie die Sumpf-Simse, in gesonderte Behälter gepflanzt werden. Es kann selbst noch ein 12-cm-Blumentopf sein. Eine Schmuckstaude im eigentlichen Sinne ist die saftiggrüne Salatpflanze Brunnenkresse nicht. Ebenso wie Berle, Einfacher Igelkolben und Rohr-Glanzgras bevorzugt sie sauerstoffreiche Fließgewässer. Vielleicht bieten sich hier und da geeignete Pflanzplätze im Garten an, wo wenigstens ein minimaler Wasserzug im Teich oder im feuchten Bodengrund vorhanden ist. Vor allem für die Brunnenkresse trifft diese Forderung zu.

Das Rohr-Glanzgras ist ebenso wie seine weißbunte Form 'Picta' völlig unempfindlich und verträgt selbst langfristige Trockenheit. Dieses Bandgras wie auch die Wasser-Schwaden-Sorte 'Variegata' dürften zu den sich am stärksten nach Queckenart ausbreitenden Weißbunt-Gräsern im Garten zählen. Es wäre ein Mißverständnis, diese beiden etwa mit den zurückhaltenderen Schilfsorten 'Striatopictus', 'Variegatus' oder den gelblaubigen Sorten der Steif-Segge auf eine Stufe zu stellen und unkontrolliert wachsen zu lassen.

Exotische Kostbarkeiten stammen aus Nordamerika und Ostasien. Der auf nahrhaftem Boden und in milder Klimalage stattliche Sumpf-Eibisch bewährt sich bei Solitärstellung, hält aber auch die Wuchs- und Wurzelkonkurrenz vieler heimischer Röhrichtpflanzen aus. Wenn er zum Blühen kommt, wird der Sumpf-Eibisch zum Blickfang. Goldkeule und Hechtkraut sind wegen ihrer Besonderheit im Ausdruck so einzusetzen, daß die Schönheit ihres Habitus und die Kraft ihrer Blütenfarben angemessen zur Geltung kommen. Das bis spät in den Herbst hinein intensiv blau blühende Hechtkraut – eine im Wassergarten seltene Farbe – wirkt am besten für sich gestellt oder als Vorpflanzung in Gruppen. Pfeilaronstab und Molchschwanz interessieren als gesuchte Liebhaberpflanzen. Das Fremde und Geheimnisvolle, das ihnen anhaftet, verbindet sie mit anderen Arten fremder Herkunft, z. B. den Scheinkalla-Arten. Im Wassergarten kann

diese Wesensverwandtschaft ein Motiv für gemeinsame Verwendung sein.

Nachbarn: Wenn gleichstarke Partner zusammengebracht werden, sind praktisch alle Röhrichtpflanzen untereinander nachbarschaftsfähig. Eingesperrt in feste Behälter können z. B. Rohrkolben-, Wasser-Schwaden- oder Schwanenblumentuffs in rhythmischer Verteilung von großen Herden kleinerer Pflanzen wie Strauß-Gilbweiderich umgeben sein, dem Wasserknöterich und andere Schwimmblattpflanzen folgen. Arten mit stark nach vorn drängenden Farben ihrer Blüten wie die Feuerlobelie, die allerdings weniger Überflutung verträgt als die eigentlichen Röhrichtpflanzen, gehören in den Vordergrund. Gesellen sich zu den Randpflanzen im Wasser habitusähnliche Arten jenseits des Ufers, im anschließenden bodenfeuchten bis trockenen Bereich, so können harmonisch ineinander übergehende Vegetationsbilder mit einheitlichem Charakter geschaffen werden. Bambusarten, Riesen-Chinaschilf, Silberfahnen-, Eulalia- und Stachelschweingras sowie viele andere hohe Gräser, andere ornamentale Stauden und die Iris-Arten des Wassergartens bieten sich als natürliche Partner für höhere Röhrichtpflanzen und Großseggen an. Zwergrohrkolben können gemeinsam mit Sumpfdotterblumen, Zwergseerosen und Seekanne selbst noch in Wassertrögen mit geringer Wassertiefe reizvoll zusammengestellt werden.

Pflanzen der Moore und Kleinseggen-Sümpfe

Das Moor ist ein Schlüsselbiotop für das Verständnis aller Feuchtbiotope in unserer Landschaft und damit auch für jegliches Gestalten mit Pflanzen im Wasser oder auf nassen Böden. Moorbildende Prozesse sind an allen Naßstandorten zu beobachten. Nährstoffverhältnisse und das Säure-Basen-Verhältnis bestimmen die Zusammensetzung der natürlichen Moorvegetation und die Einteilung in ökologische Moortypen.

Nährstoffarme und saure Hochmoore werden Armmoore genannt, nährstoffreiche Flachmoore unterschiedlicher Basensättigung Reichmoore. Zwischen beiden liegen Übergangsformen, Zwischenmoore, die entweder mehr oder weniger nährstoffreich und basisch oder mehr oder weniger nährstoffarm und sauer sind. Armmoore werden meist nur noch von Niederschlägen ernährt und erfahren keinen Nährstoffnachschub aus dem Untergrund oder durch Zufluß. Auf ihnen wachsen verschiedene Heidekrautgewächse, Sonnentau, Scheidiges Wollgras und zarte Seggen (z.B. die Armblütige Segge), eingebettet in Torfmoosrasen. Im sauren Zwischenmoor kommen u.a. Sumpfkalla, Gemeiner Wassernabel und Igel-Segge vor. Im basisch geprägten Zwischenmoor sind z.B. Fieberklee, Blutauge und Schmalblättriges Wollgras zu finden. Im Kalk-Zwischenmoor treten Schneide- und Breitblättriges Wollgras auf.

Die Reichmoore prägen Großseggenrieder, Röhrichte und Erlenbrüche. Moore, vor allem die verschiedenen Stufen der Zwischenmoore enthalten eine Fülle seltener Pflanzen. Durch Meliorationen sind diese land- und forstwirtschaftlich nicht oder nur extensiv nutzbaren Ökotope sowohl in ihrem Artenbestand als

auch in ihrer Existenz sehr gefährdet. Der Gartenfreund sollte sich mitverantwortlich fühlen und zum Schutz der landschaftlichen Naturwerte beitragen, z.B. dadurch, daß er Moore nicht als Quelle kostenlosen Pflanzenerwerbs für den eigenen Garten betrachtet.

Hochmoore gehören zu den letzten Naturlandschaften Europas. Sie verdienen deshalb unseren Schutz. Greift der Mensch regulierend in ihren Stoffwechsel ein, verschwinden sie, werden zu Wald oder Heide.

Moose sind im Hochmoor die dominierende Pflanzengruppe. Bei zunehmendem Nährstoffgehalt der Moorstandorte wandelt sich ihre Artenzusammensetzung, und sie machen Platz für Samenpflanzen. In reichen Niederungsmooren fehlen Moose fast völlig. Hochmoore sind unverwechselbare Landschaften mit einer eigentümlichen Pflanzen- und Tierwelt. Hochspezialisierte Pflanzen wie die insektenverdauenden Sonnentauarten, die den Stickstoffmangel ihrer extrem sauren Standorte durch die Erschließung einer zusätzlichen Nahrungsquelle auszugleichen suchen, sind besonders eng an das Leben im Hochmoor angepaßt. Gemeinsam mit wenigen Zwergsträuchern aus der Familie der Heidekrautgewächse und niedrigen grasartigen Pflanzen repräsentieren sie die Gruppe der Höheren Pflanzen, die sich in der wachsenden Moosdecke be-

haupten können. Die uhrglasförmige Aufwölbung des Hochmoores ist das Merkmal eines im Idealfall nur vom Regenwasser ernährten Armmoores. Seine Aufwölbungsform verdankt es den Torfmoosen, die im kühlen und niederschlagsreichen Klima unbegrenzt in die Höhe wachsen, während sie an der Basis absterben und vertorfen. Mit dem wachsenden Torflager verlagert sich auch das Niveau des Moorwasserspiegels.

Die in Mitteleuropa vorkommenden rund 30 Torfmoosarten sind zum überwiegenden Teil an oligotrophe und saure Standorte gebunden. Dabei stellen die verschiedenen Arten durchaus abweichende Ansprüche, vor allem was den Nässegrad des Standortes angeht. So besiedeln gelblichgrüne Torfmoose wie *Sphagnum cuspidatum*, *S. balticum* und *S. dusenii* den Grund der »Moorschlenken«, wie die offenen Wasserstellen im Hochmoor bezeichnet werden. *Sphagnum cuspidatum* bildet flache Teppiche, die sich nur wenige Zentimeter über dem Moorwasserspiegel ausbreiten, während die intensiv rot gefärbten, weniger hygrophilen *Sphagnum magellanicum* und *S. rubellum* die sogenannten »Bulte« besiedeln, die sich als kleine Hügel über dem Schlenkenniveau erheben. Das braune *Sphagnum fuscum* besiedelt gern die Gipfel der Moorbulte und ist eine Charakterart östlichen, winterkälteren Klimas. An noch stärker abtrocknende Standorte sind *Sphagnum nemorum*, *S. tenellum* und *S. compactum* angepaßt. Das reich verzweigte *S. palustre* sowie das blaugrüne, mit sparrigen Seitenästen besetzte *S. squarrosum* bevorzugen lichten Gehölzschatten.

Das unterschiedliche Wuchsverhalten der Torfmoosarten formt die Mooroberfläche, die Bulte und Schlenken. Letztere können sich zu

»Kolken« oder »Blänken« zusammenschließen und kleine Moorseen bilden. Dieses Kleinrelief ist ebenso charakteristisch für den optischen Eindruck der Hochmoore wie das bunte Bild der wechselnden Torfmoosarten. Sie alle nehmen ein Vielfaches ihres Trockengewichtes an Wasser auf und machen damit die Moore zu wertvollen Wasserspeichern in der Landschaft. Im trockenen Zustand nehmen die »Bleichmoose«, wie sie auch genannt werden, eine gelblichweiße Färbung an. Ihr geringer Zersetzungsgrad führt zur Ablagerung von Weißtorfen. Regenmoore entwickeln sich hauptsächlich in borealen bis subarktischen Gebieten, in den mitteleuropäischen Gebirgen zwischen 600 und 1700 m ü. NN. Typische Hochmoorpflanzen sind Scheidiges Wollgras, Rasige Haarsimse, Weißes Schnabelried, Schlamm-Segge, Sonnentau-Arten, Gränke, Preiselbeere, Moosbeere, Trunkelbeere und Krähenbeere sowie Besenheide. Mit atlantischer Verbreitung kommen hinzu: Mittlerer Sonnentau, Ährenlilie und Moorheide. Sumpfporst und Zwerglorbeer sind mehr kontinental, Zwergbirke, Moltebeere und Blasenbinse subarktisch verbreitet. Die genannten Arten behaupten sich in reinen Regenmooren, obwohl sie, wie z. B. die Besenheide, oft nicht ausschließlich diese Extremstandorte besiedeln. Häufig sind sie auch an eutrophierten, aber meist bodensauren Orten zu finden.

Eingebettet in Zwergstrauchheiden feuchter bis trockener, oft sandiger Lagen oder zwischen mit Pfeifengras und Moorheide bewachsenen Feuchtheiden kommt es in den flachgründigen Heidemooren bereits zur Torfbildung. In ozeanischen Gebieten wie Westschottland und Irland führt das gleichmäßig feuchte Klima zu steigender Bodenvernässung. Hier gehen die Heidemoore und der dort typische Glockenheide-Torfmoos-Rasen häufig in sogenannte »Deckenmoore« über, die sich auf kalkarmem Gestein unabhängig vom Relief deckenartig weiträumig ausdehnen. Zur Besenheide, die weit über Mitteleuropa hinaus bis nach Sibirien verbreitet ist, und zur Moor- oder Glockenheide, die in subatlantisch getönten Klimabereichen bis weit ins nördliche Mitteleuropa hinein ausstrahlt, gesellt sich die Grauheide *Erica cinerea*. Mit den Heidekräutern nimmt auch die Artenzahl verschiedener Ginster der Gattungen *Cytisus, Genista, Saro-* *thamnus* und *Ulex* von Mitteleuropa aus in Richtung auf die atlantischen Gebiete hin zu. Die leuchtend gelb blühenden Sträucher meiden die strenge Winterkälte. Sie lieben ausgeglichenes, luftfeuchtes Klima, vertragen aber die Bodentrockenheit sandiger Hügel und Hangoberkanten. In ihrer Genügsamkeit gegenüber Nährstoffarmut und ihrer Bindung an saure Böden ähneln die Ginsterarten den Heidekräutern. Zu den charaktervollsten Sträuchern der Heidemoore zählt der in nördlichen, subozeanisch bis ozeanisch geprägten Gebieten Europas und Amerikas verbreitete Gagelstrauch. Das Gehölz verlangt ständig hohen Grundwasserstand, meidet jedoch extreme Hochmoorstandorte. Es paßt an den Rand des Gartenmoores, wie es auch in der Natur im »Randlagg«, der Außengrenze des Hochmoores, am Fuße des Randgehänges vorkommt und oft dichte Bestände bildet.

Die verschiedenen Zwischenmoore sind in der Natur nicht so eindeutig zu erkennen wie Hochmoore. Meist erscheinen solche Flachmoore als Grünland, als Rasengesellschaften, und erst am Bodenprofil oder an den tiefschwarzen Erdhaufen, die der Maulwurf in weniger nassen Mooren oder auf anmoorigen Wiesen an die Oberfläche stößt, erkennt man die Tendenz zur Torfbildung.

Die Kleinseggensümpfe werden pflanzensoziologisch in mehrere Ordnungen und Verbände aufgeteilt. So gehören zur Ordnung der Moorschlenken- und Schwingrasengesellschaften (Blasenbinse) die Verbände Schlenken-Gesellschaften (Schnabelried) und Mesotrophe Zwischenmoore (Zierliches Wollgras, Faden-Segge). Zur Ordnung der Braun-Seggen-Sümpfe (Wiesen-Segge, Sumpfveilchen) gehören die Verbände Mitteleuropäische bodensaure Braun-Seggen-Sümpfe (Wiesen-Segge, Grau-Segge) und die alpinen Kopf-Wollgras-Moore (Scheuchzers Wollgras). Eine dritte, artenreichere Ordnung bilden die Basenreichen Flachmoorsümpfe und Rieselfluren (Binsenlilie, Kleiner Baldrian, Shuttleworths Rohrkolben) mit dem interessanten Verband Basiphile Flachmoore (Breitblättriges Wollgras, Kleiner Rohrkolben, Sumpf-Sitter, Mehlprimel). Bestimmte Pflanzenarten kommen in mehreren Pflanzengesellschaften vor und schaffen Übergänge zwischen allen Feucht- und Naßbiotopen. So schließen sich die Pflanzen der Kleinseggengesellschaften an die der Großseggensümpfe und diese an die Röhrichtgesellschaften und Auenwälder an. Die reinen, waldfreien Hochmoorgesellschaften dringen in die Birken-, Kiefern- und Fichten-Moorwälder ein und setzen sich darin auf moos- und blaubeerreichen Standorten abgeschwächt fort, bis sie dichteren Waldbeständen Platz machen. Der kalkfeindliche Sumpfporst siedelt als Rohhumuswurzler auf offenen Hochmoorbulten, als Halbschattenpflanze, aber auch unter Bäumen in Kiefernmooren oder als Reliktpflanze sogar an schattigen Sandsteinfelsen.

Andromeda L. Gränke, Familie *Ericaceae*. Die beiden Zwergsträucher dieser Gattung kommen in den nördlichen Wald- und Tundrengebieten der Erde vor.

A. polifolia L. Polei-Gränke, Rosmarinheide. V bis VIII. Die Art ist auch in den Alpen (bis 1400 m ü. NN) und in den Karpaten verbreitet. Im Humus kriechender, 15 bis 30 cm hoher Zwergstrauch mit niederliegend-aufstrebenden, dünnen Zweigen. Die spiralig angeordneten, oberseits dunkler, unterseits heller grünen und hier etwas bläulich bereiften Blätter sind 20 bis 30 mm lang, ganzrandig, linealisch, stachelspitzig, lederartig und am Rande eingerollt. Die nickenden, langgestielten Blüten mit kugelig-eiförmiger, weißlicher bis rosafarbener Krone bilden armblütige Dolden. Als Charakterart der Hochmoorbult-Ge-

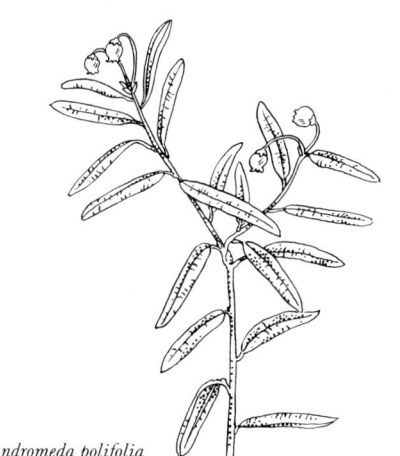

Andromeda polifolia

sellschaften liebt die Art nasse, nährstoffarme, saure Torfböden. Am Gartenstandort muß mindestens frischer, humusreicher, anmooriger Boden gewährleistet sein.

Betula L. Birke, Familie *Betulaceae*. Mit 40 Arten und zahlreichen Formen besiedeln die einhäusigen, sommergrünen Sträucher und Bäume vorwiegend die nördliche gemäßigte Klimazone. Die meist anspruchslosen Pioniergehölze zehren mit flachen Wurzeln den Boden stark aus. Einige Arten zählen zu den am weitesten nach Norden vordringenden Laubgehölzen. Blätter einfach, meist stark gesägt, dunkelgrünglänzend, oft mit feinen Drüsen besetzt. Die Blütenkätzchen werden im Herbst ausgebildet. Sie blühen im Frühjahr. Die Fruchtnüßchen säumen 2 dünne Hautflügel.

B. nana L. Zwerg-Birke. IV bis VI. Nordeuropa bis Nordasien, in Gebirgen Mitteleuropas; Grönland, Baffin Island, Alaska. 30 bis 80 cm hoher, auch niederliegender Strauch. Junge Zweige dicht kurzhaarig. Blätter etwa 10 mm lang und 13 mm breit, kahl mit stumpfen Zähnen, unterseits mit Drüsen. Die kleinen runden Kätzchen stehen aufrecht. Blüte vor der Belaubung. Im subarktischen Bereich auf Torfböden weitverbreitete Art, in mitteleuropäischen Gebirgen selten in offenen Hochmooren und Kiefernmooren. Die Art ist leicht vermehrbar durch Sommerstecklinge und Aussaat. Im Garten gedeiht der feingliedrige Strauch auch auf trockneren, steinigen (stets sauren) Böden, erreicht dann aber nicht seine volle Schönheit.

Carex L. (Gattungsbeschreibung S. 136)

C. echinata Murray, syn. *C. stellulata* Good., Stern-Segge, Igel-Segge. V bis VII. In nördlichen und montanen Gebieten zirkumpolar verbreitet, außerdem im südlichen Südamerika und in Australien. Die dichtrasighorstartig wachsende, 10 bis 40 cm hohe Pflanze gehört zu den »Gleichährigen Seggen«, bei denen alle Ähren annähernd gleich gestaltet und jede sowohl mit männlichen als auch weiblichen Blüten ausgestattet ist. Die starren, 1 bis 2 mm breiten Blätter sind kürzer als der stumpf 3kantige Stengel. Er trägt 3 bis 5, wenig voneinander entfernte, kugelige Ähren, die 5 bis 7 Blüten enthalten. Die kalkfliehende, sonst anspruchslose, auch flache

Dauerüberflutung vertragende Art besiedelt arme Sauer-Zwischenmoore, nasse Binsen- und feuchte Borstgraswiesen.

C. grayi Carey., Morgenstern-Segge. VI. Kanada: Quebec; USA: bis Georgia, Mississippi und Arkansas. Die anpassungsfähige, horstbildende, bis 75 cm hohe Art unterscheidet sich durch ihre kopfigen, kurz gestielten Ähren und die von blasigen, spitz auslaufenden Hüllen umgebenen Früchten deutlich von unseren heimischen Seggen. Bei uns völlig bodenvage, in der Heimat auf wechselnassen Moorwiesen, verträgt Trockenheit und Staunässe. Selbst bei flacher Dauerüberflutung ist die Vitalität nur wenig gemindert.

C. remota L. Winkel-Segge (V) VI bis VII. Europa, Asien. 30 bis 60 cm hohe Segge, die sich durch Feingliedrigkeit und lockeren Habitus auszeichnet. Der Stengel ist bis oben mit schlaffen, dünnen, zuletzt überhängenden Blättern besetzt. Grundständige Blätter 2 mm breit, ebenfalls schlaff, länger als der Blütenstengel. Von den 6 bis 9 rundlichen, 4 bis 8 mm langen Ähren stehen die unteren weit entfernt, die oberen enger. Ähren mit einem 5 bis 15 cm langen, abstehenden, den Stengel oft überragenden Tragblatt. Der Name »Winkel-Segge« weist darauf hin, daß sich der Stengel bei jeder Ähre abwinkelt. Das schattenertragende Gras ist an Waldquellen, an feuchten, moosigen Waldwegen, auf sickernassen, nährstoff- und basenreichen Sumpfhumusböden von der Ebene bis ins Gebirge (Alpen bis 1300 m ü. NN) zu finden.

Carex grayi

Chamaedaphne Moench, Zwerglorbeer, Familie *Ericaceae*. Die Gattung ist monotypisch.

C. calyculata (L.) Moench, syn. *Cassandra calyculata* (L.) D. Don. IV bis V. Nordosteuropa; Nordasien, Nordjapan; Kanada: Neufundland, Alberta, British Columbia; USA: Alaska, südlich bis Georgia und Ohio. Zierlicher, dichtwachsender, bis 50 cm hoher Zwergstrauch, der sich auf Humus kriechend langsam ausbreitet. An langen, bogig überhängenden Trieben sitzen wechselständig in dichter Folge immergrüne, lederartige, schmal elliptische, bis 5 cm lange Blätter. Die weißen, kugelförmigen Blüten mit 5 zurückgeschlagenen Kronzipfeln bilden lange, beblätterte, einseitswendige Trauben. Ausreichende Feuchtigkeit und saure Bodenreaktion sind für die Kultur dieser typischen Torfmoorpflanze unerläßlich. Hochanstehende Nässe und Halbschatten werden vertragen.

Comarum L. Blutauge, Familie *Rosaceae*. 2 mehrjährige, nördlich zirkumpolar verbreitete Kräuter.

C. palustre L. syn. *Potentilla palustris* (L.) Scop. Sumpf-Blutauge. VI bis VII. Eurasien, Grönland; Kanada: Labrador; USA: Alaska, südlich bis New Jersey, Ohio, Iowa, Wyoming und Kalifornien. Der zunächst im Sumpf kriechende, dann aufsteigende, zwischen 30 und 100 cm lange, im unteren Teil verholzende Stengel trägt 5 bis 7zählige, unpaarig gefiederte Blätter mit blaugrüner Unterseite. Die dunkel purpurfarbene Krone wird vom viel augenfälligeren, oberseits rotbraunen Kelch doppelt so lang überragt. Die Blätter des grünen Außenkelches sind ebenso lang wie die Kronblätter. Die Charakterart der Kleinseggensümpfe besiedelt Flach- und Zwischenmoore, Schlenken und Gräben auf nassen, oft zeitweise überschwemmten, mehr oder weniger basenarmen, mäßig sauren Torf-Schlammböden.

Cornus L. Hartriegel, Familie *Cornaceae.* Die etwa 40 Arten der Gattung haben ganzrandige oder gesägte, einfache Blätter mit bogenförmigen Seitennerven. Blüten meist zwittrig, 4teilig mit 2 oder 3 Fruchtblättern und 1 Griffel.

Früchte beerenähnlich, die äußere Schale fleischig, die innere sehr hart, darin 2 einsamige Fächer. Meist handelt es sich um sommergrüne, in Gärten und öffentlichen Grünanlagen häufig angepflanzte Sträucher. Für den Moorgarten sind 2 niedrige krautige Arten wertvoll, die bei Wohlbefinden lockere Teppiche bilden. Sie sind kalkfliehend und lieben leichten Streuschatten von Gehölzen.

C. canadensis L. syn. *Chamaepericlymenum canadense* (L.) Aschers. et Graebn.. Kanadischer Hartriegel. VI. Grönland, Kanada; USA: Alaska, südlich bis Pennsylvania, Minnesota, New Mexico und Kalifornien; Japan, Amurgebiet, Sachalin, Kurilen, Kamtschatka, Korea. 10 bis 20 cm hohe Pflanze. Über eiförmigen, 2 bis 4 cm langen, am Stielende quirlig stehenden Blättern breiten sich 4 reinweiße, dekorative, einen Perigon vortäuschende Hochblätter aus. Die winzigen eigentlichen Blüten stehen im Zentrum der Hochblätter in endständigen Kugelköpfchen. Früchte hellrot. In feuchten Torfböden oder im Mulm vermodernder Baumstämme entwickelt die unterirdisch kriechende Pflanze dichte Wurzelfilze.

C. suecica L. syn. *Chamaepericlymenum suecicum* (L.) Aschers. et Graebn. Schwedischer Hartriegel. VI bis VII. Nordeuropa bis nördliches Mitteleuropa, Grönland, Alaska; Kanada: südlich bis Neufundland, Neuschottland und

Quebec. Die 5 bis 25 cm hohe Pflanze mit 4kantigem Stengel und sitzenden Blättern treibt unteriridische Ausläufer, wächst aber nicht sehr stark. Blüten in Dolden, dunkelrot; sie werden von 4 trübweißen Hochblättern umstellt. Früchte scharlachrot. Die in der Kultur heikle Art bewohnt Zwergstrauchheiden, Zwischenmoore und lichte Gebüsche auf Torfböden. Im Moorgarten möchte diese mehr botanisch interessante Pflanze feucht bis naß stehen.

Drosera L. Sonnentau, Familie *Droseraceae*. Von den insgesamt etwa 85 Arten dieser Rosettenpflanzen sind nur 3 Arten in der Nadelwald- und Tundrenzone Europas verbreitet. Sie stehen bei uns unter Naturschutz! Mehr als die oft unscheinbaren, zwittrigen, meist weißen oder rosafarbenen, in rispen- oder wickelförmigen Blütenständen vereinigten Blüten interessieren die insektenfangenden Blätter. Sie be-

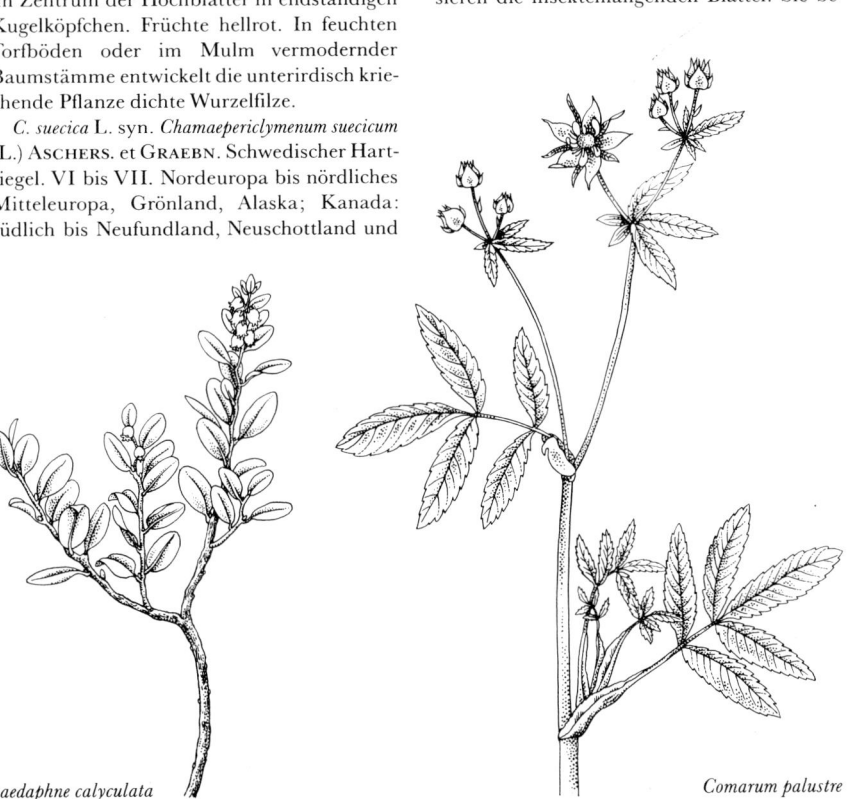

Carex remota

Chamaedaphne calyculata

Comarum palustre

stehen aus einem Blattstiel und der mit Drüsen-Tentakeln besetzten Spreite. Die Drüsen scheiden einen klebrigen, meist rot gefärbten Schleim aus, der in Form kleiner Tröpfchen in der Sonne glitzert (»Sonnentau«). Am Schleim klebende Insekten werden nach und nach von den Tentakeln umschlossen und verdaut. Die aktive Blattbewegung wird nur durch eiweißhaltige Objekte ausgelöst. Die Vermehrung erfolgt durch Aussaat des feinen Samens sowie durch Stecken oder Auslegen von abgeschnittenen Blättern.

D. anglica Huds. syn. *D. longifolia* L. p. p. Langblättriger Sonnentau. VII bis VIII. Mittel- und Nordeuropa; Nordasien, Nordjapan; Nordamerika; Hawaii. Blätter lineal-keilförmig, bis 40 mm lang, an den Sproßenden gedrängt. Blüten weiß in 3- bis 6blütigen Scheintrauben. In Hoch- und Flachmoorschlenken auf nassen, mäßig nährstoffreichen Torf-Schlammböden. Gegenüber basischen Standorten toleranter als die übrigen Arten.

D. filiformis Raf. VI bis VIII. USA: Massachusetts bis Delaware, Südcarolina bis Florida und Louisiana. Die fadenförmigen, mit purpurfarbigen Haaren besetzten Blätter erreichen 10 bis 40 cm Länge bei nur 1 mm Breite. Leuchtend violettrote, einzeln und nacheinander sich öffnende Blüten stehen in 40 cm hohen Blütenständen. Die Art benötigt eine zuverlässig schützende, dicke Winterdecke oder muß im Kasten überwintert werden.

D. intermedia Hayne syn. *D. longifolia* auct. non L. Mittlerer Sonnentau. VII bis VIII. Nord-, West- und Mitteleuropa; Transkaukasien; atlantisches Nordamerika; Westindien. Blattspreite keilig verkehrt-eiförmig bis spatelig. Spreite 5 bis 10 mm, Stiel 25 bis 40 mm lang. Weiße Blüten in 3- bis 7blütigen Scheintrauben. In Hochmoorschlenken, an Moorkolken, in Zwischenmooren und Feuchtheiden auf mäßig nährstoffreichen, auch zeitweise flach überschwemmten sauren Sand- und Torfböden. Die Art tritt in Herden auf, da sie sich durch verzweigende Sprosse stark vermehrt, manchmal auch flutende Teppiche bildet.

D. rotundifolia L. Rundblättriger Sonnentau. VII bis VIII. Europa; Nordasien, Libanon, Kaukasus, Japan; Nordamerika. Blätter mit kreisrunder und querovaler, 10 mm breiter Spreite, oberseits mit spreizenden roten Tentakeln besetzt. Behaarte Stiele 15 bis 30 mm

lang. Die Rosetten drücken sich dem Substrat eng an oder sind halb aufgerichtet. Weiße Blüten in 6- bis 10blütigen Wickeln, Blütenstände die Blätter weit überragend. Die Art kommt hauptsächlich in Hochmoorbult-Gesellschaften und auf torfmoosreichen Zwischenmooren vor, auch in feuchten Heidesenken und Dünentälern sowie am Rande oligotropher bis mesotropher Heidetümpel. Kultivierbar nur auf nassen, nährstoffarmen, sauren Torfböden (Abb. S. 243).

Empetrum L. Krähenbeere, Familie *Empetraceae*. Die niedrigen, immergrünen, heidekrautähnlichen Zwergsträucher dieser Gattung sind in arktischen bis kühlgemäßigten Gebieten und in den Gebirgen der Nordhalbkugel als Hochmoor-, Heide- bzw. Tundrenpflanzen weit verbreitet. Ein zweites Verbreitungsgebiet befindet sich im subantarktischen Südamerika und in den Südanden. Die kleinen, bei den meisten Arten eingeschlechtigen Blüten sind 2häusig verteilt. In nordischen Ländern werden die eßbaren, vitaminreichen, blauschwarzen bis schwarzen Beeren oft von der Bevölkerung gesammelt.

E. nigrum L. Gemeine Krähenbeere. IV bis V. Zirkumpolar in der Holarktis verbreitet, im Süden auf die höheren Lagen der Gebirge beschränkt. Bei niederliegend-ausgebreitetem Wuchs wurzelt die Pflanze an ihren jung rötlichen, später rotbraunen Trieben. Höhe bei aufrechtem Wuchs 15 bis 45 cm. Wechselständige, parallelrandige Blätter, 3- bis 4mal so lang wie breit. Aus unscheinbaren, karminrosa Blüten gehen erbsengroße, saftige Beeren mit 6 bis 9 harten Samen hervor. Die Art verträgt Halbschatten und besiedelt oligotrophe Moor- und

Erica tetralix

Heidestandorte in frischen bis nassen Lagen, verträgt aber auch sehr trockene Standorte.

E. hermaphroditum (Lange) Hagerup Zwittrige Krähenbeere. V. Nordeuropa, im Gebirge südlich bis Pyrenäen, Apennin, Balkan, Kaukasus; Sibirien, Grönland, nördliches Nordamerika. Junge Triebe grün, ältere braun, nicht wurzelnd. Blüten zwittrig. Die Art soll reicher blühen als die Gemeine Krähenbeere und stellt die gleichen Ansprüche.

Erica L., Heide, Familie *Ericaceae*. Die Gattung hat im südafrikanischen Florengebiet ihre reichste Entfaltung. Ein zweiter Verbreitungsschwerpunkt erstreckt sich von Nordwesteuropa bis zum Mittelmeerraum.

E. tetralix L. Moorheide, Glockenheide. VI bis IX. Nord- und Westeuropa. 15 bis 50 cm hoher Zwergstrauch mit im Humus wurzelnden niederliegenden und aufsteigenden Trieben. Blätter nadelförmig, steifhaarig-gewimpert, zu 3- bis 4quirlig. Kelch kürzer als die glockenförmige, kurz 4lappige, rosafarbene, auch weiße Krone. Die Staubblätter sind in der Krone eingeschlossen. Blüten in kopfigdoldigem Blütenstand. Die kalkfliehende Lichtpflanze kommt in Feuchtheiden, Mooren und Feuchtwiesen auf nährstoffarmen Torfböden vor. Spezialgärtnereien für Moorbeetkulturen bieten die im Garten anspruchslose, auch auf humusärmeren und nicht zu fetten Böden noch kultivierbare Moorheide in verschiedenen Sorten an, z. B.: 'Alba Mollis', reinweiß, silbergrau behaartes Laub; 'Alba Praecox', weiß, frühblühend; 'Darleyensis', zart lachsrosa mit roter Zeichnung am geöffneten Rand, Laub matt graugrün; 'Foxhome', rostrot, Laub hell graugrün, zierliche Wuchsform; 'Pink Star', lilarosa, Glöckchen endständig in Büscheln, Laub hell silbergrau; 'Con Underwood', dunkelkarmin, reich und lange blühend, aufrechte Wuchsform.

Eriophorum L. Wollgras, Familie *Cyperaceae*. Die Gattung enthält Moorgräser, deren Sproßachsen außer am Grunde auch an den oberen Teilen beblättert sind. Die Blüten stehen in Ähren, entweder endständig oder in einem aus Ähren gebildeten schraubigen Blütenstand. Auffallender Schmuck der Arten ist der schneeweiße Wollschopf der Fruchtstände. Die Gattung ist mit 10 Arten vor allem zirkumpolar, hauptsächlich subarktisch verbreitet. Nach Süden zu im montanen bis alpinen Bereich.

E. angustifolium HONCK. syn. *E. polystachion* L. p. p., Schmalblättriges Wollgras. IV bis V. Zirkumpolar subarktisch; Westindien, Südafrika. Ausläufer treibende, oft rot überlaufene, 20 bis 50 cm hohe Pflanze mit rinnigen, gekielten, 2 bis 6 mm breiten Blättern. Die Blütenähren mit glattem Stiel sitzen zu 3 bis 5 am stielrunden, oben stumpf 3kantigen Stengel. Relativ häufige Art mit großen Wollschöpfen, Wurzelpionier in Zwischenmooren, in Quellmooren sowie an Ufern und Gräben, auf nassen, zeitweise überschwemmten Standorten.

E. gracile KOCH Zierliches Wollgras. V bis VI. Zirkumpolar subarktisch. Seltenste heimische Art. Das 10 bis höchstens 40 cm hohe Gras wächst lockerrasig und treibt lange Ausläufer. Blätter überall 3kantig, 1 bis 2 mm breit. Die 2 bis 4 Ähren mit rauhen Ährenstie-

len stehen fast aufrecht am 3kantigen Stengel. Wollschöpfe wie die ganze Pflanze klein und zierlich. In nassen, auch überfluteten, nährstoffarmen, kalkhaltigen Flachmooren.

E. latifolium HOPPE syn. *E. polystachion* L. p. p., Breitblättriges Wollgras. IV bis V. Europa; Kleinasien, Transkaukasien, Kaukasus. Ausläuferloses, 20 bis 50 cm hohes, dichtrasiges Gras mit 3 bis 8 mm breiten, flachen, schmallanzettlichen, nur an der Spitze 3kantigen Blättern. Oberste Scheiden eng anliegend. Ähren zu 4 bis 10, Wollschöpfe nur mittelgroß, aber besonders wirkungsvoll in Verbindung mit schwärzlichgrünen Deckspelzen. Als Flachmoorpflanze tritt die Art in Binsenwiesen, Quellmooren und in Verlandungsgesellschaften auf. Kalkhaltige, milde bis mäßig saure Torfböden werden bevorzugt.

E. vaginatum L. Scheidiges Wollgras. IV bis V. Zirkumpolar subarktisch; südlich bis Pyrenäen, Balkan, Kaukasus. Die ausläuferlose

Pflanze bildet dichte Horste. Stengel 10 bis 50 cm hoch, unten stielrund, oben 3kantig, am Grunde mit langen schmalen Blättern (Scheiden netzfaserig), oben mit etwas aufgeblasenen Scheiden. Die 2 cm lange Blütenähre sitzt einzeln endständig. Eine typische Pflanze der Hochmoore.

Gentiana L. Enzian, Familie *Gentianaceae*. Ein- und mehrjährige Kräuter mit gegenständigen, ganzrandigen Blättern. Die röhren- oder glokkenförmigen Blüten mit 5 Kronzipfeln sind meist blau oder violett. Fast alle fordern feuchten Boden mit gutem Wasserabzug und leiden unter Staunässe. Viele sind im Garten nicht zu halten, da sie symbiotisch mit Wurzelpilzen leben. Für den Moorgarten kommt nur die folgende Art in Frage.

G. pneumonanthe L. Lungen-Enzian. VII bis IX. Europa; Westasien, südlich bis Kaukasus. 15 bis 50 cm hohe Pflanze mit kräftigem Rhizom und aufrechten oder aufsteigenden, dünnen, stumpfkantigen, mit linealischen oder lineallanzettlichen Blättern locker besetztem Stengel. Die intensiv blauen, glockentrichterförmigen Blüten stehen einzeln oder in armblütigen Trauben. Die seltene geschützte Pflanze wächst auf wechselfeuchten, meist kalkfreien Moorwiesen.

Eriophorum angustifolium

E. latifolium

Gentiana pneumonanthe

Gunnera L., Familie *Haloragaceae*. Die hauptsächlich in der Südhemisphäre sowie auf Hawaii, in Malaysia und Mexiko beheimatete Gattung umfaßt 50 Staudenarten. Aus Wurzelstöcken mit oder ohne Rhizomen treiben eirunde bis handförmig gelappte, grundständige Blätter. Sie bilden Rosetten oder Blattbüsche. Die sehr kleinen, unscheinbaren, zwittrigen oder getrenntgeschlechtigen Blüten mit reduziertem oder ganz ohne Perigon stehen in Ähren oder in dichten, zapfenähnlichen Trauben. Früchte beerenförmig. Alle Arten benötigen feuchten bis nassen, humusreichen Boden in Sonne oder lichtem Schatten. Obwohl die *Gunnera*-Arten mit einer einzigen Ausnahme in unserem Klima nicht winterhart sind, werden die durch ihren Riesenwuchs und die bizarren, dekorativen Blätter berühmten *G. manicata* LIND. ex ANDRE und *G. tinctoria* (MOL.) MIRB. aus Südbrasilien bzw. Chile von Liebhabern in Gärten gepflegt. Die Überwinterung erfolgt z. B. unter mit Laub gefüllten großen Holzkästen, die über die Wurzelstöcke gestülpt werden.

G. magellanica LAM. VIII bis X. Südchile, Falklandinseln. Die Pflanze breitet sich mit kräftigen oberirdischen Rhizomen mattenbildend aus. Blätter langgestielt, Spreiten rund bis nierenförmig, gekerbt, Durchmesser ca. 5 cm. Blüten rotbraun, in kurzen runden Ähren; die weiblichen Ähren sitzend, kürzer als die männlichen. Die Art wächst im windgepeitschten Tussock-Grasland in feuchten bis nassen Senken zwischen harten Gräsern auf sauren Torfböden. Im Garten für sauer-humose, feuchte bis nasse Stellen geeignet. Bei längerer Überflutung gehen die Pflanzen zurück. Unter Schneedecke wird strengste Winterkälte vertragen, in schneearmen Gebieten empfiehlt sich Reisigschutz.

Helonias L. Sumpfnelke, Helonie, Familie *Liliaceae*. Die Gattung ist monotypisch.

H. bullata L. V bis VI. USA: New York und New Jersey bis Virginia, Pennsylvania und Georgia. Die Pflanze entwickelt aus knolligem, äußerlich zwiebelähnlichem Wurzelstock eine Rosette dunkelgrüner, dünner, parallelnerviger, lanzettlicher, 15 bis 35 cm langer und 3,5 bis 5 cm breiter Blätter, die den 30 bis 60 cm hohen hohlen Blütenschaft dicht umstehen. Die rosafarbenen bis violetten, 6zähligen Blü-

ten mit 6 mm langen Blütenblättern und schönen blauen Staubbeuteln hängen als Glöckchen in endständiger, 3 bis 8 cm langer Ähre, die sich zur Fruchtzeit'auf 10 bis 17 cm verlängert. Die Fruchtkapseln werden mit ihren papierartigen Klappen über 6 mm, die Samen 3 bis 4 mm lang. Die als vollkommen winterhart geltende Pflanze oligotropher Torfmoore vermehrt sich durch Seitenknollen und bildet mit der Zeit stattliche Bestände.

Hydrocotyle L. Wassernabel, Familie *Hydrocotylaceae*. Die Gattung umfaßt rund 80, durchweg krautige Arten, die den Doldenblütlern nahestehen.

H. vulgaris L. VII bis VIII. Europa; Ufer des Kaspisees; Nordwestafrika. Aus einem fadenförmig kriechenden Stengel gehen langgestielte, schildförmige, gekerbte Blätter hervor. Höhe 5 bis 20 cm, gelegentlich auch darüber. Die kleinen, weißen, 5zähligen Blüten stehen in 3- bis 5blütigen kopfigen Dolden oder in armblütigen Wirteln. Flachmoore, Sumpf- und Moorwiesen, Gräben und Schlenkenränder vor allem tieferer Lagen zählen zu den typischen Standorten. Nasse bis wechselnasse, mehr oder weniger basenreiche, kalkarme Böden werden bevorzugt.

Hypsela K. B. PRESL, Familie *Campanulaceae*. Mit 5 niedrigen Kriechstauden in Südamerika, Australien und Neuseeland verbreitete

Gattung. Der asymmetrische Aufbau der Blütenkrone erinnert an die verwandte Gattung *Lobelia*.

H. reniformis (KUNTH) K. B. PRESL syn. *H. longifolia* (HOOK.) BENTH. et HOOK. f. VII bis VIII. Chile. Die mattenbildende Pflanze wird nur wenige Zentimeter hoch. Blätter ganzrandig, rund bis oval, glatt und glänzend, wenig über 10 mm lang, längs der Mittelrippe leicht gefaltet. Die Kronröhre der insgesamt 10 mm langen Blüte endet in 5 spitzen Kronzipfeln. Farbe weiß bis zartrosa mit dunkleren Adern, Schlund gelb gefleckt. Früchte sind grüne Beeren. Die in den Hochlagen der Anden auf feuchten bis sickernassen Standorten vorkommende Pflanze liebt schwach bis mäßig sauerhumosen Boden mit Sandanteilen. In schneearmen Gebieten ist leichter Winterschutz angebracht.

Ledum L. Porst, Familie *Ericaceae*. 3 niedrige, dicht verzweigte, streng kalkmeidende Sträucher gehören zu dieser Gattung. Die immergrünen, unterseits filzigen Blätter stehen wechselständig und duften zerrieben aromatisch. In end- oder seitenständigen, kugeligen Dolden sind die 5zähligen weißen Blüten, aus deren freien Kronblättern die Staubblätter weit herausragen, angeordnet. 5fächrige Fruchtkapseln mit zahlreichen feinen Samen. Die Verbreitung beschränkt sich auf die Nadelwaldzone der Nordhalbkugel.

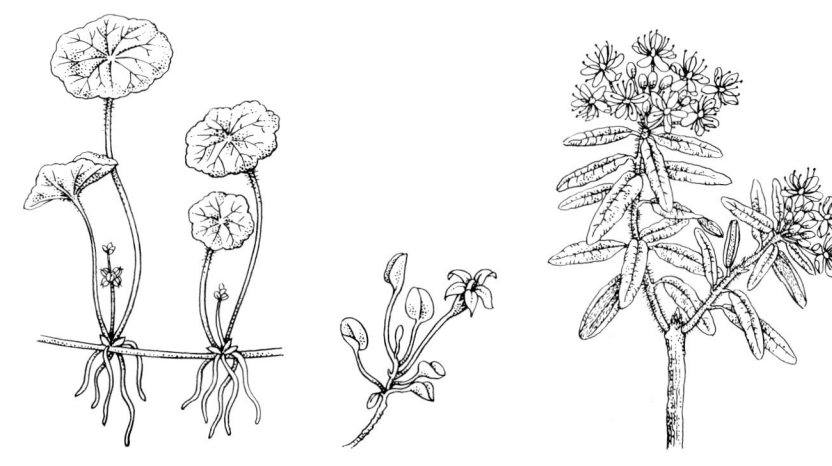

Hydrocotyle vulgaris   *Hypsela reniformis*   *Ledum groenlandicum*

L. groenlandicum OED. syn. *L. palustre* ssp. *groenlandicum* (OED.) HULT. V bis VI. Westgrönland, Kanada; USA: Alaska, südlich bis New Jersey, Pennsylvania, Minnesota und Oregon; in England eingebürgert. 50 bis 150 cm hoher Strauch mit braunfilzigen Trieben. Blätter eiförmig bis breitlanzettlich, 2- bis 5mal so lang wie breit. Staubblätter 5 bis 8. Besiedelt Torfmoore (Abb. S. 174).

L. palustre L. Sumpf-Porst. V bis VI. Nord- und Mitteleuropa, Nordasien. 60 bis 150 cm hoher, stark duftender Strauch mit zunächst rostrot zottigen, später verkahlenden Trieben. Blätter linealanzettlich, 4- bis 12mal so lang wie breit. Staubblätter 10. In Moorgebüschen, Torfmooren und Moorwäldern.

Menyanthes L. Fieberklee, Bitterklee, Familie *Menyanthaceae*. Die Gattung ist monotypisch.

M. trifoliata L. V bis VI. Gemäßigte und arktische Gebiete der nördlichen Halbkugel. Intensiv wurzelnde, 15 bis 30 cm hohe, völlig

Menyanthes trifoliata

kahle Sumpfpflanze mit oberirdisch kriechenden Rhizomen und wechselständigen, langgestielt-3teiligen Blättern. Die trichterförmigen, rötlichweißen, 3zähligen Blüten mit gefranstem Blütenblattsaum stehen in langen Trauben am unbeblätterten Schaft, der die Blätter leicht überragt. In basenreichen Moorschlenken und Schwingrasengesellschaften.

Molinia SCHRANK, Pfeifengras, Familie *Poaceae*. Die Gattung umfaßt 5 ausdauernde, horstbildende Gräser, die in Europa und Asien verbreitet sind. Blätter schmal, gebogen. Blüten in 2- bis 5blütigen Ährchen in lockeren Trauben an langen, aufrechten Halmen. In der Natur wachsen die Gräser in Mooren, Heiden, auf Waldschlägen an Hängen und in lichten Wäldern auf humosen, nährstoffarmen Böden. Oft handelt es sich um wechselfeuchte Standorte. Im Garten wird feuchtigkeitshaltender, schwach bis mäßig saurer Boden bevorzugt.

M. caerulea (L.) MOENCH syn. *Aira caerulea* L. Pfeifengras, Besenried, Benthalm. VII bis IX. Europa, Westsibirien, Mittelmeergebiet, Kleinasien, Kaukasus. Variable Sammelart. Für die Gartenverwendung sind 3 Unterarten von Bedeutung: *M. c.* ssp. *altissima* (LINK) DOMIN, Hohes Pfeifengras, Riesen-Pfeifengras. Die Halmbüsche können 2 m Höhe erreichen. Ährchen 3 bis 4blütig, meist grünlich. Rispenäste aufrecht abstehend. *M. c.* ssp. *arundinacea* (SCHRANK) H. PAUL. Rohr-Pfeifengras. Rispenäste schlaff, wesentlich länger als die Achsenglieder, mit Haarbüscheln an den Verzweigungen. Ährchen locker stehend, grün, seltener etwas gefärbt. Sorten: 'Karl Foerster', stattlich, locker, gut färbend, bis 2 m; 'Windspiel', sehr dichthalmig und straff, frühzeitige hellgelbe Herbstfärbung, bis 2,5 m; 'Transparent', graziler Aufbau, gut für kleinere Naturgärten geeignet, bis 1,8 m. *M. c.* ssp. *caerulea*. Blaues Pfeifengras. Ährchen schieferblau bis violett (var. *caerulea*) oder blaßgrün bis gelblich (var. *viridiflora* LEJ.). Stengel 90 cm hoch, Rispe locker bis dicht. Sorten: 'Strahlenquelle', breit aufgebautes, stabiles Halmgerüst, 40 bis 80 cm, für aufgelockerte Pflanzweise; 'Moorhexe', straff aufrecht, 40 bis 70 cm, für dichte Gruppenpflanzung; 'Variegata', gelblich-weißbunte Form, mit schönem Austrieb, sehr reichblühend, 30 bis 50 cm.

Myrica L. Gagel, Familie *Myricaceae*. Die Gattung besiedelt mit Sträuchern und kleineren Bäumen mit Ausnahme von Australien alle gemäßigten und subtropischen Gebiete der Erde. Die Blüten in kleinen, dichten, achselständigen Kätzchen sind 1- oder 2häusig.

M. gale L. syn. *Gale palustris* (LAM.) CHEV. Gagelstrauch. IV. Nördliches Europa; Kanada: Labrador, Neufundland; USA: Alaska, südlich bis New York, Nordcarolina, Tennessee, Minnesota und Oregon. Dünne, braune, rutenförmige Triebe, die teilweise Wachsdrüsen aufweisen, formen einen bis 2 m hohen, meist kleineren, aromatisch duftenden Strauch. Die schmalen, verkehrt lanzettlichen, kurzgestielten Blätter sind bis zur Mitte ganzrandig, von da bis zur Spitze grob gesägt und enthalten auf ihrer matt tiefgrünen, kahlen Oberfläche einige, auf ihrer blaßgrünen Unterseite zahlreiche Harzdrüsen. Die Blüten öffnen sich vor den Blättern an vorjährigen Trieben. Männliche Blüten in 1,5 cm langen, hellbraunen, aufrechten Kätzchen; weibliche Kätzchen nur halb so groß, grünlich. Der Gagelstrauch fordert sauren Boden. Er besiedelt feuchte Gebüsche und Moore.

Narthecium HUDS. Ährenlilie, Beinbrech, Familie *Liliaceae*. Die 4 Arten der in der nördlichen

Narthecium ossifragum

gemäßigten Klimazone verbreiteten Gattung bleiben niedrig, haben einen schlanken Habitus und grasartige bis schwertlilienähnliche Blätter. Die grünlichgelben Blüten dieser moorbewohnenden Pflanzen stehen in Trauben.

N. ossifragum (L.) HUDS. VII bis VIII. West- und Nordwesteuropa. Die 10 bis 30 cm hohe Pflanze breitet sich mit kurzen, dünnen, unterirdisch kriechenden Rhizomen langsam aus. Sternförmige Blüten mit innen gelber und außen grüner Hülle. Sie wirken besonders schön in größeren Pflanzenkolonien, wenn die Blütenstände in Massen erscheinen. Die Kultur dieser vor allem in Heidemooren verbreiteten Pflanze sollte in nährstoffarmem, feuchtem bis ständig nassem Torfsubstrat, ohne Kalk, an vollsonnigem Platz erfolgen.

Oxycoccus HILL Moosbeere, Familie *Ericaceae*. Die Gattung umfaßt 3 moorbewohnende, kalkmeidende, nördlich zirkumpolar verbreitete Zwergsträucher von bodenaufliegend-wurzelndem bis niedrig-aufrechtem Wuchs. Blätter klein, immergrün, ganzrandig, unterseits heller. Die kleinen, nickenden Blüten mit zurückgeschlagenen Kronblättern werden durch Bienen und Hummeln bestäubt. Gegenüber dem zierlichen Wuchs wirken die eßbaren roten Beeren sehr groß (Abb. S. 241).

O. macrocarpos (AIT.) PURSH, Großfrüchtige Moosbeere, Krannbeere. VI (bis VIII). Kanada: Neufundland bis Manitoba; USA: Nordcarolina, Tennessee, Ohio, Illinois und Arkansas. Als Neophyt in Mitteleuropa eingebürgert. Langästiger, wüchsiger Zwergstrauch mit 2 cm langen, elliptischen, am Rand etwas eingerollten Blättern; Oberseite hellgrün, Unterseite bläulichgrün bis weißlich. Blüten hell purpurfarben; Beeren bis 2 cm dick, tiefrot. Hochmoorpflanze, auch auf sauren Zwischenmooren. Sie wurde als Moorobst züchterisch bearbeitet. Bemerkenswert ist die Sorte 'Searles'. Sie entwickelt weniger Kriechtriebe, dafür aus den Achselknospen hervorgehende, kurze, sogenannte »Ständer«, die mit Früchten reich besetzt sind. Die Beeren reifen gegen Ende September. Kultur auf sandig-torfigen, frischen bis mäßig feuchten, auch flachgründigen Böden. Sparsame Düngung mit garantiert sauer reagierendem Volldünger ist empfehlenswert.

O. palustris PERS. syn. *O. quadripetalus, Vaccinium occycoccos*, Gemeine Moosbeere. (V) VI bis VIII. Zirkumpolar; nördliches Europa, im Süden nur in den Gebirgen; Nordamerika: Kanada und USA, hier südlich bis New Jersey, Virginia, Nordcarolina, Michigan, Wisconsin und Minnesota. Die gelben bis roten, anfangs etwas behaarten, fadenförmig dünnen Triebe kriechen bis 1 m weit. Blätter kahl, Rand umgerollt, unterseits bläulichgrün, bis 1 cm lang. Blüten einzeln oder bis zu 4 in Büscheln. Beeren bis 1 cm dick, kugelig bis birnenförmig, zunächst weißlich, später blutrot, bis zum Frühjahr haftend. Die etwas Schatten ertragende Pflanze besiedelt Hochmoorbulte und Sauer-Zwischenmoore.

O. microcarpum TURCZ. ex RUPR. syn. *Vaccinium microcarpum* (TURCZ. ex RUPR.) HOOKER fil. Kleinfrüchtige Moosbeere. VII. Nordeuropa, südlich bis Alpen und Nordkarpaten; Sibirien; Nordamerika. Triebe 10 bis 60 cm, Blätter 3 bis 6 mm lang, im unteren Viertel am breitesten. Blütenstiele kahl. Blüten meist einzeln. Beeren oval bis birnenförmig, 5 bis 7 mm groß. Als Charakterart in Torfmoosbult-Gesellschaften bleibt die Art auf saure, nasse, sehr nährstoffarme Torfböden beschränkt.

Pernettya GAUDICH corr. GAUDICH, Torfmyrte, Familie *Ericaceae*. Die Gattung umfaßt über 30 Arten immergrüner Zwerg- und mattenbildender Sträucher mit weißen bis rosafarbenen Blüten und schönem Beerenschmuck. Verbreitungsschwerpunkte sind Südamerika, Mexiko sowie Tasmanien.

P. mucronata (L. f.) GAUDICH ex SPRENG. V bis VI. Südchile bis Feuerland. Der in Gärten meist nur 40 bis 70 cm hohe, dicht verzweigte Strauch breitet sich durch Ausläufer mit der Zeit reichlich aus. Die derben, 2 cm langen, lanzettlichen bis schmal elliptischen, in eine dornige Spitze auslaufenden Blätter mit gesägtem Rand stehen wechselständig. Kleine, krugförmige, weißliche bis hell rosafarbene Blüten heben sich deutlich vom dunkelgrünen Laub ab. Sie stehen einzeln in den Blattachseln, jedoch so dicht, daß ein geschlossener Blütenstand vorgetäuscht wird. Die Art ist 2häusig. Von großer Schmuckwirkung sind die flachkugeligen, 1 cm großen Beeren – sofern männliche und weibliche Pflanzen beisammen stehen. Die Variabilität der Fruchtfarbe führte zur Züchtung attraktiver Sorten: 'Alba', weiß-

beerig; 'Bells Seedling', karminrote, besonders lange haftende Früchte, die überwintern und im Frühjahr noch zur Zeit der neuen Blüten am Strauch hängen; 'Coccinea', leuchtend rote Früchte; 'Lilacina', violette Beeren. Torfmyrten lieben leichten Streuschatten von höheren Gehölzen sowie kalkfreien, nährstoffreichen Humusboden und mindestens frische Lage. Die Art erträgt mäßige Dauernässe, ist empfindlich gegen Wintersonne, austrocknenden Wind und Kahlfrost. In schneearmen Gebieten empfiehlt sich eine Schüttung aus trockenem Laub, mit Folie abgedeckt (Abb. S. 242).

Rubus L. (Gattungsbeschreibung S. 198)

R. arcticus L., Aakerbeere. VI bis IX. Nordeuropa, arktisches Nordasien und Nordamerika. 5 bis 15 cm hohe Staude mit einfachen, 3lappigen oder 3zähligen Blättern. Die kräftig rosafarbenen, einzeln oder zu mehreren am Ende der Triebe stehenden zwittrigen Blüten erscheinen während des ganzen Sommers. Die würzigen, wohlschmeckenden, himbeerähnlichen roten Sammelfrüchte werden nur von sehr kräftigen, sich am Standort wohl fühlenden Pflanzen angesetzt. Auf frischen, steinigen Hängen in Sonne und leichtem Halbschatten, in Gebüschen und lichten Wäldern auf nicht zu nassen, milden bis mäßig sauren Humusböden breitet sich die Art unterirdisch aus.

R. chamaemorus L. Moltebeere. VI. Zirkumpolar; Nordeuorpa und nördliches Mitteleuropa, Kanada, nördliche USA. 2häusige, 5 bis 25 cm hohe Pflanze, treibt unterirdische Ausläufer, aus denen aufrechte, beblätterte Stengel hervorgehen. Blätter glänzend, einfach, herznierenförmig, 5lappig. Die weißen Blüten stehen einzeln endständig. Eßbare, etwas säuerliche, hellrote, später orangegelbe Früchte mit wenigen Samen. Sie reifen spät und bleiben häufig auch im Winter unter dem Schnee erhalten. Wegen der engen Bindung an oligotrophe Torfmoore ist die Art im Garten nicht leicht zu kultivieren.

Salix L. Weide, Familie *Salicaceae*. Die rund 300 Arten besiedeln fast ausschließlich die nördliche gemäßigte Klimazone. Vor allem die kleinwüchsigen Arten charakterisieren die Tundrengebiete des Nordens und hohe Gebirgslagen. Es sind kleine Erdsträucher mit unterirdischen Trieben (Kraut-Weide),

Kriechsträucher mit wurzelnden Trieben (Netz-Weide), Liegesträucher mit nichtwurzelnden Zweigen (Heidelbeer-Weide) bis mittelgroße Sträucher (Lappland-Weide). Die einfachen, meist lanzettlichen Weidenblätter stehen fast stets wechselständig. Oft sind kleine Nebenblätter vorhanden. Die 2häusig angeordneten Blütenkätzchen erblühen meist vor oder mit dem Blattaustrieb. Sie enthalten Honigdrüsen und klebrigen, der Übertragung durch Tiere angepaßten Blütenstaub. Sie sind im Frühjahr für Bienen und Hummeln das erste Nahrungsangebot. Im Frühsommer reifen die mit seidigem Haarschopf ausgestatteten, nur wenige Tage keimfähigen Samen. Weiden wachsen im allgemeinen leicht durch Stecklinger. Die männlichen Exemplare sollten bevorzugt zur Nachzucht ausgewählt werden, da die meist auffallend goldgelb gefärbten Staubgefäße der Kätzchen schmuckender wirken als die grünlichen weiblichen Kätzchen. Außerdem wird der oft lästige Samenflug großer Sträucher im Sommer vermieden. Weiden lieben Feuchtigkeit, wachsen schnell und wünschen volle Sonne zum optimalen Wachsen und Blühen.

S. herbacea L. Kraut-Weide. VI bis VII. Arktisches und subarktisches Europa und Nordamerika, Hochgebirge Mittel- und Südeuropas. Aus holzigem Erdstamm, der unter Moos und Steinen kriecht, gehen oberirdische krautige, 1 bis 10 cm lange Zweige hervor. Blätter rundlich, flach, gesägt oder gekerbt, Adernetz unterseits vorspringend. Kätzchen arm- und lockerblütig. Die Art besiedelt in den Alpen feuchte, kalkarme Schneeböden und Schneetälchen.

S. lapponum Lappland-Weide. V bis VI. Nordeuropa, Westsibirien; Gebirge Westeuropas, des östlichen Mitteleuropas und Südosteuropas. Kleiner bis mittelhoher, meist hüfthoher Strauch von aufrechtem Wuchs. Behaarte Triebe später kahl. Die länglich-elliptischen, fast ganzrandigen Blätter sind vor allem auf der Unterseite behaart. Große, längliche, sitzende Kätzchen erblühen kurz vor dem Blattaustrieb. Die Art liebt saure, nasse Böden über Urgestein und ist im Norden in Torfwiesen, in oligotrophen und mesotrophen Grasmooren sowie in Zwergstrauchheiden verbreitet. Der für die Gärten wertvollste Klon stammt aus den Hochstaudenfluren und Lat-

schengebüschen des bulgarischen Witoscha-Gebirges.

S. repens L. Kriech-Weide. IV bis V. Europa. Strauch mit niederliegend-kriechendem Stamm. Äste liegend (leicht wurzelnd) oder bogig aufsteigend. 10 bis 100 cm hoch. Längliche Blätter klein, fast ganzrandig (1,2- bis 5mal so lang wie breit), mit kurzer, abgesetzter, oft krummer Spitze, unterseits seidig behaart. Kätzchen bis 15 mm lang, Staubbeutel beim Aufblühen meist rot, dann gelb. Blühende Zweige zur Blütezeit mit kleinen Blättchen. In Moorwiesen, feuchten Magerrasen, auch in lichten Wäldern auf Sand, in Feuchtheiden und Dünentälern. Zur Bepflanzung nasser Moorböden eignet sich besonders *S. r.* ssp. *rosmarinifolia* (L.) CELAK, die Rosmarinheide. Blätter 5- bis 10mal so lang wie breit, blüht vor dem Blattaustrieb.

S. retusa L. Stumpfblättrige Weide. V bis VI. Hochgebirge Europas. 10 bis 30 cm hoher Zwergstrauch, der mit niederliegend wurzelnden Zweigen lockere Polster bildet. Blätter 1 bis 3 cm lang, verkehrt eiförmig, vorn abgerundet, mittelgrün, kahl, leuchtend gelbe Herbstfärbung. Die länglich elliptischen, gestielten Kätzchen sitzen über einem breiten Tragblatt zwischen den Blättern. Die Art besiedelt oberhalb der Waldgrenze Schneetälchen, auch feuchtes Steingeröll und Matten. Im Garten für absonnig-feuchte Stellen geeignet, zur Rahmung kleiner Moorflächen in Stein- und Heidegärten.

S. serpyllifolia SCOP. syn. *S. retusa* L. ssp. *serpyllifolia* (SCOP.) ARCANG., Quendelblättrige Weide. VI bis VII. Alpen, Westjugoslawien. Die Pflanze bildet sehr dichte Polster, Äste pressen sich dem Boden an. Die glänzend-hellgrünen, ganzrandigen, fast dachziegelartig angeordneten Blätter werden nur 4 bis 10 mm lang und 2 bis 4 mm breit. Blüte gemeinsam mit Blattaustrieb. Gestielte Kätzchen bis 5 mm lang. In den Alpen auf frischen, steinigen Matten. Im Garten eignet sich die Art zur Einfassung von Miniaturmooren in bepflanzten Trögen oder in Stein- und Heidegärten.

Sarracenia L. Schlauchpflanze, Familie Sarraceniaceae. Bei den 9 ausschließlich in Nordamerika beheimateten, insektenfangenden und moorbewohnenden Arten sind die locker rosettenartig angeordneten Blätter zu verschieden

gestalteten, schön gefärbten Schläuchen umgewandelt. Sie enthalten Honigdrüsen und glatte Wände. Eindringende Insekten rutschen ab, werden durch nach unten gerichtete Haare am Verlassen der Röhre gehindert und am flüssigkeitsgefüllten Boden der Schläuche verdaut. Blattlose Schäfte tragen nickende Blüten. Die Pflanzen besiedeln Torfmoore, besonders häufig im *Sarracenia-District*, an der Südgrenze von Nordcarolina. Die dort anzutreffenden Massenbestände fallen durch ihre schillernden Farben besonders auf.

S. purpurea L. V bis VII. Südkanada, USA: Florida, Alabama, Louisiana. Aufsteigende Schläuche 6 bis 35 cm lang, in der Mitte 2 bis 10 cm dick. Der prächtige obere Teil der Schläuche und der daran anschließende offenstehende »Deckel« (der oberste Teil der Blattspreite) zeigen hellstes, mit Elfenbeinweiß untermischtes Grün, das vor allem an sonnigen Plätzen bis ins tiefste Purpur übergeht. Die ebenfalls ungewöhnlichen, bis 30 cm langgestielten, gelblichen bis purpurfarbenen Blüten haben einen 5fächrigen Fruchtknoten mit kurzem Griffel, der in einem 5teiligen, ausgebreiteten Schirm endet, dessen Spitzen je eine Narbe tragen. Die Vermehrung dieser ungewöhnlichen Liebhaberpflanze erfolgt durch Teilung oder durch sofort nach der Ernte auszusäenden Samen (Lichtkeimer!). Kultur in einer Mischung aus $^2/_3$ anmooriger Rasenerde und $^1/_3$ zerkleinertem Torfmoos mit Torfmull bzw. halbverrotteter Lauberde vermengt. Zerkleinerte Holzkohle ist zu 5 % des Mengenanteiles hinzuzufügen. Die genannte Art ist als einzige bei uns relativ winterhart. Sie ist in schneearmen Gebieten abzudecken.

Tofielda HUDS. Simsenlilie, Familie *Liliaceae*. Gattung mit 18, weit nach Norden und in hohe Gebirgslagen vordringende Arten auf der Nordhalbkugel. Schmallineale, ungestielte grundständige Blätter lassen die Pflanzen grasartig erscheinen. Die kleinen gelblichen bis weißlichen Blüten bilden eine endständige Traube.

T. calyculata (L.) WAHLENB. VII bis VIII. Alpen, Pyrenäen, Mittel- und Nordosteuropa. Jeweils in der Achsel eines kleinen Tragblattes sitzen an aufrechten, 15 bis 30 cm hohen Blütenstengeln kleine, gelbe, von einer 3lappigen kelchartigen Außenhülle umgebene Blüten.

Die Art besiedelt feuchte, mesotrophe, meist kalkhaltige Flach- und Quellmoore.

Vaccinium L., Familie *Ericaceae.* Die kühlgemäßigte Nadelwaldzone der Nordhalbkugel stellt den kleineren Verbreitungsschwerpunkt der kalkfliehenden zahlreichen Arten der Gattung Vaccinium dar. Die meisten Arten wachsen in tropischen Gebirgen, zum Teil als Epiphyten.

V. spec. Sumpfbeere, Amerikanische Blueberry, Kultur-Heidelbeere. Von wirtschaftlicher Bedeutung sind in Nordamerika die dort beheimateten Arten *V. australe* SMALL, *V. corymbosum* L., *V. lamarckii* CAMP. und *V. angustifolium* AIT. Die bei uns angebotenen Sorten entstammen zumeist Hybriden. Mit aufrecht wachsenden, anfangs behaarten, warzig gelbgrünen bis olivgrünen Trieben wird der sommergrüne Strauch in Mitteleuropa bis 2 m, in der Heimat bis 4 m hoch. Blätter 2 bis 8 cm lang, ganzrandig bis fein gesägt, oberseits stumpfgrün, kahl; unterseits heller, etwas behaart. Die krugför-

migen, weißlichen bis hell rosafarbenen Blüten mit bläulich bereiftem Kelch stehen in dichten Trauben. Beeren mit Heidelbeergeschmack, bis 15 mm dick, dunkelblau, stark bereift, innen hell gefärbt. Kultur in frischen bis feuchten (nicht ständig staunassen) anmoorig-humosen Böden (*p*H-Wert zwischen 3,8 und 4,8 ist optimal). Gedeiht auch in halbschattiger Lage, bei fehlender Wärme reifen die Früchte aber oft nicht mehr aus. Die reifenden Früchte müssen eventuell vor Vogelfraß geschützt werden. Sorten: 'Earliblue', kräftig wachsend mit großen, leicht abgeplatteten, hellblauen Beeren. Gilt als sehr gute winterharte Frühsorte. 'Bluecrop', breit, mittelstark und locker wachsend. Etwas »unordentliches« Wuchsbild, aber reich fruchtend. Sehr ertragreich, muß deshalb kräftig zurückgeschnitten werden. 'Ivanhoe', starkwachsend mit etwas weniger frosthartem Holz. Sehr große, dunkelblaue, stark bereifte, besonders aromatische Beeren. Erntebeginn im Tiefland ab Anfang August. Rückschnitt erforderlich. 'Herbert', starkwachsend, Aufbau mehr breit als hoch. In lockeren Fruchtständen stehen sehr große, sehr aromatische Beeren in bester Fruchtqualität. Sorte stellt höhere Ansprüche an Sonne und Wärme. Ernte ab Anfang August.

V. uliginosum L. Trunkelbeere, Rauschbeere, Moor-Heidelbeere. Zwischen 5 und 80 cm hoher, aufrechter Zwergstrauch mit stielrunden braunen Trieben und wechselständigen, sommergrünen, verkehrteiförmigen, stumpfen,

ganzrandigen, etwas blaugrünen, bis 3 cm langen Blättern. Wurzelt im Rohhumus mit Kriechwurzeln, lebt symbiontisch mit Wurzelpilzen. Die weißlich-rosafarbenen Blüten stehen zu mehreren in Trauben. Der Name Rausch- oder Trunkelbeere bezieht sich auf die blauschwarzen, bläulich bereiften Beeren, deren Genuß in größeren Mengen zu Erbrechen, Schwächegefühl und Erregung führen kann. Die Charakterart der Birken-, Kiefern- und Fichtenmoorwälder besiedelt frische bis nasse, nährstoff- und basenarme, sauerhumose Stein- und Torfböden.

Viola L. Veilchen, Stiefmütterchen, Familie *Violaceae.* Unter den ca. 450 krautigen und halbstrauchigen Arten befinden sich nur wenige Sumpfpflanzen. Weltweit verbreitet. Besonderes Gattungsmerkmal ist die spornartige Aussackung des unteren Blütenblattes, in das 2 lange, nektarerzeugende Fortsätze der Staubblätter ragen.

V. blanda WILLD. HORT. BEROL. IV bis V. Kanada: Neufundland bis British Columbia; USA: südlich bis Nordcarolina und Kalifornien. Aus relativ schwachem, kriechendem, zarte Ausläufer treibendem Wurzelstock gehen lockere Büsche langgestielter, nieren- bis herzförmiger, 4 bis 6 cm breiter, dünner Blätter hervor. Die duftenden, bis 15 mm breiten, weißen und fein purpurfarben geäderten Blüten stehen einzeln an langen Stielen im oder über dem Laub; Höhe ca. 5 bis 15 cm. Die Art besie-

Tofielda calyculata

Vaccinium uliginosum

Viola blanda

delt Flach- und Zwischenmoore. Feuchte Wälder bevorzugt *V. b.* var. *palustriformis* A. GRAY, mit größeren, an der Oberfläche locker behaarten Blättern. Blütenstiele etwas länger, rotgesprenkelt. Im Garten gedeihen beide Formen am besten auf anmoorigen oder torfigen Böden in nur mäßig nassen Lagen.

V. palustris L. Sumpf-Veilchen. IV bis VI (IX). In nördlichen Gebieten Eurasiens und Nordamerikas. 5 bis 25 cm hohe, ausläufertreibende Pflanze mit nierenförmigen Blättern. Blattstiele oben etwas flügelrandig. Vorblätter in der Mitte des Blütenstiels oder tiefer (selten höher). Kleistogame Blüten blaßlila bis weiß, 10 bis 20 mm groß. Der Sporn ist kaum länger als die Kelchanhängsel. Die kalkfliehende Art besiedelt sumpfige Wiesen, Flachmoore und ähnliche nährstoffarme, saure Standorte auf Sumpfhumusböden.

Verwendung: Der Moor- oder Sumpfgarten verlangt einen Überschuß an Wasser. Die bewußte Ausformung eines Geländes ist der erste Schritt. Bei Gebirgslage des Gartens ab etwa 400 m ü. NN und bei saurem Ausgangsgestein, wie Granit oder Granodiorit, kann das künstlich geschaffene Armmoor dem vorhandenen Grundwassereinfluß ausgesetzt werden, denn der Nährstoffeintrag ist hier so unbedeutend, daß er Torfmoosen und Moorpflanzen nicht schaden kann. Basisch reagierende Verwitterungsböden oder gar Kalkgesteine sind dagegen keine geeignete Grundlage für ein saures Gartenmoor. In solchen Fällen, wie auch in allen warmen, sommertrockenen Gebieten müssen die geschaffenen Sonderstandorte gegenüber dem anstehenden Boden wasserdicht abgeschirmt werden. Immerhin ist das Problem im Prinzip lösbar und selbst auf kleinstem Raum umzusetzen. Es genügt bereits ein eimergroßes Gefäß, das sich zum Aufstellen auf einer Gartenterrasse oder einem Balkon eignet.

Die Kraft einer Pumpe kann Wasser nicht nur zu einem Springstrahl, Quellsprudel oder zu einem Bachlauf mit herabfallenden Kaskaden bewegen, sie wirkt auch ebenso gut im verborgenen. Denkbar ist ein leicht geneigter und zusätzlich quer verformter, auf eine Wasserfläche hin fallender Steingartenhang, dessen Rinnen und Mulden im Untergrund mit Folien abgedichtet werden. Darüber wird zur Wasserführung eine 10 bis 20 cm dicke Filterschicht

aus Feinschotter oder Kies ausgebreitet. Mit Hilfe einer Pumpe wird das Wasser des Teiches abgesaugt und über eine Druckleitung zur gewünschten Stelle geführt, wo es verdeckt ausströmt, im Schotter breitläuft, sich hier und dort im Untergrund staut, dann wieder sickert und rinnt, bis es am unteren Hangende aus einer durch Steine angedeuteten »Quelle« ans Tageslicht dringt. Nach kurzem Lauf oder auch direkt fließt es in den Teich zurück. Oberhalb der Filterschicht kann vieles geschehen: z. B. können es in die Höhe getürmte Steinaufbauten sein, dazu bestimmt, Felsspaltenpflanzen und Polsterarten eines Steingartens aufzunehmen, die dann nur sehr indirekt vom Wasser im Untergrund profitieren; oder es werden flache »Schottermoränen«, »Flachmoore« und kleine »Moortümpel« darüber angelegt. Jedenfalls schafft die Anwesenheit fließenden Wassers viele Möglichkeiten, um auf mannigfache Weise gestalterische Motive mit Moorcharakter in allen denkbaren Übergangsformen zu verwirklichen.

Soll ein oligotrophes Moor nachgestaltet werden, so ist Regenwasser das richtige. Wer in der Lage ist, das Regenfallrohr an seinem Hause anzuzapfen, erschließt eine kostenlose Quelle für relativ sauberes, in der Regel für unsere Zwecke chemisch unbedenkliches Wasser. In Verbindung mit größeren Kunststofftanks, die als oberflächlich nicht sichtbare, erdverlegte, untereinander durch Rohrleitungen verbundene Wasserspeicher dienen, wäre auch eine kontinuierliche Wasserentnahme möglich. Das gespeicherte Regenwasser kann dabei über eine Tropfleitung in die gestaltete Anlage geführt werden, wo es für eine ständige Mindestfeuchte im Untergrund sorgt. Läuft das Speichersystem nach ergiebigen Regenfällen über, gelangt auch dieses überschüssige Wasser auf dem Wege über die Filterschicht der Moorbeetanlage zum Teich. In der winterlichen Ruhezeit wird kein Sickerwasser benötigt. Die Tanks werden im Herbst per Grundablaß entleert und im Frühling wieder in Betrieb genommen.

Bei der Zusammensetzung des Bodensubstrates und dem Schichtenaufbau des Moorbeetes kommt es darauf an, den Moorboden möglichst lange locker zu halten und an der Oberfläche eine gleichmäßige milde Feuchtigkeit zu gewährleisten. Dazu wird der anste-

hende Boden zunächst 50 cm tief abgetragen. Falls erforderlich, ist danach die an eine weiterführende Dränleitung angeschlossene Filterschicht aufzubringen (ob mit oder ohne Foliendichtung über dem Untergrund ist von Fall zu Fall zu entscheiden) und mit einer 3 bis 5 cm dicken, relativ festen Schicht aus grobem, abgelagertem Torf abzudecken. Auch Fasertorf von Schilfrückständen aus Reichmooren eignet sich für diesen Zweck. Gepreßtes Birkenreisig, halbverrottetes Buchenlaub und ähnliche Hilfsmittel kommen als Ersatzstoffe in Betracht. Auf diese, das Oberflächenwasser langsam durchlassenden, gröberen Bodenteilchen, aber vor dem Abschwemmen bewahrende Sperrschicht wird ca. 30 cm dick fetter, schwarzer (d. h. anmooriger!), möglichst abgelagerter Wiesenboden aufgebracht. Damit ist das »Flachmoor« fertig. Vorausgesetzt, ein auf lange Sicht ständiges, wenn auch nicht gleichmäßiges Durchrieseln, wie es für alle natürlichen Flachmoore typisch ist, wäre gegeben. Lungen-Enzian, Wassernabel, Sumpf-Blutauge, Winkel-Segge und Simsenlilie finden hier dann ebenso ihr Habitat wie zahlreiche Primelarten, Schachbrettblume, Sommertürchen, Sumpf-Gladiole und andere Sumpfpflanzen. Das so entstehende »Zwischenmoor« entspricht seinem Naturvorbild und wird wie dieses zur »Wiese«.

Kleinseggensümpfe, die typischen Flachmoore, zählen zu den artenreichen Grünlandgesellschaften. Seggen und Binsen sind in ihrem Artenbestand als Hauptelemente dominant. Der genannte klassische Grundaufbau eines künstlichen Flachmoores kann in vielfältiger Weise abgewandelt werden. Fügt man dem Boden einige Kalkbrocken hinzu, fühlen sich verschiedene Wollgräser besonders wohl. Gesteinsmehl aus feinem Splitt kann basenreich sein und vielleicht gerade diejenigen Spurenelemente enthalten, die sich Simsenlilie oder *Hypsela reniformis* wünschen; letztere eine winzige Miniaturpflanze, die ganz kleine Anlagen größer erscheinen läßt. Für die reinen Hochmoorarten müssen der Oberfläche Torf, Mulm aus vermodernden Baumstämmen oder in geringeren Anteilen auch Rindentorf zugesetzt werden. Vor allem Torfmoose und dazu etwas Frauenhaarmoos *Polytrichum commune* sind in einigen Büscheln auszupflanzen. Wenn Torfmoose den Standort annehmen und zu wachsen beginnen, ist das künstliche Hochmoor gelungen. Nun gedeihen auch Moosbeere, Sonnentau, Moltebeere, Sumpf-Porst, Polei-Gränke, Ährenlilie, Krähenbeere und Trunkelbeere oder, alternativ dazu, Sumpfnelke und Schlauchpflanze.

Größere Flächen können von einzelnen Gräserhorsten des Pfeifengrases unterbrochen werden. Die Zwerg-Birke eignet sich ebenfalls als Solitärpflanze im Moor und leitet über zu anderen mooreinbindenden Gehölzen, wie die strauchförmigen Weidenarten. Sie stehen im Hintergrund und vermitteln zur Gestaltung des weiteren Umfeldes. Die außergewöhnlich silbergraue Blattfarbe macht die Lappland-Weide zu einem ganz besonderen moornahen Gehölz, das im Garten eine Einzelstellung am bevorzugten Platz verlangt. Andere Strauchweiden vermitteln bereits zum Bruchwald oder zu subalpinen Hochstaudenfluren und -gebüschen. Die Quendelblättrige Weide übertrifft an Feinheit alle anderen Kriech-Weiden. Sie bildet mit ihren winzigen Blättern und kleinen, kugeligen Kätzchen niedrigste, der Geländeform nachgehende Spaliere. Vor allem diese Art regt uns an, ein Troggärtlein im Moorheidecharakter zu wagen. Die Kleinfrüchtige Moosbeere wächst nur in einem Hochmoor. Die Gewöhnliche und die Großfrüchtige Moosbeere gedeihen ebenfalls hier, aber auch noch in sauren Zwischenmooren. Sie alle eignen sich für das *Sphagnum*-Moor im Heidegarten. Ähnlich ist die Kulturheidelbeere einzustufen, deren dunkelblaue Früchtetrauben nicht nur eßbare, sondern auch sehr dekorative und relativ große Beeren tragen. Aber bereits die leuchtend gelbe bis scharlachrote Herbstfärbung macht diesen Strauch empfehlenswert.

Nach einigen Jahren verändern sich die Moorbeete. In tiefen Lagen rascher als in höheren Gebirgslagen. Der Boden verfestigt sich allmählich, und der Humus wird abgebaut, die Bodenreaktion verändert sich. Der Pflanzenfreund hat nun Gelegenheit, seine Schätze aus dem Boden zu nehmen, die Pflanzen zu teilen, sie zurückzuschneiden und nach dem Aufbringen neuen Bodensubstrates eine vielleicht noch schönere Moorszenerie in seinem Garten entstehen zu lassen.

Die Erfassung unterschiedlicher Pflanzencharaktere in die Artenliste erschien wichtiger als die Aufnahme möglichst vieler Arten. Von den Pflanzen der Hochmoore und Kleinseggensümpfe sind heute nicht wenige aufs äußerste bedroht und stehen unter strengstem Naturschutz. Die Spezialisierung auf begrenzte Standortverhältnisse macht viele Arten empfindlich gegen Standortveränderungen und schließt eine Umpflanzung vollständig aus. Viele Pflanzen der Sümpfe und Moore leben in Symbiose mit Wurzelpilzen. Die Existenz zahlreicher Moorpflanzen hängt von dieser Ernährungshilfe ab. Lebende Pilzhyphen sind in einen Garten prinzipiell nicht übertragbar! Die Pilzabhängigkeit (Mykotrophie) ist besonders stark bei den Orchideen der Flach- und Zwischenmoore ausgeprägt. Eine Ausnahme macht der Sumpf-Sitter *Epipactis palustris* (L.) CRANTZ, der sich durch Rhizome ausbreitet und von Spezialgärtnereien für Sumpf- und Wasserpflanzen vegetativ vermehrt und angeboten wird. Bei der Samenkeimung ist er wie alle anderen Orchideen auf die Anwesenheit eines speziellen Wurzelpilzes angewiesen. Die Krähenbeere und die meisten Heidekrautgewächse verhalten sich am Naturstandort ebenfalls mykotroph, können im Garten aber auch ohne Pilzsymbiose leben.

Die vorgestellten Arten lassen sich zu typusverwandten Gruppen zusammenfassen, wobei die einzelnen Pflanzen oder auch -gruppen einem bestimmten Standorttyp entsprechen und oft auch auf Übergänge von einer Vegetationsgemeinschaft zur anderen hinweisen. Daraus ergeben sich interessante Gestaltungsmöglichkeiten. So stehen Polei-Gränke, Krähenbeere, Porst und Trunkelbeere für Zwergstrauchtundren. Sie bilden im subarktischen Bereich riesige Flächenbestände. Im Garten paßt diese Zwergstrauchgruppe, z.B. über die Vermittlung der Moorheide, zu allen anderen sommerblühenden Heidearten auch weniger bodenfeuchter Standorte, d.h., die genannten Zwergsträucher können in gestaltete Heidemotive, in den Heidegarten einbezogen werden. Eine andere Möglichkeit ergibt sich in der Zuordnung nicht heimischer Zwergsträucher wie Torfmyrte und Zwerglorbeer zur heimischen Zwergstrauchgruppe. Dafür ist eine Gestaltungskonzeption erforderlich, die Komposition von Formen und Farben. *Gaultheria*, Berglorbeer, *Pieris*, Prachtglocke, Rhododendron und in weiterer Abfolge kriechender Wacholder, Ginster- und kalkfliehende Seidelbastarten bieten sich dabei als Partner an. Ihnen allen ist die Abhängigkeit von sauer-humosem Bodensubstrat und möglichst luftfeuchter Klimalage gemeinsam. Der Wasserfaktor bildet den Ausgangspunkt für die Modellierung des zu gestaltenen Geländes. Im kräftig bewegten Bodenrelief ergeben sich wasserreiche Senken fast von selbst.

Unter den Gräsern dominieren die unverwechselbaren Wollschöpfe der Wollgrasarten. Alle mehrjährigen Wollgräser und besonders das robuste Schmalblättrige Wollgras lassen sich leicht kultivieren. Das Scheidige Wollgras, das die schönste weißglänzende Wollpracht mit einer einzigen Ähre zustande bringt, reagiert in Gärten tieferer Lagen leider oft mit dem »Sitzenbleiben« der Perigonborsten. Sie strecken sich nicht, und die Schmuckwirkung bleibt aus. Die frühe Blüte aller Wollgräser kurz nach der Schneeschmelze ist für den aufmerksamen Betrachter ein willkommener, wenn auch nicht so spektakulärer Anblick. Es wäre falsch, Wollgräser als untereinander austauschbare Moorpflanzen schlechthin anzusehen. Die bei Kalkeinfluß rasch absterbenden einährigen Wollgräser wie das Scheidige Wollgras lassen auf sehr arme Moore schließen. Das Schmalblättrige Wollgras bevorzugt mäßig basenreiche, meist sandige Torfböden; Breitblättriges Wollgras basenreiche, auch kalkhaltige, milde bis mäßig saure Torfböden. Das Zierliche Wollgras bevorzugt ausgesprochen kalkreiche Torfböden.

Die Horste der Igel-Segge verkörpern den Typ der ganz einfachen, in der Natur oft kaum beachteten Wildpflanze. Erscheinen die niedrigen Grasbüschel jedoch im Garten, z.B. in einem künstlichen Flachmoor neben und zugleich in einer Wasserfläche am überfluteten Standort, so suggeriert uns der Anblick das Vordringen der Seggenhorste von Land aus ins offene Wasser hinein, so, als würden sie dieses Medium von außen erobern. Die Morgenstern-Segge ist zu eigenwillig und auffällig als Nachbar dieses bescheidenen Grases, trotz ähnlicher Lebensansprüche. Diese amerikanische Segge gehört in Moor-Übergangsbereiche zu höheren Uferstauden und anschließende Gestaltungsabschnitte mit Gräsern. Auch ständig überflutete Standorte im Flachwasserbereich mit Röhrichtpflanzen kommen

Die Pflanzengesellschaften der Bruchwälder müssen mit
ständigem Wasserüberschuß fertig werden

Wasser prägt Landschaft und Vegetation

1 Nährstoff- und Wasserreichtum fördern üppig-krautige
Vegetation und oft auch prächtige Blütenfarben   2 Nährstoffarmut und Wasserüberschuß begrenzen das Pflanzenwachstum
3 Jagdspinne   4 Die Libellen sind geschlüpft, die Larvenhäute
bleiben zurück   5 Von den Froscharten werden Grasfrösche im
Garten am häufigsten angetroffen

Die Vegetation des Zwischenmoores ist reich an Pflanzenarten

Das Leben unter Wasser bleibt meist verborgen, aber die Blüten mancher Unterwasserpflanzen erregen Aufmerksamkeit (blühende Wasserfeder)

1 Blühender Wasserschlauch   2 Fangblasen des Wasserschlauches unter Wasser   3 Gelbrandkäfer   4 Süßwasserpolyp *(Hydra)* auf Wasserlinse   5 Süßwasserpolyp mit Beute

Schwimmblattpflanzen

1 Wasserknöterich   2 Mummel   3 Afrikanische Wasserähre   4 Froschbiß   5 Seekanne

Seerosen

1 *Nymphaea odorata*   2 *Nymphaea* 'James Brydon'
3 *N.* 'Gloriosa'   4 *N.* 'Rosennymphe'   5 *N.* 'René Gérard'

Aus Großseggen- und Kleinseggensümpfen

1 Teichsimse   2 Strauß-Gilbweiderich   3 Engelmanns Pfeilkraut   4 Blumenbinse   5 Ästiger Igelkolben

1 und 2 Sumpf-Blutauge   3 Fieberklee   Sumpf-Calla

graufilzig behaart. Die weißen, gelben oder selten auch roten Blütenkörbchen dieser aufrechtwachsenden oder polsterbildenden Pflanzen stehen mehr oder weniger zahlreich in Doldentrauben.

A. ptarmica L. Bertramsgarbe, Sumpf-Schafgarbe. VII bis VIII. Europa, Nordasien, Nordamerika. Die Art breitet sich mit feinen weißen Rhizomen stark aus. Die dünnen, stabilen Stengel sind mit lineallanzettlichen, ungeteilten Blättern besetzt, werden bis 80 cm hoch und tragen einen lockeren Blütenstand aus 12 bis 17 mm breiten Blütenköpfen mit weißen Zungenblüten. 'Boule de Neige' = 'Schneeball' = 'The Pearl' ist eine altbekannte, gefülltblühende Sorte, die im Vergleich zur lockerer aufgebauten, ebenso dicht gefüllten und dabei großblumigeren 'Perrys White' standfester ist. 'Nana Compacta' wird nur 30 cm hoch. Die Wildform besiedelt Naß-, Moor- und wechsel-

feuchte Wiesen. Sie gedeiht auf allen Böden und bleibt auf trockenen Standorten entsprechend kleiner. Die gefüllten Sorten sind nur wenig anspruchsvoller. Sie erreichen ihr Wuchsoptimum auf frischen bis feuchten, nährstoffreichen Böden.

Ajuga L. Günsel, Familie *Lamiaceae*. Die Gattung enthält hauptsächlich ein- bis mehrjährige, meist niederliegende und sich durch Ausläufer oder Wurzelsprosse herdenartig ausbreitende Kräuter und einige niedrige Halbsträucher. Günselarten kommen außer in Europa und Vorderasien auch in Gebirgen des tropischen Afrika und in Australien vor. Sie bewohnen lichte Wälder, Steppen und Wiesen.

A. reptans L. Kriech-Günsel. V bis VIII. Europa. Die flach wurzelnde Pflanze mit ungeteilten, glatten Grundblättern kann im Garten ganze Flächen mattenartig dicht abdecken, in-

dem sie intensiv oberirdische Ausläufer treibt. Der bescheidene Blütenstand wird kaum 30 cm hoch, die meist blauen Blüten mit 2lappiger Ober- und 3lappiger Unterlippe stehen unten in 4- bis 8blütigen Quirlen und bilden darüber eine dichte Scheinähre. Die Sorte 'Atropurpurea' ist als dunkelrot-bronzefarbener, starkwachsender »Feuergünsel« bekannt. Die weiße 'Schneekerze' und die ebenfalls weiße, besonders großblumige 'Riesmöve' sind grünblättrig. 'Purple Torch' ist eine englische Züchtung, blüht rosa über grün- bis rotbraunem Laub. Weitere, etwas schwächer wachsende Sorten sind: 'Argentea', weißbunt; 'Burgundy Glow', weißbunt, rot überlagert; 'Multicolor', gelb und rötlich gemustert. Art und Sorten lieben frische bis feuchte Böden. Vor allem die Wildform und der Feuergünsel vertragen aber auch erstaunlich gut Trockenheit sowie zeitweilige Staunässe.

Achillea ptarmica

Ajuga reptans

Anemopsis HOOK. et ARN. Molchschwanz, Eidechsenschwanz, Familie *Saururaceae.* Der Name dieser monotypischen Gattung kann leicht mit *Anemonopsis* verwechselt werden, einer japanischen Waldpflanze aus der Familie der Hahnenfußgewächse. Die Wortbedeutung entspricht in beiden Fällen »anemonenähnlich«. Die seltenen Molchschwanzgewächse sind mit insgesamt 5 Gattungen und 6 Arten in Nordamerika und Ostasien verbreitet.

A. californica HOOK. et ARN. syn. *Houttuynia c.* B. et H. VII bis IX. Kalifornien, Mexiko. Aus aromatischen Wurzelstöcken treiben langgestielte, dickliche, verkehrtei- bis herzförmige, mattgrüne Grundblätter. Die 30 bis 40 cm hohe Pflanze bildet oberirdisch wurzelnde Ausläufer. Der kompliziert aufgebaute, kegelförmig-ährige Blütenstand täuscht auf verblüffende Weise eine Anemonenblüte vor. Tatsächlich handelt es sich um weiße, im Verblühen rötliche Tragblätter, die in strahliger Anordnung kleine weiße Hochblättchen umrahmen. Diese ragen aus der Blütenähre heraus und beherbergen in ihren Achseln die unscheinbaren (stinkenden) Blüten. Die wärmeliebende, indianische Heilpflanze wünscht sandig-humosen Boden. Sie wächst gut in Sumpf- und Flachwasserbereichen, ist aber selbst bei massivem Winterschutz im Freien nicht immer durchzubringen. Es empfiehlt sich, getopfte Pflanzen in einem kühlen Raum zu überwintern.

Caltha L. Dotterblume, Familie *Ranunculaceae.* Über 30 Arten niedriger, ausdauernder Kräuter in der nördlichen gemäßigten Zone bis zur Arktis und in kühl-gemäßigten Gebieten der Südhalbkugel. Die Gattung enthält Sumpfpflanzen und sehr niedrige, oft mattenbildende Hochgebirgspflanzen, die auf kiesig-durchlässige, aber ständig feuchte, von kaltem Wasser durchrieselte Böden angewiesen sind. Beispiele für diese Gruppe sind die beiden Neuseeländer Vertreter mit sitzenden Blüten *C. obtusa* CHEESEM., weiß, und *C. novae-zealandica* HOOK. f. mit kleinen schmalen Blättern und gelben sternförmigen Blüten, sowie die in den Hochlagen der Australischen Alpen verbreitete *C. introloba* F. MUELL. mit weißen oder cremefarbenen, duftenden, kurzgestielten Blüten. Diese Arten wären für Miniatur-Wassergärten wie geschaffen, jedoch ist bisher nur wenigen Pflanzenliebhabern die Kultur dieser heiklen Arten gelungen. Die unproblematischen, durch Teilung und Aussaat leicht zu vermehrenden Arten der Sümpfe treiben aus der-

ben, vielköpfigen Wurzelstöcken langgestielte, fleischige, rundliche bis nierenförmige, glänzende Blätter. Im Frühjahr erscheinen gelbe oder weiße Schalenblüten.

C. howellii GREENE syn. *C. biflora*. V bis VII. USA: Kalifornien, Oregon. Buschige Pflanze mit 3 bis 10 cm breiten, kreisrunden Blättern. Die oft mehr als 3 cm breiten Blüten stehen meist einzeln an 30 cm hohen Stengeln.

C. leptosepala DC. IV bis V. USA: Alaska, Oregon bis Neumexiko; Kanada: British Columbia, Alberta. 10 bis 25 cm hoch mit herzförmigen, meist leicht gekerbten Blättern. Die weiße Blüte (1 bis 2 je Stengel) wirkt mit schmalen Blütenblättern sternförmig. Bei Wohlbefinden an nährstoffreichen, sicker- und staunassen Plätzen überrascht die Pflanze im Sommer und Herbst mit erneutem Flor.

C. natans PALL. V bis VII. USA: Michigan-See; Kanada: Athabasca-See und -Fluß sowie in und an Flüssen und Seen im arktischen Amerika und Asien. Die in Sümpfen kriechende, an den Knoten ihrer lockeren, verzweigten Triebe wurzelnde Pflanze wächst vom Ufer aus auch als Schwimmblattpflanze auf die Wasserfläche hinaus. Blätter bis 5 cm breit, die oberen kleiner. Blüten langgestielt, weiß bis zartrosa, ca. 15 mm breit. Wechsel zwischen Einfrieren und Auftauen im Winter gefährdet diese nördliche Pflanze vor allem in ihrer Schwimmblattform. Etwas Winterschutz ist empfehlenswert.

C. palustris L. III bis V. Nördlich-zirkumpolar in kühlen und gemäßigten Breiten, in den Alpen bis 2500 m ü. NN. Die dicken, hohlen, aufsteigenden Stengel tragen glänzend dunkelgrüne, glatte bis gekerbte Blätter. Blüten satt-

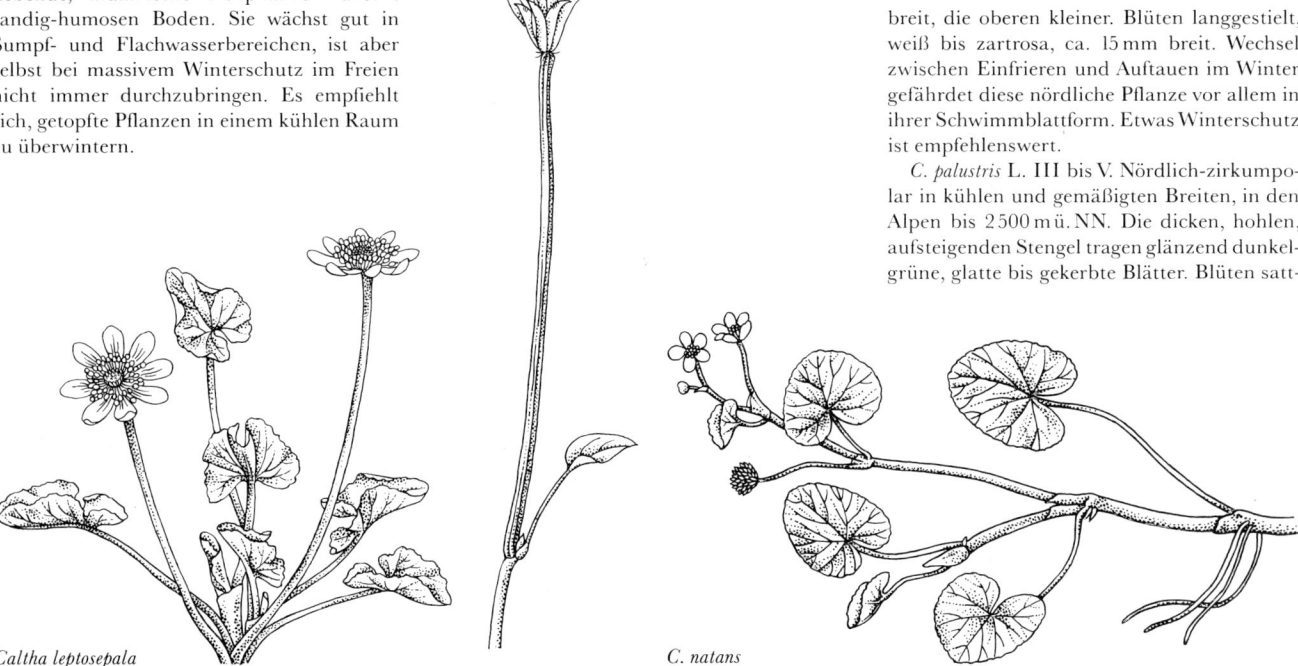

Caltha leptosepala   *C. natans*

gelb, Durchmesser 3 bis 5 cm. Die aufrechte bis niederliegende, 15 bis 50 cm hohe, variable Art besiedelt nährstoffreiche Sumpfwiesen, Bachränder, Gräben und Auenwälder. 'Multiplex' ist eine dicht gefüllte, lange blühende Gartenform. Die Sorte 'Tydermans Variety' gilt als besonders großblumig und spätblühend. *C. p.* var. *alba* HOOK. f. et THOMS aus Kaschmir, reinweiß, frühblühend, dürfte die gegenwärtig beliebteste und gesuchteste Form sein. Blätter mattglänzend, klein und stark gezähnt. Vermehrung unschwer durch Teilung und Saat.

Carex L. (Gattungsbeschreibung S.136).
   C. cespitosa L. Rasen-Segge. V bis VI. Nördliches Osteuropa, bis Asien und Mitteleuropa.

Die 2 bis 3 mm breiten, hell- bis gelblichgrünen Blätter sind etwa ebenso lang wie der mit verschiedenährigen Blütenständen besetzte Stengel. Grundständige Blattscheiden schwarzpurpurn bis braun. Typisches Horstgras auf nassen Flachmoorwiesen und in Erlenbrüchen, verträgt zeitweilige Trockenheit ebenso wie Dauerüberflutung.

Dulichium L. C. RICHARD, Familie *Cyperaceae*. Die Gattung ist monotypisch.
   D. arundinaceum (L.) BRITT. syn. *Cyperus arundinaceus* L. VIII bis X. Kanada: Neuschottland, Ontario; USA: von Michigan bis Florida und Texas. Die kräftigen, hohlen, 30 bis 90 cm hohen Halme dieser Rhizompflanze sind mit zahlreichen schlanken, 25 bis 75 mm langen,

flachen, waagerecht stehenden oder schräg nach oben gerichteten Blättern besetzt. Blattachselständige, gestielte, von den Blättern meist überragte Ähren setzen sich aus eng-linearen, später sich ausbreitenden, 6- bis 12blütigen, 12 bis 25 mm langen Ährchen zusammen. Steife Borsten, auf die der Perianth reduziert ist, überragen den Fruchtknoten und die 3 Staubblätter, aber nicht den gabelig geteilten, vorspringenden, dauerhaften Griffel.

Eleocharis R. BR. (Gattungsbeschreibung S.138)
   E. acicularis (L.) R. et SCH., Nadel-Sumpfsimse, Nadelsimse. VI bis X. Zirkumpolar in gemäßigten und nördlichen Breiten; Südamerika, Australien. Die haarfeinen Rhizome trei-

C. palustris   *Carex cespitosa*   *Dulichium arundinaceum*

ben ebenso dünne, 3- bis 4kantige, 0,5 mm dicke, 2 bis 10 cm hohe Stengel. Blattscheiden am Grunde purpurfarben, oberste ohne Spreite. Die zwittrigen Blüten sitzen in endständigen, bis 4 mm langen Ähren. Im Flachwasser oder auf periodisch trockenfallenden Uferpartien von Seen, Tümpeln und Altwassern bildet die zarte Pflanze dichte Zwergrasen. Basenreiche, auch kalkarme, mäßig nährstoffreiche Böden werden bevorzugt.

Fritillaria L. Familie *Liliaceae*. Die Gattung besiedelt mit annähernd 100 zwiebeltragenden Arten die nördliche gemäßigte Zone. Verbreitungsschwerpunkt sind der Mittelmeerraum und die östlich angrenzenden Gebiete. Auf unverzweigten Stengeln sitzen einzeln oder in vielköpfigen Trauben glockige Blüten.

F. meleagris L. Schachbrettblume, Kiebitzei. IV bis V. Nord- und Mitteleuropa bis Balkan. Auf nährstoffreichen, nassen Au- und Flach-

moorwiesen. Aus den 2 cm großen Zwiebeln gehen schlanke, wenigblättrige, 15 bis 30 cm hohe Stengel hervor. Blätter graugrün, lineal, rinnig. Ein bis zwei Blütenglocken 35 mm groß, weiß und purpurbraun gefleckt. Die Variabilität der robusten, durch Brutzwiebeln am günstigen Standort ausbreitungsfähigen Art führte zur Züchtung von Farbsorten, z. B. 'Artemis', schwärzlich-purpurfarben mit besonders deutlicher Würfelung; 'Poseidon', purpurrosa; 'Aphrodite', weiß.

Geum L. Nelkenwurz, Familie *Rosaceae*. In gemäßigten Klimazonen mit ca. 50 Arten weltweit verbreitete Halbrosettenstauden, mit leierförmig gefiederten Blättern und dickli-

chem Wurzelstock. Die Blütenstengel entspringen den Achseln der Grundblätter. Sie tragen 3blättrige oder hochblattartige Stengelblätter und einzelne oder in lockeren Trugdolden angeordnete Blüten mit 5 Kronblättern. Samenstände schopfig bis federig. Sickerfeuchte bis etwas staunasse Standorte. Mäßige Trockenheit und Halbschatten werden ertragen.

G. coccineum Sibth. et Sm. syn. *G. borisii* Hort. non Kellerer. V bis VII (X). Balkan, Kleinasien. Die grundständigen Blätter dieser 30 bis 50 cm hohen Pflanze weisen ein nierenförmiges, im Vergleich zu den Seitenblättchen bedeutend größeres Endblättchen auf. Blüten schalenförmig, 3 bis 4 cm breit, ziegelrot. Als besonders reichblühend gilt die gedrungen

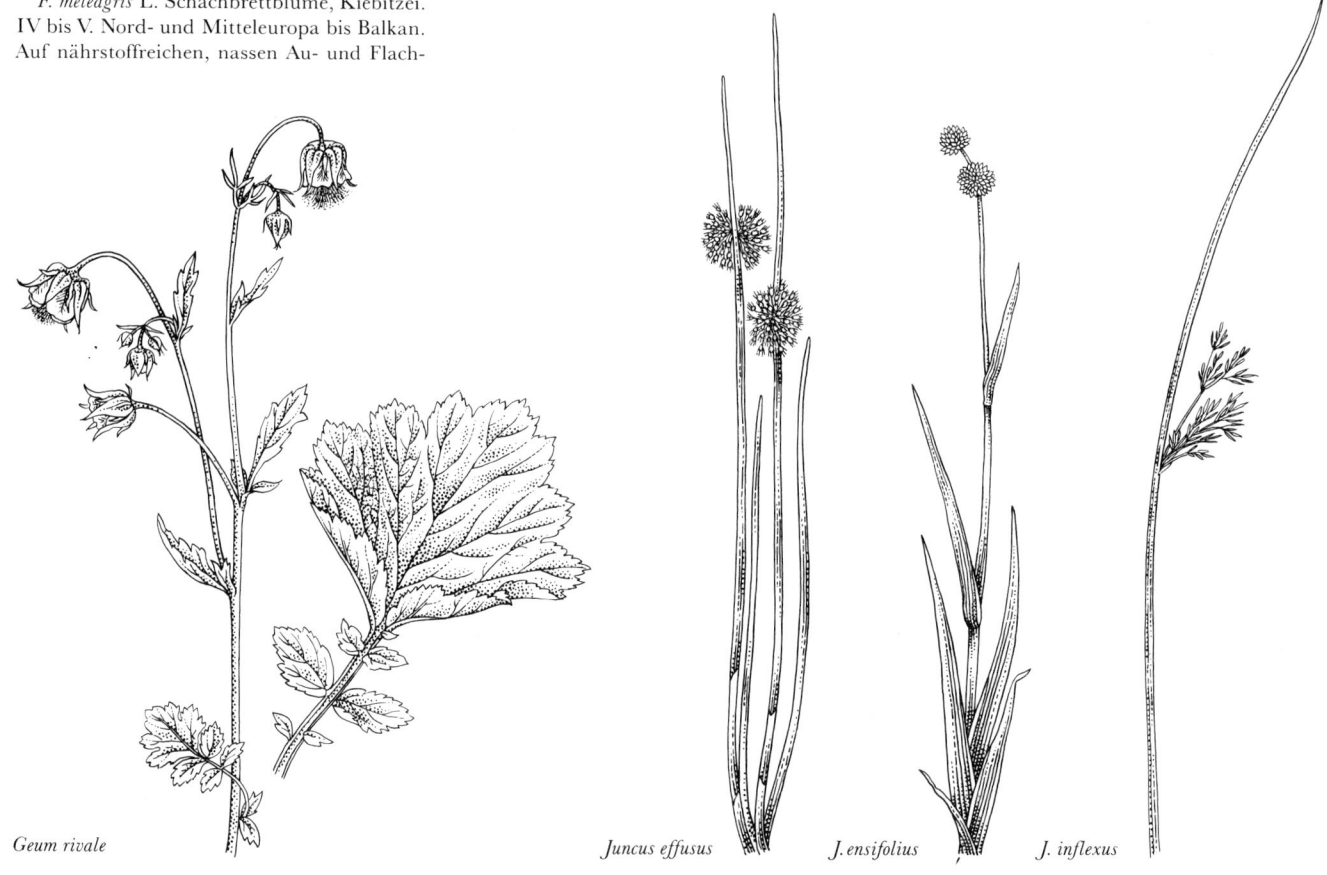

Geum rivale *Juncus effusus* *J. ensifolius* *J. inflexus*

wachsende Sorte 'Borisii'. Aus der Kreuzung mit *G. montanum* L., dem Berg-Nelkenwurz, gingen verschiedene Auslesen hervor. Unter diesen ist die leuchtend orangegelbe Sorte 'Georgenberg' hervorzuheben (IV bis VI).

G. rivale L. Bach-Nelkenwurz. IV bis VII. Europa, Vorderasien, West- und Mittelsibirien; Kanada: Labrador und British Columbia; USA: New Jersey, Washington, Missouri, Neumexiko. Die 20 bis 50 cm hohe, bis 50 cm tief wurzelnde Staude mit kleinen Nebenblättchen trägt nickende, glockige, aus rötlichen Blüten- und Kelchblättern zusammengesetzte Blüten. Fruchtköpfchen im Kelch gestielt. Auf nährstoffreichen Naßwiesen, an Quellen, in Hochstaudenfluren und in lichten Wäldern.

Gladiolus L. Siegwurz, Familie *Iridaceae*. Die meisten Arten dieser Gattung sind im südlichen Afrika beheimatet. 2 Arten zählen zu den seltenen, besonders kostbaren Florenelementen Mitteleuropas.

G. palustris GAUD. Sumpf-Siegwurz. VI bis VII. Mittel- und Osteuropa, Nordbalkan, Norditalien, Ostfrankreich. Die eiförmige, 2 cm dicke Knolle ist von einer Hülle umgeben, deren Fasern mit ovalen und rundlichen Maschen stark netzartig verbunden sind. Die allseitswendige, 2- bis 6blütige Ähre aus stark gekrümmten, purpurroten Blüten erreicht 30 bis 60 cm Höhe. Entsprechend ihrem Naturvorkommen auf meist nährstoffarmen, basenreichen, oft kalkhaltigen, wechselnassen bis wechseltrockenen Wiesen ist die Pflanzstelle im Garten herzurichten.

Juncus L. Binse, Familie *Juncaceae*. Kahle, meist knotenlose, markige und nie scharfkantige Stengel mit borstlichen, rinnigen oder scheidigen, oft stengelähnlichen Blättern sind typisch für die Arten dieser weltweit verbreiteten Gattung. Die unscheinbaren zwittrigen Blüten stehen in einer endständigen oder scheinbar seitenständigen Spirre oder in einem rispigen Blütenstand. Binsen wachsen meist horstartig. Sie leben auf feuchten bis nassen, oft armen oder torfigen Böden.

J. effusus L. Flatter-Binse. VI bis VIII. Fast Kosmopolit (fehlt in Australien und Neuseeland). Die gelblichgrünen, glänzenden Stengel sind im frischen Zustand glatt und ungerieft. Das den Halm fortsetzende, 15 bis 30 cm lange

Tragblatt der meist lockeren Spirre läßt diese seitenständig erscheinen. Die Art wird 30 bis 150 cm hoch. Als »Korkenzieherbinse« wird die eigenartig spiralige, bis 40 cm hohe Sorte 'Spiralis' bezeichnet. Ihr Grün ist dunkler, und sie trägt eine mehrkopfige Spirre.

J. ensifolius WIKSTR. Zwergbinse. VI bis VIII. Westliches Nordamerika. Mit 5 mm breiten, linealen, spitzen, hellgrünen Blättern und dunkelbraunen, dicht büscheligen Blütenständen weicht die nur um 30 cm hohe Art vom allgemeinen Binsentypus ab. Die Pflanze breitet sich im Sumpf und flachem Wasser kräftig aus.

J. inflexus L. syn. *J. glaucus* EHRH. Blaugrüne Binse. VII bis VIII. Mittel- und Südeuropa

Lychnis flos-cuculi

bis Zentralasien, Nord- und Südafrika. Die im Garten bis 80 cm hohe robuste Pflanze bildet besonders dichte Horste in straff aufrechter Wuchsform. Stengel blaugrün, deutlich 12- bis 16rippig, Niederblätter glänzend schwarzbraun; Spirre grazil und locker aufgebaut. Wärmeliebend und mäßig salzertragend.

J. tenuis WILLD. syn. *J. macer* S. F. GRAY Zarte Binse. VI bis IX. Nordamerika; in Europa Neophyt seit 1834. Die aufrechten, grasartigen Blätter umstehen den nur wenig höheren Stengel, der eine lockere, von einem langen Hochblatt überragte Spirre trägt. Vor allem auf feuchten, halbschattigen Waldwegen ist diese zarte, 15 bis 40 cm hohe Binse als »Trittunkraut« zu finden.

Lychnis L. Lichtnelke, Familie *Caryophyllaceae*. Eine auf Eurasien beschränkte, weit nach Norden vordringende Gattung mit nur etwa 10 Arten und dem Verbreitungsschwerpunkt in Sibirien. Die beblätterten Blütenstengel treiben aus einer Blattrosette. Kennzeichnend sind die 10 Rippen des Kelches, die innen ein »Krönchen« zeigenden weißen oder roten Blütenblätter und die gestielte Frucht. Einige Arten sind nur 2jährig, die übrigen gehen nach wenigen Jahren zurück, falls sie nicht rechtzeitig geteilt und umgepflanzt werden.

L. flos-cuculi L. Kuckucks-Lichtnelke. V bis VII. Europa, Westsibirien. Die fleischroten Kronblätter der 30 bis 80 cm hohen, etwas rauhhaarigen Pflanze sind tief 4spaltig. Typische Falterblume, die sich auf Moorwiesen sowie auf feuchten bis staunassen, auch wechselfeuchten Wiesen durch Samenwurf überall reichlich ausbreitet. Gefüllte Formen sind 'Alboplena', weiß, und 'Roseoplena', rosa.

Lysimachia L. (Gattungsbeschreibung S. 139). *L. nummularia* L. Pfennigkraut. V bis VII. Europa, Kaukasus; im östlichen und mittleren Nordamerika und in anderen gemäßigten Klimagebieten oft eingebürgert. Niederliegend-kriechende Pflanze mit bodenaufliegenden, wurzelnden Trieben und rundlichen, ganzrandigen, stumpfen Blättern. Die gelben, innen rotdrüsig punktierten, gestielten, sternförmigen Einzelblüten sind blattachselständig. In Fettwiesen, auf Weiden, in Pioniergesellschaften an Ufern und Gräben auf trockenen bis nassen Böden ist die flachwurzelnde Art weit verbreitet. Eine attraktive, leuchtend gelbblättrige »Goldform« für den Garten ist die Sorte 'Aurea'. Die Pflanze wächst auch in flaches Wasser hinein.

Marsilea L. Kleefarn, Familie *Marsileaceae*. Von den 75 Arten der Familie sind nur 2 Arten einheimisch, neben dem Kleefarn der binsenartige, als Gartenpflanze weniger wirkungsvolle Pillenfarn *Pilularia globulifera* L. Beide Arten treten in Zwergbinsengesellschaften auf und wachsen mit kriechenden Sprossen auf nassen Schlammböden, an Teichrändern, in abgelassenen Teichen, in Kiesgruben oder Gräben.
M. quadrifolia L. Vierblättriger Kleefarn. Sporenreife IX bis X. West-, Mittel- und Südeuropa, Westasien, Indien, Sri Lanka, Nordchina, Japan. Die 5 bis 15 cm hohe Pflanze kriecht mit dünnen Rhizomen und füllt allmählich kleinere Flächen rasenbildend aus. Blätter 4teilig, kleeförmig, mit bohnenförmigen Sporenkapseln am Blattgrund. In tieferem Wasser wird eine Unterwasserform ausgebildet.

Myosotis L. Vergißmeinnicht, Familie *Boraginaceae*. Die Gattung enthält kurzlebige Arten und Stauden mit meist blauen, gelegentlich auch weißen oder rosafarbenen Blüten in trauben- bis ährenförmigen Wickeln.
M. palustris (L.) L. em. Rchb. syn. *M. scorpioides* L. emend. Hill. non emend. L. Sumpf-Vergißmeinnicht. IV bis X. Europa, Sibirien; im atlantischen und pazifischen Nordamerika eingebürgert. Die ausläufertreibende, variable Pflanze hat kriechend-wurzelnde oder aufsteigende, 20 bis 40 cm hohe stumpfkantige und

leicht behaarte Stengel. In unbeblätterten Wickeln stehen die 5 bis 8 mm breiten himmelblauen Blüten mit gelblichen Schlundschuppen. Vor allem in nährstoffreichen Naßwiesen verbreitet. Die Licht- und Halbschattenpflanze kommt auch in Verlandungsgesellschaften und in Bruchwäldern vor. Flache Überflutung wird vertragen. Die Pflanzen wuchern! Zu empfehlen ist 2- bis 3maliger Rückschnitt, damit die locker aufgebauten und später zum Umfallen neigenden Pflanzen wieder frisch durchtreiben und neu blühen können. Bewährte Sorten sind: 'Alba', weiß; 'Meernixe', leuchtend blau und 'Semperflorens', besonders lange und reich blühend. Die alten, immer noch schönen Züchtungen wie 'Graf Waldersee', frühblühend, dunkelblau; 'Nixenauge', großblumig, dunkelblau, und 'Perle von Ronnenberg' werden seltener angeboten.
Die in Bulgarien wild aufgefundene Art *M. rosularis* Schwarz ist noch wenig bekannt. Sie erinnert mit ihrer niedrigen, gedrungenen, dicht polsterbildenden Wuchsform, die sich erst im Sommer etwas verliert (Rückschnitt!), an den leuchtend blauen Himmelsherold, ein verwandtes Boretschgewächs der alpinen Stufe.

Polygonum L. Knöterich (Gattungsbeschreibung S. 131)
P. bistorta L. syn. *Bistorta major* S. F. Gray Wiesen-Knöterich. V bis VIII. Eurasien. Aus einem derben, gekrümmten, tiefgehenden Wurzelstock entwickeln sich die eiförmigen bis länglich-lanzettlichen, am Stiel geflügelten Grundblätter und ein 30 bis 100 cm hoher, kahler, wechselständig locker beblätterter, an den Knoten verdickter Stengel. Obere Stengelblätter kleiner, sitzend, am Grunde herzförmig. Die kleinen, zwittrigen, rötlichweißen, einfachen Blüten stehen in dichten, walzlich-gedrungenen endständigen Scheinähren. Von der Ebene bis in hohe Gebirgslagen (Alpen bis 1 790 m ü. NN) gesellig auf Wiesen, in Auenwäldern, Weidengebüschen und Hochstaudenfluren. Kühle, sickernasse oder grundfeuchte, auch zeitweise überflutete, nährstoffreiche, aber kalkarme Standorte werden bevorzugt. Die Sorte 'Superbum', mit größeren Blütenständen, ist eine Gartenauslese.

Preslia Opiz, Familie *Lamiaceae*. Die Gattung ist monotypisch. Gute Bienenweidepflanze.
P. cervina (L.) Fresen. VII bis VIII. Südfrankreich, Iberische Halbinsel, Nordwest-

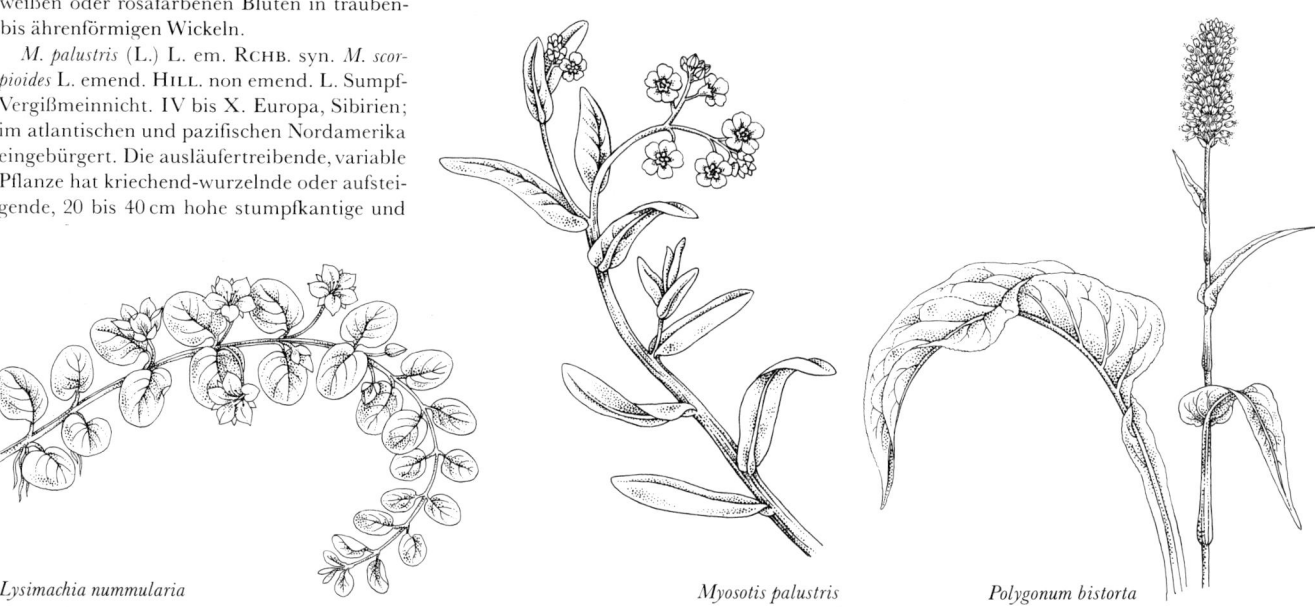

Lysimachia nummularia   *Myosotis palustris*   *Polygonum bistorta*

afrika. Aufbau und Blütenform lassen an eine Minze denken. *Preslia* ist jedoch zierlicher, niedriger und wächst straffer als die meisten *Mentha*-Arten. Anfangs niederliegend-wurzelnd, werden später die kahlen Stengel 10 bis 40 cm hoch. Die jungen Sproßachsen sind zunächst mit 3 bis 4 Quirlen lineal-lanzettlicher, derber, dunkelgrüner, 8 bis 30 cm langer Primärblätter besetzt. Mit mehreren aufrechten Ästen und etwas kleineren, schmaleren Folgeblättern erscheinen die blühenden Achsen. Sie tragen 4 bis 12 vielblütige große Quirle violetter bis weißer Blüten mit gerader Kronröhre und 4zähnigem Kelch. Hochblätter breiter, sonst ähnlich den Laubblättern. Die anpassungsfähige Pflanze ist Bestandteil westmediterraner Zwergbinsengesellschaften und besiedelt im Winter bis zum späten Frühjahr überschwemmte, im Sommer trockenfallende Standorte. Eine Unterwasserform, die in 30

bis 60 cm Wassertiefe gedeiht, trägt an stets sterilen Sprossen zarte, schmal linealische, hellgrüne Tauchblätter von 2 bis 12 cm Länge. Eine lockere Reisigdecke ist als Winterschutz angebracht.

Ranunculus L. (Gattungsbeschreibung S. 131)
R. acris L. syn. *R. acer* L. Scharfer Hahnenfuß, Butterblume. IV bis IX. Ursprünglich Europa, Westasien; durch Wiesensaaten heute weltweit verschleppt. Der etwas bereifte, angedrückt und spärlich behaarte, 30 bis 100 cm hohe stark verzweigte Blütenstand trägt 25 bis 30 mm breite, gelbe Blüten. Kelch langhaarig, junge Früchtchen mit hakenförmigem kurzem Schnabel, Früchtchenachse ohne Borsten. Die auf Wiesen und Weiden vor allem auf kühlen, sicker- und grundfeuchten Böden weitverbreitete Art samt sich üppig aus und interessiert für den Garten nur in ihrer Form 'Multiplex',

eine dichtgefüllte, leuchtend goldgelbe, lange blühende Beetstaude, die viel Nässe verträgt.
R. bulbosus L. Knolliger Hahnenfuß. V bis VII. Europa. Die kaum 50 cm hohe, behaarte Pflanze hat einen knolligen Stengelgrund, der von den Scheiden der Grundblätter zwiebelähnlich umhüllt ist. Nur die Blätter 1. Ordnung sind 3lappig. Blütenstiele gefurcht, Kelch zurückgeschlagen, 30 mm breite Blüten gelb. Früchtchen mit borstiger Früchtchenachse. Von dieser relativ Trockenheit ertragenden Art, die im Sommer sogar eine trockene Phase bevorzugt, auf mageren, auch wechselfeuchten Standorten wächst, ist für den Garten nur die gefüllte Form 'Pleniflorus' erwähnenswert. Die Pflanze konnte sich an dauernd staunassen Plätzen gut behaupten.

Tradescantia L. Dreimasterblume, Familie *Commelinaceae*. Ausdauernde, niederliegend oder aufrecht wachsende Pflanzen mit einfachen oder verzweigten Stengeln, ganzrandigen Blättern und endständigen oder blattachselständigen Blütendolden, die von laubblattähnlichen

Preslia cervina   *Ranunculus bulbosus*   Tradescantia-Andersoniana-Hybride

Hochblättern umstellt sind. Der Perianth besteht aus je 3 spitzen Kelchblättern und rundlichen bis eiförmig-spitzen Kronblättern. Staubblätter 6, Frucht eine 3teilige Kapsel. Die ca. 35 hygrophilen Arten sind in tropischen und gemäßigten Gebieten Amerikas verbreitet.

T.-Andersoniana-Hybriden, Garten-Dreimasterblume. V bis IX. Südliche USA, auf nassen Wiesen. Sie sind aus Kreuzungen zwischen *T. virginiana* auct. non L., *T. ohiensis* RAF., *T. subaspera* KER-GAWL. und *T. virginiana* L. hervorgegangen. Im Unterschied zur früher verwendeten *T. virginiana* L. blühen die groß- und vielblütigen Hybriden bis spät in den Herbst hinein. Zweimaliger Rückschnitt führt zu erneutem Durchtrieb und Blütenansatz. Dreimasterblumen gedeihen problemlos auf allen Gartenböden und ertragen auch Staunässe. Bei stärkerer Trockenheit vergilben die tiefwurzelnden Pflanzen, ohne einzugehen. Bewährte Sorten sind 'Alba Major', weiß, 50 cm, früh; 'Gisela', weiß, 50 cm, mittelspät; 'Osprey', weiß mit blauen Staubfäden, 50 cm, früh; 'I. C. Weguelin' und 'Blue Stone', himmelblau, 50 cm, spät; 'Zwanenburg Blue', dunkelblau, großblumig, gewellte Blütenblätter, 50 cm, und 'Karminglut', leuchtend karminrot, kleine runde Blütenblätter, 40 cm; 'Karin', rot; 'Marianne', violett, und 'Leonora', tiefviolett. Da die Sorten nicht samenecht sind, ist darauf zu achten, daß die meist bläulichviolett blühenden Sämlinge nicht die guten Sorten allmählich verdrängen.

Trollius L. Trollblume, Familie *Ranunculaceae*. Die in Eurasien und Nordamerika vor allem in Gebirgen verbreiteten Trollblumen fallen durch ihre flachen, schmalen, zungenförmigen Honigblätter auf. Diese inneren Perigonblätter wachsen zwischen den meist gespreizt stehenden Staubblättern hindurch und lassen die Blüten vieler Arten anemonenähnlich erscheinen. Die 3- bis 5zähligen Laubblätter sind handförmig geteilt. Als typische Feuchtwiesenpflanzen benötigen die Trollblumen frische bis sickernasse, möglichst nährstoffreiche und tiefgründige Böden.

T. asiaticus L. V bis VI. Nordosten des europäischen Teils der UdSSR, Sibirien, Turkestan. 60 cm hohe Pflanze mit bronzefarbenen Laubblättern. Blütenhülle orangefarben, ballförmig. Die Staubblätter werden von meist 10 Honigblättern überragt.

T. chinensis BUNGE syn. *T. ledebourii* HORT. non RCHB. VI bis VIII. Nordostchina. 90 cm hohe Pflanze mit tief geteilten Blättern. Etwa 20 dunkelorangefarbene, die Staubblätter um das Doppelte überragende Honigblätter bestimmen die Schönheit der schalenförmigen Blüte. Die Kelchblätter sind etwas heller gefärbt. 'Golden Queen' zeigt extra große Blüten auf straffen Stielen, fällt echt aus Samen.

T. europaeus L. Trollblume. V bis VI. Europa. Die Kugelform der Blüte und die hell- bis zitronengelbe, sehr kühl wirkende Farbe sind charakteristische Merkmale. Honigblätter und Staubblätter gleich lang. Die 60 cm hohe Sorte 'Superbus' blüht hell zitronengelb besonders spät.

T. pumilus D. DON. VI bis VII. Himalaja. Bis 25 cm hohe Zwergform mit kleinen, gekräuselten Blättern und schalenförmigen, langgestielten, goldgelben Blüten. Honig- und Staubblätter gleich lang. Ähnlich, jedoch bis 50 cm hoch, mit kürzeren Honigblättern ist die aus Westchina stammende *T. yunnanensis* (FRANCH.) ULBR.

Trollius-Hybriden (auch als *T.* x *cultorum* bezeichnet): 'Earliest of All' goldgelb, früh, 50 cm; 'Lemon Queen', hellgelb, großblumig, mittelfrüh, 60 cm; 'Meteor', dunkelorangefarben, große Blütenbälle, Sorte blüht nach Rückschnitt erneut, 60 cm; 'Orange Globe', orangefarben, mittelfrüh, 60 cm; 'Goldquelle', gelb, spät, besonders tief gespaltenes Laub, 70 cm. Weitere Sorten sind: 'Frühlingsbote', hell-

Trollius chinensis

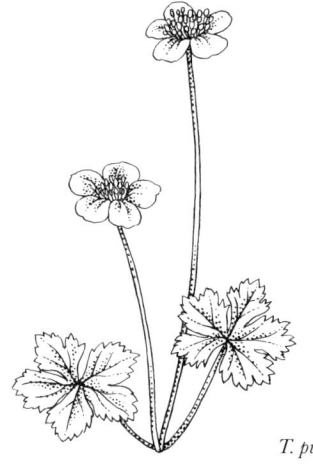

T. pumilus

orange, früh; 'Hohes Licht', großblumig, wird 80 cm hoch, und 'Maigold', goldgelb, früh.

Veronica L. Ehrenpreis, Familie *Scrophulariaceae*. Etwa 300 Arten in der nördlichen gemäßigten Zone, ein- und mehrjährige Kräuter. Ein großer Anteil entfällt auf polsterbildende Arten der Hochgebirge. Die Blütenstände sind endständige Trauben, oder die Blüten stehen in den Blattachseln. Die kleinen, rad- bis glokkenförmigen, 4spaltigen bis 2lippigen Blüten sind weiß, rosafarben, purpurfarben oder blau.
V. beccabunga L. Bachbunge. V bis VIII. Europa außer Westeuropa, Kleinasien, Himalaja, Nordafrika; im nordöstlichen Nordamerika eingebürgert. Die alte Salatpflanze breitet sich in Sonne und Halbschatten mit 10 bis 60 cm langen, stielrunden, verzweigten, an den Knoten wurzelnden Trieben in Sumpf und flachem Wasser aus. Blätter gestielt, glänzend dunkelgrün, rundlich bis länglich-lanzettlich. In kleinen, lockeren, meist gegenständig angeordneten blattachselständigen Trauben sitzen 10 bis 30 hell- bis tiefblaue Blüten. Auch rosafarben und weiß blühende Exemplare sollen vorkommen. Die Art tritt häufig in Verlandungsgesellschaften, auf nassen Wiesen und im Saum flacher Gewässer von der Ebene bis 1 800 m ü. NN (Alpen) auf.

Verwendung der Wiesenpflanzen: Nicht wenige unter ihnen erfreuen uns als haltbare Schnittblumen. Hier ist die straffstielige Bertramsgarbe hervorzuheben. Das Zurückschneiden wirkt sich bei fast allen Wiesenpflanzen sehr vorteilhaft aus. So wie jede Blumenwiese gemäht werden muß, wenn sie nach ihrem Blühhöhepunkt wieder frisch durchtreiben soll, werden auch in der Gartenverwendung Bertramsgarbe, Bach-Nelkenwurz, Lichtnelke, Wiesen-Knöterich und Trollblume ohne rechtzeitigen Rückschnitt unansehnlich. Für das Sumpf-Vergißmeinnicht und die Dreimasterblume ist sogar 2- bis 3maliger Rückschnitt zu empfehlen. Alle diese Arten sollten in bunter Mischung zusammengepflanzt und mit passenden Arten ähnlicher Lebensräume vergesellschaftet werden. Subalpine Hochstauden mittlerer Höhe wie Sterndolde und Greiskrautarten können als Nachbarn hinzugesellt werden, ebenso Felbericharten, Sumpf-Storchschnabel, Wiesenrautearten, Blutweide-

rich und ähnliche Pflanzen aus flußbegleitenden Staudenfluren. Mit Ausnahme der Dreimasterblume eignen sich alle genannten Arten zur Begründung einer großen, von Insekten umschwärmten, bunten Sumpfwiese. Sie kann sich im Idealfalle wie ein Naturbiotop verhalten und außer dem sommerlichen Rückschnitt nur wenig Pflege beanspruchen. Man kann so weit gehen, daß im folgenden Jahr nach dem Anpflanzen der Wunscharten Samen von kräuterreichen Sumpfwiesen (z. B. zusammengekehrte »Heublumen« vom Heuboden) einfach dazwischengesät werden. Zufallsgäste wie Weidenröschenarten, Sumpf-Pippau oder Wiesen-Platterbse bereichern das farbenfrohe Bild. Giersch, Knäuelgras oder Bärenklau sind konsequent zu bekämpfen, denn sie wuchern aus dem künstlich aufgebauten Sumpfwiese allzu aggressiv und bedrohen die Harmonie des Ganzen.

Für kleinere oder größere Pflanzenteppiche sind die beiden Nelkenwurzarten, Pfennigkraut und Kriech-Günsel zu verwenden. Höhere Stauden oder auch Sträucher können einzeln oder in Gruppen darin besonders hervortreten. Bei *Geum coccineum*, dem scharlachrot

Veronica beccabunga

blühenden Nelkenwurz, ist stets auch die Farbe zu bedenken, die zwar gut zum Gelb des Pfennigkrautes oder zum Blau des Sumpf-Vergißmeinnicht paßt, viele andere Pflanzen aber übertönt und in ihrer Wirkung stört. Vom Günsel wird die rotblättrige Feuergünsel mit Recht am meisten beachtet. Dekorativ wirken aber auch die buntlaubigen Formen, die mit gelben, panaschierten oder blaublättrigen Funkien sehr gut harmonieren.

Innerhalb einer Wasserfläche, auf flach überstauten Beeten, wirken ornamentale Gräser, Seggen und Binsen oftmals noch vorteilhafter als an Land. Die Blaugrüne Binse spiegelt sich mit ihren steil aufgerichteten Halmen wunderbar im Wasser und hat einen so unverwechselbaren Habitus, daß sie Buntkalmus, Graskalmus, Zebrabinse, Zypergras und den Goldformen der Steif-Segge ebenbürtig zugeordnet werden kann. Wildhafte Reize vermittelt die ebenfalls heimische Rasen-Segge. Sie überrascht im April mit gelb-schwarzen Blütenähren, denen der leuchtendgrüne Blattaustrieb wenig später folgt. Als Solitärpflanze im Wasser (bis 15 cm Überflutung wird gut vertragen) schmückt diese Segge auch kleinste Becken und Tröge. Wenn sie sich im Herbst mit einer zunächst leuchtenden, dann bleichgelben Färbung verabschiedet, bringt diese Pflanze auch den Reiz der späten Jahreszeit eindringlich zum Bewußtsein.

Immer wieder werden Pflanzen für kleine und kleinste Becken gesucht. Mit den amerikanischen Gräsern *Dulichium arundinaceum* und *Juncus ensifolius* lassen sich »Verlandungszonen« im Kleinformat nachbilden. Sumpf-Siegwurz und Schachbrettblume stehen daneben, außerhalb des Wassers und möglichst an solchen Plätzen, an denen das Bodenwasser im Sommer absinkt. Die Zarte Binse, ein »Trittunkraut«, stellt in ihrer Zartheit einen Gartenwert dar, wenn sie sich, nur wenige Millimeter überstaut, graziös im Wasser spiegelt. Die Nadelsimse ist mehr für Unterwasserrasen oder für »Miniaturwiesen« auf kleinen flachen Teichinseln zu gebrauchen. Bei dauernder Nässe wird man sie übrigens kaum wieder los. Zarte Binse und Vierblättriger Kleefarn passen gut zu *Caltha natans*, ebenso zur weißen Form der Sumpf-Dotterblume, zu Rosenprimel und Kugelprimel. Alle drei stammen aus Kaschmir, wo sie natürliche Nachbarn sind.

Aus ufernahen Staudenfluren,
im Bruchwaldgebüsch und in Auenwäldern

»Es ist den frischen hellen Quellen eigen, / Was alt und faul beherzt zu unterwühlen / Und Wasserkünste unversehens und Mühlen / Wild zu zerreißen, wenn die Fluten steigen ...«/ Joseph von Eichendorff

Zu Bächen, Flüssen oder Strömen gehört die Vorstellung von stetiger, aber auch die Bedrohung durch wilde, ungebändigte Kraft fließenden Wassers. Altes und Faules wird »wild zerrissen«, wenn es sich den steigenden Fluten in den Weg stellt. Sand- und Kiesbänke werden abgetragen und umgelagert, ufernahe Gebiete mit Geröll oder mit nährstoffreichem Schlick überschüttet. Nach dem Zurückgehen des Wassers zeigt sich ein Mosaik unterschiedlichster Lebensbedingungen: Trockene Sandhügel erheben sich neben feuchten Senken oder wassergefüllten Restlöchern, dichte Tonablagerungen wechseln mit frei gespültem Fasertorf der Flachmoore, moderne Baumstämme und Baumwurzeln bleiben zwischen Zweigen und Astholz liegen. Ständige Umgruppierungen im Hochwasserbereich schaffen mit Geröll dynamische Landschaften, deren Vegetation das aktive Geschehen nacherleben läßt. Streckenweise kann eine einzige Art vorherrschen, wenn sie, wie die Pestwurz, in der Lage ist, mit ihren Rhizomen rasch neues Gelände zu erobern. Frisch umgelagertes Material wird von einjährigen Pflanzen besiedelt, dazwischen keimen die Samen von Weidenarten. Auf trockenen Sandhaufen siedeln sich ausläufertreibende Gräser und Ruderalpflanzen mit Pfahlwurzeln an.

Starke Schwankungen des oberflächennahen Grundwasserstandes bzw. Wechsel zwischen Überschwemmung und Trockenliegen bilden die wichtigsten Standortfaktoren für Bruch- und Auenwälder. In jährlich überschwemmten, unmittelbar flußnahen Abschnitten entstehen »weiche Auen«. Weichgehölze wie Weiden- und Pappelarten treiben, unbeeindruckt von Über- oder Unterspülung, fast ständig frisch durch. In einiger Entfernung vom Fließgewässer bauen sich die »harten Auen« auf. Sie setzen sich vorwiegend aus Stiel-Eichen, Ulmen und Eschen zusammen und werden seltener oder nur kurzfristig überschwemmt. Die Roterle kommt in Auen- und Bruchwäldern vor und setzt sich auch an solchen Stellen durch, wo das Wasser jährlich nur für kurze Zeit zurückweicht. Im südlichen Nordamerika werden die gleichen Standorte von der schönen Sumpfzypresse – bei uns ein seltener Parkbaum – besiedelt.

Auenwälder und Ufergebüsche können mit Verlandungsgesellschaften aller Art wechseln. Sumpfstaudenfluren leiten über zu staudenreichen Naßwiesen. Der Lichtfaktor ist sehr unterschiedlich, die Pflanzen der Strauch- und Krautschicht tolerieren mehr oder weniger starke Schwankungen im Lichtangebot. In unserer heimatlichen Laubwaldzone wachsen an allen Stellen der Flußauen auch Gehölze auf. Die Wiesenformation wird nur durch ständige Eingriffe des Menschen (mähen, beweiden) aufrechterhalten. Nur bei dichterem Kronenschluß sind es spezielle Waldbodenpflanzen, die als Schattenpflanzen die Besonderheiten ihres Sonderstandortes anzeigen und sich von den übrigen Arten der hier zusammengefaßten Gruppe stärker unterscheiden.

Aruncus SCHAEFFER Geißbart, Familie *Rosaceae*. Die beiden Arten der Gattung sind durch einen verholzenden, Adventivwurzeln treibenden Wurzelstock, durch weiche, mehrfach gefiederte Blätter und rispig verzweigte hohe Blütenstände gekennzeichnet.

A. sylvestris KOSTEL syn. *A. dioicus* auct., *A. vulgaris* RAF. Wald-Geißbart, Johanniswedel. VI bis VII. Europa, Kaukasus, Himalaja, Ostsibirien; in Nordamerika durch eng verwandte Formen vertreten. Die Blätter sind mit spitzen Einzelblättern 2- bis 3fach gefiedert. Keine Nebenblätter. Der breit aufrechte, 50 cm lange Blütenstand enthält reinweiße, etwas locker gebaute weibliche sowie cremeweiße männliche Blüten in großer Zahl. Die stattliche Schattenpflanze wird 80 bis 150 cm hoch und besiedelt als typische Schluchtwaldart feuchtschattige, krautreiche Waldhänge. Im Garten wird bei genügend Bodenfeuchtigkeit auch volle Sonne vertragen. In der Natur begleitet der Geißbart auch Gebirgsbäche. Er liebt sickerfrische, steinige, mild- bis sauerhumose Mullböden und gedeiht auch auf Lehm- und Tonböden, verträgt jedoch keine Staunässe.

Cephalanthus L. Knopfbusch, Familie *Rubiaceae*. Die in Afrika, Asien und mit einer Art in Amerika verbreitete Gattung enthält 8 strauchartige bzw. kleine tropische baumförmige Arten mit gegenständigen, kurzgestielten, ganzrandigen Blättern sowie end- oder blattachselständigen, dichtkopfigen Blütenständen, die sich aus kleinen weißen oder gelben, röhren- bis trichterförmigen Einzelblüten zusammensetzen. Der Fruchtknoten ist 1- bis 2samig.

C. occidentalis L. VI bis VIII (IX). Kanada: New Brunswick bis Westontario; USA: Kalifornien, südlich bis Texas, Arizona und Florida; Kuba. Verzweigte Triebe mit oberseits glatten, unterseits angedeutet flaumig behaarten, gegenständigen oder quirlständigen Blättern bilden einen locker aufgebauten Strauch. Das vor allem in kühlen Gegenden langsam wachsende, jedoch Staunässe und selbst flache Überflutung vertragende Gehölz erreicht mit der Zeit etwa 2 m Höhe. Weit aus dem Perigon ragende Staubblätter bilden den besonderen Reiz der weißen bis cremefarbenen, ca. 25 mm großen Blütenkugeln, die an 1jährigen Trieben erscheinen. Die Samen dieser dendrologischen Kostbarkeit reifen im mitteleuropäischen Klima leider nicht aus. Die Vermehrung ist daher nur mit frisch importierten, sofort auszusäenden Samen (die leicht und schnell keimen) oder über Kopfstecklinge im Sommer zu erzielen (Abb. S. 248).

Clethra L. Familie *Clethraceae*. Hauptsächlich in den Tropen sind die meist immergrünen Strauch- und Baumarten dieser Gattung verbreitet. Nur wenige, meist laubabwerfende Vertreter sind als Sträucher im gemäßigten Klima von Japan, China und Nordamerika beheimatet. Die an den Triebenden gehäuften, einfachen, gezähnten oder gesägten Blätter sind wechselständig angeordnet. Weiße bis gelblichweiße, 5zählige, oft duftende Blüten stehen in endständigen Rispen oder Trauben.

C. alnifolia L. Erlenblättriger Scheineller. VII bis VIII. USA: Maine bis nördliches New Jersey und Florida, meist in Küstennähe auf Sumpfwiesen und in feuchten Wäldern. Bis 2,5 m hoher Strauch mit kahlen, verkehrt eiförmigen, unten keilförmig verschmälerten, mehr ganzrandigen, zur Spitze zu scharf gesägten, spitzen, 2,5 bis 8 cm langen Blättern; unterseits hell graugrün mit erhabenen Blattnerven. Die aufrecht wachsenden Triebe sind anfangs feinfilzig behaart. Weißlichgelbe, duftende, bis 8 mm breite Blüten stehen in aufrechten, feinfilzig behaarten Trauben. Früchte kleine, rundliche Kapseln. Geschützte Lage und mäßig feuchter bis sehr feuchter (nicht ex-

trem staunasser), nährstoffreicher Boden sind Voraussetzung für die Kultur dieses eleganten Zierstrauches. Vermehrung durch Abnehmen der Grundsprosse, Sommerstecklinge und Aussaat unter Glas.

Equisetum L. (Gattungsbeschreibung S. 138)

E. hyemale L. syn. *Hippochaete hyemalis* (L.) BÖRNER. Winter-Schachtelhalm. VI bis VIII. Europa, Nordasien bis Japan, pazifisches Nordamerika. Die kräftige, bis 6 mm dicke und 40 bis über 100 cm hohe, hohle und durch 15 bis 25 Längsrippen interessante profilierte unverzweigte Achse ist an ihren gezähnten, mit 2 schwarzen Querbinden deutlich markierten, ca. 15 mm langen Scheidenröhren oft leicht abgewinkelt. Die wintergrüne Pflanze bringt am

Eupatorium cannabinum

Grunde mitunter einige seitenständige dünne Nebenstengel hervor. Tiefwurzelnde und ausläufertreibende Charakterart der Auenwälder, bevorzugt grundwassernahe und sickerfeuchte, basenreiche, darunter auch kalkhaltige Lehm- und Tonböden. Verträgt Halbschatten. *E. h.* var. *robustum* (A. BR.) EATON syn. *E. robustum* A. BR. aus Nordamerika wird an günstigen Plätzen über 2 m hoch und breitet sich noch stärker als die Nominatform aus.

Eupatorium L., Familie *Asteraceae*. Nur wenige Vertreter der 1200 inzwischen bekannten Sträucher und Stauden dieser Gattung aus Afrika, Europa, Asien und Amerika werden gärtnerisch kultiviert. Vor allem die spät blühenden Stauden, meist feuchtigkeitsliebend und oft nässeertragend, zeichnen sich durch eine charakteristische, betont straffe Wuchsform aus. Die lanzettlichen, gelegentlich auch tief gelappten Blätter stehen in der Regel gegenständig oder quirlständig. Blütenkörbchen in doldenartigen Rispentrauben (Schirmrispen). Die röhrigen Blüten können mit Ausnahme von Gelb alle übrigen Blütenfarben tragen und sind ausgesprochene Schmetterlingsmagneten.

E. cannabinum L. Gemeiner Wasserdost, Kunigundenkraut. VII bis IX. Europa, Nordafrika, Vorderasien, Westsibirien. Kleine Körbchen mit trübrosafarbenen Blüten bilden dichte Schirmrispen. Die 50 bis 150 cm hohe, im Garten auch höher werdende Art, breitet sich mit dicken Rhizomen aus und zeigt als Ruderalpflanze nährstoffreiche, feuchte oder nasse, oft auch kalkreiche Böden an. An Ufern und Gräben, am Fuße von Müllhalden und auf Waldlichtungen ist die kräftige, nur mäßigen Schatten ertragende Pflanze häufig anzutreffen. In der gärtnerischen Kultur wurden die Sorten 'Album', weiß, und 'Plenum', purpurrosa, gefüllt, ausgelesen.

E. maculatum L. VII bis IX. Kanada: Neufundland bis British Columbia; USA: Pennsylvania, Nordcarolina, Indiana, Iowa, Nebraska, Utah, New Mexico. Nur auf feuchten bis nassen, nährstoffreichen und kalkhaltigen, schweren Böden erreicht die durch ihren rötlich gefleckten Stengel auffallende Staude ihre volle Wuchshöhe von 2 m. Die lanzettlichen bis ovalen, ungleich gesägten Blätter stehen quirlständig. In doppelter flacher Schirmrispe sind kleine Körbchen mit 9 bis 30 purpurroten Blüten angeordnet. 'Atropurpureum' zeichnet sich durch weinrote Blüten und auffallend purpurroten Stengel aus.

E. rugosum HOUTT. syn. *E. ageratoides* L. f., *E. urticifolium* REICHARD non L. f. VII bis IX. Kanada: Quebec bis Saskatchewan; USA: südlich bis Virginia, Georgia, Florida, Alabama, Louisiana und Texas. Eine 100 bis 150 cm hohe, bei schlechteren Wachstumsbedingungen kleiner bleibende Art, die als Pflanze feuchter, schattiger Wälder kahle oder flaumig behaarte, weichere Blätter hat und ein weniger straffes Wuchsbild zeigt. Die reinweißen, langkronigen und flockigen Blüten stehen in lockeren Blütenständen.

Euphorbia L. Wolfsmilch, Familie *Euphorbiaceae.* Es spricht für die Wandlungsfähigkeit dieser über 1 800 Arten umfassenden Gattung, daß es unter ihnen sowohl Arten extremer Trockenstandorte als auch Sumpfpflanzen gibt. Alle Arten enthalten einen ätzenden Milchsaft, der Augen und Schleimhäute schädigen kann. Zu den wichtigsten äußeren Merkmalen zählen die Hochblätter. Die Blüten sind stark reduziert und unscheinbar.

E. palustris L. Sumpf-Wolfsmilch. V bis VIII. Europa, Sibirien. An 50 bis 150 cm hohen, dikken, hohlen Stengeln sitzen länglich-lanzettliche, weidenartige, kahle Blätter. Blüten in vielstrahliger Scheindolde. Die seltene Stromtalpflanze ist Bestandteil flußbegleitender Staudenfluren auf nährstoffreichen Schlickböden längs der großen Flüsse.

Filipendula MILL. em. ADANS. Mädesüß, Spierstaude, Familie *Rosaceae.* Die Gattung ist mit 10 halbhohen bis hohen Stauden in der nördlichen gemäßigten Zone verbreitet. Die unterbrochen gefiederten Blätter mit zugehörigen Nebenblättern stehen wechselständig. Zahlreiche kleine, zwittrige, rötliche oder weiße Blüten bilden endständige Schirmrispen. Auffälliges Blütenmerkmal sind die aus dem 5blättrigen Perigon herausragenden Staubblätter, die den Blütenständen etwas Zartes verleihen.

F. kamtschatika (PALL.) MAXIM. syn. *Ulmaria kamtschatika* REHD., *Spiraea kamtschatika* PALL. VII bis VIII. Kamtschatka bis Nordjapan. Die unterseits weich behaarten Blätter haben ein großes, breit herzförmiges, gelapptes Endblättchen. Mit ihren großen weißen Blütenständen wirkt die bis über 2 m hohe Pflanze sehr attraktiv. Sie verträgt Halbschatten und etwas Trockenheit.

Eupatorium maculatum   *E. rugosum*   *Euphorbia palustris*

F. palmata (PALL.) MAXIM. syn. *Spiraea palmata* PALL. non MURR. nec. THUNB. nec. MIQ., *Spiraea digitata* WILLD., FOCKE. VII. Sibirien, Kamtschatka. Die etwa 90 cm hohe Pflanze trägt unterseits weißfilzige Blätter mit 7- bis 9spaltigen Endblättchen und blüht rosafarben. *F. p.* 'Nana', mit handförmig gefiederten Blättern, wird nur bis 60 cm hoch, blüht tiefrosafarben und fordert höhere Bodenfeuchte.

F. purpurea MAXIM. syn. *Spiraea palmata* THUNB. non MURR. nec. PALL. nec. MIQ. VII bis VIII. Japan. Die glatten Blätter der 80 bis 100 cm hohen Art haben ein sehr großes, herzförmiges, 5- bis 7spaltiges Endblättchen. Seitenblättchen sind zurückgebildet oder fehlen. Die dunkelrosafarbenen bis karminroten Blüten stehen in großen Blütenständen. Sorten: 'Elegans', weiß mit roten Staubblättern; 'Alba', weiß.

Filipendula ulmaria

F. rubra (HILL) ROBINS. syn. *Spiraea lobata* GRONOV., *S. palmata* MURR. non THUNB. nec PALL. nec MIQ. VI bis VII. USA: Pennsylvania, Iowa, südlich bis Georgia, Kentucky und Illinois. Das 3- bis 5spaltige Endblättchen ist bei dieser bis 1,5 m hohen Art kleiner als bei den verwandten Arten. Behaart sind nur die Unterseiten der Blattnerven. Blüten rosafarben bis rot, in breiten Blütenständen. Sorten: 'Venusta' (syn. *Spiraea venusta* HORT.), dunkel rosafarben; 'Venusta Magnifica', große, karminrote Blüten.

F. ulmaria (L.) MAXIM. syn. *Spiraea ulmaria* L., *Ulmaria pentapetala* GILIB. Echtes Mädesüß, Große Spierstaude. VI bis VIII. Europa, Westasien, Nordsibirien. Die eiförmigen, doppelt gesägten, 2- bis 5paarigen Fiederblättchen sind größer als 3 cm, aber kleiner als das handförmig 3- bis 5spaltige Endblättchen. Die auf nassen, nährstoffreichen Wiesen, an Gräben, Quellen und in Sumpfstaudenfluren, in Auen- und Erlen-Eschen-Wäldern häufig vorkommende Art wird mit reich beblättertem Stengel 50 bis 150 cm hoch. Blütenstände gelblich-

Geranium palustre

weiß. Sorten: 'Plena', dicht gefüllt; 'Aurea' lebhaft gelbpanaschierte Blätter, 60 cm hoch, schwachwachsend.

Geranium L. Storchschnabel, Familie *Geraniaceae*. Die in gemäßigten Klimagebieten weltweit verbreitete Gattung enthält einjährige Pflanzen und Stauden, letztere mit kräftigen Wurzelstöcken oder Pfahlwurzeln. Charakteristisch sind die handförmig eingeschnittenen oder geteilten Blätter, die bei grundständiger Anordnung apart wirkende Büsche bilden. Die schönen Blüten, mit strahlig angeordneten Kronblättern, stehen in Trugdolden.

G. palustre L. Sumpf-Storchschnabel. VI bis IX. Europa. Die locker aufgebaute, 25 bis 100 cm hohe Pflanze blüht leuchtend purpurviolett. Unter den heimischen Arten der Gattung verträgt sie als einzige mäßige Staunässe. Sie wächst an Bächen und Gräben, am Saum von Auengebüschen auf meist sickernassen bis wechselfeuchten, oft grundwassernahen, stets nährstoffreichen Böden.

Leucojum L. Knotenblume, Familie *Amaryllidaceae*. Aus rundlicher bis eiförmiger, mit brauner oder grüner Schale umhüllter Zwiebel treiben schmallinealische bis riemenförmige glatte Blätter, die nach dem Abblühen der Pflanzen und mit dem Erscheinen der großen runden Früchte rasch einziehen. Der hohle Blütenschaft trägt über 1 bis 2 Hüllblättern eine einzige oder wenige Blüten. Die 9 Arten sind vorwiegend im Mittelmeergebiet verbreitet.

L. aestivum L. Sommer-Knotenblume, Sommertürchen. V bis VI. Südliches Mittel- bis Südeuropa; Südwestasien, Kaukasus; im nordöstlichen atlantischen Nordamerika eingebürgert. Am 35 bis 60 cm hohen Schaft hängen an 5 bis 10 cm langen Stielen bis zu 6 nacheinander sich öffnende Blüten. Sie sind etwas kleiner als die des Märzbechers. Die wärmeliebende und etwas Salz ertragende Art bevorzugt nährstoffreiche, nasse Wiesen und Auenwälder. Da die Pflanzen bereits im Herbst neu durchtreiben, ist leichter Winterschutz angebracht.

L. vernum L. Frühlings-Knotenblume, Märzbecher. II bis IV. Pyrenäen, östliches West- und Mitteleuropa bis Mittelitalien; Rumänien. Schaft etwas 2kantig, höchstens mit 2

Blüten, bis 35 cm hoch. In feuchten Wäldern, Gebüschen und auf nährstoffreichen Feuchtwiesen. Verträgt keine stauende Nässe.

Leucothoë D. DON. Traubenheide, Familie *Ericaceae*. Die Gattung umfaßt meist niedrige bis mittelhohe, immergrüne, halbimmergrüne oder sommergrüne, stets kalkfliehende Sträucher mit ganzrandigen oder gesägten, einfachen, wechselständigen Blättern. Die krugartigen bis röhrenförmigen, meist weißen Blüten stehen in achselständigen Trauben oder Rispen. Die 35 Arten der Gattung sind in Nordund Südamerika, auf Madagaskar und im Himalaja an halbschattig-feuchten Standorten zu finden.
  L. racemosa (L.) A. GRAY syn. *Andromeda racemosa* L., *Lyonia racemosa* (L.) D. DON. V bis VI.

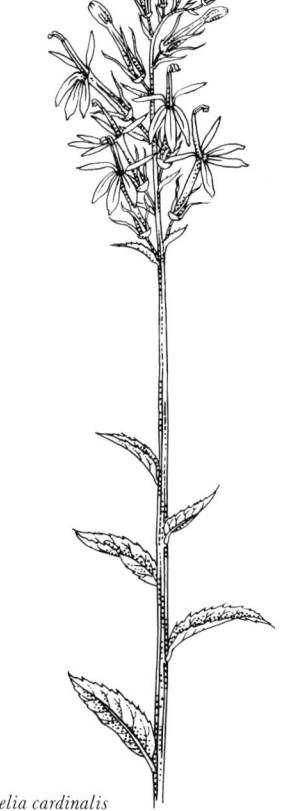

Leucojum aestivum

USA: Massachusetts bis Pennsylvania, Florida und Louisiana, meist in Küstennähe. Der bis 2 m hohe Strauch trägt länglich-eiförmige, 2,5 bis 8 cm lange, zugespitzte, kurzgestielte Blätter. Sie sind sommergrün, oberseits glatt, dünn und gelblich glänzend mit schwach gesägtem Rand. Die verzweigten, anfangs gelbbraun behaarten, später kahlen Triebe tragen aufrechtstehende, einseitswendige Blütentrauben. Der Schatten ertragende, interessante Strauch besiedelt Wiesensümpfe und feuchte Dickichte.

Lobelia L., Familie *Campanulaceae*. Die meist 2lippigen Blüten der Arten dieser Gattung werden während der Wachstumsphase um 180° zur Blütenachse gedreht, so daß die Unterlippe nach oben und die Oberlippe nach un-

Lobelia cardinalis

ten weist. Der Fruchtknoten ist 2teilig. Die Staubbeutel sind zu einer Röhre verwachsen, durch die sich der Griffel schiebt. Vor allem in Nordamerika erreichen einige Arten auch gemäßigte Klimagebiete. Es sind Pflanzen, die feucht-schattige oder auch zeitweise überflutete Standorte besiedeln.
  L. cardinalis L. Feuerlobelie, Kardinalslobelie. VII bis IX. Kanada: New Brunswick; USA: Michigan und Minnesota, südlich bis zum Golf von Mexiko. Aufrechte, 60 bis 120 cm hohe Pflanze, mit frischgrünen, länglich-eirunden, zugespitzten Blättern und scharlachroten Blüten in einseitswendiger Blütentraube. Benötigt reichlich Feuchtigkeit, verträgt flache Überflutung, ist jedoch konkurrenzschwach und muß im Winter abgedeckt werden.
  Die dunkellaubige Sorte 'Queen Victoria' der Art *L. fulgens* WILLD. aus Mexiko ist leider noch empfindlicher und muß z. B. im Kasten überwintert werden. Unter dem Namen *L.* x *speciosa* SWEET sind Züchtungen im Handel, die aus Kreuzungen von *L. cardinalis*, *L. fulgens* und *L. siphilitica* hervorgegangen sind. Da Feuerlobelien eingekreuzt wurden, die aus nördlichen Gebieten in Kanada stammen, soll es sich um zuverlässig winterharte Abkömmlinge handeln. Die tetraploiden Sorten blühen in den Farben Rot, Rosarot und Purpur. Sie lieben volle Sonne, schwere, gut gedüngte Böden und reichlich Wasser.
  L. sessilifolia LAMB. VI bis VII. UdSSR: Ostsibirien, Kurilen, Sachalin; Japan, Taiwan, Korea, Nordostchina. Die 40 bis 60 cm hohe, mit unverzweigten Stengeln schlank aufrecht

L. siphilitica

wachsende Art hat sitzende, lanzettliche, gesägte Blätter und blattachselständige violette
Blüten. Auf feuchten und nassen, kalkfreien
Böden soll sich die interessante Pflanze bisher
als völlig winterhart erwiesen haben.

L. siphilitica L. VII bis IX. Kanada: Manitoba; USA: Maine bis Colorado, südlich bis
Virginia, Nordcarolina, Alabama, Missouri,
Louisiana und Texas. 40 bis 80 cm hohe
Pflanze mit reich beblättertem Stengel. Blätter
oval-lanzettlich, hellgrün, unregelmäßig gezähnt und etwas behaart. Die hellblauen, sehr
selten weißen, gelegentlich auch weiß gerandeten Blüten stehen in dicht beblätterter, aufrechter, 10 bis 15 cm langer Ähre. Die winterharte, anspruchslose Art kann flach überstaut
werden.

Lysichiton SCHOTT. Scheinkalla, Familie *Araceae*. Aus kräftigen Wurzelstöcken (die leider
kaum teilbar sind, da sie stark verholzen) gehen aronstabähnliche Blüten hervor. Sie erscheinen vor dem Blattaustrieb und fallen in
ihrer oft noch kahlen Umgebung durch ihre
Schönheit auf. Die nachfolgenden, langen,
massigen, im Spätsommer einziehenden Blätter erinnern an tropische Vegetationsverhält-
nisse. Die Scheinkalla-Arten wachsen im

Bruchwaldgebüsch und in lichten Sumpfwäl-
dern an ständig feuchten oder sumpfig-nas-
sen, im Frühjahr wochenlang überfluteten und
im Spätsommer auch kurzfristig austrocknenden Stellen in ihrer Heimat oft in großer
Menge.

L. americanus HULT. et ST. JOHN syn. *L. japo-
nicus* SCHOTT Gelbe Scheinkalla. IV bis V. Kanada: Ontario; USA: Alaska, Kalifornien, östlich bis Idaho und Montana. Dunkelgrüne,
30 cm breite und 100 cm lange Blätter bilden
eine flache Rosette. Die Blattspreite ist in der
Nähe des 50 cm langen Stiels etwas schmaler
als an ihrer breitrunden Spitze. Die länglich-
lanzettliche Blütenscheide ist 20 bis 25 cm
lang und umfaßt den 10 bis 15 cm langen, gut
sichtbaren, mit zwittrigen Blüten besetzten
Kolben. Tiefgründige, nährstoffreiche Böden
in nasser oder feuchter Lage sind Bedingung
für die Kultur. Bei überflutetem Stand, z. B. ab
Frühjahr als Kübelpflanze im Teich, sind die
Exemplare im Spätsommer aus dem Wasser zu
nehmen und in durchschnittlich feuchtem Boden weiterzukultivieren (Abb. S. 248).

L. camtschatcensis (L.) SCHOTT. Weiße
Scheinkalla. V bis VI. Ussurigebiet, Sachalin,
Kamtschatka, Kurilen, Japan. In allen Teilen
kleiner als die gelbe Scheinkalla. Sie wirkt mit
ihren weißen, porzellanartigen Blütenscheiden neben dem glänzenden, lichtgrün austreibenden Laub äußerst vornehm. Die Art verträgt
keinen Kalk. Kultur sonst wie *L. americanus*.

Lysimachia L. Gilbweiderich, Felberich. (Gattungsbeschreibung S. 139)

L. ciliata L. syn. *Steironema ciliatum* (L.)
BANDO. VII bis VIII. Kanada: Quebec bis
British Columbia; USA: südlich bis Florida,
Texas, Neumexiko. Die 30 bis über 50 cm hohe
Pflanze vermehrt sich durch lange Ausläufer. 2
bis 3 mm starke, kantig geriefte Stengel tragen
herzeiförmig-spitze, kurzgestielte, ca. 7 cm
lange Blätter mit glatten Spreiten. Blattstiel
bewimpert. Blüten mit zarten Blütenblättern
an sehr dünnen Stielen, schalenförmig ausgebreitet, hellgelb. Manche Blüten einzeln, blattachselständig an sehr langen Stielen. Die anspruchslose Pflanze verträgt Staunässe.

Lysichiton camtschatcensis

Lysimachia ciliata

L. clethroides DUBY Schnee-Felberich. VI bis VIII. Japan, China, Indochina. Die aufrechten, kahlen oder schwach flaumig behaarten Stengel dieser Ausläufer treibenden, dichte Kolonien bildenden Pflanzen tragen lanzettlich-spitze, 7 bis 12 cm lange, etwas behaarte Blätter. Sie sind gegen- und wechselständig angeordnet. An der Spitze des bis 90 cm hohen Stengels sind reinweiße, etwa 1 cm große Blüten zu einer dichten, herabgebogenen, bis 30 cm langen Ähre zusammengefaßt. Die ausdrucksvolle, eigenartige Pflanze stellt etwas höhere Ansprüche an den Nährstoffgehalt des Bodens und liebt nasse (keine staunassen) bis durchschnittlich feuchte Böden. Bei Trockenheit bleibt die Pflanze entsprechend kleiner. Etwas Winterschutz ist in schneearmen Gebieten ratsam.

L. davurica LEDEBOUR syn. *L. vulgaris* var. *davurica* (LDB.) R. KNUTH, *L. v.* ssp. *davurica* (LDB.) TATEKAWI, *L. dauriensis* BANDO. Japan: Hokkaido, Honshu, Kyushiu; China, Mongolei. 30 bis 40 cm hohe Pflanze mit schmallan-

zettlichen Blättern, die meist in 3zähligen Quirlen am Stengel stehen. Blätter sehr kurz gestielt, fast sitzend. Die 5 lanzettlichen gelben Blütenblätter bilden zierliche Glöckchen. Sie sind etwas empfindlich gegenüber Regen. Im übrigen ist die grazile Pflanze recht anspruchslos, sie verträgt Staunässe und zeitweilige flache Überflutung.

L. ephemerum L. VI bis IX. Pyrenäen-Halbinsel, Südwestfrankreich, Marokko. Kahle, 40 bis 110 cm hohe Pflanze mit Ausläufern und dickem Wurzelstock. Der unverzweigte oder nur im oberen Teil verzweigte Stengel ist gegen- und wechselständig mit schmalen und spitzen, ganzrandigen, stengelumfassenden, oft blaugrün bereiften Blättern besetzt. Die

weißen oder rötlichweißen Blüten (Kronblätter 8 bis 11 mm lang, Staubbeutel schwärzlich-purpurfarben punktiert) stehen in langen, walzlichen, dichten Ähren. Die kalkliebende Sumpfpflanze benötigt etwas Winterschutz.

L. nemorum L. Hain-Gilbweiderich. V bis VIII. West- und Mitteleuropa bis Südschweden, Jugoslawien, Sizilien, Kaukasus. Zarte, bodendeckend wachsende Pflanze mit kurz kriechendem oder bis 30 cm aufsteigendem Stengel, Blätter eiförmig-spitz, kreuzgegenständig, Kelchblätter lineal-pfriemlich. Die kleinen gelben Blüten sitzen blattachselständig einzeln an langen Stielen. Die typische Waldschattenpflanze besiedelt feuchte Laubmischwälder und kommt an Waldquellen und in Gebüschen vor. Sie liebt nährstoffreiche, aber kalkarme, humose, feuchte bis sickernasse Böden. In den Alpen bis 1 620 m ü. NN.

L. punctata L. Drüsiger Gilbweiderich, Gold-Felberich. VI bis VIII. Südosteuropa und östliches Mitteleuropa, westlich bis Norditalien; Kleinasien; im nordöstlichen Nordamerika eingebürgert. 50 bis 100 cm hohe, mit dicken rötlichweißen Rhizomen Ausläufer treibende, im ganzen schwach flaumhaarige Pflanze. Der deutlich 4kantige, straffe Stengel ist mit kurz-

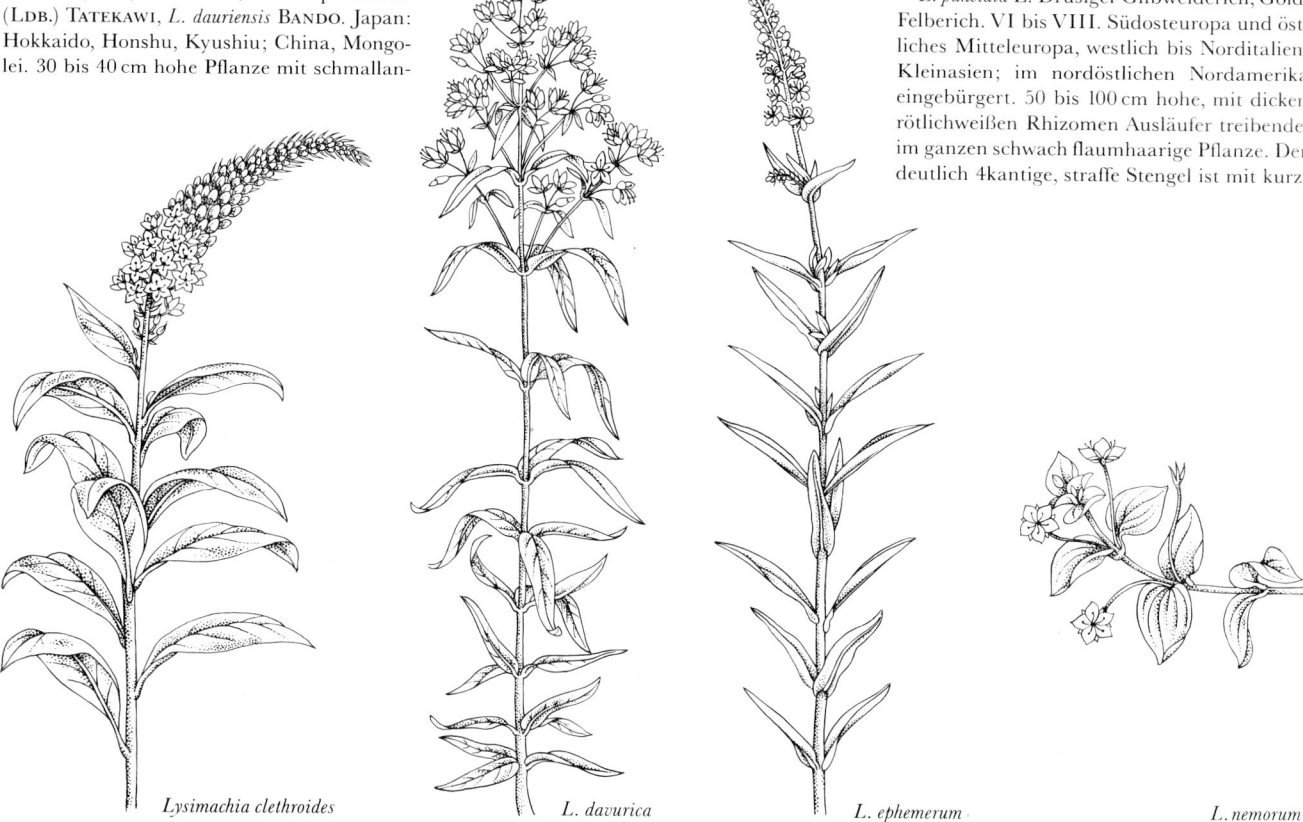

Lysimachia clethroides   *L. davurica*   *L. ephemerum*   *L. nemorum*

gestielten, ganzrandigen, eilanzettlich-spitzen Blättern unten kreuzgegenständig, sonst in 3 bis 4zähligen Quirlen besetzt. Die 5zähligen, flachglockigen, 12 bis 16 mm langen zitronengelben Blüten stehen zu 2 und mehr blattachselständig und bilden im ganzen eine beblätterte, quirlige Traube. Der Gold-Felberich bildet dichte Bestände, paßt sich an Nässe und Trockenheit an, verträgt Schatten und hält selbst den Wurzeldruck von Gehölzen aus.

L. vulgaris L. Gemeiner Gilbweiderich. VI bis VIII. Europa, Asien, Nordafrika; im nordöstlichen Nordamerika eingebürgert. 50 bis 120 cm hohe Pflanze mit rasigem, lange unterirdische Ausläufer treibendem Wurzelstock. Der stumpfkantige, unverzweigte oder nur oben verzweigte, fein behaarte Stengel trägt lanzettliche, zugespitzte, 7 bis 12 cm lange, oberseits zerstreut behaarte, unterseits dicht weichhaarige Blätter. Die 5zähligen gelben Blätter mit rötlicher Mitte stehen in den Ach-

seln der oberen Stengelblätter sowie in seiten- oder endständigen Trauben oder Rispen. Die Kalk meidende, sonst robuste Ufer- und Sumpfstaude gedeiht auf sicker- bis staunassen Böden aller Art, vor allem in moorigen Staudenfluren, an Bächen und Gräben, im Weidengebüsch und in Auenwäldern.

Lythrum L. Blutweiderich, Familie *Lythraceae*. Mit etwa 30 Arten ist die Gattung in der gemäßigten Klimazone verbreitet. Sie enthält hauptsächlich Stauden. Blätter lanzettlich, sitzend. Die rosa- bis purpurfarbigen Blüten stehen in den Blattachseln oder bilden schlanke Scheinähren.

L. salicaria L. Gemeiner Blutweiderich. VII bis IX. Europa, Asien, Nordwestafrika; im nordöstlichen und mittleren Nordamerika eingebürgert; Südostaustralien, Tasmanien. Die purpurroten Blüten dieser 50 bis 100 cm hohen Pflanze stehen quirlig in langen Ähren. Nasse

Staudenfluren, Gräben, Moorwiesen und Seggenrieder sind häufige Standorte dieser etwas wärmeliebenden, nur leichten Schatten ertragenden, tiefwurzelnden, im ganzen anspruchslosen Pflanze. Sorten: 'Brightness', rosafarben, 90 cm; 'Happy', dunkelrosa, 45 cm; 'Lady Sackville', leuchtend rosarot, 130 cm; 'Robert', leuchtend rot, 80 cm; 'The Beacon', dunkelrot, ca. 70 cm.

L. virgatum L. Ruten-Blutweiderich. VI bis VIII. Südost- und Osteuropa, östliches Mitteleuropa, Westasien. Stengel kantig, unbehaart, mit schmal-linealen, zugespitzten Blättern, bis 120 cm hoch. Im unteren Teil stark verzweigte Blütenstände, deren purpurrote Blüten zu 1 bis 3 in den Achseln der Hochblätter sitzen. Die Art ist auch auf Wiesen verbreitet und wächst stärker als *L. salicaria*.

Matteuccia Tod. Straußenfarn, Trichterfarn, Familie *Athyriaceae*. Die Gattung enthält stattli-

L. punctata   *L. vulgaris*   *Lythrum salicaria*

che Farne mit kräftigem, beschupptem, oft aus dem Boden ragenden Wurzelstock und steil nach oben gerichteten Wedeln. Den hellgrünen unfruchtbaren Blättern folgen dunkelbraune, straußenfederähnliche, viel kleinere fruchtbare.

M. pensylvanica (WILLD.) RAYMOND syn. *M. struthiopteris* var. *pensylvanica* (WILLD.) C. V. MORTON, *Struthiopteris pensylvanica* WILLD. Amerikanischer Straußenfarn. VII bis VIII. Kanada: Neufundland und British Columbia; USA: Alaska, südlich bis Virginia und Süddakota. Mächtige, bei Feuchtigkeit und Nährstoffreichtum bis 2 m erreichende Halbschattenpflanze. Dunkelgrüne, einfach gefiederte, tief fiederschnittige sterile Blätter bilden einen steil aufgebauten Trichter. Sie schimmern im Austrieb bläulich, die Stiele behalten diese Farbe. Fertile Wedel bis 60 cm hoch. Im tieferen Schatten und bei zunehmender Trockenheit breiten sich die Wedel stärker aus, und die Pflanze verliert ihre charakteristische Wuchsform. Leider umstockt sich die wertvolle Pflanze nur langsam und treibt selten einen Ausläufer. Sie besiedelt sumpfige Wälder und Schwemmlandböden in Flußniederungen.

M. struthiopteris (L.) TOD. syn. *Struthiopteris germanica* WILLD., *S. filicastrum* ALL. Europäischer Straußenfarn. VII bis VIII. Nord-, Mittel- und Osteuropa, Südwestalpen und Mitteljugoslawien; Kaukasus, östliches Nordasien. 30 bis 150 cm lange, auffallend hellgrüne sterile Wedel mit Fiedern, die bis zum Stielgrund verlaufen. Weitreichende, manchmal lästige Ausläufer. Fertile Wedel bis 40 cm hoch. Die seltene Pflanze kommt an Gebirgsflüssen, auf tiefgründigen, zeitweise überfluteten, aber nie staunassen Schwemmböden vor. Gedeiht in jedem Garten gut und verträgt viel Schatten.

Meconopsis VIG. Scheinmohn, Familie *Papaveraceae*. Ein deutliches Kennzeichen der 45, meist im südlichen Zentralasien beheimateten Arten ist der stets vorhandene Griffel. Die einzige in Europa verbreitete Art dieser Gattung ist für feuchte Randbereiche im Wassergarten geeignet.

M. cambrica (L.) VIG. VI bis X. Westeuropa. Hellgrüne, fiederlappig geteilte Blätter bilden kompakte Büsche. Die langgestielten, gelben Blüten werden 3 bis 5 cm groß. An feuchten Plätzen sät sich die anspruchslose Pflanze selbst aus, ohne jedoch lästig zu werden, da sie leicht weggejätet werden kann. Sorten: 'Aurantiaca', orangegelb; die gefüllte 'Plena' ist entbehrlich, da die schöne Form der sonst offenen Schalenblüte verlorengeht.

Mimulus L. Gauklerblume, Familie *Scrophulariaceae*. Die für unseren Wassergarten wertvollen, ausschließlich aus Amerika stammenden, durchweg flachwurzelnden mehrjährigen Ar-

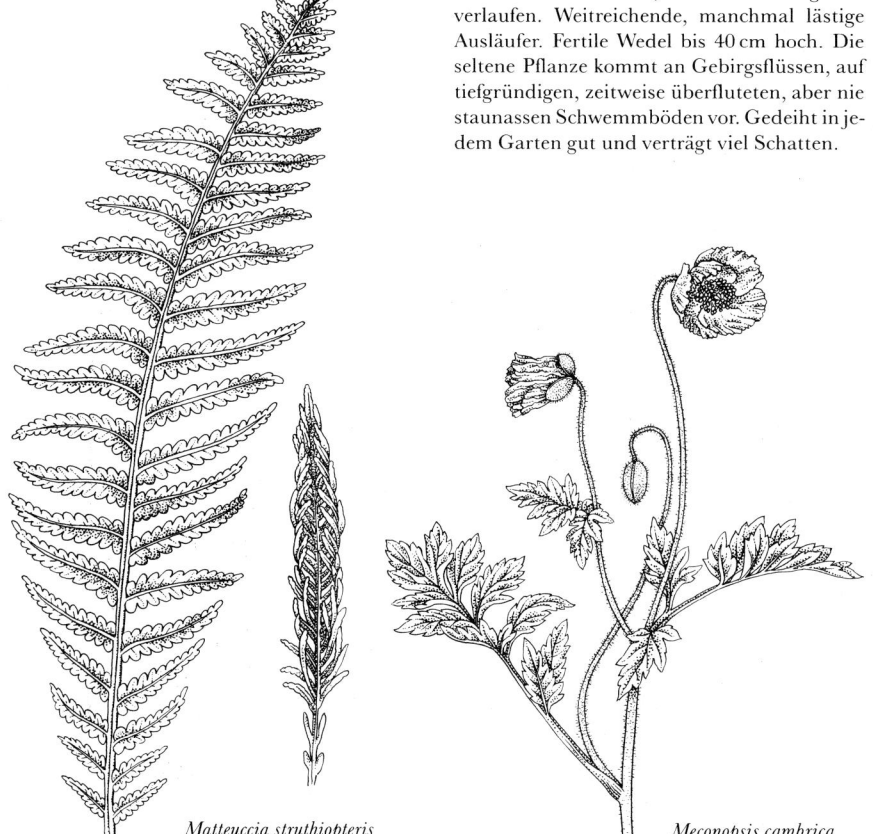

Matteuccia struthiopteris

Meconopsis cambrica

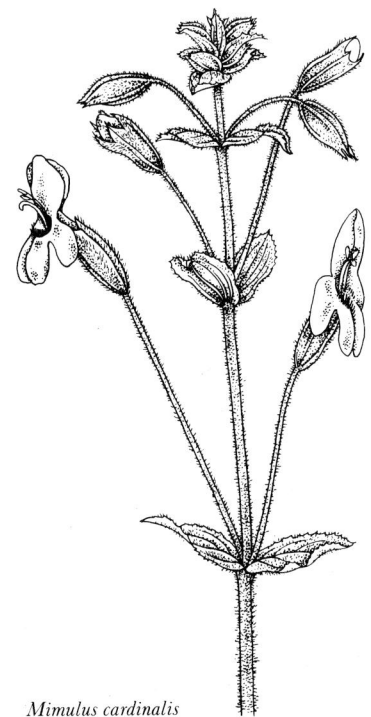

Mimulus cardinalis

ten stellen hohe Ansprüche an die Bodenfeuchtigkeit; einige vertragen Staunässe und flache Überflutung. Die attraktiven Halbsträucher, so z. B. die lachsorangefarbene, mit dunkelgrünen, glänzenden Blättern besetzte *M. aurantiacus* CURT. aus Kalifornien, beanspruchen stets durchlässigen Boden, müssen aber so gut wie frostfrei überwintert werden.

M. cardinalis DOUGL. ex BENTH. VI bis IX. USA: Utah bis Oregon, Niederkalifornien. Die bis 90 cm hohe, nicht sehr standfeste Pflanze trägt an verzweigten, zottig behaarten Stengeln schmal-eiförmige bis lanzettliche, gezähnte, stark geaderte, etwas runzlige Blätter. Die scharlachroten, 5 cm langen Blüten mit stark zurückgeschlagener Unterlippe stehen an 5 bis 7 cm langen, dünnen, gewundenen Stielen einzeln in den Blattachseln und bilden eine sehr lockere, beblätterte Traube. Die Art will etwas trockener stehen als die meisten anderen Gauklerblumen und verträgt keine hochanstehende Staunässe.

M. cupreus HORT. ex DOMBR. VII bis IX. Chile. Mit niederliegend aufstrebenden, überall wurzelnden, verästelten und durchgängig beblätterten, fleischigen Stengeln wächst die Pflanze lockerrasig. Die kupferroten Blüten – 2 bis 4 cm, bei Sorten bis 6 cm groß – sind zu 1 bis 6 blattachselständig. Sorten: 'Burnetii', gelb mit roten Flecken; 'Nanus', Zwergform, Blüte orange bis goldgelb mit rot punktiertem Schlund; 'Roter Kaiser', scharlachrot, nur 1jährig. Art und vor allem Sorten sind zwar nur kurzlebig, samen sich aber reichlich aus. Die Sorten verändern sich dabei nur wenig. In schneearmen Gebieten ist Winterschutz zu empfehlen.

M. guttatus FISCH. ex Dc. syn. *M. langsdorffii* DONN ex GREENE, *M luteus* auct. VI bis VIII. Alaska bis Mexiko. Die Art wird seit 1830 in Europa beobachtet, an Ufern, Quellen und Gräben. Die kahlen oder oben etwas drüsigen, fleischigen, 30 bis 60 cm hohen Stengel tragen sitzende oder halbstengelumfassende, unregelmäßig gezähnte, etwas wellige Blätter. In leuchtendem Gelb, meist mit rotpunktierter (bärtiger) Oberlippe und Schlund erscheinen die 20 bis 45 mm langen Blüten. Die Pflanze vermehrt sich in den meisten Gärten an feuchten Stellen reichlich durch Selbstaussaat.

M. luteus L. V bis VIII. Chile, in Schottland eingebürgert. Die der *M. guttatus* ähnliche Art bleibt etwas niedriger und hat ungewellte, herzförmige, oft stengelumfassende Blätter. Die goldgelbe Blüte ist auf ihrer Unterlippe schwach punktiert. Aus *M. luteus* sind viele Gartensorten hervorgegangen, die teilweise auch andere Arten wie *M. cardinalis* und *M. cupreus* als Elternteile haben. Die Abstammung ist meist unklar. 'Tigrinus Grandiflorus' wird 20 bis 30 cm hoch und wirkt durch ihre große, lebhaft getigerte und gefleckte Krone.

M. ringens L. Blaue Gauklerblume. VI bis VIII. Kanada: Neuschottland bis Manitoba, USA: südlich bis Georgia, Alabama, Louisiana, Texas und Colorado. Die Art weicht in Habitus und Charakter von den übrigen beschriebenen Gauklerblumen ab. Der kräftige, relativ langlebige Wurzelstock bringt 50 bis 80 cm hohe, 4kantige, aufrechte Stengel mit länglich-lanzettlichen, spitzen, gesägten, am Grunde stengelumfassenden Blättern hervor. Die blauvioletten, auch weiß gerandeten, sehr selten weißen Blüten haben einen engen weißen Kronschlund und sind ca. 3 cm lang. Leichter Schatten und dauernde flache Überflutung werden zwar vertragen, das Wuchsoptimum wird aber im feuchten bis frischen Boden erreicht. Das sollte bei ihrer Verwendung im Wassergarten unbedingt beachtet werden.

Onoclea L. Perlfarn, Familie *Onocleaceae*. Die Gattung ist monotypisch.

O. sensibilis L. VII bis VIII. Kanada: Neufundland und Südlabrador bis Manitoba; USA: südlich bis Florida, Louisiana und Texas; Ostasien, in England und Schottland stellenweise eingebürgert. Bis 90 cm hoher Farn, der sich mit verzweigenden Rhizomen ausbreitet. Die im Umriß oval-dreieckige Spreite der langgestielten, hellgrünen und ziemlich festen sterilen Wedel ist einfach gefiedert, Fiedern tief gelappt. Gegen Trockenheit und Hitze sehr empfindlich. An den 20 bis 50 cm hohen fertilen Wedeln bilden die perlschnurartig aufgereihten Fiederchen einen schönen Winterschmuck. Die anspruchslose, wüchsige Pflanze gedeiht auf durchschnittlich feuchten Böden ebenso gut wie im flachen Wasser. Nur dort verträgt sie volle Sonne.

M. cupreus   *M. guttatus*   *M. luteus*

Osmunda L. Rispenfarn, Familie *Osmundaceae*. Von den 14, in der gemäßigten Klimazone und in den Tropen verbreiteten Arten sind 3 bei uns winterhart. Die Pflanzen können auf humosen feuchten bis nassen Böden sehr alt und mächtig werden. Sie treiben aus oft gewaltigen, mit faserigen schwärzlichen Wurzeln besetzten Wurzelstöcken (die leider nur schwer oder überhaupt nicht zu teilen sind) einfache oder doppelt gefiederte, im Entrollen mit filzigen, bräunlichen oder weißen Haaren besetzte sterile Wedel. Die schlank aufrechten fertilen Wedel unterscheiden sich deutlich von den sterilen.

O. cinnamomea L. syn. *O. imbricata* KUNZE. Zimtfarn. V bis VI. Östliches Nordamerika von Neufundland bis Florida und Texas; Mexiko bis Brasilien, Westindien, Ostasien. Die sterilen Wedel bilden trichterförmige, bis 150 cm hohe Büsche. Blätter einfach gefiedert, dunkelgrün, Fiedern am Grunde mit braunen Haarbüscheln. Die kleineren fertilen Wedel (ohne grüne Fiedern) treiben vor den sterilen aus. Sie stehen in der Mitte des Busches und recken nach der Sporenreife ihre auffallend zimtbraun gefärbten, zusammengezogenen, aber leider sehr vergänglichen Fiedern steil nach oben.

O. claytoniana L. syn. *O. interrupta* MICHX. Teufelsfarn, Kronenfarn. VI. Kanada: Neufundland bis Manitoba, USA: südlich bis Virginia, Georgia, Kentucky und Arkansas; Korea, Ussurigebiet, Taiwan, Südwestchina bis Himalaja. Die sterilen Wedel dieser Art tragen im Vergleich zum Zimtfarn weichere und tiefer gelappte Blätter mit Fiedern ohne Haarbüschel. Die inneren Blätter enthalten in der Mitte fertile Blattfiedern. Die oberen Fiedern bilden einen kronenartigen Trichter. Der Teufelsfarn kommt in feuchten Wäldern vor und verträgt auch etwas Trockenheit.

O. regalis L. Königs-Rispenfarn, Königsfarn. VI bis VII. Nördliche und südliche Halbkugel (fehlt Australien und Südostasien). Blätter doppelt gefiedert, Wedel bis 150 cm, unter günstigen Gartenbedingungen bis 200 cm lang, davon entfallen auf den Blattstiel 60 cm. Die fast gelbgrünen, ovalen Fiederchen sind bis 4 cm lang, fest und glattrandig. Zuerst treiben die fertilen Wedel aus. Sie fruchten im oberen Drittel. In diesem Bereich sind die hier steiler stehenden Fiedern reduziert und tragen an ihren Rändern gebündelte, goldbraune Sporangien. Der eindrucksvolle, oft mächtige, in unserer Heimat nur noch selten vorkommende geschützte Farn liebt luftfeuchte, wintermilde Klimalagen sowie stau- bis sickernasse, etwas basenreiche, aber stets kalkarme Humusböden. Typische Bruchwaldpflanze, die auch Grabenränder und Waldquellmoore besiedelt.

Vom Königsfarn sind folgende Formen im Handel: 'Cristata' (Hahnenkamm-Königsfarn) mit monströsen, gabelig verzweigten Fiederspitzen und stark zurückgebildeten, kleinen, nur sporadisch erscheinenden fertilen Wedeln. Fällt echt aus Sporen. 'Gracilis', (Zwerg-Königsfarn), syn. *O. r.* var. *gracilis* (LINK.) (HOOK.). Im Habitus mehr aufrecht, auch die fertilen Wedel sind steil aufgerichtet,

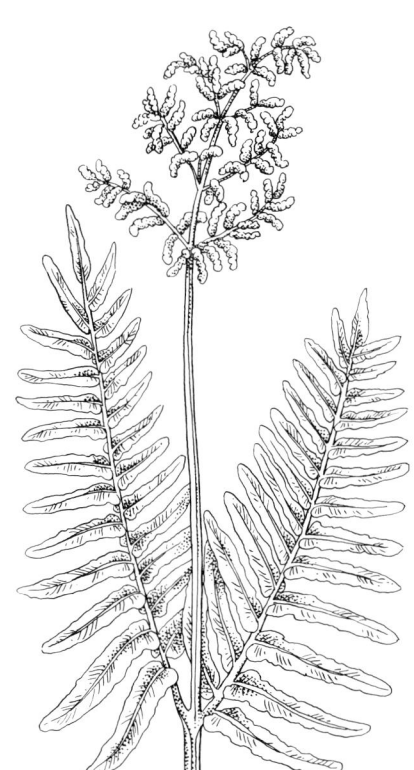

Osmunda regalis

wird diese Form nur 50 bis 75 cm hoch. Die kleinwüchsige, in Brasilien gefundene Form zeichnet sich durch rote Stiele und braune Herbstfärbung aus. 'Purpurascens' (Purpur-Königsfarn) ist durch rote Stiele, dunkler grüne sterile Wedel und intensiv gelbbraune fertile Wedel gekennzeichnet. Fällt echt aus Sporen.

Rosa L. Rose, Familie *Rosaceae*. Obwohl Rosen im allgemeinen die Nässe streng meiden und lieber zu trocken als zu feucht stehen wollen, haben es einige Arten fertiggebracht, sich an ständige Bodennässe anzupassen und zum Florenbestandteil feuchter Wiesen und lichter Bruchwaldgebüsche zu werden.

R. carolina L. syn. *R. humilis* MARSH. Wiesenrose. VII bis VIII. Kanada: Neuschottland; USA: Minnesota und Nebraska, südlich bis Florida und Texas. Mit borstigen, kaum verästelten schlanken und nur wenig bestachelten Trieben breitet sich der 1,5 m hohe Strauch durch Ausläufer stark aus. Die Blätter bestehen aus 5 bis 9 (meist 7) 2 bis 3 cm langen, fein und einfach gesägten, kurzgestielten, oberseits sattgrünen, kahlen, unterseits graugrünen Fiederblättchen. Die rosafarbenen, 5 cm breiten, unserer heimischen Hundsrose ähnlichen Blüten mit lanzettlichen spitzen Kelchblättern stehen meist zu mehreren an Stielen mit drüsig-borstigen Deckblättern. Während der Reife fallen die 8 mm großen, scharlachroten, rund- oder flachkugeligen Hagebutten auf. Die Art wächst an sumpfigen Gebüschrändern und in Niederungswiesen.

Rosa carolina

R. palustris MARSH. syn. *R. pennsylvanica* MICHX. Sumpfrose. VII bis VIII. Kanada: Neuschottland; USA: Minnesota, südlich bis Florida und Arkansas. Die der Wiesenrose ähnliche, bis 1,8 m hohe Art hat rötliche Triebe mit hakenförmigen Stacheln. Das Blatt setzt sich aus meist 7 breitelliptischen, an den Enden zugespitzten, scharf gesägten, 2 bis 5 cm langen Fiederblättchen zusammen. Blättchen oberseits dunkelgrün und kahl, unterseits etwas heller, behaart. Blüten ähnlich der Hundsrose. Hagebutten glänzend rot, an drüsigen Stielen. Auch diese Wildrose fühlt sich in staunassen Bereichen wohl und blüht dort reichlicher als bei Trockenheit.

Rubus L. Himbeere, Brombeere, Familie *Rosaceae*. Mit Ausnahme heißer und trockener Gebiete ist die sehr artenreiche Gattung weltweit verbreitet. Sie enthält aufrechte oder niederliegende, meist stachlig bewehrte Sträucher, auch Klettergehölze und Stauden mit gefiederten, handförmig geteilten, gelappten oder einfachen Blättern. Blüten 5zählig, rosa- bis purpurfarben oder weiß in Rispen oder wenigblütigen Trauben. Die stets eßbaren, runden bis zylindrischen Sammelsteinfrüchte werden rot, schwarz bis dunkelblau oder gelb. Fast alle Arten bevorzugen gut dränierten, fruchtbaren Boden in Sonne und Halbschatten.

R. odoratus L. Wohlriechende Himbeere. VI bis VIII. Kanada: Quebec, Ontario; USA: Michigan, südlich bis Nordcarolina, Georgia und Tennessee. Die runden, dicht stieldrüsigen, bis 1,5 m hohen Triebe dieser völlig unbestachelten Art gehen aus derben, gut teilbaren Wurzelstöcken hervor. Sie treiben kurze Ausläufer und bilden mit der Zeit dichte Gebüsche. Im Winter frieren die Triebe oft zurück, die Pflanze treibt dann von unten neu aus und verhält sich wie eine Staude. Blätter bis fast 30 cm groß, 3- bis 5lappig, oberseits tiefgrün, unterseits heller, behaart. Die 3 bis 4 cm breiten purpurfarbenen, wohlriechenden Blüten stehen in mehrblütigen Rispen. Nur selten werden an warmen, geschützten Standorten rote, flachrunde, wohlschmeckende Früchte ausgebildet. Dieser Halbstrauch verträgt tiefen Schatten und ist in seinen Lebensansprüchen mit dem Wald-Geißbart zu vergleichen. Er besiedelt felsige Wälder und liebt frische bis sickernasse Lagen. Bei Trockenheit wird das Laub ab Spätsommer unansehnlich.

Spiraea L. Spierstrauch, Familie Rosaceae. Die Arten der Gattung besiedeln die gesamte Nordhalbkugel mit Schwerpunkt in Ostasien. Es sind sommergrüne, niedrige oder bis zu 4 m hohe Sträucher mit wechselständigen, einfachen Blättern ohne Nebenblätter. Die kleinen, meist 5teiligen, weißen oder rötlichen Blüten stehen in rispigen oder traubigen Blütenständen. Feingliedriger Aufbau und robuste Wüchsigkeit machen viele Spierstraucharten zu beliebten Zier- und Decksträuchern in Gärten.

S. salicifolia L. Weiden-Spierstrauch. VI bis VII. Mittel- und Osteuropa bis Sibirien und Ostasien. Der bis 150 cm hohe, Ausläufer treibende, stark wachsende Strauch trägt an schlank-aufrechten Zweigen länglich lanzettliche, gesägte Blätter und endständige weiße bis zartrosafarbene Blüten in dichtrispigem, schmalem Blütenstand. Auf sickernassen, zeitweise überschwemmten, nährstoffreichen, kiesig-sandigen oder lehmigen Auenböden im Uferweidengebüsch (vor allem an Gebirgsbächen der mittleren Lagen) sowie in Erlen-Eschen-Auen.

Symplocarpus SALISB. ex NUTT. Stinkkohl, Familie *Araceae*. Die Gattung ist monotypisch.

S. foetidus (L.) NUTT. III bis IV. Ostasien: Amurgebiet, Japan; Kanada: Quebec bis Manitoba; USA: südlich bis Virginia, Georgia, Tennessee, Iowa. Die 50 cm hohe Sumpfpflanze bringt aus umfangreichem, rhizomartigem Wurzelstock im 1. Jahr die kurzgestielten, eiförmigen, bis 75 cm langen und 25 cm

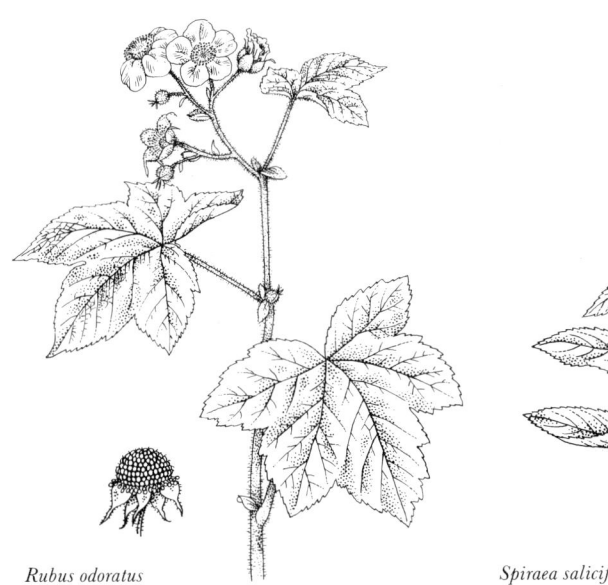

R. palustris

Rubus odoratus

Spiraea salicifolia

breiten Laubblätter hervor. Im 2. Jahr zeigen sich vor dem Blattaustrieb die kahn- oder kapuzenförmigen, trüb rötlichvioletten, gelbgefleckten, ca. 10 cm hohen Blütenscheiden, die einen kugeligen Kolben umhüllen. Erst im Spätsommer reifen die in dunkle klobige Fruchtstände eingelagerten harten, erbsengroßen Samen. Der Name bezieht sich auf den Knoblauchgeruch, der sich beim Zerreiben der Pflanze oder beim Kochen ergibt. Wurzeln und Blätter wurden von den Indianern als Heilmittel und Gemüse verwendet. Liebt stau- oder sickernasse, tiefgründig-nährstoffreiche Böden (Abb. S. 248).

Thalictrum L. Wiesenraute, Familie *Ranunculaceae.* Kleine bis hohe Stauden mit meist mehrfach gefiederten Laubblättern. Hauptsächlich in Eurasien und Nordamerika verbreitet. Besonderes Merkmal sind die, die kleinen Blütenblätter überragenden langen Staubblattbüschel.

T. flavum L. Gelbe Wiesenraute. Die Art hat 2 geographische und auch gestalterisch verschieden zu bewertende Unterarten: 1. *T. f.*

ssp. *flavum.* VI bis VII. Europa bis Mittelsibirien, Kaukasus; 2. *T. f.* ssp. *glaucum* (DESF.) BATT. syn. *T. speciosissimum* L., *T. glaucum* DESF. VII bis VIII. Spanien, Portugal, Nordwestafrika. Beiden gemeinsam sind die schwefelgelben Blüten in großen, verzweigten Blütenrispen. Die Blätter von *T. f.* ssp. *flavum* sind grasgrün, die von *T. f.* ssp. *glaucum* wie der gestreifte Stengel graublau bereift. *T. f.* ssp. *glaucum* bildet bei günstigem Stand bis 180 cm hohe Büsche und breitet sich durch Samenwurf stark aus. Die Sorte 'Illumination' wird nur 120 cm hoch und blüht zitronengelb. Bei der meist nur bis 120 cm hohen *T. f.* ssp. *flavum* kommt Selbstaussaat kaum vor. Die Wiesenraute besiedelt ungedüngte Feuchtwiesen und Auenwälder auf mildhumosen bis torfigen Lehm- und Tonböden in sonnigen und halbschattigen Lagen. Sie verträgt Trockenheit und Nässe, bleibt jedoch bei ständiger Staunässe schwächer im Wuchs.

Thelypteris SCHMIDEL, Familie *Thelypteraceae.* Kosmopolitische Gattung mit ca. 800 niedrigen bis mittelhohen Arten. Aus kriechenden Rhizomen gehen doppelt gefiederte Wedel hervor. Sterile und fertile Blätter sind gleichgestaltet. Die Sporangienhäufchen sitzen in Reihe am Rande der Fiederchen.

T. palustris SCHOTT syn. *T. thelypteroides* auct., *Dryopteris thelypteris* (L.) A. GRAY, *Lastrea thelypteris* (L.) BORY, Sumpffarn. VII bis IX. Nördliche Halbkugel, Neuseeland. Rhizome dünn und schwarz. Hellgrüne Wedel 30 bis 80 cm hoch. Bei fruchtbaren Wedeln sind die unterseits sporentragenden Blattzacken etwas nach unten gerollt. Erlenbrüche, Sumpfgebüsche, Schilf- und Großseggenbestände. Bis 20 cm Überflutung wird vertragen. Die in feuchten Waldsümpfen Kanadas und der USA verbreitete Art *T. noveboracensis* (L.) NIEUWL. bleibt etwas niedriger als unser heimischer Sumpffarn, ist aber sonst gleich zu bewerten.

Valeriana L. Baldrian, Familie *Valerianaceae.* Artenreiche, vorwiegend in Eurasien und Nordamerika verbreitete Gattung. Blätter gegenständig. Neben ein- oder mehrjährigen, meist aromatischen Kräutern mit kräftigen Wurzelstöcken gibt es in außereuropäischen

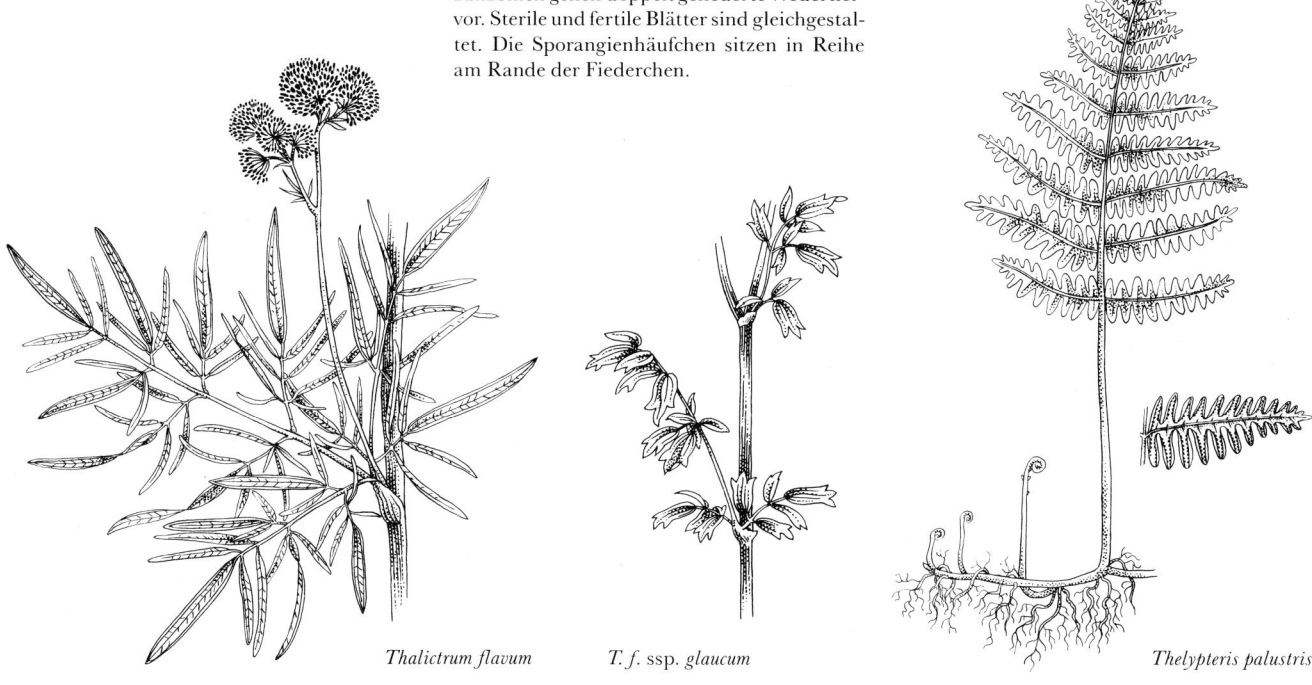

Thalictrum flavum   *T. f.* ssp. *glaucum*   *Thelypteris palustris*

Gebieten Halbsträucher, Lianen und Pflanzen mit sukkulenten Blättern. Kleine weiße oder rötliche Blüten, meist in einer Thyrse.

V. officinalis L. Echter Baldrian. VII bis VIII. Europa (außer Westeuropa), West- und Mittelasien, Kaukasus, Sibirien, Nordostchina, Japan; im nordöstlichen Nordamerika eingebürgert. Variable Pflanze, zwischen 60 und 150 cm, meist unter 1 m hoch, mit kurzem Rhizom, das bei einigen Formen Ausläufer treibt. Der meist etwas gerillte, kahle, zu mehreren erscheinende Stengel trägt ausschließlich unpaarig gefiederte Blätter. Zahlreiche weiße bis zartrosafarbene Blüten verbreiten einen starken Duft. Die heimische Heilpflanze besiedelt feuchte Laubwälder, Hochstaudenfluren, Moorwiesen, Gräben und Ufer. Staunässe erträgt.

V. pyrenaica L. VI bis VIII. Pyrenäen. Bis 12 cm große, breit herzförmige, unregelmäßig grob gezähnte dunkelgrüne Blattspreiten, unterseits erhabene, behaarte Blattnerven. Blattstiele bis zu 35 cm lang. Blätter in einer grundständigen lockeren Rosette. Der oft nur einzige, 50 bis 120 cm hohe, hohle, kräftig gerillte, bis 15 mm dicke Stengel ist kaum verzweigt und im weiten Abstand mit kleineren und spitzen Blättern paarweise besetzt. Rosafarbene Blüten bilden eine kompakte Trugdolde. Die Art liebt tiefgründige, nährstoffreiche Böden und gedeiht ebenso gut an durchschnittlich feuchten wie an sickernassen oder etwas staunassen Standorten.

Vernonia SCHREB., Vernonie, Familie *Asteraceae*. Die in Europa noch wenig bekannte Gattung ist mit 560 Arten in beiden amerikanischen Subkontinenten verbreitet. Während es sich bei den tropischen Vertretern meist um Sträucher oder sogar Bäume handelt, kommen in Nordamerika ausschließlich Stauden vor. Sie bilden geschlossene Büsche und können weit über 2 m Höhe erreichen, wenn es Bodenqualität und ausreichende Feuchtigkeit zulassen. Blätter wechselständig, sitzend; Blüten in kopfförmigen Blütenständen.

V. crinita RAF. VIII bis X. USA: Missouri bis Kansas, Arkansas, Oklahoma. Die kräftige, kahle bis fein rauhhaarige Pflanze soll in der Heimat bis 3,6 m Höhe erreichen. In Mitteleuropa bleibt die wärmeliebende Art meist unter 2 m. Blätter schmal-lanzettlich, 10 bis 30 cm lang, fein gesägt. Die halbkugeligen, leuchtend violetten Blütenköpfe enthalten 50 bis 70 Einzelblüten, sind von grünen bis rötlichen, fadenförmig-pfriemlichen Hochblättern umstellt und bilden eine große Doldenrispe. Die purpurbraunen, ebenfalls dekorativen Samenstände enthalten längsgerippte Schließfrüchte mit Haarpappus als Flugeinrichtung. Echte Sumpfpflanze feuchter Prärien sowie in flußbegleitenden Sumpfstaudenfluren und in Gebüschen.

Valeriana officinalis   *V. pyrenaica*   *Vernonia crinita*

Veronica L. (Gattungsbeschreibung S. 187)
V. longifolia L. syn. *V. exaltata* MAUND, *Pseudolysimachion longifolium* (L.) OPIZ. Sumpf-Ehrenpreis. VII bis IX. Nord-, Ost- und Mitteleuropa, Sibirien, Ostasien; im nordöstlichen Nordamerika eingebürgert. Längliche bis lineallanzettliche, zur Spitze zu scharf gesägte Blätter stehen quirl- oder gegenständig an 40 bis 120 cm hohen Stengeln. Die schlanken, bis 25 cm langen, dicht besetzten Blütenstände erscheinen mit einem oder mehreren Seitentrieben. Deckblätter fadenförmig. Die aus dem Rheintal bekannte Wildart blüht blau und wächst als Stromtalpflanze in nassen, nährstoffreichen Staudenfluren, in Auengebüschen, auf Sumpfwiesen und an Gräben. Sorten: 'Blauriesin', 80 cm, starkwachsend; 'Schneeriesin', weiß, 80 cm.

Verwendung: Die hier zusammengefaßten Arten widerspiegeln die wechselvollen Lebensbedingungen, die mit fließendem Wasser verbunden sind. Besonders unmittelbar am Fluß, wo die Habitate laufend gestört werden, herrschen zunächst krautartige Pflanzen vor, dann der sich rasch entwickelnde Bruchwald, der die lichthungrigen Kräuter bedrängt. Mehr Ruhe herrscht in den vom Wasser weiter entfernten Auen, aber auch sie können wochenlang überflutet werden, ebenso wie ihr Boden austrocknen kann, wenn in Trockenperioden das Grundwasser zurückgeht. Anpassungsfähigkeit an wechselnde Feuchtigkeitsverhältnisse, starke Regenierungskraft bei mechanischer Beschädigung, bei Bruch oder Verschüttung und Unempfindlichkeit gegenüber wechselnden Lichtverhältnissen kennzeichnen die meisten Vertreter dieser Gruppe. Wiesenpflanzen stellen im Durchschnitt höhere Lichtansprüche. Einige Arten der Sumpfwiesen und Bruchwaldgebüsche, wie beide amerikanischen Wildrosen, deren Lichtbedürftigkeit sie mit allen anderen Rosen verbindet, können an höchstens mäßig beschatteten Standorten noch existieren und vermögen nicht, in extreme Schattenlagen zu folgen. Umgekehrt vertragen viele weichblättrige Schattenpflanzen wie Wald-Geißbart, Wohlriechende Himbeere und die hohen Farne auch volle Sonne, wenn dabei die Bodenfeuchtigkeit und eine gewisse Luftfeuchte in Bodennähe während der ganzen Vegetationsperiode erhalten bleiben.

Für die gestalterische Anwendung bieten ökologische Gesichtspunkte wichtige Ansätze, sie sind aber bei weitem nicht die einzigen! Wuchshöhe und Habitus, farbige Blütenpracht oder dezente Formschönheit, exotische Eigenart oder zurückhaltende Bescheidenheit – diese Faktoren sind von ästhetischem Belang, sie haben mit der Ökologie zumindest nicht unmittelbar zu tun, sind aber für die Gestaltung am geschützten, vor der Zerstörung durch Naturgewalten gesicherten Gartenplatz ausschlaggebend. Nachfolgend werden die vorgestellten Arten im Rahmen kleinerer Gruppen bewertet, die typusverwandte Pflanzen im engeren Sinne enthalten. Dabei werden Grenzen deutlich: Die Komplexität der Natur widerstrebt einer Isolation ihrer Einzelelemente und damit jeder Systematisierung. Mit zahlreichen Übergangsformen und wechselnden Abhängigkeiten stellt die Natur eine fast unbegrenzte Zahl pflanzlicher Kombinationsmöglichkeiten zur Verfügung, die auch Raum für subjektive Auffassungen bieten.

Veronica longifolia

Das Röhrichtmotiv bezieht seine Aktualität für den Wassergarten aus den an vielen Seeufern zu beobachtenden Verlandungsvorgängen. Dort vorherrschende Ufergräser und andere Pflanzen übernehmen gemäß dem Naturvorbild im Garten führende Aufgaben. Die stattlichen Pflanzen der Gattungen *Eupatorium* und *Vernonia* bilden an Land ideale Nachbarn vor allem für die Ufergräser, denen sie als ornamentale Uferpflanzen gegenüberstehen. Überzeugend wirken sie auch neben der im flachen Wasser stehenden Sumpf-Wolfsmilch, die durch Blüte, Aufbau, Herbstfärbung und (ebenfalls wie Wasserdost und Vernonie) als Wintergerüstbildner für Rauhreifansatz ganzjährig wirksam ist. Je nach dem Umfang des Gestaltungsvorhabens können die auch durch ihre späte Blüte wertvollen *Eupatorium*- und *Vernonia*-Arten in großen Blöcken auftreten, zu anderen hohen Gartenstauden trockenerer Bereiche vermitteln oder die Verbindung zu Gehölzgruppen im Hintergrund herstellen. Besonders *Eupatorium rugosum* oder das ähnliche, völlig harte, etwas weniger Nässe ertragende *E. aromaticum*, die beide mit ihren weißen Blüten aus dunklen Hintergründen hervorleuchten, können solche Aufgaben übernehmen.

In kleinen Gärten rufen die genannten Arten den Eindruck von Größe und Vitalität hervor. Wenn sich Blutweiderich und die hohen bis halbhohen Gilbweidericharten diesen Staudenblöcken anschließen, muß genügend Platz vorhanden sein, damit nicht eine allzu mächtige Gruppe saftig-krautiger Pflanzen jeden Maßstab im Garten sprengt. Vor allem die weniger hohen, kompakt aufgebauten Sorten vom Blutweiderich eignen sich auch für kleinere Wasserflächen. Sie formen ein »ordentlicheres« Wuchsbild als die etwas unkrauthaften Wildformen (besonders der Ruten-Blutweiderich), die an räumlich begrenzten Standorten zu groß wirken. Einige Gilbweidericharten zeigen bei mäßiger Größe ein straffes, ornamentales Wuchsbild, so *Lysimachia ciliata*, *L. ephemerum* und *L. davurica*. Schnee- und Gold-Felberich werden höher und bilden massivere Gruppen. Alle gemeinsam – und als blauer Gegenspieler dazu noch der Sumpf-Ehrenpreis – lassen sich für abgestufte Uferrandpflanzungen, z. B. gemeinsam mit den Leitarten aus den Gattungen *Eupatorium* und *Vernonia* verwenden. Funkien rahmen solche Staudenblöcke. Im Habitus gegensätzlich, ergänzen sie die ornamentalen Uferstauden als gleichwertige Gestaltungspartner.

Unter den *Filipendula*-Arten kann das heimische Mädesüß den ornamentalen Uferstauden zugerechnet werden. Die Art verträgt etwas Schatten, ebenso wie *F. kamtschatika*, das standfest bleibt und sogar etwas Wurzeldruck aushält. Großblättrig, hoch und mit lockeren weißen Blüten besetzt, eignet sich diese Art für abschließende Gruppen im Hintergrund. Bei den rot blühenden Arten der Gattung erhält die Blütenfarbe stärkere Bedeutung, wobei eine einzige große Blütenwoge, die mehrere Exemplare der *F. rubra* 'Venusta' gemeinsam hervorbringen, das Auge besonders beeindruckt. Die übrigen Arten zeichnen sich durch noch intensivere Rottönungen, weißfilzige Blattunterseite oder (die *F.*-Ulmaria-Sorte 'Aurea') als schöne Blattschmuckstaude aus. Diese vornehm wirkenden Pflanzen in kleineren Gruppen oder einzeln für besondere Aufgaben zu empfehlen. Sie eignen sich besonders für kleine Gärten und bilden gute Farbpartner für ausgesuchte Astilben.

Durch besondere Farbigkeit ihrer Blüten fallen die Gattungen *Lobelia* und *Mimulus* auf. Da Sumpfpflanzen mit leuchtenden Farben in unserer heimischen Flora nur selten auftreten, erweitern die beiden vorwiegend amerikanischen Gattungen unsere Gestaltungsmöglichkeiten. Starke Farben können positiv wirken, so etwa das leuchtende Rot der Feuerlobelie, wenn es sich vor dem Hintergrund einer Gräser- oder Rohrkolbengruppe im Wasser spiegelt. Unkontrollierte Buntheit dagegen, die zufällig und sporadisch unverhofft im Garten auftritt und keine Beziehung zum Ganzen hat, zerstört Harmonie. Auch das leuchtende Rot der Kardinals-Gauklerblume ist nicht immer leicht einzuordnen und mit zurückhaltenden Farben in Einklang zu bringen. Die gelbblühenden Gauklerblumen wirken ebenfalls dekorativ, vor allem wenn sie daran gehindert werden, sich selbst nach Belieben auszusäen und, statt ihre leuchtend gelbe Pracht konzentriert aufzubieten, diese in kleinen Portionen über den ganzen Garten verteilen. Dabei ist es leicht, die flachwurzelnden Pflanzen aus dem Boden zu ziehen. Die blaue Gauklerblume weicht in Habitus und Farbe von den übrigen Gauklerblumen ab. Die aus kräftigerem Wurzelstock schlank aufrecht wachsenden Triebe passen zum Bild des Röhrichts.

Wiesenraute und Baldrian sind echte Wildstauden. An feuchten, sonnigen Plätzen entwickelt sich die Gelbe Wiesenraute in ihrer blaulaubigen Unterart zu einer hohen, fast mächtigen Pflanze, die trotz ihrer Größe duftig und locker bleibt. Zartes bläuliches Laub und ebenso zarte hellgelbe Blütenmassen stimmen vollkommen überein und gehören zusammen. Die unverwechselbare Solitärstaude verlangt nach der Blüte Rückschnitt, da die Stengel von unten her verkahlen, und ohne Blüte fehlt dieser Pflanze etwas Wesentliches. Die kleinere Unterart mit grünen Blättern bleibt niedriger, blüht früher, widersetzt sich in ihrer dichteren Wuchsform einer engeren Nachbarschaft mit anderen Pflanzen weniger, eignet sich als Begleiter für die blaulaubige Unterart und kann in vielen anderen Verbindungen, bevorzugt in kleineren Gärten verwendet werden.

Mit dem wachsenden Interesse für alte Heilpflanzen werden oft auch deren Schönheiten wiederentdeckt. Die hellrosa, fast weißen Blütenstände des Echten Baldrians, eine im Hochsommer blühende Sumpfstaude mit eigenartig geschnittenem Laub, wirken besonders gut in großer Gruppe. Die zurückhaltende Blütenfarbe befähigt den Baldrian zur Nachbarschaft mit Lobelien und Gauklerblumen, deren lebhafte Farben er sanft dämpft. Als Duftpflanze sollte er nicht allzunah an Sitzplätze herangerückt werden. Im Spätsommer zieren noch einmal Tausende winziger »Pusteblumen« die bizarren Blütenstandsgerüste, bevor der Herbstwind die Samen davonträgt. *Valeriana pyrenaica* ist mehr als Einzelgestalt zu bewerten, denkbar auch in kleinen Trupps, vielleicht am Rande eines Teiches vor einem Steingartenhang, dessen feuchteste Stellen dieser Baldrian besetzt oder mit dem gelben Scheinmohn teilt, der sich an allen feuchten Plätzen reichlich selbst aussät. Der Sumpf-Storchschnabel ist als Begleitpflanze für verschiedene Gelegenheiten anwendbar. Dieser einzige nässeliebende Storchschnabel, der durch Selbstaussaat auch lästig werden kann, wirkt überraschend schön, wenn er leuchtend gelb blühende Taglilienbüsche überwächst und mit dem starken Purpurviolett seiner Blüten und dem andersartigen Laub den Blick auf dieses spannungsvolle Miteinander lenkt.

Wo Gehölzgruppen verwendet werden, ergeben sich meist auch absonnige bis tief schattige Bereiche, für deren Begrünung geeignete Pflanzen zu finden sind. An sickerfeuchten Hängen beweist der heimische Wald-Geißbart eine erstaunliche Anpassungsfähigkeit an tiefen Waldschatten. Nur im Frühling, wenn die Laubbäume und die Gehölze der Strauchschicht noch kahl sind, trifft starkes Sonnenlicht die hervorbrechenden Triebe.

Zur Gruppe dieser Schattenpflanzen feuchter Wälder gehören die Farne der Gattungen *Matteuccia* und *Osmunda* sowie die nordamerikanische Wohlriechende Himbeere. Gemeinsam mit Silberkerze, Tafelblatt, Schaublatt, Funkie, Astilbe und Herbstanemone können Pflanzengemeinschaften erzielt werden, welche die ornamentalen Uferstauden in Schattenbereichen ablösen und in ihrem Schönheitswert den Pflanzungen in voller Sonne kaum nachstehen. Einige der genannten Arten eignen sich für wirkungsvolle Solitärpflanzungen. So die locker-wuchtigen, lichtgrün schimmernden Rispenfarne oder der amerikanische Trichterfarn mit seinem ungewöhnlichen, betont vertikalen Aufbau. Diese Arten sollten bei allen passenden Gelegenheiten freigestellt werden. Unser heimischer Straußenfarn kann in Gruppen unter Gehölzen zum Verwildern gebracht werden. Sein lichtes Blattgrün hellt dunkle Schattenpartien auf und läßt sie freundlicher erscheinen. Die fertilen Wedel dieser Arten sind vor allem im Winter von hohem Schmuckwert, wenn sie als schwarze Silhouetten aus frisch gefallenem Schnee ragen oder von dickem Reif bedeckt sind. Gleiches gilt für die sporentragenden Wedel des Perlfarns, dessen besonderer Wert außerdem darin besteht, daß er mit dem Sumpffarn an flach überfluteten Standorten gedeiht. Damit bieten sich auch für schattige Stellen innerhalb einer Wasserfläche passende Arten an, die sich wohlfühlen und das fehlende Sonnenlicht nicht besonders vermissen. An feuchten Plätzen der Uferzone können Primel aller Art passende Gestaltungspartner dieser kleineren Farne sein.

Als fünfte Artengruppe sind die »Kuriositäten« im Wassergarten zu besprechen. Wie anders sollten Pflanzen zu beurteilen sein, die wie Scheinkalla und Stinkkohl mit exotisch anmutenden Blüten oft schon im zeitigen Frühjahr Aufsehen erregen und nach der Blüte gigantisch große Blätter folgen lassen, durch die jedes Maßverhältnis durcheinandergebracht wird? Dieser Doppelcharakter der Scheinkalla-Arten und des Stinkkohls ist bei ihrer gestalterischen Verwendung zu berücksichtigen. Für die geschätzten Liebhaberpflanzen sollten ganz bestimmte Plätze sorgfältig ausgewählt und vorbereitet werden. Feuchte, von Laubgehölzen beschattete Stellen, die mehr im Hintergrund liegen und im Sommer von anderen Pflanzen teilweise verdeckt werden, gestatten es diesen Pflanzen, so zu leben wie am heimatlichen Standort. Auch das Sommertürchen weckt allgemeines Interesse, wenn es mit seinen kleinen weißen, grün gepunkteten Blüten zu mehreren an einem langen, kräftigen Stiel auf sich aufmerksam macht. Glaubt man doch, diese typische Blütenform ausschließlich dem Märzbecher zubilligen zu dürfen. Kleine Gruppen des Sommertürchens können ganz im Vordergrund stehen, denn die kugeligen Früchte, die sich nach der Blüte entwickeln, wirken ebenfalls ansehnlich, bevor sie sich niederlegen, aufplatzen und große, glänzend pechschwarze Samenkörner entlassen. Wie es von Pflanzen der Bruchwaldgebüsche und Auenwälder zu erwarten ist, verträgt auch der Winterschachtelhalm, eine markante, unverwechselbare Sumpfpflanze, mäßigen Schatten. Die wintergrüne, unverwüstliche Pflanze

wird an flach überfluteten Pflanzorten zum idealen Begleiter für die Goldformen der Steifsegge, für das elegante Zypergras, die Korkenzieherbinse, die Zebrabinse, Buntkalmus, Graskalmus, Pfeilaronstab, Hechtkraut und den Molchschwanz.

Der im Sumpf oder sogar im flachen Wasser wachsende Knopfbusch wird bereits durch seine für ein Gehölz extreme Lebensweise zur Kuriosität. Hinzu kommen wochenlang blühende weiße, von Staubfäden überragte Blütenkugeln. Diese seltene Pflanze braucht einen geschützten Platz, etwa in der Nähe einer Sitzterrasse, wo der Strauch entsprechend seiner Wertigkeit angemessen zur Geltung kommt.

Gehölze bilden die letzte zu besprechende Artengruppe, wobei die Weiden und Erlen unberücksichtigt bleiben, weil sie für den kleinen Garten kaum Bedeutung haben. Die ausgewählten Sträucher stehen zwar alle in Verbindung mit Flußufern, Weidengebüschen und Auenwäldern, unterscheiden sich jedoch stark in Form und Charakter. Der Erlenblättrige Scheineller, ein locker aufgebautes, Schatten ertragendes und doch wärmeliebendes Gehölz feuchter bis nasser Lagen benötigt einen nicht minder sorgfältig ausgesuchten Gartenplatz als der Knopfbusch. Die Traubenheide, eine Ericacee, stellt man gefühlsmäßig zu Rhododendron, was nicht verkehrt sein muß, wenn

man beachtet, daß alle Rhododendron-Arten die Feuchtigkeit lieben, aber keine Staunässe vertragen. Die Traubenheide dagegen besiedelt in Amerika sumpfige Gebüschstandorte; Staunässe macht ihr nichts aus. Von ganz anderem Zuschnitt als die bisher genannten Gehölze ist der Weidenblättrige Spierstrauch, eine anpassungsfähige Gebirgsart, die an Wärme und geschützten Stand keine Anforderungen stellt. Dieser feingliedrige und dabei harte, regenerierungsfähige Strauch ist vielseitig einsetzbar: in Sonne und Schatten, einzeln stehend oder als Gruppe im Hintergrund. Überall fügt er sich ein und übernimmt vor allem auch gliedernde Funktionen in eng begrenzten Gartenräumen. Die beiden sumpfbewohnenden Rosen sind am ehesten mit dem Weidenblättrigen Spierstrauch zu vergleichen, vertragen aber bedeutend weniger Schatten. Da ihre lockeren Zweige lichtdurchlässig sind, können Primel und andere krautige Arten, die leichten Streuschatten lieben, im Schutz dieser Wildrosen gedeihen. Der Gagelstrauch schließlich wirkt weniger als einheitliches Gehölz, denn seine älteren Zweige brechen leicht und verlieren allmählich ihre Wüchsigkeit. Werden sie aller zwei bis drei Jahre bis auf den Boden heruntergeschnitten, sprießen neue, wüchsige Triebe hervor. Sie erfreuen durch ihre frühe Blüte und durch den edlen Sandelholzduft, der vor allem den Blättern entströmt.

Pflanzen aus subalpinen Hochstaudenfluren

»... Der lange Winter kürzt des Frühlings späte Wochen / Und ein verewigt Eis umringt das kühle Tal...« / Albrecht von Haller aus Die Alpen

Sinken die Durchschnittstemperaturen unter ein mittleres Tagesniveau von 10 °C über einen zusammenhängenden Zeitraum von mehr als 9 Monaten, dann erreicht der Wald als Vegetationsform eine klimatische Grenze. In den meisten Hochgebirgen Europas lösen an dieser Scheidelinie Krummholzgebüsche aus Latschenkiefern oder Kriechwacholdern den Gebirgsnadelwald ab. Felsen, Grasmatten, Blockhalden oder Schuttkegel unterbrechen die Krummholzformation der subalpinen Zone. Ihr Aussehen verdanken die »Legföhren« der Last des Schnees, der sie alljährlich niederdrückt. Zugleich schützt der Schnee vor Austrocknung und Erfrieren. In den Alpen werden die Latschenkiefern an feuchten Hängen von Grünerlengebüsch verdrängt, dem überraschend hohe, saftige, oft großblättrige Stauden beigesellt sind. Auch an Quellbachufern, in Schluchten, auf verfestigten Kalkschutthalden und in Lücken von Latschenkiefergebüsch machen im Frühsommer Gruppen hoher Stauden mit leuchtend bunten Blütenständen auf sich aufmerksam. Die Böden der Hochgebirge sind flachgründige, steinige Verwitterungsböden mit je nach Exposition und Wasserführung angereichertem Rohhumus, oder es sind Humus- und Torfböden. In der Sprache der Bodenkunde sind es Rohböden. Bodenbildungsprozesse finden wegen der geringen Bodenwärme nur sehr verzögert statt. Das lebhaft zirkulierende Bodenwasser bewirkt eine ständige Verlegung der feinkörnigen Verwitterungsprodukte und damit der Pflanzennährstoffe.

Hochstaudenfluren können nur an geschützten Stellen, an kleinklimatisch begünstigten subalpinen Standorten entstehen. Auf alpinen Grasmatten, Felsabsätzen, Graten, Schutthalden und in Felsspalten können Hochstauden nicht Fuß fassen. Der Faktor Wasser bestimmt den Wert dieser Artengruppe für den Wassergarten. Zu »echten« subalpinen Hochstauden wie Alpendost, Milchlattich, speziellen Eisenhutarten, Platanenblättrigem Hahnenfuß, speziellen Weidenröschenarten und Germer gesellen sich montane Arten wie Rundblättriger Steinbrech, Sterndolde, Wald-Storchschnabel, Trollblume und auch einige krautige Tieflandspflanzen, die in speziellen Unterarten und Ökotypen auftreten, wie Löwenzahn, Bärenklau und Sternmiere. An Gehölzen sind vor allem verschiedene Weidenarten, die besonders sickerwasserfeuchte Stellen besiedeln. Ein weiteres Zentrum für die Entwicklung rasch- und hochwachsender Stauden ist die nitrophil geprägte Lägervegetation, die sich oft in der Nähe von Almhütten ausbreitet.

Hochstauden aus dem subalpinen Bereich brauchen feuchte Böden, die meisten vertragen aber keine Staunässe. Unabhängig vom Wasserfaktor werden alle aus dem subalpinen Bereich stammenden Hochstauden im Garten durch Gaben von verrottetem Stallmist, Kom-

post oder Lauberde gefördert. Besonders empfiehlt sich das im Herbst, um den Boden tiefgründiger und lockerer zu machen. Auch Knochenmehl und hornspänehaltige Dünger wirken günstig. Die Amstelraute, deren Höhe am Naturstandort mit maximal 130 cm angegeben wird, erreicht am nassen, gut gedüngten, halbschattigen Gartenstandort 2 m Höhe. Unsere subalpinen Hochstauden treten in ihrer natürlichen Umwelt durch ihre große Wuchskraft hervor. Wird im Garten dieses besondere Merkmal noch weiter gesteigert, so wird etwas Typisches verstärkt und damit der gestalterische Ausdruck der Arten dieser Gruppe hervorgehoben.

Die Erscheinungsbilder der subalpinen Hochstaudengesellschaften ähneln sich in allen Hochgebirgen. Was sie unterscheidet, ist die Artenzusammensetzung.

Aconitum L. Eisenhut, Familie *Ranunculaceae*. Die mit knolligen oder rübenartigen Wurzeln ausgestatteten Arten dieser Gattung enthalten mit dem Akonitin eines der stärksten Pflanzengifte. Blätter glänzend, handförmig zerteilt oder geschlitzt. Blüten gelb oder blauviolett. Vor allem die Arten mit blauvioletten Blüten sind besonders langlebig und werden im Alter immer schöner. Die zweiseitig-symmetrischen, von Hummeln bestäubten Blüten tragen ein helmförmig gewölbtes oberes Blütenblatt. Die Blüten stehen in Trauben oder Rispen. Zirkumpolar vor allem in Gebirgswäldern, Wiesen, an Bachrändern und in subalpinen Hochstaudenfluren. Die Eisenhutarten lieben nährstoffreiche, frische bis feuchte Böden in Sonne und Halbschatten, reagieren jedoch empfindlich auf Staunässe. Stellvertretend für viele wird eine in Gärten besonders bewährte Art behandelt.

A. carmichaelii var. *wilsonii* (STAPF ex MOTTET) MUNZ syn. *A. wilsonii* STAPF ex MOTTET. VIII bis IX. Mittelchina. 150 bis 170 cm. Große, lichtviolettblaue Blüten sitzen in lockeren, langen Trauben. Die Sorte 'Barker', rein violettblau, erreicht bis 2 m Höhe und blüht im September bis Anfang Oktober. Varietät und Sorte bleiben nur bis in den lichten Halbschatten hinein standfest.

Adenostyles CASS., Alpendost, Familie *Asteraceae*. Die 5 ausdauernden, kahlen oder weißfilzigen Arten der Gattung sind auf die Gebirge Europas und Kleinasiens beschränkt. Blätter ungeteilt, groß und weich, wechselständig oder grundständig mit langem Stiel. Doldenartige Blütenstände mit rosafarbenen Röhrenblüten.

A. alliariae (GOUAN) KERNER syn. *A. albifrons* (L. f.) RCHB. Grauer Alpendost, Filz-Alpendost. VII bis VIII (im Garten VII). Von Vogesen, Schwarzwald und Karpaten südlich bis Mittelspanien, Korsika und Nordgriechenland. Die sehr ungleich gezähnten, mattgrünen, herz- bis nierenförmigen, engmaschignetzaderigen Blätter dieser bis 120 cm hohen Staude sind bis 50 cm groß, graufilzig und unterseits etwas flockig behaart. Blattstiele am Grunde geöhrt. Im tiefen Schatten werden ausschließlich Blätter getrieben. In Halbschatten und Sonne blüht die stattliche Pflanze reich und lockt Falter und Bienen an. Sie besiedelt sickerfrische, nährstoffreiche, auch kalkarme, lockere bis steinige und reine Lehmböden. Im Garten benötigt sie etwa 1 m² Standraum. Die entsprechende Wüchsigkeit wird auf sickerfrischen bis nassen Böden und bei etwas luftfeuchter Klimalage ohne weiteres erreicht. Unter solchen Bedingungen erfolgt Selbstaussaat. Bei Trockenheit, Hitze oder auch bei stehender Nässe ist die Pflanze im Garten nicht zu halten.

Astrantia L. Sterndolde, Familie *Apiaceae*. Die Gattung umfaßt etwa 10 europäisch-vorderasiatische Stauden der Bergwälder und der subalpinen Hochstaudenfluren. Blätter handförmig gelappt oder eingeschnitten. Blüten meist weißlichgrün, zu einer gedrungenen, einfachen Dolde vereinigt, von geaderten Hüllblättern strahlig umgeben.

A. major L. Große Sterndolde. VII bis VIII. Mitteleuropäische Gebirge, Südwestalpen, Nordapennin, Pyrenäen. Die seitlichen Abschnitte der Grundblätter sind untereinander bis mindestens ¹/₃, der mittlere Abschnitt mit den seitlichen nur an der Basis verwachsen. Stengel 30 bis 90 cm hoch, aufrecht, an der Spitze mit 2 bis 5 Strahlen trugdoldig verästelt. Die Halbschattenpflanze verträgt Staunässe. Sie ist häufig in Hochgebirgen (Alpen bis 1880 m ü. NN), seltener in Mittelgebirgen verbreitet und kommt hauptsächlich in Gebüschen, Bergwiesen, Bergmischwäldern, aber auch in Schlucht- und Auenwäldern sowie an Waldrändern vor. Frische, nährstoff- und meist kalkhaltige, mildhumose bis mäßig sauerhumose Böden werden bevorzugt. Die wüchsige Pflanze sät sich an günstigen Standorten selbst aus, geht allerdings zurück, wenn sie durch Nachbarpflanzen bedrängt wird.

Cicerbita WALLR., Milchlattich, Familie *Asteraceae*. Weiche, milchsaftführende Stauden, von denen 18 Arten in den Gebirgen der nördlichen gemäßigten Zone verbreitet sind. Stengel mit gelappten Blättern und blauen bis purpurfarbenen Zungenblüten in zahlreichen Köpfchen.

C. alpina (L.) WALLR. syn. *Mulgedium alpinum* (L.) LESS., *Sonchus alpinus* L., *Lactuca alpina* (L.) A. GRAY. Alpen-Milchlattich. VI bis VII. Gebirge von Fennoskandien bis Pyrenäen; Nordapennin, Bulgarien. 60 bis 120 cm hohe, oberwärts stark drüsig behaarte Staude. Blätter buchtig gelappt, Endabschnitt dreieckig-spießförmig, groß. Die blauvioletten Blütenköpfe stehen in rispig-traubiger Anordnung. In subalpinen Hochstaudenfluren und gelegentlich auch in staudenreichen Bergmischwäldern gesellig auftretende Pflanze. Durch ihre ungewöhnliche Blütenfarbe wird sie in der

Aconitum carmichaelii   Astrantia major

Natur überall zum Blickfang. Die Licht- und Halbschattenpflanze liebt sickerfrische, nährstoffreiche, humose bis steinige, auch reine Ton- und Lehmböden mit Humusauflage. Gegen Staunässe empfindlich.

C. plumieri (L.) KIRSCHL. Französischer Milchlattich. VII bis VIII. Pyrenäen, Westalpen, nördlich bis Vogesen; südlicher Schwarzwald, Südwestbulgarien. 60 bis 130 cm hohe Pflanze, in Gartenkultur höher als Alpen-Milchlattich. Locker aufgebaute Staude mit schrotsägeförmigen, fiederschnittigen Blättern. Die kleinen, hellblauen Blütenköpfchen stehen in einem kahlen, doldenförmigen Blütenstand. Die Pflanze wächst oft zwischen Blockhalden im Hochgebirge und entwickelt sich im Garten nur in voller Sonne zu stattlicher, standfester Schönheit. Nährstoffreiche, jedoch kalkfreie Böden in sickerfrischer Lage werden bevorzugt. Die Art verbreitet sich im Garten sporadisch durch Selbstaussaat und dringt gelegentlich sogar in feuchte Gebirgswiesen ein.

Cirsium MILL. emend. SCOP., Kratzdistel, Familie *Asteraceae*. Haarkrone der Früchte aus gefiederten Haaren. Die Arten der Gattung können trotz ihrer Schönheit nur ausnahmsweise für den Garten empfohlen werden, da sich fast alle zu Wurzel- und Samenunkräutern entwickeln, die kaum wieder auszurotten sind. Es gibt jedoch kurzlebige Arten sowie einige feuchtigkeitsliebende Gebirgsstauden, deren Gartenwürdigkeit erprobt werden sollte.

C. helenioides (L.) HILL syn. *C. heterophyllum* (L.) HILL Alantdistel, Verschiedenblättrige Kratzdistel. VI bis VIII. Europa (außer dem südlichen Südeuropa) Krim, Altai, Sibirien. 50 bis 120 cm hohe Pflanze, die aus schiefer Grundachse Ausläufer treibt. Die ungeteilten oder fiederspaltigen Blätter sind unterseits weißfilzig, sitzend und nach oben zu stengelumfassend. Blütenköpfe aufrecht, 5 cm lang und über 5 cm breit mit breiteiförmiger Hülle. Purpurrote Blütenköpfe bis 30 mm. Die Art ist in nassen Staudenfluren, an Bächen, in Naßwiesen der Mittelgebirge und im subalpinen Hochstaudengebüsch auf nährstoffreichen, aber meist kalkarmen Böden zu finden.

Crepis L. Pippau, Familie *Asteraceae*. Etwa 200 ein- und mehrjährige Kräuter mit grund- und wechselständigen Blättern und meist gelben Blüten. Vorwiegend auf der Nordhalbkugel verbreitet.

C. pyrenaica (L.) GREUTER syn. *C. blattarioides* (L.) VILL. Pyrenäen-Pippau. VI bis VIII. Pyrenäen, Alpen, Vogesen, Schwarzwald. 30 bis 70 cm hohe Pflanze mit beblättertem Stengel. Die herz- bis pfeilförmigen Stengelblätter sind mit pfeil- oder spießförmigem Grund stengelumfassend, die Grundblätter sind zur Blütezeit bereits verwelkt. Blütenstände 2- bis 5köpfig. Besonders dekorativ wirkt die schwärzlichrauhaarige Hülle, die gut zu den 4 cm breiten, goldgelben Blütenköpfen paßt. Die nur mäßigen Schatten ertragende Art kommt meist in offenen Hochstaudenfluren und am Rande von Grünerlen-Gebüsch vor. Frischer, nährstoffreicher, meist kalkhaltiger Boden wird bevorzugt. Für staunasse Lagen ist die Pflanze ungeeignet.

Doronicum L. Gemswurz, Familie *Asteraceae*. Die Gattung ist mit etwa 30 ausdauernden Arten auch in Europa, meist in Gebirgen verbreitet. Aus kriechenden, fleischigen Wurzelstöcken entwickeln sich gedrängt stehende, langgestielte, herzförmige oder ovale Grundblätter. Stengelblätter wechselständig. Die halbkugelig-abgeflachten Blütenköpfe sind von 2 bis 3 Reihen Hüllblättern umgeben. Die Blütenköpfe stehen einzeln oder zu mehreren an langen Stielen und sind stets gelb. Mehrere Arten ziehen im Sommer ein.

D. austriacum JAQC. Österreichische Gemswurz. VI bis VIII. Gebirge Mittel- bis Südeuropas und Mittelfrankreichs; Kleinasien. Die relativ spät blühende Art treibt bis 1,5 m hohe, verzweigte, mehrköpfige Blütenstände. Zur Blütezeit sind die herzförmigen Grundblätter bereits verschwunden. Stengelblätter klein,

Cirsium helenioides   *Crepis pyrenaica*

spatelig, die mittleren größer, genähert, herzförmig, mit abgesetztem Öhrchen stengelumfassend. Typische Art subalpiner Hochstaudenfluren, oft an Bächen, auch in Wäldern und Gebüschen auf sickerfrischen bis zeitweilig nassen (aber niemals staunassen) nährstoffreichen Böden. Humuswurzler, verträgt Halbschatten.

D. plantagineum L. IV bis V. Westeuropa, nördlich bis Nordfrankreich. Der schuppige, behaarte Wurzelstock treibt kurze Ausläufer und etwas feinwollig behaarte Grundblätter. Am straff aufrechten, 80 bis 100 cm hohen, 1- bis 3köpfigen Stengel sitzen große, goldgelbe Blütenkörbe. Die Art liebt sonnigen bis halbschattigen Stand und zieht nach der Blüte ein. Sie verlangt frischen bis feuchten, humosen, nährstoffreichen Boden. Gegen hochanstehende Nässe ist die Pflanze noch empfindlicher als *D. austriacum*. Die bereits 1876 gezüchtete Sorte 'Excelsum' blüht mit 10 cm großen Blütenkörben überaus reich. 'Strahlengold' erreicht 60 cm Höhe und trägt kleinere Blütenkörbe, blüht jedoch reich und langanhaltend besonders im Halbschatten unter Bäumen.

Gentiana L. (Gattungsbeschreibung S. 153)
G. asclepiadea L. Schwalbenwurz-Enzian. VIII. Gebirge Mitteleuropas, südlich bis Mittelitalien, Korsika, Mittelgriechenland, östlich bis Ukrainische SSR; Kaukasus, Vorderasien. Aus kräftigem, mehrköpfigem Wurzelstock wachsen 30 bis 80 cm hohe, leicht überhängende Stengel mit eilanzettlichen, lang zugespitzten, 5nervigen Blättern. Die von Hummeln bestäubten, spitzzipfligen schmalen Blüten haben einen kurzen Kelch. Sie bilden, meist paarweise in den Blattachseln der oberen Stengelblattpaare sitzend, eine Doppelreihe, Blüte meist dunkelblau, selten weiß, auch rosafarbene Exemplare sollen vorkommen. 'Knightshayes', eine wertvolle englische Sorte, blüht mit zart hellblauer Grundfarbe, dunkel gestreifter Kronröhre und weißem, blau punktiertem Schlund. Auf mäßig feuchten Böden wächst die Halbschatten vertragende, langlebige Gebirgswaldpflanze mit kräftigen, tiefreichenden Wurzeln ohne Schwierigkeiten. Ältere Exemplare lassen sich praktisch nicht mehr umsetzen. Da auch die Teilung nur selten gelingt, sollten an einigen Trieben (nicht an allen, da sonst die Pflanzen

zu stark geschwächt werden) Sommerstecklinge entnommen werden.

Ligularia Cass. Ligularie, Familie *Asteraceae*. Die mit etwa 80 Arten hauptsächlich in Ostasien verbreitete Gattung unterscheidet sich von der eng verwandten Gattung *Senecio* durch scheidenartig den Stengel umfassende Blattstiele, Hüllblätter der Blütenkörbchen, deren Hauträner breit übereinander greifen, und durch einen vielreihigen Pappus. Die sehr langlebigen, Schatten ertragenden Stauden mit gelben bis orangefarbenen Blüten sind in subalpinen Hochstaudenfluren sowie in Flußufergesellschaften der Hochgebirgsflüsse zu finden. Ligularien wünschen nährstoffreiche, frische bis feuchte Böden, vertragen mäßige Staunässe, leiden aber häufig unter Schneckenfraß an den Jungtrieben.

L. dentata (A. Gray) Hara syn. *Erythrochaete dentata* A. Gray, *Senecio clivorum* (Maxim.) Maxim. VIII bis IX. Japan, China. Eine breitbuschige, ornamentale Großstaude, die bis 150 cm hoch wird. Die langgestielten, großen, breit herzförmigen Blätter werden von den flachen Trugdolden der orangegelben Blütenkörbchen, die von je einem Tragblatt umgeben sind, deutlich überragt. Sorten: 'Desdemona', rötlichorangefarben, Blätter bräunlich bis purpurrot, nur 1 m hoch; 'Orange Queen', mit sehr großen, leuchtend gelborangefarbenen Blüten, 1,5 m; 'Othello', orange, purpurfarbene Schäfte, Laub dunkelbraunrot, 1 m; 'Sommergold', prächtige gelbe Blüten in dichtem Blütenstand, mit 80 cm Höhe besonders niedrig. Die Sorten mit grünem Laub können bei vollsonnigem Stand etwas bleichgrün wirken, die dunkellaubigen Sorten sollten nur im luftfeuchten Klima vollsonnig stehen, sonst halbschattig bis schattig. Bei plötzlich auftretender Hitze können die Blätter vorübergehend schlapp werden. 'Gregynog Gold' ging

Ligularia × hessei   *L. palmatiloba*

aus der Kreuzung mit der Riesen-Ligularie *L. veitchiana* (HEMSL.) GREENM. aus Mittelchina hervor. Mit großen, herzförmigen Blättern und prachtvollen, orangegelben Blüten in kegelförmigem Blütenstand blüht die bis 1,8 m hohe Sorte im August.

L. x *hessei* (HESSE) BERGM. *L. dentata* x *L. wilsoniana* (HEMSL.) GREENM. aus Mittelchina. Sterndolden-Ligularie. VII bis VIII. Eine Hybride, die aus besonders festen, länglich herzeiförmigen Blättern kompakte Büsche aufbaut. Große gelbe Blütenkörbchen stehen in kolbenartigen, kraftvollen Blütenständen auf straffen Schäften, die fast 2 m Höhe erreichen und in ihrer ungewöhnlichen Form sehr dekorativ wirken.

L. palmatiloba hort. HESSE *L. dentata* x *L. japonica* LESS. ex DC. aus Japan. Palmblatt-Ligularie. VI bis VII. Diese Pflanze wird sowohl sehr hoch als auch sehr breit (bis 1,8 m). Die tiefgelappten, großen Blätter wirken als Blickfang, der Gesamtaufbau der Pflanze ist jedoch relativ locker, und die Blütenstände mit den zwar großen, aber nicht besonders zahlreichen gelben Körbchen stehen nicht so weit über dem Laub wie bei den übrigen Ligularien. Nur für große Anlagen zu empfehlen.

L. przewalskii (MAXIM.) DIELS syn. *Senecio p.* MAXIM. VIII bis IX. China: Provinz Kansu. 1,2 bis 1,8 m hohe Pflanze mit tief handförmig eingebuchteten glatten Blättern, oberseits dunkel-, unterseits hellgrün. Beblätterter Stengel und Blattstiele meist purpurviolett überlaufen. Je 2 lange schmale gelbe Zungenblüten bilden mit gelben Röhrenblüten Körbchen, die in dichter Anordnung in langen, schlanken, ährenrispigen Blütenständen stehen. Die interessante Art fühlt sich im Halbschatten und in luftfeuchter, kühler Klimalage besonders wohl. An warmen Tagen können die Blätter selbst bei ausreichender Bodenfeuchte für einige Stunden schlappen. Die Schönheit ist dabei zwar vorübergehend gemindert, Schäden bleiben jedoch kaum zurück.

Ranunculus L. (Gattungsbeschreibung S. 131)
R. platanifolius L. syn. *R. aconitifolius* ssp. *platanifolius* (L.) ROY et FOUC. Platanen-Hahnen-

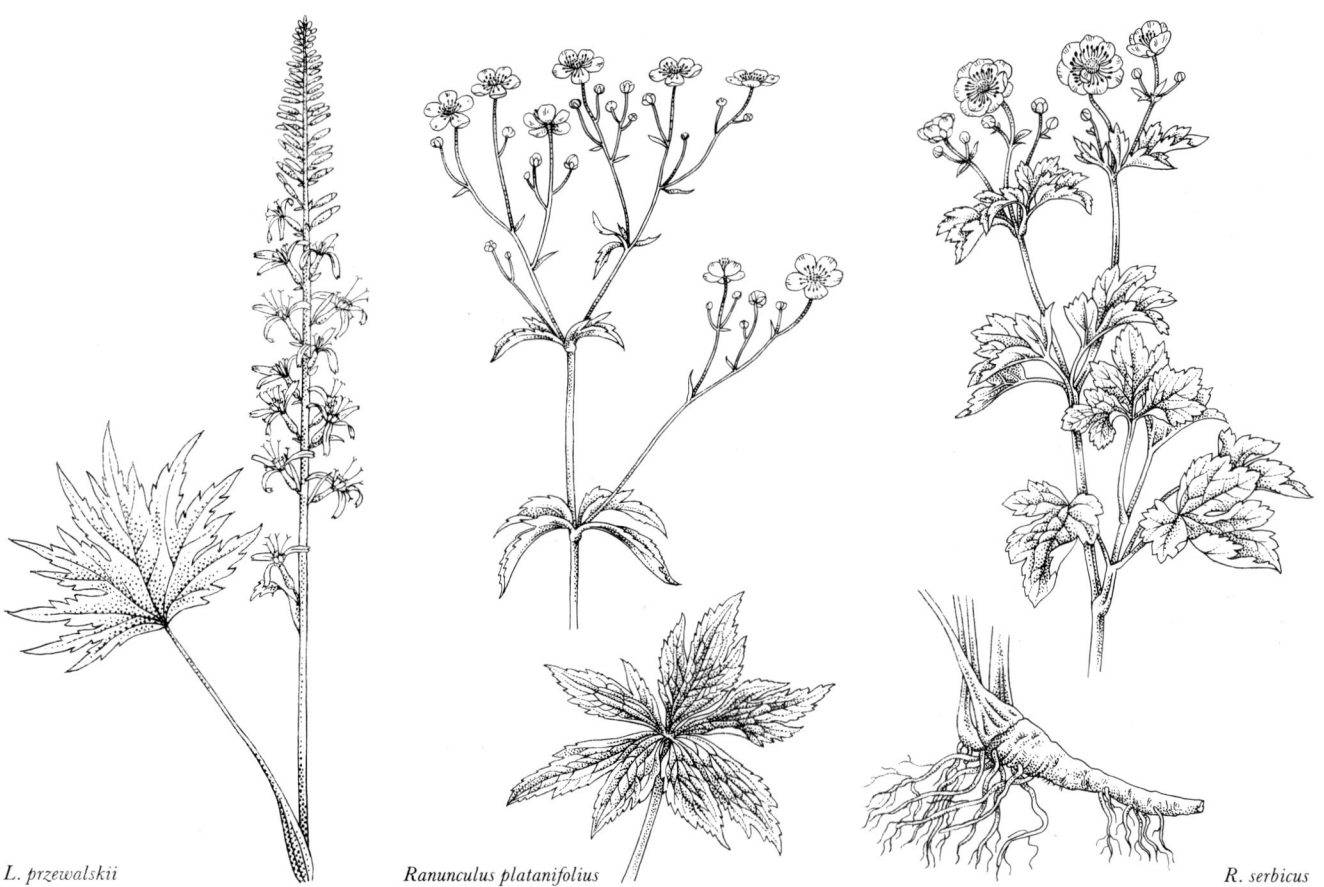

L. *przewalskii*   *Ranunculus platanifolius*   R. *serbicus*

fuß, Silberknopf. V bis VI. Skandinavien bis südliches Europa, Osteuropa. 60 bis 120 cm hohe Pflanze mit beblättertem Stengel und grundständigen, langgestielten Blättern. Der Mittellappen der tief 3- bis 7spaltigen Blätter ist am Grunde mit den seitlichen verbunden. Die Abschnitte der oberen Stengelblätter sind schmal mit regelmäßiger Zähnung, die obersten meist ganzrandig. Der Stengel verzweigt sich mit aufrechten Ästen. An kahlen, langen Blütenstielen sitzen zahlreiche weiße Blüten. Kronblätter breit eiförmig, Staubblätter länger als die Griffel. Die Art erträgt Schatten sowie mäßige Staunässe und besiedelt subalpine Hochstaudenfluren ebenso wie Schluchtwälder. Nährstoff- und oft auch kalkreiche humose Böden werden bevorzugt. In den Alpen bis 1600 m ü. NN.

Der nahestehende, ebenfalls weiß blühende Eisenhut-Hahnenfuß *R. aconitifolius* L., mit ähnlicher Verbreitung, ist an den gespreizt stehenden Ästen seines Stengels zu erkennen. Staubblätter und Griffel gleich lang. Die Art besiedelt staudenreiche Gebirgswälder und Gebüsche, auch quellige oder sickernasse Wiesen in feuchtkühler Klimalage auf kalkarmen, sauerhumosen Böden. In den Alpen bis 2060 m ü. NN.

R. serbicus VIS. VI bis VII. Gebirge der westlichen Balkanhalbinsel. Aufrechte, um 60 cm hohe buschige Pflanze, die sich mit fadenförmigen, knollentragenden Wurzeln langsam ausbreitet. 3teilige Blätter glänzend seidenhaarig. Der Reiz dieser anspruchslosen, nicht wuchernden Sumpfpflanze besteht darin, daß über schön geformtem, lebhaft glänzendem Laub kleine gelbe »Butterblumen« an ziemlich langen, straffen dünnen Stielen stehen. Die Blüten ähneln denen des Kriechenden Hahnenfußes. Die Pflanze wächst an feuchten, halbschattigen oder sonnigen Plätzen, am Rande von krautreichen Sümpfen, besonders in höheren Berglagen.

Senecio L. Greiskraut, Kreuzkraut, Familie *Asteraceae*. Die Greis- oder »Kreuzkräuter« zählen mit über 2000 Vertretern zu den artenreichsten Gattungen der Blütenpflanzen. Mit ein- und mehrjährigen Pflanzen, blatt- und stammsukkulenten Arten, Sträuchern, Kletterpflanzen und Bäumen ist die Gattung auf unterschiedlichsten Standorten weltweit verbreitet.

Die Blätter sind grund- oder wechselständig angeordnet, die sternartigen, meist gelben, nur ausnahmsweise andersfarbigen Blütenköpfchen, selten ohne Zungenblüten, stehen meist in doldentraubigen Blütenständen, manchmal auch einzeln. Früchte von Haaren oder Borsten gekrönt, nur die randständigen mitunter ohne Pappus.

S. alpinus (L.) Scop. syn. *S. cordatus* Koch VII bis VIII. Alpen, Nord- und Mittelapennin. Die herzförmigen Blätter der 40 bis 100 cm hohen Pflanze sind gestielt, kaum doppelt so lang wie breit, grob gezähnt und unterseits spinnwebig-wollig. Am Blattstiel sitzen mitunter einige kleine Nebenblättchen. Stengel kantig, aufrecht, nur im Blütenstand verzweigt. Zungenblüten 13 bis 16 mm lang, goldgelb, wenige Blütenköpfe in ebensträußiger Schirmtrauben. In Läger- und Hochstaudenfluren, an Wegen und in Erlenauen auf frischen bis feuchten, nährstoffreichen, meist halbschattigen, tiefgründigen Lehm- und Ton-

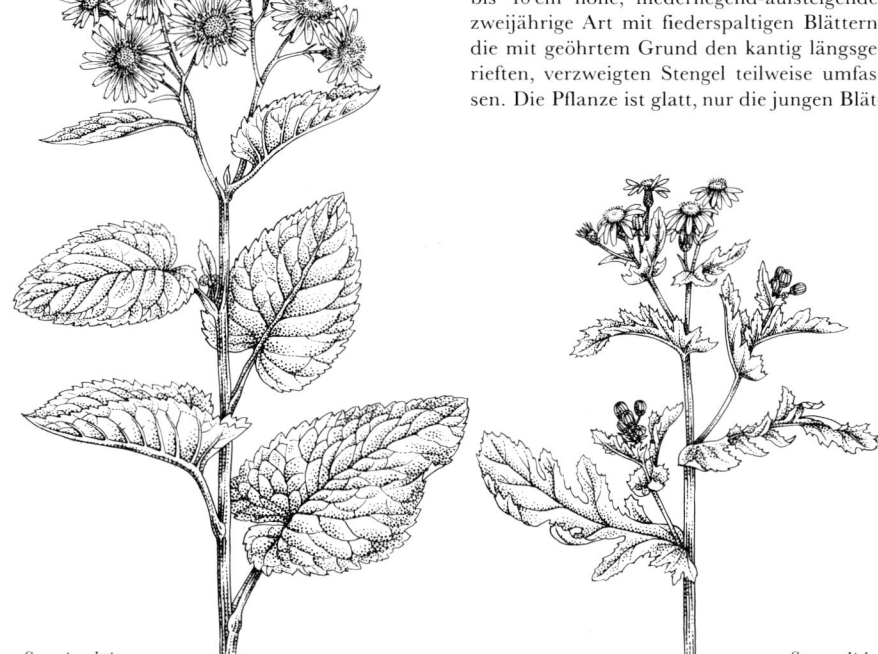

böden. Die intensiv wurzelnde Licht- und Halbschattenpflanze verträgt Nässe.

S. subalpinus Koch Berg-Greiskraut. VII bis IX. Ostalpen, Böhmerwald, Bayerischer Wald, Thüringer Wald, Beskiden, Fatra, Karpaten, nördlicher Balkan. Die in der Natur je nach Standort 30 bis über 100 cm hohe Pflanze kann am feuchten, nährstoffreichen Gartenplatz mit über 1 cm dicken, hohlen, gerieften Stengeln bis 150 cm Höhe erreichen. Blätter mit faserig geflügeltem Stiel, die oberen sitzend. Blattspreiten breitlanzettlich bis herzförmig, bis 10 cm lang, unterseits meist kahl, grob- bis fiederspaltig gezähnt. Die langgestielten, 35 mm breiten sattgelben Blütenköpfe haben 16 mm lange und 1,8 mm breite Zungenblüten und stehen in ebensträußiger Schirmtraube. Die nicht häufige Pflanze besiedelt Hoch- und Bachstaudenfluren, Waldquellen, Naßweiden, Moore und torfige Matten. Der Bodengrund kann steiniggrusig bis tonig, mit und ohne Kalkanteilen sein. Staunässe und wochenlange Überflutung werden gut vertragen.

S. squalidus auct. syn. *S. vernalis* W. et K. f. *glabratus* A. et Gr. V bis X. Balkanhalbinsel. 30 bis 40 cm hohe, niederliegend-aufsteigende, zweijährige Art mit fiederspaltigen Blättern, die mit geöhrtem Grund den kantig längsgerieften, verzweigten Stengel teilweise umfassen. Die Pflanze ist glatt, nur die jungen Blät-

Senecio alpinus

S. squalidus

ter sind unterseits leicht wollig behaart. Zungenblüten leuchtend gelb, flach ausgebreitet, Köpfchen 25 bis 30 mm breit. Die Pflanze samt sich an frischen bis nassen Standorten überall im Garten aus und erfreut über mehrere Monate mit reizenden sternförmigen Blüten. Die flachwurzelnde Art wird dabei nie lästig, da sie sich leicht aus dem Boden ziehen läßt.

Silene L. Leimkraut, Familie *Caryophyllaceae*. Der Mittelmeerraum ist der Verbreitungsschwerpunkt dieser in gemäßigten Gebieten vor allem der Nordhalbkugel weit verbreiteten Gattung.

S. asterias GRISEB. VI. Hochgebirge der westlichen Balkanhalbinsel; sehr selten in den Gebirgen Bulgariens. Zunächst wird eine lockere,

kurze Ausläufer treibende Blattrosette aus lanzettlichen, bis 30 mm langen, glatten, glänzenden, salatgrünen Blättern gebildet. Die Blattspreiten gehen allmählich in den geflügelten Stiel über. Aus meist mehreren Triebknospen erheben sich bis 70 cm hohe, im Querschnitt runde, 3 bis 4 mm dicke, stark klebrige Schäfte. Sie sind an der Basis in dichtem, nach oben zu weiterem Abstand mit allmählich kürzer werdenden gegenständigen Blättern an verdickten Knoten paarweise besetzt. Der Schaft ist hier jeweils leicht abgewinkelt. An seinem Ende entfaltet sich dicht über dem letzten Blättchenpaar ein doldiges, halbrundes, ca. 4 cm breites Köpfchen aus leuchtend purpurroten Blüten, die ihre 5teiligen Sterne an kurzen Stielen über langen Kelchen ausbreiten. Die

Art wächst ab etwa 1000 m ü. NN in sumpfigen Gebirgswiesen und in anschließenden Staudengesellschaften auf frischen bis nassen Böden in Sonne und Halbschatten. Im Garten verträgt die eigenartige attraktive Wildart volle Nässe, wird als flachwurzelnde Staude höchstens 4 Jahre alt, sorgt aber mit den reichlich gebildeten kleinkörnigen Samen für Selbstaussaat an zusagenden Plätzen.

Thalictrum L. (Gattungsbeschreibung S. 199)
T. aquilegifolium L. Amstelraute, Akelei-Wiesenraute. V bis VII. Ost- und Mitteleuropa, Gebirge Südeuropas, Sibirien, Japan. 40 bis 130 cm hohe Pflanze mit büscheligem Wurzelstock. Der aufrechte, unten hohle, verzweigte und beblätterte Stengel wird von 2- bis 3fach gefiederten, dünnen und zarten akeleiähnlichen Blättern besetzt. Die hellvioletten Blüten stehen in üppigen dichten Trugdolden. Sie wirken durch ihre oberwärts verdickten keuligen Staubblätter, die mit über 10 mm Länge die weniger zahlreichen Fruchtknoten überragen. Auch die anfangs saftiggrünen Fruchtstände wirken zierend. Die von Bienen gern aufgesuchte Pollenblume verträgt als Licht- und Halbschattenpflanze nassen Boden (extreme Staunässe weniger) und benötigt zumindest frischen Boden zum optimalen Gedeihen. Am Naturstandort werden nährstoffreiche, oft kalkhaltige Böden in subalpinen Hochstaudenfluren, auf kräuterreichen Gebirgswiesen bevorzugt, seltener auch in Auenwäldern.

Telekia BAUMG. Telekie, Familie *Asteraceae*. Die Gattung enthält 2 hohe, massige, mit *Inula* eng verwandte Staudenarten.
T. speciosa (SCHREB.) BAUMG. syn. *Buphthalmum speciosum* SCHREB. VI bis VIII. Südostalpen, Ost- und Westkarpaten, Balkan, Kaukasus, Transkaukasien, Kleinasien. Aus knotigem, walzenförmigem Wurzelstock entwickeln sich sehr große, oberseits kahle, unterseits auf den Adern fein flaumig behaarte Blätter. Die unteren sind langgestielt, breit dreieckig bis herzförmig, zugespitzt, die oberen ungestielt. Über den umfangreichen Blattbusch erheben sich aufrechte, kräftige, braunrote, oben ästigverzweigte, von 5 bis 6 cm breiten, feinstrahligen, gelben Blütenkörbchen gekrönte Schäfte. Die Pflanze wird an nährstoffreichen, feuchten, halbschattigen Standorten weit über 2 m

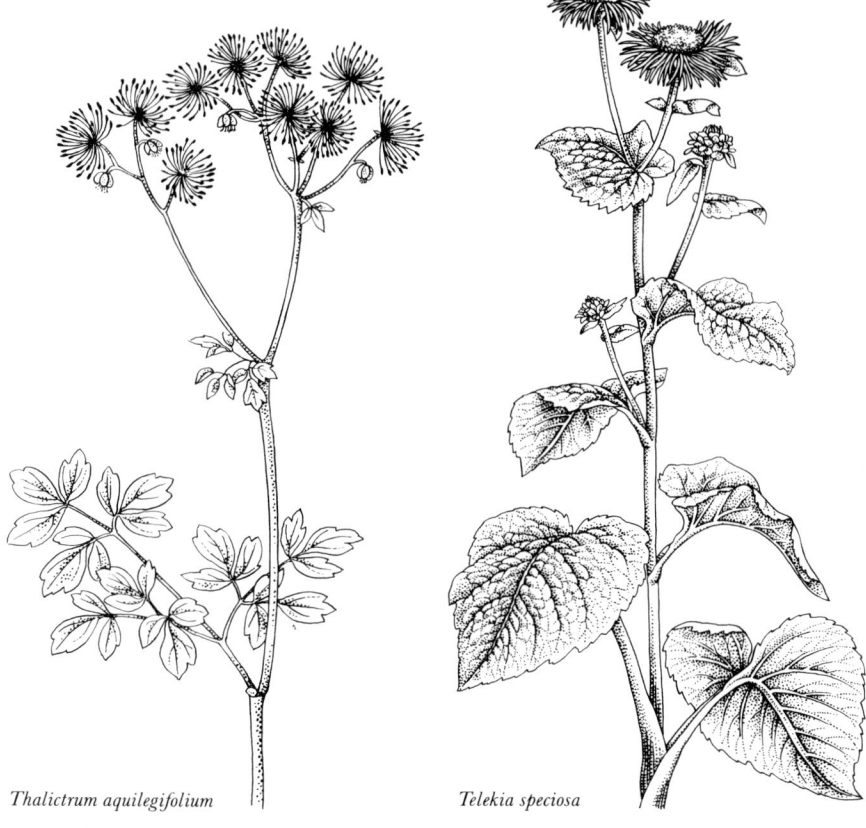

Thalictrum aquilegifolium · *Telekia speciosa*

hoch, verträgt relativ hochanstehende Nässe, ihre Blütenschäfte verlieren jedoch im tiefen Schatten an Standfestigkeit. Die dekorative Großstaude sät sich an mehr oder weniger feuchten Standorten im weiten Umkreis selbst aus und kommt oft schon im 2. Jahr zur Blüte.

Verwendung: Richtig angewendet übertragen die beschriebenen Arten den Zauber ihrer Bergheimat auf die Atmosphäre des Gartens. Ihre Besonderheiten entfalten sich am besten in Gebirgsgärten oder an absonnigen Hängen in wenigstens etwas luftfeuchter Klimalage. In sehr warmen Gegenden oder solchen mit sommertrockenem kontinentalem Klimacharakter verblühen viele Gebirgspflanzen zu schnell und erfüllen auch in ihrem gesamten Wuchsverhalten nicht die an sie gestellten Erwartungen. Ausnahmen gibt es auch in dieser Gruppe: Eisenhut und Amstelraute bewähren sich in frischen bis feuchten Böden in allen Höhenlagen als attraktive Beetpflanzen und sind mit Rittersporn, Brennender Liebe, Juli-Silberkerze und Flammenblume in gemeinsamen Pflanzungen zu verwenden. *Ligularia przewalskii* paßt vom Charakter her ebenfalls in diese Gruppe, stellt aber höhere Anforderungen an luftfeuchte Klimalage. Die späte Blütezeit des Eisenhutes ist eine wertvolle Eigenschaft, die er mit *Ligularia dentata* und *L. × hessei* teilt.

Besonders *Aconitum carmichaelii* var. *wilsonii* eignet sich zum Partner für diese gelbblühenden Großstauden, von denen vor allem die aufrechten, überaus kraftvollen Blütenstände der Sterndolden-Ligularie hervorzuheben sind. Spätblühende Pflanzen sehen während ihrer langen Vorbereitungszeit stets »ordentlich« aus und bilden gute Nachbarn für viele vor ihnen blühende Arten. Die Palmblatt-Ligularie ist die früheste ihrer Gruppe und aus dieser Sicht weniger wertvoll. Ornamental wirken die großblättrigen Ligularien durchweg. Ähnlich zu bewerten ist die mit großen Feinstrahlblüten geschmückte Telekie. Sie lockt ebenso wie blühende Ligularien alle Bienen, Hummeln und Falter an, die die Blüten regelrecht abweiden. Die stattliche Telekie verblüht leider im warmen Tiefland bedeutend schneller als in mittleren Berglagen, wo sich ihr Flor von Ende Juni bis in den September hinzieht. Als abgeblühte Pflanze bietet sie weniger als die großen Ligularien, deren Blattbüsche kompakt bleiben. Im Spätherbst und Winter allerdings zeigt die Telekie in Gestalt ihrer dicken braunen Fruchtkörbchen noch einmal eindrucksvoll ihre alte Kraft, auch als besondere Zierde im Trockenstrauß, in dem man sie aus der Nähe betrachten kann.

Die übrigen Arten der Hochstaudenfluren sind stärker an höhere Lagen gebunden. Ein Wassergarten im Gebirge, von Hängen umgeben, eignet sich ausgezeichnet für den Einsatz dieser Artengruppe, sei es als Fortsetzung einer ansteigenden Abfolge der Ufervegetation, als Rahmen eines Gartenraumes oder als Pflanzung vor einer abschließenden Gehölzkulisse.

Die Artenliste stellt nur eine Auswahl vor. Allzu eng an die Hochgebirgsbedingungen angepaßte Pflanzen reagieren auf mangelnde Luftfeuchte und auf Staunässe oft sehr empfindlich. Sie können nicht ausdrücklich für die Anwendung im Garten empfohlen werden.

Ähnlich unvereinbar wie Astilben und Funkien sind, trotz ähnlicher Lebensbedingungen, die Sommerprimel der asiatischen Hochgebirge als Gestaltungspartner subalpiner europäischer Hochstauden. Das Wesen ganzer Pflanzengruppen würde mißachtet werden, wollte man ihre Herkunft durch wahlloses Mischen mit fremden Arten gestalterisch verleugnen. Jede Pflanzengesellschaft sollte gegen ungleiche Partner abgegrenzt werden und auf diese Weise etwas vom Hauch der jeweiligen Heimatnatur der verschiedenen Charaktere im eigenen Garten anklingen. Wenn sich einige niedrige *Senecio squalidus* wie zufällig unter purpurviolette *Primula beesiana* mischen oder wenn das vagabundierende Greiskraut unerwartet zwischen Primula-Bulleesiana-Hybriden auftaucht, um deren fast abenteuerliche Mischfarben mit dem klaren Gelb leuchtender Blütensterne zu betonen, so geht es bei dieser Parnterschaft um ästhetische Belange von Form und Farbe und um den Reiz des Zufälligen. Der oben angedeutete Widerspruch wird davon nicht berührt. Ein gewisses Feingefühl, verbunden mit der Kenntnis subtiler Zusammenhänge, ist beim gestalterischen Umgang mit Pflanzen stets von besonderem Wert.

Schwertlilien für den Wassergarten

Den Namen Iris, »Regenbogen«, trugen die Schwertlilien schon im Altertum. Die buntschillernden Blüten wurden mit der vom Himmel zur Erde herabsteigenden, gleichnamigen Götterbotin in Verbindung gebracht. Schwertlilien gehören zur Familie der Schwertliliengewächse, der *Iridaceae*. Die über 200 Arten umfassende Gattung wird zur besseren Übersicht nach Sektionen (lat. sectio = sect.) und weiter in Serien (lat. series = ser.) unterteilt. Die für Wasserbecken und Sumpfstandorte geeigneten Vertreter gehören der Sektion *Limniris* an. Von den insgesamt 14 Serien dieser Sektion kommen für den Wassergarten 6 in Frage, und zwar: ser. *Hexagonae* mit ausschließlich in Amerika beheimateten Arten, ser. *Laevigatae*, ser. *Prismaticae*, ser. *Sibiricae*, ser. *Spuria* und ser. *Tripetalae*.

Schwertlilien sind ausdauernde Gewächse mit Rhizomen, Knollen oder Zwiebeln. Das Laub ist meist schwertförmig, häufig grasartig, seltener stielrund. Die Blüten stehen einzeln oder in Trauben und sind aus 2 Blütenblattkreisen aufgebaut, wobei je 3 Blütenblätter einen inneren und einen äußeren Kreis bilden. Die inneren Perigonblätter sind meist kleiner und nach oben gerichtet (Domblätter), die äußeren hängen oder stehen waagerecht (Hängeblätter).

Die meisten Schwertlilien sind robust und wenig krankheitsanfällig, können jedoch durch Scher- und Feldmäuse sowie durch Nacktschnecken geschädigt werden. Mäuse finden in den fleischigen Wurzelorganen eine wohlschmeckende, kräftige Nahrung, während Schnecken vor allem die jungen Triebspitzen im zeitigen Frühjahr vollständig abweiden können. Direkt im Wasser stehende Pflanzen bleiben verschont. Schwarze Blattläuse befallen gelegentlich vor allem *Iris kaempferi*.

Iris brevicaulis RAT. syn. *I. foliosa* MACKENZ. et BUSH, *I. hexagona* ELLIOT non WALT., ser. *Hexagonae*, Kurzstielige Schwertlilie. VI. USA: Ohio bis Kansas, südlich bis Alabama und Texas. Rhizome im Querschnitt oval, starkwachsend. Grundständige Blätter 30 bis 50 cm lang und 2 bis 5 cm breit. Der bis 30 cm hohe Stengel trägt relativ große Blätter, aus deren Achseln je eine Blüte entspringt, die mehr oder weniger im Laub versteckt bleibt. Die Stengelspitze schließt mit 2 Blüten ab. Ein besonderes Merkmal dieser Art ist der zickzackförmige, an jedem Stengelblatt abgewinkelte Stengel. Die krautig grünen Hüllblätter sind ungleich groß. Aus der kräftigen Perigonröhre entspringen 7,5 bis 9,5 cm lange und 3 cm breite, mit einem dreieckigen, weißlichgelben Fleck gezeichnete Hängeblätter. Es ist der auffallendste Teil der insgesamt mittelgroßen, purpur- bis hellviolettblauen Blüte. Kurz und lanzettlich sind die weit geöffneten Domblätter. Die gerippte, 5 cm lange Samenkapsel enthält große kugelige bis D-förmige Samen. Sie sind mit einer Korkschicht ummantelt.

I. bulleyana DYKES, ser. *Sibiricae*. V bis VI. Westchina. Die schmal linearen Blätter sind oberseits glänzend, unterseits mattgrün. Zur Blütezeit zeigen die frischgrünen Hüllblätter trockenhäutige Spitzen. Der hohle, unverzweigte Blütenstengel erreicht 50 cm Höhe und trägt an seiner Spitze 2 Blüten. Die Domblätter stehen schräg nach außen, die ovalen Hängeblätter schräg nach unten. Zum hellblau bis violett gefärbten, dunkel geaderten Dom kontrastiert eine helle gelbe Zone auf den Hängeblättern. Die D-förmigen Samen sind kurz und dick.

I. carthalinae FOMIN, ser. *Spuria*. VI. Ostkaukasus, Transkaukasien. Die starr nach oben gerichteten Blätter erreichen 140 cm Höhe und sind mit 2,5 bis 3 cm die breitesten unter den Iris-Arten dieser Serie. Der 110 cm hohe, oben leicht geknickte Blütenstengel trägt eine meist 5blütige Ähre. Die leuchtend blauen, 11 cm großen Blüten kommen gut zur Geltung und ergeben in Verbindung mit dem straffen, graugrünen Laub eine vornehme Wirkung. Leicht und ebenmäßig gewölbt sind die im ganzen waagerecht stehenden Hängeblätter. Der goldgelbe Mittelstreifen ist von einem weißen Feld umgeben, in das die blaue Grundfarbe streifenförmig übergreift. Die schlanken, gefalteten Domblätter schräg nach oben gerichtet.

I. chrysographes DYKES, ser. *Sibiricae*. VI. China: Szetschuan und Jünnan. Blätter und Blütenstengel werden 40 bis 60 cm hoch. Die Blätter sind nur 12 mm breit, graugrün und leicht überhängend. Der unverzweigte Blütenstengel ist hohl. Die Blüten, umgeben von schmalen grünen Hüllblättern, sind auffallend samtig dunkelviolett mit goldgelber Zeichnung. Während die straffen Domblätter auseinanderstreben, hängen die äußeren Perigonblätter senkrecht nach unten. Zu den wertvollsten Sorten zählt die tief dunkelblaue 'Stjerneskud'. Die Sorte ist samenecht. Sämlinge blühen bereits im 2. Jahr. In der Abendsonne schimmert wie dunkles Mahagoniholz die Sorte 'Black Form' (auch *I. c.* var. *nigra* genannt). Bei bestimmten Lichtverhältnissen wirkt diese Sorte mit ihrer samtigen Blütenoberfläche tiefschwarz. 'Black Knight' zeigt einen hellblauen Dom über gelbgesprenkelten, königsblauen Hängeblättern. 'Rubella' wird nur 30 bis 35 cm hoch und trägt schön geschnittene, pflaumenrote Blüten. Die bis 45 cm hohe 'Inshriach Form' ist vermutlich eine Hybride zwischen der Art und *I. tenax* DOUGL. ex LINDL. Ihre langgestreckten, spitz zulaufenden schwarzen Knospen öffnen sich zu großen, schwarzblauen Blüten. 'Margot Holmes' ist eine Hybride zwischen der Art und *I. douglasiana* HERB. Diese besonders kalkempfindliche Sorte wird 40 cm hoch und blüht purpurrot.

I. delavayi MICH., ser. *Sibiricae*. VI. China: Jünnan und Südwestzetschuan. Die größte Art der Serie treibt über 1,5 cm breite, beiderseits blaugrüne bis dunkelgrüne Blätter. Krautig grüne, an der Spitze trockenhäutige Hüllblätter. Bis 130 cm hohe Blütenstengel überragen deutlich das Blattwerk und tragen bis zu 3 Nebenäste mit je 2 Blüten. Die schmal lanzettlichen Domblätter sind weniger als 45° geneigt. Die Blüten sind dunkel rotviolett bis purpurviolett mit weißem Fleck und weißer Zeichnung auf den Hängeblättern; gelbe Farbanteile fehlen. Samenkapseln seitlich leicht eingedellt.

I. forrestii DYKES, ser. *Sibiricae*. VI. China: Südwestzetschuan und Nordjünnan. Die Pflanze wird 35 bis 55 cm hoch. Die linealen, 0,5 cm breiten Blätter werden deutlich vom Blütenstengel überragt. Oberseits glänzen die Blätter, unterseits sind sie matt. Der blattlose oder mit 1 bis 2 Blättchen besetzte Blütenstengel ist unverzweigt und trägt bis 2 mittelgroße blaßgelbliche und oft schwach rotbraun gepunktete oder fein gezeichnete Blüten. Hüllblätter krautig grün, Domblätter geschlossener, Samen dünn, D-förmig.

I. fulva KER-GAWL., syn. *I. cuprea* PURSH, *I. rubescens* RAF., ser. *Hexagonae*. Blütezeit bemerkenswert spät, ab VII bis IX. USA: Missouri bis Illinois und Alabama. Die beblätterten, zickzackförmigen Blütenstengel werden 70 bis 80 cm hoch und sind am Ende mit 2 Blüten besetzt. Weitere Einzelblüten entspringen den Achseln der oberen Stengelblätter. Die grünlich-krautigen Hüllblätter sind ungleich groß. Einer 2,5 cm langen Kronröhre entspringen schräg nach unten geneigte Hängeblätter und ungewöhnlich weit durchhängende Domblätter. Zur skurrilen Blütenform tritt eine ungewöhnliche Farbe. Sie wird als »kupfrigrosa bis terrakottafarben« (Köhlein) beschrieben, ein Farbton, der dem warmen Rotbereich zuzuordnen ist. 'Arkansas Form' ist gelb, 'Red Datsler' besonders intensiv rot. Die eiförmig-elliptische, etwa 5 cm lange, 6rippige Samenkapsel enthält große, D-förmige Samen mit Korkmantel.

I. kaempferi SIEB. ex LEM., syn. *I. ensata* THUNB., ser. *Laevigatae*, Japan-Schwertlilie. VII bis VIII. Ostsibirien (Ussuriflußgebiet); Nordostchina, Japan, Korea. Frischgrüne Blätter, die bis in den Spätherbst hinein erhalten bleiben, mit einer stark erhöhten, dunkleren Mittelrippe. Auf schlanken, bis 60 cm hohen und frei über dem Laub stehenden Stengeln (oft mit einem Seitenast) sitzen 3 bis 4 Blüten. Die zwischen 5 und 7 cm langen Hüllblätter sind hellgrün gerandet. Weiß, Rosa, Blau und Violett bilden die Ausgangsfarben für die verschiedenen Abstufungen der Blütenfarben. Domblätter sehr klein, senkrecht oder schräg stehend, Hängeblätter groß, rundoval, schräg nach außen gerichtet. Bei »gefüllten« Blüten treten die Perigonkreise doppelt auf. Die Blüten halten sich in der Vase länger als die der meisten anderen Iris-Arten. Die Fruchtstände sind stattlich, prall oval, oben spitz und enthalten flache Samen.

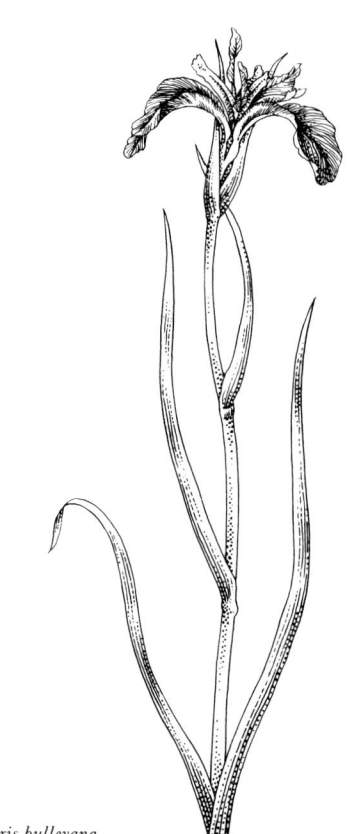

Iris bulleyana

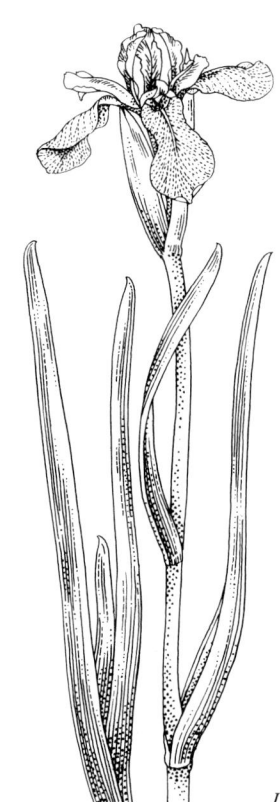

I. forrestii

In Japan wurden inzwischen 4 Zuchttypen entwickelt, mit der Bezeichnung *Tokyo, Ise, Higo* und *Edo*. Inzwischen wird auch in den USA und in Europa die Züchtung der Japan-Iris erfolgreich betrieben.

Auswahl bewährter Sorten:

Reinweiß: 'Unschuld', schwach gelbes Saftmal, Dom kräftiger; 'Montblanc', weiß, reichblühend, früh.

Rosa mit weiß: 'Shushi-No Homare', Domblätter weiß; 'Raspberry Rimned', weiß, himbeerfarbiger Rand, Domblätter weiß.

Violett mit weiß: 'Bambino', spät, starke violette Aderung; 'Royal Pageant', weißlichgrauer Grund, rotviolette Adern, großblumig.

Reinrosa: 'Fujikosoda', Hängeblätter senkrecht herabhängend; 'Gefüllte Orchidee', spät, niedrig, doppelte Blüte.

Purpurrot: 'Kokuryuden', einfarbig.

Violett: 'Amazone', purpurviolett, lange blühend; 'Gei Sho Ne', sehr niedrige Wuchsform; 'Violetter Samt', tief dunkelviolett; 'Aoigata', dunkelviolett, sehr früh; 'UShu', violettblau, reichblühend, früh; 'Good Omen', rötlichviolett, starkwachsend, früh; 'Summer Storm', rötlichviolett, reichblühend, spät.

Weiß bis blau: 'Blaudom', lichtes, hell geadertes Blau, doppelte Blüte mit leicht gewelltem Rand; 'Blauer Berg', lichtes Blau, reichblühend, doppelte Blüte; 'Hito Jackii', marineblau, reichblühend, spät; 'Blaue Plicata', hellporzellanblau mit dunklen Adern, doppelte Blüte; 'Tinted Cloud', hellblau, sehr spät, doppelte Blüte; 'Basho', blauviolett.

Die grünweiße Zeichnung der panaschiertblättrigen Form 'Variegata' ist auf den besonders schmalen Blättern wenig auffällig und nur auf sauren Böden wahrnehmbar.

I. laevigata FISCH., ser. *Laevigatae*. VI bis VII. Ostsibirien, China, Japan und Korea. Die glatten Blätter ohne Mittelrippe werden 60 bis 70 cm lang, überragt von einem meist verzweigten, bis 80 cm hohen Stengel. Die Domblätter der Blüte sind straff nach oben gerichtet; fehlt dieses Merkmal, so handelt es sich um Hybriden, meist mit *I. kaempferi*. Als Folge des großen Verbreitungsgebietes gibt es unterschiedliche Typen der Wuchsform. Allen gemeinsam ist die ungebrochen blaue Farbe der Blüten. Die Hängeblätter haben einen gelben Mittelstreifen. Unter den Sorten dürfte die hellblau blühende 'Variegata' die attraktivste sein. Das Laub dieser Sorte ist auffallend weißgrün panaschiert. Die flach stehenden, weißlichen Hängeblätter von 'Albopurpurea' sind mit feinen violetten Punkten bedeckt.

Weitere Sorten: 'Monstrosa', blau mit weißer Mitte; 'Niagara', bläulichweiß; 'Rose Queen', rosa. Von den beiden weißen Sorten ist 'Alba' im Wuchs kleiner als 'Snowdrift'. Die gefüllte 'Colchesteriensis' blüht weiß mit blauen Tupfen.

I. prismatica PURSH., ser. *Prismaticae*. VI. USA; Atlantikküste zwischen Nordcarolina und Massachusetts, im Binnenland in Gebirgen von Georgia und Tennessee. Die Rhizome sind nicht horstartig kompakt sondern locker. Sie treiben lange Ausläufer und grasähnliche Blattbüsche aus mattgrünen, schlanken Blättern. Die schmalen Hüllblätter sind 2,5 bis 5 cm lang. Der drahtige Blütenstengel wird 30 bis 50 cm hoch und trägt Blüten mit aufrechtstehenden, 4 cm langen, bleichvioletten Domblättern und gleichfarbigen oder helleren, dunkelviolett geäderten Hängeblättern. Die Blütenform erinnert an die einer stark verkleinerten Wiesen-Schwertlilie. Die 3kantige Samenkapsel ist etwa 3,5 cm lang und enthält rotbraune, glatte, etwas D-förmige Samen.

I. pseudacorus L., ser. *Laevigatae*. Wasser-Schwertlilie. V bis VI. Europa, asiatischer Teil der UdSSR, Kleinasien, Nordafrika; in den USA eingeführt und vielerorts verwildert. Die kräftigen, grasgrünen Blätter sind 3 cm breit und bis 1 m hoch. Der verzweigte, im Querschnitt etwas gedrückte Stengel trägt gelbe, dunkelbraun gezeichnete Blüten. Wie die Domblätter sind auch die Griffeläste schmal

I. fulva   *I. kaempferi*

und schräg aufwärts gerichtet, die größeren Hängeblätter sind flach ausgebreitet. Die Samenkapseln der Fruchtstände hängen herab. Die gelb-grün panaschierte 'Variegata' fällt beim Austrieb auf, ist aber sonst von geringem Schmuckwert. 'Golden Queen' hat größere, leuchtend gelbe Blüten ohne braune Zeichnung. Breitere Hängeblätter als die Art mit schwacher Strichzeichnung hat die hell schwefelgelbe, in England wild aufgefundene 'Sulphur Queen'. Die Blüten stehen besonders hoch über dem Laub. Die hellgelbe 'Double'(= 'Flore Pleno') ist mehr bizarr als schön. Zwergformen sind 'Nana' und 'Keukenhof'. Um funktionierende Kreuzungspartner mit *I. kaempferi* zu erzielen, wurden tetraploide *I. pseudacorus* gezüchtet, die einige gute Typen ergaben. In der Literatur werden erwähnt: 'Beuron', hellgelb, und 'Fahle Ilge', hell schwefelgelb mit schwacher Zeichnung, beide erreichen 1,2 m Höhe, ihre Blätter hängen leicht über. Die Sorte 'Ilgengold' blüht mittelgelb und wird mit steif aufrechten Blättern ca. 1 m hoch (Abb. S. 251).

I. sanguinea HORNEM., syn. *I. orientalis* THUNB. non MILL., ser. *Sibiricae*. V bis VI. Sibirien, Nordostchina, Japan, Korea. Gestalt und Blütenform ähneln stark der *I. sibirica*, die mit *I. sanguinea* leicht Hybriden bildet. Zuverlässige Unterscheidungsmerkmale sind die im oberen Drittel überhängenden Blätter und der stets unverzweigte Stengel. Er kommt nicht über das Laub hinaus und trägt 2 Blüten (größer als die von *I. sibirica*). Sie haben aufrechte Dom- und breite, runde, an der Basis weiße, violett geäderte und im ganzen blauviolette Hängeblätter. Die dreieckigen Samenkapseln sind mit mäßig flachen, dunkelbraunen Samen prall gefüllt. Neben den verschiedenen Hybriden aus der Verbindung mit *I. sibirica* gibt es die weiße var. *alba* und die noch wertvollere Sorte 'Snow Queen'.

I. setosa PALL. ex LINK, syn. *brachycuspis* FISCH. ex SIMS, *I. yedoensis* FRANCH et SAVAT, ser. *Tripetalae*. V bis VI. Sibirien bis China, nördliche japanische Inseln, Alaska, Kanada; auch auf Dauerfrostboden. Aus kurzen, dicken Rhizomen sprießen dichte Laubbüschel mit ca. 2,5 cm breiten, oben etwas umgebogenen, deutlich gerippten, an der Basis geröteten Blättern. Der verzweigte Stengel wird 45 cm, gelegentlich bis 80 cm hoch. Die extrem zu-

rückgebildeten Domblätter fallen im Blütenbild kaum noch auf. Die breitovalen Hängeblätter sind im Mittel 6 cm lang und dunkelviolett, fein verzweigt geädert. Die Adern beginnen an der Basis in einem hellen Fleck und setzen sich auf der anschließenden Fläche fort. Ein kurzer weißer Mittelstrich ist ebenfalls typisch. Völlig weiße Exemplare kommen selten vor. Die birnenförmigen Samen glänzen mittelbraun. Die Varietät *arctica* (syn. *I. arctica* EASTWOOD) aus Alaska wächst zwergig. Sie wird auch als 'Dwarf Form' angeboten. Die Blütenfarbe ist tiefviolett mit weißem Fleck. Die Varietät *nasuensis* HARA treibt 1 m hohe Blütenstände. Sie übertrifft die Nominatform mit breiteren Blättern und größeren Blüten.

I. sibirica L., ser. *Sibiricae*, Wiesen-Schwertlilie. VI. Mitteleuropa, Balkan, Kleinasien;

UdSSR, nördlich bis Leningrad, östlich bis Westsibirien. Aus kriechenden, ästigen, mit dünnen, aber derben Wurzeln reich besetzten Grundstämmen entwickeln sich bläulichgrüne, grasartig dichte Horste. Die 6 bis 12 mm breiten Blätter haben mehrere erhabene Blattnerven. Der zwischen 60 und 120 cm hohe Blütenstengel überragt die Blätter, ist verzweigt und trägt über trockenen Hüllblättern bis zu 5 Blüten von blauer Grundfarbe. Die Hängeblätter enthalten einen schmalen weißen Nagel, Ausgangspunkt für viele hellere Adern, die den äußeren Teil der Hängeblätter durchziehen. Alte Sorten sind 'Perry's Blue', hellblau, und die silbrig schimmernde, lavendelfarbige 'Mr. Rowe' (1916); 'Superba', früh blühend, veilchenblau (1928); 'Gatineau', hellblau (1932); 'Caesar', leuchtend mittelblau,

Iris sanguinea

I. setosa

'Caesars Brother', dunkelblau, schlank aufrecht, aber sehr blühfaul, und 'Strandperle', blaßblau, 120 cm hoch (1927); 'Phosphorflamme', hellblaue Zunge auf dunkelblauen Hängeblättern (1935); 'Schwan', elfenbeinfarben, großblumig.

Niedrige Sorten (unter 80 cm): 'My Love', hellblau mit feiner Zeichnung; 'Weißer Orient', reinweiß, 'White Swirl', weiß; 'Cambridge', 70 cm hoch, hellblau, Hängeblätter auf gelbem Schlundfleck dunkelgrün geadert; 'Blue Brillant', 60 cm, mittelblau; 'Blue Moon', 80 cm, dunkelblau mit hellen Streifen; 'Libelle', 70 cm, leuchtend mittelblau, großblumig; 'Snow Crest', 60 cm, weiß; 'Anniverseri', weiß mit gelbem Schlund, 50 cm; 'Blue Burgee', violettblau, 70 cm; 'Dreaming Spires', violettblau mit schwarzem Schlund, 70 cm;

'White Swirl', elfenbeinweiß, 70 cm; 'Marilyn Holmes', dunkelviolett, 80 cm; 'Dreaming Spires', 80 cm, violettblau, am Grunde dunkler.

I. versicolor L., ser. *Laevigatae*. V bis VI. Nordöstliche USA, vor allem im Gebiet der Großen Seen; Südostkanada, nördlich bis Winnipeg. Obwohl das elegant geschwungene Laub die Blüten etwas überragt, sind diese auf 60 cm hohen, ein- bis zweifach verzweigten Stengeln gut zu sehen. Die Hüllblätter sind grasgrün mit bräunlicher Markierung. Meist etwas verwaschene, auch kräftiger blauviolette, rundovale Hängeblätter sind von dunkleren Adern durchzogen und haben am Grunde einen leuchtend gelben Signalfleck. Die schmalen Domblätter stehen schräg. Bei der Varietät *kermesina* – vielleicht der häufigsten amerikanischen Wasser-Iris in europäischen Gärten – ist die Blütengrundfarbe rotviolett mit schöner Zeichnung. Auch Exemplare mit weißen Blüten kommen vor. Als wertvolle Sorten gelten: 'Rosea', zartrosa, schwächer wachsend, besonders für kleinere Becken geeignet, und 'Claret Cup' mit deutlich über dem Laub stehenden, prachtvoll gezeichneten, purpurvioletten Hängeblättern und lilafarbenem Dom. Die länglich-eiförmigen Samenkapseln sind prall gefüllt und außen warzig.

I. virginica L., syn. *I. georgiana* BRITTON, *I. carolina* RADIUS, *I. caroliniana* S. WATS., ser. *Laevigatae*. V bis VI. USA; Küstenstreifen zwischen Virginia und Florida, Georgia und Carolina. Die grundständigen Blätter können 20 bis 80 cm lang werden. Ähnlich variabel ist die Höhe des kaum verzweigten Stengels, der bis 1 m Höhe erreicht. Das Laub ist kräftig dunkelgrün, deutlich gerippt. Krautig grüne, kompakte Hüllblätter umstehen die lavendel- bis violettbraunen, dunkler geaderten Blüten mit gelbem Signalfleck auf der Basis der Hängeblätter. Die Domblätter sind rundlich und außen warzig. Der große, rundliche Samen hat einen dicken Korkmantel. Der gesamte Fruchtstand ist hinfällig und vergeht oft schon vor der Samenreife.

Neben einer weißblühenden Form existiert I. v. var. *shrevei* SMALL aus dem Mississippigebiet und der Gegend um die Großen Seen. Sie ist im ganzen schwächer als die Art, duftet und hat breitere, gerundete Blüten. Die starkwachsende 'Gerald Darby' hat schlanke, tief dunkelpurpur gefärbte Stengel und eine fast ebenso dunkle Blattbasis, ähnlich sind die knospenumschließenden Hüllblätter gefärbt. Die Blüte hat weit abstehende Hängeblätter, deren waagerecht stehende Basis von Griffelästen abgedeckt ist. Diese tragen eine kräftige, dunkelblaue Mittelrippe auf blaßblauem, geflügeltem Grund. Sie schließen vorn mit hochstehenden, gefransten, zart blauvioletten Zipfeln ab. Die Hängeblätter zeigen am Grunde ihres sichtbaren Teils einen leuchtend gelben Fleck, der in ein weißes Binnenfeld übergeht. Dunkelviolette Adern durchziehen als dünne, haarscharfe Linien den inneren Bereich und lösen sich nach außen im zart blauvioletten Farbton auf. Die Domblätter öffnen sich nur halb, sie sind klein bis mittelgroß. Die Blütezeit erstreckt sich von Mitte VI bis Ende VII.

I. sibirica   *I. versicolor*

I. wilsonii C. H. WRIGHT, ser. *Sibiricae*. VI. Westchina, in Gebirgen zwischen 2000 und 2300 m ü. NN. Die seltene Pflanze wird etwa 60 bis 70 cm hoch mit ebenso langen, beiderseits mattgrünen, im Mittelteil oft gerippten Blättern, die oben leicht überhängen. Der Blütenstand kommt gut zur Geltung. Der unverzweigte, hohle Stengel trägt in der Mitte 1 Blatt und an der Spitze 2 Blüten über krautig grünen Hüllblättern. Die Blüten sind blaßgelb, die Domblätter schräg nach außen gerichtet, die Hängeblätter von roten und braunen Adern durchzogen.

Verwendung: Blühende Schwertlilien innerhalb eines Teiches können zu Nachbarn attraktiver Seerosen werden, deren erste Blüten sich gerade öffnen. Beide sind ebenbürtige Gestaltungspartner, die sich auch dann noch ergänzen, wenn die abgeblühten Iris-Blattbüsche nur noch den Formkontrast zur lagernden Gestalt der Schwimmblattpflanzen hergeben. Nur einige Arten sind für ein ständiges Leben im nassen Element geeignet. Ständig feuchten Boden dagegen benötigen oder zumindest bevorzugen alle aufgeführten Arten. Man kann deshalb von einem »Vordringen in nasse Standortbereiche« sprechen. Die besonders robusten *I. pseudacorus* und *I. versicolor* vertragen mehr als 20 cm Überflutung und sind auch in der Anpassung an ausgesprochen trockene Standorte führend. *I. laevigata* fühlt sich bei ständigem Stand im flachen Wasser besonders wohl. Auch sie gedeiht auf feuchten Gartenbeeten, geht aber bei Trockenheit ein. Sie ist auch gegen eine Beschädigung ihres Wurzelbereiches empfindlich. Im Unterschied zu den beiden vorher genannten Arten, die praktisch zu jeder Zeit mit dem Spaten geteilt und neu aufgepflanzt werden können, ist sie sehr vorsichtig zu behandeln und am besten nur im Ruhestadium bis zum Beginn des Frühjahrsaustriebes zu teilen.

Beim Teilen aller Wasser-Iris und bei anschließender Topfkultur ist darauf zu achten, daß die Töpfe mit den Jungpflanzen nicht unter die Wasseroberfläche geraten, da sonst die Erde aufweicht und die Pflanzen umfallen. Wird im Herbst geteilt, sollte mehr trocken als naß überwintert werden. Nach dem Durchwurzeln können die Töpfe mit den Jungpflanzen ohne weiteres überflutet werden. Ähnlich

wie *I. laevigata* verhalten sich *I. delavayi*, *I. fulva* und *I. virginica*. Sie vertragen ganzjährigen Stand im Wasser. *I. delavayi* ist die allseitig robusteste unter diesen Arten.

Andere Schwertlilien des Wassergartens benötigen reichlich Wasser zur Triebzeit und vertragen in dieser Phase monatelange Überflutung. Die Arten der Serie *Hexagonae* leben meist in den Überschwemmungsgebieten großer amerikanischer Ströme. Im Spätsommer sinkt der Wasserstand und gewährt den Pflanzen eine kurze Ruhepause, die viele von ihnen zum Ausreifen vor dem Winter benötigen. Iris-Arten feuchter Wiesen sind oft ebenfalls an einen solchen Rhythmus angepaßt. So verträgt die Japan-Iris zwar einen ganzjährigen Stand im Wasser, blüht dann aber nicht. Japan-Iris müssen deshalb nach dem Blühen aus dem Wasser genommen und mäßig feucht bis trocken weiter kultiviert werden, so entsteht der Blühimpuls für das folgende Jahr. Bei im Sommer austrocknenden Tümpeln löst sich das Problem von selbst. Hier ergeben sich interessante Gelegenheiten, die gesamte Pflanzengemeinschaft auf wechselfeuchte Verhältnisse abzustimmen und aus der Not eine Tugend zu machen.

I. brevicaulis, *I. chrysographes*, *I. setosa* vertragen während der Triebzeit monatelange, *I. sanguinea* und *I. sibirica* wochenlange Überflutung. *I. bulleyana*, *I. forrestii*, *I. prismatica* und *I. wilsonii* lieben mildfeuchte bis nasse Standorte, wachsen schwächer und sind für überflutete Standorte nicht zu empfehlen. Ebensowenig gehören die Arten der Serie *Spuria* in das Wasser. *I. carthaliae* ist unter den Arten der Serie am meisten feuchtigkeitsliebend.

Die starke Bindung einiger Wasser-Iris an sauren Boden ist unbedingt zu berücksichtigen. Die Japan-Iris beginnt bereits im schwach alkalischen Bereich zu kümmern und wird bleichsüchtig. Es empfiehlt sich, zu Beginn der Triebzeit sauren Volldünger als zweimalige Gabe im Abstand von 14 Tagen zu verabfolgen. Vor allem die hochgezüchteten Iris-Kaempferi-Sorten sind auf Zusatzdüngung angewiesen. Noch empfindlicher reagiert *I. prismatica*, ein schwieriger Pflegling mit extremer Abhängigkeit von saurer Bodenreaktion. Das Bodensubstrat soll sandig-lehmig und stets feucht sein. Hohe Luftfeuchtigkeit und Schutz vor praller Sonne sind ebenfalls angebracht. *I. bre-*

vicaulis, *I. setosa* und *I. virginica* benötigen saure Sumpfhumusböden. *I. versicolor* ist zwar im ganzen anspruchslos und vital – aber nur bei ausreichend saurem Boden. *I. chrysographes*, *I. forrestii*, *I. fulva*, *I. laevigata* und *I. wilsonii* sind gegenüber Kalk etwas toleranter, gedeihen jedoch bei saurer Bodenreaktion am besten. Unsere heimische Wasser-Schwertlilie und ihre Zuchtformen kommen auch mit extremen Kalkböden gut zurecht. Die Arten der Serie *Spuria* verlangen vor allem einen warmen Platz in voller Sonne und wachsen am besten auf neutralen und leicht alkalischen Böden.

Schwertlilien wollen liebevoll umhegt sein und aus nächster Nähe betrachtet werden. Dabei ist manche unerwartete Schönheit zu entdecken: die drahtigen Blütenstengel und der feingliedrige Aufbau der *I. prismatica*; die schmalen, steifen, schön geformten und leuchtendgrün glänzenden Blätter der *I. forrestii*, die sie in den Rang einer Blattschmuckstaude erheben, und dazu ihre eigenartigen kleinen Blüten, die jährlich mit Spannung erwartet werden. *I. chrysographes* wächst leicht. Sie wird wegen ihrer phantastischen Blütenfarben immer wieder bewundert. Gleiches gilt für ihre Hybriden mit *I. forrestii*. Diese Pflanzen, deren Blätter sich durch einen weich schwingenden Halmwurf auszeichnen, wirken sehr gut in Gruppen am Uferrand, gemeinsam mit niedrigen Gräsern wie *Carex grayi* oder *Carex morrowii*, auch als Vordergrund für höhere Iris-Sibirica-Hybriden.

Wie dankbar und reich die oft schon zwei Jahre nach der Aussaat blühfähige *I. chrysographes* alljährlich geblüht hat, zeigt sich im Herbst, wenn ihre ornamentalen, dreikantigen Fruchtstände erscheinen. Sie sind im spätherbstlichen Trockenstrauß wie in Schnee und Rauhreif gleichermaßen eine Zierde. *I. fulva* erregt Aufsehen durch ihre warme Blütenfarbe, die ausgefallene Form der Blüte und den späten Blühtermin. Sie überwintert unter einer Schneedecke gut, ist aber vor allem durch die Nässe in winterlichen Tauperioden von Fäulnis bedroht. Bereits 1920 entstand eine Hybride zwischen *I. fulva* und *I. brevicaulis* mit der Bezeichnung 'Mad. Dorothea K. Williamson'. Diese Sorte ist relativ winterhart und entwikkelt reichblühende, gut verzweigte Blütenstengel, die samtig purpurviolette, auf den Hängeblättern gelb gestreifte, 15 cm breite Blüten hervorbringen. Die robuste Sorte eignet sich für feuchte und staunasse Bereiche, verträgt etwas Kalk und kann lange am gleichen Ort stehen. Wer weitere Arten und Sorten dieser Sektion erproben möchte, muß sie im Winter an einem hellen, kühlen, annähernd frostfreien Platz unterbringen. Für eine stattliche *I. gigantocaerulea* SMALL. in einem großen Holzkübel gäbe es in Verbindung mit Gartenterrasse und hausnahem Freiraum schöne Aufgaben in jedem Wassergarten.

I. setosa blüht zuverlässig und reich. Diese frosthärteste aller Arten ist wegen ihrer niedrigen Wuchshöhe für kleinräumige Anlagen im Zusammenhang mit Wasser ebenso geeignet wie für feuchte Lagen in größeren Steingärten. Als Nachbarn sind alle kleineren Funkien, Nelkenwurz, Trollblumen oder Wildgräser wie die Winkelsegge geeignet. *I. sanguinea* und *I. sibirica* passen gut in Naturgartenteile und Wildstaudengärten mit und ohne Wasserverbindung. Die Iris-Sibirica-Hochzuchten sind typische Prachtstauden. Im Unterschied zu der anspruchslosen Wildart benötigen sie feuchteren Stand und Zusatzdüngung. Empfehlenswert ist das Abdecken mit verrottetem Stallmist oder Kompost im Herbst, zwei- bis dreimaliges Düngen mit einem sauren Volldünger im Frühjahr sowie gelegentliches Umpflanzen und Teilen. Unterbleibt es, dann werden die Blüten kleiner, oder die Pflanzen blühen überhaupt nicht. 'Caesars Brother' ist im Abstand von drei Jahren zu verpflanzen, andernfalls

bringen die Pflanzen keine einzige Blüte mehr hervor, obwohl sie wuchskräftig bleiben. Nur ausnahmsweise verhalten sich Wildarten ebenso, z. B. *I. delavayi*, die ebenfalls öfter umzupflanzen ist.

Mit den leuchtenden Blautönen der Iris-Sibirica-Hybriden lassen sich große wogende Farbflächen zwischen Herden von Wildgräsern herstellen. Dabei sind das sortentypische Höhenwachstum und die fein differenzierten Farbanteile der Blüten zu berücksichtigen. Als Nachbarn sind alle Gräser und gräserähnlichen Pflanzen des Wassergartens zu empfehlen, Vertreter der Sektion *Limniris*, Taglilien (vor allem frühblühende, wie *Hemerocallis minor* oder 'Maikönigin'), im Wasser stehende Schwanenblumen, Buntkalmus, kleinere Rohrkolben, »Zebrabinsen« oder die breitlagernden Gestalten der Funkienbüsche, aus denen sich die Irisblöcke erheben.

Die heimische Wasser-Schwertlilie ist für kleine Wassergärten im allgemeinen zu groß. Ihr Platz sind die Uferzonen von Parkteichen oder von Seen, wo sie sich zwischen Schilf, Rohrkolben und anderen stark wuchernden Uferpflanzen behauptet. Die Sorte 'Golden Queen' zeigt ein leuchtendes, klares, unter den Wasser-Iris einmaliges Gelb. Sie und alle kleinwüchsigen Iris-Pseudacorus-Sorten eignen sich als Solitärpflanzen auch für weniger große Teiche und sind gute Nachbarn für blau blühende Iris-Arten. Die blaßgelbe 'Sulphur Queen' bringt als zurückhaltender Farbpart-

ner blaue bis rotviolette Nuancen in heller oder dunkler Abstufung besonders gut zum Tragen. Leider wird auch diese steil aufstrebende Pflanze sehr groß und läßt sich praktisch nur in Anlehnung an ähnlich gebaute Uferpflanzen wie hohe Seggenarten, Wasser-Schwaden oder Rohrkolben verwenden. Vor einem solchen Hintergrund wirken *I. delavayi* oder die Iris-Virginica-Sorte 'Gerald Darby' im freien Wasserstand sehr attraktiv. Beide sind etwas kleiner als die Formen der Wasser-Schwertlilie und bieten sich als erlesene Solitärpflanzen an. 'Gerald Darby' kommt besonders gut in Begleitung unauffälliger Arten wie Seekanne, *Dulichium*, Sumpf-Simse oder allen schwachwachsenden Binsen und Seggen zur Geltung. Wenn voll erblühte Sumpfprimel mit ihren leuchtend gelben, lockeren Blütenmassen in größeren Gruppen eine einzelne 'Gerald Darby' umrahmen, bietet sich dem Auge das Erlebnis eines perfekten Farben- und Formenkontrastes.

Die beiden ostasiatischen Arten *I. laevigata* und *I. kaempferi* blühen gemeinsam oder lösen sich in der Blütezeit ab, so daß der Flor dieser vornehmen Erscheinungen oft bis in den Spätsommer hinein andauert. Im Wasser sich spiegelnde Blüten vermitteln einen Begriff von japanischen Irisschauen, bei denen eine Fülle von Sorten und Farbabstufungen in großen Becken von Uferwegen aus oder von langgestreckten Brücken zu vergleichen, auszuwerten und vor allem zu bewundern ist.

Primelarten für feuchte Gartenplätze

Primel sind ein beliebtes Thema im Garten. Sie sind fast stets ausdauernd, wenn auch nicht immer besonders langlebig. Alle Primel haben einen walzenförmigen Wurzelstock, der sitzende oder gestielte, ungeteilte, aber oft gelappte Blattrosetten treibt. Die stets unbeblätterten Blütenschäfte entspringen dieser Rosette oder direkt dem Wurzelstock und tragen die Blüten in Dolden, Köpfen, Ähren, Trauben sowie Wirteln oder auch einzeln.

Primel sind Pflanzen der Nordhalbkugel und dringen nur mit wenigen Vertretern in subtropische und tropische Gebiete vor. Die etwa 550 zur Zeit unterschiedenen Arten der Gattung *Primula* werden in 7 Untergattungen mit insgesamt 30 Sektionen (sect.) aufgeteilt. In Asien wird das Entwicklungszentrum der Gattung vermutet. Von hier aus weiten sich die Artenvorkommen nach Westen und Osten hin sich abschwächend aus und erreichen mit wenigen Vertretern auch den Westen Amerikas. Einige Primel-Sektionen, deren Arten entgegen ihrem Gattungsnamen nicht früh, sondern relativ spät erblühen, nämlich zwischen Mai und Juli, sind als »Sommerprimel« zwar nicht unbekannt, aber noch lange nicht so verbreitet, wie sie es verdienen. Ihre Heimat liegt in Asien. Alle Primel beanspruchen eine gewisse Bodenfeuchte, Sommerprimel oftmals sogar nasse bis sumpfige Standorte. Drei Sommerprimel-Sektionen haben besonders zahlreiche bzw. wertvolle Vertreter für Naßstandorte:

Proliferae (Candelabra), Kandelaber- oder Etagenprimel mit etagenartig in Quirlen angeordneten Blüten. Die dicken, gedrungenen Wurzelstöcke haben im Sommer Achselknospen.

Muscarioides, Orchideenprimel mit ährigen oder zylindrischen Blütenständen.

Sikkimensis, Glockenprimel mit trichterförmigen bis glockigen, hängenden Blüten in Dolden. Die Stiele der Samenkapseln stehen aufrecht.

Zwei weitere, für feuchte Gartenstandorte wichtige, außereuropäische Sektionen sind:

Capitatae, Kopfprimel mit hängenden Blüten in dichten Köpfen und

Denticulata, Kugelprimel mit aufrecht stehenden Blüten in dichten Köpfen. Ausschließlich in Europa ist die Sektion *Auriculastrum (Auricula)* verbreitet. Die Sektion *Aleuritia (Farinosa)* umfaßt als umfangreichste Sektion die *Mehlprimel,* die vorwiegend in Asien sowie in Europa, Nord- und Südamerika beheimatet sind. Schließlich ist noch die Sektion *Primula (Vernales)* zu erwähnen, die 4 Arten bekannter Gartenprimel enthält.

Die Artenauswahl berücksichtigt viele leicht zu kultivierende, willig wachsende Arten, aber auch einige seltenere, schwieriger zu pflegende, die vor allem für kleinere, intensiv gestaltete und betreute Gärten interessant sind.

Vegetativ können Primel durch Teilung, Sommerknospen und Wurzelschnittlinge vermehrt werden. Nach Abschluß der Triebzeit können alle Arten geteilt und die Teilstücke gleich wieder an Ort und Stelle gepflanzt werden. Bei der Mehl-Primel ist diese Vermehrungsart zugleich die einzige Methode, alternde Pflanzen vor dem Absterben im nächsten Winter zu retten. Sommerknospen werden an den Wurzeln von Etagenprimel gebildet. Diese Knospen überwintern und treiben im Frühjahr Rosetten, die im Frühsommer blühen. Vor dem Austrieb sind sie mit einem Stück Wurzel zu entnehmen, in sandig-humose Erde zu topfen und in einem Frühbeet weiter zu kultivieren. Wurzelschnittlinge führen bei den Kugel-Primel zum Erfolg. Die gewaschenen Wurzeln werden in 3 cm lange Stücke geschnitten (gerader Schnitt), schräg in ein Sand-Torf-Gemisch (3:1) gesteckt und mit diesem Substrat 1 cm dick abgedeckt. Man benutzt dazu die Wintermonate, die Ruhezeit der Pflanzen. Für die Weiterkultur benötigt man einen möglichst heizbaren Kasten, worin die Temperatur über 0°C gehalten werden kann.

Die Aussaat ist bei allen Primel einfach. Es ist zu beachten, daß die oft sehr feinen Samen nicht zugedeckt, sondern nur leicht angedrückt werden und sehr vorsichtig anzugießen sind, um das Saatgut nicht zu verschwemmen.

Von tierischen oder pilzlichen Schädlingen werden unsere Freilandprimel selten befallen. Voraussetzung für robuste Gesundheit ist Feuchtigkeit sowie ausreichend durchlässiger, schwach saurer und nährstoffreicher Boden. Vor allem die durchweg spät austreibenden Sommerprimel und die Kugel-Primel sind ausgesprochene Starkzehrer. Gefährlich für Freilandprimel aller Art sind die Larven des Dickmaulrüßlers. Sie können wertvolle Pflanzen durch Wurzelfraß vernichten. Noch häufiger befallen alle Arten von Schnecken nachts die Blätter und nagen mit Vorliebe die Blütenschäfte am Grunde ab. Wühlmäuse fressen die fleischigen Primelwurzeln gern. Virosen und Mykoplasmosen sind gelegentlich auch an Freilandprimel zu beobachten. Die Schadbilder sind Adernvergilbung, scheinbare Chlorosen, Deformationen und Vergrünen von Blüten, Knospenstauchung und -streckung und ähnliche Abnormitäten. Die Erreger werden durch Insekten übertragen. Erkrankte Pflanzen sind sofort zu verbrennen.

Primula alpicola STAPF syn. *P. microdonta* var. *alpicola* W. W. SMITH, sect. *Sikkimensis*. VI bis VII. Südosttibet: Becken des Tsang po 3700 bis 4600 m ü. NN. Aus kurzem, kräftigem Wurzelstock treiben elliptische bis eirunde, langgestielte, insgesamt 10 bis 30 cm lange Blätter. Sie sind unterseits drüsig, oberseits glatt mit scharf oder rund gezähntem Rand. Der Stiel ist ungeflügelt. Der Schaft wird 60 bis 90 cm hoch und trägt trichterförmig hängende, schlanke, 15 bis 25 mm lange bemehlte Blüten, oft in 2 Etagen übereinander. Die jeweils 15 bis 20 gelben Blüten hängen an bis zu 8 cm langen Stielen. Abweichende Farben werden als Varietäten eingestuft: *P. a.* var. *alba* STAPF mit dicht bepuderten, stark duftenden, milchweißen Blüten, *P. a.* var. *luna.* (STAPF) W. W. SMITH et FLETCHER, die »Mondscheinprimel« mit blaß zitronengelben, schwach bemehlten Blüten und *P. a.* var. *violaceae* (STAPF) W. W. SMITH, Blüten violettpurpurn, stark bemehlt.

P. anisodora BALF. F. et FORREST, sect. *Proliferae*. VI bis VII. China: Jünnan und Szetschuan ab 3700 m ü. NN. Drüsenhaarige, 8 cm breite und 25 cm lange, verkehrt eiförmige Blätter vereinigen sich zu stattlichen Rosetten. Der Blütenstand trägt 3 bis 5 Quirle mit je 8 bis 10 an 2 cm langen Blütenstielen hängenden Trichterblüten. Die Kronröhre ist 10 mm lang, die Krone erreicht 15 mm Durchmesser. Diese Art fällt bereits ihrer dunklen Blüten wegen auf: ein tiefes, trübes Karminpurpur mit schmalem gelbem Ring über einem grünlichen Schlund. Allen Pflanzenteilen entströmt ein Anisduft. Kreuzungen mit *P. helodoxa* ergeben rötliche, an Erdbeertorte erinnernde Farbtöne.

P. aurantiaca W. W. SMITH et FORREST, sect. *Proliferae*. VI bis VII. China: Jünnan ab 3500 m ü. NN. Mit 5 cm breiten und 20 cm langen Blättern sowie 30 cm Gesamthöhe einer der kleineren Vertreter der Sektion. Die unbemehlten, dünnen, verkehrteiförmigen bis lanzettlichen Blätter sind scharf gezähnt, die Blattstiele schmal geflügelt. Der glatte, rotbraune Schaft trägt bis zu 6 Quirle mit je bis zu 12 orangerötlichen Blüten an rötlichen Stielchen. Die Kronröhre ist 8 bis 16 mm lang, der Blütendurchmesser beträgt 20 mm.

P. beesiana FORREST, sect. *Proliferae*. V bis VII (einzelne Nachblüten bis in den Herbst). China: Nordwestjünnan, Südwestszetschuan ab 2600 m ü. NN. Die eirund-lanzettlichen bis verkehrt eiförmigen, oben glatten, unten behaarten, 6 cm breiten Blätter wirken schlank und können bis zum Spätsommer 40 cm lang werden. Die Blattspreite geht allmählich in den schmal geflügelten Stiel über, die Mittelrippe ist dunkelrot getönt. Der nach oben zu stark bemehlte Schaft kann 1 m Höhe erreichen und 8 Quirle mit je 16 Einzelblüten an 1 bis 3 cm langen Stielen hervorbringen. Die Kronröhre ist 10 bis 15 mm lang, der Krondurchmesser beträgt 20 mm. Die Art blüht rosa bis purpurviolett mit gelbem Auge. Beliebt sind Kreuzungen zwischen *P. beesiana* und

P. bulleyana. Sie werden in der gärtnerischen Praxis als Primula-Bullesiana-Hybriden oder Terrakottaprimel bezeichnet. Mischfarben zwischen reinem Gelb, Orange, Kirschrot, Rosa bis Violett treten dabei auf.

P. bulleyana FORREST, sect. *Proliferae*. V bis VII. China: Jünnan zwischen 2400 und 2700 m ü. NN. Die Art ähnelt in Form und Aufbau sehr *P. beesiana*. Deutlich unterscheidet sie sich durch die tief orangegelbe Blütenfarbe, die nur rötliche, nicht dunkelrote Mittelrippe sowie den betont ungleichmäßig gesägten Blattrand. Die Blattgröße schwankt zwischen 3 × 12 cm und 15 × 35 cm. Die eirunde Spreite läuft an der Basis spitz zu und geht in den breit geflügelten Stiel über. Unter günstigen Bedingungen kann der Schaft 1 m erreichen. Die stark duftenden, als Knospen scharlachfarbenen, 30 mm langen und 20 mm breiten Blüten sitzen an dünnen, bemehlten, 3 cm langen Blütenstielen.

P. burmanica BALF. f. et WARD, sect. *Proliferae*. V bis VI. Burma sowie die chinesische Provinz

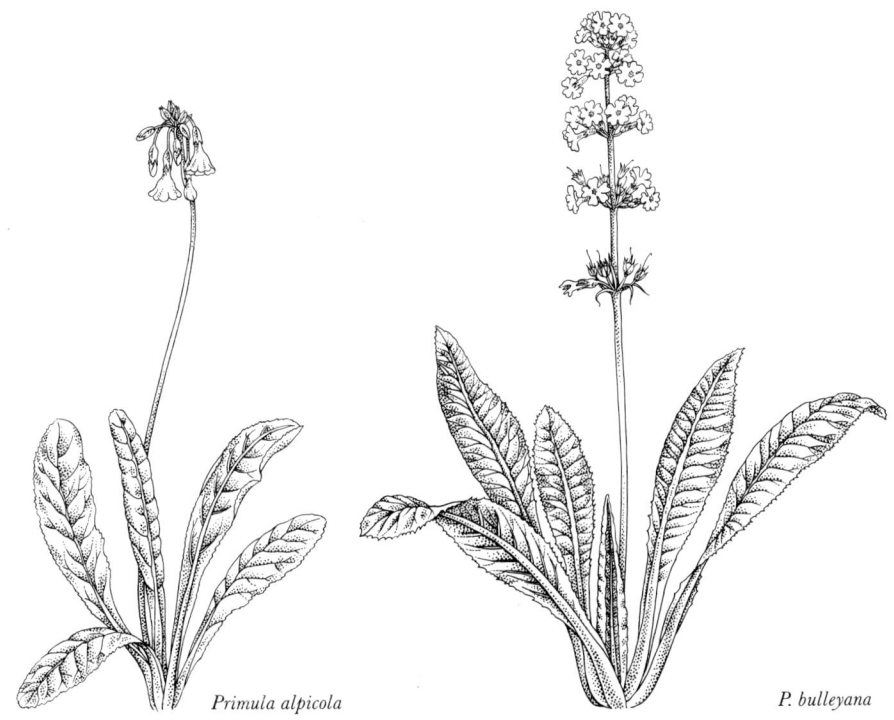

Primula alpicola

P. bulleyana

Jünnan, in tieferen Lagen als die meisten anderen Arten der Sektion. Die 30 cm langen, grob gesägten Blätter sind wie die ganze Pflanze unbemehlt. Der Schaft erreicht bis 70 cm und trägt 5 bis 7 Blütenquirle mit je 10 bis 18 Blüten, deren Kronen ein gelbes bis orangefarbenes Auge auf rötlich-purpurnem Grund zeigen.

P. capitata HOOK., sect. *Capitatae*, Kopf-Primel. VII bis VIII. oder IX. Osthimalaja, China: Tibet, Jünnan und Szetschuan 4000 bis 5000 m ü. NN. Die flach wurzelnde Pflanze bildet eine lockere Rosette aus schmalen, verkehrt lanzettlichen, fein gezähnelten und unterseits bemehlten Blättern. Je nach Alter und Standortbedingungen können sie mit ihrem geflügelten Stiel 2 bis 13 cm lang werden. Der kopfige Blütenstand steht auf einem 10 bis 30 cm hohen Schaft und erinnert etwas an eine Kugelprimel. Die schieferblauen bis dunkelvioletten, kurz gestielten Einzelblüten mit gelbem Auge öffnen sich zunächst am Außenrand des Blütenstandes, während innen ein dichter Kegel aus Blütenknospen verbleibt. Reizvoll ist die dichte, silberweiße Bemehlung des Schaftes und der Kelchblätter. Die Kronröhre ist 5 bis 15 mm lang, die Krone 10 mm breit. *P. c.* ssp. *craibeana.* (BALF. f. et W. W. SM.) W. W. SM. et FORREST hat unterseits gelb bemehlte Blätter und einen im Vergleich zur Nominatform kugeligen Blütenstand. Die Blattunterseite von *P. c.* ssp. *mooreana* (BALF. f. et W. W. SM.) W. W. SM. et FORREST ist weiß bemehlt. Die in allen Teilen größere Pflanze blüht sehr spät (bis Ende September) und hat tief violettblaue Blütenköpfe. *P. c.* ssp. *sphaerocephala* (BALF. f. et W. W. SM.) W. W. SM et FORREST blüht mit kugeligen Blütenköpfen bereits im Juni. Die Pflanze ist unbemehlt. Im Handel ist die Sorte 'Early Lilac'.

P. capitellata BOISS., sect. *Aleuritia*. V bis VI. Iran, Afghanistan, auf feuchten Bergmatten. Mit lockeren bis dicht kugeligen Blütenständen blüht diese Mehlprimelart üppiger als die bekanntere *P. farinosa*. Am Naturstandort nur 10 cm hoch, erreicht die Pflanze im Garten bis 30 cm, ohne an Blütenfülle einzubüßen. Die weißbemehlten, zungenförmigen, allmählich in den Stiel übergehenden Blätter sind bis 10 cm lang und nur ca. 1,5 cm breit. Die rosa Blüten erscheinen in Dolden zu 5 bis 10. Kronröhre 8 mm lang, Krone bis 7 mm breit.

P. chungensis BALF. f. et WARD, sect. *Proliferae.* VI bis VII. Indien (Assam), Bhutan, China: Jünnan, Szetschuan zwischen 2900 und 3200 m ü. NN. Die Art wächst gedrungen und ist auf Schaft und Kelch stark bemehlt. Die 10 bis 30 cm langen und 3 bis 10 cm breiten, etwas gelappten Blätter sind beiderseits unbemehlt. Der Schaft kann 70 cm Höhe erreichen. An 2 bis 6 Quirlen hängen 8 bis 12 hell orangegelbe, im Verblühen ockerfarbene Blüten. Der Kelch ist mit 5 mm besonders kurz. Die Kronröhre ist 15 mm lang, die Krone knapp 20 mm breit.

P. cockburniana HEMSL., sect. *Proliferae.* V bis VII. China: Südwestszetschuan, zwischen 2900 bis 3200 m ü. NN. Die Art ist klein und zart im Habitus. Die lebhaft grünen, unbemehlten Blätter sind 5 × 10 bis 15 cm groß. Der

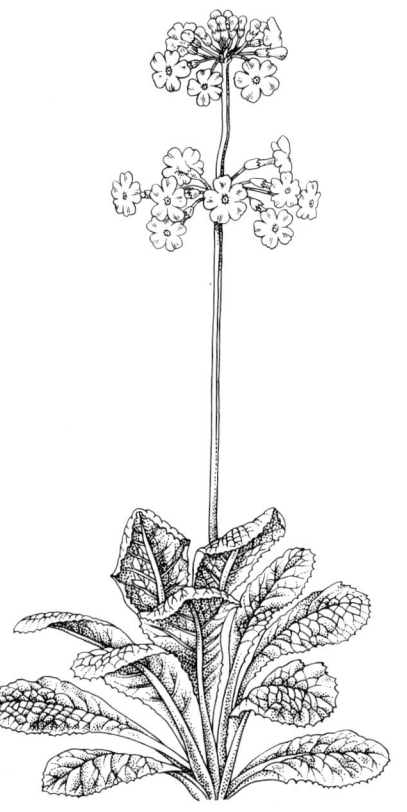

Primula cockburniana

Blattrand ist leicht gesägt und gelappt. Der schlanke, im Blütenbereich an den Knoten bemehlte Schaft trägt bis zu 3 lockere Blütenquirle mit 6 bis 8 Einzelblüten an 3 cm langen Stielen. Die Kronröhre ist reichlich 10 mm lang, die Krone 10 mm breit. Auffallend ist das feurige Kupferorange. Die Art gilt allgemein als 2jährig, kann bei guten Bedingungen aber bis zu 4 Jahren durchhalten.

P. darialica RUPR., sect. *Aleutria.* V bis VI. Nordostkaukasus zwischen 1200 und 2000 m ü. NN. Blattunterseiten gelb bemehlt, zarter als die eng verwandte *P. frondosa*, von der sie schwer zu unterscheiden ist. Eine andere nah verwandte Art, *P. farinifolia* RUPR., galt früher als Unterart und unterscheidet sich durch längere Blütenstände und weiß bemehlte Blätter.

P. denticulata SM., sect. *Denticulatae*, Kugel-Primel. III bis V. Afghanistan, Himalaja, Westchina zwischen 2000 und 4000 m ü. NN. Fleischige, tiefgehende Wurzeln bilden einen kräftigen Stock, der mit kompakter, dunkelroter Knospe überwintert. Bei kühler Witterung blühen die Pflanzen zunächst in der Blattrosette, bei zunehmender Wärme verlängert sich der fein behaarte Schaft bis 30 cm. Die Blätter strecken sich dabei auf 4 × 15 cm. Im Sommer hat die Pflanze kräftige, aufrecht stehende

P. farinosa

Blattbüsche mit derben, unbemehlten, gezähnten Blättern. Die kurzgestielten Einzelblüten mit 20 mm breiter Krone bilden einen kugelrunden Blütenball. Bereits bei der Wildart existieren reiche Farbabstufungen zwischen intensiv purpurfarben, rosa und weiß.

In diesen Farbschlägen und in Blau werden folgende Auslesen angeboten: 'Feuerkugel' (rotviolett), 'Juno' (hellviolett), 'Amethystkugel' und 'Opalkugel' (blau), 'Atroviolacea' (dunkelviolett), 'Schneekugel' (weiß).

Die Varietät *cachemiriana* (MUNRO) HOOK. f. ist wahrscheinlich in gärtnerischer Kultur entstanden. Sie blüht noch früher als die Nominatform, oft schon im Herbst, so daß die Blüten mitunter erfrieren. Die Sorte 'Cachemiriana Rubin' zeigt ein leuchtendes Rotviolett.

P. deorum VELEN., sect. *Auriculastrum*, Götter-Primel. VI bis VII. Bulgarien (Rila und Pirin), in Hochtälern ab 1800 m ü. NN. Die flach wurzelnde Pflanze treibt eine lockere Rosette aus unbemehlten, glatten und spitzen, 2,5 bis 4 cm langen und 5 bis 8 mm breiten Blättern. Der bis 15 cm hohe Schaft trägt eine einseitswendige Dolde aus bis zu 10 leicht hängenden, dunkelpurpur bis violetten Blüten. Die 25 mm lange Kronröhre endet in einer bis 15 mm breiten Krone.

P. farinosa L., sect. *Aleutria*, Mehl-Primel. IV bis V. Nordeuropa, Alpen, Pyrenäen, Karpaten, Gebirge West-, Mittel- und Ostasiens. Der Wurzelstock ist kegelförmig. Die dünnen, unterseits dicht bemehlten, in Knospenlage nach rückwärts eingerollten Blätter sind oben dunkelgrün, leicht glänzend, länglich mit stumpfer Spitze; runzlig-aderig, ganzrandig bis leicht gezähnt und bis 8 cm lang. Die Blattunterseite sowie der Schaft im Bereich der stumpfkantigen Kelchblätter sind ebenfalls dicht bemehlt. Der Schaft trägt 5 bis 10 Blüten, ist 10 bis 20 cm hoch und überragt die Blätter um ein Mehrfaches. Die Kronröhre ist 5 bis 8 mm lang, die Krone 10 bis 15 mm breit, heller oder kräftiger purpurfarben, bläulich, seltener weiß. Der Schlund ist intensiv gelb, die Kronröhre grünlichgelb.

P. florindae WARD. sect. *Sikkimensis*. (VI) VII bis VIII (IX). Südosttibet, um 4000 m ü. NN. Die äußerst robuste Glockenprimel hat einen kurzen, sehr kräftigen Wurzelstock und treibt einen üppigen Blattbusch aus 10 bis 50 cm langen Blättern. Sie sind eirund, unregelmäßig scharf gezähnt, an der Spitze gerundet und am Stiel tief herzförmig eingeschnitten. Der geflügelte, 6 bis 30 cm lange Stiel ist oft rot überlaufen. Die schwefelgelben, zart duftenden, trichterförmigen Blüten hängen an 2 bis 8 cm langen Stielen in einer bis zu 40blütigen Dolde auf einem starken, 30 cm bis über 1 m hohen Schaft. Die Kronröhre ist 8 bis 15 mm lang, der Blütendurchmesser erreicht bis 20 mm. Zur Fruchtreife weisen die zuvor hängenden, nun 10 cm langen Stielchen straff nach oben und präsentieren an ihrer Spitze die 1 cm langen Fruchtkapseln. Durch Kreuzung mit verwandten Glockenprimeln wie *P. alpicola* und *P. waltonii* entstehen oft schöne, mit *P. sikkimensis* weniger erwünschte Hybriden. Die Sorte 'Red Form' hat kupferrote Blüten, dunkelrote Stengel und besonders helle, mit der Blütenfarbe kontrastierende Kelche. Sie ist etwas kleiner als die Stammform. Erwähnenswert sind ferner die tiefroten, kleinwüchsigen 'Keilhauer-Hybriden'.

P. frondosa JANKA, sect. *Aleutria*, Thrakische Mehl-Primel. V. Bulgarien (mittleres Balkangebirge). Die Pflanze ähnelt *P. farinosa*, unterscheidet sich aber durch zugespitzte Kelchzähne, durch kräftigeren, gedrungenen Bau, und sie lebt länger. Rosaviolette Einzelblüten, 10 bis 15 mm breit, stehen in lockerer Dolde zu 10 bis 30 auf einem bis 20 cm hohen Schaft.

P. helodoxa BALF. f., sect. *Proliferae*. VI bis VII (VIII) China (Jünnan), Burma, in Höhenlagen um etwa 2000 m ü. NN. Die 7 cm breiten und 35 cm langen, eiförmigen bis lanzettlichen Blätter bilden Basalrosetten. Auffallend ist die breite, an der Spitze rundlich-stumpfe Mittelrippe, die in den geflügelten Stiel übergeht. Der Blattrand ist eingerollt und fein gesägt. Die stattlichen Blütenschäfte können über 1 m hoch werden und bis zu 8 locker aufgebaute Quirle mit je 20 leuchtend gelben, stark duftenden Blüten tragen. Die Kronröhre ist bis

P. florindae

P. helodoxa

20 mm lang, die Krone bis 25 mm breit. Im Unterschied zu den glatten Blättern sind Schaft, Knoten und Blütenstielchen gelb bemehlt.

P. japonica A. GRAY, sect. *Proliferae*, Japan-Primel. V bis VI. Japan (Hokkaido). Die unbemehlte Art hat etwa 8 cm breite und bis 25 cm lange Blätter mit gestreckter, verkehrt eiförmiger Spreite. Der Rand ist unregelmäßig gezähnt. Der starke Schaft wird bis 60 cm hoch und trägt bis zu 6 Quirle mit 20 und mehr Blüten. Die Kronröhre ist 20 bis 25 mm lang, die herzförmig gelappte Krone 20 mm breit. Die Japanprimel blüht in gebrochenen Farbtönen karmin- bis purpurrot, seltener weiß mit braunem oder gelbem Auge. Nur wenige, gut durchgezüchtete Sorten fallen echt aus Samen, so daß sich eine vegetative Vermehrung empfiehlt.

Sorten: 'Alba' (weiß mit rotem Auge), 'Postford White' (weiß mit gelbem Auge), 'Lilacina' (hellviolett), 'Salmonea' (lachsfarbig), 'Sanguinea' und 'Millers Crimson' (blutrot). 'Valley Red' ist eine Hybride mit *P. bulleyana* (tiefes Karmin).

P. pulverulenta DUTHIE syn. *P. serratifolia* PAX non FRANCH., sect. *Proliferae*. V bis VII. China (Westszetschuan). Der starke Wurzelstock treibt bis 10 cm breite und bis 30 cm lange Blätter, deren scharf gezähnte, oft eigenartig gelappte Blattspreiten verkehrt eiförmig bis lanzettlich geformt sind. Die Blattspitze ist abgerundet, der Stiel geflügelt und geht allmählich in die Spreite über. Der bis 1 m hohe Schaft entwickelt mehrere Blütenquirle und ist ebenso wie Blütenstielchen und Kelch intensiv weiß bemehlt. Die prächtigen, karmin- bis purpurfarbenen Blüten haben ein dunkleres Auge und werden 20 bis 30 mm breit.

P. rosea ROYLE, sect. *Aleutria*, Rosen-Primel. III bis IV. Nordwesthimalaja, von 2700 bis 4000 m ü. NN. Diese echte Frühblüherin entfaltet ihre bereits im Herbst vorgebildeten Blüten auf kurzem Schaft bereits im zeitigen Frühjahr. Während und nach der Blütezeit treiben aus dem kurzen Wurzelstock verkehrt lanzettliche, an der Spitze gerundete, gekerbte oder gezähnte Blätter. Sie erreichen erst lange nach der Blüte ihre volle Länge von 20 cm. Der Schaft wächst zwischen Blüte- und Reifezeit von 3 bis 10 cm auf 20 bis 30 cm Höhe. An 1 cm langen Stielchen sitzen 4 bis 12 Blüten, 20 mm breit. Rosenprimel blühen in verschiedenen Rotnuancen jeweils mit gelbem Auge. Auch eine weiße Form ist bekannt. Sorten: 'Gigas', großblumig und hochstenglig, und 'Grandiflora', ebenfalls großblumig.

P. secundiflora FRANCH. syn. *P. vittata* BUR. et FRANCH., sect. *Sikkimensis*. V bis VI (Nachblüte IX bis X). China: Südwestszetschuan, Nordwestjünnan ab 3500 bis 4000 m ü. NN. Die verkehrt eirunden bis lanzettlichen Blätter können zwischen 3 und 30 cm lang und 1 bis 4 cm

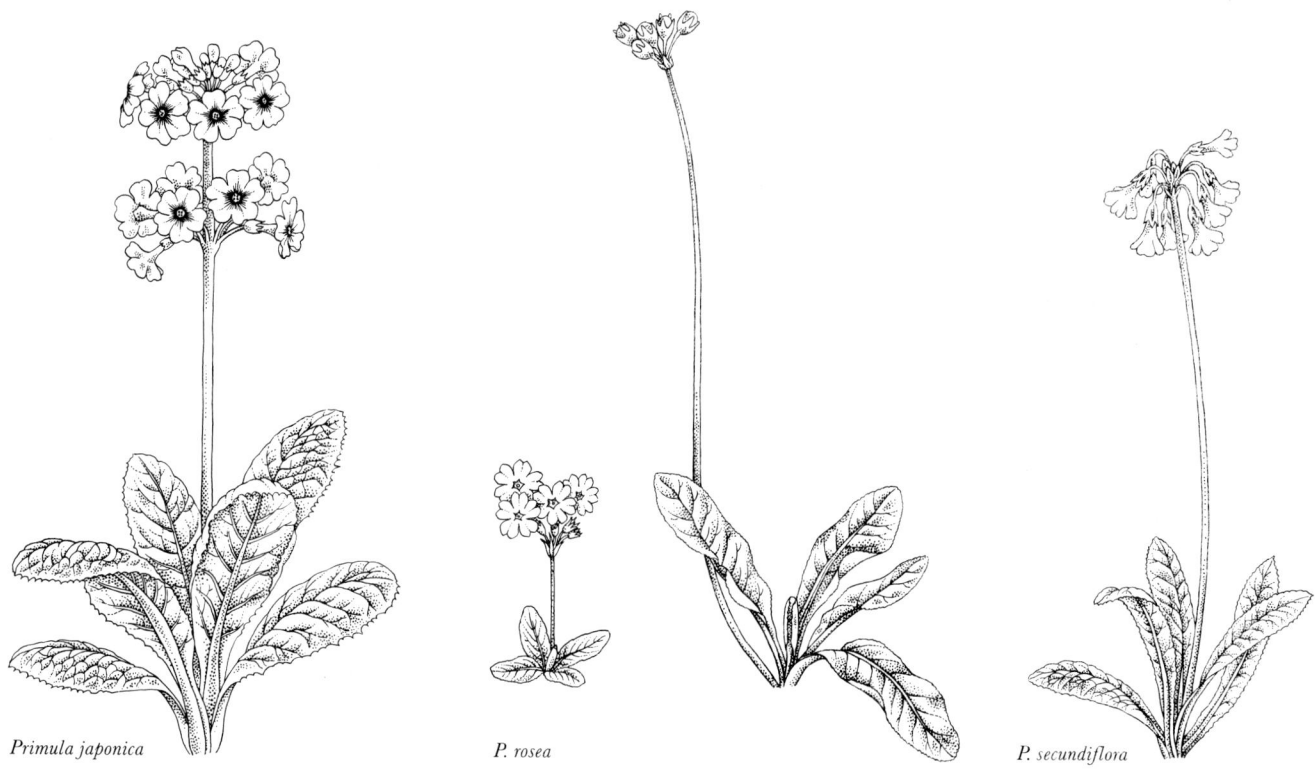

Primula japonica

P. rosea

P. secundiflora

breit werden. Der auffallend geflügelte, zur Blütezeit kurze Blattstiel wird später ebenso lang wie die vorn gerundete, sägeartig gezähnte Spreite. Die unterseits glatten, mattgrünen Blätter sind im Jugendstadium goldgelb bemehlt. Der kräftige, zur Spitze zu ebenfalls bemehlte Schaft wird 10 bis 50 cm hoch (bei bestem Stand auch höher) und trägt meist nur eine Dolde mit 5 bis 20 hängenden, trichterförmigen, tief rosarot bis trübviolett gefärbten Blüten. Sie hängen an 1 bis 5 cm langen Stielchen, sind 15 bis 25 mm lang und stecken auf 5 mm Länge in glockig- bis röhrenartig glockigen, dunkelroten, mit 5 weißen Linien gezeichneten Kelchen.

P. sikkimensis. VI bis VII. Himalaja zwischen 4000 und 5000 m ü. NN. Wirkt mit schmaleren Blättern (2 bis 7 cm × 10 bis 40 cm) und niedrigerem Blattbusch drahtiger als *P. florindae*. In nur wenigen Tagen schiebt sich der oft mehr als 1 m Länge erreichende Schaft blü-

hend aus der Rosette heraus. Er ist leicht bemehlt, im Querschnitt kreisrund und trägt eine bis zu 30 Blüten enthaltende Dolde. Im Unterschied zu *P. florindae* sind die Blattspreiten an der Basis lang in den Stiel verschmälert. Die besonders stark und angenehm duftenden Blüten hängen an 2 bis 10 cm langen Stielchen, die zur Samenreife bis zu 12 cm lang nach oben gerichtet sind. Die schwefelgelbe Blütenkrone ist 15 bis 30 mm breit. Die sehr langlebige Art treibt oft erst Mitte Mai aus. *P. s.* var. *hopeana* BALF. f. et COOPER ist insgesamt schwächer, Blüten bleichgelb, stärker nickend und mehr röhrenförmig; *P. s.* var. *pudibunda* (W. W. SM.) SYN. *P. microdonta* var. *micromeris* W. W. SM. et WARD mit blaßgelben, viel kleineren Blüten als die Nominatform, entschädigt aber durch stärkeren Duft.

P. veris ssp. *macrocalyx* (BUNGE) LÜDI syn. *P. macrocalyx* BUNGE, *P. uralensis* FISCH., sect. *Primula.* IV bis V. UdSSR: südosteuropäischer

Teil, Krim, Turkestan, Ural, Kaukasus; Nordiran und Nordwestchina (Dsungarei). Die Unterart der heimischen *P. veris* L. hat einen kurzen, derben Wurzelstock und dicht drüsig behaarte oder kurzhaarig-samtige grüne Pflanzenteile. Die unterseits graugrün-filzigen Blätter sind mit 25 cm länger als die nur 10 bis 15 cm langen Blätter der Nominatform. Der kantige Kelch wirkt bei der Unterart noch stärker »aufgeblasen«. Die hellgelben Blüten haben eine 10 bis 20 mm lange Kronröhre und sind bis 28 mm breit. Sie stehen in vielblütiger Dolde auf bis zu 40 cm hohen Schäften.

P. vialii DELAV. ex FRANCH., syn. *P. littoniana* ·FORREST, sect. *Muscarioides*, Orchideen-Primel. VI bis VII. China: Jünnan und Südwestszetschuan zwischen 2800 und 4000 m ü. NN. Die Blätter der erst Anfang Mai austreibenden Art sind 3 bis 5 cm breit, 15 bis 25 cm lang, anfangs seitlich eingerollt, an der Spitze gerundet und am Rand unregelmäßig gezähnt. Die auf

P. sikkimensis

P. veris ssp. *macrocalyx*

P. vialii

beiden Seiten behaarte Blattspreite geht allmählich in den geflügelten Stiel über. Der bis 60 cm hohe Schaft trägt eine Ähre aus zahlreichen gedrängt stehenden Blüten, die den Eindruck eines Knabenkraut-Blütenstandes hervorrufen. Die Kelche der noch ungeöffneten Blüten sind auffallend scharlach- bis karminrot, die vielen Einzelblüten erblühen in einer Abfolge von unten nach oben in Lavendelblau. Ihre Krone ist ca. 13 mm breit, die Kronröhre 7 mm lang. Erst gegen Ende Oktober reift der staubfeine, leicht keimende Samen.

P. waltonii WATT syn. *P. prionotes* BALF. f. et WATT, sect. *Sikkimensis*. VI bis VII. Tibet, Bhutan, um 5800 m ü. NN. Die glatten, unbemehlten Blätter entspringen einem kurzen, derben Wurzelstock. Sie sind langgestreckt, verkehrt lanzettlich, vorn rund, an der Basis keilig, am Rand scharf oder rund bis sägeartig gezähnt, 2 bis 7 cm breit und bis 30 cm lang. An der bemehlten Spitze des 20 bis 70 cm hohen Schaftes hängen trichterförmige Blüten an 1 bis 7 cm langen Stielchen. Die Kronröhre ist 5 bis 20 mm lang, die Krone 5 bis 20 mm breit. Die Farbskala enthält helles Rosa, dunkles Violett und alle denkbaren Zwischenstufen von Rot zu Gelb. Als besonders reichblühende Sorte gilt 'Ruby Gem'.

Verwendung: Die Gattung *Primula* enthält sehr unterschiedliche Pflanzencharaktere. So sind die Standortansprüche z. B. zwischen der robusten, kalktoleranten *P. florindae* und der zarten, in der Pflege heiklen und nur schwer zur Blüte zu bringenden *P. deorum* sehr unterschiedlich. Die erste verträgt während der Vegetationszeit volle Staunässe und reagiert andererseits auch auf vorübergehende Trockenheit recht unempfindlich, während die zweite in möglichst perfekter Übereinstimmung mit den Verhältnissen an ihrem Naturstandort kultiviert werden möchte. In den Hochgebirgen Bulgariens wächst die Götter-Primel in saurem Rohhumussubstrat über Urgestein in flachen Mulden der Hochtäler, die nach langer Schneebedeckung auch im Sommer von kühlem Wasser durchzogen werden. Nur im Spätsommer geht die Feuchtigkeit etwas zurück. In Anbetracht der Unterschiede lassen sich die Primelarten für feuchte Gartenplätze in vier Gruppen zusammenfassen, die ihren Lebensansprüchen, dem Charakter und damit auch

den gestalterischen Verwendungsmöglichkeiten entsprechen:
1. Starkwachsende Sommerprimel
2. Schwächer wachsende Sommerprimel und Orchideen-Primel
3. Kugel-Primel und andere Arten, die aus derben Wurzelstöcken treiben
4. Mehl-Primel und andere grazile Arten mit schwach ausgeprägtem Wurzelsystem.

Die stattlichen Arten der ersten Gruppe lieben sauren, sandig-lehmigen, nährstoffreichen Boden. *P. beesiana*, *P. bulleyana*, *P. florindae* und *P. sikkimensis* sind kalktolerant; *P. anisodora* und *P. japonica* dagegen fliehen den Kalk, *P. helodoxa* ist extrem kalkfeindlich. Alle Primelarten dieser Gruppe, auch *P. alpicola*, *P. burmanica*, *P. chungensis* und *P. pulverulenta* benötigen reichlich Wasser während der Triebzeit, sie fühlen sich im ständig nassen Boden wohl. Es genügt, wenn ihre Blattbasen nur wenige Zentimeter aus dem Staubereich herausragen. *P. sikkimensis* und mehr noch *P. helodoxa*, die »Sumpfprimel«, vertragen im Frühjahr und im Sommer eine flache Überflutung, ab Spätherbst und im Winter sollte auch bei diesen Arten der Wasserstand etwas gesenkt werden. Wasser im Überschuß und eine gute Nährstoffversorgung durch Abdecken der Wurzelstöcke mit verrottetem Stallmist oder Laubkompost im Herbst bilden die Voraussetzungen für bestes Wachstum, das die üppige Schönheit dieser Primel erst voll zur Geltung bringt. Andernfalls blühen diese Primel zwar auch, wirken aber im Verhältnis zu ihren Möglichkeiten fast kümmerlich. Kraft und Vitalität bestimmen den Gestaltausdruck eindeutig mit, deshalb passen diese Primel nicht in die Nähe feingliedriger Pflanzenkompositionen, z. B. in eine kleine Senke unmittelbar vor einen artenreichen, kleinteiligen Steingarten.

Keine Maßstabprobleme sind bei einem größeren, mit gröberen Pflanzen besetzten Steingartenhang zu befürchten, dessen Fuß vom Wasser eines Teiches umspült wird (s. Abb. S.108). Hier, im Kontaktbereich zum offenen Wasser, entfalten sich unsere Sommerprimel nicht nur optimal, sondern sie wirken auch überzeugend. Man sieht es ihnen an, wie sie die Nähe des nassen Elementes nutzen, die vom Teich ausgehende Luftfeuchte genießen und von hier unten aus gegen den Berg andrängen, wobei ihre Blütenschäfte zu Nach-

barn der sich anschließenden Hangpflanzen werden, wie Alant, Schafgarbe, Ziest und Königskerze. Selbst die weniger robuste *P. secundiflora* blüht an solchen Plätzen im wahrsten Sinne des Wortes auf und setzt sich gegen Konkurrenten durch.

Nachbarn für unsere üppigen Sommerprimel sind Hosta-Arten, *Filipendula palmata* 'Elegans', Wild-Gladiolen, Sumpfvergißmeinnicht, kleinere Astilben, Farne und Seggenarten sowie im Hintergrund Sträucher wie die sumpfbewohnenden Rosenarten *Rosa carolina* und *R. palustris*, *Spiraea salicifolia* und *Myrica gale*. Auch kleinere und mittelgroße Schwertlilien wie *Iris laevigata*, *I. kaempferi*, *I. prismatica* und *I. setosa* sind geeignete Nachbarn.

Im großen Alpinum oder Steingarten sind Sommerprimel als Einzelstauden oder in kleinen Gruppen zu verwenden. Hier ist vor allem *P. chungensis* hervorzuheben, die kompakter aufgebaut ist als die meisten anderen Etagenprimel und sehr diszipliniert wirkt (vgl. Abb. S. 253). Die etwas zarteren Sommerprimel der zweiten Gruppe, *P. aurantiaca*, *P. cockburniana*, *P. secundiflora*, *P. waltonii* und die ganz außergewöhnliche Orchideen-Primel ergänzen sich als Nachbarn wechselseitig und gefallen besonders gut, wenn sie aus niedrigen Pflanzenteppichen (z. B. *Myosotis rosularis*, *Viola blanda* oder auch *Hypsela reniformis*) herausblühen. Sie wollen im Vordergrund des Gestaltungsbildes und etwas für sich stehen, um ihre volle Schönheit zu zeigen. Diese Arten eignen sich zur Randbepflanzung kleiner Wasserflächen und Bachläufe oder auch für Sumpfstandorte im Alpinum, eventuell gemeinsam mit Mehl-Primel.

Kugel-Primel sind für ihre Anspruchslosigkeit bekannt. In bunter Mischung mit anderen Frühlingsblühern zählen sie zu den beliebtesten Gartenblumen der frühen Jahreszeit. Stimmungsvoller als im übermütigen Durcheinander mit blauen Scilla, gelben und violetten Crocus, frühen Narzissen und weißen Märzbechern wirken ihre schönen Blütenbälle in großer Gruppe ohne die Konkurrenz anderer Blumen, so zwischen gerade erst frischgrün austreibenden Taglilien, den steilen Triebspitzen der Wiesen-Schwertlilien und manch anderer Staude feuchter Uferbereiche. Feuchter bis nasser Stand sagt den Kugel-Primel am besten zu. Gute Ernährung vorausgesetzt, bilden sie an solchen Standorten stattliche Blütenbälle.

Im Sommer sind die festen, großen, frischgrünen Blattbüsche der Kugel-Primel, die bei genügender Feuchtigkeit bis in den Herbst hinein ordentlich aussehen, bei der Gestaltungskonzeption zu berücksichtigen. Gruppen solcher Blattbüsche schaffen Abstand. Richtig eingesetzt, können sie zur Gliederung beitragen und später blühende Hochstauden wirkungsvoll trennen.

Die gelben »Schlüsselblumen« der *P. veris* ssp. *macrocalyx* passen farblich gut zu Kugel-Primel, mit der sie die frühe Blütezeit teilt und auch in anderer Hinsicht gut zu vergleichen ist. Die äußerst vitale, sich überall selbst aussäende Unterart paßt sich an sehr unterschiedliche, auch relativ trockene Standorte an, erreicht aber ihre volle Schönheit wiederum nur bei ausreichender Feuchtigkeit, am besten bei leichter Sickernässe, das unterscheidet sie von der Stammform. Der frühe Blühtermin in Verbindung mit dem »Schlüsselblumen-Habitus« machen diese Primel unentbehrlich. In größerer Gruppe am Teichrand, in Pflanzbereichen, die im Sommer unter einem dichten Schattendach verschwinden, gemeinsam mit Sumpfdotterblumen und Troddelblumen an sickerfeuchten Stellen in größeren Steingärten ist sie gut zu verwenden.

Rosen-Primel lieben milde bis mäßig sauerhumose, lauberdehaltige Böden. Sie stellen damit größere Ansprüche als die beiden übrigen Arten ihrer Gruppe. In Uferrandzonen von Bächen und kleinen Teichen, begleitet von Frühlings-Knotenblumen, Milzkraut, weißer Kugel-Primel oder *Haquetia epipactis* erwecken die leuchtenden, warmen Farbtöne dieser sehr frühen Primel großes Interesse. Zur Vegetationszeit verträgt die Rosen-Primel volle Nässe und benötigt auch während der übrigen Zeit ausreichend Feuchtigkeit zu normalem Gedeihen. Diese Art ist weniger langlebig und nicht so robust wie die Kugel-Primel oder auch *P. veris* ssp. *macrocalyx*. Die Nachzucht aus Samen ist wie bei fast allen Primel einfach.

Die letzte hier aufgeführte Gruppe enthält mit *P. capitellata*, *P. darialica*, *P. farinosa* und *P. frondosa* vier typische Vertreter der Mehlprimel-Sektion. Hinzugefügt wurde die Kopf-Primel aus Asien und die bulgarisch-endemische Götter-Primel. Um den Lebensansprüchen dieser letztgenannten Art gerecht zu werden, wäre ein nach Norden gerichtetes, langes Tälchen wünschenswert, das über seine Ränder reichlich Oberflächenwasser bezieht und dessen Boden mit Hilfe von etwas Sphagnum-Moos zusätzlich feucht gehalten wird. Staunässe darf nicht entstehen! Dafür ist dem sauer-humosen Pflanzensubstrat eine ca. 5 cm starke Schicht aus feinem, kalkfreiem Splitt aufzulagern, damit der Wurzelhals dieser kostbaren Liebhaberpflanze nicht verfault. Diese Gefahr ist vor allem im Sommer, bei anhaltend feuchtwarmer Witterung gegeben. Zwischen Moorgräsern, Ährenlilie oder Vaccinium-Zwergsträuchern wirken kleine blühende Trupps von Götterprimel mit ihren dunklen Blüten überaus anziehend.

Bei den übrigen Primel dieser Gruppe fällt vor allem das schwach ausgeprägte Wurzelsystem auf, eine Eigenschaft, die sie von anderen Primelarten deutlich unterscheidet. *P. capitata* erfreut nicht nur wegen ihrer schönen Farbe und Form, sondern sie wird auch wegen ihrer Schattenverträglichkeit und der späten Blüte geschätzt. Absonnige, feuchte bis nasse Felsspalten sind Standorte, für die nicht viele attraktive Pflanzen zur Verfügung stehen. In Verbindung mit einem kleinen Fließgewässer lassen sich Steinbrecharten wie *Saxifraga aizoides*, *S. hypnoides* oder Vertreter der Gesneraceen wie *Ramonda* und *Haberlea* als Nachbarn zuordnen (s. Abb. S. 111). Bei freiem Stand in feuchtschattiger Lage können die Exemplare im Winter hochfrieren und sind dann der Vertrocknungsgefahr ausgesetzt. Deshalb sollten die Bestände der Kopf-Primel auch im Winter kontrolliert werden.

Bei den Mehlprimel ist sorgfältig zwischen kalkliebenden oder -vertragenden und kalkfliehenden Arten zu unterscheiden. Die härteste und wüchsigste von allen ist *P. frondosa*. Sie liebt volle Sickernässe, verträgt mäßige Staunässe und ist extrem kalkfliehend. Empfehlenswerte Nachbarn sind kleinwüchsige Trollblumen, *Viola blanda*, *P. v.* ssp. *macrocalyx*, *Astilbe glaberrima* und *A. simplicifolia*. Die übrigen Mehlprimel bevorzugen nährstoffreiche, mildhumose, mit Lauberde angereicherte, nicht zu schwere Böden. *P. darialica* tendiert in ihren Ansprüchen mehr zu *P. frondosa*, während *P. capitellata* und *P. farinosa* kalkhold sind. Alle Primel dieser Gruppe eignen sich wegen ihrer Größe für Moorbeete oder feuchte Stellen in Steingärten als passende Nachbarn aller anderen dort wachsenden Pflanzen.

Taglilien und Funkien

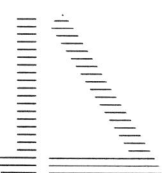

Die vielgestaltige Familie der Liliengewächse besiedelt alle Florengebiete der Erde. Eine ihrer Unterfamilien umfaßt Vertreter mit fleischigen Wurzeln und grundständigen, in Büscheln angeordneten Blättern. Die Arten der Gattungen Affodil und Junkerlilie besiedeln mediterrane Felsfluren, Fackellilie und die sukkulente Aloë bestimmen das Bild südafrikanischer Trockengebiete mit. Die einzige bei uns beheimatete Gattung Graslilie ist ebenfalls auf trockene, sonnige Standorte angewiesen. Taglilien und Funkien gehören systematisch mit zu dieser Gruppe und weisen sich vor allem durch ihre wasserspeichernden Wurzeln ebenfalls als Trockenheit ertragend aus, passen aber gut in unseren Wassergarten. Sie sind wenig anfällig für Schädlinge, langlebig, äußerst robust, tolerant gegenüber Bodenart und Säuregrad des Bodens und – sie vertragen beträchtlichen Schatten.

Volle Sonne sagt vor allem den Taglilien zu, jedoch passen sich auch die meisten Funkien an sonnige, dann aber nicht zu trockene Standorte an. An heißen, trockenen Standorten entfaltet sich ihre typische Blattschönheit nicht mehr voll.

Als mehrere Jahre nach dem Kriege Ruinen und verlassene Wohnhausgrundstücke neu bebaut wurden, fand man in den völlig verwahrlosten Gärten prachtvolle Taglilien und Funkien in ungebrochener Vitalität, die selbst den Trümmerschutt überwand. Dennoch werden ganz bestimmte Standorte bevorzugt: von Taglilien sonnige bis leicht beschattete, von Funkien mäßig bis stark beschattete Plätze auf frischen bis feuchten Böden. Volle Staunässe wird von Taglilien und Funkien nur über kurze Zeit vertragen.

In den letzten 40 Jahren entstand eine Fülle prächtiger Taglilien-Sorten, die in den Farbgruppen perlmutt, hellgelb, goldgelb, orange, rot, wein- und mahagonirot, braun, rosa, lavendel angeboten werden. Hinzu gesellen sich Sorten mit zweifarbigen oder gebänderten Blüten. Eine besondere Zuchtrichtung zielt auf kleinblumige »Miniatur-Hemerocallis«, deren Charme in der schwebenden Leichtigkeit ihrer lockeren Blütenstände besteht. Nur wenige Wildarten, wie die duftende *Hemerocallis citrina*, reichen in ihrer Prachtentfaltung an die großblumigen Hochzucht-Hybriden heran. Die meisten Arten sind als Stammeltern zwar immer noch reizvoll, aber in der Regel nur für den speziellen Sammler von Interesse. Die Taglilien haben ihre Heimat in Asien. Nur *Hemerocallis lilioasphodelus* kommt bis Südeuropa und das südliche Mitteleuropa vor. Vielleicht handelt es sich dabei aber nur um uralte Gartenflüchtlinge.

Die weißen bis violetten, trichterförmigen Blüten der in Ostasien, hauptsächlich in Japan verbreiteten Funkien hängen in einseitswendigen, endständigen Trauben. Sie sind hauptsächlich als Blattschmuckstauden bekannt geworden, haben aber noch längst nicht das Ende ihrer Steigerungsmöglichkeiten erreicht, wie ständig neue und überraschende Züchtungsergebnisse beweisen. Erst in neuerer Zeit

wird auch die Blütenschönheit züchterisch beeinflußt. Statt bleicher, verwaschener Blautöne unter verwelkenden Hochblättern wurden schon Sorten mit leuchtend blauen oder tief dunkelvioletten Blütentrauben gezüchtet. Reines Weiß in ansehnlichen Blüten bietet die verwandtschaftlich etwas abseits stehende Lilienfunkie, *Hosta plantaginea* (LAM.) ASCHERS. Zunehmend werden auch kleinere und kleinste Wildarten aus Fernost in den Handel gebracht. Damit können selbst Pflanzplätze auf engstem Raum für diese dankbare Pflanzengruppe erschlossen werden.

Alle Arten der Gattung *Hemerocallis* L. treiben schmale, lange, rinnige Blätter. Die lilienähnlichen Blüten stehen meist einzeln auf den Zweigen eines gabelig geteilten Schaftes (so bei allen Hybriden und den meisten Wildarten), oder es sind 2 und mehr Blüten an der Spitze eines unverzweigten Schaftes zwischen Stützblättern fast sitzend angeordnet (z.B. *H. dumortierii* und *H. middendorfii*). Für die gestalterische Verwendung ist die Kenntnis der Blütezeit wichtig. Vor der Hauptblütezeit der meisten Sorten in den Sommermonaten blühen gemeinsam mit *H. minor* und *H. lilioasphodelus* einige frühe Sorten. Zwischen ihnen und der Hauptgruppe liegt vor allem bei vorherrschendem kühlerem Wetter Anfang Juni eine Blühpause. Für die nachbarschaftliche Zuordnung zu anderen Pflanzen ist das von Bedeutung. Der deutsche Name »Taglilie« wie auch der botanische Name griechischen Ursprungs, *Hemerocallis* = Schönheit für einen Tag, weisen auf die kurze, nur einen Tag während Blühdauer der Einzelblüten hin. Ihre Vielzahl und die dichte Blütenfolge gleichen diesen Nachteil jedoch wieder aus.

Hemerocallis aurantiaca BAK. VI bis VII. Japan, China. Diese orangegelb blühende Art war um 1900 an der Entstehung der kanariengelb blühenden Weltsorte 'Hyperion' beteiligt. Sie ähnelt im Aufbau der *H. fulva*.

H. citrina BARONI, VII bis IX. Japan und Mittelchina. Die Blattschöpfe dieser starkwachsenden und reichblühenden Art erreichen bis 1 m Höhe. 20 bis 30 cm über dem dunkelgrünen, festen, schön geschwungenen Laub erheben sich hellgelbe, langgestreckt-trichterförmige Blüten, die vor allem nachts, nach dem Aufblühen, angenehm nach Maiglöckchen duften. Am frühen Nachmittag schließen sich die Blüten.

H. dumortierii C. MORR. VI bis VIII. Ostasien. Die Blütenschäfte dieser schon früh zur Züchtung verwendeten Art stehen mit 40 cm Höhe im Laub. Chromgelb bis orange, außen

dunkler, sind die spitzen, schmalen trichterförmigen Blüten gefärbt.

H. fulva (L.) L. VII bis VIII. Vermutlich Japan und China. Die seit 1570 in den Gärten Europas bekannte, duftlose, 80 bis 150 cm hohe Art, die selten Früchte ansetzt, scheint die in der Kultur härteste Taglilie zu sein. Sie verwildert leicht. Das wird durch ihre reiche Ausläuferbildung gefördert. Die hoch über dem Laub stehenden gelbroten Blüten der Wildart mit stumpfen, etwas gekräuselten Kronblättern werden an Schönheit von den modernen Züchtungen weit übertroffen.

H. lilioasphodelus L. EMEND. SCOP., syn. *H. flava* L. V bis VI. Asien (Südeuropa). Über saftiggrünen 50 cm hohen Büschen aus elegant geschwungenen Blättern schweben je Schaft 6 bis 9 glockige, hellgelbe, nach Orangen duftende Blüten mit spitzen Blütenblättern. Die

dreifächerigen Früchte dieser seit 1570 in Europa bekannten Art bilden im Gegensatz zu vielen anderen Sorten und Arten auch bei uns keimfähige Samen aus.

H. middendorfii TRAUTV. et C. A. MEY. V bis VII und IX. Japan, Amur- und Ussurigebiete, Korea. Die 30 bis 45 cm hohen Schäfte dieser niedrigen Art stehen nur wenig über dem Laub. Sie tragen 2 bis 5 (oder mehr) große, dottergelbe Blüten, die durch kurze Kronröhren und nach außen gespreizte Zipfel der Kronblätter auffallen. Wertvoll ist vor allem die Nachblüte im Herbst, aber auch der köstliche Blütenduft.

H. minor MILL., syn. *H. graminea* ANDR., *H. graminifolia* SCHLECHTEND. IV bis VI. Ostasien. Die grasartigen, nur 5 mm breiten, hellgrünen Blätter treiben früh und liegen im Sommer etwas. Seit 1768 wird diese niedrige,

Hemerocallis fulva   *H. lilioasphodelus*   *H. minor*

zierliche Art in Europa angepflanzt. Die Blüten sind kurzröhrig und hellgelb.

Hemerocallis-Hybriden: Über einen Zeitraum von mehreren Jahrhunderten züchteten die Chinesen Taglilien als Schmuckpflanzen und Heilpflanzen. In Europa und in Nordamerika zählen sie heute zu den züchterisch am intensivsten bearbeiteten Pflanzengruppen. Nach amerikanischen Angaben waren bis 1986 rund 12000 Sorten registriert. Es können deshalb nur einige Beispielsorten genannt werden, deren Eigenschaften für die gestalterische Verwendung von Interesse sind.

'Maikönigin' treibt früh mit frischgrünen Blatthorsten, blüht goldgelb ab Mitte Mai und zählt zu den frühesten Hybriden. Eine alte, jedoch immer noch empfehlenswerte Sorte. Sie gehört zur Klasse der kleinblumigen Taglilien, die mit einem Blütendurchmesser von 7,5 bis 11,5 cm einen Mittelplatz zwischen den Miniatur- und den großblumigen Hemerocallis-Hybriden einnehmen.

'Corky' wurde 1967 mit dem höchsten Preis für eine Miniatur-Hemerocallis ausgezeichnet. Die zitronengelben Trichterblüten stehen gut verteilt auf dunklen, drahtigen Stielen. Eine Sorte von wildhafter Schönheit, die von Mitte Juli bis Mitte August blüht. Ähnlich zu bewerten sind die Miniatur-Hemerocallis 'Tini Miss' mit goldgelben, fast runden Blüten, fester Substanz sowie die neueren (1983) überaus reich blühenden Sorten 'Eenie Allegro', zartgelb, mit je 3 schmalen und 3 breiten, schön geformten, rosa gerahmten Perigonzipfeln; 'Eenie Fanfare', Blüten in samtigem Dunkelrot mit grünem Schlund; 'Toyland', leuchtend rosa bis melonengelbe Blüten mit dunklerem Schlund. Die ziegelrote 'Sammy Russel', ein Massenblüher, ist eine ältere, kleinblumige, spätblühende, 60 cm hohe Hybride. Beispiele für großblumige Pracht-Hemerocallis sind: 'Elaine Strutt', rosenholzfarben; 'Empress Seal', dunkelbrombeerfarben, fast lila; 'Greacen Gift', hellrosa mit weißen Streifen und gelbgrünem Schlundring sowie 'Tang', dunkelblutrot. Äußerst kontrastreich wirkt die zweifarbige Sorte 'Frans Hals' mit 3 orangefarbenen und 3 rahmgelben Perigonblättern mit kräftigen gelben Mittelnerven. Die ähnlich gezeichnete, aber dunklere, fast braun gefärbte 'Jean' wirkt vor allem durch ihre langen, geraden, bis 130 cm emporstrebenden Blüten-

schäfte. Die beiden leuchtend orangefarben blühenden Sorten 'Golden Sceptre' frühblühend, 60 cm hoch, und 'Golden Delight', mittel bis spät blühend, 80 cm hoch, verdienen ebenso Erwähnung wie die alte hellgelbe 'Atlas', die sich durch große, weitgeöffnete Blüten auszeichnet. Von den letzten Neuheiten seien erwähnt 'Heavenly Lace', große gelbe, ockerfarben überhauchte Blüten, 3 Perigonblätter mit gekräuselten und gefransten Rändern; 'Falcon' mit samtigen, fast schwarzroten Blüten und grüngelbem, hellem Schlund sowie 'Kittens Paw', pfirsichrosa.

In ihren Heimatgebieten wachsen die dichten Blattrosetten der *Hosta* TRATT (syn. *Funckia* DUMORT. non WILLD., *Funkia* SPRENG.), der Funkien zwischen den Wurzeln alter Bäume in schattigen Schluchten, an steilen, nach Norden gerichteten Felswänden oder herdenweise in und an Flüssen auf humosen Schwemmsandablagerungen. Stets ist es die Nähe eines Gewässers, das gemeinsam mit entsprechender Geländegestalt und Begleitflora den Lebensraum der Funkien prägt. Die krautigen und glänzenden Blätter sind Merkmale dieser Standorttypen. In der Anpassung an tiefen Schatten sind die Funkien ohne Konkurrenz. Im gärtnerischen Sortiment fallen die zahlreichen heller gerandeten, blaugrauen und gelbbunten Typen ins Auge. In der freien Natur dagegen sind auch bei den Funkien der »Alltag« grün. Weißrandarten sind selten, noch seltener Formen mit panaschierten oder bläulichen Blättern.

Die große Variationsbreite der Arten, ihre Neigung, Naturhybriden und Varietäten zu bilden, und die Ähnlichkeit vieler Arten untereinander haben die Bestimmung der Arten der Gattung *Hosta* stets erschwert. Neuerdings kommt die von Züchtern praktizierte Gepflogenheit hinzu, abweichende Naturformen unter Sorten einzureihen und damit einer Doppelbenennung Vorschub zu leisten. Im Laufe der Zeit entstand eine Fülle falscher, rasch wechselnder und kaum zurückverfolgbarer Namen, die bis heute in Gärtnereien und selbst in botanischen Gärten weiter angewendet werden und für erhebliche Verwirrung sorgen. Für die Gestaltung sind nachfolgend aufgeführte Arten bzw. Hybriden besonders wertvoll.

Hosta crispula F. MAEKAWA, syn. *Funkia sieboldiana* HOOK. var. *marginata* MIQ., *H. fortunei* var. *marginatoalba* L. H. BAILEY (N. Hylander führt noch weitere 9 Synonyme auf). Riesen-Weißrandfunkie. VII. Nur als japanische Gartenart bekannt. An ziemlich kurzen, gekielten Stielen sitzen lang zugespitzte, reinweiß gerandete Blattspreiten mit grünem Binnenfeld. Bis 5 cm lang sind die breit-trichterförmigen, hellvioletten Einzelblüten. Sie werden von bleichen, dauerhaften Hochblättern überragt. Die langsam wachsende Art erreicht allmählich einen Durchmesser von 1 m.

H. decorata L. H. BAILEY, Zierliche Weißrandfunkie. VII bis VIII. Japan. Sie wird reichlich halb so mächtig wie *H. crispula*. Die mehr breitovalen Blätter sitzen an flach gefurchten Stielen, die bei den äußeren Blättern breit geflügelt sind. Die Stiele verschmälern sich allmählich in die Blattspreite. Nach innen zu sind die Blattstiele schmaler geflügelt und tiefer gekielt. Von der ähnlichen *H. sieboldii* unterscheidet sich die Art durch dunkel olivgrüne, schaufelförmige Hochblätter und dunklere violette Blütenblätter mit hellen Spitzen. Die Blütenform ist eine kurze, bauchig-glockig aufgeweitete Röhre, mit etwas nach außen gestellten Kronzipfeln.

H. elata HYL., syn. *H. fortunei* var. *gigantea* L. H. BAILEY, *H. montana* F. MAEKAWA, Grüne Riesenfunkie. VII bis VIII. Japan. Etwas asymmetrisch-herzeiförmige, am Rand leicht gewellte Blattspreiten (20 × 30 cm) sitzen an langen, wenig gekielten, bei jungen Blättern eng U-förmig gefurchten Stielen. Die feine bläuliche Bereifung an der Unterseite und den Stielen junger Blätter verliert sich rasch, und die Blattoberflächen sind dann nur noch dunkelgrün-mattglänzend. Die dichten, bis 1,30 m breiten Blatthorste werden von 90 cm hohen Schäften überragt, die 6 cm lange, trichterförmige hellbläulich-violette Blüten tragen. Taxonomisch zu *Hosta elata* gehört eine amerikanische Sorte, die als 'Hosta montana aureomarginata' angeboten wird. Der gelbe Blattrand verzahnt sich streifenförmig mit dem grünen Binnenfeld. Das glänzende Blatt wirkt sehr elegant.

H. fortunei (BAK.) L. H. BAILEY, syn. *Funkia fortunei* BAK. VII bis VIII. Japan. Hinter diesem Artnamen verbirgt sich eine ganze Gruppe dichtbelaubter, mit Blatthorsten von

80 cm Durchmesser stattlicher Typen, die vermutlich hybriden Ursprungs sind. Die deutschen Bezeichnungen sind meist von der Blattfärbung abgeleitet. Die Farbskala umfaßt gelb, Abstufungen von grün und selbst blaugrau. Allen gemeinsam sind zugespitzte, länglich-herzeiförmige Blätter, ein relativ kurzer, dichter Blütenstand mit blaßvioletten, trichterförmigen Blüten (die nur ganz selten wenige Früchte ansetzen) und noch zur Blütezeit abwelkende, bleiche Hochblätter.

H. f. var. *albopicta* (MIQ.) HYL. f. *viridis* HYL. (*H. f.* 'Viridis'). VII. Die kraftvolle Pflanze entwickelt mittelgrüne, große Blätter, die im Vergleich mit der sonst sehr ähnlichen *H. f.* var. *stenantha* etwas dünner wirken, auf ihrer Oberfläche weniger stark gerunzelt und unterseits nur gering bereift sind.

H. f. var. *albopicta* f. *aurea* (WEHRH.) HYL., syn. *H. japonica* var. *aurea* HORT., *H. f.* var. *albopicta* f. *lutescens* HYL. (*H. f.* 'Aurea'), Frühlings-

goldfunkie. VII. Eine in Gärten beliebte und verbreitete Form, die im Laufe des Sommers ihre leuchtende Gelbfärbung verliert und vergrünt.

H. f. var. *hyacinthina* HYL. (*H. f.* 'Hyazinthina'). VII. Diese unter die Graublattfunkien einzureihende Varietät, die mit ihren stark bereiften Blättern auch wirklich grau aussieht, gefällt zusätzlich durch ihre dunkelvioletten Blüten, der schönsten aller Fortunei-Typen.

H. f. var. *obscura* (H. f. 'Obscura'), Schattenfunkie. VIII. Durch tief dunkelgrüne, sehr große Blattspreiten, die an relativ kurzen Stielen waagerecht stehen, gekennzeichnet.

H. f. var. *obscura* f. *marginata* HYL., syn. *H. japonica* var. *aureo-marginata* HORT. (*H. f.* 'Aureomarginata') Grüne Gelbrandfunkie. VII. Dieser gelbgeränderten Form stehen die Sorten nahe: 'Thomas Hogg', Blätter glänzend, cremeweiß gerandet; 'Aureopicta' (*H. f.* aureomaculata). Blätter gelblichweiß mit schmalem grü-

nem Saum; 'Sharmon', Blätter auch im Sommer gelblichgrün.

H. f. var. *rugosa* HYL. (*H. f.* 'Rugosa'), Runzelblattfunkie. VIII. Die stark runzeligen, oberseits mattgrünen, bereiften Blätter sind etwas schmaler als die der ähnlichen *H. f.* 'Stenantha'. Nur knapp über dem Laub oder im Laub versteckt stehen die gedrungenen Blütenstände. Die Pflanze entwickelt wuchtige Horste.

H. f. 'Stenantha' HYL. VIII. Kurz zugespitzte, herzförmig-ovale Blattspreiten, die vor allem im Jugendstadium gerunzelt sind. Sie sitzen an tief gefurchten, schmal geflügelten, in die Spreite verschmälerten Stielen. Die Blätter wirken durch die bleibende Bereifung unterseits mattgrau, oberseits sind sie in Schattenlagen glänzend tiefgrün, in der Sonne bleichen sie statt aus. Die eng trichterförmige, rötlichviolette Blütenhülle unterscheidet diesen Typ von allen anderen.

Weitere Zuchtsorten sind 'Glauca', VIII, mit graublauen, großen Blättern und 'Marginato-Alba', VII, mit graugrünen, weißgeränderten Blättern, lilablühend und stark wachsend.

H. lancifolia (THUNB.) ENGL., syn. *Funkia japonica* (THUNB.) DRUCE, *H. japonica* (THUNB.) VOSS, Lanzenblattfunkie. VII bis IX. Japan. Die Büschel der glänzend dunkelgrünen, langgestielten, überhängenden, lanzenförmigen Blätter wirken zierlich und elegant, können 50 cm Durchmesser erreichen und damit eine beträchtliche Bodenfläche dicht abdecken. Die beblätterten, leicht bogenförmigen Schäfte erheben sich 30 bis 40 cm hoch, stehen deutlich über dem Laub und tragen 4 cm lange, schön geschwungene, dunkelviolette, gestreifte Glockenblüten. Bei der Sorte 'Hakuchu-han' bilden die leicht gewellten Blätter mit einem Wechsel von innen schneeweiß und außen (oft nur einseitig) dunkelgrün einen starken Blickfang. Die Dauerfarbe von 'Kabitan' ist ein helles Gelb. Ein schmaler grüner Rand ist angedeutet.

H. longissima HONDA., Schmalblattfunkie. VII bis VIII. Japan. Die mattgrünen, flachen Blätter werden höchstens 3 cm breit, aber bis zu 35 cm lang. An 50 cm langen Stielen hängen trichterförmige Blüten, die denen von *H. sieboldii* ähneln.

H. rectifolia NAKAI. VII. Japan, Südkurilen, Sachalin und Ussurigebiet. Eine mittelgroße

Hosta lancifolia

H. sieboldiana

Art, die sich durch Rhizome ausbreitet. Ihre breitlanzettlichen Blattspreiten sitzen an geflügelten Stielen und bilden aufrechte, 30 cm hohe Blattbüsche. Die Blätter sind beiderseits matt dunkelgrün, ohne Bereifung. Sie werden von unbeblätterten Schäften hoch überragt, die an langen Stielchen hängende zahlreiche, bis zu 48 mm lange, kobaltblaue, dunkelviolett geaderte Blüten tragen. Sie sind glockig aufgeweitet, ihre Blütenzipfel gerade und kaum ausgebreitet. Samen wird reichlich angesetzt.

H. sieboldiana (HOOK.) ENGL., syn. *H. glauca* (SIEB.) STEARN, Blaublattfunkie. VI bis VII. Japan. Besonders dicke, ungewellte Blätter und eine kräftige, meergrüne Bereifung aller Pflanzenteile kennzeichnen diese wertvolle große Funkienart. Die hellvioletten Trichterblüten sind 55 mm lang, 20 bis 22 mm entfallen davon auf die Röhre. Die gestreckten Zipfel öffnen sich kaum.

Wichtige Sorten sind: 'Frances Williams' (früher 'Aureomarginata'), Blätter oberseits etwas gerunzelt, gelb gerandet mit blaugrünem Binnenfeld, und 'Semperaurea'. Letztere wurde 1957 von Karl Foerster »Dauergoldfunkie« genannt (damals *H. japonica semperaurea*). Die Sorte treibt gelblichgrün aus und behält ihre gelben Blätter im Sommer. Besonders wertvoll ist die Sorte 'Elegans'. Diese bereits 1905 aus Sämlingen von *H. fortunei* × *H. sieboldiana* selektierte Form wird »Große Blaublattfunkie« genannt. Sie baut aus mächtigen Blättern bis 90 cm große Horste auf. Das Hauptmerkmal dieser prächtigen Funkie ist die starke und dauerhafte blaue Bereifung. Die Blütenschäfte tragen weißliche Blüten und überragen die Blätter nur knapp.

H. sieboldii (PAXT.) INGRAM, syn. *H. albomarginata* (HOOK.) OHWI, *H. lancifolia* var. *albomarginata* (HOOK.) STEARN, Weißrandfunkie. VII bis IX. Japan. Diese mittelgroße, locker ausgebreitete Funkie hat oval-langgestreckte, spitze Blätter, die von einem gleichmäßig schmalen weißen Rand eingefaßt sind. Die violetten, dunkler geaderten Blüten mit zurückgeschlagenen Kronblattzipfeln hängen an 30 bis 40 cm hohen Schäften. Bei der grünblättrigen *H. s.* 'Alba' und 'Weihenstephan' sind die Blüten weiß. Aus dieser Art wurden verschiedene Sorten gezüchtet, darunter die grünblättrige 'Lavender Lady' mit prächtigen lavendelblauen Blüten in reicher Fülle.

H. tardiflora (IRVING) STEARN, syn. *H. japonica* var. *tardiflora* (IRVING) HORT. IX bis XI. Japan. Nur 15 bis 30 cm hoch und bodenbeckend-rasenartig wachsen die Blattbüsche dieser Funkie. Ihre schlanken, spitzen Blätter sind tief dunkelgrün und glänzen beiderseits. Die spät erscheinenden, duftenden Blüten stehen dichtgedrängt in kurzer, breiter Traube über dem Laub. Sie sind bis 4 cm lang, trichterförmig, mit weit zurückgeschlagenen Zipfeln, blaßpurpurn und von diffusen violetten Adern durchzogen.

H. tokudama F. MAEKAWA, Blaue Löffelfunkie. VI bis VII. Japan. An kurzen Stielen sitzen breitlanzettliche, spitze, am Grunde herzeiförmige Blätter. Sie sind zum Stengel zu etwas nach innen gewölbt, wirken im ganzen zwar etwas steif, zeigen jedoch eine erstaunlich intensive und relativ dauerhafte Blaufärbung sowie Bereifung. Die weißblühenden, dichten Blütenstände stehen knapp über dem Laub. Karl Foerster bezeichnete sie als die »Königin der Blauen«.

H. undulata (OTTO et A. DIETR.) L. H. BAILEY, Weißgrüne Wellblattfunkie. VII bis IX. Japan. Nur ca. 20 cm hoch, ist die Pflanze an ihren stark gewellten, weißgrün panaschierten Blättern leicht zu erkennen. Die geflügelten Stiele gehen in die außen grüngerandeten, innen reinweißen Blattspreiten über. Auch die hochragenden Blütenschäfte sind mit kleinen, weißbunten Blättchen belaubt. Die trichterförmigen Blüten haben zurückgeschlagene Kronblattzipfel und sind hellviolett, dunkler geadert. Die Art setzt keine Samen an und weist damit auf einen hybriden Ursprung hin. Die größeren Blattspreiten der etwas höheren und sich bis 50 cm ausbreitenden *H. u.* var. *univittata* (MIQ.) HYL., der Schneefederfunkie, sind weniger stark gewellt, dafür in zwei Grünabstufungen im Wechsel mit Weiß fein federartig gezeichnet.

H. ventricosa (SALISB.) STEARN, syn. *H. coerulea* (ANDR.) TRATT. non JACQ., Glockenfunkie, VII bis VIII. Japan. Diese massige, als Blattbusch bis 60 cm hohe und 1 m breite Art hat an relativ kurzen, breiten, flach gefurchten und schmal geflügelten Stielen breit herzeiförmige Blätter, die meist waagerecht stehen. Sie glänzen oberseits mäßig, unterseits stark. Der stabile Schaft steht weit über dem Laub und enthält in lockerer Traube viele Blüten. Ihre Fär-

bung wird mit »hyazinthenvioletten Streifen auf hortensienviolettem Grund« bezeichnet. Auch die Form ist charakteristisch: Die schmale Röhre weitet sich abrupt auf und bildet eine Glockenform, wobei die Kronblattzipfel nicht nach außen gespreizt sind. Glockenfunkien setzen reichlich Früchte mit großen, keimfähigen Samen an. Die Sorte 'Aureomaculata' hat dunkelgrüne, in der Mitte gelblichweiß panaschierte Blätter; bei 'Aureomarginata' verzahnt sich die cremefarbene Randzeichnung mit dem grünen Binnenfeld. Unter dem falschen Namen *H. v.* 'Minor' ist eine 25 bis 50 cm hohe Sorte verbreitet, die mit dunkleren Blüten an längsgerieften Schäften sehr dekorativ wirkt. Sie ist zu *H. minor* (BAK.) NAKAI zu stellen, eine in Korea und Japan verbreitete Pflanze, deren Artstatus jedoch angezweifelt wird. Zur gleichen Art zählt die 10 bis 35 cm hohe Sorte 'Minima'.

H. venusta F. MAEKAWA. VII bis VIII. Japan und Korea. Matt dunkelgrüne, herzförmige Blättchen und blaß purpurfarbene Blütenglöckchen an ca. 20 bis höchstens 25 cm hohen, längsgerieften Schäften, deren Länge die der Blätter um mehr als das Doppelte übertrifft – ein ausgesprochener Zwerg.

Hosta-Hybriden: Einige Beispiele sollen die beachtliche Variationsbreite des aktuellen Sortiments verdeutlichen. 'Blue Umbrella' hat tief dunkelgrüne, breite Runzelblätter mit kräftigem blauem Schimmer; eine schwer und düster wirkende Pflanze, die ihr Gegenstück in 'Chartreuse Wiggles' findet. Bei dieser gelblich-cremefarben belaubten Sorte sind die Blätter schmal, lang, spitz und stark gewellt. 'Blue Angel' überrascht mit dichten Trauben edel geformter, leuchtend himmelblauer Blüten, deren Harmonie durch welkende Hochblätter nicht gestört wird. Alle Pflanzenteile sind dunkel türkis gefärbt. Eine »Dauergoldfunkie« von reinstem Gelb ist die Sorte 'Golden Prayers'. Sie hebt ihre glänzenden, etwas gewellten Runzelblätter wie breite Handflächen empor. 'Groundmaster' wurde eine dicht bodendeckende Hybride genannt, deren Dunkelgrün-Weiß-Kontrast der Blätter an Schärfe kaum zu überbieten sein dürfte. 'Blue Whirls' ist zwar »nur« dunkelgrün belaubt, gefällt jedoch außer durch schöne dunkelblaue Blütenstände auch durch äußerste Ebenmäßigkeit in Blattform und -anordnung.

Die folgenden Sorten werden verstärkt angeboten: 'Betsy King', Blätter sattgrün, Blüten violett, 60 cm; 'Dorothy', Blätter grün, Blüten violett mit Zeichnung, 50 cm; 'Geisha J. Giboshi', Blätter schmal gewellt, Blüten violett, etwas gezeichnet, 20 cm; 'Gold Edger', Blätter Austrieb gelb, dann hellgrün, Blüten hellviolett, 50 cm; 'Green Fontain', Blätter schmal, grün am Rande, gewellt, Blüten spät, violett, 50 cm; 'Piedmont Gold', Blätter gelb bis hellgrün, Blüten trichterförmig, violett, 60 cm; 'Snowflake', Blätter lanzettlich, grün, Blüten reinweiß, 40 cm; 'Susy', Blätter lanzettlich, grün, Blüten violett, leichter Duft, 50 cm.

Verwendung: Nur weniger Worte bedarf es, um die Bedeutung der Taglilien zu würdigen. Sie sind prachtvoll in der Blüte und im Habitus voller Anmut – wenn man diesen Begriff mit »Schönheit in der Bewegung« übersetzt. Sanft wiegen sich diese Pflanzen im Wind wie die Gräser des Röhrichts. Funkien werden oftmals immer noch nicht ihrer Wertigkeit gemäß verwendet. Ohne klare Gestaltungsabsicht, einzeln zwischen anderen Stauden verteilt, erwecken Hosta-Arten keinerlei Interesse. Dabei ist es gerade diese Pflanzengruppe, die sich für spezielle Aufgaben anbietet. Funkien können im tiefen Schatten eine Fläche dauerhaft begrünen, als gleichmäßiger Pflanzenbestand vom feuchten Uferstreifen bis zum trockenen Gehölzrand und unter Bäumen gedeihen, als Vordergrund, Hintergrund, Zwischen- oder Grundpflanzung und als Einfassung dienen. Sie sind langlebig, zuverlässig winterhart und beanspruchen wenig Pflegeaufwand. Selbst im Gebäude-Kernschatten sind mit ihnen abwechslungsreiche Bepflanzungen möglich. Gelbblättrige und weißbunte Formen hellen ihre Umgebung auf, dekorative Großarten, wie H. crispula, eignen sich ausgezeichnet als Solitärpflanzen. Auch Steintröge und Kübel können an schattigen Plätzen mit Funkien dauerhaft begrünt werden.

Die ungleichen, aber sich ergänzenden Wuchsformen von Taglilien und Funkien machen beide zu geeigneten Gestaltungspartnern. Dabei muß es nicht immer eine Funkien-Vor- oder Nebenpflanzung sein, aus der sich die Taglilienbüsche erheben. Schön ist bei abgestuften Besonnungsverhältnissen, im Schatten vor Gehölzen, die Hintergrundpflanzung mit großen, blaublättrigen oder dunkelgrünen Formen als starke Tuffs, davor, im Sonnenlicht, blühen Taglilien am Uferrand eines Teiches. Die gestalterische Spannung beruht hier auf dem Spiel des Gestalt- und Farbenwandels. Gelbe und rote Taglilien blühen im Licht, dunkelgrüne und tief blaublättrige Funkien vertiefen die Schattenwirkung und schaffen Kontraste, gelblaubige hellen an anderer Stelle Kontraste wieder auf und vermitteln zu den lichtgrün treibenden Taglilien. Das Zwischenband der H. lancifolia fließt wie ein breiter, ruhiger Strom, ordnet sich unter und vollendet damit das gestalterische Gesamtziel (s. Abb. S. 90).

Andere brauchbare Nachbarn für Taglilien sind alle Gräser und ihre Verwandten und viele Schwertlilien. Die frühe Sorte 'Maikönigin' eignet sich als Nachbar für Iris sibirica und ähnliche Arten, Juliblüher wie 'Corky' für Iris kaempferi. Taglilien untereinander sind nach der Blütenfarbe zu ordnen. Vorsicht bei der lebhaft zweifarbigen 'Frans Hals'! Sie kann unruhig wirken, wenn sie nicht getrennt steht und zurückhaltend begleitet wird.

Funkien sind in wechselseitiger Zuordnung zu verwenden, in Verbindung mit Farnen, asiatischen Kandelaber- und Glockenprimel und mit allen Laubwaldarten der Familie der Steinbrechgewächse. Kleine Funkien passen in feucht-schattige Steingartenpartien und finden dort ihre Partner. Da die Funkien erst spät austreiben (einer der wenigen Nachteile dieser Pflanzengruppe), können bestimmte frühblühende Zwiebelpflanzen wie Blaustern, Frühlingsknotenblume und Narzissen zwischen die Horste der Funkien gepflanzt werden. Dabei müssen die Lichtansprüche der Zwiebelpflanzen berücksichtigt werden. Durch das dichte Wurzelwerk alter Funkienbestände dringen Frühjahrsblüher nicht mehr hindurch.

Steinbrechgewächse und Silberkerzen

Die sommergrünen Laubwälder Ostasiens und vor allem die des östlichen Nordamerika zählen zu den artenreichsten Waldgesellschaften. Gemeinsam mit unseren mitteleuropäischen, weitaus artenärmeren Laubwäldern stellen sie den Hauptanteil der großen Laubwaldzone der Nordhemisphäre. Unterbrochen von Wald- und Grassteppen, den innerasiatischen Trockengebieten und mächtigen Hochgebirgen ist die Zone der sommergrünen Laubwälder in verschiedene Teilareale aufgesplittert. Die reichgeschichteten Wälder Ostasiens und Nordamerikas enthalten besonders auch weichblättrige, für schattig-humose Gartenstandorte geeignete Pflanzen. Viele wertvolle Stauden für feuchte bis nasse Randbereiche in Wassergärten befinden sich darunter.

Eine an Lebensformen besonders mannigfaltige Pflanzenfamilie artenreicher Laubwälder ist die der Steinbrechgewächse. Die namengebende Gattung *Saxifraga* ist vor allem durch polsterbildende, teils moosartig-weiche, teils hartkrustige Hochgebirgsstauden bekannt. Eine vermittelnde Stellung nehmen einige weichblättrige Halbrosettenstauden ein, die, wie die Rundblättrige Steinbrech, in Mittel- und Südeuropa sickerfeuchte subalpine Hochstaudenfluren, krautreiche Bergmischwälder und schattig-feuchte Felsschluchten besiedeln.

Krautige Steinbrechgewächse der Laubwälder können wuchtige Stauden mit handförmig geteilten oder gelappten, stets dekorativ geformten Blättern sein oder besonders zartblättrige, meist hygrophile Schattenpflanzen. Einige Arten vertragen außer Schatten auch noch Staunässe. Astilben und Rodgersien sind in Ostasien, *Darmera* im pazifischen Nordamerika, *Boykinia* in Ostasien und Nordamerika in verschiedenen Arten verbreitet. In Mitteleuropa ist die Waldschattenflora der Steinbrechgewächse einzig durch die Gattung *Chrysosplenium* (Milzkraut) mit zwei Arten vertreten. Es sind kaum 30 cm hohe, lockere Rasen bildende, mit kleinen grünlichgelben Blüten bescheiden und zurückhaltend wirkende Kleinstauden der Auenwälder, Ufer- und Hochstaudenfluren oder auch wasserüberrieselter Felsen, oft im tiefen Waldschatten.

Den großen Waldschattenstauden der Steinbrechgewächse vergleichbarer sind die zu den Hahnenfußgewächsen zählenden Silberkerzen der Wälder Ostasiens und Nordamerikas. Silberkerzen lieben grundfeuchte bis sickernasse, humusreiche Standorte im Halbschatten bis Schatten. Dort leuchten die weißen, schlankaufrechten Blütenähren tatsächlich wie brennende Kerzen aus dem Halbdunkel des Waldes heraus.

Domartig hohe, oft in zwei Baumschichten gegliederte, dabei aber niemals finstere Laubwälder sind in Ostasien und Nordamerika von einer überquellenden, formenreichen Krautflora erfüllt. Diese pflanzliche Dimension gilt es gestalterisch zu erschließen. Im eigenen Wassergarten kann ein Stück fernöstlicher Laubwald entstehen oder wenigstens angedeutet werden, wenn sich z. B. zwischen feuch-tem Uferbereich und rahmender, absonniger Gehölzpflanzung unsere Laubwald-Steinbrechgewächse und Silberkerzen wie zu Hause fühlen.

Familie *Saxifragaceae*

Astilbe Buch.-Ham. ex D. Don. Astilbe, Prachtspiere. Kräftige, dichte, teilweise auch kriechende Wurzelstöcke bringen ganzrandige, bis 3fach gefiederte, weiche Blätter hervor. Der Blattaustrieb der kleinen, grazilen Wildpflanzen oder mittelhohen, züchterisch stark beeinflußten Beetstauden kann durch Spätfröste im Mai zwar geschädigt werden, die Pflanzen treiben aber erneut durch und erholen sich meist rasch. Im Sommer erscheinen zart-federige Blütenrispen, zusammengesetzt aus vielen kleinen Einzelblüten. Von Weiß über alle Abstufungen zwischen Rosa, leuchtendem oder dunklem Rot bis zu Karmin und Purpurviolett reicht die Farbpalette der Blüten. In luftfeuchter, auch kühler Klimalage und auf frischen bis feuchten, etwas nährstoffreichen Humusböden bilden diese fernöstlichen Bergwaldpflanzen dichte, Unkraut unterdrückende Bestände. Bei ausreichender Boden- und Luftfeuchte wird volle Sonne vertragen. Je trockener das Lokalklima eines Standortes beschaffen ist, desto stärker sind die Astilben auf Halbschatten angewiesen. Auch tiefer Kernschatten der Nordseite eines Hauses wird von diesen dankbaren Pflanzen vertragen, nicht aber andauernde Überflutung oder Staunässe. Astilbenbestände, die 10 Jahre alt und älter sind, sollten geteilt und umgepflanzt oder wenigstens mit Humuserde zwischen den

allmählich etwas herauswachsenden Trieb-
knospen gefüttert werden. Astilben sind
Schwachzehrer, die im Frühling nur geringe
Gaben eines sauren Volldüngers benötigen.
Frischer Mist (vor allem Kuhdung) führt zu
Blattschäden. Es ist dagegen zu empfehlen, die
Pflanzungen im Herbst mit stark verrottetem
Kompost abzudecken.

A.-Arendsii-Hybriden. VII bis IX. Aus-
gangsarten der Züchtung: *A. chinensis* var. *davidii*, *A. astilboides*, *A. japonica* und *A. thunbergii*.

Von den Sorten sind besonders wertvoll:
Juli-Gruppe: 'Amethyst', violettrosa, 80 bis
100 cm; 'Brautschleier', weiß, locker überhängend, Laubaustrieb bräunlichgrün, 70 bis
90 cm; 'Fanal', leuchtend dunkelblutrot, dun-
kellaubig, etwas schwächer wachsend, 50 bis
70 cm; 'Martha Illing', rosafarben, bronzege-
töntes Laub, 80 cm; 'Obergärtner Jürgens',
dunkelkarminrot, Laubaustrieb intensiv
braunrot, 70 cm.

Juli-August-Gruppe: 'Anita Pfeifer', tief karminrosa, Laubaustrieb rötlich, 70 cm; 'Berg-
kristall', weiß, Laubaustrieb grün, Rand rötlich, 100 cm; 'Bressingham Beauty', rosafarben, 100 bis 120 cm; 'Else Schluck', karminrot, Laubaustrieb hellgrün, 70 cm; 'Federsee',
tiefrosa, 70 cm; 'Spinell', himbeerrot, Laubaustrieb intensiv rot, 80 cm. Ende August blühen
'Bonanza', rosa, braunroter Laubaustrieb;
'Rotlicht' und 'Spinell', rot mit rotem Laubaustrieb. Diese 3 Sorten werden 60 bis 80 cm
hoch.

August-September-Gruppe: 'Cattleya', karminrosa, besonders starkwachsende Sorte mit
hellgrünem Blattaustrieb und sehr großen
Blütenständen, 100 cm; 'Feuer', leuchtend
lachs- bis rubinrot, 80 cm; 'Glut', karminrot,
Laubaustrieb bräunlichgrün, 80 cm; 'Weiße
Gloria', weiß, 100 cm.

A. chinensis (MAXIM.) FRANCH. et SAV.,
Kriech-Astilbe. VIII bis IX. Nordchina, Korea, Amurgebiet. Äußerst anspruchslose, bis
60 cm hohe Art, die sich durch Ausläufer energisch ausbreitet. Wurzelstock bräunlich behaart. Blätter doppelt bis 3fach gefiedert, mit
doppelt gesägten, eiförmig-lanzettlichen Blättchen. Während der gesamten Vegetationsperiode bieten die Pflanzen eine frischgrüne,
dichte Pflanzendecke. Blüten rosaviolett in
schlankpyramidalen, dichten Rispen. Die
Sorte 'Spätsommer', 40 bis 50 cm hoch, bildet

dichte, zuverlässig blühende Pflanzenbestände.

A. c. var. *davidii* FRANCH. syn. *A. davidii*
(FRANCH.) HENRY. VII. Japan, Nord- und
Nordostchina, Ostsibirien (Amur- und Ussurigebiet). Die purpurrot blühende Pflanze hat
eine besonders schmale Blütenrispe mit eng
anliegenden Ästen. Bis 180 cm hoch, botanisch
interessant. *A. c.* var. *pumila* HORT. Nur 15 bis
20 cm hohe, besonders dichte Teppiche bildende Zwergform, die volle Sonne und relativ
gut Trockenheit verträgt. Höherwachsende
Sorten sind: 'Finale', hellviolettrosa, robuster
Bodendecker, 40 cm; 'Serenade', rosarot mit
violettem Einschlag, Blütenstände federig aufgebaut, 40 cm.

A. c. var. *taquetii* VILM. VII. China. Diese Varietät wird in Gärten meist durch die robuste,
purpurviolett blühende, 80 bis 100 cm hohe
Sorte 'Superba' vertreten; Blütezeit August.
Im September blüht die wertvollere, 50 bis
70 cm hohe 'Purpurkerze' mit dunkel rosavio-
letten Blüten über dunkelgrün-glänzendem
Laub. Sie bildet dichte Bestände. Die 100 cm
hohe, ebenfalls spät blühende 'Purpurlanze'

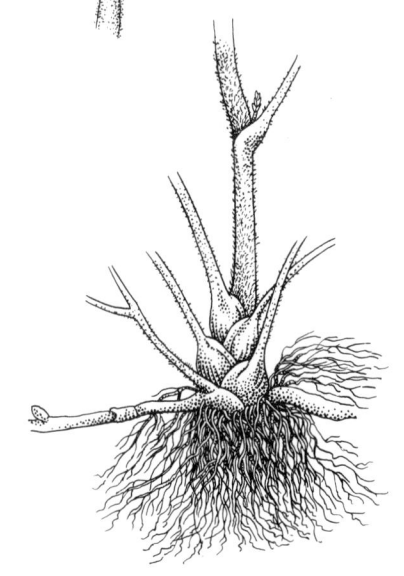

Astilbe chinensis var. *taquetii*

A. glaberrima

bringt mit leuchtendem Purpur eine für Kriech-Astilben außergewöhnlich kräftige Farbe hervor.

A. × crispa HORT. ARENDS. VII. Von den alten A.-Crispa-Hybriden haben bis heute vor allem 2 Sorten ihre Bedeutung erhalten: 'Liliput', glänzend krausblättrig, lachsrosa Rispen, und 'Perkeo' mit straffen, gekräuselten Blättern und schmal pyramidalen, dunkelrosafarbenen Rispen. Beide bis 25 cm hoch.

A. glaberrima NAKAI. VII bis VIII. Japan. Die zarte Pflanze mit kurzgestielten, frischgrünen, später dunkelgrünen Blättern (Fiederchen tief eingeschnitten) bringt kleine, rosafarbene Blütenrispen hervor und wächst sehr schwach. Die empfindliche Miniaturpflanze wird kaum höher als 12 cm. Die 20 cm hohe Varietät *A. g.* var. *saxatilis* NAKAI wächst stärker und blüht reicher.

A. japonica (C. MORR. et DECNE.) A. GRAY. V bis VI. Japan. Die selten echt aufzufindende, etwas blühfaule Ausgangsart für die Züchtung der A.-Japonica-Hybriden wird nur 30 bis 40 cm hoch. An rötlichen Blattstielen sitzen glänzend dunkelgrüne Blätter. Blüten weiß, in pyramidaler Rispe. Die Hybriden blühen bereits ab Mitte Juni. Die A.-Japonica-Hybriden sind anspruchsvoller als die robusteren A.-Arendsii-Hybriden. Sie verlangen stets feuchten Humusboden und Halbschatten (außer in luftfeuchten Gebieten). Bewährte Sorten: 'Bronzelaub', weißlich-rosafarben in dichter Rispe, gestalterisch wertvoll wegen der intensiv dunklen Belaubung, 40 cm; 'Erfurt', karminrosa, besonders früh, kompakte Wuchsform, 50 cm; 'Europa', lachsrosa, 50 bis 60 cm; 'Mainz', violettrosa, Laubaustrieb hellgrün, 50 cm; 'Red Sentinel', dunkel rubinrot, Laubaustrieb bronzefarben, 50 cm. Weitere gute, im Juli blühende, 50 cm hohe Sorten sind 'Ätna', rot, und 'Deutschland', weiß.

A. simplicifolia MAK. VII. Japan. Um 20 cm hohe Art mit dunkelgrün glänzenden, ungeteilten, etwas gelappten Blättern. Die Ränder der spitzeiförmigen Blattspreiten sind sägezähnig. Sehr zart wirken die glitzernd weißen, winzigen Blüten in überhängender Rispe. Durch Einkreuzung von A.-Arendsii-Hybriden wurden Sorten gezüchtet, in denen sich zarter Aufbau und Farbigkeit vereinigen. Besonders erwähnenswert sind: 'Aphrodite', VII bis VIII, leicht überhängende Blütenstände, hellrot, Blattaustrieb dunkel, 50 cm; 'Atrorosea', VII bis VIII, Blütenstände zierlich überhängend, karminrosa, 40 bis 50 cm; 'Praecox Alba', VII, weiß, Blattaustrieb mit bräunlichem Rand, 40 bis 50 cm; 'Sprite', VII, Blüten hell gelblichrosa, Laub dunkel bronzefarben, erinnert in seiner starken Fiederung an *A. glaberrima*, 25 bis 30 cm, zu der sie auch oft gestellt wird.

A. thunbergii (SIEB. et ZUCC.) MIQ. VII bis VIII. Japan. Durchgängig braun behaarte Pflanze mit 3fach gefiederten Blättern. Eiförmig-spitze Fiederblättchen stehen an langen, rötlichen Stielen. Die ca. 1 m hohe Art zeichnet sich durch hoch über dem Laub stehende, sehr lockere, waagerecht verzweigte und bogig überhängende Blütenrispen aus, die sehr ele-

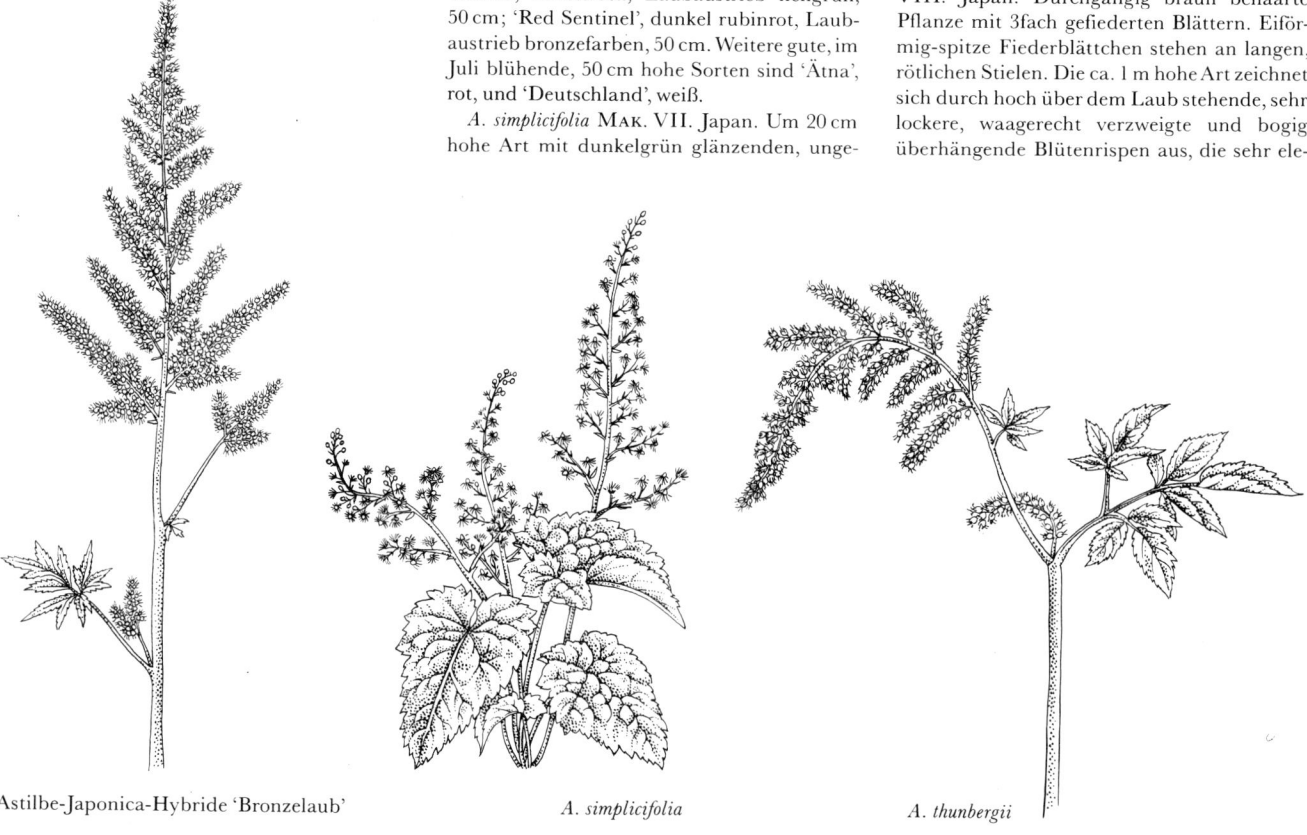

Astilbe-Japonica-Hybride 'Bronzelaub'   *A. simplicifolia*   *A. thunbergii*

gant wirken. Ansprüche wie A. × arendsii. Sorten: ' Professor van der Wielen', weiß, 100 bis 120 cm; 'Straußenfeder', lachsrosa, 80 bis 100 cm.

Astilboides (HEMSL.) ENGL. Tafelblatt. Von Rodgersia unterschieden durch einfache, schildförmige, an das Schildblatt erinnernde Blätter.

A. tabularis (HEMSL.) ENGL. syn. *Rodgersia tabularis* (HEMSL.) KOM. VI. Nordostchina, Nordkorea. 1,5 m hohe Staude mit großen langgestielten, hellgrünen, borstig behaarten grundständigen Blättern. Blattspreiten unregelmäßig eingebuchtet. Die weißen, angenehm duftenden Blüten stehen in leicht überhängenden, traubig-rispigen Blütenständen hoch über dem Laub. Verlangen nährstoffreichen, milden bis sauren Humusboden, Halbschatten und viel Feuchtigkeit, vertragen aber hochanstehende Staunässe nur vorübergehend. An zu trockenen Standorten werden die schönen Blätter im Hochsommer gelb und unansehnlich.

Chrysosplenium L. Milzkraut. Hygrophile Kleinstauden mit einfachem, 4blättrigem, grünlichgelbem Perianth. 8 Staubblätter.

C. oppositifolium L. Gegenblättriges Milzkraut. V bis VI. West- und Mitteleuropa, östlich bis Westpolen. Rasenbildende Pflanze mit niederliegenden Blatttrieben, undeutlich gekerbte, gegenständige Blätter, Pflanze ca. 10 cm hoch. *C. o.* var. *rosulare* SCHOTT aus Westrumänien wächst stärker und bildet besonders dichte, gelbgrüne Matten. Nur für sickerfeuchte Schattenstandorte.

Darmera VOSS Schildblatt. Die Gattung ist monotypisch.

D. peltata (TORR. ex BENTH.) VOSS syn. *Saxifraga peltata* TORR. ex BENTH., *Peltiphyllum peltatum* (TORR. ex BENTH.) ENGL. IV bis V. USA: Oregon bis Kalifornien. Die fleischigen, knorpelig dicken, beschuppten Rhizome breiten sich flach aus und entsenden tiefgehende Wurzeln. Nach der Blüte der Pflanze entfalten sich langgestielte, tiefgelappte, dunkelgrün glänzende, bis 60 cm große Blätter. Die rosafarbenen Blüten stehen in Trugdolden auf dicken, rauhhaarigen, blattlosen Schäften. Echte Sumpfpflanze, die volle Staunässe verträgt und auf trockneren Standorten entsprechend kleiner bleibt. In der Heimat besiedelt sie feuchte Bachränder. Sie breitet sich flächenaus, unterdrückt allen anderen Pflanzenwuchs und benötigt viel Platz. Bemerkenswert ist die kupfrig-weinrote, danach bleichgelbe Herbstfärbung.

Peltoboykinia (ENGL.) HARA. Rhizompflanzen mit grundständigen, langgestielt schirmförmigen, gelappten Blättern. Die unscheinbaren Blüten stehen in doldenrispigen Blütenständen.

P. tellimoides (MAXIM.) HARA syn *Boykinia tellimoides* (MAXIM.) ENGL. VII bis VIII. Japan. Pflanze mit frischgrünen, im Umriß fast kreisrunden, 10 bis 25 cm breiten Blättern, deren spitze, gezähnte Blattlappen wieder (angedeutet) gelappt sind. Höhe je nach Stand 50 bis 100 cm. Die 15 mm großen, gelblichweißen Blüten stehen in wenigblütigen, lockeren Doldenrispen. Breitet sich auf feuchtem Boden flächenfüllend aus.

Rodgersia A. GRAY Schaublatt, Rodgersie. Gattung mit 6 Arten. Kennzeichnend sind dicke, flachkriechende, schwarzbraune Rhizome und große, grundständige, langgestielte, derbe Blätter. Sie sind handförmig oder fiederteilig, dunkelgrün mit kräftiger Nervatur und bestimmen den Schmuckwert der stattlichen Pflanzen. Die meist weißen oder cremeweißen Blüten stehen in ansehnlichen Rispen manchmal zwischen dem Laub, meist aber frei darüber. Rodgersien fordern nährstoffreiche, feuchte bis sehr feuchte Böden ohne Staunässe. Die Pflanzen können im Laufe der Jahre mächtige Gruppen bilden und gedeihen auch im tiefen Kernschatten eines Hauses. Hier allerdings oft nur als Blattpflanzen, da die Blühwilligkeit mit zunehmendem Schatten abnimmt. Die beiden Arten *R. pinnata* und *R. purdomii* sind sehr variabel und werden meist durch Aussaat vermehrt. Die Sorten

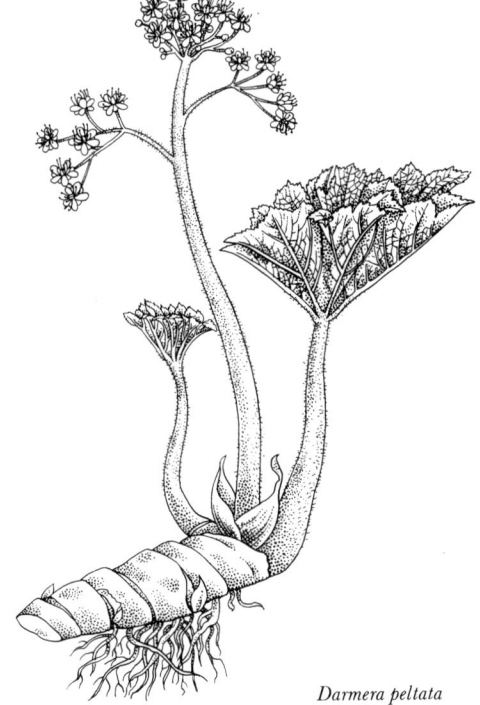

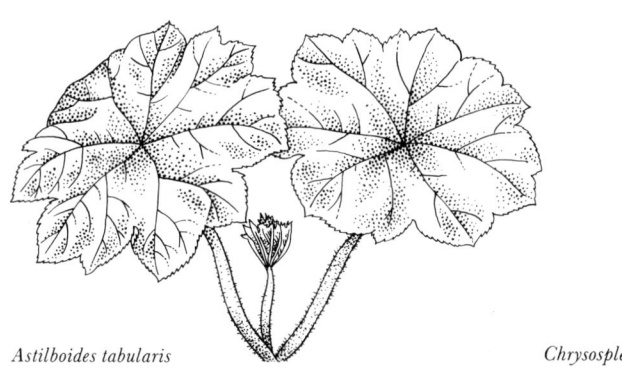

Astilboides tabularis

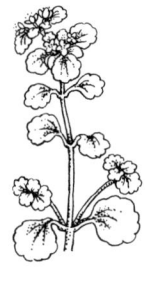

Chrysosplenium oppositifolium

Darmera peltata

dieser Arten werden deshalb seltener angeboten.

R. aesculifolia BATAL. VI bis VII. Mittelchina. Die im Umriß runden, ca. 50 cm großen Blätter enthalten meist 7, am Grunde sich überdeckende Teilblätter. Die Ähnlichkeit mit dem Roßkastanienblatt ist verblüffend. Stengel und Blattadern braunzottig. 70 bis 180 cm hohe Pflanze mit langgestielten weißen Blütchen in pyramidalem, locker verzweigtem, bis 1 m langem Blütenstand.

R. pinnata FRANCH. VI bis VII. China: Jünnan. Handförmige Blätter 5- bis 9teilig; Blatteile ovallanzettlich, 15 bis 25 cm lang, dunkelgrün glänzend. Pflanze 90 bis 120 cm hoch. Blüten außen rötlich und innen weiß in reichverzweigter Rispe an rötlichem, spärlich behaartem Schaft. Sorten: 'Elegans' mit etwas gezackten Blättern; 'Alba', Blüten gelblichweiß, und 'Rubra', tiefrot. 'Superba' ist eine alte Sorte mit höherem Wuchs und bronzefarbenen Blättern, hellrosafarbenen Blüten und dunkelroten Samenkapseln. Blütenstand 50 cm. Neuerdings wird die Sorte als *R. henrici* geführt.

R. podophylla A. GRAY syn. *R. japonica* A. GRAY ex REGEL. VI bis VII. Japan, Korea. Die äußerst dekorative Art hat große, in der Jugend bronzefarbene Blätter, die sich aus meist 5, im Umriß verkehrtlanzettlichen, 15 bis über 25 cm langen Teilblättern zusammensetzen. Ränder tief und spitzzackig gesägt. Der 90 bis

120 cm hohe Blattbusch wird von mannshohen, rispig überhängenden Blütenständen mit cremefarbenen Blüten überragt. Zuverlässig blühende Art. Sorten: ' Pagode', Blüten weiß, später vergrünend; 'Rotlaub', rotbrauner Laubaustrieb; 'Smaragd', smaragdgrünes Laub, reinweiße Blüten.

R. purdomii HORT. VI bis VII. China. Die handförmig geteilten Blätter können bis 70 cm Durchmesser erreichen. Sie setzen sich aus 6 bis 7 länglichen, gestielten Teilblättern zusammen. Blätter und Blattstiele im Austrieb rötlichbraun. Die über 1 m hohe Pflanze bringt lockere Blütenstände mit reinweißen Blüten hervor. Sorten: 'Irish Bronce', Laub bronzefarben.

R. sambucifolia HEMSL. VI bis VII. China: Jünnan, Szetschuan. Die Pflanze wird nur 60 bis 90 cm hoch. Blätter gefiedert, mit 3- bis 5paarigen, länglich-lanzettlichen Teilblättern in gestreckter Anordnung. Oberfläche ausnahmsweise nicht glänzend, sondern matt. Blüten weiß, in hoher, verzweigter Rispe. Die wüchsige, dunkellaubige Sorte 'Rothaut' hat kräftig braunrote Jungtriebe.

Saxifraga L. Steinbrech. Der Gattungsname weist darauf hin, daß die meisten der etwa 370 Arten als Hochgebirgspflanzen im Steinschutt und in Felsspalten leben. Die meist weißen, auch gelben, rosafarbenen oder roten 5zähligen Blüten stehen in oft reichblütigen Rispen,

Trauben oder Trugdolden. Für Randlagen in Wassergärten, vor allem im Übergang zu Steingärten, sind zahlreiche weichlaubige Arten geeignet. Einige seien als Beispiele genannt.

S. aizoides L. sect. *Xanthozoon*, Fetthennen-Steinbrech. VI bis IX. Arktisches Nordeuropa, europäische Hochgebirge, arktisches und nördliches Nordamerika. Die kriechende, 3 bis 25 cm hohe Pflanze bildet lockerrasige Matten. Blätter 8 bis 15 mm lang, linealisch, fleischig. Blüten meist zu mehreren, goldgelb oder orangefarben. Besiedelt sickernasse, meist kalkhaltige Quellfluren, Bachufer und rieselfeuchte Felsen in der alpinen und subalpinen Stufe. Bewährt sich auch in Tieflandgärten an sickerfrischen bis nassen, steinigen Kalkböden.

S. cespitosa L., syn. *S. decipiens* EHRH. sect. *Dactyloides*, Rasen-Steinbrech. V. Arktis und Subarktis, europäische Gebirge. Variable, formenreiche Art, die Rosetten weicher, fiederlappiger Blätter bildet.

Der verwandte Astmoos-Steinbrech (*S. hypnoides* L.) bildet immergrüne, moosartige Polster und Decken auf allen einigermaßen frischen Böden, verträgt Sonne und Schatten und geht nur bei extremer Nässe zurück. Die dichten, kleinrosettigen Rasen färben sich im Winter rot und sind im Mai mit kurzgestielten weißen Blüten locker besetzt. Obwohl der »moosartige« Wuchs es nahelegt, gehört die Sorte nicht zu *S. muscoides*, unter dessen Artnamen sie oft geführt wird.

S. cortusifolia SIEB. et ZUCC. sect. *Diptera*, Herbst-Steinbrech. IX bis X Japan; UdSSR: Südsachalin, Südkurilen, Ussurigebiet; Nordostchina, Korea. Ausläuferlose, sommergrüne Art mit rundlich-nierenförmigen, am Grunde herzförmigen, 5- bis 11lappigen, fleischigen grünen Blättern. 30 cm hohe Stengel tragen dolden- oder pyramidenrispig angeordnete weiße Blüten mit ungleichen Kronblättern. Besonders empfehlenswert ist *S. c.* var. *fortunei* (HOOK.) MAXIM, deren langgestielte, glänzend dunkelgrüne Blätter lockere Blatthorste bilden. Blattspreiten 5 bis 15 cm breit, unterseits oft purpurfarben, mit gezähntem Rand. Lockere Rispen mit über 10 mm breiten, reinweißen Blüten erheben sich bis 40 cm hoch. Die Blüten wirken unverwechselbar und attraktiv, da jeweils 1 oder 2 ihrer Perigonblätter

Rodgersia aesculifolia   *R. pinnata*

bis 15 mm lang herabhängen. 'Rubrifolium' besticht durch lackrote Stengel und rötlich-braune, den Blüten kontrastreich gegenüberstehende Blätter. Die dankbaren Schattenpflanzen zählen zu den letzten Blühern im Garten und können auch durch Frost geschädigt werden. Die Sorte 'Rubrifolium' blüht ab Anfang September relativ früh, so daß Frostschäden an den Blüten nicht zu befürchten sind. Art und Formen wünschen kräftige, humusreiche Böden in frischer bis feuchter Lage. Reisigdecke als Schutz gegen Wintersonne und Kahlfröste ist ratsam.

S. cuneifolia L. sect. *Robertsonia*, Schatten-Steinbrech. VI bis VII. Pyrenäen, Nordspanien, Alpen, Nordapennin, Ostkarpaten, Nordwestjugoslawien. Dunkelgrün mattglänzende, kahle, ledrig-dicke, keilförmige, knorpelig berandete und schwach gezähnelte Blätter bilden dichte, 20 bis 35 mm breite Rosetten, die mattenbildend den Boden flach bedecken. Der rispig verzweigte, bis 20 cm hohe Stengel trägt kleine weiße, sternförmige, am Grunde gelblich gepunktete Blüten. Die sehr schattenertragende Art eignet sich zur Begrünung trockener und feuchter bis sickernasser Steingartenpartien und Trockenmauern. Ihre Dauer-

haftigkeit an schwierigen Gartenplätzen macht die bescheidene Pflanze besonders wertvoll.

S. rotundifolia L. sect. *Miscopetalum*, Rundblättriger Steinbrech. VI bis IX. Alpen und Vorland, Hochgebirge Südost- und Südeuropas, Kaukasus, Armenien. 20 bis 60 cm hohe Pflanze mit 6 cm breiten, herz-nierenförmigen Blättern. Grundblätter eingeschnitten gezähnt. Blüten in lockeren, reichblütigen Rispen. Kronblätter weiß mit roten, am Grunde gelben Punkten. Die Pflanze gedeiht an allen feucht-schattigen Gartenplätzen.

S. stellaris L. sect. *Stellinaga*, Stern-Steinbrech. VI. Gebirge Europas, Arktis. Verkehrteiförmige bis keilige, vorn grob gezähnte, fleischige, glatte und hellgrüne Blätter in lockeren Blattrosetten. Stengel 5 bis 15 cm hoch.

Kleine, sternförmige, weiße, gelbgepunktete Blüten stehen in ästiger Trugdolde. Die zarte Pflanze (ein Kaltwasser-Spezialist) wächst auf sauerhumosen, durchlässigen Urgesteinsböden in subalpinen und alpinen Quellfluren, auf Hangmooren, an schnell fließenden Bächen, überrieselten Felsen und auf feuchtem Geröll. Oft in Begleitung von Moosen anzutreffen. Die Gartenkultur kann nur gelingen, wenn am feucht-kühlen Standort, geschützt vor Schneckenfraß, Sickerfrische bis Sickernässe geboten werden kann.

S. umbrosa L. sect. *Robertsonia*, Porzellanblümchen, Jehowablümchen. V bis VI. West- und Mittelpyrenäen. Lederartige, verkehrteiförmige bis ovale, breit eingekerbte Blätter in flachen, immergrünen Rosetten, die sich rasenartig ausbreiten. Weiße Blüten rot gepunktet, Kronblätter gleichlang. Der Artstatus ist umstritten. In den Gärten sicher nur Hybriden, z. B. *S. × urbium*, hervorgegangen aus *S. umbrosa × S. spathularis*. Die gleichmäßig aufgebauten Rosetten dieser Pflanze setzen sich aus zierlichen, mehr aufrecht stehenden Blättern locker zusammen. Blätter mit geflügeltem Stiel, die verkehrteiförmige Blattspreite unterseits rötlich. Der klebrig-drüsige, 30 cm hohe Stengel trägt in einer lockeren Rispe kleine, sternförmige, weiße, in der Mitte rötliche Blüten mit langen Staubfäden. Sorten: 'Aureopunctata', Blätter gelbgefleckt; 'Elliots Variety' (auch als *S. × urbium* var. *primuloides* im

R. sambucifolia

Saxifraga aizoides

Handel), niedrigste Sorte mit roten Stengeln und intensiv rosafarbenen Blüten. Alle genannten Formen zählen zu den bewährtesten, anspruchslosesten Schattenpflanzen. Sie eignen sich für die Verwendung an trockenen bis fast nassen Standorten.

Tellima R. Br. Die Gattung umfaßt etwa 12 Arten niedriger Pflanzen mit rundlich-herzförmigen, gelappten oder gezähnten Blättern. Blüten unscheinbar, in Trauben. Die typischen Waldschattenpflanzen wachsen auch an ungünstigen Gartenplätzen meist willig und vermehren sich gelegentlich an optimalen Standorten durch Selbstaussaat.

T. grandiflora (Pursh) Dougl. ex Lindl. V bis VI. Nordamerika: Kalifornien bis Alaska. 60 cm hohe Pflanze, deren langgestielte Blätter eine lockere Rosette bilden. Blüten klein, weißlich bis grünlich, glockenförmig mit gefranstem Rand in lockerer Anordnung. Die Art eignet sich für dichte Bodendecken im tiefen Gehölzschatten auf frischen bis sickernassen Böden. Die gedrungener wachsende Sorte 'Rubra' mit rötlichen Blättern und hellgrünen bis gelblichen Blüten stellt etwas höhere Lichtansprüche.

Familie *Ranunculaceae*

Cimicifuga Wernischek Silberkerze. Die Gattung ist mit 10 hohen, langlebigen Staudenarten in Nordamerika, Ostasien und Sibirien, westlich bis Osteuropa verbreitet. Blätter mehrfach zusammengesetzt, Blüten weiß oder cremefarben in langen, schlanken, mehr oder weniger verzweigten, rispigen oder ährenförmigen Trauben. Die Blüten erscheinen in großer Masse und wirken durch in der Regel zahlreiche Staubblätter und Staminodien. Der Perigon fällt mit dem Öffnen der Blüte entweder ganz ab, oder es verbleiben nur die rudimentären inneren, mit Nektarien ausgestatteten Perigonblätter. Die Pflanzen lieben nährstoffreiche, frische bis feuchte Humusböden.

C. acerina (Sieb. et Zucc.) Tanaka syn. *C. japonica* var. *acerina* (Sieb. et Zucc.) Huth. VIII bis IX. Japan. Art mit 3teiligen dunkelgrünen Blättern. Blatteile etwas schief und herzförmig, unregelmäßig gesägt. Geschlossene Wuchsform. Der steil aufrechte, wenig verzweigte Blütenstand erreicht 1,2 m Höhe. Knospen kugelrund, rötlich, Blüten weiß. Die Sorte 'Compacta' wird ca. 70 cm hoch.

C. americana Michx. VIII bis IX. USA: Pennsylvania und Westvirginia bis Georgia und Tennessee. 1,2 bis 1,5 m hohe Pflanze mit 3teiligen dünnen Blättern. Blättchen glatt, spitz, eingeschnitten, gesägt, fast gelappt, die äußersten zusammengesetzt. Die weißen Blüten sitzen endständig an am Grunde verzweigten, dicht- und feinbehaarten Stengeln in sehr lockeren, aufrechten, bis 60 cm langen Trauben. Die Art liebt Feuchtigkeit und verträgt mäßige Staunässe.

C. foetida L. Wanzenkraut. VII. Osteuropa, Sibirien. Bis 2 m hohe Pflanze von Liebhaberwert. Doppelt gefiederte Blätter mit tief eingeschnittenen und gesägten Blättchen. Rahmgelbe Blüten in lockerer, wenig verzweigter Ähre. Blüten und unreife Früchte stinken.

C. japonica (Thunb.) Spreng. IX. Japan. Die 1,5 m hohe Pflanze mit langgestielten, glänzenden, fein zerteilten Blättern bringt besonders lange Blütenstände mit dichten weißen Blütentrauben hervor.

C. racemosa (L.) Nutt. var. *racemosa* Juli-Silberkerze. VII bis VIII. Kanada: Ontario; USA: Massachusetts bis Georgia, Tennessee und Missouri. 1,5 bis 1,8 m hohe Art mit 3teiligen, gefiederten Blättern. Endständige Blättchen verwachsen, sonst langgestielt mit gesägtem Rand. Blütenstand schwach verzweigt mit 60 cm langen, oft leicht überhängenden, weißen Blütentrauben. Die etwas niedrigere *C. r.* var. *cordifolia* (Pursh) A. Gray, die Lanzen-Silberkerze aus den USA, blüht erst im August bis September und unterscheidet sich auch in anderen Eigenschaften erheblich von der Nominatform. Die doppelt 3teiligen Blätter enthalten breite, am Grunde herzförmige, mehrfach gelappte oder angedeutet gelappte, grob gesägte bis gezähnte Blättchen. Der besonders schmale, straff aufrechte, erst oben enganliegend sich etwas verzweigende drahtige Schaft trägt in dichter Traube rahmgelbe Blüten. Es dominiert der Schmuckwert der großen glänzenden Blätter. Blütenfülle und Fernwirkung der Juli-Silberkerze werden im allgemeinen nicht erreicht. Die Sorte 'Blickfang' wirkt mit hellgrünen Stielen und reinweißen Blütenkerzen vor allem vor dunklem Hintergrund schön.

C. ramosa Nakai September-Silberkerze. IX (im Gebirge bis X, hier ist sie die letzte blühende Silberkerze). Kamtschatka. Mit weit über 2 m Gesamthöhe und langgestieltem, ornamentalem und vielgestaltigem Laub die bedeutendste Art unter den Silberkerzen! Die reichstrukturierten Blätter sind 3teilig gefiedert mit länglich ovalen, gekerbten bis gelappten Blättchen. Blüten weiß bis cremeweiß in langen, aufrechten oder etwas geneigten Trau-

Cimicifuga japonica

Pflanzen der Hochmoore
S. 241 Blüten der Moosbeere

1 Torfmyrte, 2 Grönländischer Sumpfporst, 3 Rundblättriger Sonnentau, 4 Scheidiges Wollgras

An der Grenze zwischen Wasser und Land

Auf nassen Wiesen, in ufernahen Staudenfluren und im Bruchwaldgebüsch

1 Fruchtstände der Pestwurz   2 Blutweiderich   3 Bach-
Nelkenwurz   4 Kuckucks-Lichtnelke   5 Zwergbinse

Exotische Kostbarkeiten

1 Hechtkraut   2 Stinkkohl   3 Gelbe Scheinkalla   4 Knopfbusch   5 Weiße Scheinkalla

Wasserschwertlilien

1 Japanische Schwertlilien, zum Blühen ins Wasser gesetzt
2 'Sulphur Queen', Sorte der Wasser-Schwertlilie   3 'Violetter
Samt', Sorte der Japanischen Schwertlilie   4 heimische
Wasser-Schwertlilie   5 'Cambridge', Sorte der Wiesen-
Schwertlilie

Primel im Wassergarten

1 Farbvariationen verschiedener Etagenprimel   2 *Primula japonica* (Japan-Primel)   3 *P. chungensis*   4 *P. sikkimensis*   5 *P. vialii* (Orchideen-Primel)

Taglilien und Funkien   1 'Carthweels'   2 'Greacen Gift'
3 'Tang'   4 Taglilien und Funkien – gestalteter Formkontrast   5 Glockenfunkie

Steinbrechgewächse

Darmera peltata (Schildblatt) in der Herbstfärbung

S. 256 Astilbe-Arendsii-Hybride

ben. Langanhaltend blühend. Die Sorte 'Atropurpurea' hat purpurviolette Stengel und dunkelrotes Laub.

C. simplex (WORMSK. ex DC.) LEDEB. syn. C. racemosa var. simplex (WORMSK. ex DC.) REGEL. IX bis X. Japan; Kurilen, Kamtschatka, Sachalin; Nordostchina. 1 bis 1,4 m hohe Art mit doppelt gefiederten, auffallend hellgrünen Blättern. Weiße Blüten in dichten, wenig verzweigten, leicht überhängenden Trauben. Die Blüten enthalten ausnahmsweise keine Staminodien, dafür bleiben die inneren Perigonblätter erhalten. Die Art ist wegen ihrer späten Blütezeit wertvoll. In kühlen Gebirgsgegenden kommt die Blüte allerdings nicht mehr zur

Entfaltung. In der Ebene kann sie durch Frühfröste geschädigt werden. Sorten: 'Armleuchter', stark verzweigte Blütenstände, besonders helles Laub; 'Braunlaub', dunkles, braun getöntes Laub.

Verwendung: Bei aller Unterschiedlichkeit in Größe, Form und Habitus lieben fast alle aufgeführten Arten der Seinbrechgewächse und Silberkerzen lichten Schatten, humosen Boden und luftfeuchtes Kleinklima – die typischen Standortmerkmale reich geschichteter, gut mit Wasser versorgter Laubwälder. Einige Arten können sich außerdem an Trockenheit und vollsonnige Standorte anpassen, andere

lieben sickerfeuchte Böden oder vertragen auch Staunässe.

Leuchtendfarbige Blüten sind im allgemeinen für Waldschattenpflanzen nicht typisch. Zarte weiße Blüten herrschen vor. Manche Arten blühen grünlich und wirken mehr durch ihre Eigenart und die Schönheit ihres Laubes. Deshalb sind die bei aller Zartheit farbenprächtigen Astilben für die Gestaltung von besonderer Bedeutung. Sie eignen sich ausgezeichnet für Uferbepflanzungen in voller Sonne, wo sie von der gespendeten Luftfeuchte der nahen Wasserfläche profitieren. Verschiedene Halbschatten- bis Schattenstandorte, selbst absonnige Gehölzränder, wo die Pflanzen bei ausreichender Bodenfeuchtigkeit und kalkarmem Boden sogar dem Wurzeldruck von Gehölzen standhalten, können mit Astilben bepflanzt werden.

Die warmen Farben der Astilbe-Arendsii-Hybriden und der die Florzeit vorverlegenden Astilbe-Japonica-Hybriden passen stets zusammen. Der Gestaltende kann mit den verfügbaren kräftigen oder pastellartigen Abstufungen einschließlich Weiß in Farben schwelgen. Bei der Zusammenstellung der frühen Astilbe-Arendsii-Gruppe kann mit kräftigem Rot im Vordergrund (die dunkellaubige 'Fanal') begonnen werden. Dazu paßt zartes Rosa in größerer Menge ('Martha Illing'), dunkles Rosa tritt darin als Akzent auf ('Gloria'). Die Gruppe im Hintergrund wird durch kühles Violettrosa (die höherwachsende 'Amethyst') abgeschlossen. Der Wert der einzelnen Sorte wird stärker zur Geltung gebracht, wenn die verschiedenen Farben spannungsreich angeordnet werden. Andererseits kann auch eine kleinere, einfarbige Astilbengruppe reizvoll wirken, wenn sie eine bestimmte Aufgabe zu übernehmen hat und, vielleicht im kleinen Gartenraum, zwischen Wasserfläche und Sitzplatz vermittelt. Das Erscheinen der Blüten wird dann alljährlich mit Ungeduld erwartet.

Nicht zu vergessen ist der in verschiedenen Nuancen hervorbrechende Austrieb des sehr dekorativen Laubes der Astilben-Hochzuchten. Hellgrün, bronzefarben, rotbraun oder rotgerandet heben sich die Sorten bei Flächenpflanzung voneinander ab und wirken wohltuend auf das Auge. Die hochwachsenden Astilbe-Thunbergii-Sorten zeichnen sich durch einen charakteristischen, überaus locke-

Cimicifuga racemosa

C. r. var. *cordifolia*

ren Rispenaufbau aus. In einer Mischpflanzung mit Astilbe-Arendsii-Hybriden geht diese Form unter und wird kaum wahrgenommen. Die Pflanzen sollten für sich allein stehen und ihre eleganten Rispenwedel vor dunkel-schattigem Gehölzhintergrund wie kostbares Geschmeide fast schwebend ausbreiten.

Alle diese Arten und Sorten sind, Feuchtigkeit vorausgesetzt, äußerst langlebig. Die Kriech-Astilbe übertrifft alle anderen Astilben hinsichtlich Vitalität und Anpassungskraft auch an relativ trockene Standorte. Leider blühen fast alle Varietäten und Sorten dieser Gruppe in einem als Farbe kritischem Violettrosa. Im Prinzip ist es ein kaltes, verblauendes Rot, das sich mit warmen Rottönen ebensowenig vereinen läßt wie mit hellem Blau. Im Gelb oder Weiß mancher Herbstblumen, in weißbunt panaschierten Funkienblättern oder im abgestuften Grün vieler Gräser finden die Kriech-Astilben geeignete Farbpartner; auch im dunklen Grün von Immergrünen.

Besonders kleine und schwach wachsende Vertreter stellen die beiden Wildarten *A. glaberrima* und *A. simplicifolia*. Die eine, eine Miniaturpflanze mit feinst zerteiltem Laub, eignet sich für feuchte Stellen in kleinsten Steingärten oder in Trögen. Die andere ist ähnlich zu bewerten und wirkt ebenfalls durch ihre graziöse Zartheit, ihr für Astilben ungewöhnliches Blatt und ihre feinen weißen Blüten. Die beiden Arten wollen als Raritäten behandelt werden und ganz für sich stehen. Bei den Astilbe-Simplicifolia-Hybriden verbindet sich feingliedriger Aufbau mit Farbigkeit. Die Spitzensorte 'Aphrodite' ist von hinreißender Schönheit. Andere Sorten, vor allem die bekannte 'Sprite' stehen ihr kaum nach. Für Uferbepflanzungen an kleinen Wasserflächen sind diese Sorten, auch in Gesellschaft mit Astilbe-Crispa-Hybriden, die schöne Matten bilden, sehr zu empfehlen. Als Nachbarn für die Wildarten eignen sich die prächtigen Astilbe-Simplicifolia-Hybriden mit ihrer optischen Gestaltdominanz kaum noch.

Als Gestaltungspartner für die höheren Astilbe-Hybriden sind Funkien, Schattengräser wie die Morgenstern-Segge, Geißbart, Farne und Silberkerzen zu nennen. Über diese schrieb Karl Foerster vor 50 Jahren: »Silberkerzen sind scheinbar anspruchsvolle, schat-

tenliebende Edelstauden, in Wirklichkeit aber derbe, bei Bodenfrische in Schatten und Sonne unverwüstlich ausdauernde Geschöpfe. Der Gartenwert ist unermeßlich, sowohl zur Gipfelung von Astilben- und Spiraengruppen zwischen Farnkräutern und Herbstanemonen, fernwirkend in Rabatten als auch unersetzlich in Schnittblumen- und Ufergärten.«

Die exotisch anmutende Schönheit von Tafelblatt, Schildblatt oder Schaublatt beansprucht ausreichenden Platz, um so großzügig wirken zu können, wie es ihrem Charakter entspricht. Innerhalb größerer Gartenräume können sie Gruppen im Hintergrund bilden, vielleicht zwischen lichtem Baumbewuchs oder vor hohen Sträuchern, die nicht wie Deutzie oder Pfeifenstrauch eine Schleppe bilden, sondern wie Baumartige und Rauhe Hortensie, Hasel, Scheinhasel oder Blumen-Hartriegel mit ihren Zweigen ausschließlich nach oben streben und damit Unterwuchs begünstigen, ja fördern.

Voraussetzung für solche Nachbarschaften sind stets tiefgründige, nährstoffreiche, humose Böden und ausreichende Feuchtigkeit. Unter diesen Bedingungen lassen sich zusätzlich noch frühblühende Primelarten oder Zwiebelgewächse wie Märzbecher, Blausstern und selbst frühe Narzissen mit unterbringen, denn die wenigen lichtreichen Frühlingswochen vor dem Laubaustrieb der Gehölze und vor dem dichten Bodenschluß der großen Blattpflanzen reichen für die Entfaltung dieser Frühblüher aus. An die richtige Stelle gepflanzt vermittelt ein einziges Tafelblatt oder Schaublatt nach Jahren den Eindruck einer aus Blättern und Blüten geformten Plastik. Blütenstände, Blätter und Blattstiele dieser architektonischen Pflanzen, schimmerndes Licht auf glänzenden Oberflächen, unterbrochen von tiefem Schatten, oder auch prasselnder Regen erzeugen vereint oder wechselwirkend großartige Stimmungen.

Das Schildblatt liebt ganz besonders die Staunässe. Die im Frühling aus knorrigen Rhizomen heraufdrängenden dicken Schäfte mit rosafarbenen Blüten in kompakten Trugdolden erregen ebenso Aufsehen wie die leuchtende Färbung der mächtigen Blätter im Herbst. Selbst so unscheinbare Blüten wie die des Wasserhahnenfußes bewähren sich als Partner der ornamentalen Schildblätter, wenn

die kleinen weißen Blumen in großer Menge erscheinen. Auf dem Wasserspiegel schwimmend, betonen sie die horizontale Linie, die den äußersten Gegensatz zur bewegten Kontur der fast überdimensionalen Blattsilhouette bildet (vgl. Abb. S. 110).

Wie ein »armer Verwandter« wirkt dagegen das Milzkraut unserer heimatlichen Fluren. Im Wassergarten kann es nur bei Anwesenheit von Sickerfrische oder -feuchte auf Dauer bescheidene Aufgaben übernehmen. Als vermittelnde, frischgrüne, zur Blütezeit gelbgrüne, stets unaufdringlich wirkende Pflanzendecke paßt vor allem die kräftigere Varietät *rosulare* zu Rasen-, Stern- und Schattensteinbrech, zu Frühlingsprimel, Märzbecher, Schachbrettblume, zwergigen Funkien oder auch in die Nähe von Moorbeeten, die einen farbig blühende, niedrige Rhododendrongruppen oder beerentragende Torfmyrten gestalterisch hervortreten. Randbereiche kleiner, zur Belebung von Steingärten gedachter Wasserflächen, feuchte Tälchen, die auf diese Wasserflächen zulaufen und selbst zeitweilig oder ständig Wasser führen, bieten ausgezeichnete Standorte für das Milzkraut.

Der Fetthennen-Steinbrech bildet auf feuchten bis nassen, mit Kalksteinsplittern durchsetzten mageren Matten und überzieht von hier aus feuchte Kalk- oder Sandsteine. Anpassungsfähig an fast alle Böden ist der dankbare und für dienende Aufgaben nützliche Astmoos-Steinbrech. Wenn eine Wasserfläche im Garten mit einem unmittelbar nordseitig anschließenden, aus den Teichaushubmassen gewonnenen Steingartenhang ein logisches und damit empfehlenswertes Gestaltungsmotiv ergeben soll, dann werden für den interessanten und biologisch besonders aktiven Kontaktbereich Wasser/Land ganz bestimmte Pflanzen benötigt. Rasen-Steinbrech und Astmoos-Steinbrech breiten sich nahe dem Wasserspiegel mit umfangreichen, moosartigen Decken aus. Die Pflanzen überziehen alle Steine und Zwischenräume und mildern den bei anderer Gelegenheit durchaus erwünschten harten Übergang zwischen nacktem Stein und Wasser. Oberhalb dieser weich gerundeten, schwellenden Zone lichten Grüns kann sich die unruhige Formen- und Farbenvielfalt des gestalteten Hanges um so bewegter entfalten (vgl. Abb. S. 59).

Tiere
im Wassergarten

Tierhaltung im Wassergarten

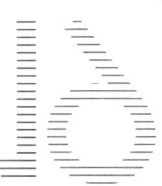

Im Teiche spielten Fische; leise regten /
die Lotosblätter sich in zartem Reigen. /
Aufschnellend Vogelschwärme fegten /
die letzten bunten Blüten von den Zweigen / Hsje Tjau (464 bis 499)

Ein kleines, rundes, betoniertes Wasserbecken. In der Mitte ein dünner, spru-
delnder Wasserstrahl. Auf dem Wasser schwimmt ein Goldfisch
aus Plastik. Am Rande des Beckens steht ein Reh aus Gips. Wer
dieses Bild, ein Beispiel aus aktueller Vorgartengestaltung, als
Zumutung empfindet, sollte überdenken: Ist diese Gestaltung
geschmacklos, oder habe ich nur keinen Geschmack mehr
daran? Als Kind hätte ich über den Plastikgoldfisch auf dem
Wasser und über das Gipsreh in den Primel am Wasser gejubelt,
jetzt bin ich erwachsen und weiß, diese Gestaltung ist Kitsch.
Als Erwachsener setze ich lebende Goldfische in das Wasser und
an den Beckenrand einen steinernen Riesenfrosch. Dabei erlebe
ich nichts anderes als das Kind: die Belebung eines Gartenraumes durch Tiere. Dem Kind genügt schon ein Modell, das
durch naive Phantasie zu Leben erweckt wird; der Erwachsene
ist Realist und außerdem an kulturelle Konventionen in der Gesellschaft gebunden.

Wenn von Tieren im Garten gesprochen wird, dann sollte immer zwischen der Einbeziehung von Tieren und Tiersymbolen
in eine Gestaltungsabsicht und der spontanen Besiedelung unseres Gartens durch im umgebenden Landschaftsraum heimische Tierarten unterschieden werden. Das eine schränkt das andere in der Regel mindestens wesentlich ein.

Tierhaltung im Gartenteich und im Wasserbecken folgt ural-
ten Traditionen. Die Geschichte des Goldfisches ist über tausend Jahre alt, noch älter ist die Haltung von Höckerschwänen
und Nilgänsen, die in die Zeit des antiken Griechenlands bzw.
des Ägyptens der Pharaonen zurückgeht. Diese Tiere waren ursprünglich bewußt eingesetztes Gestaltungsmittel, sie waren Repräsentationsobjekte. Ob unseren
Goldfischbecken in den Vorgärten nicht
noch etwas davon anhaftet?

Die Tierhaltung im Wassergarten ist in
diesem Buch ein Problem am Rande,
über das aber gesprochen werden muß,
um die Konsequenzen für eine naturnahe
Gestaltung, das Hauptanliegen dieses Buches, deutlich zu machen. Diese Konsequenzen sollte jeder kennen.

Wer Tiere im Garten hält, möchte sie dort auch sehen. Üppig
bepflanzte Wasserbecken und dichter Bewuchs ihrer Randzonen mit Großstauden und Gehölzen stehen dem ebenso entgegen wie ein zu großer Bewegungsraum für die Tiere. Jede Teichgröße, jeder Beckentyp und jede Gartenraumkonzeption bieten
jeweils nur bestimmten Tieren einen angemessenen Lebensraum. Unter der Voraussetzung, daß der Gartenraum das Pri-
mat hat, die Fische in einem Teich und nicht in einem Behälter
schwimmen, die Vögel zwischen der Vegetation des Gartens leben und nicht in einer bepflanzten Voliere, sind der Wahl zumeist enge Grenzen gesetzt. Goldfische können im Sommer
noch in einem eingesenkten Waschzuber im Garten gehalten
werden, wenn das Wasser oft genug erneuert wird, Farbkarpfen
brauchen erheblich mehr Bewegungsraum. Die Mandarinente
gehört als farbiges Kleinod auf ein kleines Gewässer, der Hök-
kerschwan ist ein für Gärten kaum geeigneter Wasservogel. Wer
Wasservögel züchten und sammeln will, muß aus seinem Garten
ein Gehege machen. Der Gartenfreund, der seinen Garten mit
einigen Tieren beleben möchte, ist vom Liebhaber z. B. des Was-
sergeflügels durch die Frage zu unterscheiden: Welche Tiere
kann ich in meinem Garten halten? oder: Wieviel Platz habe ich,
um bestimmte Tierarten halten zu können? Wer die zuletzt
genannte Frage stellt, sollte konsequent auf die Gestaltung eines
Wassergartens verzichten. Früher oder später wird er ihn doch
in eine Abfolge von Gehegen für Wassergeflügel umwandeln.

Wer Tiere hält, übernimmt Verantwortung für Leben. Er muß immer vor der Anschaffung bedenken, wie er die Tiere auch im Winter angemessen unterbringen und versorgen kann.

Gewässer, in denen Zierfische gehalten werden, sollten möglichst keine flachen Uferbereiche haben, in die sich die Fische »verlaufen« können. Sie werden dort leicht von Katzen und anderen Beutegreifern gefangen. Ein unmittelbar von einem Teich gespeistes Vogelbad erwies sich als ausgesprochene Goldfischfalle. Die Fische hielten sich bevorzugt darin auf, die Katzen brauchten sich nur zu bedienen. Daß Zu- und Abfluß durch entsprechende Sperren gesichert werden, ist selbstverständlich.

Die Haltung von Wassergeflügel setzt eine Umgrenzung des Gartens mit einem mindestens 80 bis 100 cm hohen, angemessen dichten Zaun voraus. Innerhalb eines Gartens wird ein umzäunter Bereich zum Gehege. Volieren im Garten sind Bauwerke, und sie sollten auch gestalterisch als Architektur genutzt werden. Die unterste Größe, bei der sogar noch Zuchten z. B. von Krickenten, Mandarin- und Brautenten möglich sind, beträgt ca. 9 m². Die Höhe sollte zwischen 2 m und 3 m liegen. Eine gestalterische Dominante kann auch für kleinere Gärten ein Freilandterrarium sein. Das Schwanenhaus auf dem Parksee ist schon immer, ebenso wie das Taubenhaus im Bauernhof Gegenstand architektonischer Gestaltung gewesen. Solche Schutzbauten sind bei der Wasservogelhaltung der kleinen Insel nicht nur aus gestalterischen Gründen vorzuziehen. Das kleine Wassergeflügel ist durch Beutegreifer sehr gefährdet.

Jede Tierhaltung im Wassergarten verändert die Voraussetzungen für das stabile ökologische Gleichgewicht, das sich ohne die eingebrachten Tiere einstellen würde. Das betrifft den Nährstoffgehalt und das Leben wirbelloser Tiere im Wasser ebenso wie die Überlebenschancen bestimmter Pflanzen in der Uferregion. Von Zierfischen oder Ziergeflügel bewohntes Wasser unterliegt einer schnellen Eutrophierung, wenn es nicht kontinuierlich erneuert wird. Ein allgemeingültiges Maß für die Steuerung mit Hilfe einer zweckmäßigen Bepflanzung gibt es nicht. Sie muß für den Einzelfall experimentell ermittelt werden. Ohne Zuführung von Frischwasser wird es bei einem maßvollen Besatz mit Zierfischen bleiben müssen. Dabei ist der jahreszeitliche Rhythmus entscheidend. Während in der sommerlichen Wuchsperiode z. B. durch Seerosen, die einen sehr hohen Nährstoffbedarf haben, das Wasser vielleicht noch im mesotrophen Bereich bleibt, kann das Stoffwechselgefüge schon im Spätsommer zusammenbrechen, wenn die Pflanzen, statt Nährstoffe zu verbrauchen, nun ihrerseits durch absterbende Substanz Nährstoffe an das Wasser abgeben. Wassergeflügel düngt das Wasser auf besonders nachhaltige und für Pflanzen in der Regel unbekömmliche Art und Weise.

Ein besonderes Problem bei der Wassergeflügelhaltung ist die Randbefestigung des Teiches und die Uferbepflanzung. Die Tiere zertreten die Vegetation des Ufersaumes und erodieren zusätzlich den Boden, indem sie ihn durch Seihen und Schnattern abtragen. Dagegen gibt es nur ein sicheres Mittel: die Ufer generell mit Steinen oder grobem Schotter befestigen. Das ist gestalterisch keine gute Lösung. Besser ist ein Kompromiß, den Ausstieg auf einen bestimmten Bereich zu beschränken und das übrige Ufer entweder mit einer hohen Kante zu befestigen oder durch kräftig wurzelnde hohe Stauden und Gehölze für das Geflügel unbegehbar zu machen. Bei Wassergeflügelzüchtern haben sich dafür bewährt Kalmus, Wasser-Schwertlilie, *Juncus*-Arten, Taglilien und verschiedene Seggen. Geeignet sind auch niedrige Buschweiden (die von einigen Vogelarten aber abgeäst werden). Niederliegende und zwergig wachsende Nadelgehölze an den Teichrand zu pflanzen ist gestalterisch meist sehr riskant. Ausdrücklich gewarnt werden muß vor der Verwendung des Abendländischen Lebensbaumes (*Thuja occidentalis*, mit allen Gartenformen). Er enthält das Gift Thujon. Gelangt es im Spätsommer mit den meist reichlich abgestoßenen älteren Trieben ins Wasser, kann es zu einem Fischsterben kommen.

Die Frage, was schwimmt denn da, ist nach der einheitlich graubraunen Schutzfarbe der Fischrücken selten zu beantworten. Zum Gestaltungselement im Wassergarten wurden Fische deshalb erst, als sie Farben einbrachten, die dem Wasser und seiner Lebenswelt eigentlich fremd sind: Rot und Gelb. Zu den stillen Erd- und Grünfarben trat jetzt die Bewegung von Signalfarben. Neben den bekannten Formen des aus China stammenden Goldfisches (*Carassius auratus auratus*) haben heute diese Farben die sehr widerstandsfähige Goldorfe, eine Farbform des Aland (*Leuciscus idus*), und, die ebenfalls zuerst in China gezüchteten Farbkarpfen, Formen des Speisekarpfens (*Cyprinus carpio*). Auch von der Karausche und dem Gießbel (Abb. S. 278) kommen Goldformen vor.

Für den Besatz eines Teiches mit Fischen gilt die Faustregel: mindestens 5 l Wasser auf 1 cm Fisch. Ein mittelgroßer Goldfisch braucht danach bereits fünf Eimer Wasser. Sollen Fische im Gartenteich überwintern, benötigen sie eine Wassertiefe von mehr als 1 m. Der Tiefenbereich muß auch im Winter sauerstoffreich sein. Im Widerspruch zu dieser Forderung steht, daß selbst die Goldformen der Fische höchstens bis in eine Wassertiefe von 50 cm optisch wirksam bleiben. Wer in einem kleinen Teich ohne ständigen grundnahen Wasserdurchfluß einen Teil des Grundes bis zu 1 m vertieft, muß damit rechnen, daß er eine Faulschlammgrube schafft, in der die Fische im Winter zugrunde gehen. Die Belüftung durch starkwachsendes Röhricht, das auch im Winter mit seinen abgestorbenen Achsen zwischen Bodengrund und Atmosphäre vermittelt, ist nicht immer ausreichend. Die meisten Gartenbesitzer werden ihre Goldfische im Spätherbst abfischen müssen und frostfrei und kühl in möglichst weiten Behältern (Wannen) dunkel überwintern. Die Überlebenskraft z. B. der Goldfische ist erstaunlich. In einer Kinderbadewanne überlebten schon 30 kleinere Tiere ohne Verluste den Winter bei Temperaturen um 10 °C, monatlichem Wasserwechsel und gelegentlicher Fütterung mit Trockenfutter. Farbkarpfen sind da wesentlich anspruchsvoller! Über ihre Haltungsbedingungen sollte man sich vor der Anschaffung vom Fachmann informieren lassen.

Als Ziergeflügel für den Wassergarten kommen fast ausschließlich Entenarten in Frage, obwohl schon Brehm die Haltung der Purpurralle *(Porphyrio porphyrio)*, der Teichralle *(Gallinula chloropus)* und der Bleßralle *(Fulica atra)* »sehr unterhaltsam« fand. Den geringsten Raumanspruch haben Krickente *(Anas crecca)*, Mandarinente *(Aix galericulata)* und Brautente *(Aix sponsa)*. Es gibt noch mehr Enten- und Gänsearten, die sich für den einen oder anderen Gartenteich eignen. In jedem Falle muß man sich vor dem Erwerb der Tiere über die speziellen Ansprüche an die Haltung sachkundig machen und die Folgen für die Gestaltung des Gartens bedenken.

Zur Ökologie der Tiere im Wassergarten

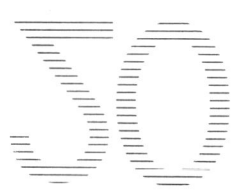

Wenn der Brunnen verschlammt, trinkt keiner daraus. / Wenn der Brunnen verfällt, stirbt das Leben aus. / Buch der Wandlungen, China, 1. Jh. v. u. Z.

In Mitteleuropa haben Generationen wirtschaftender Menschen eher über ein Zuviel an Wasser geklagt als über Wassermangel. Wasser schien in unerschöpflicher Menge zur Verfügung zu stehen. Es war lästig als hochanstehendes Grundwasser, es behinderte auf Sumpfböden das Bauen, es erschwerte in Form »ungebändigter« Bäche, Flüsse und Ströme Verkehr und Wirtschaft. Der Begriff Melioration umfaßte nur der Form halber auch die Bewässerung, sein Hauptinhalt war die Entwässerung. Die Äcker wurden mit Drainageröhren durchzogen, Seen und Sümpfe trockengelegt, Bäche begradigt und Flüsse kanalisiert. Das lästige Wasser sollte so rasch wie möglich ins Meer abfließen. Hätte Goethe geahnt, daß keine zweihundert Jahre nach seiner Faustidee die Völker über die Mehrfachnutzung ein und desselben Wassers nachdenken müssen, er hätte sicher nach einer anderen Schlußmetapher gesucht. Die wenigen großen Sümpfe, die unserem Kontinent noch geblieben sind, genießen den Schutz von Biosphären-Reservaten. Wir wollen nicht mehr möglichst viel Wasser so schnell wie möglich loswerden, wir müssen möglichst viel Wasser so lange wie möglich am Abfluß ins Meer hindern. Jede nicht meliorierte feuchte Wiesensenke, jeder nicht zugeschüttete Dorfteich und jeder Gartenteich sind Beiträge dazu. Wir stützen damit den Wasserhaushalt in der Natur.

Das ist ein nicht gering zu achtender quantitativer Gesichtspunkt bei der Gestaltung unseres Wassergartens, dem ein qualitativer folgt: Wasser bleibt nicht unbelebt. Jede Wasseransammlung, selbst die Pfütze in der Wagenspur eines Waldweges wird in kurzer Zeit von Leben unterschiedlicher Art erfüllt sein. Mit dem Teich in unserem Garten bieten wir Lebensraum an. An der Art, wie dieser Lebensraum besiedelt wird und besiedelt bleibt, können wir erkennen, ob wir einen Beitrag zur Stabilisierung oder Erhaltung unserer Lebensumwelt leisten oder ob wir dem Leben in unserer Umwelt nur eine Wasserfalle gestellt haben. Wir sollten jeden Versuch einer künstlichen Besiedelung mit einheimischen Tieren unterlassen und mit dem vorliebnehmen, was uns zuwandert. Mit unserem Gartenteich können wir nicht das Überlebensproblem gefährdeter Tierarten lösen. Naturschutz ist Landschaftsschutz! Es ist oftmals nicht zu fassen, wie rasch und von wie vielen Tierarten unser Gartenteich angenommen wird, von deren Existenz in der Umgebung wir keine Ahnung hatten. Oft bleibt es unbegreiflich, auf welchen Wegen sie unseren Teich überhaupt auffinden konnten. Viele Wasserinsekten unternehmen weite Flüge, oft nur in der Nacht, und haben offensichtlich das Vermögen, selbst kleinste Wasseransammlungen sicher zu orten. Aber auch Lurche finden über Hunderte von Metern neu angebotene Lebensstätten, selbst wenn sie dabei dürre Ökotope überwinden müssen. Der im Boden eingesenkte Waschkessel in einem Garten inmitten trockenen Kiefernwaldes war jahrelang der Treffpunkt und Laichplatz von Grasfröschen, deren Habitat davon einen halben Kilometer entfernt lag. Der Laich wurde allerdings von Goldfischen gefressen. Als ein naturnah gestalteter Gartenteich dem Waschkessel Konkurrenz machte, zogen sie in diesen um, vom Notbehelf in ein festes »Zuhause«. Die Vermehrungsraten von Lurchen in unseren Gartenteichen sind nicht sehr hoch. Vor allem wenn die Uferzonen nicht dicht bewachsen sind, werden die meisten Jungfrösche z. B. von Amseln gefressen, aber schon vorher können wir im Wasser beobachten, wie mit zunehmender Größe die Zahl der Kaulquappen immer kleiner wird. Daran können wir nichts ändern, wenn wir sicher sind, daß unser Teich eine stabile Wasserqualität hat, die nicht durch Düngemittel- oder Insektizideintrag dramatisch verschlechtert wurde.

Sauerstoffmangel durch Überwärmung im Sommer und durch nicht abgebaute Faulgase im Winter sind häufige Ursachen für den Artentod in Gartenteichen. Steilwandige Teiche mit einem Verhältnis von Oberfläche (in m^2) zu Tiefe (in m) kleiner als 10 zu 1 können sich in mehrfacher Hinsicht als Tierfallen herausstellen. In größerer Wassertiefe wird bei fehlender Belüftung durch bodennahen Zu- und Abfluß die Bildung von Faulschlamm und Faulgasen begünstigt. Auch in gut bepflanzten Becken kann deren toxische Wirkung im Winter so stark werden, daß die Tiere, die am Teichgrund Schutz suchten, nicht überleben. In steilwandigen Wasserbecken und Folieteichen können darüber hinaus Lurche, Vögel und Kleinsäuger ertrinken, weil sie problemlos hinein, aber nicht wieder heraus können. Werden solche Becken im Winter entleert, teilweise mit Laub gefüllt und eventuell noch zugedeckt, kommen die Frösche, die hier überwinterten, in sonnenwarmen Vorfrühlingstagen durch Überhitzung jämmerlich um. Das Absenken des Wasserspiegels birgt die gleiche Gefahr in sich. Bretter oder starke, rauhborkige Äste oder Zweigbündel sollten immer zwischen Wasserfläche bzw. Beckenboden und Beckenrand Tieren einen Ausstieg vermitteln, wenn der Pflanzenwuchs das nicht ermöglicht. Gegenüber unserer Verpflichtung, tierisches Leben zu erhalten, muß die gestalterische Lösung zurücktreten.

Jeder hat den Gartenteich, den er verdient. Das ist nicht an der aufgewendeten Arbeit zu messen, sondern an dem Verständnis für die ökologischen Zusammenhänge. Gartenbiotope von außerordentlicher Stabilität können ohne aufwendige ständige Pflege- und Unterhaltungsarbeiten entstehen, wenn auf standortfremde biologische Artgemeinschaften verzichtet wird. Als Standort wird hier der geographisch bestimmte Biotop, die Lebensstätte verstanden. Er wird neben seiner geographischen Lage von Bodenverhältnissen, Wasserhaushalt und Pflanzengesellschaften bestimmt. Wenn wir in der Nachbarschaft keinen vergleichbaren Biotop vorfinden, an dem wir unsere Gestaltungsabsichten messen können, müssen wir das Experiment wagen, einem unserem Standortverständnis entsprechenden Biotop angemessene Startbedingungen zu geben.

Die Lebensgemeinschaft eines Biotops wird Biozönose genannt. Die Abhängigkeit von den geographischen Bedingungen findet ihren Ausdruck in der Erweiterung des Begriffs zur Biogeozönose. Der Begriff ist wertindifferent. Auch auf jeder Müllkippe bildet sich eine Biogeozönose, eben die dieser Müllkippe. Jeder abwasserbelastete Fluß bildet eine seinen besonderen Verhältnissen angemessene Biogeozönose, wenn der Wasserchemismus nicht jedes Leben ausschließt. Der Wertmaßstab für die Güte einer Biogeozönose ist ihre Stabilität, die Fähigkeit, über Jahre hinweg ohne grundsätzlich verändernde Eingriffe des Menschen ihre jahreszeitliche Dynamik immer wieder zu reproduzieren, eine gleichbleibende Wasserqualität und ein dieser Wasserqualität entsprechender Artenbestand. Je größer der Gartenteich ist, um so besser sind die Voraussetzungen dafür, daß sich eine stabile Lebensgemeinschaft herausbildet und die zugewanderten Tiere nicht nur zeitweilige Gäste sind. Die Größe ist hier als Raumgröße des Wassers zu verstehen. Je größer die Wassermasse ist, um so weniger werden atmosphärische Faktoren und Einflüsse der Umgebung, wie z. B. Nährstoffeintrag, zu Veränderungen der Qualität des Wassers führen. Je kleiner die Wassermasse, um so stärker wird die Temperatur in Abhängigkeit von der Sonneneinstrahlung schwanken, ebenso der Sauerstoffgehalt und die Nährstoffbilanz. Ideale Verhältnisse herrschen in Gartenteichen, deren Wasser durch gleichbleibenden natürlichen Zu- und Abfluß in seiner Qualität erhalten bleibt, dessen Tiefe im Winter ein Durchfrieren bis zum Grund ausschließt, dessen Relief aber auch keine Faulschlammentwicklung zuläßt. Ist dieser Teich außerdem so mit Pflanzen bewachsen, daß der Nährstoffeintrag aus der Umgebung kompensiert wird, dann können wir damit rechnen, daß sich eine stabile, artenreiche Biogeozönose herausbildet.

Nach den Nährstoffverhältnissen und der Wasserqualität können wir zwei große Gruppen von Gewässern unterscheiden:
1. Nährstoffarm, sauerstoffreich, mehr oder weniger sauer und kühl.
2. Nährstoffreich, sauerstoffarm, mehr oder weniger basisch und warm.

Die Trinkwasserqualität der ersten Gruppe von Gewässern wird selten und wenn, dann höchstens in Gebirgen zu haben sein. Sowohl die stehenden als die fließenden Gewässer dieser Gruppe zeichnen sich durch eine Tierwelt mit sehr hohen Ansprüchen an Sauerstoffgehalt, gleichbleibende Wasserqualität und Wasserreinheit aus. Charakteristische Biogeozönosen sind die Salmoniden-Seen des Hochgebirges und des Hochgebirgsvorlandes, die Salmoniden-Region des Oberlaufes von Bächen und Flüssen und die Quellfluren. Diese Gewässer sind arm an Vegetation, Hochgebirgsseen sind höchstens am Ufer stellenweise mit höheren Pflanzen bewachsen. Charakteristische Tierarten sind Bachflohkrebs *(Rivulogammarus pulex)*, Steinfliegenlarven (z. B. *Dinocras*), Eintagsfliegenlarven (z. B. *Ephemera*), Larven bestimmter Libellenarten (z. B. *Cordulegaster*), Larven bestimmter Köcherfliegen (z. B. *Silo, Lepidostoma, Hydropsyche*), Flußnapfschnecke *(Ancylus fluviatilis)* und von den Fischen z. B. Bachforelle *(Salmo trutta)*, Elritze *(Phoxinus phoxinus)* und der Gründling *(Gobio gobio)*.

Besonders hohe Ansprüche an die Wasserreinheit stellen die Steinfliegenlarven, die Grundwanze *(Aphelocheirus aestivalis)*, einige Strudelwürmer (z. B. *Crenobia alpina, Polycelis felina, Dugesia gonocephala)* und von den Fischen Schmerle *(Noemacheilus barbatulus)* und Groppe *(Cottus gobio)*.

In den Quellfluren des Gebirgs- und Hügellandes sind der Höhlenkrebs *(Niphargus puteanus)* zu finden und die Larven der auf diese Biotope spezialisierten Köcherfliegen *Wormaldia occipitalis, Apatania fimbriata* und *Parachiona picicornis.* Kühle klare Waldbäche bevorzugt auch der Feuersalamander als Laichplätze.

Nährstoffarm und sauer sind die Wasserschlauch-Moortümpel-Gesellschaften. Sie sind arm an Pflanzenarten, bilden aber hochspezialisierte Lebensgemeinschaften. Charakteristisch sind Larven der Heidelibellen *(Sympetrum* und *Leucorrhinia),* der Büschelmücke *Chaoborus crystallinus* und der Köcherfliegen *Rhadioleptus alpestris* und *Neuronia ruficrus.*

Die nährstoffreichen stehenden Gewässer entwickeln einen reichen Pflanzenwuchs unter Wasser (Laichkraut-Gesellschaften) oder auch auf dem Wasser (Wasserschweber-Gesellschaften) und haben meist eine ausgeprägte Verlandungszone. Entsprechend reicher, aber unspezifischer ist die Tierwelt. Die Arten der Salmoniden-Region sind hier nicht mehr zu finden. Schwimmkäfer, Wasserwanzen, Wasserassel, Wasserspinne, Schlammröhrenwürmer, Muscheln und Schnecken bevölkern das Wasser. Forellen und Elritzen sind durch Barben, Barsche, Plötzen, Schleie, Hechte usw. ersetzt. Die fließenden Gewässer des nährstoffreichen Typs unterscheiden sich nicht wesentlich in der Artenzusammensetzung oder besser: unterschieden sich nicht. Die Zivilisation hat die Mittel- und Unterläufe der Flüsse zugleich zu bevorzugten Vorflutern für die Ableitung ihres flüssigen Mülls gemacht. Dadurch wurden diese »Chemotope« für viele Arten unbewohnbar. Wir sollten zwischen dieser Wasserverschmutzung und der mehr oder weniger natürlichen Eutrophierung unterscheiden. Wasserverschmutzung gefährdet Leben, Eutrophierung wandelt Biogeozönosen in artenreichere Typen. Auch das kann unerwünscht sein. Die Einteilung der Gewässer in Güteklassen ist in erster Linie eine wasserwirtschaftliche Einteilung. Die Güteklasse I ist chemisch rein, aber auch biologisch steril. Das Maß ihrer Güte ist ihre Verwendbarkeit als Trinkwasser. Mit wachsender »Verschmutzung« nimmt zunächst entsprechend wachsendem Nährstoffangebot die Artenzahl zu. Die Güteklasse II hat den reichsten Artenbestand. In der Güteklasse III wird organische Masse nicht mehr im Stoffwechselkreislauf vollständig abgebaut. Es mangelt an Sauerstoff, und Faulgase bilden sich. Die Güteklasse IV vermag in ihrer extremen Form kein höheres Leben zu beherbergen. Der Sauerstoffgehalt tendiert gegen Null. Zur Charakterisierung der Güteklassen werden auch Tierarten herangezogen, die in der folgenden Liste zusammengestellt sind (nach Baur).

– Güteklasse I (oligosaprob, organisch unbelastet bis sehr gering belastet, weniger als 0,1 mg/l NH_4, über 8 mg/l O_2)
Steinfliegenlarven
Alpenstrudelwurm *(Crenobia alpina)*
Grundwanze *(Aphelocheirus aestivalis)*
Hakenkäfer *(Elmis mangëi)*
Köcherfliegenlarven ohne Köcher, mit 1 Rückenschild (z. B. *Rhyacophila)*

– Güteklasse II (betamesosaprob, organisch mäßig belastet, weniger als 0,3 mg/l NH_4, über 6 mg/l O_2)
Posthornschnecke *(Planorbarius corneus)*
Spitzhornschnecke *(Lymnaea stagnalis)*
Runde Eintagsfliegenlarven mit Kiemenblättern oder hochstehenden Kiemenbüscheln (z. B. *Baëtis, Ephemera vulgata)*
Napfschnecken *(Ancylus fluviatilis, Acroloxus lacustris)*
Erbsenmuschel *(Pisidium obtusale)*
Bachflohkrebs *(Rivulogammarus pulex)*
Teichschlange *(Stylaria lacustris)*
Strudelwurm *(Dendrocoelum lacteum)*
Großer Schneckenegel *(Glossiphonia complanata)*
Köcherfliegenlarven ohne Köcher, mit 3 Rückenschildern (z. B. *Hydropsyche)*
Kriebelmückenlarven *(Simulium)*

– Güteklasse III (alphamesosaprob, organisch stark verschmutzt, mehr als 1 mg/l NH_4, über 2 mg/l O_2)
Wasserassel *(Asellus aquaticus)*
Hundeegel *(Herpobdella octoculata)*
Waffenfliegenlarven *(Stratiomys)*
Kugelmuschel *(Sphaerium)*
Federmückenlarven *(Chironomus)*

– Güteklasse IV (polysaprob, übermäßig verschmutzt, mehr als 2 mg/l NH_4, weniger als 1 mg/l O_2)
Schlammröhrenwürmer *(Tubifex tubifex)*
Mistbienenlarven *(Eristalomyia tenax)*

Tiere besiedeln unseren Wassergarten

Es soll sich regen, schaffend handeln, / Erst sich gestalten, dann verwandeln; / Nur scheinbar steht's Momente still. / Das Ew'ge regt sich fort in allen: / Denn alles muß in nichts zerfallen, / wenn es im Sein beharren will. /
J. W. von Goethe

Dem jahreszeitlichen und dem über Jahre sich erstreckenden Wandel der Vegetation im Wassergarten entspricht auch ein Wandel seiner Tierwelt, wobei manches Tier nur in anderem Gewand wieder auftritt oder uns erst in einem bestimmten Gewand zu Gesicht kommt. Der Gartenteich beherbergt ein stilles Leben. Wenn in ihm Frösche quaken, Unken oder Geburtshelferkröten läuten, dann haben diese Lurche unser Biotopangebot angenommen und sind bereits seßhaft geworden. Wir dürfen das als Dankesgruß des Lebens in unserem Gartenteich verstehen. Wie vielfältig dieses Leben tatsächlich ist, werden wir in der Regel nie erfahren. Immer wieder können wir neue, vielleicht nie gesehene Tierarten in den Wurzelbärten von Pflanzen entdecken, die wir zum Umpflanzen aus dem Wasser nehmen, oder im Teichschlamm, den wir auf den Komposthaufen tragen. Vielfalt und Gestaltreichtum, die wir im Gartenteich entdecken können, sollen die Abbildungen deutlich machen.

Das, was uns zuwandert, sollten wir zu halten versuchen. Vielleicht tragen wir zur Arterhaltung bei. Wenn wir im natürlichen Biotop Tiere fangen und uns aneignen, vergehen wir uns mindestens moralisch gegen den Naturschutz, meist sogar gegen Gesetze. In Zusammenarbeit mit den Naturschutzorganen kann jede Hilfeleistung »vor Ort« von Nutzen sein. Umsiedlungen und Ansiedlungen bedürfen fachlicher und juristischer Kompetenz.

Die nachfolgende Übersicht über Tiere, die unter mit Gartenteichen vergleichbaren Bedingungen in heimischen Gewässern leben, soll helfen, die Tiere im eigenen Gartenteich zu bestimmen. Von vielen Gruppen der Wirbellosen können nur typische Arten oder sogar nur Gattungen stellvertretend für eine größere Zahl von Gattungen und Arten genannt bzw. abgebildet werden. Diese »Kurze Einführung in die Tierwelt der Gartenteiche« macht Fachliteratur nicht entbehrlich, im Gegenteil, sie will zu ihrem Gebrauch anregen. In die Übersicht aufgenommen wurden nur solche Tiere, die zeitweise oder ständig im Wasser leben und die entweder aktiv in unseren Garten gelangen oder dorthin eingeschleppt werden können. Fische können selbstverständlich nur in Gartenteichen erwartet werden, die über einen ständigen oder periodischen Zu- oder Abfluß mit Gewässern der Umgebung, in denen Fische leben, verbunden sind. Die Größenangaben in den Bildunterschriften sind immer »bis«-Werte. In der Regel sind die Tiere niemals größer, oft aber kleiner. Es werden nur Tiere beschrieben, die mit bloßem Auge wahrgenommen werden können. Die Beschreibung folgt in ihrer Abfolge der zoologischen Systematik.

Die Einordnung der wirbellosen Tiere in die Stämme und Klassen soll ein kurzgefaßter Bestimmungsschlüssel (nach Stresemann, Exkursionsfauna, Wirbellose I, verändert) erleichtern.

1	frei beweglich	2
1'	festsitzend	19
2	Körper zweiseitig symmetrisch (mit Bauch und Rücken, rechter und linker Seite) und mit deutlich erkennbarem Vorder- und Hinterende	3
2'	Körper drehrund, sack- oder walzenförmig (einzelne Merkmale von 2 sind möglich)	15
3	mit Flügeln	Insekten, S. 272
3'	ohne Flügel	4
4	mit paarigen, deutlich sichtbaren Fortbewegungsorganen	5
4'	ohne Gliedmaßen oder paarige Fortbewegungsorgane nicht sichtbar	8
5	mit gegliederten Beinen	6
5'	mit ungegliederten, stummelförmigen Fortbewegungsorganen	Insektenlarven, S. 272
6	mit 6 Beinen	Insekten, S. 272
6'	mit mehr als 6 Beinen	7
7	mit 2 Paar Fühlern, Beine wenigstens teilweise mehrästig	Krebse, S. 271
7'	ohne Fühler, Beine einästig	Spinnen, S. 271
8	Körper von 2 Schalenklappen seitlich umgeben	9
8'	Körper nicht von Schalenklappen seitlich umgeben	10
9	Tiere kriechen langsam auf dem oder im Bodengrund	11
9'	Tiere schwimmen frei, Schalen nur wenige Millimeter lang	Muschelschaler, Wasserflöhe, S. 271

10	mit Schalen oder Gehäusen	12
10′	ohne Schalen oder Gehäuse	13
11	Schalen meist über 1 cm lang	
		Muscheln, S. 270
11′	Schalen höchstens 2 mm lang	
		Muschelkrebse, S. 271
12	mit Schalen oder Gehäusen aus Kalk	
		Schnecken, S. 269
12′	Gehäuse aus Exkrementen, Fremdkörpern, Pflanzenteilen oder Gespinsten	
	Insektenlarven (Köcherfliegen), S. 277	
13	Körper äußerlich gegliedert oder geringelt	14
13′	Körper äußerlich ungegliedert	
		Strudelwürmer, S. 268
14	mit hartschaliger Kopfkapsel	
		Insekten, S. 272
14′	ohne Kopfkapsel, mit Haftscheibe am Hinterende und Saugscheibe am Vorderende	
		Egel, S. 271
15	Körper langgezogen bis fadenförmig	16
15′	Körper nicht fadenförmig	17
16	in der vorderen Körperhälfte gürtelförmige Hautverdickung, Körperringe mit Borsten	Wenigborster, S. 270
16′	ohne gürtelförmige Hautverdickung, Haut ohne Borsten	
		Fadenwürmer, S. 269
17	Körper walzenförmig, nicht durchscheinend	Insektenlarven, S. 272
17′	Körper nicht walzenförmig, durchscheinend	18
18	mit Tentakeln, Körper sackförmig	
		Hydren, S. 268
18′	ohne Tentakel, Körper spindelförmig	
		Strudelwürmer, S. 268
19	Tiere leben einzeln in Erd-, Sand-, Schlick-, Chitin-, Gespinst- oder Kalkröhren	
		Insektenlarven, S. 272
19′	Tiere leben nicht in Röhren	20
20	Körper deutlich gegliedert, Kopf mit Borstenkämmen	Insektenlarven, S. 272
20′	Körper ungegliedert, Kopf ohne Borstenkämme	21
21	mit Tentakeln, Einzeltiere erkennbar	22
21′	ohne Tentakel, Einzeltiere nicht erkennbar	Schwämme, S. 268
22	Tentakel dicht bewimpert, erzeugen Wasserstrom (Strudler)	
		Moostierchen, S. 272
22′	Tentakel nicht bewimpert, ergreifen mit Tentakeln Beute	Hydren, S. 268

Porifera (Schwämme) Die meisten Arten dieses Tierstammes leben im Meer. Im Süßwasser Mitteleuropas können wir aber immerhin noch ein halbes Dutzend Arten relativ häufig antreffen. Sie wachsen als unsymmetrische porige Krusten oder Klumpen oder geweihartig verzweigt auf Steinen, Wurzeln und Ästen. Ziemlich häufig ist während des Sommers in ruhigem Wasser die verzweigte, im Licht von Algen grün gefärbte *Spongilla lacustris* zu finden. Sie überwintert in Form von Dauerknospen. Auffallend ist der starke moderartige Geruch. Süßwasserschwämme bevorzugen ruhiges, an Sink- und Schwebstoffen organischer Natur relativ reiches Wasser.

Hydrozoa (Hydren) Von den Hohltieren leben die kleinen Arten der Familie *Hydridae* im Süßwasser. Überall häufig ist die durchscheinende *Hydra vulgaris*. Von symbiontischen Algen grün gefärbt ist *Chlorohydra viridissima*. Hydren leben in ruhigem, klarem, oberflächennahem Wasser und sitzen meist an Wasserpflanzen. Sie nähren sich von Wirbellosen. Die Größe der Beutetiere kann die eigene Größe erheblich übersteigen.

Turbellaria (Strudelwürmer) Sehr seltsame Lebewesen, die zwischen wenigen Millimetern und vier Zentimeter lang werden können und bei uns mit Ausnahme einer Art nur im Wasser leben. Trotz ihres schon sehr differenzierten Körpers ist die Regenerationsfähigkeit dieser Tiere unglaublich groß. Aus kleinsten Körperteilen können sich wieder vollausgebildete Strudelwürmer entwickeln. Die Arten des Süßwassers fallen tagsüber kaum auf. Erst nachts verlassen sie ihre Verstecke zwischen Wasserpflanzen, unter Steinen oder im Schlamm und suchen kriechend oder schwimmend nach Beute, die vor allem aus kleinen Wirbellosen besteht. Der Körper kann sich

Süßwasserschwämme und Hydren: 1 *Ephydatia fluviatilis*, 70 cm lang 2 *Spongilla lacustris*, 1 m lang 3 *Chlorohydra viridissima*, Körper 1,5 cm 4 *Hydra vulgaris*, Körper 3 cm, Tentakel bis 25 cm ausstreckbar

Strudelwürmer: 1 *Polycelis cornuta*, 1,8 cm 2 *Crenobia alpina*, 1,6 cm 3 *Dendrocoelum lacteum*, 2,5 cm 4 *Dugesia gonocephala*, 2,5 cm 5 *Microstomum lineare*, Kette bis 8 mm 6 *Mesostoma tetragonum*, 1 cm 7 *Bdellocephala punctata*, 4 cm 8 *Rhynchomesostoma rostratum*, 5 mm 9 *Planaria torva*, 1,3 cm 10 *Euplanaria lugubris*, 2,5 cm 11 *Fonticola vitta*, 1,5 cm 12 *Euplanaria gonocephala*, 2,5 cm

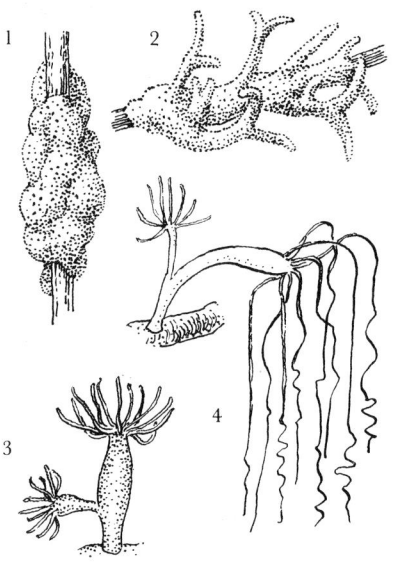

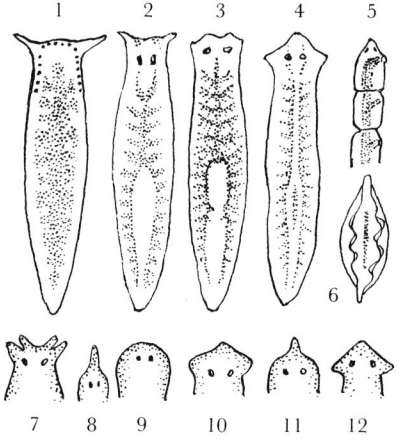

sehr stark zusammenziehen bzw. strecken. Auffallend ist in dem abgeplatteten, durchscheinenden Körper einiger Arten der verästelte, durch seinen Inhalt dunkel gefärbte Darm. Strudelwürmer sind an spezielle Ökotope gebunden. *Bdellocephala punctata* lebt in stehenden oder langsam fließenden Gewässern im Tiefland im Schlamm oder an Steinen. *Crenobia alpina* kommt nur in klaren, kalten Gebirgsbächen und in Quellen mit alkalischer Reaktion vor. In sauren Quellen ist *Polycelis cornuta* zu Hause. Weit verbreitet, selbst in stark verschmutzten Gewässern, ist *Dendrocoelum lacteum*. In Moorgewässern lebt *Rhynchomesostoma rostratum*. Teiche und Weiher mit klarem Wasser und reichem Pflanzenwuchs beherbergen häufig *Mesostoma tetragonum*. Neben abgeflachten Arten gibt es sehr kleine rundliche Arten, die oft Tierketten bilden (z. B. *Microstomum lineare* mit Ketten bis zu 18 Einzeltieren).

Nematoda (Fadenwürmer) Nematoden sind vor allem als Pflanzenschädlinge und tierische Parasiten bekannt. Viele Arten leben frei im Boden. Die Fadenwürmer repräsentieren in ihrer Gestalt das Prinzip widerstandslosen schlängelnden Hindurchgleitens. Das macht uns diese Tiere so unsympathisch – aalglatt wird übertroffen von spulwurmglatt. Die Parasiten des Menschen, Spulwurm und Madenwurm zählen zu dieser Tierklasse. Im Boden und im Süßwasser kommen Arten bis zu 50 cm Länge vor. Die meisten sind kleiner als 1 cm.

Ein Riese aus der verwandten Klasse der Saitenwürmer *(Nematomorpha)* ist das Wasserkalb *(Gordius aquaticus)*, das bis 80 cm lang werden kann, aber nur etwa 1 mm dick wird und in stark verschmutzten Gewässern vorkommt. Die Larven schmarotzen in Wasserinsekten.

Gastropoda (Schnecken) Gegenüber der Artenzahl der Land- und Meerschnecken ist die des Süßwassers klein. Es sind ausschließlich Gehäuseschnecken. Die Sumpfdeckelschnecken leben in schlammigen pflanzenreichen Gewässern. Wie alle großen Wasserschneckenarten vertilgen sie eine große Menge pflanzlicher Substanz als Nahrung. In den gleichen Biotopen sind auch die kleinen Federkiemenschnecken und Schnauzenschnecken zu finden. *Bythinella*-Arten kommen ausschließlich in Quellen und Quellbächen der Alpen und der Mittelgebirge vor.

Die Gehäuseform der Schlammschnecken variiert auch innerhalb der Art sehr stark. Sie fressen frische Wasserpflanzen an. In einen Gartenteich eingeschleppt, kann die Spitzhornschnecke durch eine üppige Vermehrung und den Fraßschaden an Wasserpflanzen sehr lästig werden. Der Zwischenwirt des Leberegels *(Fasciola hepatica)*, die Leberegelschnecke, kommt noch in kleinsten Gewässern, in Quellen und an feuchten Felsen vor und kriecht an Pflanzen auch über den Wasserspiegel. In der warmen Jahreszeit atmen die Schlammschnecken an der Wasseroberfläche kriechend atmosphärische Luft. Sie können dann leicht weggefangen werden.

Blasenschnecken haben unterschiedliche Standortansprüche. Die Quellen-Blasenschnecke kommt in klaren, pflanzenreichen Gewässern vor, die Moos-Blasenschnecke in Gräben, Tümpeln, auch solchen mit saurer Wasserreaktion. Tellerschnecken sind nach Gattung und Arten schwer zu unterscheiden. Sie können auch noch in sauerstoffarmen Tümpeln leben, weil ihr Blut Hämoglobin enthält, das einen rationellen Sauerstoffhaushalt ermöglicht. Die wichtigste und größte Art ist die Posthornschnecke, eine Plage im Aquarium, wenn sie mit Wasserpflanzen eingeschleppt wurde. Die kleineren Arten werden uns kaum lästig werden.

1 Quellen-Blasenschnecke *(Physa fontinalis)*, 1 cm hoch 2 bis 5 Tellerschnecken: 2 und 3 *Planorbis planorbis*, 1,5 cm breit 4 und 5 *Anisus vortex*, 1 cm breit 6 Moos-Blasenschnecke *(Aplexa hypnorum)*, 1,5 cm hoch 7 und 8 Posthornschnecke *(Planorbarius corneus)*, 3 cm breit 9 Fluß-Napfschnecke *(Ancylus fluviatilis)*, 7 mm lang 10 Teich-Napfschnecke *(Acroloxus lacustris)*, 6 mm lang

1 Spitze Sumpfdeckelschnecke *(Viviparus contectus)*, 4 cm hoch 2 *Bythinella dunkeri*, 2,5 mm hoch 3 Schnauzenschnecke *Bulimus tentaculatus*, 1 cm hoch 4 Federkiemenschnecke *Valvata piscinalis*, 5 mm hoch 5 *V. cristata*, 3 mm breit

Schlammschnecken: 1 Spitzhornschnecke *(Lymnaea stagnalis)*, 6 cm hoch 2 Leberegelschnecke *(L. truncatula)*, 2 cm hoch 3 *L. auricularia*, 3 cm 4 *L. palustris*, 3 cm hoch 5 *L. peregra*, 2 cm hoch

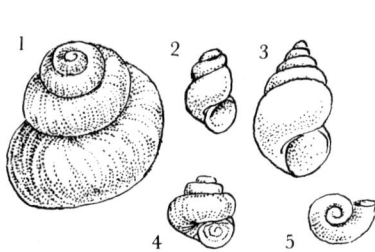

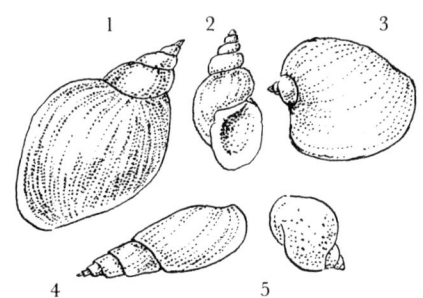

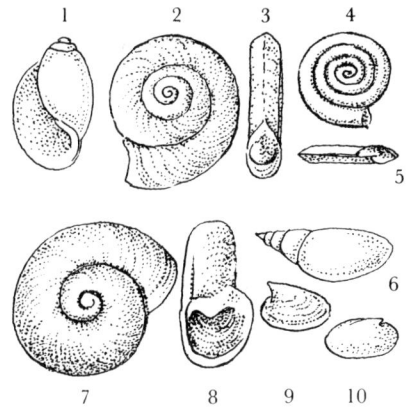

Teich-Napfschnecken sind auf Pflanzen in nicht verunreinigten, klaren stehenden Gewässern, Fluß-Napfschnecken auf Steinen vor allem sauberer fließender Gewässer zu finden. Die kleinen, durchscheinenden Schalen werden meist übersehen.

Bivalvia (Muscheln) Die Fluß- und Teichmuscheln variieren in ihrer Schalenform so stark, daß die Arten nur schwer zu bestimmen sind. Zusätzlich wird das durch geographische Unterarten und Arthybriden kompliziert. Diese Muscheln sind nur dort zu finden, wo auch Fische sind. Ihre Larven leben zeitweise parasitisch an Kiemenblättern bzw. an der Flossenhaut von Fischen.

Die Dicke Flußmuschel ist an reines, bewegtes Wasser gebunden. Weniger anspruchsvoll sind Aufgeblasene Flußmuschel und Malermuschel. Teichmuscheln können auch zusammen mit Flußmuscheln vorkommen, im allgemeinen bevorzugen sie aber stehende Gewässer. Die Gemeine Teichmuschel *(Anodonta cygnea)* wird bis 20 cm lang. Die großen Muschelarten der Seen und Flüsse sind an das Gebiet der norddeutschen Vereisung bzw. das Rheingebiet und den Oberlauf der Donau gebunden. Sie sind auf viel Plankton und organische Schwebstoffe angewiesen und damit auf nährstoffreiches und chemisch nicht verunreinigtes Wasser. Im gleichen Maße, in dem uns die Lust zum Baden in Flüssen und Seen verging,

nahm auch die Wahrscheinlichkeit ab, sich an Muschelschalen die Fußsohlen zu zerschneiden.

Die Hornfarbene Kugelmuschel ist eine der häufigsten Muscheln des Süßwassers. Sie kommt auch noch in stark verschmutzten Kleingewässern und Zuleitungskanälen vor. Die kleinere Teich-Kugelmuschel kann noch in periodisch trockenliegenden Tümpeln leben.

Noch immer gibt es Unbekanntes in der heimischen Fauna: Taxonomie, Lebensweise und Verbreitung der Erbsenmuscheln, dieser kleinsten heimischen Muscheln, sind ungenügend geklärt. Die Arten können von der Küste bis ins Hochgebirge in den verschiedensten Gewässern gefunden werden. Aus Osteuropa wurde die Wandermuschel eingeschleppt. Sie breitet sich ständig aus. In sauberem, klarem Wasser haftet sie klumpenweise an Holz und Steinen. Ihre schwimmenden Larven könnten durchaus über natürliche Zuflüsse auch in einen Gartenteich gelangen.

Oligochaeta (Wenigborster) Charakteristisch für diese Tiergruppe sind der aus zahlreichen ringförmigen Segmenten bestehende schlanke Körper und die meist kurzen, oftmals nicht sichtbaren Borsten auf den Segmenten. Urbild dieser Tiergruppe ist der Regenwurm. Es gibt aber eine Vielzahl von Wenigborstern, die im Wasser leben. Der bekannteste ist der Schlammröhrenwurm *(Tubifex tubifex).* Er be-

siedelt besonders gern in ausgedehnten Kolonien den Feinschlamm von stark verunreinigten fließenden Gewässern. Er kommt mit sehr wenig Sauerstoff aus. Gegenüber giftigen Abwasserbestandteilen reagiert er sehr differenziert, deshalb wird er zu Wassertests herangezogen. Verwandte von *Tubifex* leben nur in ausgesprochen sauberen Fließgewässern (z. B. *Limnodrilus hoffmeisteri)* oder im sandigen Grund klarer Bäche und Seen *(Rhyacodrilus falciformis).* Rote Würmer im Wasser müssen also noch nicht auf eine starke Verschmutzung des Wassers hinweisen.

1 *Aelosoma hemprichii,* 1,7 cm 2 *Stylaria lacustris,* 1,8 cm 3 *Ripistes parasita,* 7,5 mm 4 *Pristina longiseta,* 1,5 cm 5 *Nais pseudobtusa,* 1,5 cm 6 *Tubifex tubifex,* 8 cm Hinterenden (Afterkiemen): 7 *Aulophorus furcatus* 8 *Dero incisa* 9 *D. digitata* 10 *D. obtusa*

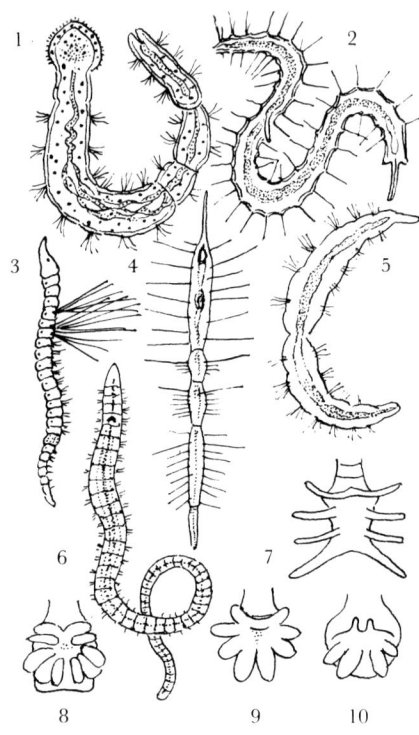

1 Dicke Flußmuschel *(Unio crassus),* 7 cm lang 2 Aufgeblasene Flußmuschel *(U. tumidus),* 8 cm lang 3 Malermuschel *(U. pictorum),* 14 cm lang 4 Abgeplattete Teichmuschel *(Pseudanadonta complanata),* 8 cm lang

1 und 2 Hornfarbene Kugelmuschel *(Sphaerium corneum),* 1,3 cm 3 und 4 Erbsenmuschel *(Pisidium obtusale),* 3 mm lang 5 Teich-Kugelmuschel *(Sphaerium lacustre),* 1 cm lang 6 Wandermuschel *(Dreissena polymorpha),* 4 cm lang

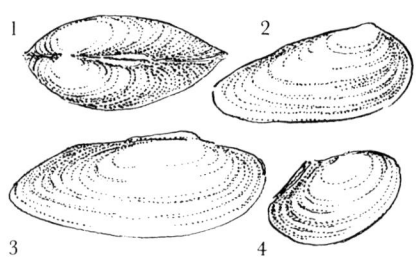

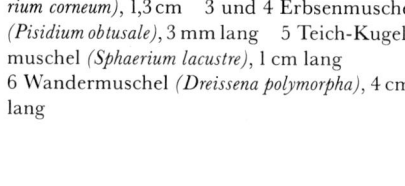

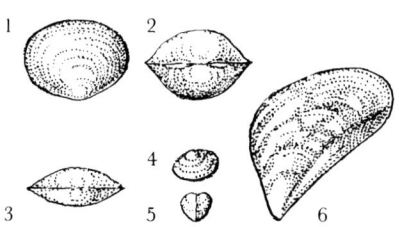

Einige Arten der Gattung *Dero* sowie *Aulophorus furcatus, Aelosoma hemprichii, Pristina longiseta* kommen in Moorgewässern vor, aber nicht alle diese Arten sind an saure Gewässer gebunden. *Stylaria lacustris* ist im Süßwasser und in der Ostsee häufig an Wasserpflanzen zu finden. Eine sehr enge Bindung an bestimmte Gewässertypen haben nur wenige Arten. Die meisten Wenigborster des Wassers sind sehr auffallend und sehr charakteristisch beborstet. Viele Arten können durch Querteilung Tierketten bilden.

Hirudinea (Egel) Egel sind blutsaugende Parasiten, oder sie leben räuberisch von kleinen Tieren. Wegen ihrer Größe und ihrer schlängelnden Fortbewegung zählen sie zu den auffallendsten wirbellosen Tieren im Wasser. Der Gemeine Blutegel ist in pflanzenreichen, flachen, stehenden Gewässern nur selten zu finden. Er saugt Blut von Wirbeltieren und kann bis 27 Jahre alt werden. Der überall häufige kleinere Pferdeegel lebt von Schnecken, Würmern und anderen kleinen Tieren, die er unzer-

teilt verschlingt. Bei warmem Wetter hält er sich auf Schwimmblättern oder am Ufer auch außerhalb des Wassers auf. Ebenfalls räuberisch lebt der Hundeegel. Blut von Weichtieren oder Würmern saugen die *Glossiphonia*-Arten und *Helobdella stagnalis*. Das Auftreten von Egeln signalisiert eine fortgeschrittene Eutrophierung. Der Hundeegel ist sogar eine Charakterart der Wassergüteklasse III.

Arachnida (Spinnentiere) Die Wasserspinne *(Argyroneta aquatica)* ist die einzige Spinnenart, die im Wasser leben kann. Sie ist dazu in der Lage, weil sie ständig einen Vorrat an Atemluft in ihrem Haarkleid mit sich herumträgt. Unter Wasser baut sie sich eine Luftglocke, in der sie sich die meiste Zeit aufhält. Die Luftglocke wird von einem Gespinsttrichter gehalten, der an Wasserpflanzen geheftet wird. Spinnfäden, die in der Umgebung des Trichters aufgespannt sind, signalisieren der Spinne die Beute. Sie lebt in pflanzen- und sauerstoffreichen kleinen Gewässern, meist gesellig. Bevorzugt werden Moorgewässer. Die Spin-

nen können schmerzhaft beißen! Allergische Reaktionen sind danach nicht ausgeschlossen.

Crustacea (Krebse) Von dieser sehr formenreichen Tierklasse können zahlreiche Arten den Gartenteich besiedeln. Die Bestimmung der »anhangreichen« Tiergruppe nach Gattungen und Arten ist sehr schwierig. Dem populären Krebsmodell entsprechen nur die zehnfüßigen Großkrebse.

Onychura (Krallenschwanzkrebse) Zu dieser Gruppe von Kleinkrebsen gehören die in fast unübersehbarer Formenfülle in stehenden Gewässern vorkommenden Wasserflöhe *(Cladocera)* und die interessanten, bis 1,7 cm großen Muschelschaler *(Conchostraca)*, die von einer muschelartigen Schale völlig eingeschlossen sind. Sie sind nicht häufig im Gebiet und an flache, klare Gewässer mit reichlichem Pflanzenwuchs gebunden.

Ostracoda (Muschelkrebse) Im Unterschied zu den schwimmenden Muschelschalern leben die Muschelkrebse im Schlamm oder an Pflanzen. Die verkalkte, zweiklappige Schale ist bohnenförmig und läßt kein Gliedertier vermuten. Sie werden höchstens 2 mm lang.

Copepoda (Ruderfußkrebse) Viele Ruderfußkrebse sind Parasiten. Von den freilebenden Arten interessieren vor allem die Hüpferlinge *(Cyclops)*, Kleinkrebse, die im flachen Wasser

Egel: 1 Gemeiner Blutegel *(Hirudo medicinalis)*, 15 cm 2 Pferdeegel *(Haemopis sanguisuga)*, 10 cm 3 Hundeegel *(Herpobdella octoculata)*, 6 cm 4 *Hemiclepsis marginata*, 3 cm 5 Zweiäugiger Plattegel *(Helobdella stagnalis)*, 1,2 cm 6 Großer Schneckenegel *(Glossiphonia complanata)*, 3 cm

Wasserflöhe, 2 bis 6 mm: 1 *Daphnia longospina* 2 *Polyphemus pediculus* 3 *Bosmia longirostris* 4 *Latona setifera* 5 Gattung *Chydorus* 6 Gattung *Alona*

Cyclops fuscus, 4 mm, mit Eisäckchen

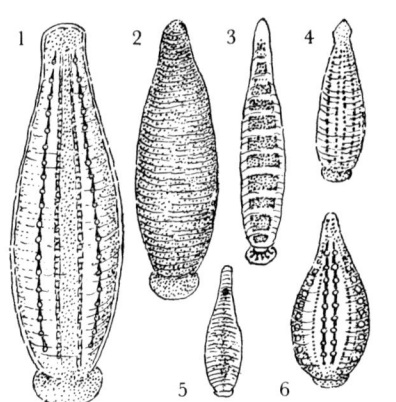

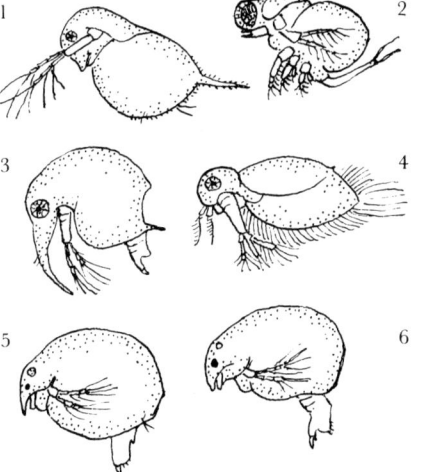

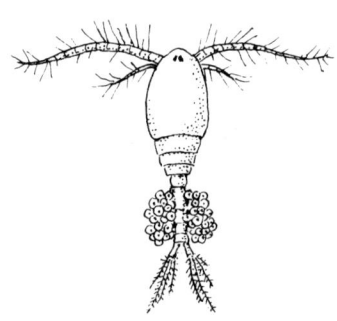

der Teiche sehr verbreitet sind und den Fischen zur Nahrung dienen. Sie selbst fressen Plankton, sind aber auch in der Lage, Fischbrut anzufressen.

Amphipoda (Flohkrebse) Der Bachflohkrebs kommt im Widerspruch zu seinem Namen nicht nur in Bächen, sondern auch in pflanzenreichen Randzonen von Seen und langsam fließenden Gewässern meist sehr zahlreich vor. Flohkrebse der Quellen, Brunnen und Höhlen sind die farblosen Höhlenkrebse der Gattung *Niphargus*.

Isopoda (Asseln) In stehenden und langsam fließenden Gewässern, die auch stark eutrophiert sein können, lebt die Wasserassel *Asellus aquaticus*, in Brunnen und Höhlengewässern die farb- und augenlose *Asellus cavaticus*. Ein Beispiel dafür, welch gegensätzliche ökologische Ansprüche die Arten ein und derselben Gattung haben können.

Dekapoda (Großkrebse, Zehnfüßige Krebse) Der Amerikanische Flußkrebs *(Oronectes limosus)*, eine typische Krebsgestalt, kommt auch in stehenden Gewässern minderer Qualität vor. Er wurde 1890 nach Deutschland gebracht, als Ersatz für den von der Krebspest befallenen Edelkrebs *(Astacus astacus)*. Der Amerikanische Flußkrebs ist an den roten Rändern der Segmente seines Hinterleibes zu erkennen. Der Edelkrebs ist an fließendes, sauerstoffreiches Wasser hoher Reinheit gebunden. Geringe Populationen sollen sich von ihm noch erhalten haben.

Bryozoa (Moostierchen) Die festsitzenden oder auch kriechenden *(Cristatella)* Kolonien der Moostierchen sterben im Süßwasser im Herbst ab, und die Tiere überwintern als Dauerkeime. Moostierchen strudeln ihre Nahrung, Kleinlebewesen, mit Hilfe eines Tentakelkranzes in ihre Leibeshöhle. Das Einzeltier wird in der Regel keinen Millimeter lang, die Kolonien können sich auf ziemlich große Flächen ausdehnen. Die meisten Arten gehören zur Gattung *Plumatella*. Sie wachsen als Polster, Klumpen oder verzweigte Fäden an Wasserpflanzen und verschiedenen Unterlagen. Man muß schon genau hinsehen, um Tierkolonien darin zu erkennen.

Hexapoda (Insekten) Die meisten wirbellosen Tiere im Gartenteich sind Insekten oder deren Larven. In einem kurzgefaßten Schlüssel soll eine Bestimmungshilfe für die Vertreter der Ordnungen gegeben werden, die im Wasser gefunden werden können, bzw. von denen mindestens Larven im Wasser leben.

1	mindestens 1 Paar Flügel	2
1'	ohne Flügel	11
2	Vorderflügel häutig, durchsichtig oder beschuppt	3
2'	Vorderflügel hornig, meist undurchsichtig, nicht beschuppt	10
3	Kopf mit unpaarem Stech- oder Saugapparat	4
3'	Kopf mit beißenden oder verkümmerten Mundwerkzeugen	5
4	2 Paar dicht beschuppter Flügel, oft bunt	Schmetterlinge
4'	Vorderflügel durchscheinend, nicht dicht beschuppt, manchmal gefärbt. Hinterflügel zu kleinen Schwingkölbchen umgebildet	Zweiflügler, S. 277
5	Fühler winzig, höchstens so lang wie der Kopf breit	6
5'	Fühler länger als der Kopf	7
6	mit 3 oder 2 zarten, gegliederten Schwanzfäden, Mundwerkzeuge verkümmert	Eintagsfliegen, S. 273
6'	Ohne Schwanzfäden, kräftige Mundwerkzeuge	Libellen, S. 273
7	Flügel in Ruhe dachförmig liegend	8
7'	Flügel in Ruhe flach übereinander liegend	Steinfliegen, S. 275
8	Vorderflügel mit zahlreichen Queradern, kahl, durchsichtig	9
8'	Vorderflügel mit wenigen Queradern, behaart	Köcherfliegen, S. 276
9	Halsschild rechteckig, Flügel dunkelbraun getrübt	Schlammfliegen, S. 275
9'	Halsschild nicht schildförmig, an der Seite herabgezogen, Flügel gefleckt oder braun	Bachhafte, Schwammhafte, S. 276
10	Vorderflügel im Ganzen hornig, beißende Mundwerkzeuge	Käfer, S. 276
10'	Vorderflügel (bei einigen Arten bzw. Generationen verkümmert) im Spitzenteil mit scharf abgesetzter häutiger Membran, Saugrüssel	Wanzen, S. 275
11	Beine gut entwickelt, deutlich sichtbar	12
11'	ohne Beine	22

1 Bachflohkrebs *(Rivulogammarus pulex)*, 2 cm, darüber Differentialmerkmal von Flußflohkrebs *(R. roeselii)* 2 Wasserassel *(Asellus aquaticus)*, 1,5 cm

Moostierchen: 1 *Pectinatella magnifica*, Kolonie, 1 kg 2 *Fredericella sultana*, Kolonie, 15 cm 3 *Paludicella articulata*, Teilzweig 4 *Cristatella mucedo*, kriechende Kolonie, 20 cm 5 *Plumatella* spec., Einzeltier

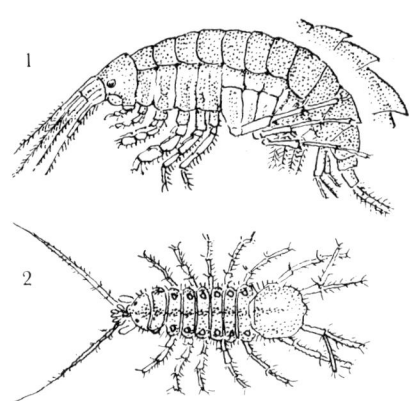

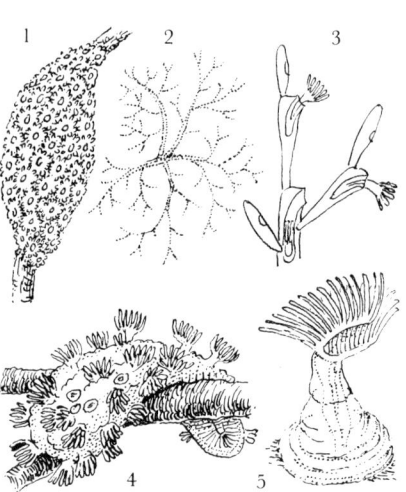

Collembola (Springschwänze) Von den kleinen, nur wenige Millimeter großen Urinsekten sind auf dem Wasser oder auf Wasserlinsen oft massenhaft der Schwarze Wasserspringer, weniger häufig der Wasserkugelspringer zu finden. Durch Aufschlagen der unter dem Hinterleib eingeklappten Sprunggabel hüpfen sie mit zur Körpergröße enorm weiten Sprüngen über die Wasseroberfläche und fallen oftmals erst dadurch auf.

Ephemeroptera (Eintagsfliegen) Die Lebensdauer der erwachsenen Insekten ist sprichwörtlich geworden. Die Larven brauchen für ihre Entwicklung am oder im Grund der Gewässer etwa ein Jahr. Ein großer Teil der Arten ist auf kalte Gebirgsbäche angewiesen und reagiert auf Gewässerverunreinigungen sehr empfindlich. Verschiedene Arten gelten deshalb als Bioindikatoren. Nur in rasch fließenden klaren Gebirgsbächen sind die Arten der Gattungen *Epeorus* und *Ecdyonurus* (mit flachen, dem Boden aufliegenden Körpern) zu finden. In der Gewässergüteklasse II kommen noch »runde« Larvenformen der Gattungen *Habrophlebia*, *Baëtis*, *Ephemera* und *Potamanthus* vor. Die meisten Arten sind an Fließgewässer gebunden. Die bis 1 cm langen Larven der Gattung *Cloëon* leben häufig auch in kleinen Gewässern, selbst noch in Regentonnen. Ihre äußeren Schwanzfäden sind wie bei *Siphlonurus* nur innen behaart.

Springschwänze: 1 Wasserkugelspringer *(Sminthurides aquaticus)*, 1 mm 2 Schwarzer Wasserspringer *(Podura aquatica)*, 1,5 mm

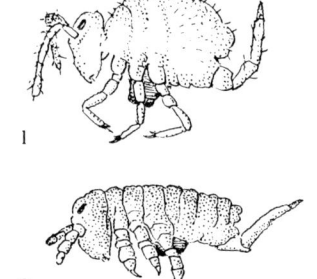

Odonata (Libellen) Keine Tiergruppe kann einen optisch so bestimmenden Anteil am Charakter des Wassergartens haben wie die Libellen. Wo sie heimisch geworden sind, bestätigt ihr Vorkommen außerdem, daß sich im Gewässer ein biologisch tragfähiges Gleichgewicht eingestellt hat, denn die Larven sind gefräßige Räuber. Wo sie sich ernähren können, müssen viele wirbellose Tiere im Wasser leben. Bis zum erwachsenen Insekt kann die Larvenentwicklung länger als ein Jahr dauern. In flachen Gartenteichen ist die Entwicklungszeit oft kürzer, als in der Literatur angegeben. Viele

Eintagsfliegenlarven 1 *Ephemera vulgata*, 2,3 cm 2 *Habrophlebia fusca*, 1,2 cm 3 *Siphlonurus lacustris*, 1,1 cm 4 *Ephemerella ignita*, 1 cm 5 *Baëtis rhodani*, 1 cm 6 *Potamanthus luteus*, 1,2 cm 7 *Ephemera vulgata* (Imago) 8 *Epeorus* spec., 1,5 cm

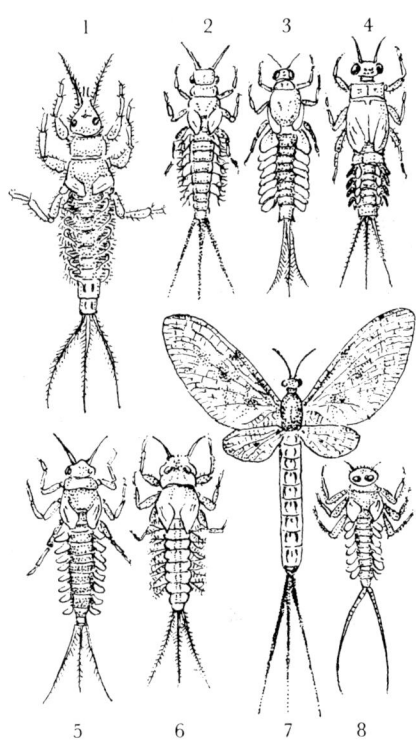

Libellenarten stellen sehr spezifische Forderungen an die Wasserqualität. So sind einige Arten der Heidelibellen an saure Torfgewässer gebunden, die Quelljungfern an klare Gebirgsbäche und Quellsümpfe. Die Larven des Plattbauchs *(Libellula depressa)* überstehen selbst das zeitweise Austrocknen ihrer Wohngewässer. Nur wenige Arten sind relativ unempfindlich gegen Gewässerverschmutzung, z. B. die Westliche Keiljungfer *(Gomphus pulchellus)*, die sich im Gegensatz zu den meisten anderen Arten sogar ausbreitet. Die Prachtlibellen bevorzugen fließende Gewässer, die meisten anderen Arten stehende, meist pflanzenreiche Gewässer. Zum Schlüpfen des erwachsenen Insekts müssen die Larven an aufstrebenden Pflanzenteilen aus dem Wasser herauskriechen können. Viele Arten benötigen aus dem Wasser ragende Pflanzenteile auch zur Eiablage. Manche Arten sind an das Vorkommen bestimmter Pflanzenarten gebunden, so die Zwerglibelle *(Nehalennia speciosa)* an Schachtelhalme und Seggen und die Grüne Mosaikjungfer *(Aeshna viridis)* an Krebsschere. Die Eier werden im Fluge abgeworfen (Heidelibellen),

Kleinlibellen: 1 Prachtlibelle *(Calopteryx spec.)*, 5 cm 2 Binsenjungfer *(Lestes spec.)*, 4 cm 3 Federlibelle *(Platycnemis pennipes)*, 3,6 cm 4 Frühe Adonislibelle *(Pyrrhosoma nymphula)*, 3,5 cm

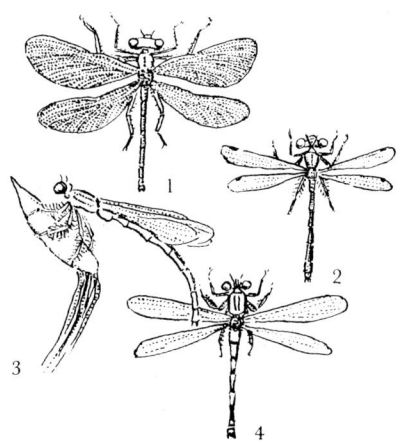

Libellenlarven: 1 Prachtlibelle *(Calopteryx spec.)*, 3 cm 2 Binsenjungfer *(Lestes spec.)*, 2,5 cm 3 Federlibelle *(Platycnemis pennipes)*, 2,7 cm 4 Schlanklibelle *(z. B. Pyrrhosoma spec.)*, 2 cm 5 Keiljungfer *(Gomphus spec.)*, 3 cm 6 Mosaikjungfer *(Aeshna spec.)*, 4 cm 7 Heidelibelle *(Sympetrum spec.)*, 1,7 cm 8 Quelljungfer *(Cordulegaster spec.)*, 4 cm 9 Smaragdlibelle *(Cordulia spec.)*, 2 cm 10 Segellibelle *(Libellula spec.)*, 2,5 cm

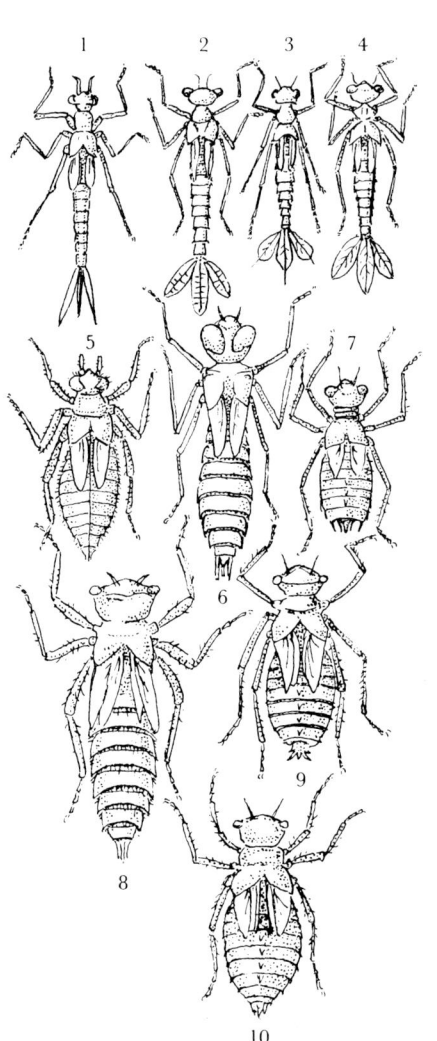

in oberflächlich wachsenden Wasserpflanzen oder auch an Uferpflanzen abgelegt. Die Frühe Adonislibelle taucht zur Eiablage bis zu 15 cm unter Wasser.

Großlibellen: 1 Blaugrüne Mosaikjungfer *(Aeshna cyanea)*, 8 cm 2 Gemeine Keiljungfer *(Gomphus vulgatissimus)*, 5 cm 3 Gemeine Smaragdlibelle *(Cordulia aenaeturfosa)*, 5,4 cm 4 Vierfleck *(Libellula quadrimaculata)*, 5 cm 5 Gemeine Heidelibelle *(Sympetrum vulgatum)*, 4 cm

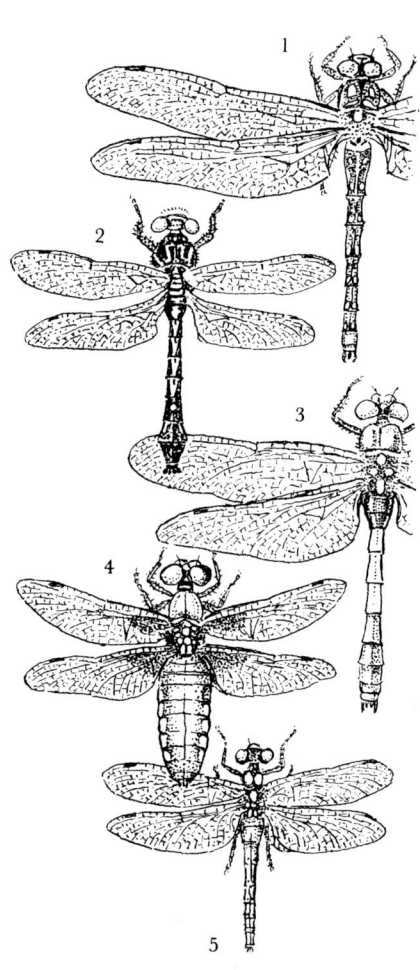

Plecoptera (Steinfliegen) Die erwachsenen, an Uferpflanzen sitzenden Insekten unterscheiden sich von den Larven auffällig nur durch die Flügel. Es sind charakteristische Insektenlarven sauerstoffreicher, kühler Gebirgsbäche. Einige Arten kommen noch in Gewässern der Güteklasse II vor. Die Arten der Unterordnung *Filipalpia* ernähren sich von Algen und sich zersetzender pflanzlicher Substanz (z. B. *Dinocras*, *Brachyptera*, *Nemoura*), die Arten der Unterordnung *Setipalpia* ernähren sich räuberisch (z. B. *Isoperla*). Zur Entwicklung brauchen die Larven bis zu drei Jahre. Nur wenige Arten der Gattung *Nemurella* und *Nemoura* kommen auch in stehenden Gewässern der Ebene vor. Die Arten der großen Flüsse und Ströme sind selten geworden, von einigen ist zu vermuten, daß sie bei uns bereits ausgestorben sind.

Heteroptera (Wanzen) Aus der form- und artenreichen Ordnung kommen zwei Gruppen im

und auf dem Wasser vor: Die Wasserwanzen *(Hydrocorisae)* und die Wasserliebenden Landwanzen *(Amphibiocorisae)*. Die im Wasser lebenden Wasserwanzen sind in ihrer Form so vielgestaltig, daß ihre Verwandtschaft nicht immer auf den ersten Blick zu erkennen ist. Ruderwanzen sind gewandte Schwimmer, aber auch gute Flieger. Sie nähren sich von Algen und organischen Resten. Die kleine Grundwanze, die nur zufällig gefunden wird, lebt räuberisch in klaren, sauerstoffreichen Gewäs-

1 Wassernadel *(Ranatra linearis)*, 3,5 cm
2 Wasserskorpion *(Nepa cinerea)*, 2,2 cm
3 Grundwanze *(Aphelocheirus aestivalis)*, 1 cm
4 Schwimmwanze *(Ilyicoris cimicoides)*, 1,5 cm; Ruderwanzen, 1,4 cm: 5 *Corixa punctata*
6 Rückenschwimmer *(Notonecta glauca)*, 1,6 cm
7 *Cymatia* spec.

sern. Ihre Flügel sind verkümmert. Die Schwimmwanze hat voll entwickelte Flügel, fliegt aber dennoch nicht, sondern wandert nachts über Land. Ihr Stich ist sehr schmerzhaft. Wassernadel und Wasserskorpion haben am Hinterleib ein Atemrohr, das sie zur Luftaufnahme aus dem Wasser stecken. Auf jedem kleinen Tümpel stellen sich bald Wasserläufer ein. Mit ihnen verwandt sind die an klares Wasser gebundenen Bachläufer und die sehr langsam stelzenden Teichläufer. Aus der Gruppe der Echten Landwanzen müssen die Uferwanzen genannt werden, die räuberisch zwischen den Uferpflanzen leben.

Megaloptera (Schlammfliegen) Die erwachsenen Tiere leben nur kurze Zeit, die Larven brauchen zwei Jahre für ihre Entwicklung. Sie leben von kleineren Wassertieren. Von den drei bei uns vorkommenden Arten lebt nur *Sialis lutoria* zuerst schwimmend, später im Bodenschlamm auch kleinerer stehender Gewässer. Die große Oberfläche der Kiemenanhänge ermöglicht den Larven noch in Wassertiefen über 10 m eine ausreichende Sauerstoffaufnahme.

Steinfliegen (1 bis 3 Larven, 3 cm; 4 und 5 Imagines, 1 cm):   1 *Dinocras* spec.   2 *Brachyptera seticornis*   3 und 5 *Isoperla grammatica*   4 *Nemoura cinerea*

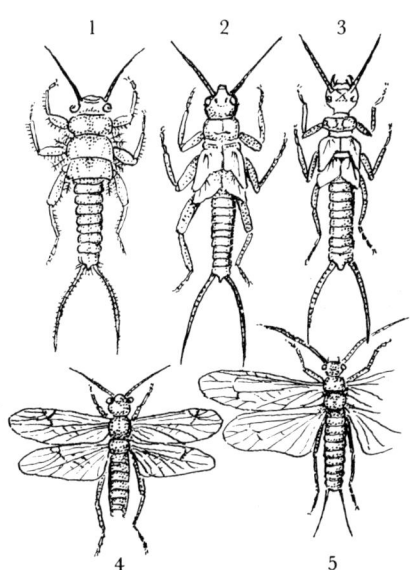

1 Wasserläufer *(Gerris lacustris)*, 1 cm   2 Gemeiner Teichläufer *(Hydrometra stagnorum)*, 1,2 cm   3 Bachläufer *(Velia caprai)*, 8 mm
4 Uferwanze *(Chartoscirta elegantula)*, 4 mm
5 Hüftwasserläufer *(Mesovelia furcata)*, 4 mm

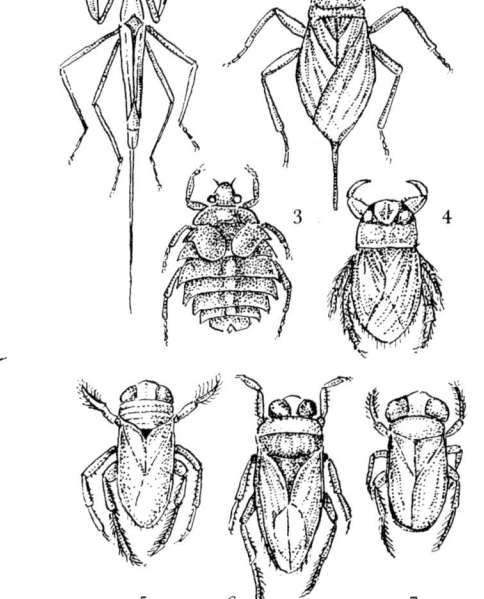

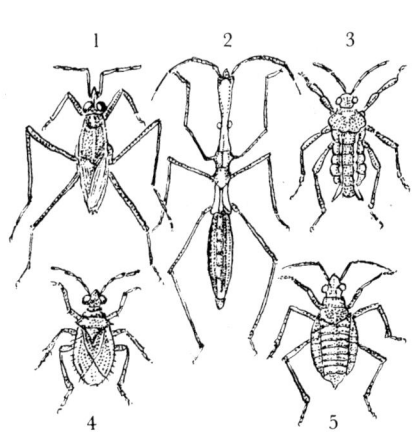

275

Osmylidae und *Sisyridae* (Bachhafte und Schwammhafte) Aus der Insektenordnung der Netzflügler *(Planipennia)* sind nur der Bachhaft und die vier Arten Schwammhafte an das Wasser gebunden. Die Larven des Bachhaftes leben am Rande von Fließgewässern, nicht im Wasser, wie die Larven der anderen Netzflügler räuberisch, vor allem von Gliederfüßern. Die Larven der sehr kleinen Schwammhafte sind Parasiten von Süßwasserschwämmen und Moostierchen-Kolonien. Sie verpuppen sich und überwintern außerhalb des Wassers.

Coleoptera (Käfer) Vor allem zwei Käferfamilien, die Echten Schwimmkäfer *(Dytiscidae)* mit über hundert Arten und die Wasserkäfer *(Hydrophilidae)* mit über 60 Arten sind in unseren Gewässern beheimatet. Die Echten Schwimmkäfer mit ihren Larven leben räuberisch. Zu ihnen zählt der Gelbrand. Ihre Atemluft nehmen die Schwimmkäfer mit dem Hinterleibende auf. Die Wasserkäfer leben hauptsächlich von pflanzlicher Nahrung. Ihr größter Vertreter ist der bei uns selten gewordene Kolbenwasserkäfer. Wasserkäfer bevorraten sich über die Fühler mit Atemluft. Alle im Wasser lebenden Käfer verpuppen sich an Land.

Einige im und am Wasser lebende Käfer gehören anderen Käferfamilien an. Die Taumelkäfer schwimmen als blitzende Funken meist sehr gesellig geschwind in Schleifen und Spiralen auf der Wasseroberfläche und verschwinden bei Störungen unter Wasser. Von den zahlreichen Arten der Langtaster-Wasserkäfer le-

1 Breitrand *(Dytiscus latissimus)*, 4,4 cm
2 Schnellschwimmer *(Agabus medulatus)*, 8 mm   3 Taumelkäfer *(Gyrinus natator)*, 7 mm   4 und 5 Wassertreter *(Haliplus fluviatilis)*, 3 mm, mit Larve

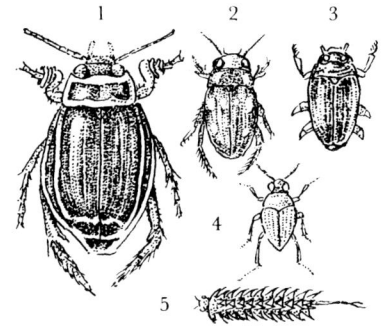

ben viele auch in kleinen Tümpeln und Pfützen, wo sie sich von Algen ernähren. In klaren Gebirgsbächen sind die Hakenkäfer mit ihren Larven der Nachweis dafür, daß das Wasser nicht verunreinigt ist. Der Wassertreter »paddelt« in langsam fließenden oder stehenden Gewässern. Seine Hinterbeine sind nur unvollständig zu Schwimmorganen umgewandelt. Sumpfkäfer sind häufig auf den Pflanzen in der Nähe von Gewässern zu finden. Ihre Larven leben im Wasser und nähren sich von organischen Resten.

Trichoptera (Köcherfliegen) Die Larven dieser Architekten unter den Insekten vermögen Gehäuse aus unterschiedlichem Material und in artspezifischer Form zu bauen. Es gibt aber auch Arten, die frei leben oder sackartige Netze spinnen. Die Gehäusebauer verlassen während der Larvenentwicklung nie ihre Köcher. Sie nähren sich hauptsächlich von Algen und Pflanzenresten. Die frei lebenden Arten leben räuberisch, die in Netzen lebenden von Pflanzenresten und kleinen Gliederfüßern, die sie mit Hilfe der Netze aus dem Wasser herausfiltern. Die Imagines der meisten Arten fliegen erst in der Dämmerung.

Bachhaft *(Osmylus fulvicephalus)*:   1 Imago, 5 cm   2 Larve.   Schlammfliege *(Sialis lutaria)*:   3 Imago, 3,5 cm   4 Larve.
Schwammhaft *(Sisyra fusca)*:   5 Imago, 1,5 cm   6 Larve

1 Großer Kolbenwasserkäfer *(Hydrous piceus)*, 4,4 cm   2 bis 4 Sumpfkäfer *Cyphon phragmiteticola*, 4 mm, mit Larve   3 Langtaster-Wasserkäfer *Helophorus aquaticus*, 6 mm   5 und 6 Hakenkäfer *Elmis mangei*, 2 mm, mit Larve, 4 mm

Rückenmuster von Schwimmkäfern (nach Müller):   1 *Porhydrus lineatus*, 3,5 mm   2 *Coelambus*, 5 mm   3 *Potamonectes*, 5 mm   4 *Scarodytes halensis*, 4,5 mm   5 *Hygrotus*, 3,7 mm   6 *Hydroporus*, 5,5 mm   7 *Guignotus pusillus*, 2,3 mm   8 *Graptodytes pictus*, 2,5 mm   9 *G. granularis*, 2,2 mm

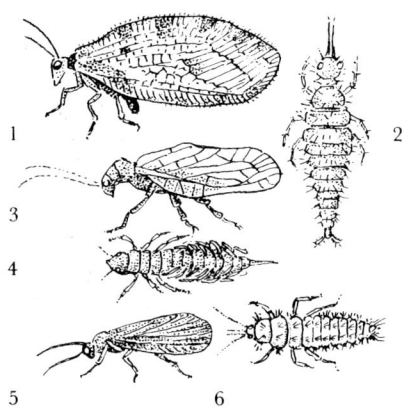

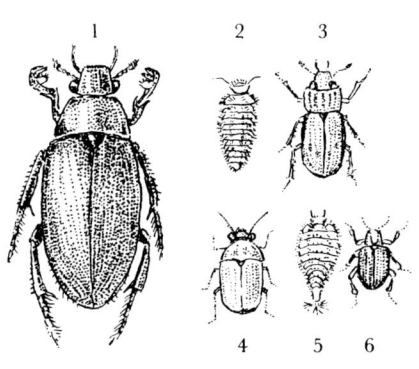

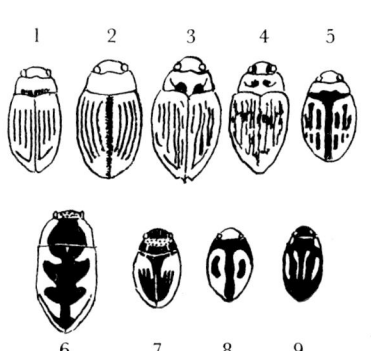

Köcherfliegenlarven sind auf bestimmte Gewässertypen spezialisiert und können deshalb Veränderungen in der Gewässergüte signalisieren.

Diptera (Zweiflügler) Keine Art dieser Insektenordnung ist uns in Teich oder Wasserbecken willkommen. Manchem Gartenbesitzer wird vorgeworfen, er sei mit seinem Gartenteich an der Mückenplage schuld. In einem gut funktionierenden Ökosystem Gartenteich werden niemals Mückenlarven überhandnehmen, weil sie dort immer Gegenspieler in ausreichender Anzahl haben. In Wassertonnen kann das schon anders aussehen. Die meisten stechenden Zweiflügler sind mit Pfützen und kleinsten Wasseransammlungen für ihre Entwicklung vollkommen zufrieden. Die Larven der Hausmücken (Gattungen *Culex* und *Culiseta*) leben noch in stark verunreinigten Wasseransammlungen. Die Larven der Wiesenstechmücke *(Aedes vexans)* entwickeln sich auf überschwemmten Wiesen innerhalb von zehn Tagen zum erwachsenen Insekt. Federmücken können durch ihr massenhaftes Auftreten lästig werden. Ihre rötlichen Larven kommen noch in sehr verschmutzten, sauerstoffarmen

Gewässern auch in größerer Wassertiefe vor. Kriebelmückenlarven sitzen stationär an Steinen, Holz usw. auch in verunreinigten Bächen und Flüssen. Über den Hinterleib beziehen

die Larven der Waffenfliegen, z.B. der Chamaeleonfliege ihre Atemluft und sind deshalb auf Sauerstoff aus dem Wasser nicht angewiesen. Die »Rattenschwanzlarve« der Mistbiene kann dank ihres langen Atemrohres noch in Fäkaliengruben leben. Die erwachsenen Insekten der beiden zuletzt genannten Arten sind eifrige Blütenbestäuber.

Köcherfliegenlarven in Bergbächen 1 *Silo* spec., 1,2 cm 2 *Sericostoma* spec., 1,5 cm 3 *Rhyacophila* spec., 2,5 cm 4 *Lepidostoma hirtum*, 1,8 cm 5 *Hydropsyche siltalai*, 2 cm 6 *Hydropsyche* spec., Wohnröhre mit Fangnetz

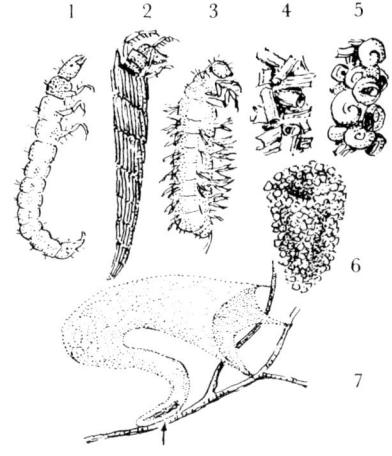

Köcherfliegenlarven in stehenden Gewässern und Flüssen (2,5 cm): 1 *Neureclipsis bimaculata* 2 *Triaenodes bicolor* 3 *Anabolia nervosa* 4 und 5 Gehäuse von *Limnephilus flavicornis* 6 Gehäuse von *Molanna angustata* 7 Trichternetz mit Larve von *Neureclipsis* spec., 20 cm

Köcherfliegen: 1 *Sericostoma personatum*, 1,2 cm (Körper) 2 *Limnephilus binotatus*, 1,3 cm (Körper) 3 *Rhyacophila fasciata*, 1 cm (Körper)

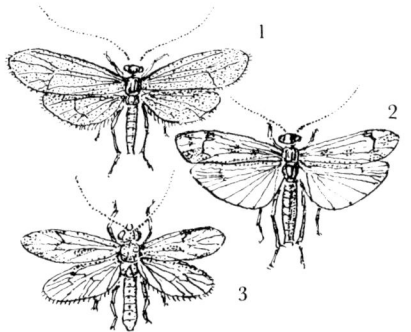

Larven von Zweiflüglern: 1 Mistbiene *(Eristalomyia tenax)*, 6 cm 2 Federmücke *(Chironomus* spec.), 2 cm 3 Kriebelmücke *(Simulium* spec.), 1,5 cm 4 Waffenfliege *(Stratiomys* spec.), 5 cm 5 Stechmücke *(Culex* spec.), 1,2 cm

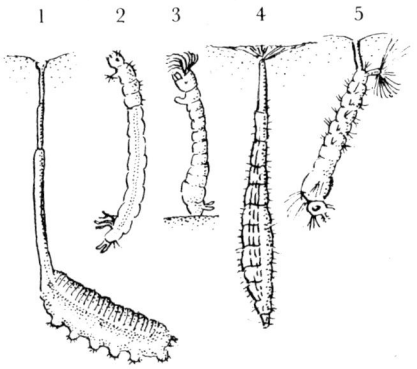

1 Waffenfliege *Stratiomys chamaeleon*, 1,6 cm 2 Federmücke *(Chironomus plumosus)*, 1,2 cm 3 Stechmücke *(Culex pipiens)*, 5 mm 4 Mistbiene *(Eristalomyia tenax)*, 1,5 cm 5 Kriebelmücke *(Simulium erythrocephala)*, 2,8 mm

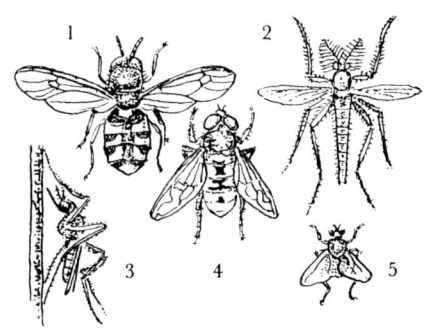

Pisces (Fische) Die Auswahl der hier genannten Arten ist an einer mittleren Größe des Gartengewässers und an einer bis mittleren Größe der Fische orientiert. Karpfen im Gartenteich gehören sicher in das Kapitel Tierhaltung. Wie bei allen anderen Wassertierarten bestimmt die Wasserqualität die Wahrscheinlichkeit, daß eine bestimmte Fischart in den Gartenteich übersiedelt. Mit Ausnahme der Arten aus der Forellen-Region sind die meisten der hier genannten Fische sehr anpassungsfähig.

Nur in klaren, sauerstoffreichen und bevorzugt in fließendem Wasser sind Groppe, Schmerle und Elritze zu Hause. Klares Wasser und sandigen Grund bevorzugt der Gründling. In oft sehr kleinen, sumpfigen Gewässern ist das Moderlieschen als Schwarmfisch, der Dreistachelige Stichling und der kleinste einheimische Süßwasserfisch, der Kleine Stichling, zu finden. Die Stichlinge bauen Nester. Von ihrem interessanten Laichverhalten ist im

Teich wohl kaum etwas zu beobachten. Der Schlammpeitzger kann noch in schlammigen, flachen Gewässern mit Sauerstoffmangel leben und Trockenperioden überstehen, indem er sich bis 50 cm in den Bodengrund eingräbt. Erst 1885 bei uns eingeführt, hat der Zwergwels inzwischen ziemlich alle Arten von Süßgewässer besiedelt. Ein häufiger Grundfisch

1 Groppe *(Cottus gobio)*, 15 cm   2 Gründling *(Gobio gobio)*, 15 cm   3 Elritze *(Phoxinus phoxinus)*, 10 cm   4 Schmerle *(Noemacheilus barbatulus)*, 10 cm

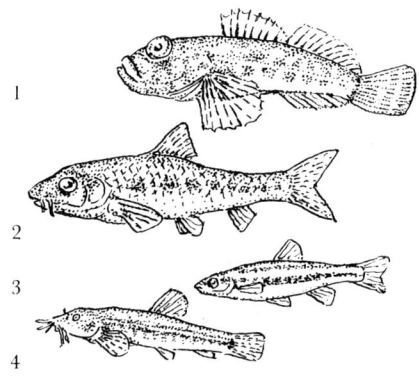

1 Ukelei *(Alburnus alburnus)*, 15 cm   2 Kaulbarsch *(Gymnocephalus cernua)*, 15 cm   3 Bitterling *(Rhodeus sericeus amarus)*, 6 cm

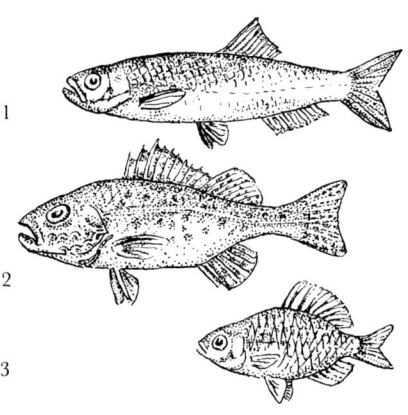

der Gewässer zwischen Meer und Gebirge ist der Kaulbarsch. Ebenso anspruchslos, aber gesellig nahe der Wasseroberfläche lebt der Ukelei. Vom Vorkommen der Fluß- oder Teichmuscheln, in die er seine Eier legt, hängt es ab, ob sich der ansonsten widerstandsfähige Bitterling fortpflanzen kann. Die Schlei ist ein Grundfisch, der als Beifisch auch in extrem eutrophierten Karpfenteichen vorkommt. Karausche und Giebel sind als unverwüstliche Goldfischverwandte noch in stark verkrauteten und verschlammten Gewässern zu finden.

Amphibia (Lurche) In Nächten mit warmem Sommerregen können in der Nähe von Mischwäldern im Bergland auch Feuersalamander Gärten besuchen. Heimisch werden sie dort nicht, es sei denn, unser Garten ist in ihrem bevorzugten Biotop, bodenfeuchter Laubwald, eingeschlossen.

Der Kammolch liebt größere stehende Gewässer mit reicher Unterwasservegetation in

1 Karausche *(Carassius carassius)*, 25 cm   2 Giebel *(C. auratus gibelio)*, 25 cm   3 Schlei *(Tinca tinca)*, 40 cm

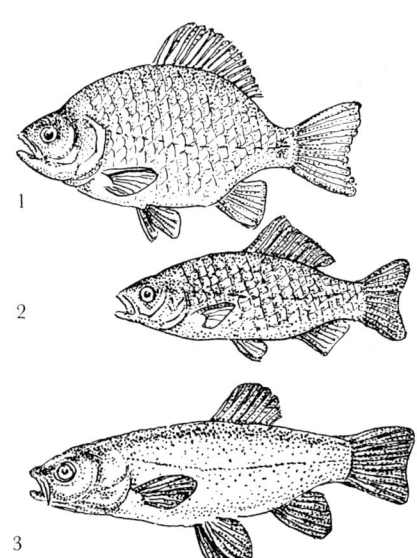

1 Zwergwels *(Ictalurus nebulosus)*, 35 cm   2 Schlammpeitzger *(Misgurnus fossilis)*, 15 cm   3 Moderlieschen *(Leucaspius delineatus)*, 8 cm   4 Dreistacheliger Stichling *(Gasterosteus aculeatus)*, 8 cm   5 Kleiner Stichling *(Pungitius pungitius)*, 6 cm

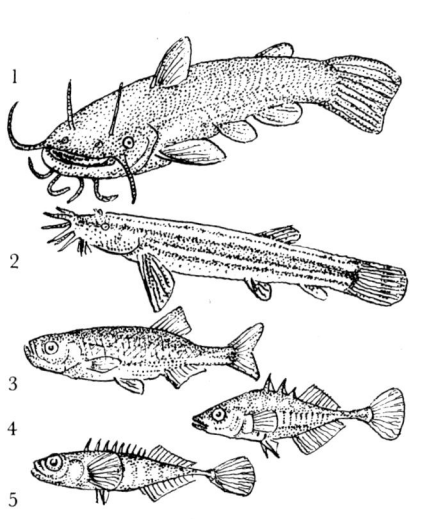

offener Landschaft. Gartenteiche müssen mindestens 30 cm tief sein, wenn sie von ihm angenommen werden sollen. Teich-, Berg- und Fadenmolch haben nur sehr geringe Ansprüche an ihr Laichgewässer. Sie laichen selbst noch in wassergefüllten Wagenspuren. Am anpassungsfähigsten ist der Teichmolch. Der Bergmolch zieht schattige Wälder vor und der Fadenmolch kleine, kühle und klare Gewässer. Während ihres verborgenen sommerlichen Landlebens entfernen sie sich bis zu 400 m vom Laichgewässer. Sie wandern aber nicht umher. Bei Trockenheit bleiben sie in der Nähe ihres Laichgewässers, in dem auch einige von ihnen überwintern. Die anderen suchen feuchte Schlupfwinkel an Land auf, Bruchsteinmauern, auch Keller oder Bodenschächte für Abstellhähne. Unter besonderen Umständen können auch die Landformen ständig im

Wasser leben oder erwachsene Larven sich fortpflanzen. Die Arten sind als Landform, ohne Kämme und Hautsäume, nur sehr schwer zu unterscheiden.

Die beiden einheimischen, gesellig lebenden Unkenarten unterscheiden sich nach der Färbung der Bauchunterseiten und nach ihrer regionalen Verteilung. Die Rotbauchunke bewohnt vor allem kleine, pflanzenreiche Gewässer und im Frühjahr überflutete Wiesen des Tieflandes. Die Gelbbauchunke besiedelt das Hügel- und Bergland. Sie ist dort auf warme, vegetationsarme Kleingewässer angewiesen. Solche natürlichen Biotope werden immer sel-

tener. Sie laicht deshalb häufig ersatzweise in Zufallsgewässer in Sand- und Lehmgruben oder in wassergefüllten Wagenspuren. Als Kulturfolger ist sie dadurch am stärksten in ihrem Bestand bedroht, denn keines dieser Gewässer bleibt lange Zeit erhalten. Die in ihnen entstehenden Populationen gehen mit dem Verschwinden dieser Gewässer zugrunde. Während die Rotbauchunke ihren Wohn- und Laichgewässern sehr treu ist, wandert die Gelbbauchunke oft weit über Land. Unken überwintern an Land. Die ausdauernd vorgetragenen eintönigen Rufe können der Landschaft einen eigentümlich melancholischen Charakter geben.

Selten und östlich nur bis zum Thüringer Wald und bis zum Harz kommt die Geburtshelferkröte vor. Sie benötigt flache, vegetationsarme, sonnenexponierte Gewässer und lockeres Gestein. Ihr Glockenton ist vor allem nach Sonnenuntergang oder bei Regenwetter zu hören. Es ist durchaus möglich, daß in einem Wassergarten des Berglandes dieser Ruf anzeigt, daß sich »Glockenfrösche« angesiedelt haben.

In lockeren, vor allem sandigen Böden des Tieflandes lebt die Knoblauchkröte. Aus ihren selbstgegrabenen Verstecken im Boden kommt sie in der Regel nur nachts hervor, deshalb kön-

Laich von Amphibien: 1 Wassermolche *(Triturus)* 2 Kröten *(Bufo)* 3 Geburtshelferkröte *(Alytes obstetricans)* 4 Knoblauchkröte *(Pelobates fuscus)* 5 Unken *(Bombina)* 6 Laubfrosch *(Hyla arborea)* 7 Frösche *(Rana)*

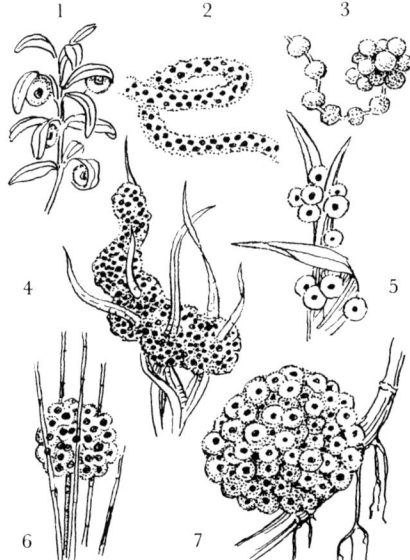

1 Feuersalamander *(Salamandra salamandra)*, 30 cm 2 Kammolch *(Triturus cristatus)*, ♂ 18 cm 3 Bergmolch *(T. alpestris)*, ♂ 11 cm 4 Fadenmolch *(T. helveticus)*, ♂ 9 cm 5 Teichmolch *(T. vulgaris)*, ♂ 11 cm

1 Knoblauchkröte *(Pelobates fuscus)*, 8 cm 2 Gelbbauchunke *(Bombina variegata)*, 5 cm, Unterseite 3 Rotbauchunke *(B. bombina)*, 5 cm, Unterseite 4 Geburtshelferkröte *(Alytes obstetricans)*, 5,5 cm, ♂ mit Laichschnur

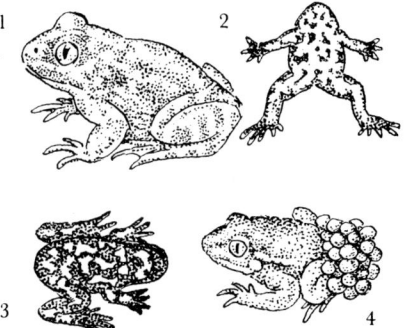

nen sie jahrelang unentdeckt in einem Garten leben, bis sie zufällig, z. B. beim Umgraben gefunden werden. Nur zwischen Februar und März halten sich die Tiere zur Fortpflanzung in warmen, offenen, auch stark verschmutzten Teichen, Gräben und Tümpeln auf. Die Larven erreichen bis 12 cm, Riesenlarven bis 20 cm Länge. Die Jungkröten sind nicht länger als 3 cm.

Von unseren drei echten Krötenarten ist die Erdkröte die häufigste und anpassungsfähigste. Sie kann auch in einem Garten ohne Teich erwartet werden, wenn im Umkreis von 1 km Laichgewässer vorhanden sind. Diesen Laichgewässern bleibt die Erdkröte treu und nimmt Gartenteiche nur zögernd als Laichhabitat an, auch wenn sie sich in heißen Sommern gern an

und in ihnen aufhält. Sie überwintert an Land. Die Kreuzkröte ist nicht an bestimmte Laichgewässer gebunden. Sandige Böden sagen ihr besonders zu. Sie ist unempfindlich gegen Trockenheit. Von Asien über die südeuropäischen Steppen bis zum Rhein reicht das Ver-

Laubfrosch *(Hyla arborea)*, 5 cm, mit Larve

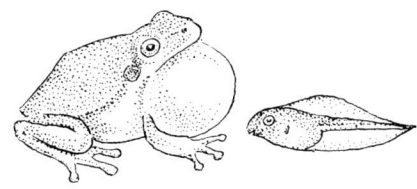

breitungsgebiet der Wechselkröte. Sie pflanzt sich in allen Arten warmer Kleingewässer fort.

Für den Lebensraum des Laubfrosches sind gebüschumstandene oder schilfreiche, warme, kleine stehende Gewässer charakteristisch. Nur zur Fortpflanzung oder zum Schutz, z. B. gegen Regen, geht er ins Wasser. Die Larven benötigen Wassertemperaturen über 15°C. Der Laubfrosch paart sich deshalb erst ab Mai. Er überwintert an Land.

Moorfrosch, Grasfrosch und Springfrosch, unsere Braunfrösche, sind außerhalb der Paarungszeit vorwiegend auf dem Land anzutreffen. Der Grasfrosch ist der häufigste Braunfrosch, auch in unseren Gärten. Im Sommer entfernt er sich bis zu 2 km vom Laichgewässer. Zum Laichen nimmt er jeden Tümpel und leider auch jeden eingegrabenen Waschkessel an. Da viele seiner Laichgewässer für die Entwicklung der Larven ungeeignet sind, gehen dadurch massenhaft Larven zugrunde. Die

1 Erdkröte *(Bufo bufo)*, 15 cm 2 Kreuzkröte *(B. calamita)*, 10 cm 3 Wechselkröte *(B. viridis)*, 10 cm

1 Moorfrosch *(Rana arvalis)*, 8 cm 2 Springfrosch *(R. dalmatina)*, 9 cm 3 Grasfrosch *(R. temporaria)*, 10 cm

1 Seefrosch *(Rana ridibunda)*, 17 cm 2 Teichfrosch *(R. kl. esculenta)*, 9 cm 3 bis 5 Fersenhöcker im Vergleich zur 1. Zehe: 3 Seefrosch 4 Teichfrosch 5 Kleiner Wasserfrosch *(R. lessonae)*, 7,5 cm

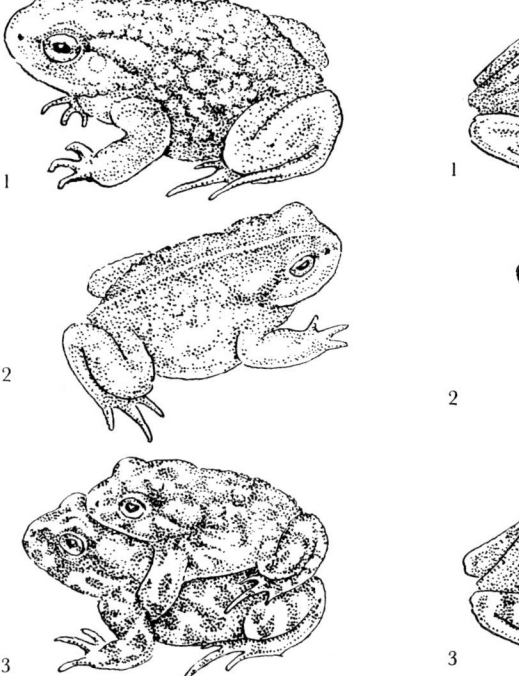

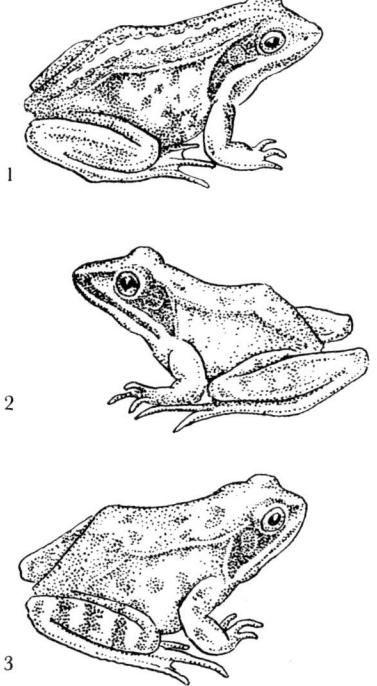

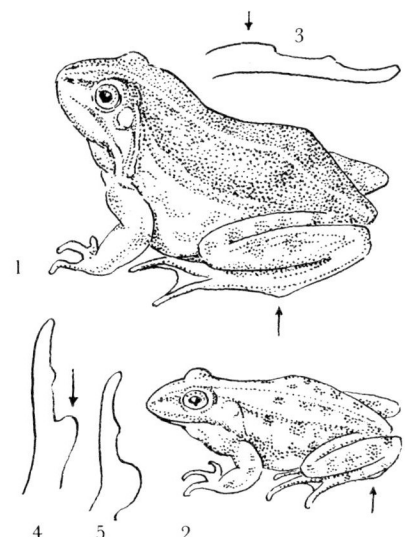

freischwimmenden Laichballen kann man aber abfischen und in günstige Gewässer umsetzen. Die Arten sind schwer voneinander zu unterscheiden. Moorfrosch und Springfrosch sind selten und bei uns in ihrem Bestand bedroht. Der Moorfrosch bevorzugt Sümpfe und Bruchwälder, der Springfrosch kommt auch noch in trockenen Mischwäldern vor. Moorfrosch und Springfrosch überwintern an Land, der Grasfrosch am Grunde von Gewässern.

Die Grünfrösche verlassen auch im Sommer nicht ihr Gewässer. Teichfrosch, Kleiner Wasserfrosch und Seefrosch überwintern aber in der Regel an Land. Der große Seefrosch lebt bei uns meist nur in größeren Binnengewässern. Der Teichfrosch besiedelt die unterschiedlichsten Gewässer, vorzugsweise mit mehr als 40 cm Tiefe und reichlich Schwimmblattpflanzen. Die Unterscheidung der Arten ist durch seltsame genetische Beziehungen untereinander erschwert und mit Sicherheit nur dem Fachmann möglich.

Reptilia (Kriechtiere) Die Frösche in unserem Garten können gelegentlich Ringelnattern anziehen, und stabile Braunfrosch-Populationen können sie zum Bleiben veranlassen. Nicht selten werden dann im Sommer oder Spätsommer in Komposthaufen die verklebten, pergamentschaligen großen Eigelege gefunden. Die Jungen schlüpfen oft erst im Spätherbst. Wer Ringelnattern in seinem Garten gesehen hat oder Hautreste fand, der sollte beim Umsetzen seines Kompostes vorsichtig sein. Die Gelege, aber auch die Winterquartiere der Schlangen, sind die äußeren, unteren, durch grobes Material lockeren Zonen der nicht unmittelbar be-

sonnten Seiten. Das Umsetzen von Gelegen führt nach eigenen Erfahrungen zu Verlusten.

Aves (Vögel) Es ist nicht ausgeschlossen, daß sich ein Pärchen Stockenten auf einem größeren Gartenteich ansiedelt. Im allgemeinen aber sind unsere Gärten für die Ansiedelung von Wasservögeln zu klein und zu laut. Die Vogelwelt der umgebenden Landschaft wird Gartenteich und Tümpel für ihre Interessen nutzen. An erster Stelle steht dabei das Bedürfnis »baden«, erst an zweiter Stelle folgt »trinken«. Wir müssen Becken und Teiche so anlegen, daß die Vögel zwar baden und trinken, aber nicht ertrinken können. Diese Gefahr besteht bei steilwandigen Becken. Auch die Errichtung einer speziellen Vogeltränke oder eines Vogelbades entbindet uns nicht von der Verpflichtung. Es ist möglich, daß die Vögel unsere gestalterische Anlage ignorieren. Aber nicht nur Notausstiege aus dem Wasser, auch der Einstieg muß den Vögeln ermöglicht werden. Lückenlos dicht bepflanzte Ufer sperren Vögel vom Wasser aus. Oft genügen schon einige größere Kieselsteine als Weg zum Flachwasserbereich. Diese befestigten Zutritte sind einem unbefestigten Schlammufer vorzuziehen. Es sind nicht nur kleine Vögel, die zum Wasser kommen. Eine Gruppe der zeitweise gesellig lebenden Eichelhäher z. B. kann im Frühjahr vor dem Austrieb der Sumpfpflanzen einen ganzen Uferbereich sehr eindrucksvoll verwüsten.

Mammalia (Säugetiere) Wenn wir schon die Vögel im allgemeinen als Gäste unseres Wassergartens oder des Wassers in unserem Garten

betrachten, weisen wir diese Gastrolle den Säugetieren noch viel eindeutiger zu. Das Reh, das aus unserem Gartenteich trinkt, sollte als Plastik unverändert dabei verharren. Von den verschwiegen lebenden Insektenfressern wäre uns nicht einmal die seltene, geschützte Wasserspitzmaus willkommen, den sie dezimiert nicht nur Schädlinge der Uferzonen, sondern auch erwünschte Tierarten im Wasser. Bei Maulwurf und Wühlmaus ist dann unsere Bereitschaft zur Gastfreundschaft überfordert. Gerade sie zieht es zu den feuchten Uferbereichen. Ihre Gänge, längs und unter den Rändern der Foliebecken können durch Absinken der Ränder auch den Wasserspiegel absenken. Wenn Marder schon die Isolation von Kabeln in Automotoren durchgefressen haben, warum soll er dann nicht Wühlmäuse verdächtigen, daß sie die Teichfolie anfressen? Maulwurf, Große Wühlmaus und Erdmaus können wir in einem gestalteten Garten nicht dulden, wenn wir diesen Kleinsäugern nicht die Gestaltung überlassen wollen.

Die gern über größeren Wasserflächen jagenden Fledermäuse wie Wasserfledermaus, Teichfledermaus und Breitflügelfledermaus dürfen wir im Wassergarten erwarten, wenn sie in der umgebenden wasserreichen Landschaft vorkommen. Einen Beitrag zur Arterhaltung dieser gefährdeten Tiergruppe können wir mit unserem Wassergarten nicht leisten. Wichtige Hilfestellung können wir aber bei der Schaffung von Sommerquartieren durch Aufhängen von Fledermauskästen geben. Auch an den Schutz und die Erhaltung der Winterquartiere, soweit sie uns bekannt sind, sollten wir denken.

Anhang

Pflanzentabellen

Erläuterungen zu den Pflanzentabellen

Neben einer, auf die Lebensweise der Pflanzen zugeschnittenen Liste bietet eine zweite Merkmale für die gestalterische Anwendung der beschriebenen Arten an. Bereits in der ersten Liste, in der u. a. der Wasserbedarf der Arten und Sorten bzw. ihre Toleranz gegenüber Wasser dargestellt sind, zeigen sich die Grenzen des »Ja-Nein-Prinzips« einer Tabelle. Liebt eine Pflanze Sickernässe, so gehört sie zur großen Gruppe der zwar feuchtigkeitsbedürftigen, Staunässe aber meist nicht mehr aushaltenden Arten. An Bachrändern fühlen sich solche Vertreter wohl. Staunässe ist für die Pflanzen ein entscheidender Auslesefaktor. In der Praxis tendiert Staunässe im Boden durch jahreszeitliche Schwankungen oft zur Wechselfeuchte, oder es handelt sich um ein Moor mit Wasserzug im Untergrund oder um das Umfeld eines Teiches, dessen Zu- und Ablauf auch den Uferbereich mit erfaßt. Diese Art von Staunässe ist mit »Staunässe im Untergrund« gemeint. Es gibt Pflanzen, die extrem gegensätzliche Standorte besiedeln, so die Wasser-Schwertlilie. Für diese Pflanze, die in tiefes Wasser vordringt, müßte es in der Tabelle noch eine Spalte »trockene Böden« geben.

Arten mit »geringer Vitalität« besiedeln oft Grenzstandorte wie oligotrophe Moore und sind sehr eng an spezielle ökologische Verhältnisse gebunden. »Konkurrenzschwach« sind einige Pflanzen meist nur unter Konkurrenzbedingungen, die ihnen im Garten zugemutet werden. Für Massenpflanzungen eignen sie sich nicht. Vor den Gefahren durch wuchernde Pflanzen wird im Text nachdrücklich gewarnt; die entsprechende Spalte nennt diese Kandidaten beim Namen. Eine größere Artengruppe ist mehr oder weniger eng, mitunter sogar auf »Tod und Leben« an saure Bodenreaktion gebunden. Die Bindung an Kalk ist meist weniger intensiv, die Pflanzen wachsen dann üppiger oder fangen an zu wuchern, wie die kalkliebende Schneide. Auf kalkarmen Böden bleiben solche Pflanzen schwächer, gehen aber nicht ein. Nährstoffgehalt und physikalische Bodenbeschaffenheit müssen mit beachtet werden. Eine Anpassung an volle Sonne gelingt im allgemeinen leichter als an tiefen Schatten. Angaben zur Schattenverträglichkeit wurden deshalb besonders vorsichtig gemacht. Die meisten Primel wachsen und blühen z. B. an noch viel schattigeren Plätzen als angegeben. Die Pflanzen verlieren dabei aber ihre schöne Form und zeigen bleiche, verwaschene Blütenfarben. Winterschutzbedürftige Arten wurden nur ausnahmsweise unter die beschriebenen Arten mit aufgenommen. Der zusätzliche Aufwand muß sich lohnen! Oft ist es schwierig, den Wert der Blütenschönheit oder den der Pflanzengestalt höher einzustufen. Ein Tafelblatt wirkt durch die Schönheit seines Blattes wie durch den ornamentalen Bau des Blütenstandes. Daß sich hier beide Aspekte die Waage halten, berücksichtigt die Tabelle. Stets bilden mehrere charakteristische Merkmale gemeinsam die unverwechselbare Gesamterscheinung einer Pflanze.

»Buntlaubigkeit« und »Herbstfärbung« sind eindeutige Prädikate. Das Hervorheben von Pflanzen, die starke Horste bilden, empfiehlt ihre Verwendung als große Solitärpflanzen im oder am Teich. Wer nicht Gefahr laufen will, daß die verwendete Art wie ein »Hunnensturm« durch Teich und Sumpfbeet »rast«, muß die Ausläufer treibenden von den horstbildenden Pflanzen klar unterscheiden.

Standortansprüche an Pflanzen im Wassergarten

■ optimaler Standort □ Grenzstandort

Namen	stehende oder langsam fließende Gewässer			Uferzone				Lichtansprüche			Boden-reaktion	
	Wassertiefe >40 cm	Wassertiefe 40 bis 10 cm	Wassertiefe 10 bis 0 cm	flach überflutet oder naß	Untergrund staunaß	sickernaß bis wechselfeucht	frische Böden	sonnig	halbschattig	schattig	sauer	alkalisch
Achillea ptarmica	·	·	·	□	■	·	■	■	□	·	·	·
Aconitum carmichaelii var. *wilsonii*	·	·	·	·	·	□	■	■	■	·	·	·
Acorus calamus	·	□	■	■	■	■	□	■	■	■	·	·
– – 'Variegatus'	·	□	■	■	■	■	□	■	■	·	·	·
– *gramineus*	·	·	■	■	■	■	□	■	■	·	·	·
– – 'Argenteostriatus'	·	·	■	■	■	■	□	■	□	·	·	·
– – 'Aureovariegatus'	·	·	■	■	■	■	□	■	□	·	·	·
– – 'Pusillus'	·	·	■	■	■	■	□	■	□	·	·	·
Adenostyles alliariae	·	·	·	·	□	■	■	□	■	□	·	·
Ajuga reptans	·	·	·	·	□	■	■	■	■	■	·	·
Alisma gramineum	■	■	■	■	■	□	·	■	□	·	·	·
– *lanceolatum*	·	□	■	■	■	□	·	■	□	·	·	■
– *plantago-aquatica*	□	■	■	■	■	□	·	■	□	·	·	·
– *subcordata*	·	■	■	■	■	□	·	■	□	·	·	·
Andromeda polifolia	·	·	·	□	■	■	■	■	■	□	■	·
Anemopsis californica	·	·	□	■	■	□	·	■	■	·	□	·
Aruncus sylvestris	·	·	·	·	·	■	■	■	■	■	·	·
Astilbe-Arendsii-Hybriden	·	·	·	·	□	■	■	■	■	□	□	·
– *chinensis*	·	·	·	·	□	■	■	■	■	□	□	·
– × *crispa*	·	·	·	·	□	■	■	■	■	□	□	·
– *glaberrima*	·	·	·	·	□	■	■	■	■	□	■	·
– – Japonica-Sorten	·	·	·	·	□	■	■	■	■	□	□	·
– *simplicifolia*	·	·	·	·	□	■	■	■	■	□	■	·
– Simplicifolia-Sorten	·	·	·	·	□	■	■	■	■	□	□	·
– Thunbergii-Sorten	·	·	·	·	□	■	■	■	■	□	□	·
Astilboides tabularis	·	·	·	·	·	□	■	·	■	□	·	·
Astrantia major	·	·	·	·	■	■	■	■	■	■	·	·
Berula erecta	·	·	□	□	□	■	·	□	■	□	·	■
Betula nana	·	·	·	·	■	■	■	■	■	·	■	·
Butomus umbellatus	·	■	■	■	■	□	□	■	□	·	·	□
Calla palustris	·	□	■	■	□	□	·	■	■	·	□	·
Callitriche palustris	■	■	■	□	□	·	·	■	·	·	·	·
Caltha howellii	·	·	□	■	■	■	□	■	■	·	·	·
– *leptosepala*	·	·	□	■	■	■	□	■	■	·	·	·
– *natans*	·	□	■	■	□	·	·	■	□	·	·	·
– *palustris*	·	·	□	■	■	■	□	■	■	□	·	·
– – var. *alba*	·	·	·	■	■	■	□	■	■	·	·	·
Carex cespitosa	·	□	■	■	■	■	□	■	□	·	·	·
– *echinata*	·	·	■	■	■	□	□	■	■	·	□	·

| Namen | stehende oder langsam fließende Gewässer | | | Uferzone | | | | Lichtansprüche | | | Bodenreaktion | |
	Wassertiefe >40 cm	Wassertiefe 40 bis 10 cm	Wassertiefe 10 bis 0 cm	flach überflutet oder naß	Untergrund staunaß	sickernaß bis wechselfeucht	frische Böden	sonnig	halbschattig	schattig	sauer	alkalisch
Carex elata	·	□	■	■	■	■	□	■	■	·	·	·
– –, Sorten	·	·	■	■	■	■	□	■	□	·	·	·
– gracilis	·	□	■	■	■	■	□	■	□	·	·	□
– –, Sorten	·	·	■	■	■	■	□	■	·	·	·	□
– grayi	·	·	□	■	■	■	■	■	■	□	·	·
– pseudocyperus	·	□	■	■	■	■	·	■	■	·	·	·
– remota	·	·	·	□	□	■	□	■	■	■	·	·
– riparia	·	□	■	■	■	■	■	■	■	□	·	·
Cephalanthus occidentalis	·	·	□	■	■	■	■	■	■	·	·	·
Ceratophyllum demersum	■	■	■	□	·	·	·	■	□	·	·	·
– submersum	■	■	■	·	·	·	·	■	□	·	·	·
Chamaedaphne calyculata	·	·	·	·	□	■	■	■	■	·	■	·
Chrysosplenium oppositifolium	·	·	·	□	□	■	■	□	■	■	·	·
Cicerbita alpina	·	·	·	·	·	■	■	■	■	□	·	·
– plumierii	·	·	·	·	·	■	■	■	□	·	·	·
Cimicifuga-Arten	·	·	·	·	·	□	■	□	■	■	·	·
Cirsium helenioides	·	·	·	·	□	■	□	■	□	·	·	·
Cladium mariscus	·	·	□	■	■	■	□	■	■	·	·	■
Clethra alnifolia	·	·	·	·	□	■	■	■	■	·	·	·
Comarum palustre	·	·	□	■	■	■	■	■	■	·	□	·
Cornus canadensis	·	·	·	·	□	■	■	□	■	·	■	·
– suecica	·	·	·	·	□	■	■	□	■	·	■	·
Crepis pyrenaica	·	·	·	·	·	□	■	■	□	·	·	□
Cyperus longus	·	·	■	■	■	□	·	■	□	·	·	·
Darmera peltata	·	·	·	□	■	■	□	□	■	□	·	·
Doronicum austriacum	·	·	·	·	·	■	■	■	■	·	·	·
– plantagineum	·	·	·	·	·	□	■	■	■	·	·	·
Drosera-Arten	·	·	·	·	·	■	■	■	■	·	■	·
Dulichium arundinaceum	·	□	■	■	■	■	□	■	■	·	·	·
Eleocharis acicularis	■	■	■	■	■	□	·	■	□	·	·	·
– palustris	·	□	■	■	■	■	□	■	■	·	·	·
Elodea canadensis	■	■	□	·	·	·	·	■	■	·	·	·
Empetrum hermaphroditum	·	·	·	·	■	■	■	■	□	·	■	·
– nigrum	·	·	·	·	■	■	■	■	□	·	■	·
Equisetum fluviatile	■	■	■	■	■	■	□	■	■	·	·	·
– hyemale	·	·	□	■	■	■	□	■	■	·	·	□
Erica tetralix	·	·	·	·	■	■	■	■	□	·	□	·
Eriophorum angustifolium	·	·	·	■	■	■	□	■	□	·	□	·
– gracile	·	·	·	■	■	■	·	■	□	·	□	·

■ optimaler Standort   □ Grenzstandort

Namen	stehende oder langsam fließende Gewässer			Uferzone				Lichtansprüche			Boden-reaktion	
	Wassertiefe >40 cm	Wassertiefe 40 bis 10 cm	Wassertiefe 10 bis 0 cm	flach überflutet oder naß	Untergrund staunaß	sickernaß bis wechselfeucht	frische Böden	sonnig	halbschattig	schattig	sauer	alkalisch
Eriophorum latifolium	·	·	·	□	■	■	□	■	■	·	·	·
– vaginatum	·	·	·	■	■	■	·	■	■	·	■	·
Eupatorium cannabinum	·	·	·	□	■	■	■	■	□	·	·	□
– maculatum	·	·	·	■	■	□	□	■	□	·	·	■
– rugosum	·	·	·	·	□	□	■	□	■	□	·	·
Euphorbia palustris	·	□	■	■	■	■	□	■	□	·	·	·
Filipendula kamtschatika	·	·	·	·	□	□	■	■	■	·	·	·
– palmata	·	·	·	·	□	□	■	■	□	·	·	·
– palmata 'Nana'	·	·	·	·	□	■	■	■	■	·	·	·
– purpurea	·	·	·	·	□	□	■	■	■	·	·	·
– rubra	·	·	·	·	□	□	■	■	■	·	·	·
– ulmaria	·	·	·	□	■	■	■	■	■	·	·	·
– – 'Aurea'	·	·	·	·	□	■	■	■	□	·	·	·
– – 'Plena'	·	·	·	·	□	■	■	■	□	·	·	·
Fritillaria meleagris	·	·	·	·	□	■	■	■	■	·	·	·
Gentiana asclepiadea	·	·	·	·	□	■	□	■	■	□	·	·
– pneumonanthe	·	·	·	·	■	■	□	■	■	·	·	·
Geranium palustre	·	·	·	·	□	■	□	■	■	·	·	·
Geum coccineum	·	·	·	·	□	■	■	■	■	■	·	·
– – × montanum 'Georgenberg'	·	·	·	·	·	■	■	■	□	·	·	·
– rivale	·	·	·	·	□	■	■	■	■	·	·	·
Gladiolus palustris	·	·	·	·	□	■	□	■	·	·	·	·
Glyceria maxima	·	■	■	■	■	■	■	■	■	·	·	□
Gunnera magellanica	·	·	·	□	■	■	·	■	·	·	■	·
Helonias bullata	·	·	·	·	·	■	·	■	■	·	■	·
Hemerocallis-Arten	·	·	·	·	□	□	■	■	■	·	·	·
Hibiscus moscheutos	·	·	■	■	■	□	·	■	■	·	·	·
Hippuris vulgaris	□	■	■	■	□	·	·	■	■	·	·	·
Hosta-Arten	·	·	·	·	□	□	■	·	■	■	·	·
Hottonia palustris	■	■	■	■	□	·	·	■	□	·	·	·
Hydrocharis morsus-ranae	■	■	■	□	·	·	·	■	■	·	·	·
Hydrocotyle vulgaris	·	·	·	□	■	■	□	■	■	·	·	·
Hypsela reniformis	·	·	·	·	□	■	□	■	■	·	■	·
Iris brevicaulis	·	·	·	□	■	■	■	■	□	·	■	·
– bulleyana	·	·	·	·	□	■	■	■	·	·	■	·
– carthalinae	·	·	·	·	□	□	■	■	·	·	·	·
– chrysographes	·	·	·	□	■	■	■	■	·	·	□	·

Namen	stehende oder langsam fließende Gewässer			Uferzone				Lichtansprüche			Bodenreaktion	
	Wassertiefe >40 cm	Wassertiefe 40 bis 10 cm	Wassertiefe 10 bis 0 cm	flach überflutet oder naß	Untergrund staunaß	sickernaß bis wechselfeucht	frische Böden	sonnig	halbschattig	schattig	sauer	alkalisch
Iris delavayi		■	■	■	■	■	■	■			■	
– forrestii					□	■	■	■			□	
– fulva		□	■	■	■	■	■	■			□	
– kaempferi			□	□	■	■	■	■			□	
– laevigata		■	■	■	■	■	□	■			□	
– prismatica					□	■	■	■			■	
– pseudacorus	□	■	■	■	■	■	■	■	■			
– Pseudacorus-Sorten		■	■	■	■	■	■	■				
– pseudacorus 'Variegata'		■	■	■	■	■	■	■				
– sanguinea			□	□	■	■	■	■			□	
– setosa				□	■	■	■	■			■	
– sibirica				□	■	■	■	■				
– versicolor		■	■	■	■	■	■	■	■		■	
– virginica		□	■	■	■	■		■			■	
– – 'Gerald Darby'		■	■	■	■	■		■			■	
– wilsonii					□	■	■	■			□	
Juncus effusus			□	■	■	■		■	■		□	
– ensifolius			■	■	□	□		■				
– inflexus		■	■	■	■	■	■	■				
– tenuis				□	■	■	□	□	■		□	
Ledum groenlandicum					■	■	■	■	■		■	
– palustre					■	■	■	■	■		■	
Leersia oryzoides		■	■	■	■	■		■				
Leucojum aestivum				□	□	■	□	■	■			
– vernum					□	■	■	■	■	□		
Leucothoë racemosa						■	■	□	■	■		
Ligularia-Arten						■	■	■	■	□		
Lobelia cardinalis			□	■	■	■	□	■	□			
– fulgens 'Queen Victoria'				□	■	■	□	■				
– sessilifolia				□	■	■	□	■			■	
– siphilitica			□	■	■	■	□	■				
– × speciosa			□	■	■	■	□	■				
Luronium natans		■	■	■	□	□		■	■		□	
Lychnis flos-cuculi				□	■	■	■	■				
Lysichiton americanus				□	■	■	□	□	■			
– camtschatcensis				□	■	■	□	□	■		■	
Lysimachia ciliata					■	■	■	■	□			
– clethroides						■	■	■	■			
– davurica				□	■	■	■	■	□		□	

■ optimaler Standort □ Grenzstandort

Namen	stehende oder langsam fließende Gewässer			Uferzone				Lichtansprüche			Bodenreaktion	
	Wassertiefe >40 cm	Wassertiefe 40 bis 10 cm	Wassertiefe 10 bis 0 cm	flach überflutet oder naß	Untergrund staunaß	sickernaß bis wechselfeucht	frische Böden	sonnig	halbschattig	schattig	sauer	alkalisch
Lysimachia ephemerum	·	·	·	□	■	■	■	■	·	·	·	■
– *nemorum*	·	·	·	·	□	■	■	·	■	■	■	·
– *nummularia*	·	·	□	■	■	■	■	■	■	·	·	·
– – 'Aurea'	·	·	·	□	■	■	■	■	□	·	·	·
– *punctata*	·	·	·	□	■	■	■	■	■	·	·	·
– *thyrsiflora*	·	·	■	■	■	■	□	■	□	·	·	·
– *vulgaris*	·	·	■	■	■	■	■	■	■	·	□	·
Lythrum salicarica	·	·	■	■	■	■	■	■	·	·	·	·
– *virgatum*	·	·	■	■	■	■	■	■	·	·	·	·
Marsilea quadrifolia	·	□	□	■	■	■	□	■	■	·	·	·
Matteucia pensylvanica	·	·	·	□	■	■	■	□	■	□	·	·
– *struthiopteris*	·	·	·	·	□	■	■	□	■	■	·	·
Meconopsis cambrica	·	·	·	·	■	■	■	■	■	·	·	·
Mentha aquatica	·	·	□	■	■	■	■	■	□	·	·	·
Menyanthes trifoliata	·	■	■	■	■	■	■	■	■	·	□	·
Mimulus cardinalis	·	·	·	·	□	■	■	■	□	·	·	·
– *cupreus*	·	·	·	□	■	■	■	■	■	·	·	·
– *guttatus*	·	·	□	■	■	■	■	■	■	·	·	·
– *luteus*	·	·	·	■	■	■	■	■	■	·	·	·
– – 'Tigrinus Grandiflorus'	·	·	·	·	■	■	■	■	■	·	·	·
– *ringens*	·	·	□	□	■	■	■	■	□	·	·	·
Molinia caerulea	·	·	·	·	□	■	■	■	■	·	□	·
Myosotis palustris	·	·	·	■	■	■	■	■	■	·	·	·
– *rosularis*	·	·	·	·	□	□	■	■	■	·	·	·
Myrica gale	·	·	·	□	■	■	■	■	■	·	■	·
Myriophyllum alterniflorum	■	■	■	■	□	·	·	■	□	·	·	·
– *spicatum*	■	■	■	□	·	·	·	■	□	·	·	□
– *verticillatum*	■	■	□	□	·	·	·	■	□	·	□	·
Narthecium ossifragum	·	·	·	·	■	■	■	■	·	·	■	·
Nasturtium microphyllum	·	·	■	■	■	■	□	■	■	□	·	■
– *officinale*	·	·	■	■	■	■	·	■	■	□	·	■
Nuphar advena	■	■	■	□	·	·	·	■	■	·	·	·
– *japonica*	■	■	■	□	·	·	·	■	■	·	·	·
– *lutea*	■	□	·	·	·	·	·	■	■	·	·	·
– *pumila*	■	■	□	·	·	·	·	■	■	·	·	·
Nymphaea alba	■	□	·	·	·	·	·	■	·	·	·	·
– *candida*	■	□	·	·	·	·	·	■	·	·	·	·
– *odorata*	■	□	·	·	·	·	·	■	·	·	·	·
– – 'Odalisque', 'Minor', 'W. B. Shaw'	·	■	■	·	·	·	·	■	·	·	·	·

Namen	stehende oder langsam fließende Gewässer			Uferzone				Lichtansprüche			Bodenreaktion	
	Wassertiefe >40 cm	Wassertiefe 40 bis 10 cm	Wassertiefe 10 bis 0 cm	flach überflutet oder naß	Untergrund staunaß	sickernaß bis wechselfeucht	frische Böden	sonnig	halbschattig	schattig	sauer	alkalisch
Nymphaea tetragona	·	□	□	·	·	·	·	■	·	·	·	·
– *tuberosa*	■	□	·	·	·	·	·	■	·	·	·	·
Nymphoides peltata	■	■	■	□	·	·	·	■	■	·	·	·
Onoclea sensibilis	·	·	·	■	■	■	■	■	■	·	·	·
Orontium aquaticum	■	■	■	■	□	□	·	■	·	·	·	·
Osmunda-Arten	·	·	·	·	■	■	■	■	■	·	·	·
Oxycoccus-Arten	·	·	·	·	■	■	□	■	■	·	■	·
Peltandra virginica	·	□	■	■	■	·	·	■	■	·	·	·
Peltoboykinia tellimoides	·	·	·	·	·	□	■	□	■	■	·	·
Pernettya mucronata	·	·	·	·	□	■	■	■	■	·	■	·
Phalaris arundinacea	·	□	□	■	■	■	■	■	■	·	·	·
– – Sorten	·	·	□	■	■	■	■	■	■	·	·	·
Phragmites australis	■	■	■	■	■	■	·	■	□	·	·	·
– – 'Pseudopanax'	■	■	■	■	■	■	·	■	□	·	·	·
– – ssp. *humilis*	·	■	■	■	■	■	·	■	□	·	·	·
– – 'Striatopictus'	·	■	■	■	■	■	·	■	□	·	·	·
– – 'Variegatus'	·	■	■	■	■	■	·	■	□	·	·	·
Polygonum amphibium	■	■	■	■	■	■	■	■	■	·	·	·
– *bistorta*	·	·	·	·	□	■	■	■	■	·	·	·
Pontederia cordata	·	·	■	■	■	·	·	■	·	·	·	·
Potamogeton crispus	■	■	□	·	·	·	·	■	·	·	·	·
– *lucens*	■	■	□	·	·	·	·	■	·	·	·	·
– *natans*	■	■	■	□	·	·	·	■	·	·	·	·
– *pectinatus*	■	■	□	·	·	·	·	■	·	·	·	·
– *perfoliatus*	■	■	□	·	·	·	·	■	·	·	·	·
Preslia cervina	□	□	■	■	■	■	□	■	·	·	·	·
Primula alpicola	·	·	·	·	■	■	■	■	■	·	□	·
– *anisodora*	·	·	·	·	□	■	■	■	■	·	■	·
– *aurantiaca*	·	·	·	□	■	■	■	■	■	·	·	·
– *beesiana*	·	·	·	□	■	■	■	■	■	·	·	·
– *bulleyana*	·	·	·	·	■	■	■	■	■	·	·	·
– *burmanica*	·	·	·	·	■	■	■	■	■	·	□	·
– *capitata*	·	·	·	·	■	■	□	·	■	■	■	·
– *capitellata*	·	·	·	·	■	■	■	■	■	·	■	·
– *chungensis*	·	·	·	·	■	■	■	■	■	·	□	·
– *cockburniana*	·	·	·	·	■	■	■	■	■	·	□	·
– *darialica*	·	·	·	·	■	■	■	■	■	·	■	·
– *denticulata*	·	·	·	·	□	■	■	■	■	·	·	·
– *deorum*	·	·	·	·	·	■	■	·	■	·	■	·

■ optimaler Standort □ Grenzstandort

Namen	stehende oder langsam fließende Gewässer			Uferzone				Lichtansprüche			Bodenreaktion	
	Wassertiefe >40 cm	Wassertiefe 40 bis 10 cm	Wassertiefe 10 bis 0 cm	flach überflutet oder naß	Untergrund staunaß	sickernaß bis wechselfeucht	frische Böden	sonnig	halbschattig	schattig	sauer	alkalisch
Primula farinosa	·	·	·	·	■	■	■	■	■	·	·	·
– florindae	·	·	·	□	■	■	■	■	■	■	·	·
– – 'Keilhauer Hybriden'	·	·	·	·	■	■	■	■	■	·	·	·
– frondosa	·	·	·	·	■	■	■	■	■	□	■	·
– helodoxa	·	·	□	■	■	■	■	■	■	·	■	·
– japonica	·	·	·	·	□	■	■	■	■	□	■	·
– pulverulenta	·	·	·	·	□	■	■	■	■	·	□	·
– rosea	·	·	·	□	□	■	■	■	■	□	■	·
– secundiflora	·	·	·	·	□	■	■	■	■	·	□	·
– sikkimensis	·	·	·	□	■	■	■	■	■	■	·	·
– – var. hopeana und var. pudibunda	·	·	·	·	□	■	■	■	■	·	□	·
– veris ssp. macrocalyx	·	·	·	■	■	■	■	■	■	□	□	·
– vialii	·	·	·	·	·	■	■	■	□	·	□	·
– waltonii	·	·	·	·	□	■	■	■	■	·	□	·
Ranunculus acris	·	·	·	·	■	■	■	■	□	·	·	·
– aquatilis	■	■	■	□	·	·	·	■	■	·	·	·
– bulbosus 'Pleniflorus'	·	·	·	·	□	■	■	■	□	·	·	·
– lingua	□	■	■	■	■	■	□	■	■	·	·	·
– platanifolius	·	·	·	·	□	■	■	■	■	·	■	·
– serbicus	·	·	·	□	■	■	□	■	■	·	·	·
Rodgersia-Arten	·	·	·	·	·	■	■	■	■	■	·	·
Rosa caroliniana	·	·	·	·	■	■	■	■	·	·	·	·
– palustris	·	·	·	·	■	■	□	■	·	·	·	·
Rubus arcticus	·	·	·	·	·	□	■	■	□	·	□	·
– chamaemorus	·	·	·	·	■	■	■	■	·	·	■	·
– odoratus	·	·	·	·	·	■	■	■	■	■	·	·
Sagittaria engelmanniana	·	□	■	■	□	□	·	■	■	·	·	·
– graminea	□	■	■	■	□	□	·	■	■	·	·	·
– latifolia	□	■	■	■	■	■	□	■	■	·	·	·
– platyphylla	·	□	■	■	■	□	·	■	■	·	·	·
– sagittifolia	■	■	■	■	■	■	□	■	■	·	·	·
Salix herbacea	·	·	·	·	□	■	□	■	·	·	□	·
– lapponum	·	·	·	·	■	■	■	■	·	·	□	·
– repens	·	·	·	·	□	■	■	■	·	·	·	·
– retusa	·	·	·	·	□	■	■	■	□	·	·	■
– serpyllifolia	·	·	·	·	·	□	■	■	·	·	·	□
Sarracenia purpurea	·	·	·	·	□	■	·	□	■	·	■	·
Saururus cernuus	·	□	■	■	■	□	□	■	■	·	·	·
– chinensis	·	·	■	■	■	□	□	■	■	·	·	·

Namen	stehende oder langsam fließende Gewässer			Uferzone				Lichtansprüche			Boden-reaktion	
	Wassertiefe >40 cm	Wassertiefe 40 bis 10 cm	Wassertiefe 10 bis 0 cm	flach überflutet oder naß	Untergrund staunaß	sickernaß bis wechselfeucht	frische Böden	sonnig	halbschattig	schattig	sauer	alkalisch
Saxifraga aizoides	·	·	·	·	·	■	□	■	·	·	·	■
– cespitosa	·	·	·	·	·	■	■	■	■	□	·	·
– cortusifolia	·	·	·	·	·	□	■	□	■	■	·	·
– cuneifolia	·	·	·	·	·	□	■	□	■	■	·	·
– rotundifolia	·	·	·	·	·	■	■	□	■	■	·	·
– stellaris	·	·	·	·	·	■	■	■	■	■	■	·
– umbrosa	·	·	·	·	□	□	■	□	■	■	·	·
– Urbium-Hybriden	·	·	·	·	□	□	■	□	■	■	·	·
Senecio cordatus	·	·	·	·	■	■	■	■	■	·	·	·
– squalidus	·	·	·	·	■	■	■	■	■	·	·	·
– subalpinus	·	·	·	·	□	■	■	■	■	·	·	·
Schoenoplectus lacustris	■	■	■	■	■	■	□	■	■	·	·	·
– – 'Albensis'	·	■	■	■	■	■	□	■	□	·	·	·
– tabernaemontanus 'Zebrinus'	□	■	■	■	■	■	□	■	□	·	·	■
Silene asterias	·	·	·	·	□	■	□	■	■	·	·	·
Sium latifolium	□	■	■	■	■	□	□	■	□	·	·	□
Sparganium emersum	■	■	■	■	□	□	·	■	·	·	·	·
– erectum	■	■	■	■	□	□	·	■	·	·	·	·
Spiraea salicifolia	·	·	·	·	□	■	■	■	■	·	·	·
Stratiotes aloides	■	■	■	□	·	·	·	■	·	·	·	·
Symplocarpus foetidus	·	·	·	□	■	■	□	■	■	·	·	·
Telekia speciosa	·	·	·	·	■	■	■	■	■	·	·	·
Tellima grandiflora	·	·	·	·	□	■	■	■	■	■	·	·
– – 'Rubra'	·	·	·	·	□	■	■	■	■	■	·	·
Thalictrum aquilegifolium	·	·	·	·	□	■	■	■	■	·	·	·
– flavum	·	·	·	·	□	■	■	■	■	·	·	·
Thelypteris noveboracensis	·	□	■	■	■	■	□	■	■	·	·	·
– palustris	·	□	■	■	■	■	□	■	■	·	·	·
Tofielda calyculata	·	·	·	·	□	■	□	■	·	·	·	·
Tradescantia-Andersoniana-Hybriden	·	·	·	·	■	■	■	■	·	·	·	·
Trapa natans	■	·	·	·	·	·	·	■	·	·	■	·
Trollius asiaticus	·	·	·	·	·	■	■	■	■	·	·	·
– chinensis	·	·	·	·	·	■	■	■	■	·	·	·
– europaeus	·	·	·	·	□	■	■	■	■	□	·	·
– – Hybriden	·	·	·	·	·	■	■	■	■	·	·	·
– pumilus	·	·	·	·	·	■	■	■	■	·	·	·
– yunnanensis	·	·	·	·	·	■	■	■	■	·	·	·
Typha angustifolia	■	■	■	■	□	□	·	■	·	·	·	·
– latifolia	■	■	■	■	□	□	·	■	·	·	·	·
– laxmannii	□	■	■	■	□	□	·	■	·	·	·	·

■ optimaler Standort   □ Grenzstandort

Namen	stehende oder langsam fließende Gewässer			Uferzone				Lichtansprüche			Boden-reaktion	
	Wassertiefe >40 cm	Wassertiefe 40 bis 10 cm	Wassertiefe 10 bis 0 cm	flach überflutet oder naß	Untergrund staunaß	sickernaß bis wechselfeucht	frische Böden	sonnig	halbschattig	schattig	sauer	alkalisch
Typha martinii	·	□	■	■	□	□	·	■	·	·	·	·
– *minima*	·	□	■	■	□	□	·	■	·	·	·	□
– *shuttleworthii*	□	■	■	■	□	□	·	■	·	·	·	·
Utricularia intermedia	·	□	■	·	·	·	·	■	□	·	·	□
– *minor*	·	□	■	·	·	·	·	■	□	·	·	□
– *neglecta*	·	■	■	·	·	·	·	■	□	·	□	·
– *ochroleuca*	·	□	■	·	·	·	·	■	□	·	■	·
– *vulgaris*	■	■	■	·	·	·	·	■	■	·	□	·
Vaccinium-Sorten	·	·	·	·	·	□	■	■	·	·	■	·
– *uliginosum*	·	·	·	·	□	□	■	■	□	·	■	·
Valeriana officinalis	·	·	·	·	■	■	■	■	■	·	·	·
– *pyrenaica*	·	·	·	·	□	■	■	■	□	·	·	·
Vernonia crinita	·	·	·	□	■	■	□	■	■	·	·	·
Veronica beccabunga	·	·	□	■	■	■	□	■	■	·	·	·
– *longifolia*	·	·	·	□	■	■	·	■	□	·	·	·
Viola blanda	·	·	·	·	□	□	■	■	■	·	■	·
– – var. *palustriformis*	·	·	·	·	□	□	■	■	■	□	■	·
– *palustris*	·	·	·	·	■	■	■	■	■	·	■	·

Gestaltungswirksame Merkmale der Pflanzen im Wassergarten

■ dominantes Merkmal   □ auffallendes Merkmal

Namen	Schmuckwirkung					Wuchseigenschaften					zu beachten	
	Wassertiefe >40 cm	Wassertiefe 40 bis 10 cm	Wassertiefe 10 bis 0 cm	flach überflutet oder naß	Untergrund staunaß	sickernaß bis wechselfeucht	frische Böden	sonnig	halbschattig	schattig	sauer	alkalisch
Achillea ptarmica	□	■						□				
Aconitum carmichaelii var. *wilsonii*		■				□						
Acorus calamus	■					■						
– – 'Variegatus'	■			■		■						
– *gramineus*	■								□		!	!!
– – 'Argenteostriatus'	■			■					□		!	!!
– – 'Aureovariegatus'	■			■					□		!	!!
– – 'Pusillus'	■									■	!!	!!
Adenostyles alliariae	□	■	□			■						
Ajuga reptans		□					■	■				
– – 'Alba'		□					■	□				
– – 'Argentea'		□		■			■		■		!!	
– – 'Atropurpurea'		□		■			■	■				
– – 'Burgundy Glow'		□		■			■	□				
– – 'Multicolor'		□		■			■		■		!!	
Alisma gramineum	■	■						■				
– *lanceolatum*	■	■						□				
– *plantago-aquatica*	■	■						■				
– *subcordata*	■	■										
Andromeda polifolia	□						□		■		!	
Anemopsis californica		■	□						■	□	!	!!
Aruncus sylvestris	■	■				■						
Astilbe-Arendsii-Hybriden	□	■					■					
– *chinensis*	□	■					■	□				
– – var. *pumila*	□	■					■	□			!!	
– – var. *pumila* 'Finale'	□	■					■	□			!	
– – var. *pumila* 'Serenade'	□	■					■	□			!	
– × *crispa*	□	■					□		□		!!	
– *glaberrima*	□	■					□			■	!!	!
– Japonica-Sorten	□	■					■					
– *simplicifolia*	□	■								■	!!	!
– Simplicifolia-Sorten	□	■		□					■		!!	
– Thunbergii-Sorten	□	■					■					
Astilboides tabularis	■	■				■						
Astrantia major	■	■							□			
Berula erecta	■	□										
Betula nana	■								□			
Butomus umbellatus	□	■						□				
Calla palustris	■	■	■						□		!	

■ dominantes Merkmal □ auffallendes Merkmal

Namen	Schmuckwirkung					Wuchseigenschaften					zu beachten	
	Gestalt, Laubwerk	Blüte, Blütenstand	Frucht, Fruchtstand	Buntlaubigkeit	Herbstfärbung	starke Horste bildend	bodendeckend	wuchernd, ausläufertreibend	konkurrenzschwach	geringe Vitalität	für kleinste Flächen geeignet	Winterschutz erforderlich
Callitriche palustris	■								□		!	
Caltha howellii		■							■		!	
– *leptosepala*		■							■		!	
– *natans*	□	■								■	!!	!!
– *palustris*		■				□						
– – var. *alba*		■							■		!	
Carex cespitosa	■	□			■	■						
– *echinata*	■					□					!	
– *elata*	■				■	■						
– – , Sorten	■			■		□			■		!	
– *gracilis*	■				■			■				
– – , Sorten	■			■				□	□		!	
– *grayi*	■	■	■		■			■				
– *pseudocyperus*	■	■						□				
– *remota*	■				■	□			□		!	
– *riparia*	■				■			■				
Cephalanthus occidentalis	■	■			■				■	□		
Ceratophyllum demersum	■										!!	
– *submersum*	■								■		!!	
Chamaedaphne calyculata	■	□								■	!!	
Chrysosplenium oppositifolium		□					■			□	!!	
Cicerbita alpina	□	■	□									
– *plumierii*		■	■									
Cimicifuga acerina	■	■				□						
– – 'Compacta'	■	■				□						
– *americana*	■	■										
– *foetida*	■	■										
– *japonica*	■	■										
– *racemosa*	■	■	□			□						
– *racemosa* var. *cordifolia*	■	■										
– *ramosa*	■	■				■						
– – 'Atropurpurea'	■	■		■		□						
– *simplex*	■	■				■						
– – 'Armleuchter'	■	■				■						
– – 'Braunlaub'	■	■		■		□						
Cirsium helenioides	□	■										
Cladium mariscus	■				■		■					
Clethra alnifolia	■	■			■							
Comarum palustre		■		■					■		!	
Cornus canadensis		■	■		■		□		■	□	!!	
– *suecica*		■	■		■		□			■	!!	

296

Namen	Schmuckwirkung					Wuchseigenschaften					zu beachten	
	Gestalt, Laubwerk	Blüte, Blütenstand	Frucht, Fruchtstand	Bunt-laubigkeit	Herbst-färbung	starke Horste bildend	boden-bedeckend	wuchernd, aus-läufertreibend	konkurrenz-schwach	geringe Vitalität	für kleinste Flächen geeignet	Winterschutz erforderlich
Crepis pyrenaica		■							□			
Cyperus longus	■	■							■			!!
Darmera peltata	■	■			■	■						
Doronicum austriacum		■										
– plantagineum		■										
Drosera anglica	■	□								■	!!	
– filiformis	■	■								■	!!	!!
– intermedia	■	□								■	!!	
– rotundifolia	■	□								■	!!	
Dulichium arundinaceum	■							□				
Eleocharis acicularis	■						□	■			!!	
– palustris	■				■		□	■			!	
Elodea canadensis	□							■			!	
Empetrum-Arten	■	□	■				■			■	!!	
Equisetum fluviatile	■							■				
– hyemale	■							□				
Erica tetralix	■	■					■		■	□	!!	
– –, Sorten	■	■		□			■		■	□	!!	
Eriophorum angustifolium	■	□	■					□				
– gracile	■		■						■			
– latifolium	■		■			□					!	
– vaginatum	■	□	■			□						
Eupatorium cannabinum	■	■				■			□			
– maculatum	■					■						
– rugosum	□					■			□			
Euphorbia palustris	■	□				■						
Filipendula kamtschatica	■	■				■						
– palmata		■		□					□			
– palmata 'Nana'		■		□					■		!	
– purpurea		■										
– rubra		■										
– ulmaria		■										
– – 'Aurea'		■		■					■		!	
– – 'Plena'		■									!!	
Fritillaria meleagris		■							■		!!	
Gentiana asclepiadea	□	■							□			
– pneumonanthe		■								■	!!	

Namen	Schmuckwirkung					Wuchseigenschaften					zu beachten	
	Gestalt, Laubwerk	Blüte, Blütenstand	Frucht, Fruchtstand	Buntlaubigkeit	Herbstfärbung	starke Horste bildend	boden-bedeckend	wuchernd, aus-läufertreibend	konkurrenz-schwach	geringe Vitalität	für kleinste Flächen geeignet	Winterschutz erforderlich
Geranium palustre	·	■	·	·	·	·	·	·	·	·	·	·
Geum coccineum	·	■	·	·	·	·	■	·	·	·	·	·
– – × *montanum* 'Georgenberg'	·	■	·	·	·	·	·	·	·	·	·	·
– *rivale*	■	■	·	·	·	·	□	·	·	·	!	·
Gladiolus palustris	·	■	·	·	·	·	·	·	■	·	!!	·
Glyceria maxima	■	·	·	·	·	·	·	■	·	·	·	·
– – 'Variegata'	■	·	·	■	·	·	·	■	·	·	·	·
Gunnera magellanica	■	·	·	·	·	·	■	·	■	□	!!	!!
Helonias bullata	■	■	·	·	·	·	·	·	·	■	!	·
Hemerocallis aurantiaca	□	■	·	·	■	■	·	·	·	·	·	·
– *citrina*	□	■	·	·	■	■	·	·	·	·	·	·
– *dumortierii*	□	■	·	·	■	■	·	·	·	·	·	·
– *fulva*	□	■	·	·	■	■	·	·	·	·	·	·
– *lilioasphodelus*	□	■	·	·	■	□	·	·	·	·	·	·
– *middendorfii*	□	■	·	·	·	·	·	·	·	·	·	·
– *minor*	□	■	·	·	·	·	·	·	·	·	!	·
Hibiscus moscheutos	□	■	·	·	·	■	·	·	·	·	·	!!
Hippuris vulgaris	■	·	·	·	·	·	·	■	·	·	·	·
Hosta crispula	■	□	·	■	■	■	■	·	·	·	·	·
– *decorata*	■	·	·	■	·	■	■	·	·	·	·	·
– *elata*	■	■	·	■	·	■	■	·	·	·	·	·
– – , Sorte 'Hosta montana aureo-marginata'	■	□	·	■	·	□	■	·	·	·	·	·
– *fortunei*	■	·	·	·	■	■	■	·	·	·	·	·
– – 'Aurea'	■	·	·	■	·	■	■	·	·	·	·	·
– – 'Aureomarginata'	■	·	·	■	·	■	■	·	·	·	·	·
– – 'Aureopicta', – – 'Glauca'	■	·	·	■	·	■	■	·	·	·	·	·
– – 'Hyacinthina'	■	■	·	□	·	■	■	·	·	·	·	·
– – 'Marginata Alba'	■	·	·	■	·	■	■	·	·	·	·	·
– – 'Obscura'	■	·	·	·	·	■	■	·	·	·	·	·
– – 'Rugosa'	■	□	·	·	·	■	■	·	·	·	·	·
– – 'Sharmon'	■	·	·	■	■	■	■	·	·	·	·	·
– – 'Thomas Hogg'	■	·	·	■	■	■	■	·	·	·	·	·
– – 'Viridis'	■	·	·	·	■	■	■	·	·	·	·	·
– – Hybride 'Blue Angel'	■	■	·	■	■	■	■	·	·	·	·	·
– – 'Blue Umbrella'	■	□	·	■	·	■	■	·	·	·	·	·
– – 'Blue Whirls'	■	■	·	·	■	■	■	·	·	·	·	·
– – 'Chartreuse Wiggles'	■	□	·	■	■	■	■	·	·	·	·	·
– – 'Golden Prayers'	■	□	·	■	■	■	■	·	·	·	·	·
– – 'Groundmaster'	■	·	·	■	■	■	■	·	·	·	·	·
– *lancifolia*	■	■	·	·	■	□	■	·	·	·	·	·

Namen	Schmuckwirkung					Wuchseigenschaften					zu beachten	
	Gestalt, Laubwerk	Blüte, Blütenstand	Frucht, Fruchtstand	Buntlaubigkeit	Herbstfärbung	starke Horste bildend	boden-bedeckend	wuchernd, ausläufertreibend	konkurrenz-schwach	geringe Vitalität	für kleinste Flächen geeignet	Winterschutz erforderlich
Hosta lancifolia, Sorten	■	□	·	■	·	□	■	·	·	·	·	·
– *longissima*	■	■	·	·	■	·	■	·	·	·	·	·
– *rectifolia*	■	■	·	·	·	·	■	·	·	·	·	·
– *sieboldiana*	■	□	·	■	·	■	■	·	·	·	·	·
– *sieboldii*	■	□	·	■	·	□	■	·	·	·	·	·
– – 'Lavender Lady'	■	■	·	■	·	□	■	·	·	·	·	·
– *tardiflora*	■	■	·	·	·	■	■	·	·	·	·	·
– *tokudama*	■	□	·	■	·	■	■	·	·	·	·	·
– *undulata*	■	□	·	■	·	·	■	·	·	·	·	·
– *ventricosa*	■	□	·	·	·	■	■	·	·	·	·	·
– – 'Aureomaculata'	■	□	·	■	·	■	■	·	·	·	·	·
– – 'Aureomarginata'	■	■	·	■	■	■	■	·	·	·	·	·
– – 'Minor'	■	■	·	·	■	·	■	·	·	·	!!	·
– *venusta*	■	■	·	·	·	·	■	·	·	■	!!	·
Hottonia palustris	■	·	·	·	·	·	·	·	·	·	!!	·
Hydrocharis morsus-ranae	■	■	·	·	·	·	·	·	·	·	!!	·
Hydrocotyle vulgaris	■	□	·	·	·	·	·	·	■	□	!!	·
Hypsela reniformis	·	■	·	·	·	·	■	·	·	■	!!	!!
Iris brevicaulis	·	■	·	·	·	·	·	·	·	·	·	·
– *bulleyana*	·	■	·	·	·	■	·	·	·	·	·	!!
– *carthalinae*	·	■	·	·	·	■	·	·	·	·	·	·
– *chrysographes*	·	■	□	·	·	■	·	·	·	·	·	·
– *delavayi*	·	■	□	·	·	□	·	·	·	·	·	·
– *forrestii*	□	■	□	·	·	□	·	·	·	·	·	·
– *fulva*	·	■	·	·	·	□	·	·	□	·	·	!!
– *kaempferi*	·	■	□	·	·	□	·	·	·	·	·	·
– *kaempferi* 'Variegata'	·	■	□	□	·	□	·	·	·	·	·	·
– *laevigata*	·	■	□	·	·	□	·	·	·	·	·	·
– *prismatica*	·	■	·	·	·	·	·	·	■	·	!	·
– *pseudacorus*	·	■	·	·	·	■	·	·	·	·	·	·
– *sanguinea*	·	■	□	·	·	□	·	·	·	·	·	·
– *setosa*	·	■	□	·	·	■	·	·	·	·	·	·
– – var. *arctica*	·	■	□	·	·	□	·	·	·	·	!!	·
– – var. *nasuensis*	·	■	□	·	·	□	·	·	·	·	·	·
– *sibirica*	·	■	□	·	·	■	·	·	·	·	·	·
– *versicolor*	·	■	·	·	·	■	·	·	·	·	·	·
– *virginica*	·	■	·	·	·	■	·	·	·	·	·	!
– *wilsonii*	·	■	·	·	·	□	·	·	□	·	·	·
Juncus effusus	■	·	·	·	·	■	·	·	·	·	·	·

■ dominantes Merkmal   □ auffallendes Merkmal

Namen	Schmuckwirkung					Wuchseigenschaften					zu beachten	
	Gestalt, Laubwerk	Blüte, Blütenstand	Frucht, Fruchtstand	Bunt-laubigkeit	Herbst-färbung	starke Horste bildend	boden-bedeckend	wuchernd, aus-läufertreibend	konkurrenz-schwach	geringe Vitalität	für kleinste Flächen geeignet	Winterschutz erforderlich
Juncus effusus 'Spiralis'	■											
– *ensifolius*	■							□			!	
– *inflexus*	■					■						
– *tenuis*	■										!!	
Ledum-Arten	■	■							■			
Leersia oryzoides	■							□				
Leucojum aestivum		■	□								!	
– *vernum*		■									!!	
Leucothoë racemosa	■	■							■			
Ligularia dentata	■	■				■						
– – 'Othello'	■	■		■		■						
– – , sonstige Sorten	■	■				■						
– × *hessei*	■	■				■						
– *palmatiloba*	■	■				■						
– *przewalskii*	■	■							■			
Lobelia cardinalis		■							■			!
– *fulgens* 'Queen Victoria'		■							■			!!
– *sessilifolia*		■							■			
– *siphilitica*		■							■			
– × *speciosa*		■							■			
Luronium natans	■	■								■	!!	!
Lychnis flos-cuculi		■										
Lysichiton americanus	■	■	□						■			
– *camtschatcensis*	■	■	□						■			
Lysimachia ciliata		■						□				
– *clethroides*		■				■						
– *davurica*	□	■									!	
– *ephemerum*	□	■										!!
– *nemorum*		■					■			■	!!	
– *nummularia*		■					■	□			!	
– – 'Aurea'		■		■			■		■	□	!!	
– *punctata*		■						□				
– *thyrsiflora*	□	■						□			!	
– *vulgaris*		■						□				
Lythrum salicaria		■				■						
– *virgatum*		■				■						
Marsilea quadrifolia	■						□				!!	
Matteucia pensylvanica	■					□						
– *struthiopteris*	■							□				

Namen	Schmuckwirkung					Wuchseigenschaften					zu beachten	
	Gestalt, Laubwerk	Blüte, Blütenstand	Frucht, Fruchtstand	Buntlaubigkeit	Herbstfärbung	starke Horste bildend	bodenbedeckend	wuchernd, ausläufertreibend	konkurrenzschwach	geringe Vitalität	für kleinste Flächen geeignet	Winterschutz erforderlich
Meconopsis cambrica		■										
Mentha aquatica								□				
Menyanthes trifoliata	■	■	□					■				
Mimulus cardinalis		■							□			
– cupreus		■							■		!	!!
– guttatus		■										
– luteus		■										
– – 'Tigrinus Grandiflorus'		■								■	!	
– ringens	□	■							□			
Molinia caerulea	■				■	■						
– – 'Variegata'	■			■							!	
Myosotis palustris		■						■				
– rosularis		■					□		■		!!	
Myrica gale	■					□					!!	
Myriophyllum-Arten	■										!!	
Narthecium ossifragum	■	■								■	!!	
Nasturtium microphyllum	■	□			□?				■		!!	
– officinale	■	□									!	
Nuphar-Arten	■	■										
Nymphaea alba	□	■										
– candida	□	■										
– Hybriden	□	■										!!*
– odorata	□	■										
– – 'Odalisque', 'Minor', 'W. B. Shaw'	□	■									!!	
– tetragona	■	■									!!	
– tetragona 'Joanne Pring'	□	■									!!	!!
– tuberosa	□	■										
Nymphoides peltata	■	■						■			!!	
Onoclea sensibilis	■										!	
Orontium aquaticum	□	■	□						■		!	
Osmunda cinnamomea	■				■	■						
– claytoniana	■				■	■						
– regalis	■				■	■						
– – 'Gracilis'	■				■	■					!	
Oxycoccus macrocarpos	□	□	■				□				!!	
– microcarpum	□	□	■							□	!!	
– palustris	□	□	■						■	□	!!	
Peltandra virginica	■	■									!	!!

*je nach Sorte

Namen	Schmuckwirkung					Wuchseigenschaften					zu beachten	
	Gestalt, Laubwerk	Blüte, Blütenstand	Frucht, Fruchtstand	Bunt-laubigkeit	Herbst-färbung	starke Horste bildend	boden-bedeckend	wuchernd, ausläufertreibend	konkurrenz-schwach	geringe Vitalität	für kleinste Flächen geeignet	Winterschutz erforderlich
Peltoboykinia tellimoides	■	■	·	·	·	□	·	·	·	·	·	·
Pernettya mucronata	■	□	■	·	·	·	·	·	■	·	!	!!
Phalaris arundinacea	■	□	·	·	■	·	·	■	·	·	·	·
– – , Sorten	■	□	·	■	·	·	·	■	·	·	·	·
Phragmites australis	■	□	·	·	□	·	·	■	·	·	·	·
– – 'Pseudopanax'	■	□	·	·	□	·	·	■	·	·	·	·
– – ssp. *humilis*	■	□	·	·	□	·	·	·	□	·	·	·
– – 'Striatopictus'	■	□	·	■	□	·	·	·	·	·	·	·
– – 'Variegatus'	■	□	·	■	□	·	·	·	·	·	·	·
Polygonum amphibium	■	■	·	·	·	·	·	·	·	·	·	·
– *bistorta*	·	■	·	·	·	■	·	·	·	·	·	·
Pontederia cordata	■	■	·	·	·	·	·	·	□	·	!	!!
Potamogeton crispus	■	·	·	·	·	·	·	□	·	·	·	·
– *lucens*	■	·	·	·	·	·	·	■	·	·	·	·
– *natans*	■	·	·	·	·	·	·	■	·	·	·	·
– *pectinatus*	■	·	·	·	·	·	·	□	·	·	!!	·
– *perfoliatus*	■	·	·	·	·	·	·	■	·	·	·	·
Preslia cervina	·	■	·	·	·	·	·	·	■	·	!!	!!
Primula alpicola	·	■	·	·	·	■	·	·	·	·	·	·
– *anisodora*	·	■	·	·	·	·	·	·	·	·	·	·
– *aurantiaca*	·	■	·	·	·	□	·	·	·	·	!	·
– *beesiana*	·	■	·	·	·	■	·	·	·	·	·	·
– *bulleyana*	·	■	·	·	·	■	·	·	·	·	·	·
– *burmanica*	·	■	·	·	·	□	·	·	·	·	·	·
– *capitata*	·	■	·	·	·	·	·	·	·	■	!!	·
– *capitellata*	·	■	·	·	·	·	·	·	■	·	!!	·
– *chungensis*	·	■	·	·	·	■	·	·	·	·	!	·
– *cockburniana*	·	■	·	·	·	·	·	·	■	·	!!	·
– *darialica*	·	■	·	·	·	·	·	·	■	·	!!	·
– *denticulata*	·	■	·	·	·	■	·	·	·	·	·	·
– *deorum*	·	■	·	·	·	·	·	·	·	■	!!	·
– *farinosa*	·	■	·	·	·	·	·	·	·	■	!!	·
– *florindae*	·	■	·	·	·	■	·	·	·	·	·	·
– – 'Keilhauer Hybriden'	·	■	·	·	·	□	·	·	·	·	!	·
– *frondosa*	·	■	·	·	·	·	·	·	■	·	!!	·
– *helodoxa*	·	■	·	·	·	□	·	·	·	·	·	!!
– *japonica*	·	■	·	·	·	□	·	·	·	·	·	·
– *pulverulenta*	·	■	·	·	·	□	·	·	·	·	·	·
– *rosea*	·	■	·	·	·	·	·	·	■	·	!!	·
– *secundiflora*	·	■	·	·	·	□	·	·	·	·	!	·
– *sikkimensis*	·	■	·	·	·	■	·	·	·	·	·	·

Namen	Schmuckwirkung					Wuchseigenschaften					zu beachten	
	Gestalt, Laubwerk	Blüte, Blütenstand	Frucht, Fruchtstand	Bunt-laubigkeit	Herbst-färbung	starke Horste bildend	boden-bedeckend	wuchernd, aus-läufertreibend	konkurrenz-schwach	geringe Vitalität	für kleinste Flächen geeignet	Winterschutz erforderlich
Primula sikkimensis, Varietäten	·	■	·	·	·	·	·	·	·	·	!	·
– *veris* ssp. *macrocalyx*	·	■	·	·	·	□	·	·	·	·	!!	·
– *vialii*	·	■	·	·	·	·	·	·	■	·	!!	!
– *waltonii*	·	■	·	·	·	·	·	·	□	·	!	·
– – Hybriden	·	■	·	·	·	□	·	·	·	·	!	·
Ranunculus acris	·	■	·	·	·	·	·	■	·	·	·	·
– *aquatilis*	■	■	·	·	·	·	·	·	·	·	!	·
– *bulbosus* 'Pleniflorus'	·	■	·	·	·	·	·	·	·	·	·	·
– *lingua*	■	■	·	·	·	·	·	■	·	·	·	·
– *platanifolius*	□	■	·	·	·	■	·	·	·	·	·	·
– *serbicus*	■	■	·	·	·	■	·	·	·	·	·	·
Rodgersia aesculifolia	■	■	·	·	·	■	·	·	·	·	·	·
– *podophylla*	■	■	·	·	·	■	·	·	·	·	·	·
– *purdomii*	■	■	·	·	·	■	·	·	·	·	·	·
– – , Sorten	■	■	·	·	·	■	·	·	·	·	·	·
– *sambucifolia*	■	■	·	·	·	■	·	·	·	·	·	·
– – 'Rothaut'	■	■	·	■	·	■	·	·	·	·	·	·
Rosa caroliniana	■	■	■	·	■	·	·	·	·	·	·	·
– *palustris*	■	■	·	·	■	·	·	·	·	·	·	·
Rubus arcticus	·	■	■	·	■	·	·	·	■	·	!!	·
– *chamaemorus*	·	■	■	·	■	·	·	·	·	■	!!	·
– *odoratus*	■	■	■	·	■	·	·	□	·	·	·	·
Sagittaria engelmanniana	■	■	■	·	·	·	·	□	·	·	·	!!
– *graminea*	■	■	■	·	·	·	·	□	·	·	·	!!
– *latifolia*	■	■	■	·	·	·	·	■	·	·	·	·
– *platyphylla*	■	■	□	·	·	·	·	■	·	·	·	!!
– *sagittifolia*	■	■	■	·	·	·	·	□	·	·	·	·
Salix herbacea	■	■	·	·	□	·	□	·	■	·	!!	·
– *lapponum*	■	■	·	·	·	·	·	·	·	·	·	·
– *repens*	■	■	·	·	□	·	■	·	·	·	!	·
– *retusa*	■	■	·	·	■	·	■	·	■	·	!!	·
– *serpyllifolia*	■	■	·	·	□	·	■	·	·	■	!!	·
Sarracenia purpurea	■	■	·	■	·	·	·	·	·	■	!!	!!
Saururus cernuus	■	■	·	·	■	·	·	·	·	·	·	!!
– *chinensis*	■	■	·	·	■	·	·	·	□	·	!	!!
Saxifraga aizoides	■	■	·	·	·	·	□	·	■	·	!!	·
– *cespitosa*	■	□	·	·	·	·	■	·	·	·	!!	·
– *cortusifolia*	□	■	·	·	·	·	·	·	·	·	!	·
– – ssp. *fortunei* 'Rubrifolium'	□	■	·	■	·	·	·	·	·	·	!	·

Namen	Schmuckwirkung					Wuchseigenschaften					zu beachten	
	Gestalt, Laubwerk	Blüte, Blütenstand	Frucht, Fruchtstand	Bunt-laubigkeit	Herbst-färbung	starke Horste bildend	boden-bedeckend	wuchernd, aus-läufertreibend	konkurrenz-schwach	geringe Vitalität	für kleinste Flächen geeignet	Winterschutz erforderlich
Saxifraga cuneifolia	■	□					■				!!	
– *rotundifolia*	□	■									!	
– *stellaris*	□	■								■	!!	
– *umbrosa*	■	□					■				!	
– Urbium-Hybriden	■	□		■			■				!!	
Senecio cordatus		■										
– *squalidus*		■										
– *subalpinus*		■				■						
Schoenoplectus lacustris	■							■				
– – 'Albensis'	■			■					□			
– *tabernaemontanus* 'Zebrinus'	■			■		■						
Silene asterias		■							■			
Sium latifolium	■	□				■						
Sparganium emersum	■	■	■					□				
– *erectum*	■	■	■					■				
Spiraea salicifolia	■	□						■				
Stratiotes aloides	■	■						□				
Symplocarpus foetidus	■	■	■			■						
Telekia speciosa	□	■										
Tellima grandiflora	■	■									!!	
– – 'Rubra'	■	■		■							!!	
Thalictrum aquilegifolium	□	■	□			■						
– *flavum* ssp. *flavum*	□	■				□			■			
– – ssp. *glaucum*	□	■		□		■						
Thelypteris noveboracensis	■										!!	
– *palustris*	■										!	
Tofielda calyculata	■	□								■	!!	
Tradescantia-Andersoniana-Hybriden		■										
Trapa natans	■	□	■								!!	
Trollius asiaticus		■										
– *chinensis*		■										
– *europaeus*		■										
– – Hybriden		■										
– *pumilus*		■									!!	
– *yunnanensis*		■									!	
Typha angustifolia	■	□	■		■			■				
– *latifolia*	■	□	■	□	■			■				
– *laxmannii*	■	□	■		■			□			!	
– *martinii*	■	□	■		■			□			!!	
– *minima*	■	□	■	□	■			■			!!	

Namen	Schmuckwirkung					Wuchseigenschaften					zu beachten	
	Gestalt, Laubwerk	Blüte, Blütenstand	Frucht, Fruchtstand	Bunt-laubigkeit	Herbst-färbung	starke Horste bildend	boden-bedeckend	wuchernd, aus-läufertreibend	konkurrenz-schwach	geringe Vitalität	für kleinste Flächen geeignet	Winterschutz erforderlich
Typha shuttleworthii	■	□	■	·	■	·	·	■	·	·	·	·
Utricularia intermedia	■	■	·	·	·	·	·	·	·	■	!!	·
– *minor*	■	■	·	·	·	·	·	·	·	■	!!	·
– *neglecta*	■	■	·	·	·	·	·	·	·	■	!!	·
– *ochroleuca*	■	■	·	·	·	·	·	·	·	■	!!	·
– *vulgaris*	■	■	·	·	·	·	·	·	·	·	!!	·
Vaccinium-Sorten	·	·	■	·	■	·	·	·	·	·	·	·
– *uliginosum*	□	·	■	·	■	·	·	·	·	■	!!	·
Valeriana officinalis	·	■	□	·	·	·	·	·	·	·	·	·
– *pyrenaica*	·	■	·	·	·	■	·	·	·	·	·	·
Vernonia crinita	■	■	·	·	■	■	·	·	·	·	·	·
Veronica beccabunga	·	□	·	·	·	·	□	·	·	·	!!	·
– *longifolia*	·	■	·	·	·	■	·	·	·	·	!	·
– –, Sorten	·	■	·	·	·	□	·	·	·	·	·	·
Viola blanda	·	■	·	·	·	·	·	·	·	■	!!	·
– *palustris*	·	■	·	·	·	·	·	·	·	■	!!	·

Liste ausgewählter Seerosen-Hybriden

Sortenbezeichnung	Merkmale	Blütendurch-messer in cm	optimale Wasser-tiefe in cm
Blütenfarbe Weiß			
'Colossea'	aufblühend zart fleischfarben, danach reinweiß; Blüte schalenförmig, wie gefüllt; Blätter rund, bis 40 cm; sehr stark wachsend	15 bis 25	50 bis 150
'Gladstoniana'	reinweiß, Staubblätter goldgelb; Rand der bis 50 cm großen Blätter leicht gewellt	16 bis 25	60 bis 120
'Hermine'	reinweiß; Blüten tulpenförmig, schmallanzettliche Blütenblätter	17	50 bis 80
'Marliacea Albida'	reinweiß, Staubblätter hellgelb	15	40 bis 100
Blütenfarbe Gelb			
'Aurora'	von anfangs rosa-orange über kupferfarben bis dunkelorange, Staubblätter rotorange; Blätter beiderseits lebhaft dunkelgefleckt und marmoriert	15 bis 20	20 bis 40
'Colonel A. J. Welch'	kanariengelb; Blüten stehen bis 30 cm über dem Wasser; bildet an Fruchtständen bewurzelte Jungpflanzen aus	18	50 bis 100
'Comanche'	gelblich-orange, kupferfarbene Staubblätter; täglich nur wenige Stunden geöffnete Blüte enthält nur 18 Blütenblätter; Blätter gefleckt, unterseits rötlich	12	40 bis 60
'IGA Erfurt'	goldgelb, später kupferfarben bis kupferrot, Staubblätter gelblich-kupferfarben	8	20 bis 40
'Indiana'	orange-kupferfarben, Staubblätter orange; kugelige Blüten; Blätter stark gefleckt	10	20 bis 40
'Marliacea Chromatella'	hellgelb; Staubblätter breit; Blätter braun marmoriert mit rötlichem Rand	16	40 bis 100
'Moorei'	dunkel chromgelb, Staubblätter und Narbenscheibe hellgelb; duftende Blüte stets über dem Wasser	16	40 bis 90
'Paul Hariot'	hellgelb, später orange bis kupferrot, Staubblätter gelb; Blüten über dem Wasserstand; Blätter beiderseits rot gefleckt	12 bis 15	20 bis 60

Sortenbezeichnung	Merkmale	Blütendurch-messer in cm	optimale Wasser-tiefe in cm
'Sioux'	gelb, dann über kupferfarben und kupferrosa zu rötlich; Blätter auffallend und intensiv dunkel gefleckt, nur 10 bis 15 cm im Durchmesser	10 bis 15	30 bis 60
'Sunrise'	schwefelgelb; sternförmig-spitzblättrige Blüte über dem Wasser; Blätter erst fast rot, dann beiderseits braunrot gefleckt	20	40 bis 80

Blütenfarbe Rot

'Atropurpurea'	dunkles Karminrot; Narbe hellgelb; Blätter rötlich, dunkel gefleckt	18	30 bis 50
'Attraction'	granatrot, hellere Spitzen; Staubblätter goldgelb	12 bis 15	40 bis 80
'Cardinal'	innen dunkelrot, nach außen heller; Staubblätter hellgelb, etwas kupferfarben	20	40 bis 80
'Charles de Meurville'	weinrot, außen heller; Staubblätter orangegelb; länglich-ovale über 30 cm große Blätter	20	40 bis 80
'Chrysantha'	zunächst aprikosenfarben, dann zinnoberrot; Narbe hell schwefelgelb; stark gefleckte rötliche Blätter	8	20 bis 30
'Conqueror'	dunkel weinrot, nach außen heller; Staubblätter goldgelb	18	40 bis 80
'Ellisiana'	zunächst hell-, dann leuchtend scharlachrot; Scheibe gelb; Staubblätter orange; Blätter unterseits rot	15	20 bis 40
'Escarboucle'	rubinrot (bei Regen stark verwaschen); Staubblätter orange	18 bis 20	40 bis 100
'Formosa'	pfirsichrosa, innen karmin	16	40 bis 80
'Froebeli'	karminrot; Staubblätter rot; Blüten öffnen sich nie ganz und stehen immer einige cm über dem Wasser	12	20 bis 40
'Gloriosa'	karminrot, nach außen zu weißlich gescheckt; Staubblätter orange	16 bis 18	40 bis 100
'Graziella'	orangerot, äußere Blütenblätter grünlich gestreift; Blüten kugelförmig; Blätter dunkel braunrot marmoriert	8	20 bis 30
'James Brydon'	leuchtend purpurrot; Staubblätter orange, Narbenscheibe gelb; kugelige Blüten; Blätter rötlichgrün, anfangs rötlich gefleckt	14	30 bis 70
'Laydekeri Fulgens'	weinrot, heller durchsetzt, später verblassend; Blätter beiderseits rötlich gefleckt	12 bis 14	20 bis 30
'Laydekeri Lilacea'	lilarosa, karminfarbenes Punktmuster und hellere Panaschierung, in der Mitte dunkler, Blüte verblassend; Staubblätter orange; Blätter beiderseits rötlich gefleckt, im Jugendstadium rötlich	10	20 bis 30
'Laydekeri Purpurata'	wein- bis karminrot, nach außen heller bis fast weiß (nur noch gesprenkelt) verblassend; Staubblätter orange; Blätter wie 'L. Lilacea'	10	20 bis 30
'Mme. Wilfron Gonnère'	reinrosa; Staubblätter hellgelb; dicht stehende Blütenblätter	16	40 bis 70
'Marliacea Carnea'	rötlicher Grund, sonst hellrosa bis fast weiß	16	40 bis 100

Sortenbezeichnung	Merkmale	Blütendurch-messer in cm	optimale Wasser-tiefe in cm
'Marliacea Rosea'	zartrosa, fast weiß	18	40 bis 100
'Marliacea Rubra Punktata'	karminrot, weiß panaschiert, nach außen heller; rotbraune Blattfleckung	15	40 bis 100
'Masaniello'	intensiv rosafarben, karminrote Fleckung, in der Mitte dunkler; Staubblätter hellgelb	15	30 bis 90
'Maurice Laydeker'	orange bis kirschrot; Staubblätter leuchtend gelb	10	20 bis 30
'Mrs. Richmond'	innen karminrosa, außen hell panaschiert; Staubblätter hellgelb	20	40 bis 90
'Newton'	intensiv rosafarben, fast rot; nach unten gebogene Kelchblätter	12 bis 15	40 bis 80
'Phoenix'	zinnoberrot, weiß gesprenkelt; Staubblätter gelb	22 bis 25	40 bis 80
'Princess Elizabeth'	hell pfirsichrosa; Staubblätter gelb	12	30 bis 60
'René Gérard (= 'Irene')'	innen dunkelkarmin, außen heller panaschiert	15 bis 18	40 bis 80
'Rose Arey'	kräftig lachsrosa; lange, spitze Blütenblätter	10	40 bis 80
'William Falkoner'	rubinrot; Staubblätter goldgelb; Blätter rötlich gefleckt und geadert	14 bis 16	30 bis 50

Fachworterklärungen

Adventivwurzeln (lat. advenire = hinzukommen) aus Sproßachsen oder Blättern hervorgegangene Wurzeln. Als »sekundäre Wurzeln« oder »Beiwurzeln« nicht aus Keimwurzeln heraus entwickelt.

Balgfrucht aus einem einzigen oberständigen Fruchtblatt entstandene Frucht, die sich nur an ihrer Bauchnaht öffnet.

Biogeozönose System von Lebensstätte und Lebensgemeinschaft, das durch dynamischen Stoffkreislauf und Energieaustausch ein Beziehungsgefüge bildet, ein Ökosystem.

Biotop (griech. bios = Leben; topos = Gegend, Raum) Lebensraum, Standort mit bestimmten Existenzbedingungen für Pflanzen und Tiere.

Blütenhülle die äußeren, sterilen Blütenblätter, welche die fertilen Blütenblätter umgeben.

boreal im Norden Eurasiens und Nordamerikas vorkommend.

Chlorose (griech. chloros = gelbgrün, bleich). Als »Bleichsucht« bezeichnete, mangelhafte Ausbildung des Chlorophylls.

eutroph nährstoffreich

Faulschlamm unter Ausschluß von Sauerstoff sich zersetzende organische Substanz. Dabei entstehen Methangas, H_2S und NH_3

fertil (lat.) fruchtbar, ertragsfähig

Gewässergüteklassen vgl. Saprobien

Hochblätter stehen zwischen den Laub- und Blütenblättern einer Pflanze und sind meist kleiner und einfacher gestaltet (s. a. Spatha).

Holarktis Florenreich der Erde, das die gesamten gemäßigten und kalten Gebiete der Nordhalbkugel umfaßt.

Honigblätter Staminodien →, die am Grunde mit Nektarien → ausgestattet sind.

Imago geschlechtsreifes, erwachsenes Insekt

kleistogame Blüten Blüten mit Zwangsbestäubung. Sie öffnen sich nicht und bestäuben sich im geschlossenen Zustand selbst.

Klon (griech. = Zweig, Nachkommenschaft) Gruppe von Individuen, die durch vegetative Vermehrung entstanden sind und die gleiche Erbmasse besitzen.

mesotroph mäßig nährstoffreich

monotypisch ein Taxon → bestimmter Rangstufe, das nur ein Taxon der nächst niederen enthält; z. B. eine nur aus einer einzigen Art bestehende Gattung.

Nektarien Gewebebildungen unterschiedlicher Form, die den Nektar, einen zuckerhaltigen Saft, absondern.

Nominatform Stammform aller Unterarten und Varietäten einer Art.

Ökotop hier im Sinne von Biotop →
Ökotyp erbliche umweltbedingte Variante einer Art.

oligotroph nährstoffarm

panaschiert gestreift oder gefleckt
Perianth doppelte Blütenhülle aus Kelch- und Kronblättern.

Perigon einheitliche Blütenhülle aus gleichgestalteten und gleichgefärbten Blütenhüllblättern.

Plankton hier meist nur mikroskopisch kleine, im Wasser schwebende oder schäumende Organismen

Reflecting-Pool (engl.) Spiegelweiher. Becken oder Teiche mit einfacher, von künstlicher Wasserbewegung und Bepflanzung frei zu haltender Wasserfläche. Das entstehende Spiegelbild soll Gebäudegruppen, bauliche Einzelobjekte, Kunstwerke im Freiraum oder Gartenteile in ihrem optischen Eindruck steigern.

Rhizom unterirdische, oft verdickte Sproßachse. Durch schuppenartige Niederblätter und Gliederung deutlich von echten Wurzeln unterschieden.

Ruderalflora (lat. rudera = Schutt) Gewächse, die mit Vorliebe auf stickstoffreichen Rohböden vorkommen (Schutt- und Wegrandpflanzen).

Saprobien Organismen, die in Gewässern mit fäulnisfähigen Stoffen leben. Daraus abgeleitet das Saprobiensystem der Gewässergüteklassen.

Spatha Blütenscheide, oft als weißes oder lebhaft gefärbtes Hochblatt, das meist einzeln, selten zu mehreren unter den meist kolbigen Blütenständen sitzt (z. B. Aronstab).

Sporangium Sporenbehälter
Sporen ungeschlechtliche Keim- oder Fortpflanzungszellen.

Staminodien rudimentäre Staubblätter ohne Staubbeutel oder mit Staubbeuteln ohne Blütenstaub.

steril unfruchtbar, keimfrei

submers (lat.) untergetaucht, unter Wasser lebend

systemisch wirkende Pflanzenschutzmittel werden von der Pflanzenwurzel aufgenommen und gelangen mit dem Saftstrom in alle Pflanzenteile. Ziel ist die Vernichtung saugender und fressender Pflanzenschädlinge.

Taxon Systemeinheit beliebiger Rangstufe wie Art, Gattung, Tribus, Familie, Ordnung, Klasse, Abteilung.

tetraploid Organismen, die den vierfachen haploiden (einfachen) Chromosomensatz enthalten.

Tragblatt Blatt, aus dessen Achsel ein Seitenzweig oder eine Blüte hervorgeht.

Weißwassersprudel (oder -fontäne) im Unterschied zur Klarwasserfontäne entsteht infolge der Vermischung des Wassers mit Luft ein dichter, weißer, kompakter Strahl (oder kurzer Sprudel) mit starker Fernwirkung.

zirkumpolar Tundrengebiet der nördlichen Halbkugel

Literaturverzeichnis

Bauch, G.: Die einheimischen Süßwasserfi- sche, 5. Aufl. Radebeul, 1966

Baur, W. H.: Gewässergüte bestimmen und beurteilen, 2. Aufl. Hamburg, Berlin, 1987

Beckett, K. A.: The Concise Encyclopedia of Garden Plants. London, 1983

Braun-Blanquet, J.: Pflanzensoziologie, 3. Aufl. Wien, New York, 1964

Brehm, A. E.: Die Vögel, 2. Bd., 2. Neudruck d. 4. neubearb. Aufl. Leipzig, Wien, 1921

Brohmer, P. (Hrsg.): Fauna von Deutschland, 5. Aufl. Leipzig, 1944

Burckhardt, J.: Die Kultur der Renaissance in Italien. Wien, o. J.

Burke, K.; Cort Sinnes, A.; Stockton, J.: Easy Maintenance Gardening. San Francisco, 1982

Cane, P. S.: Modern Gardens, British & Foreign. London, 1927

Casper, S. J.; Krausch, H. D.: Süßwasserflora von Mitteleuropa, Pteridophyta und Antophyta, Bde. 23 u. 24. Jena, 1980, 1981

Chmelar, J.; Meusel, W.: Die Weiden Europas. Wittenberg, Lutherstadt, 1976

Clifford, D.: Geschichte der Gartenkunst. München, 1966

Cook, C. D. K.: Water plants of the World. Den Haag, 1974

Douglas, W. L. et al.: Garden Design. New York, 1984

Eiselt, M. G.; Schröder, R.: Laubgehölze. Leipzig, Radebeul, 1977

Encke, F.; Buchheim, G.; Seybold, S.: Zander, Handwörterbuch der Pflanzennamen, 13. Aufl. Stuttgart, 1984

Engelmann, W.-E., u. a.: Lurche und Kriechtiere Europas, Leipzig, Radebeul, 1985

Foerster, K.: Der Steingarten der sieben Jahreszeiten, 10. Aufl. Leipzig, Radebeul, 1987

Foerster, K.: Die vierzehn Idealfunkien in ihren vier Hauptfarben. Dt. Gartenarchitektur, 3 (1962) S. 58–60

Friedrich, G.; Schuricht, W.: Seltenes Kern-, Stein- und Beerenobst. Leipzig, Radebeul, 1985

Fröhlich, G.; Oertner, J. u. S. Vogel: Schützt Lurche und Kriechtiere. Berlin, 1987

Gericke, L.; Schöne, K.: Das Phänomen Farbe. Berlin, 1973

Göritz, H.: Laub- und Nadelgehölze für Garten und Landschaft. Berlin, 1973

Gothein, M. L.: Geschichte der Gartenkunst. Jena, 1926

Green, R.: Asiatic Primulas. Birmingham, 1978

Hansen, R.; Stahl, F.: Die Stauden und ihre Lebensbereiche. Stuttgart, 1984

Heinzel, K.; Klausnitzer, B. u. G. Kummer (Hrsg.): Tiere der Heimat. Berlin, 1988

Hendel, H.: Wasser im Garten. Niedernhausen, 1986

Herkner, H.: Rund um den Wassergarten, 5. Aufl. München, 1986

Hobhouse, P.: Farbe im Garten. Stuttgart, 1986

Hrdlička, Z.; Hrdličkova, V.: Japanische Gartenkunst. Prag, 1981

Hubbard, C. E.: Gräser, Beschreibung, Verbreitung, Verwendung, 2. Aufl. Stuttgart, 1979

Hylander, N.: The Genus Hosta in Swedish Gardens. Uppsala, 1954

Jelitto, L.; Schacht, W.; Fessler, A.: Die Freiland-Schmuckstauden, 3. Aufl. Stuttgart, 1985

Kabisch, K.; Hemmerling, J.: Tümpel, Teiche,
Weiher. Leipzig, 1981

Keller, H.: Kleine Geschichte der Gartenkunst. Hamburg, 1976

Koch, H.: Der Garten. Berlin, 1927

Köhlein, F.: Saxifragen u. a. Steinbrechgewächse. Stuttgart, 1980

Köhlein, F.: Iris. Stuttgart, 1981

Köhlein, F.: Primeln. Stuttgart, 1984

Kolbe, H.: Die Entenvögel der Welt, 3. Aufl. Leipzig, Radebeul, 1984

Mark, A. F.; Adams, N. M.: New Zealand Alpine Plants. Auckland, 1986

Meusel, H.; Jäger, E.; Weinert, E.: Vergleichende Chorologie der zentraleuropäischen Flora, Bde. 1 u. 2. Jena, 1965, 1978

Mühlberg, H.: Das große Buch der Wasserpflanzen. Leipzig, 1980

Müller, H. J. (Hrsg.): Bestimmung wirbelloser Tiere im Gelände. Jena, 1985

Müller, H.: Fische Europas, 2. Aufl. Leipzig, Radebeul, 1987

Nyman, D.; Prendergast, C.: Easy Gardens. Alexandria (Virginia), 1978

Oberdorfer, E.: Pflanzensoziologische Exkursionsflora für Süddeutschland, 5. Aufl. Stuttgart, 1983

Ohwi, J. B.: Flora of Japan. Washington, 1965

Porcinai, P.; Mordini, A.: Gärten. München, 1974

Proudley, B. & V.: Heidekräuter in Landschaft und Garten. Melsungen, 1977

Rainer, R.: Gärten. Lebensräume – Sinnbilder – Kunstwerke. Graz, 1982

Reimer, G.: Die Verwendung des Wassers in der Gartenkunst vom Mittelalter bis zur Gegenwart in Deutschland. Bad Mergentheim, 1935

Rothmaler, W.: Exkursionsflora für die Gebiete der DDR und der BRD, Bd. 4, 6. Aufl. Berlin, 1986

Schaefer, M., u. W. Tischler: Ökologie. Jena, 1986

Schiemenz, H.: Die Libellen unserer Heimat. Jena, 1953

Schubert, R. (Hrsg.): Lehrbuch der Ökologie. Jena, 1984

Schubert, R.; Wagner, G.: Pflanzennamen und botanische Fachwörter, 8. Aufl. Leipzig, Radebeul, 1984

Schuster, E.; Sommer, S.: Sumpf- und Wasserpflanzen für Garten und Landschaft. Berlin, 1984

Sckell, F. L. von: Beiträge zur bildenden Gartenkunst: für angehende Gartenkünstler und Gartenliebhaber. Nachdr. d. Ausg. München, 1825. Worms, 1982

Sedlag, U. u. a.: Insekten Mitteleuropas. Leipzig, Radebeul, 1986

Seegers, L.: Teiche und Tümpel im Garten. Stuttgart, 1987

Seike, K.; Kudo, M.; Schmidt, W.: Japanische Gärten und Gartenteile. Stuttgart, 1983

Sieber, J.: Die Staudensichtungsergebnisse der Jahre 1983, 1984 und 1985, Jahresberichte der Fachhochschule und Versuchsanstalt für Gartenbau Weihenstephan. Weihenstephan, 1983 bis 1985

Siewing, R. (Hrsg.): Lehrbuch der Zoologie (Systematik), 3. Aufl. Stuttgart, New York, 1985

Silva-Tarouca, E.; Schneider, C.: Unsere Freiland-Stauden, 3. Aufl. Wien, Leipzig, 1922

Sorge, P.: Beerenobstsorten. Leipzig, Radebeul, 1984

Stein, S.: Wassergärten, 4. Aufl. München, 1986

Sterba, G.: Süßwasserfische der Welt. Leipzig, Jena, Berlin, 1987

Strasburger, E.: Lehrbuch der Botanik, 32. Aufl. Stuttgart, 1983

Stresemann, E. (Hrsg.): Exkursionsfauna f. d. Gebiete d. DDR u. d. BRD. Berlin. Wirbellose I, 6. Aufl. 1983; Insekten 1. T., 6. Aufl. 1984; Insekten 2. T., 5. Aufl. 1986; Wirbeltiere, 9. Aufl. 1985

Succow, M.; Jeschke, L.: Moore in der Landschaft. Jena, Berlin, 1986

Teichfischer, B.: Goldfische wieder in Mode. Leipzig, Radebeul, 1983

Teichfischer, B.: Farbkarpfen. Leipzig, Jena, Berlin, 1988

Thompson, G., u. a.: Der Teich. Stuttgart, 1986

Urania-Pflanzenreich, 3 Bde., Leipzig, Jena, Berlin, 1971 bis 1974

Urania-Tierreich. Leipzig, Jena, Berlin. Wirbellose Tiere 1, 3. Aufl. 1981; Wirbellose Tiere 2, 1969

Wachter, K.: Der Wassergarten, 5. Aufl. Stuttgart, 1984

Walter, H.: Vegetation der Erde, Bd. 2, 2. Aufl. Stuttgart, 1974

Wendelberger, E.: Pflanzen der Feuchtgebiete. München, Wien, 1986

Zahradnik, J.: Weichtiere. Prag, 1984

Bildquellen

Die Zeichnungen fertigten:
Petra Czibula
S. 29, 36, 38 bis 40, 42, 45 bis 48, 66, 67, 69, 70, 72, 75 bis 79, 82 bis 85, 89, 90
Dr. Manfred Geyer
S. 12, 17, 18, 21, 23, 24, 122, 123, 268 bis 280
Liane Kotulla
alle übrigen

Die Farbfotos stammen von:
Volker Hielscher
S. 105
Jürgen Röth
S. 171, 248 (1, 4), 256
Karl Wienke
S. 110 (3), 111, 253 (3, 4), 255
Axel Grambow
alle übrigen

Register

(Seitenzahlen mit * verweisen auf Abbildungen, f. bedeutet Stichwort auf dieser Seite und auf der folgenden)

Der Garten

Der Garten ist der geschichtlich älteste Lebensraum des Menschen. Das Paradies war der Garten Eden.

Der Garten ist als Schöpfung keine urtümliche Wildnis, sondern vom Menschen geordnete Natur. Wer um einige Gemüse- oder Blumenbeete einen Zaun baut, schafft damit noch keinen Garten.

Der Garten ist mehr als die Summe der auf seiner Fläche angepflanzten Bäume, Sträucher, Stauden, Sommerblumen und seiner Bauten.

Der Garten ist als gestalteter Raum ein kreatives Werk. Gartenkunst ist Raumkunst.

Der Garten ist nicht vorrangig dazu da, um in ihm zu arbeiten, sondern um in ihm zu leben.

Der Garten ist ein Werdendes. Der Satz von Karl Foerster gilt: Wer mit seinem Garten zufrieden ist, verdient ihn nicht.

Der Garten ist etwas Persönliches. Er hat ein Zentrum, von dem aus sein Schöpfer ihn erarbeitet und erlebt. Wer mit prächtigen Fassaden imponieren will, der dekoriere Vorgärten oder Balkonbrüstungen.

Der Garten, dem das Gestaltelement Wasser fehlt, ist wie ein gedeckter Tisch ohne Blumen.

Ihr Garten braucht das Wasser in vielfältiger Form, als Wassertrog, als Tümpel oder als Teich. Sie schaffen und bewahren damit Leben in vielfältiger Form, denn Wasser ist Leben.